김기림 전집

- 원문비평-

제1 권: 시

“서정의 영토” 너머

김준환 모음/옮김/주해

연세대학교 출판문화원

김기림 전집 원문비평
제1권: 시 "서정의 영토" 너머

2024년 9월 24일 초판 1쇄 발행

김준환 모음/옮김/주해

펴낸곳 연세대학교 출판문화원
주소 서울특별시 서대문구 연세로 50
등록 1955년 10월 13일(제9-60호)
전화 02) 2123-3378~80
팩스 02) 2123-8673
전자우편 ysup@yonsei.ac.kr
홈페이지 http://press.yonsei.ac.kr
인쇄 동국문화(주)

ISBN 978-89-6850-882-0 (94810)
978-89-6850-881-3 (세트)

값 90,000원

김기림 전집

원문비평

제1권: 시

"서정의 영토" 너머

김준환 모음/옮김/주해

연세대학교 출판문화원

우리는 아프로도 詩(시)의 世界(세계)를 그 배좁은 抒情(서정)의 領土(영토)에만 制限(제한)하지 말고 새로운 種類(종류)로 더 넓히 擴張(확장)할 것이나 아닐가?

「詩人(시인)으로서 現實(현실)에 積極的(적극적) 關心(관심)」
『朝鮮日報(조선일보)』(1936.01.01)

"기탄자리"와 "오마카이암"의 詩(시)가 英國(영국)의 世紀末(세기말) 詩人(시인)들과 끄러 안고 우는 동안 印度(인도)와 近東(근동)에는 英國(영국)의 支配(지배)가 날로 구더 갓다. 우리 新詩(신시) 運動(운동)의 當初(당초)에 先驅者(선구자)들이 輸入(수입)한 것은 바로 이러한 十九世紀(19세기)의 傳統(전통)이엿다. 象徵派(상징파)의 黃昏(황혼) "센티멘탈·로맨티시즘."……그것들은 다시 말하면 『센티멘탈리즘』으로 어느 程度(정도)까지는 槪括(개괄)할 수 잇는 逃避的(도피적)인 敗北的(패배적)인 回顧的(회고적)인 一生(일생) 態度(태도)를 代表(대표)햇다.

「科學(과학)과 批評(비평)과 詩(시)」
『朝鮮日報(조선일보)』(1937.02.25)

永久(영구)한 『모더니즘』이란 듣기만 해도 몸서리치는 말이다. 다만 그것은 어떠한 歷史(역사)의 契機(계기)에 避(피)치 못할 必然(필연)으로서 登場(등장)했으며 또한 그 뒤의 詩(시)는 그것에 대한 一定(일정)한 關聯(관련) 아래서 發展(발전)한 것이 아니면 안 된다는 結論(결론)을 가짐이 없이는 新(신) 詩史(시사)를 똑바로 理解(이해)했다고 할 수는 없다. 또 『모더니즘』의 歷史性(역사성)에 대한 把握(파악)이 없이는 그 뒤의 詩(시)는 참말로 正當(정당)한 歷史的(역사적) 『코-쓰』를 찾었다고는 할 수 없다.

「모더니즘의 歷史的(역사적) 位置(위치)」
『人文評論(인문평론』(1939.10.01)

우리가 말하는 民族文學(민족문학)은 아모런 感傷(감상)도 自己陶醉(자기도취)도 必要(필요)로 하지 않고 現實(현실)의 具體的(구체적)인 歷史的(역사적) 社會的(사회적) 諸(제) 契機(계기)에서 提起(제기)된 것이며 一面(일면)에 있어서는 特殊(특수)한 社會的(사회적) 內容(내용)을 가지면서 他面(타면)에 있어서 世界史的(세계사적) 要求(요구)의 發顯(발현)이라고 하여 마땅하다. 卽(즉) 文學(문학)의 民族的(민족적) 形式(형식)의 完成(완성) 反封建主義(반봉건주의) 싸움에 依(의)한 急速(급속)한 近代化(근대화)라는 點(점)에서는 特殊(특수)한 社會的(사회적) 內容(내용)의 所産(소산)이라고 하겠으며 反帝國主義(반제국주의) 싸움에 依(의)한 人類(인류)의 自由(자유)와 世界平和(세계평화)의 擁護(옹호)와 反(반)『파씨즘』의 싸움에 依(의)한 文化(문화)의 世界性(세계성)의 完成(완성)과 또 眞正(진정)한 人民的(인민적) 文學(문학)의 樹立(수립)이라는 세 가지 点(점)에 있어서는 바로 世界史的(세계사적) 使命(사명)에도 連結(연결)되는 것이라고 하겠다.

「9 現代文學(현대문학)의諸(제)課題(과제), D 民族文學(민족문학)」
『文學槪論(문학개론)』(1946.12.20)

李箱(이상)은 드높은 감정 때문에 극도로 뒤볶는 우리 詩(시)를 그 感情(감정)의 분별없는 投資(투자)에서 건져 내려했던 것이었다。아담한 溫帶(온대)가 야만한 帝國主義(제국주의)의 유린을 받듯, 詩(시)가 소박하고 유치하고 지저분한 感情(감정)의 식민지가 되는 것을 그는 못마땅히 여겼던 것이다。인생의 어떠한 격렬한 장면에서도 그의 詩(시)와 生理(생리)는, 늘 平均(평균) 體溫(체온)보다 몇 分(분) 도리어 낮은 體溫(체온)을 유지하고 싶었던 것이다。

「李箱(이상)의 모습과 藝術(예술)」(1949. 03. 15)
『李箱選集 (이상 선집)』(1949. 12. 10)

전체 차례

새로운 원문비평 김기림 전집을 내며 • vii

일러두기 • ix

시인 연보 • xii

I. 최초 발표된 시의 원문 • 1

시의 차례 • 2
1. 신문·잡지 등에 처음 수록된 시 / 현대 한국어로 수정된 시 • 13
2. 단행본 시집에 처음 수록된 시 / 현대 한국어로 수정된 시 • 609

II. 추후 다시 발표된 시의 본문 • 682

시의 차례 • 684
1. 신문·잡지 등에 처음 수록된 시 중 단행본 시집 등에 다시 수록된 시 • 691
2. 단행본 시집에 처음 수록된 시 중 신문·잡지 등에 다시 수록된 시 • 889

III. 부록 • 894

1. 『기상도』 (1936) / 『기상도』 (1948), 대조 • 897
2. 단행본 시집의 서문 혹은 발문의 원문 / 현대 한국어로 수정된 서문 혹은 발문 • 937
3. 단행본 시집별 차례 (시집 출판 시기 순) • 951
4. 주석 • 963

시 작품 연보 • 1088

1. 신문·잡지 등에 처음 수록된 시 / 단행본 시집 등에 다시 수록된 시, 대조표 • 1090
2. 단행본 시집에 처음 수록된 시, 혹은 원문 출처 미확인 시 목록 (시집 발행 후 다시 발표된 시 포함) • 1101

찾아보기 (시 제목, 자모순) • 1103

새로운 원문비평 김기림 전집을 내며

새로운 원문비평 김기림(1908-195?) 전집은 그가 1930년부터 1950년까지 남긴 글의 원문을 시간 순서에 따라 배열하여, 일제 강점기(1910-1945), 광복과 미군정기(1945-1948), 그리고 남·북의 분리된 정치 체제 수립과 한국전쟁 발발 시기(1948-1950)로 이어진 일련의 지역적·전지구적 과정 속에서 그의 문학과 사상의 궤적을 새롭게 그려 볼 수 있도록 한다.

전집 제1 권은 시 전집으로 그가 남긴 첫 번째 시 「가거라 새로운 생활로」(1930. 09. 06)로부터 마지막 시 「조국의 노래」(1950. 05. 24)에 이르는 약 278 편을 담는다. 시의 원문은 당시 신문과 잡지 등에 처음 발표되었던 형태 그대로 복원한 것으로 하고, 이를 통해 시가 담고 있는 당대의 여러 가지 언어·문학·문화적 특징이 드러나도록 한다.

시 전집은 원문비평 본으로 최초에 발표된 시의 원문을 기준으로 삼아 왼쪽 면에 두고, 최근 어문규정에 따라 옮긴 수정본을 오른쪽 면에 둔다. 추후 다시 발표된 다른 판본도 함께 포함하여, 서로 다른 판본들 사이의 차이점을 확인할 수 있도록 한다. 주석은 판본들 사이의 차이점뿐만 아니라 단어의 의미 및 역사적 배경 등에 관한 다양한 정보를 제공한다.

시 전집은 다양한 내용과 형식을 지닌 시를 "'서정의 영토' 너머"라는 부제 속에 담고 있다. 김기림이 시를 "배좁은 서정의 영토" 너머로 이끌어 가려 했던 것은, 20년간의 창작 시기 마지막 즈음에 요절한 이상(李箱)을 기억하며 쓴 그의 글에도 나타나 있듯이, 아마 평생에 걸친 자신의 시 창작 원리 중의 하나가 아니었을까?

> 이상은 드높은 감정 때문에 극도로 뒤볶는 우리 시(詩)를 그 감정의 분별없는 투자에서 건져 내려했던 것이었다. 아담한 온대(溫帶)가 야만한 제국주의의 유린을 받듯, 시가 소박하고 유치하고 지저분한 감정의 식민지가 되는 것을 그는 못마땅히 여겼던 것이다.

20세기 영·미시와 영어권 시를 주로 읽어 온 엮은이로서의 한마디. 이 시집이 기존의 서구제국중심적 Modernism 시에 맞춰 정형화된 김기림이 아니라 최근에 재구성되고 있는 탈-서구제국중심적 근대시/모더니즘 시의 영토에 비판적·창조적으로 개입할 수 있는 김기림을 그려내는 데 도움이 되기를 바란다. 원문비평을 하며 때때로 지나칠 정도로 자세한 주석을 단 것은 김기림의 시가 보다 정확하게 외국어로 번역되어 그 역할을 할 수 있기를 바랐기 때문이다.

한국 근·현대시에 문외한으로서 그저 개인적인 호기심과 즐거움으로 시작한 이 일에 많은 분들께서 도움을 주셨다. 앞서 김기림 관련 자료를 정리해 오신 분들, 여러모로 조언을 아끼지 않았던 지인들, 자료 요청에 성실히 응해 주셨던 도서관 사서분들, 특히 연세대학교 도서관 김명주 선생님, 신문사와 잡지사 등 여러 기관의 자료 담당자분들, 연세대학교 대학출판문화원 담당자 선생님들, 여러 판본을 비교하며 수십 번 원고를 읽어 준 아내 김백화. 깊이 감사드립니다.

김기림을 새롭게 기억하며
모으고, 옮기고, 주해한 김준환
2024. 08.

일러두기

◆ 구성 방식:

* 신문·잡지 등에 처음 발표된 시를 있는 그대로 표기하여 원문으로 삼고, 이를 발표된 시간 순서에 따라 구성한다.
* 단행본 시집에 수록되어 있으나 그 이전에 발표된 원문을 찾지 못한 경우, 시집에 수록된 시를 있는 그대로 표기하여 원문으로 삼고, 개별 시집에 수록된 순서에 따라 구성한다.
* 원문을 최근 어문규정에 따라 옮긴 수정본은 여러 판본을 비교하여 교정한 후 확정하고, 원문과 수정본을 각각 왼쪽 면과 오른쪽 면에 나란히 둔다.
* 신문·잡지 및 시집 등에 처음 발표된 시의 원문이 추후 다른 지면에 수정되어 다시 수록된 경우에, 재수록된 판본을 포함하여 둘을 서로 비교할 수 있게 한다.
* 『기상도』의 1935년 원문뿐만 아니라 1936년과 1948년의 두 판본을 각각 왼쪽 면과 오른쪽 면에 두어 서로 비교할 수 있게 한다.
* 단행본 시집의 서문 혹은 발문의 원문 및 수정본과 개별 시집의 차례를 포함하여, 김기림이 기존의 단행본 시집을 구성한 의도 및 방식을 파악할 수 있도록 한다.
* 주석은 미주(尾註)로 한다. 개별 시의 원문 주석과 수정본 주석은 순차적으로 일련번호를 달며, 전자는 서로 다른 판본들 사이의 주요 변경 사항을 담고 후자는 단어의 의미와 다양한 역사적 배경 등을 담는다.
* 찾아보기는 처음 발표된 시 원문의 제목을 자모순에 따라 배열하여 기준으로 삼고, 추후 다른 지면에 재수록된 시의 (수정된) 제목은 그 하단에 표기한다.

◆ 배열 방식: 추가 사항

* 시의 원문은 발행일에 따라 배열한다.
* 발행일이 동일한 경우, 추가로 인쇄일에 따라 배열한다.
* 발행일과 인쇄일이 모두 동일한 경우, 작품 제목의 한국어 자모순에 따라 배열한다.
* 동일한 신문·잡지 등에 여러 편의 시가 수록된 경우, 수록된 순서에 따라 배열한다.
* 시의 끝 부분에 시의 제작 일자 혹은 "구고(舊稿)" 및 "구작(舊作)"이라고 표기된 경우에도, 위의 네 가지 원칙에 따라 배열한다.
* 시집에만 수록되어 시집의 발행일과 인쇄일만 확인할 수 있는 경우에는 해당 시의 원문을 연대기적으로 배열한 전체 시에서 분리한 후, 개별 시집에 수록된 순서에 따라 배열한다.

◆ **시 편집 방식:**

* 시집 이외에 신문·잡지 등에 발표된 글 중 시와 시가 아닌 것을 구분하기 어려운 경우에는 해당 신문·잡지 등의 차례에서 분류한 기준에 따라 그 포함 여부를 정한다.
* 여러 형식의 짧은 소품들이 하나의 제목 아래 모인 글들 중에서 명확히 시로 분류하기 어려운 작품의 경우에는 그 제목에 "시"라는 표기가 있는 작품만 이 시 전집에 포함한다.
* 작곡을 위한 가사 및 이와 유사한 형태의 작품도 이 시 전집에 포함한다.
* 기준이 되는 시의 원문에서 제목 혹은 연작시의 일련번호에 명백한 오류가 있을 경우에는 최소한도로 수정하여 [대괄호] 안에 넣어 표기한다.
* 최근 어문규정에 따라 옮긴 수정본은 원문 및 여타 다른 판본과 비교하여 원문의 오류를 수정한 것으로, 원문과 나란히 배치하여 수정본에서의 오류도 확인할 수 있게 한다.
* 수정본에서 원문과 다른 판본을 비교하여 고친 부분 중, 중요한 항목은 [대괄호] 속에 넣어 표기한다. (단, 추후 단어 색인 작업을 위해 적절한 단위로 끊어서 적용한다).
* 추후 다른 지면에 다시 수록된 시의 경우, 본문을 그대로 사용하되 한자에 (한글)을 덧붙여 표기한다.
* 추후 다른 지면에 다시 수록된 시의 경우, 잘못된 글자는 있는 그대로 표기한 후 주석에서 설명하고, 탈자는 다른 판본과의 비교를 통해 확인한 후 [대괄호] 속에 넣어 수정한다.
* 시의 제목이 동일한 경우, 발표된 순서에 따라 제목 뒤에 대괄호 속 [일련번호]를 덧붙여 구분할 수 있도록 표기한다.
* 원문의 방언 및 비규범 표기는 수정본에서 가능한 한 규범 표기로 바꾸어 표기하되, 그 시적 효과가 클 경우에는 원문 그대로 사용하고 주석을 붙인다.
* 외국어 표기는 가능한 한 원어의 발음에 따라 표기하되, 필요할 경우 한자의 음독을 원어 발음 표기에 병기하고 주석에서 추가로 설명한다.
* 원문에서 조사가 지나치게 많이 사용된 경우, 수정본에서 적절히 일부 조사를 삭제한다.
* 원문의 단어나 구절을 최근 어문규정에 다라 옮길 때 가장 중요한 원칙은 최대한도의 '이해 가능성'과 '설명 가능성'으로 하고, 변경된 사항에 대해서는 상세한 주석을 덧붙인다.
* 원문의 옛말이나 방언 등을 옮기는 과정에서, 문맥상 적절한 단어를 사전에서 찾지 못한다면 당대의 신문·잡지 등에 사용된 단어의 용례를 참조하여 추정한다.
* 확정하기 어려운 원문의 단어 및 구절에 대해서는, 수정본에서 원문의 항목을 그대로 표기하고 주석에서 몇 가지 가능한 해석을 제시한다.

* 원문의 오·탈자 등은 있는 그대로 두는 것을 원칙으로 한다. 탈자는 "□"로 표시하고, 필요한 경우 주석을 통해 다른 판본에서의 변경 사항 등을 제공한다.
* 원문에서 외국어나 외래어를 표기하기 위해 사용된 겹낫표(『』)나 홑낫표(「」)는 특별한 의미가 없는 경우에는 삭제한다.
* 원문에서 대화체 문장을 표기하기 위해 사용된 겹낫표(『』)나 홑낫표(「」)는 큰따옴표("")로 수정하여 표기한다.
* 시가 길어서 여러 면에 이어지는 경우, 행이나 연이 분리되면 좌측 하단에 〉 표기를 하고, 행이 이어지면 좌측 하단에 (표기를 한다.
* 원문 자체의 행 들여쓰기가 불규칙할 경우, 이 시 전집에 수록된 시에 이를 적용하지 않는다.
* 주석은 주로 최초 발표된 시의 원문과 수정본에 붙이고, 추후 다른 지면에 수록된 시의 본문에는 오·탈자 및 주요 변경 사항 등을 최소화하여 덧붙인다.

◆ **출판 정보 표기 방식:**
* 상세한 출판 정보는 개별 시의 하단 우측에 표기한다.
* 신문의 경우, 신문 제목, 발행일자, 조간/석간/특간 및 해당 면 수를 모두 표기한다.
* 잡지의 경우, 잡지 제목, 권·호 수, 발행일자 및 해당 쪽수를 모두 표기한다.
* 잡지의 경우, 추가로 인쇄일자를 확인하여 "시 작품 연보"에 표기한다.
* 단행본 서적의 경우, 책 제목, 발행일자 및 해당 쪽수를 표기하고, 인쇄일자는 "시 작품 연보"에 표기한다.
* 원문의 출판 정보에 덧붙여 추후 발표된 시가 있을 경우 후자의 출판 정보도 시 하단에 함께 표기한다. 특히 제목이 변경된 경우에는 변경된 제목도 함께 표기한다.

◆ **원문 확인 및 주석 작성을 위해 사용한 서적 및 여러 기관의 온라인 자료:**
네이버뉴스라이브러리 (네이버) / 한국사 데이터베이스 (국사편찬위원회) / 대한민국 신문 아카이브 (국립중앙도서관) / 현담문고 / 국립중앙도서관 / 국회도서관 / 대학도서관 [고려대, 서강대, 서울대, 연세대 등] / 한국민족문화대백과사전 (한국학중앙연구원) / 우리말샘 (국립국어원) / 『조선말 대사전』 전 2권(사회과학출판사) / 『두만강 유역의 조선어 방언사전』 전 2권 (태학사) / 『토박이말 쓰임 사전』 전 2권 (동광출판사) / Internet Archive / Project Gutenberg / Britannica Online Academic Edition / Wikipedia 등.

시인 연보

김기림(金起林, 1908-195?)
아명, 인손(寅孫); 호, 편석촌(片石村)

1908 5월 11일, 함경북도 학성군(성진군) 학중면 임명동 276번지에서 아버지 선산 김 씨 병연과 어머니 밀양 박 씨 사이에서 6녀 1남 중 막내아들로 출생.
1914 임명보통학교 입학. 어머니 돌아가심 (이후 전주 이 씨 성연을 새 어머니로 맞음). 셋째 누나 신덕 사망. 당시 19세인 나주 김 씨와 조혼 (몇 년 후 친정으로 돌아감).
1918 임명보통학교 졸업. 한학자에게 약 3년간 한문과 글씨를 배움.
1920 성진보통학교 부속 농업전수학교 입학.
1921 서울 보성고등보통학교 입학.
1923 3학년 때 건강상의 이유로 고향으로 돌아가 1년간 요양.
1925 복학하지 않고 중퇴 후, 일본으로 건너가 메이교중학(名教中學) 4학년 편입.
1926 메이교중학 졸업 후, 니혼대학(日本大學) 전문부 문학예술과 (미학과) 입학.
1928 전주 이 씨 월녀(달이)와 약혼.
1929 니혼대학 졸업 후, 귀국. 조선일보사 사회부 (이후, 학예부) 기자로 취직.
1930 문필 활동 시작 (필명, G. W.). 이월녀와 결혼.
1931 조선일보사 휴직. 고향으로 가서 과수원 "무곡원"을 경영하며 창작. 이월녀와 이혼.
1932 평산 신 씨 보금(호적명, 김원자)과 결혼, 첫째 아들 태어남.
1933 구인회 결성, 회원으로 1936년까지 활동.
1935 첫째 딸 태어남.
1936 조선일보사 휴직. 도후쿠제국대학(東北帝國大學) 법문학부 영문학과 (영문학 세미나) 입학 [센다이시(仙臺市) 카지야마에 14토다호오(鍛治屋前14戶田方) / 쓰치토이(土樋) 123 거주], 시집 『기상도』 (7월, 창문사) 발간.
1938 둘째 아들 태어남.

1939 도호쿠제국대학 졸업, [졸업 논문: *I. A. Richard's Theory of Poetry* (I. A. 리챠즈의 시론)]. 귀국 후 조선일보사 사회부장으로 복직. 시집『태양의 풍속』(9월, 학예사) 발간. 서울 종로구 충신동 62의 10으로 이사.

1940 서울 종로구 이화동 196번지로 이사. 아버지 돌아가심. 둘째 딸 태어남. 『조선일보』 폐간으로 고향으로 돌아감.

1941 고향 부근 경성중학교 교사로 부임, 영어와 수학 가르침.

1944 경성중학교 교사 사임.

1945 서울로 이사. 서울대 사범대, 중앙대, 연희대 등의 전임교수와 동국대, 국학대 및 여타 대학에 출강.

1946 시집『바다와 나비』(4월, 신문화연구소), 문학론집『문학개론』(12월, 신문화연구소) 발간. 셋째 아들 태어남.

1947 시론집『시론』(11월, 백양당) 발간. 가족이 서울 이화동 자택으로 이사.

1948 시집『새노래』(『새날에 부치는 노래』 4월, 아문각), 번역서『과학개론』(6월, 을유문화사), 시집『기상도』 재판 (9월, 산호장), 수필집『바다와 육체』(12월, 평범사) 발간. 부인과 셋째 아들이 마지막으로 서울로 이사.

1950 공저 시사 평론집『학원과 정치』(2월, 수도문화사), 시론집『시의 이해』(4월, 을유문화사) 및 문학론집『문장론 신강』(4월, 민중서관) 발간. 6.25 전쟁이 일어난 후 행적 확인할 수 없음.

1951 북으로 간 작가의 작품 발매와 문필 활동 금지 (A급, B급) 및 내용 검토 (C급) 중 C급으로 분류.

1988 북으로 간 작가 중 납북으로 분류된 작가에 대한 해금으로, 첫『김기림 전집』 총 6권 발간 (심설당, 2-7월).

The Complete Works of Ki-Rim Kim, Textual Criticism

Volume 1: Poems

Beyond the "Territory of the Lyric"

I

최초 발표된 시의 원문

시의 차례

1. 신문 · 잡지 등에 처음 수록된 시 / 현대 한국어로 수정된 시

2. 단행본 시집에 처음 수록된 시 / 현대 한국어로 수정된 시

시의 차례

I-1.
신문·잡지 등에 처음 수록된 시 / 현대 한국어로 수정된 시

가거라 새로운生活로— / 가거라 새로운 생활로— •14

『슈-르레알리스트』 / 쉬르레알리스트 •16

가을의太陽은『푸라티나』의燕尾服을입고 /
가을의 태양은 플라티나의 연미복을 입고 •18

屍體의흘음 / 시체의 흐름 •20

저녁별은푸른날개를흔들며 / 저녁별은 푸른 날개를 흔들며 •26

훌륭한아츰이아니냐? / 훌륭한 아침이 아니냐? •28

詩論 / 시론 •32

꿈꾸는眞珠여바다로가자 / 꿈꾸는 진주여 바다로 가자 •38

木馬를타고온다던새해가 / 목마를 타고 온다던 새해가 •42

出發 / 출발 •46

三月의『푸리즘』 / 3월의 프리즘 •48

赤 / 적 •48

黃 / 황 •50

靑 / 청 •52

綠 / 녹 •54

紫 / 자 •56

紅 / 홍 •58

黑 / 흑 •60

屋上庭園 …… 散文詩 / 옥상정원 …… 산문시 •62

戀愛의斷面 / 연애의 단면 •64

SOS / SOS •66

撒水車 / 살수차 •68

苦待 / 고대 • 72
날개만도치면 / 날개만 돋치면 • 74
아츰해頌歌 / 아침 해 송가 • 76
가을의果樹園에서 / 가을의 과수원에서 • 78
어머니어서이러나요 / 어머니 어서 일어나요 • 80
오—어머니여 / 오—어머니여 • 82
봄은電報도안치고 / 봄은 전보도 안 치고 • 84
잠은나의배를밀고 / 잠은 나의 배를 밀고 • 86
오—汽車여 (한개의實驗詩) / 오—기차여 (한 개의 실험 시) • 88
暴風警報 / 폭풍경보 • 90
아롱진記憶의 옛바다를건너 / 아롱진 기억의 옛 바다를 건너 • 94
黃昏 / 황혼 • 96
[1,] 새날이 밝는다 / 1. 새날이 밝는다 • 98
2, 祈願 / 2. 기원 • 100
3, 바다ㅅ가의아츰 / 3. 바닷가의 아침 • 102
구두 / 구두 • 104
1, 구두 / 1. 구두 • 104
2, 람프 / 2. 램프 • 106
3, 街燈 / 3. 가등 • 108
十五夜 / 십오야 • 110
離別 / 이별 • 112
들은우리를부르오 / 들은 우리를 부르오 • 114
午後의꿈은 날줄을 모른다 / 오후의 꿈은 날 줄을 모른다 • 116
古典的인處女가잇는風景 / 고전적인 처녀가 있는 풍경 • 118
噴水 [I] —S氏에게— / 분수 [I] —S 씨에게— • 120
遊覽뻐쓰 / 유람버스 • 122
動物園 / 동물원 • 122
光化門 [I] / 광화문 [I] • 124
[慶會樓] / [경회루] • 126
光化門 [II] / 광화문 [II] • 128
『파코다』公園 / 파고다공원 • 130
南大門 / 남대문 • 132
漢江人道橋 / 한강인도교 • 134

海水浴場의아츰 / 해수욕장의 아침 • 136
카피盞을들고 / 커피 잔을 들고 • 138
하로ㅅ[일]이끗낫슬째 / 하루 일이 끝났을 때 • 140
한여름 / 한여름 • 142
海水浴場의夕陽 / 해수욕장의 석양 • 144
林檎밭 / 임금밭 • 146
나의探險船 / 나의 탐험선 • 148
卽興詩一篇 / 즉흥시 1 편 • 150
庭園의鄕愁 / 정원의 향수 • 152
바다의抒情詩 / 바다의 서정시 • 154
戰慄하는 世紀 / 전율하는 세기 • 156
밤外二篇 / 밤 외 2 편 • 160
1 밤 [I] / 1. 밤 [I] • 160
2 飛行機 [II] / 2. 비행기 [II] • 162
3 새벽 / 3. 새벽 • 164
가거라 너의길을 / 가거라 너의 길을 • 166
日曜日行進曲 / 일요일 행진곡 • 168
어둠의흐름 / 어둠의 흐름 • 170
編輯局의 午後한時半 / 편집국의 오후 한 시 반 • 174
貨物自動車 / 화물 자동차 • 178
밤의SOS / 밤의 SOS • 180
나의聖書의一節 / 나의 성서의 1절 • 182
小兒聖書 / 소아 성서 • 184
散步路 / 산보로 • 186
초승달은 掃除夫 / 초승달은 소제부 • 188
食料品店 / 식료품점 • 190
날개를펴렴으나 / 날개를 펴려무나 • 192
航海의一秒前 / 항해의 1초 전 • 196
거지들의『크리스마쓰』頌 / 거지들의 크리스마스 송 • 200
님을기다림 / 님을 기다림 • 204
惡魔外三篇 / 악마 외 3 편 • 208
惡魔 / 악마 • 208
詩 [I] / 시 [I] • 210

詩 [II] / 시 [II] • 212
除夜詩 / 제야 시 • 214
港口 / 항구 • 216
煙突 / 연돌 • 218
『스케이팅』/ 스케이팅 • 220
아스팔트 / 아스팔트 • 224
호텔 / 호텔 • 226
風俗, 近作詩(1) / 풍속, 근작 시 (1) • 230
觀念訣別, 近作詩(2) / 관념 결별, 근작 시 (2) • 234
五月, 近作詩(3) / 5월, 근작 시 (3) • 238
商工運動會 / 상공운동회 • 240
旅行 / 여행 • 244
裝飾 / 장식 • 250
七月의아기씨 / 7월의 [아가씨] • 252
航海 / 항해 • 254
光化門通 / 광화문통 • 256
旅=行=風=景: 咸鏡線五百킬로卽興詩行脚 (上) / 여행 풍경: 함경선 5백 킬로 즉흥시 행각 (상) • 258
序詩 [I] / 서시 [I] • 260
1, 待合室 [I] / 1. 대합실 [I] • 260
2, 海水浴場 / 2. 해수욕장 • 262
3, 咸鏡線 / 3. 함경선 • 264
4, 高原附近 / 4. 고원 부근 • 266
5, 元山以北 / 5. 원산 이북 • 268
6, 마을 / 6. 마을 • 270
7, 風俗 [II] / 7. 풍속 [II] • 272
8, 咸興平野 / 8. 함흥평야 • 274
9, 不幸한女子 / 9. 불행한 여자 • 276
旅=行=風=景: 咸鏡線五百킬로卽興詩行脚 (中) / 여행 풍경: 함경선 5백 킬로 즉흥시 행각 (중) • 278
10 新昌驛 / 10. 신창역 • 278
11 숨박곱질 / 11. 숨바꼭질 • 280
12 뽀이 / 12. 보이 • 282

13 東海 / 13. 동해 • 284
14 食虫 / 14. 식충 • 286
15 東海水 / 15. 동해수 • 288
旅=行=風=景: 咸鏡線五百킬로卽興詩行脚 (下) / 여행 풍경: 함경선 5백 킬로 즉흥시 행각 (하) • 290
[16], 벼록이 / 16. 벼룩이 • 290
[17], 바위 / 17. 바위 • 292
18, 물 / 18. 물 • 294
19, 따리아 / 19. 달리아 • 296
20, 山村 / 20. 산촌 • 298
21, 바다의女子 / 21. 바다의 여자 • 300
海邊詩集 / 해변 시집 • 302
1, 汽車 [II] / 1. 기차 [II] • 302
2, 停車場 / 2. 정차장 • 304
3, 潮水 / 3. 조수 • 306
4, 孤獨 / 4. 고독 • 308
5, 에트란제(異邦人) / 5. 에트랑제 (이방인) • 310
6, 밤港口 / 6. 밤 항구 • 312
7, 破船 / 7. 파선 • 314
8, 待合室 [II] / 8. 대합실 [II] • 316
鄕愁 / 향수 • 318
戲畫 / 희화 • 320
마음 / 마음 • 322
밤 [II] / 밤 [II] • 324
가을의누나 / 가을의 누나 • 326
첫사랑 / 첫사랑 • 328
飛行機 [III] / 비행기 [III] • 332
窓 / 창 • 334
膳物外一篇 / 선물 외 1 편 • 336
膳物 / 선물 • 336
戀愛 / 연애 • 338
층층계 / 층층계 • 340
俳優 / 배우 • 342

나 / 나 • 344
生活 / 생활 • 346
習慣 / 습관 • 348
氣象圖 I / 기상도 I • 350
　一 아침의表情 / 1. 아침의 표정 • 350
　　市民行列 / 시민 행렬 • 354
　二 颱風의起寢 / 2. 태풍의 기침 • 358
바다의鄕愁 / 바다의 향수 • 364
氣象圖 II / 기상도 II • 368
　三, 滿潮로向하야 / 3. 만조로 향하여 • 368
　四, 病든風景 / 4. 병든 풍경 • 378
奇蹟 / 기적 • 382
바다 / 바다 • 384
氣象圖 (終篇) / 기상도 (종편) • 388
　五, 올배미의노래 / 5. 올빼미의 노래 • 388
금붕어 / 금붕어 • 396
車輪은듯는다 / 차륜은 듣는다 • 398
戀愛와彈石機 / 연애와 탄석기 • 404
　(1.) 戀愛와彈石機 / 1. 연애와 탄석기 • 404
　(2.) 어떤戀愛 / 2. 어떤 연애 • 406
　(3.) 祝電 / 3. 축전 • 408
秒針 / 초침 • 410
關北紀行斷章 ❶ / 관북기행 단장 ❶ • 412
　1 夜行列車 / 1. 야행 열차 • 412
　2 機關車 / 2. 기관차 • 414
　3 山驛 / 3. 산역 • 416
關北紀行斷章 ❷ / 관북기행 단장 ❷ • 418
　[4], 마을(가) / 4. 마을 (가) • 418
　[5], 마을(나) / 5. 마을 (나) • 420
　[6], 마을(다) / 6. 마을 (다) • 422
關北紀行斷章 ❸ / 관북기행 단장 ❸ • 424
　7 故鄕 (가) / 7. 고향 (가) • 424
　8 故鄕 (나) / 8. 고향 (나) • 426

9 故鄕 (다) / 9. 고향 (다) • 428
關北紀行斷章 ❹ / 관북기행 단장 ❹ • 430
10, 豆滿江 / 10. 두만강 • 430
11, 國境 / 11. 국경 • 432
關北紀行斷章 ❺ / 관북기행 단장 ❺ • 434
12, 國境(가) / 12. 국경 (가) • 434
13, 國境(나) / 13. 국경 (나) • 436
14, 國境(다) / 14. 국경 (다) • 438
15, 밤중 / 15. 밤중 • 440
16, 東海의아츰 / 16. 동해의 아침 • 442
關北紀行斷章 ❻ / 관북기행 단장 ❻ • 444
[17], 肉親(가) / 17. 육친 (가) • 444
[18], 肉親(나) / 18. 육친 (나) • 446
[19], 出程 / 19. 출정 • 448
除夜 / 제야 • 450
파랑港口 / 파랑 항구 • 454
追憶 / 추억 • 456
『아프리카』狂想曲 / 아프리카 광상곡 • 458
琉璃窓과 마음 / 유리창과 마음 • 462
追放된 쥬피타 / 추방된 주피터 • 464
나비와바다 / 나비와 바다 • 470
連禱 / 연도 • 472
에노시마: 續東方紀行詩 / 에노시마: 속 동방 기행 시 • 474
I 『가마꾸라』海邊 [I] / I. 가마쿠라 해변 [I] • 474
II 『에노시마』海水浴場 / II. 에노시마 해수욕장 • 476
III 軍港 / III. 군항 • 478
瀨戶內海: 續東方紀行詩 / 세토 내해: 속 동방 기행 시 • 480
I 安藝幸崎附近 / I. 아키사이자키 부근 • 480
II 神戶埠頭 / II. 고베 부두 • 482
海洋動物園 / 해양 동물원 • 484
A 코키리 / A. 코끼리 • 484
B 駱駝 / B. 낙타 • 486
C 잉코 / C. 잉꼬 • 488

D 씨-라이언(加洲産물개) / D. 씨-라이언 (캘리포니아 주산 물개) • 490
療養院 (外一篇) / 요양원 (외 1 편) • 492
療養院 / 요양원 • 492
山羊 / 산양 • 494
餞別 / 전별 • 496
餞別 I / 전별 I • 496
餞別 II / 전별 II • 498
共同墓地 / 공동묘지 • 500
겨울의노래 / 겨울의 노래 • 502
힌薔薇같이잠이드시다 -遺骸를모시고- /
흰 장미같이 잠이 드시다 -유해를 모시고- • 504
못 / 못 • 506
小曲 / 소곡 • 508
새벽의『아담』/ 새벽의 아담 • 510
詩二題 / 시 2제 • 512
1. 年輪 / 1. 연륜 • 512
2. 靑銅 / 2. 청동 • 514
전날밤 / 전날 밤 • 516
파도소리헤치고 / 파도 소리 헤치고 • 518
우리들의八月로도라가자 / 우리들의 8월로 돌아가자 • 522
知慧에게바치는노래 / 지혜에게 바치는 노래 • 526
울어라 인경아 / 울어라 인경아 • 530
世界에웨치노라(1) / 세계에 외치노라 (1) • 532
世界에웨치노라(2) / 세계에 외치노라 (2) • 534
世界에웨치노라(3) / 세계에 외치노라 (3) • 536
모다들 도라와잇고나 / 모두들 돌아와 있구나 • 538
두견새, 學兵의故魂에바침 / 두견새, 학병의 고혼에 바침 • 540
榮光스러운三月 / 영광스러운 3월 • 544
진달래피는나라 (作曲하기위한歌詞) / 진달래 피는 나라 (작곡하기 위한 가사) • 546
殉敎者 / 순교자 • 548
나의노래 / 나의 노래 • 550
한旗ㅅ발받들고 / 한 깃발 받들고 • 552
자유로운“아메리카” 祝詩 / 자유로운 아메리카, 축시 • 554

새나라頌 / 새 나라 송 • 560
우리들 모두의 꿈이 아니냐 / 우리들 모두의 꿈이 아니냐 • 564
다시八月에 / 다시 8월에 • 566
八月데모行列에 부치는노래 / 8월 데모 행렬에 부치는 노래 • 568
遞信歌詞 / 체신 가사 • 570
戀歌 / 연가 • 572
詩와文化에부치는노래 / 시와 문화에 부치는 노래 • 574
人民工場에 부치는노래 / 인민 공장에 부치는 노래 • 576
움켜잡으면 그대더운피 / 움켜잡으면 그대 더운 피 • 578
句節도아닌 두서너마디 더듬는말인데도 / 구절도 아닌 두서너 마디 더듬는 말인데도 • 580
百萬의 편을 잃고 / 백만의 편을 잃고 • 582
希望 / 희망 • 586
새해의노래 / 새해의 노래 • 588
統一에부침 / 통일에 부침 • 590
재산 / 재산 • 594
새해앞에 잔을들고 / 새해 앞에 잔을 들고 • 596
哭 白凡先生 / 곡 백범 선생 • 600
祖國의노래 / 조국의 노래 • 604

I-2.
단행본 시집에 처음 수록된 시 / 현대 한국어로 수정된 시

『太陽의風俗』/『태양의 풍속』 • 611
太陽의風俗 / 태양의 풍속 • 612
感傷風景 / 감상 풍경 • 614

『바다와나비』/『바다와 나비』 • 617
어린共和國이여 / 어린 공화국이여 • 618
무지개 / 무지개 • 620
길까의輓章 / 길가의 만장 • 622
女人圖 / 여인도 • 624
東方紀行 / 동방 기행 • 626
序詩 [II] / 서시 [II] • 626
宮島 / 미야지마 • 628
鎌倉海邊 [II] / 가마쿠라 해변 [II] • 630
中禪寺湖 / 주젠지 호 • 632
仙臺 / 센다이 • 634

『새노래』/『새노래』 • 637
부푸러오른 五月달 아스팔트는 / 부풀어 오른 5월 달 아스팔트는 • 638
우리들의 握手 / 우리들의 악수 • 640
눈짓으로 理解하는 戰線 / 눈짓으로 이해하는 전선 • 644
萬歲 소리 / 만세 소리 • 646
어렵고 험하기 이를데 없으나 / 어렵고 험하기 이를 데 없으나 • 648
데모크라시에 부치는 노래 / 데모크라시에 부치는 노래 • 650
波濤 / 파도 • 652
壁을 헐자 / 벽을 헐자 • 656
오늘도 故鄕은 / 오늘도 고향 • 658
닥아앉아 가장 그윽한 얘기…. / 다가앉아 가장 그윽한 얘기…. • 660
童話 / 동화 • 662

사슴의 노래 / 사슴의 노래 • 664
뜻없이 달이 밝아 / 뜻 없이 달이 밝아 • 666
정영 떠나신다는 말슴 / 정녕 떠나신다는 말씀 • 670
길일은 노루 처럼 / 길 잃은 노루처럼 • 672
코스모쓰는 / 코스모스는 • 674
오늘은 惡魔의것이나 / 오늘은 악마의 것이나 • 676
센토오르 / 켄타우로스 • 678

超越抒情之域
第一券 詩

I 최초 발표된 시의 원문

1

·

신문 · 잡지 등에 처음 수록된 시 / 현대 한국어로 수정된 시

The Complete Works of Ki-Rim Kim, Textual Criticism
Volume 1 : Poems — Beyond the "Territory of the Lyric"

金起林全集
原文批評

원문

가거라 새로운生活로 —

── 로[1)]
── 로
적은녀자의마음이 움직인다
개나리의얼골이
여린볏흘향할때 ──

── 로 ──
새로운生活로 ──
복송아꼿봉투가 날어왓다
── 에간 작은『미미』에게서
그날부터 안해의마음은 시들어
썻다가 찌저버린편지만 싸혀간다

안해여 작은마음이여
너의날러가는 自由의나래를 나는막지안는다

호을로 싸허노흔 좁은城壁의문을닷고 돌아서는
나의외로움을 돌아봄업시 너는가거라

안해여 나는안다
너의작은마음이 병들엇슴을 ──

동트지도안흔 來日의窓머리에 매달리는
그대의얼골우헤 새벽을기다리는 적은[2)]不安을나는본다

가라 ── 새로운生活로가라
너는 『來日』을가저라 밝다가는[3)]運命을 가지여라

(『朝鮮日報』 1930. 09. 06. 四面)

(『太陽의 風俗』 58-59)

가거라 새로운 생활로 —

[바빌론으로][4)]
[바빌론으로]
[작은] 여자의 마음이 움직인다
개나리의 얼굴이
여린 빛을 향할 때 ——

[바빌론으로] ——
새로운 생활로 ——
복숭아꽃봉투가 날아왔다
[바빌론]에 간 작은 미미에게서
그날부터 아내의 마음은 시들어
썼다가 찢어버린 편지만 쌓여간다

아내여 작은 마음이여
너의 날아가는 자유의 날개를 나는 막지 않는다

홀로 쌓아 놓은 좁은 성벽의 문을 닫고 돌아서는
나의 외로움을 돌아봄 없이 너는 가거라

아내여 나는 안다
너의 작은 마음이 병들었음을 ——

동트지도 않은 내일의 창머리에 매달리는
그대의 얼굴 위에 새벽을 기다리는 [작은] 불안을 나는 본다

가라 —— 새로운 생활로 가라
너는 내일을 가져라 [밝아] 가는 운명을 가져라

(『조선일보』 1930. 09. 06. 4면)
(『태양의 풍속』 58-59)

원문

『슈-르레알리스트』

거리로 지나가면서 당신은 본일이업슴니싸
가을볏으로싼 장삼을둘르고
갈대고쌀을 뒤ㅅ덜미에 부친사람의
어리쑤진노래를 ——
怪常한춤맵씨를 ——
그는 千九百五十年 最後의市民 ——
佛蘭西革命의末裔의 最後의사람입니다
그의눈은『푸리즘』처럼 多角입니다
世界는 색구로 彩光되여 그의白色의『카메라』에 잡버집니다
새벽의 짱을울리는 발자국소리에 그의귀는 기우러지나
그는 그뒤를쌀흘수업는 가엽슨절름바리외다
資本主義第三期의 『메리·쏘-라운드』로
出發의前夜의 伴侶들이 손목을잇그나
그는 차라리 여긔서 호을로서서
남들이모르든 수상한 노래에마추어
혼차서 그의춤을 춤추기를 조와합니다
그는압니다 이윽고『카지노폴리』의 奏樂은疲困해숫치나고거리는잠잠해지고말것
을 생각지마르세요 그의노래나춤이즐거운것이라고그는 슬퍼하는人形이외다
그에게는 生活이업습니다
사람들이 모-다生活을가지는째
우리들의『피에로』도 쓸어집니다

(『朝鮮日報』 1930. 09. 30. 四面)

쉬르레알리스트[1)]

거리로 지나가면서 당신은 본 일이 없습니까
가을빛으로 짠 장삼을 두르고
갈대 고깔을 뒷덜미에 붙인 사람의
어리꾸진[2)] 노래를 ──
괴상한 춤 맵시를 ──
그는 [1930][3)]년 최후의 시민 ──
프랑스혁명[4)] 말예[5)]의 최후의 사람입니다
그의 눈은 프리즘처럼 다각입니다
세계는 거꾸로 채광되어 그의 백색 카메라에 자빠집니다
새벽의 땅을 울리는 발자국 소리에 그의 귀는 기울어지나
그는 그 뒤를 따를 수 없는 가엾은 절름발이외다
자본주의 제3 기의 메리-고-라운드[6)]로
출발 전야의 반려[7)]들이 손목을 이끄나
그는 차라리 여기서 홀로 서서
남들이 모르던 수상한 노래에 맞추어
혼자서 그의 춤을 추기를 좋아합니다
그는 압니다 이윽고 카지노 폴리[8)]의 주악[9)]은 피곤해 끝이 나고 거리는 잠잠해지고 말
것을 생각지 마세요 그의 노래나 춤이 즐거운 것이라고 그는 슬퍼하는 인형이외다
그에게는 생활이 없습니다
사람들이 모두 생활을 가지는 때
우리들의 피에로도 쓰러집니다

(『조선일보』 1930. 09. 30. 4면)

원문 가을의太陽은『푸라티나』의燕尾服을입고

가을이되면
太陽은 겨으른 畵家입니다

거리 거리에 머리숙이고 마조선벽돌집사이에
蒼白한쑴의 그림자를 그리며단니는——

그것은大地만이 알고잇습니다
『빗나는지나간날』의骸骨임을——

『쇼윈도——』의『마네킹』人形은 홋옷을 벗기우고서
『쎄루로이드』의눈이 이슬과가티 悲觀합니다
失業者의 그림자는 公園의蓮못가의 갈대를붓잡고
살진金붕어를 誘惑합니다

가을의太陽은『푸라티나』의燕尾服을입고서
쎄쌔진[1]한울의 얼골을 散步하는
沈默한畵家입니다

(『朝鮮日報』 1930. 10. 01. 四面)

(『太陽의 風俗』 167-68)

가을의 태양은 플라티나[2)]의 연미복을 입고

가을이 되면
태양은 게으른[3)] 화가입니다

거리거리에 머리 숙이고 마주 선 벽돌집 사이에
창백한 꿈의 그림자를 그리며 다니는——

그것은 대지만이 알고 있습니다
빛나는 지나간 날의 해골임을——

쇼윈도의 마네킹 인형은 홑옷을 벗기고서
셀룰로이드의 눈이 이슬과 같이 비관합니다
실업자의 그림자는 공원 연못가의 갈대를 붙잡고
살진 금붕어를 유혹합니다

가을의 태양은 플라티나의 연미복을 입고서
[피 빠진] 하늘의 얼굴을 산보하는
침묵한 화가입니다

(『조선일보』 1930. 10. 01. 4면)
(『태양의 풍속』 167-68)

원문 屍體의흘음

曠野는 그無限속에
情熱에타죽은青春의 죽엄을 파무덧다

火葬場
아모도 記憶하지안는죽엄을 하나
曠野에 심것다 ——
生長하여라 曠野여

滿洲의한울은
娼婦의배ㅅ가죽처럼
풀어저드리워잇다
午後의太陽이
별거벗은 샛발간心臟을들고
彼女의灰色의寢室을 차저단닌다

『우스리』깁흔下水道속에
午後의太陽이
혼차서 싸저죽엇다
大地에서 쒸여나온 어린아희가
갈대를붓잡고
물속에썰어진 黎明의太陽을 낙시질한다
갈대를붓잡고 ——

그는 들가에서
소리단胡賊의大將을붓잡엇다
『걸어오는 太陽을 본일이잇느냐』
胡賊의머리소리가 胡賊의작은골과가티돈다

그의발길에채여
사나희의屍體가 흙을썰며大地에딩군다
(

시체의 흐름

광야는 그 무한 속에
정열에 타 죽은 청춘의 주검을 파묻었다

화장장
아무도 기억하지 않는 주검을 하나
광야에 심었다 ——
생장하여라 광야여

만주[1)]의 하늘은
창부의 뱃가죽처럼
풀어져 드리워 있다
오후의 태양이
[벌거벗은] 새빨간 심장을 들고
[그녀의] 회색 침실을 찾아다닌다

우수리[2)] 깊은 하수도 속에
오후의 태양이
혼자서 빠져 죽었다
대지에서 뛰어나온 어린아이가
갈대를 붙잡고
물속에 떨어진 여명의 태양을 낚시질 한다
갈대를 붙잡고 ——

그는 들 가에서
꼬리 단 호적[3)]의 대장을 붙잡았다
"걸어오는 태양을 본 일이 있느냐"
호적의 머리꼬리[4)]가 호적의 작은 골과 같이 돈다

그의 발길에 차여
사나이의 시체가 흙을 떨며 대지에 뒹군다
(

원문

── 四肢는 줄어 부텃스나
머리가업다 ──
머리업는귀신이여
머리업는귀신이여
『너는地獄에서 너의戀人의얼골을 보아도몰으겟지』

『오흐츠크』의 穩順한물결이 싸뜻한마음을가지기始作한다
『오흐츠크』의桃色의心臟에서華氏三O度의바람이
싸뜻한 『키쓰』를담은 바구미를들고 말러부튼온生物을손질하며 거츤들우를나러온다

한겨울동안 監禁되엿든 눈아래파뭇친忘却의녯집에 잘잇거라』를 고하고
太陽은어린아이와가티 어러부튼江面을 구르며쏴단인다 無邪念한解放된『큐핏트』
여골작에잔긴 깁흔잠에서 놀라깨여간 식검언江물은『憤怒』와가티 밀려나온다
黑龍江의五月 ──

써나려오는 어름덩이 사이에서
沙工은 올을자버셔제서른일곱번재의 죽엄과對面햇다고 안해의마음너흔 째ㅅ상(飯床)에도 도라안지안는밤沙工의마음을 밤을밝히며 낫모를죽엄을 에워싸고 江을나려간다

이윽고 그의숨은 물박휘치는黑龍江우헤서
쏘다른죽엄에 부대처 쌔여낫다
그것은 그自身이엿다 ── 그는스시로를 의심햇다
『다음날 그는 도라올가?』

우리들의沙工은 벌판으로쒸여나왓다 길가에서 XX軍의대장의『카-키』빗군복을붓잡엇다
『자네무엇하려 자네의『모젤』쑷흐로

—— 사지는 줄어 붙었으나
머리가 없다 ——
머리 없는 귀신이여
머리 없는 귀신이여
"너는 지옥에서 너의 연인의 얼굴을 보아도 모르겠지"

오호츠크의 온순한 물결이 따뜻한 마음을 가지기 시작한다
오호츠크의 도색[5] 심장에서 화씨 30도의 바람이
따뜻한 키스를 담은 바구니를 들고 말라붙은 온 생물을 손질하며 거친 들 위를 날아온다

한겨울 동안 감금되었던 눈 아래 파묻힌 망각의 옛집에 ["]잘 있거라"를 고하고
태양은 어린아이와 같이 얼어붙은 강 면을 구르며 쏘다닌다 무사념한 해방된 큐피드여 골짜기에 잔 긴 깊은 잠에서 놀라 깨어 간 시커먼 강물은 분노와 같이 밀려나온다
흑룡강의 오월[6] ——

떠내려오는 얼음덩이 사이에서
사공은 올을 잡아서 제 서른일곱 번째 주검과 대면했다고 아내의 마음 넣은 맷상(반상)에도 돌아앉지 않는 밤 사공의 마음[은] 밤을 밝히며 낯모를 주검을 에워싸고 강을 내려간다

이윽고 그의 꿈은 물바퀴[7] 치는 흑룡강 위에서
또 다른 주검에 부딪혀 깨어났다
그것은 그 자신이었다 —— 그는 스스로를 의심했다
"다음날 그는 돌아올까?"

우리들의 사공은 벌판으로 뛰어나왔다 길가에서 XX군 대장의 카키 빛 군복[8]을 붙잡았다
"자네 무엇 하려 자네의 마우저[9] 끝으로
(

원문

XX人의『노-르만』코에 겨누고잇는가 잡버진놈의心臟속에 자네『모젤』쓋흘 적시여 내는때 자네의 人生에무엇을『풀러쓰』햇는가?』

쏘다른모퉁이에서 부들부들이를가는 졂은兵士의손목을쥐엿다
『보앗지? 자네의會社의 二層의社長室의空氣가 불러가는 社長의배ㅅ장때문에 壓縮을 늣길때 자네는빗나는白銅훈장을 드리운가슴을 내밀고 자네의부러진다리를쓸고서 자네의國土를 밟겟지 아에 자네들의 盲臟과가튼『XX主義』는 자네들의背囊속에 집어넛케』
이튼날새벽 동트기전에
묵어운구두소리가 江가의새밧흘쓸고간다
沙工의기-ㄴ녯이야기와 남은이야기들을 담은거적이 江우에 더저졋다 —— 도라서는발자취소리
『다음날그는도라올가?』 기다리는안해의 작은오막사리로黑龍江에는 五月이 도라왓다

(『朝鮮日報』 1930. 10. 11. 四面)

XX인의 노르만 코에 겨누고 있는가 자빠진 놈의 심장 속에 자네 모젤 끝을 적셔 내는 때 자네의 인생에 무엇을 플러스했는가?"

또 다른 모퉁이에서 부들부들 이를 가는 젊은 병사의 손목을 쥐었다
"보았지? 자네 회사의 2 층 사장실의 공기가 불러 가는 사장의 배짱 때문에 압축을 느낄 때 자네는 빛나는 백동훈장을 드리운 가슴을 내밀고 자네의 부러진 다리를 끌고서 자네의 국토를 밟겠지 아예 자네들의 맹장과 같은 XX주의는 자네들의 배낭 속에 집어넣게"[10)]
이튿날 새벽 동트기 전에
무거운 구두 소리가 강가의 새밭[11)]을 쓸고 간다
사공의 긴 옛이야기와 남은 이야기들을 담은 거적이 강 위에 던져졌다 —— 돌아서는 발자취 소리
"다음날 그는 돌아올까?" 기다리는 아내의 작은 오막살이로 흑룡강에는 오월이 돌아왔다

(『조선일보』 1930. 10. 11. 4면)

원문

저녁별은푸른날개를흔들며

높은한울의 별에달리는修道院의女僧들의 염주을헤이는 소리소리소리 ──

메말은개천의 잠든河床에돌멩이를베고 미꾸라지는『가르랑가르랑』텅뷘창자를틀어쥔다 天氣豫報에는 아직도 비이야기가업다

깊은空氣의 堆積알에잡바진거리우를 葡萄酒의물결이흐른다 조개의가벼운속삭임 ──

『네온싸인』처럼 透明한바다풀의誘惑 ── 바다는 폭르다

사람들은 ── 本能的인 어린魚族의무리들은 그물을뚫고시든心臟을들고 바다의써늘한바람으로 뛰어나온다

꿈의조악돌을담은『빠스켓』을들고 폭른날개를흔들며天使와가티『벨딩』의 憂鬱한집웅우를나러오는 초저녁별 ──

어서와요 푸른天使여나의꿈은지금 나의차듸찬寢室에서 시드럾읍니다 꺽구러진나의花瓶에 당신의薔薇의 꿈을 피우려아니읍니까 ──

(『朝鮮日報』 1930. 12. 14. 四面)

저녁별은 푸른 날개를 흔들며

높은 하늘의 별에 달리는 수도원 여승들의 염주[를] [세는][1] 소리 소리 소리 ——

메마른 개천의 잠든 하상[2]에 돌멩이를 베고 미꾸라지는 가르랑 가르랑 텅 빈 창자를 틀어쥔다 천기예보에는 아직도 비 이야기가 없다

깊은 공기의 퇴적 [아래][3] 자빠진 거리 위를 포도주의 물결이 흐른다 조개의 가벼운 속삭임 ——

네온사인처럼 투명한 바다풀의 유혹 —— 바다는 [푸르다][4]

사람들은 —— 본능적인 어린 어족의 무리들은 그물을 뚫고 시든 심장을 들고 바다의 써늘한 바람으로 뛰어나온다

꿈의 조약돌을 담은 바스켓을 들고 [푸른] 날개를 흔들며 천사와 같이 빌딩의 우울한 지붕 위를 날아오는 초저녁별 ——

어서 와요 푸른 천사여 나의 꿈은 지금 나의 차디찬 침실에서 시들었습니다 꺼꾸러진 나의 화병에 당신의 장미의 꿈을 피우러 아니 옵니까 ——

(『조선일보』 1930. 12. 14. 4면)

원문

훌륭한아츰이아니냐?

蒼白한한울아래
戰野는灰色이다 ——
毒瓦斯의 확근한입김이휩쓸고간다
骸骨과가티메마른空氣가 窒息한다

바람에 휘날려
下水道에 물우헤써나려가는『카렌다』한장 ——
『잘가거라괄양이[1] 一九三O년 —— 』

江邊의屠殺場 ——
날카로운챗직이빽빽한공긔를씻는다
動物들은그아래서自己의번이도라올때까지 쌕닥위를다톤다[2]

먼灰色의地平線을
붉은우숨으로 채우며오는자는누구냐?
오새벽이다 새해다
그는비닭이와장미와 푸른날개와 ——
선물을한수레 가득이실은馬車를끌고
山마루턱을넘어온다

失望과悲觀 —— 아름다운고양이들 ——
너히들은나의품에서 써나라미지근한잠자리에나박혀잇서라

아름답다는지나간날은[3]
붓잡아
『페치카』에집어넛차

『싼』 ——
X[4]ㅅ테녹을닥는일에실증이난다고하엿지너의塹壕는너무어둡다
어서뛰여나와 나[5]의손을마조잡자

훌륭한 아침이 아니냐?

창백한 하늘 아래
전야는 회색이다 ——
독와사[10]의 화끈한 입김이 휩쓸고 간다
해골과 같이 메마른 공기가 질식한다

바람에 휘날려
하수도 물 위에 떠내려가는 캘린더 한 장 ——
"잘 가거라 [말괄량이] 1930년 —— "

강변의 도살장 ——
날카로운 채찍이 빽빽한 공기를 찢는다
동물들은 그 아래서 자기의 번[11]이 돌아올 때까지 뼈다귀를 다툰다

먼 회색의 지평선을
붉은 웃음으로 채우며 오는 자는 누구냐?
오 새벽이다 새해다
그는 비둘기와 장미와 푸른 날개와 ——
선물을 한 수레 가득히 실은 마차를 끌고
산마루턱[12]을 넘어온다

실망과 비관 —— 아름다운 고양이들 ——
너희들은 나의 품에서 떠나라 미지근한 잠자리에나 박혀 있어라

아름답다는 지나간 날은
붙잡아
페치카에 집어넣자

짠 ——
[총] 끝에 녹을 닦는 일에 싫증이 난다고 했지 너의 참호는 너무 어둡다
어서 뛰어나와 나의 손을 마주 잡자
〉

원문

『폴』 —— [6)]

어서 너의眞珠의바구미를바다에집어던지고들로나오렴

금순이 —— 너는 훌륭한빗나는살결을가지고잇고나
버서버리렴으나 그런人造絹은 —— 방금『그란드올간』인푸른바다가 『쌩 —— 쌩』을 시작햇다[7)]
들로나와서동무들아 손을잡어라

초하로날아츰은 水晶의바다다
새벽의별들이 주착업시흘리고간 눈[8)]의『벨벳트』우헤
아츰햇벗이噴水와가티퍼붓는다

훌륭한아츰이아니냐?
쿵 —— 쿵……쿵
나는저자식의발자곡소리가
아주조와[9)] ——

(『朝鮮日報』 1931. 01. 08. 四面)
(『太陽의 風俗』 175-79)

폴——
[저 자식은 산고모를 둘러쓰고 조개의 무덤 위에서 춤을 추겠지.
이 후버[13)]의 팬]
어서 너의 진주 바구니를 바다에 집어던지고 들로 나오렴

금순이 —— 너는 훌륭한 빛나는 살갗을 가지고 있구나
벗어 버리려무나 그런 인조견은——방금 그랜드 오르간인 푸른 바다가 "뿡——뿡"을 시작했다
들로 나와서 동무들아 손을 잡아라

초하룻날 아침은 수정의 바다다
새벽의 별들이 주책없이 흘리고 간 눈의 벨벳 위에
아침 햇빛이 분수와 같이 퍼붓는다

훌륭한 아침이 아니냐?
쿵 —— 쿵……쿵
나는 저 자식의 발자국 소리가
아주 좋아 ——

(『조선일보』 1931. 01. 08. 4면)
(『태양의 풍속』 175-79)

원문

詩論

—— 여러분 ——
여긔는發達된活字의最後의層階올시다
單語의屍體를질머지고
日本조희의
漂白한얼골우헤
썩구러저
헐덕이는活字 ——

『밸』을手術한
白色無記號文字의骸骨의무리 ——
歷史의가슴에매여달러
죽어가는斷末魔
詩의샛파란입술을
축여줄『참픈』는업는냐?

共同便所 ——
오래동안市廳의掃除夫가니저버린窒息한똥통속에
어나곳『쎈티멘탈』한令孃이흘리고간
墮胎한死兒들
市의檢察官의
三角의귀밀눈이낙시질햇다
—— 詩다 —— 쓰라보 ——

나기를넘우일즉히한것이여
생기기를넘우일직히한것이여
感激의血管을脫腸當한
죽은『言語』의大量產出洪水다
死海의氾濫 —— 警戒해라

詩의宮殿에 —— 骨董의廢墟에

시론

── 여러분 ──
여기는 발달된 활자의 최후의 층계올시다
단어의 시체를 짊어지고
일본 종이[1)]의
표백한 얼굴 위에
거꾸러져
헐떡이는 활자 ──

밸[2)]을 수술한
백색 무기호 문자의 해골의 무리 ──
역사의 가슴에 매달려
죽어가는 단말마
시의 새파란 입술을
축여줄 [챔피언][3)]은 없느냐?

공동변소 ──
오랫동안 시청의 소제부[4)]가 잊어버린 질식한 똥통 속에
어느 곳 센티멘털한 영양[5)]이 흘리고 간
타태[6)]한 사아[7)]들
시 검찰관의
삼각 귀밀눈[8)]이 낚시질했다
── 시다 ── 브라보 ──

나기를 너무 일찍이 한 것이여
생기기를 너무 일찍이 한 것이여
감격의 혈관을 탈장당한
죽은 언어의 대량 산출 홍수다
사해의 범람 ── 경계해라

시의 궁전에 ── 골동의 폐허에
(

원문

詩는窒息햇다
『안젤러쓰』여
先世紀의
오랜廢人
詩의吊鍾을
울여라
千九百三十年의들에
藝術의무덤우에
우리는흙을파언자

『哀傷』의賣淫婦가
悲壯의法衣를도적해둘르고
거리로쓸고간다
모-든슬폼이
藝術의일홈으로
大陸과
바다 ——
모-든목숨의
王座를짓밟는다

濁流 —— 濁流 —— 濁流
『센티멘할리즘』의洪水
크다란어린애하나가
花岡채ㅅ죽을휘둘른다
무덤을꼿피운
救援할수업는荒野
藝術의祭壇을휩쓸어버리려고

僞善者와
느렁챙이 ——『어적게』의詩들이여
(

시는 질식했다
안젤루스[9]여
선 세기의
오랜 폐인[10]
시의 조종을
울려라
1930년의 들에
예술의 무덤 위에
우리는 흙을 파 얹자

애상의 매음부가
비장의 법의를 도적해 두르고
거리로 끌고 간다
모든 슬픔이
예술의 이름으로
대륙과
바다 ――
모든 목숨의
왕좌를 짓밟는다

탁류 ―― 탁류 ―― 탁류
센티멘털리즘의 홍수
커다란 어린애 하나가
화강 채찍을 휘두른다
무덤을 꽃피운
구원할 수 없는 황야
예술의 제단을 휩쓸어 버리려고

위선자와
[느림뱅이][11] ―― 어저께의 시들이여
(

원문

잘잇거라
우리들은어린아희다
『삼몰리즘』의
朦朧한形容詞의줄느림에서
藝術의손을잇글자

한개의
날쒸는名詞
금틀거리는動詞
춤추는形容詞
(이건일즉이 본일업는훌륭한生物이다)
그들은詩의다리(脚)에서
生命의불을
뿜는다
詩는탄다 百度로 ——
빗나는『푸라티나』의光線의물결이다

모-든律法과
『모탈리틔』
善
判斷
—— 그것들밧게 새詩는탄다
『아스팔트』와
그러고저기『렐』우에
詩는呼吸한다
詩 —— 딩구는單語

(『朝鮮日報』 1931. 01. 16. 四面)

잘 있거라
우리들은 어린아이다
심볼리즘[12]의
몽롱한 형용사의 줄느림[13]에서
예술의 손을 이끌자

한 개의
날뛰는 명사
꿈틀거리는 동사
춤추는 형용사
(이건 일찍이 본 일 없는 훌륭한 생물이다)
그들은 시의 다리(각)에서
생명의 불을
뿜는다
시는 탄다 100 도로 ──
빛나는 플라티나[14] 광선의 물결이다

모든 율법과
[모랄리티][15]
선
판단
── 그것들 밖에 새 시는 탄다
아스팔트와
그리고 저기 레일 위에
시는 호흡한다
시 ── 뛩구는 단어

(『조선일보』 1931. 01. 16. 4면)

원문 　　삼키는眞珠여바다로가자

쩽 ——
쩽 —— 쩽
쩽 —— 쩽 —— 쩽
에이부즈런한『코코수』劇場의時計가黃昏의『마-취』를부네

虐待바든正初의눈을위하야슬퍼하는마음은업습니까?
十字路의『아스팔트』우헤
『아베뉴』의街路樹미테서
輕薄한戀人들의총총한발길에
말업시짓밟혀사라짐니다그는 ——

이건서리마즌나물닙임니다
노-란한숨에메마를漂白된살림의陳列을보세요

春春婦의얼골은 百貨店의 『엘레베-타』의『쿳숀』 우헤시드럿습니다 月給쟁이의蒼白한뺨에는눈송이가 부대처싸라짐니다
(오늘도地文學의先生님은 地球는圓滿하다고가르칫대요)

咸鏡道물장사의억개우헤물통이
캄캄한三丁目뒷골목에서요란하게달랑거림니다
너는퍽으나 배가곰흔게구나 ——[1)]

『마네킹』의목에걸려싸물치는眞珠목도리의 샛파란눈동자 ——
南洋의물결에저저잇는너여
너는엇재서말이업늬? 나는안다나
일무러[2)]벙어리를삼이는너의
바다의안개에흐려잇는파-란鄕愁를 ——

너의말업는눈동자에서
熱帶의太陽아래과일은붉다
(

꿈꾸는 진주여 바다로 가자

땡 ——
땡 —— 땡
땡 —— 땡 —— 땡
에이 부지런한[5] 코코수 극장의 시계가 황혼의 마치[6]를 부네

학대받은 정초[7]의 눈을 위하여 슬퍼하는 마음은 없습니까?
십자로의 아스팔트 위에
에비뉴[8]의 가로수 밑에서
경박한 연인들의 총총한 발길에
말없이 짓밟혀 사라집니다 그는 ——

이건 서리 맞은 나물 잎입니다
노란 한숨에 메마를 표백된 살림의 진열을 보세요

춘춘부[9]의 얼굴은 백화점 엘리베이터의 쿠션 위에 시들었습니다 월급쟁이의 창백한 뺨에는 눈송이가 부딪혀 사라집니다
(오늘도 지문학[10] 선생님은 지구는 원만하다고 가르쳤대요)

함경도 물장사 어깨 [위의] 물통이
캄캄한 3정목[11] 뒷골목에서 요란하게 달랑거립니다
너는 퍽이나 배가 고픈 게구나 ——

마네킹의 목에 걸려 까물치는[12] 진주 목도리의 새파란 눈동자 ——
남양[13]의 물결에 젖어 있는 너여
너는 어째서 말이 없니? 나는 안다나
[일부러] 벙어리를 꾸미는 너의
바다 안개에 흐려 있는 파란 향수를 ——

너의 말없는 눈동자에서
열대의 태양 아래 과일은 붉다

원문

키다리椰子樹는
한울의구름을붓잡으려고
네활개를내저으며춤을춘다

바다에는달이빠저피를흘려
밋치여날뛰며몸부림치는물결우헤
오늘도네가듯고십허가는[3]獨木舟의노젓는소리는유랑하리라
『쎄 —— 색쌔 —— 걱』

永遠의成長을숨쉬는海草의자지빗산림속에서
너에게『키쓰』하던鰊魚의健康한딸들이그립다지 ——
그러면土人의女子의진흙빗손가락에서모래와함께새여버린너의幸福의조악돌을도루집으러가자[4]

嘆息하는벙어리의눈동자여
너와나 ——
바다로아니가려늬 녹쓰른두마음을잠그러가자
바다의人魚와가티나는
푸른한울이마시고십다

『페이부멘트』를싸리는수업는발자곡의反響 —— 그소리
眞珠와나의귀는우리의삶의陸地에부대치는물결의속삭임에기우립니다

오 —— 어린바다여 나는너에게로나러가는날개를기르고잇다

(『朝鮮日報』 1931. 01. 23. 四面)
(『太陽의 風俗』 52-54)

키다리 야자수는
하늘의 구름을 붙잡으려고
네 활개를 내저으며 춤을 춘다

바다에는 달이 빠져 피를 흘려
미쳐 날뛰며 몸부림치는 물결 위에
오늘도 네가 듣고 싶어 [하는] 독목주[14]의 노 젓는 소리는 [유량하리라][15]
"삐 —— 걱 빼 —— 걱"

영원의 성장을 숨 쉬는 해초의 자줏빛[16] 산림 속에서
너에게 키스하던 상어의 건강한 딸들이 그립다지 ——
그러면 토인 여자의 진흙 빛 손가락에서 모래와 함께 새어 버린 너의 행복의 조약돌을 도로 집으러 가자

탄식하는 벙어리의 눈동자여
너와 나 ——
바다로 아니 가려니 녹슨 두 마음을 잠그러 가자
바다의 인어와 같이 나는
푸른 하늘이 마시고 싶다

페이브먼트[17]를 때리는 수없는 발자국의 반향 —— 그 소리
진주와 나의 귀는 우리의 꿈의 육지에 부딪히는 물결의 속삭임에 기울입니다

오 —— 어린 바다여 나는 너에게로 날아가는 날개를 기르고 있다

(『조선일보』 1931. 01. 23. 4면)
(『태양의 풍속』 52-54)

원문

木馬를타고온다던새해가

灰色의밤이다
灰色의『쎄드』다
灰色의『커린』이다

『어머니
太陽이어대잇슴니까?』
鉛板과가튼밤의가슴이
灰色의목소리를싸러버렷다
反響도엄는灰色의목소리

『어머니
『커린』을미러주세요
砂金의물결이창살을스침니다
太陽의옷기슥이아님니까』

간호무의작은石膏의발을실은
『슬립퍼』가『마호가니』의 바다를노질해간다
그의발은 훌륭한풍금을탄다

『어머니나는 날개가 애말르게가지고십허요
창밧게世上은무척이도자라서넓겟지요
들우헤쒸여다니는 바람과함께나는춤추고십허요
어머니 새해는 木馬와長靴와림금과『밀크』를한아름 가득이담은바구미를들고 저컴
컴한들가로부터온다구햇지요 오 —— 지금총총하게문을두다리는소리가남니다
어서문을여러주어요 어머니 아마도 저것은그의손인가봅니다』

어린것은 지금숨을붓잡고구름사히로올라갓다 오전네시 ——
경쾌한彈丸이
모-든 慾望과焦燥와 豫想의花壇우에 爆發하엿다
검은말발굽이
(

목마를 타고 온다던 새해가

회색의 밤이다
회색의 베드다
회색의 [커튼][2)]이다

"어머니
태양이 어디 있습니까?"
연판[3)]과 같은 밤의 가슴이
회색의 목소리를 빨아 버렸다
반향도 없는 회색의 목소리

"어머니
[커튼]을 밀어 주세요
사금[4)]의 물결이 창살을 스칩니다
태양의 [옷자락][5)]이 아닙니까"

[간호부][6)]의 작은 석고 발을 실은
슬리퍼가 마호가니[7)]의 바다를 노질해 간다
그의 발은 훌륭한 풍금을 탄다

"어머니 나는 날개가 애타게[8)] 가지고 싶어요
창밖에 세상은 무척이도 자라서 넓겠지요
들 위에 뛰어다니는 바람과 함께 나는 춤추고 싶어요
어머니 새해는 목마와 장화와 임금[9)]과 밀크를 한 아름 가득히 담은 바구니를 들고 저 컴컴한 들 가로부터 온다고 했지요 오――지금 총총하게 문을 두드리는 소리가 납니다
어서 문을 열어 주어요 어머니 아마도 저것은 그의 손인가 봅니다"

어린 것은 지금 꿈을 붙잡고 구름 사이로 올라갔다 오전 4시 ――
경쾌한 탄환이
모든 욕망과 초조와 예상의 화단 위에 폭발하였다
검은 말발굽이

원문

아츰의戰野의微笑를 짓밟고지나간다

날개여
오 —— 生命의피에저즌 모-든瞬間을
바람의날개로나러가는차듸찬손길이여 ——

反抗의악착한宣言이 瞬間과瞬間의뒤를니어걸리엇다
그最後의瞬에生의『에네르기』의慘敗를告하는한개의悲劇이멈춰서서 그것을지여버렷다
『오 —— 너는안심하여도 조타
너의작은얼골과 밀과가튼너의포동포동한몸집과
그러고 네가人生에서흘리고간수업는작은이야기와 우숨을위하야
우리들의記憶의속에 작은오막사리를쉶일제 ——
너는언제든지 우리가십흘쌔 너의오막사리로도라오겟지
그러고 옥가튼ㅜ름[1]의배를타고 네가그일홈을부르기를조와하던 —— 태양과실증이나도록『키쓰』하렴으나 —— 』

(『朝鮮日報』 1931. 03. 01. 四面)

아침 전야[10]의 미소를 짓밟고 지나간다

날개여
오 —— 생명의 피에 젖은 모든 순간을
바람의 날개로 날아가는 차디찬 손길이여 ——

반항의 악착한[11] 선언이 순간과 순간의 뒤를 이어 걸리었다
그 최후의 [순간][12]에 생의 에너지의 참패를 고하는 한 개의 비극이 멈춰 서서 그것을 지워 버렸다.
"오 —— 너는 안심하여도 좋다
너의 작은 얼굴과 밀[13]과 같은 너의 포동포동한 몸집과
그러고 네가 인생에서 흘리고 간 수없는 작은 이야기와 웃음을 위하여
우리들의 기억 속에 작은 오막살이를 꾸밀 때 ——
너는 언제든지 우리가 싶을 때[14] 너의 오막살이로 돌아오겠지
그러고 옥 같은 [구름의] 배를 타고 네가 그 이름을 부르기 좋아하던 —— 태양과 싫증이 나도록 키스하려무나"

(『조선일보』 1931. 03. 01. 4면)

원문

出發

五月의바다와가티 빗나는窓이
아츰해에게 우숨을보내며 無限히깁흔會話를 두사람은밧구고잇다

한울은 얼골에서 어둠을씻고
地中海를 구버본다 푸른 및치업는거울 ——[1)]
　窓을 열렴으나 『누나』——
푸른한울 —— 써늘한大氣 ——[2)]太陽은별들의『쎈티멘탈』한 눈물에저저
그러치만 그는幸福한記憶때문에웃는다
어둠속에서의 무수한그의女子엿든별들때문에
　아츰이다
　希望이다
　溫暖이다
　喜悅이다
그래서 世界는 아주새롭다[3)]

어린새들은 너희의三月을 니저버렷는냐?
너희들의 훌륭한『파라슈-트』—— 沐浴한날개를 타고날래게 푸른한울로 써러지렴으나

그래서 世界에 아츰을 告해라
　빗친 ——
　푸름인 ——
　生長[4)]인 ——

太平洋橫斷의汽船『엠푸레쓰·오쁘·에이샤』號가금방 크다란希望과가튼 긔빨을흔들며『쏙크』[5)]를 써낫다 午前八時三十分 ——

(『朝鮮日報』 1931. 03. 27. 四面)
(『太陽의 風俗』 106-07)

출발

5월의 바다와 같이 빛나는 창이
아침 해에게 웃음을 보내며 무한히 깊은 회화를 두 사람은 바꾸고 있다

하늘은 얼굴에서 어둠을 씻고
지중해를 굽어본다 푸른 밑이 없는 거울 ——
　창을 열려무나 누나 ——
푸른 하늘 —— 서늘한 대기 —— 태양은 별들의 센티멘털한 눈물에 젖어
그렇지만 그는 행복한 기억 때문에 웃는다
어둠 속에서의 무수한 그의 여자였던 별들 때문에
　아침이다
　희망이다
　온난이다
　희열이다
그래서 세계는 아주 새롭다

어린 새들은 너희의 3월을 잊어 버렸느냐?
너희들의 훌륭한 파라슈트 —— 목욕한 날개를 타고 날래게 푸른 하늘로 떨어지려무나

그래서 세계에 아침을 고해라
　빛인 ——
　푸름인 ——
　생장인 ——

태평양 횡단의 기선 엠프레스 오브 아시아 호[6]가 금방 커다란 희망과 같은 깃발을 흔들며 독[7]을 떠났다 오전 8시 30분 ——

(『조선일보』 1931. 03. 27. 4면)
(『태양의 풍속』 106-07)

원문

三月의『푸리즘』

赤

별들은 地球우헤서 나래를거두어가지고 나러감니다 (變하기쉬운 戀人들이여) 푸른한울에는 구름의칭칭대가 걸려잇습니다 이상한일은 이 『쎌딩』에는 窓이하나도 업는일입니다. 수업는가슴들은 窒息압헤서 戰慄합니다[1)]
『할로 —— 陸地와바다 —— 』
부즈런한 事務家인太陽君은아츰여섯時인데 벌서『쎄드』에서이러나서 별의잠옷을 벗습니다
썩어나는 안개의 저쪽에서 ——
썩어나는 안개의 저쪽에서 ——[2)]
그러고 총총히 층증대[3)]를 올러갑니다 마치고무風船과가튼거름으로 ——
그러치만 우리들의傳說처름타는불이나 톡기[4)]가 그는아니니싸 그는타지안코 그대신웃습니다[5)]

(『朝鮮日報』 1931. 04. 23. 四面)
(『太陽의 風俗』 128, 「三月의씨네마: 아츰해」)

3월의 프리즘

적

별들은 지구 위에서 날개를 거두어 가지고 날아갑니다 (변하기 쉬운 연인들이여)
푸른 하늘에는 구름의 [층층대][6]가 걸려 있습니다 이상한 일은 이 빌딩에는 창이 하나도 없는 일입니다 수없는 가슴들은 질식 앞에서 전율합니다
"헬로 —— 육지와 바다 —— "
부지런한 사무가인 태양 군은 아침 6시인데 벌써 베드에서 일어나서 별의 잠옷을 벗습니다
썩어나는[7] 안개의 저쪽에서 ——
썩어나는 안개의 [저쪽]에서 ——
그러고 총총히 [층층대]를 올라갑니다 마치 고무풍선과 같은 걸음으로 ——
그렇지만 우리들의 전설처럼 타는 불이나 [토끼][8]가 그는 아니니까 그는 타지 않고 그 대신 웃습니다

(『조선일보』 1931. 04. 23. 4면)
(『태양의 풍속』 128, 「3월의 시네마: 아침 해」)

원문

黃

물레방아간 문턱아래는 어느쌔의拂下인지모르는 낡은軍隊의 구두한켜레가[1]일직이 그는軍馬의 號哭과生命의 最後의瞬間의 悲鳴을짓밟고勇敢한上等兵『슈밋트 쎄이커』의물에튄발을 保護하는任務에잇섯는데 지금은『카이자』처럼버리운者의 運命과함쌔잇습니다 『니코라이』二世의무덤도 —— 老朽한凱旋門도 ——[2]

太陽의 어린아들인 무수한光線들이두텁게 잠긴겨으른 문창을분주히 싸립니다 (쌔-드大佐의 制禦할수업는 精神을가진 冒險性의작은새들이여.)

『컹 —— 컹 —— 컹』

안개의 海底에 沈沒한마을에서는개가 即興詩人처럼 혼차서짓습니다

『오 —— 오늣잠자기 물레방아쟁이 ——

지금씀은 地上으로 도라와도 조흔쌔가 아닙니까 벌서아츰인데 —— 당신의쑴을 쓰러안고잇는일에서 自由로워 질수는업습니까』[3]

(『朝鮮日報』 1931. 04. 23. 四面)

(『太陽의 風俗』 129, 130, 131: 「三月의씨네마: 물레방아깐, 分光器, 개」[4])

황

물레방앗간 문턱 아래는 어느 때의 불하[5]인지 모르는 낡은 군대의 구두 한 [켤레,] 일찍이 그는 군마의 호곡[6]과 생명의 최후의 순간의 비명을 짓밟고 용감한 상등병 슈미트 베이커의 물에 튄 발을 보호하는 임무에 있었는데 지금은 카이저[7]처럼 버려진 자의 운명과 함께 있습니다 니콜라이 2세[8]의 무덤도 —— 노후한 개선문[9]도 ——

태양의 어린 아들인 무수한 광선들이 두텁게 잠긴 게으른 문창[10]을 분주히 때립니다 (버드 대좌[11]의 제어할 수 없는 정신을 가진 모험성의 작은 새들이여.)

"컹 —— 컹 —— 컹"

안개의 해저에 침몰한 마을에서는 개가 즉흥시인처럼 혼자서 짖습니다

"오 —— 오 [늦잠쟁이][12] 물레방아쟁이 ——

지금쯤은 지상으로 돌아와도 좋은 때가 아닙니까 벌써 아침인데 —— 당신의 꿈을 끌어안고 있는 일에서 자유로워질 수는 없습니까"

(『조선일보』 1931. 04. 23. 4면)

(『태양의 풍속』 129, 130, 131: 「3월의 시네마: 물레방앗간, 분광기, 개」)

원문

青

江은그의 모든種族과함께大地의永遠한 下水道입니다 『아마존』『짜뉴』『쎄-느』『라인』鴨綠江,豆滿江,『미시십피』 等等等 마지막으로 偉大한그짱을 흐르는揚子江 ―― 그러치만 市民들은 한번도水道料를 낸일이업습니다 그러타고 그使用을拒絶當한사람도업습니다
지금 그는아츰의 들을짜리며 물레방아를굴리며 노래하며깁흔안개속으로부터 써러짐니다 바다를차저 ―― (그것은너의집이냐? 하지만나는 갈수가업고나 도시업고나)
어린魚族들은 벌거벗은힌등을해ㅅ볏헤쏘이며 헤염침니다
그속에 푸른가슴을 헤우는집오리들이 잇섯습니다 마을의안악네들은 나물과或은 쌀래가담긴바구미를씨고 오슬길을밧부게참니다 그러치만 다만思想家인 『쏘크라테쓰』만은그의낡은보작이를들고 江으로오지안습니다

(『朝鮮日報』 1931. 04. 23. 四面)

(『太陽의 風俗』 132, 133: 「三月의씨네마: 江, 魚族」[1])

청

강은 그의 모든 종족과 함께 대지의 영원한 하수도입니다 아마존, 다뉴브, 쎈, 라인, 압록강, 두만강, 미시시피 등등등 마지막으로 위대한 그 땅을 흐르는 양쯔강[2]
——
그렇지만 시민들은 한 번도 수도료를 낸 일이 없습니다 그렇다고 그 사용을 거절당한 사람도 없습니다
지금 그는 아침의 들을 때리며[3] 물레방아를 굴리며 노래하며 깊은 안개 속으로부터 떨어집니다 바다를 찾아 ——(그것은 너의 집이냐? 하지만 나는 갈 수가 없구나 도시[4] 없구나)
어린 어족들은 벌거벗은 흰 등을 햇빛에 쪼이며 헤엄칩니다
그 속에 푸른 가슴을 [헹구는][5] 집오리들이 있었습니다 마을의 아낙네들은 나물과 혹은 빨래가 담긴 바구니를 끼고 오솔길을 바쁘게 찹니다 그렇지만 다만 사상가인 소크라테스[6]만은 그의 낡은 보자기를 들고 강으로 오지 않습니다

(『조선일보』 1931. 04. 23. 4면)
(『태양의 풍속』 132, 133: 「3월의 시네마: 강, 어족」)

원문

綠

금방날개가 겨우도친飛行機의병아리가(무서운時期입니다)할닥할닥숨이차서 이슬에저즌葡萄酒의한울에 샛하얀오좀을쌈니다 그러고그는 도망하는구름들을 분주히쏘차다닙니다그의작은戀人들인 밤의별들을위하야 구름의『스카-트』를주름잡나봅니다오늘밤 銀河水가에모히는 假裝舞蹈會에 그의戀人들의 虛榮心은 구름의『스카-트』가 애타게그립답니다 어느새 저연석이 물속에쒸여드러가서 고기쎄를몰고다니네

(『朝鮮日報』 1931. 04. 23. 四面)

(『太陽의 風俗』 134: 「三月의씨네마: 飛行機 [I]」[1])

녹

금방 날개가 겨우 돋친 비행기의 병아리가 (무서운 시기입니다) 할딱할딱 숨이 차서 이슬에 젖은 포도주의 하늘에 새하얀 오줌을 쌉니다 그러고 그는 [도망가는] 구름들을 분주히 쫓아다닙니다 그의 작은 연인들인 밤의 별들을 위하여 구름의 스커트를 주름 잡나 봅니다 오늘 밤 은하수 가에 모이는 가장무도회에 그의 연인들의 허영심은 구름의 스커트가 애타게 그립답니다 어느새 저 녀석이 물속에 뛰어 들어가서 고기 떼를 몰고 다니네

(『조선일보』 1931. 04. 23. 4면)

(『태양의 풍속』 134: 「3월의 시네마: 비행기 [I]」)

원문

紫

移民들을태운 식컴언汽車가갑작이 쒸여들엇슴으로 瞑想을주물르고잇던 鋼鐵의哲學者인鐵橋가 갑작이 놀라서 투덜투덜소리친다
다음驛에서도汽車는 그의수수씐『로맨티시쯤』인號角[1]을불리다[2]
그러치만 移民들의 家族의얼골들은 車窓에서 웃지안는다 汽車에게서 버리운煙氣가 空中에멈춰서서 먼하니 제그림자를 구버본다

(『朝鮮日報』 1931. 04. 23. 四面)

(『太陽의 風俗』 135: 「三月의씨네마: 北行列車」)

자

이민들을 태운 시커먼 기차가 갑자기 뛰어들었음으로 명상을 주무르고 있던 강철의 철학자인 철교가 갑자기 놀라서 투덜투덜 소리친다
다음 역에서도 기차는 그의 수수[3] 낀 로맨티시즘인 호각을 불리다
그렇지만 이민들의 가족의 얼굴들은 차창에서 웃지 않는다 기차에게서 버려진 연기가 공중에 멈춰 서서 [멍하니] 제 그림자를 굽어본다

(『조선일보』 1931. 04. 23. 4면)
(『태양의 풍속』 135: 「3월의 시네마: 북행열차」)

원문

紅

섯하얀 쪽기를입은 空中의曲藝師인 제비의家族들은 언제나 그의긴 旅行에서 도라올가?
길가의 電線줄에서 부리는그의재조를 나는썩조와하는데 —— 1)
그가 가지고오는 긋이업는南國의이야기를 듯기위하야 우리들은 銀河水아래 모닥불을피울터인데 ——
거긔는 赤道의우헤 太陽이탄다고하엿지? 끌는물결이 太陽에로 向하야그의가슴을 헤치고 뛰논다고하엿지?
그늘이 깁은곳에無花果가 붉게익엇다고하엿지?
노래가 —— 우숨이 —— 춤이 —— 情熱이잇다고하엿지?
우리는『웰컴』의인사를 만히準備해가지고잇는데 ——
우리들이 그를조와하는것이별을처다보는것과가튼것을 그는 알고잇다고전한일이 업습은 엇진싸닭일가
푸른달빗헤 —— 이슬에 —— 저녁바람에 식어나리는 우리들의텡뷘慾望의무덤을 채워줄三月과함쌔 그는언제나올가?

(『朝鮮日報』 1931. 04. 23. 四面)
(『太陽의 風俗』 97-98:「제비의 家族」)

홍

새하얀 조끼를 입은 공중의 곡예사인 제비의 가족들은 언제나 그의 긴 여행에서 돌아올까?
길가의 전선줄에서 부리는 그의 재주를 나는 썩 좋아하는데 ——
그가 가지고 오는 끝이 없는 남국의 이야기를 듣기 위하여 우리들은 은하수 아래 모닥불을 피울 터인데 ——
거기는 적도의 위에 태양이 탄다고 하였지? 끓는 물결이 태양에로 향하여 그의 가슴을 헤치고 뛰논다고 하였지?
그늘이 깊은 곳에 무화과가 붉게 익었다고 하였지?
노래가 —— 웃음이 —— 춤이 —— 정열이 있다고 하였지?
우리는 웰컴의 인사를 많이 준비해 가지고 있는데 ——
우리들이 그를 좋아하는 것이 별을 쳐다보는 것과 같은 것을 그는 알고 있다고 전한 일이 없음은 어떤 까닭일까
푸른 달빛에 —— 이슬에 —— 저녁 바람에 식어 내리는 우리들의 텅 빈 욕망의 무덤을 채워 줄 3월과 함께 그는 언제나 올까?

(『조선일보』 1931. 04. 23. 4면)
(『태양의 풍속』 97-98: 「3월의 시네마: 제비의 가족」)

원문

黑

여긔서 太陽의『푸리즘』은어두어진다

(『朝鮮日報』 1931. 04. 23. 四面)

흑

여기서 태양의 프리즘은 어두워진다

(『조선일보』 1931. 04. 23. 4면)

원문

屋上庭園……散文詩

百貨店의 屋上庭園의 우리속의『카나리아』는 『니히리스트』다

그는 사람들의부르는소리와그러고그들의 日氣에對한『스튜리-트셸』에對한 西班牙의革命에對한 온갓짓거림의 濁流를避하야빗나는 나래를드리우고잠속으로 避難한다 그러치만아모도 『그의삶이 어대로彷徨하고잇는가?』에對하야는말하는氣色이 업다

기둥時計의바눌은 바로12를出發하엿는데 롱안의 胡닭은부출을치며 노-라케파리한 우름올햇볏희 푸러저 갓득찬空中에 길게굿는다[1] —— 어둠의밋층에서 바다의 저편에서 짱의한끗헤서 새벽의 나래의쩔림을 누구보다도 먼저늣기든 너의心臟이여 —— 그러나 사람들은 너에게서『때의傳令』의職務를 쌔아섯다 그들은 얼마나 『새로운때』의到着에對하야 몸을썰고잇는가? 새여 너는이러케말하고 십지 사람은 엇던種類의 無理든지惡이든지 치를수 잇나보다고 —— 웨그러냐 하면 그들은 『미스터룻쏘』의遺言은『포켓트』속에 니저버리고 屋上의噴水에 메마른感情들을 적시려오니까 ——

建物會社는 병아리와가티敏捷하고『튜립프』와가티 新鮮한空氣를 防禦하기위하야 都市의『메인스튜리-트』에75『쎈치[』]의벽동[2]을 쌋는다

놀라운戰爭의때다 사람의祖先은 最初에 별들과 구룸을拒絶하엿고 다음에大地를 最後로그子孫은 空氣에向하야 宣戰하고잇다

거리에서는 씌끌이 소리친다 『都市計劃 局長閣下 무슨까닭에 당신은 우리들을『콩크리-트』와磚石[3]의 四角의獄舍속에 窒息식히고 푸른『네온싸인』으로 漂白하려고 함니까 이러케 好奇的인 實驗에는 아주실증이낫습니다

당신은 무슨까닭에 우리들의 飛躍과 成長과 戀愛를 嫉妬하심니까』 ——

그러나 府의撒水車는 때업시 太陽에게 煽動되여『아스팔트』우헤서 叛亂하는씨끌의 밀물을 잠재우기爲하야 네거리를 기여다닌다

그러고 사람들은 이윽고 溺死한그들의魂을 噴水池속에서 건저가지고 분주히 분주히『엘레베이터』를타고 제비와가티墜落한다 女案內人은 그의팡을낫는詩를 反覆한다 『여긔는 地下室이올시다』

(『朝鮮日報』 1931. 05. 31. 四面)

(『太陽의 風俗』 41-43)

옥상정원……산문시

백화점 옥상정원의 우리 속 카나리아는 니힐리스트[4]다
그는 사람들의 부르는 소리와 그러고 그들의 일기[5]에 대한 스트리트 걸에 대한 서반아의 혁명[6]에 대한 온갖 지껄임의 탁류를 피하여 빛나는 날개를 드리우고 잠 속으로 피난한다 그렇지만 아무도 "그의 꿈이 어디로 방황하고 있는가?"에 대하여는 말하는 기색이 없다
기둥 시계의 바늘은 바로 12를 출발하였는데 농[7] 안의 호[8]닭은 부출[9]을 치며 노랗게 파리한 울음을 햇빛이 풀어져 가득 찬 공중에 길게 긋는다 —— 어둠의 밑층에서 바다의 저편에서 땅의 한끝에서 새벽의 날개의 떨림을 누구보다도 먼저 느끼던 너의 심장이여 —— 그러나 사람들은 너에게서 '때의 전령'의 직무를 빼앗았다 그들은 얼마나 '새로운 때'의 도착에 대하여 몸을 떨고 있는가? 새여 너는 이렇게 말하고 싶지 사람은 어떤 종류의 무리[10]든지 악이든지 치를 수 있나 보다고 —— 왜 그러냐 하면 그들은 미스터 루소[11]의 유언은 포켓 속에 잊어버리고 옥상의 분수에 메마른 감정들을 적시러 오니까 ——
건물 회사는 병아리와 같이 민첩하고 튤립과 같이 신선한 공기를 방어하기 위하여 도시의 메인 스트리트에 75센티의 [벽돌]을 쌓는다
놀라운 전쟁의 때다 사람의 조선[12]은 최초에 별들과 구름을 거절하였고 다음에 대지를 최후로 그 자손은 공기에 향하여 선전[13]하고 있다
거리에서는 티끌이 소리친다 "도시계획 국장 각하 무슨 까닭에 당신은 우리들을 콘크리트와 전석[14]의 사각 옥사 속에 질식시키고 푸른 네온사인으로 표백하려고 합니까 이렇게 호기적[15]인 실험에는 아주 싫증이 났습니다
당신은 무슨 까닭에 우리들의 비약과 성장과 연애를 질투하십니까" ——
그러나 부의 살수차[16]는 때 없이 태양에게 선동되어 아스팔트 위에서 반란하는 티끌의 밀물을 잠재우기 위하여 네거리를 기어다닌다
그러고 사람들은 이윽고 익사한 그들의 혼을 분수지[17] 속에서 건져 가지고 분주히 분주히 엘리베이터를 타고 제비와 같이 추락한다 여 안내인은 그의 팡[18]을 낳는 시를 반복한다 "여기는 지하실이올시다"

(『조선일보』 1931. 05. 31. 4면)
(『태양의 풍속』 41-43)

원문

戀愛의斷面

愛人이여 ——
당신이 나를가지고잇다고생각할때 나는당신의밧게잇습니다

萬若에 당신의속에 내가잇다면 나는木炭에 不過할것입니다

당신이 나를노아보내는때 당신은 가장만히 나를붓잡을것입니다

愛人이여 ——
나는제비인데 당신의意志는 밤입니다

(『朝鮮日報』 1931. 06. 02. 四面)

(『太陽의 風俗』 25)

연애의 단면

애인이여 ——
당신이 나를 가지고 있다고 생각할 때 나는 당신의 밖에 있습니다

만약에 당신의 속에 내가 있다면 나는 목탄에 불과할 것입니다

당신이 나를 놓아 보내는 때 당신은 가장 많이 나를 붙잡을 것입니다

애인이여 ——
나는 제비인데 당신의 의지는 밤입니다

(『조선일보』 1931. 06. 02. 4면)
(『태양의 풍속』 25)

원문

SOS

S── O ── S

午後여섯時三十五分 ──
突然

어둠의바다의 暗礁에걸려地球가破船햇다
『살려라』
나는그를건지려는誘惑을斷念하리라

(『朝鮮日報』 1931. 06. 02. 四面)
(『太陽의 風俗』 28-29: 「海上」)

SOS

S —— O —— S

오후 6시 35분 ——
돌연

어둠의 바다의 암초에 걸려 지구가 파선했다
"살려라"
나는 그를 건지려는 유혹을 단념하리라

(『조선일보』 1931. 06. 02. 4면)
(『태양의 풍속』 28-29: 「해상」)

원문

撒水車

大學病院의 쏘죽집의 時計가
아츰 아홉 時-ㄴ데

망할자식 ——
太陽은 街路의 上空에 잡바저 쌜가케 성이낫다

最近의 그자식도 성만나면 地球를 성가시게 구는 病이 잇서서
아주 엇질줄 모를 막난이야

오늘도 府의 烙印을 걸머진 撒水車는 주착업시 오좀을 싸고간다
이큰길을 午前아홉時부터 午後다섯시까지『바네』온가티 撒水車夫의 궁뎅이로 쏘츠며 쉴새업시 往復한다

鐵路를 노앗스면 하도록
그것은 쯧이업는길이다 그의人生도 每日의일도

撒水車夫의 몸동아리는 재여진『라듸에-터』다
冷靜을 일허버린 그의皮膚의 分泌物은 도라오는길에는 썩팔러가는 안해에게 고무신을빌려준 벌거버슨 그의 발바닥에 鄕愁와가티 달러붓는다

언제던지『라무네』와가티 써늘한 그길을
番號를단 검은소리를 내저으며가는『씨보레-』는 전혀 賣淫婦다

그內部의 包藏物을 列擧하면
爲先 眼鏡이잇다 그러고 若干의 原書와 구두와 蛋白質과 石灰와 水分等으로 構成된 蠢動物이잇다

놀라운일은 이것들의 合成物인 博士라는 存在는 어대서 배홧는지 時計를 처다보고는 放送時間의 切迫을 늣겻다

〉

살수차[1)]

대학병원의 뾰족집[2)]의 시계가
아침 9시인데

망할 자식 ──
태양은 가로의 상공에 자빠져 빨갛게 성이 났다

최근의 그 자식도 성만 나면 지구를 성가시게 구는 병이 있어서
아주 어쩔 줄 모를 망나니야

오늘도 부의 낙인을 걸머진 살수차는 주책없이 오줌을 싸고 간다
이 큰길을 오전 9시부터 오후 5시까지 바네[와][3)] 같이 살수차부의 궁둥이로 쫓으며 쉴 새 없이 왕복한다

철로를 놓았으면 하도록
그것은 끝이 없는 길이다 그의 인생도 매일의 일도

살수차부의 몸뚱아리는 깨어진 라디에이터다
냉정을 잃어버린 그의 피부의 분비물은 돌아오는 길에는 떡 팔러 가는 아내에게 고무신을 빌려준 벌거벗은 그의 발바닥에 향수와 같이 달라붙는다

언제든지 라무네[4)]와 같이 써늘한 그 길을
번호를 단 검은 꼬리를 내저으며 가는 쉐보레[5)]는 전혀 매음부다

그 내부의 포장물을 열거하면
위선 안경이 있다 그리고 약간의 원서와 구두와 단백질과 석회와 수분 등으로 구성된 준동물[6)]이 있다

놀라운 일은 이것들의 합성물인 박사라는 존재는 어디서 배웠는지 시계를 쳐다보고는 방송 시간의 절박을 느꼈다
〉

원문

畢竟 그物質의 內部에는 눈물이업스리라는데
우리들 觀衆의 意見은 一致되엿다

오늘도 撒水車夫는
이거리우헤 짬과물의 液體의씨를 뿌리며간다 말업시 大地우헤 코를박고
언제 거들지도 모르는 農事를 ──

하지만 害鳥인 太陽의 타는 주둥아리는
써러도 지기전에 그것을 다 집어먹는다

六月을 잡아서는
망할자식 太陽의 두쌤은 썰룩하기만하다
어느째가되면 그자식의 病은 달너날가?

(『三千里』 3.7. 1931. 07. 01. 85쪽)

필경[7] 그 물질의 내부에는 눈물이 없으리라는 데
우리들 관중의 의견은 일치되었다

오늘도 살수차부는
이 거리 위에 땀과 물의 액체의 씨를 뿌리며 간다 말없이 대지 위에 코를 박고
언제 거둘지도 모르는 농사를 ——

하지만 해조[8]인 태양의 타는 주둥아리는
떨어도 지기 전에 그것을 다 집어먹는다

6월을 잡아서는
망할 자식 태양의 두 뺨은 볼룩하기만 하다
어느 때가 되면 그 자식의 병은 달아날까?

(『삼천리』 3.7. 1931. 07. 01. 85쪽)

원문

苦待[1)]

園丁이여 ——
수업는 별들이피는 밤의花壇우헤
節季를짜라 비를주던 당신의오래인 日課를 回復하지안흐렵니까?

더위에타 씨여진목을 축여주는비를 苦待하는 우리들의希望은 永久히殘忍한 誘惑에 不過합니까?

平和는 지금은 傳說속의 全然無害한 임검(王)이되여 大英博物舘의 陳列壇우헤 勳章을차고 졸고잇다고합니다。

오늘도 어적게도 그적게도 ——
가엽슨 亞細亞의地圖는 太平洋의 검은니빨에 씹혀서 비치업습니다。

비여 ——
의다리로써 마른한울을 구르며 달려오는 너의훌륭한 발자곡소리로
이들우헤 죽음과가튼 靜寂을 짓밟으려 오지안흐려늬。

(『新東亞』 1.1. 1931. 11. 01. 88쪽)

고대

원정[2)]이여 ——
수없는 별들이 피는 밤의 화단 위에
절계[3)]를 따라 비를 주던 당신의 오래인 일과를 회복하지 않으렵니까?

더위에 타 찢어진 목을 축여 주는 비를 고대하는 우리들의 희망은 영구히 잔인한 유혹에 불과합니까?

평화는 지금은 전설 속의 전연 무해한 임금(왕)이 되어 대영박물관의 진열단 위에 훈장을 차고 졸고 있다고 합니다.

오늘도 어저께도 그저께도 ——
가엾은 아시아의 지도는 태평양의 검은 이빨에 씹혀서 빛이 없습니다.

비여 ——
[너의] 다리[4)]로써 마른하늘을 구르며 달려오는 너의 훌륭한 발자국 소리로
이 들 위에 죽음과 같은 정적을 짓밟으러 오지 않으려니.

(『신동아』 1.1. 1931. 11. 01. 88쪽)

원문

날개만도치면

大連行의 旅客運輸機는 彈力的인 어린 曲藝師입니다。
楕圓形의 飛行場의 가슴우헤서 빽々한『레-몬』의 아츰空氣를『푸로페라』로 휘저으면서 포근포근한 구름의 휘장속으로 쒸여들어갑니다。
善良한 할아버지인 해는빗 나는 金빗의 손깃으로 이작난군의 銀나래를어르만지며 벙글거립니다。

地平線을 나려가는 希望의새여。
孤獨한『미이라』인 우리들의『生活』을 건저가지고 이웅색한 宇宙의博物舘에서 우리도쒸여 나가련다。
우리들의등덜미에 날개만도치면 우리들도出發하련다。
地平線저쪽의「아지못할날」에로向하야 우리들의 날개를 펴련다。

(『新東亞』 1.1. 1931. 11. 01. 88쪽)

날개만 돋치면

다렌[1] 행의 여객운수기[2]는 탄력적인 어린 곡예사입니다.
타원형의 비행장의 가슴 위에서 빽빽한 레몬의 아침 공기를 프로펠러로 휘저으면서 포근포근한 구름의 휘장 속으로 뛰어 들어갑니다.
선량한 할아버지인 해는 빛나는 금빛의 손 짓으로[3] 이 장난꾼의 은 나래[4]를 어루만지며 벙글거립니다.

지평선을 내려가는 희망의 새여.
고독한 미라인 우리들의 생활을 건져 가지고 이 옹색한 우주의 박물관에서 우리도 뛰어 나가련다.
우리들의 등덜미에 날개만 돋치면 우리들도 출발하련다.
지평선 저쪽의 알지 못할 날에로 향하여 우리들의 날개를 펴련다.

(『신동아』 1.1. 1931. 11. 01. 88쪽)

원문

아츰해頌歌

별들은 地球를 업고잇던 수업는 빗희줄흘 거두어가지고 宇宙의 밧그로 나러감니다
異國의 捕虜들의 오래인 무덤우헤는 아츰해가 우숨을 뿌림니다。
벌판의 한복판의 밤새들의 燈臺인 섚죽한 勝戰記念塔꼭댁이에도
그아래 잡바진 이슬에 저즌 强盜의 얼골 우헤도 아츰해는 빗희우숨을 던짐니다。
鳥籠안의『카나리아』는 지난밤 發狂햇담니다 令孃의 마음은 슬푸겟지요
그새의 두눈은 노래하지안는『싸요-』와갓티 窓살에 씨여진아츰해의 그림자를밟고
그의 오래인 벗인 나러가는 구름을쏘고 잇슴니다。
宇宙와가티 넓은그의 꿈을 주려너흐려고하는 殘忍한 鳥籠속에서 ——
아츰해여 ——
區別과 征服과 奪取와 거즛에게 씻기우고 짓밟힌『카인』의 오래인 廢墟우헤
너만은 約束한 時間을 어기지안코
아츰마다 빗희 나래를펴고 曠野를 나러오는 낡은 習慣을 버리지안는고나

(『三千里』 3.12. 1931. 12. 01. 97쪽)

아침 해 송가

별들은 지구를 업고 있던 수없는 빛의 줄을 거두어 가지고 우주 밖으로 날아갑니다
이국 포로들의 오랜 무덤 위에는 아침 해가 웃음을 뿌립니다.
벌판 한복판 밤새들의 등대인 뾰족한 승전 기념탑 꼭대기에도
그 아래 자빠진 이슬에 젖은 강도의 얼굴 위에도 아침 해는 빛의 웃음을 던집니다.
조롱[1] 안의 카나리아는 지난밤 발광했답니다 영양[2]의 마음은 슬프겠지요
그 새의 두 눈은 노래하지 않는 사포[3]와 같이 창살에 찢어진 아침 해의 그림자를 밟고
그의 오랜 벗인 날아가는 구름을 쏘고 있습니다.
우주와 같이 넓은 그의 꿈을 줄여 넣으려고 하는 잔인한 조롱 속에서 ——
아침 해여 ——
구별과 정복과 탈취와 거짓에게 찢기고 짓밟힌 카인[4]의 오랜 폐허 위에
너만은 약속한 시간을 어기지 않고
아침마다 빛의 날개를 펴고 광야를 날아오는 낡은 습관을 버리지 않는구나

(『삼천리』 3.12. 1931. 12. 01. 97쪽)

원문

가을의果樹園에서

어린 曲藝師인 별들은 끗이업는 暗黑의 그물속으로 수업시 꼬리를 물고써러짐니다。
『포푸라』의 石膏의 裸體는 푸른外套[1]를 벗기우고 防川우헤서 늣겨웁니다。
果樹園속에서는 林檎나무들이 부르르몸을썰니다무덤을차저단니는 닙, 닙, 닙
西南 西——
바람은 아마 이方向에 잇는 모양임니다。
그는 진둥나무들의 검은 머리채를씨즈며『아키러쓰』의 다리를가지고 쪼겨가는 별들속을 달려감니다
바다에서는 救援을 찻는 狂亂한 汽笛소리가 地球의 모-든凸凹面을 굴러음니다
S · O · S——
검은바다여 —— 너는 唐突한 한방울의 汽船을 너의 惡魔의 가슴속에 녹여버리려는 野心을 버리지아니하려는냐?
아츰이되면 農夫들이여 수업시써러진 별들을 주으려 果일밧으로 나가자 수레를 가추어라 오래인 東方의『바그닷드』의 市場으로 이奇蹟的인 과일들을 실고가자

(『三千里』 3.12. 1931. 12. 01. 97쪽)

(『太陽의 風俗』 39-40: 「가을의果樹園」)

가을의 과수원에서

어린 곡예사인 별들은 끝이 없는 암흑의 그물 속으로 수없이 꼬리를 물고 떨어집니다.
포플러의 석고 나체는 푸른 [외투][2]를 벗기고 방천[3] 위에서 느껴[4] 웁니다.
과수원 속에서는 임금[5]나무들이 부르르 몸을 떱니다 무덤을 찾아다니는 잎, 잎, 잎
서남 서 ――
바람은 아마 이 방향에 있는 모양입니다.
그는 진둥나무들의 검은 머리채를 찢으며 아킬레스[6]의 다리를 가지고 쫓겨 가는 별들 속을 달려갑니다
바다에서는 구원을 찾는 광란한 기적 소리가 지구의 모든 철요[7]면을 굴러옵니다
S · O · S ――
검은 바다여 ―― 너는 당돌한 한 방울의 기선을 너의 악마의 가슴 속에 녹여버리려는 야심을 버리지 아니하려느냐?
아침이 되면 농부들이여 수없이 떨어진 별들을 주우러 과일 밭으로 나가자 수레를 갖추어라 오래인 동방의 바그다드의 시장으로 이 기적적인 과일들을 싣고 가자

(『삼천리』 3.12. 1931. 12. 01. 97쪽)
(『태양의 풍속』 39-40: 「가을의 과수원」)

원문 어머니어서이러나요

어머니 ——
어서 이러나요 오래인瘦病의이불을 차버리고……지금 새해는말등에채질하며 동트는 들우흘 쏴—— 옵니다 오랫동안뷔여잇든 『希望』과 『憧憬』과 『不滿』의모든 당신의항아리들을 채워줄온갓선물을 가지고 ——
어머니 ——
어서 문을여러요 쩔리는팔다리에 힘을주세요
지금 새해는 당신의집문아페 말을 세울것이외다 太陽이버리고간후 오랫동안 당신의집을채우고잇던참참한어둠을불살으기에 넉넉한홰ㅅ불을들고그는옵니다
어머니 ——
눈물속에 빗나는 구슬과가튼당신의 微笑를보혀주어도 조흔때가 왓습니다
부러진 죽지에 진피를어르만지는 서러운일은 그만끈치세요당신의 상처의 아픔을 씨서버리기위하야 그는 東方의샘속에서밋그러운 香水를 함북기러가지고옵니다
時間은지금 ——
오랫동안 그가 엉크러온文明의 온갓실마리를이짱우에서가룩을낼때를당하야줌저리고잇습니다
그는 어머니의 품속에감추어둔 그가 매여주고간 오래인『마디』를도루 푸러주려 도라옵니다
오 —— 어머니 ——
그귀찬은우름을거두고드르소서
저嶺마루턱의 눈길을 차이르키며 달려오는 말발굽소리가아니들립니까?
바다의 音樂과가티 훌륭한저소소리가 ——
어머니 —— 어서 이러나요 문을여러요
새해는우리의것이외다

(『東亞日報』 1932. 01. 09. 五面)

어머니 어서 일어나요

어머니 ——
어서 일어나요 오랜 루병[1]의 이불을 차 버리고…… 지금 새해는 말 등에 채질[2]하며 동트는 들 위를 쏴 —— 옵니다 오랫동안 비어 있던 희망과 동경과 불만의 모든 당신의 항아리들을 채워 줄 온갖 선물을 가지고 ——
어머니 ——
어서 문을 열어요 떨리는 팔다리에 힘을 주세요
지금 새해는 당신의 집 문 앞에 말을 세울 것이외다 태양이 버리고 간 후 오랫동안 당신의 집을 채우고 있던 참참한[3] 어둠을 불사르기에 넉넉한 횃불을 들고 그는 옵니다
어머니 ——
눈물 속에 빛나는 구슬과 같은 당신의 미소를 보여 주어도 좋은 때가 왔습니다
부러진 죽지에 진 피를 어루만지는 서러운 일은 그만 그치세요 당신의 상처의 아픔을 씻어 버리기 위하여 그는 동방의 샘 속에서 미끄러운 향수를 함북 길어 가지고 옵니다
시간은 지금 ——
오랫동안 그가 엉클어[4] 온 문명의 온갖 실마리를 이 땅 위에서 가룩[5]을 낼 때를 당하여 [주저하고][6] 있습니다
그는 어머니의 품속에 감추어 둔 그가 매어 주고 간 오랜 마디를 도로 풀어 주러 돌아옵니다
오 —— 어머니 ——
그 귀찮은 울음을 거두고 들으소서
저 령 마루턱의 눈길을 차 일으키며 달려오는 말발굽 소리가 아니 들립니까?
바다의 음악과 같이 훌륭한 저 [소리]가 ——
어머니 —— 어서 일어나요 문을 열어요
새해는 우리의 것이외다

(『동아일보』 1932. 01. 09. 5면)

원문

오 ── 어머니여

어머니여 ── 당신의 녯城은 지금 검은 눈포래가 날랜채ㅅ직을 휘두르며 벌판을 씻는속에서 불도업시붉은몬지미테파뭇겨잇는 글을암니다
나는 당신에게로 가야할터인데 나는엇지면 이러케먼곳에 잇슴니싸?
이먼구름속의 소란한잔채로 누가 나의 손목을 잇쓸고 저아득이노픈 층々대를 올라왓슴니싸?
이깁흔곳에 나를 가두어두고 문을잠그고 도라서간이는 누굼니싸?지극히먼이나라에서 부르는 나의노래는 씃업시 외롭고 슬품니다 밤마다 나의쑴은 눈포래 ─ 속을 쑬코 나러가서 미친이의 머리칼가티 씨여진 당신의 집웅 우헤 나래를펴고잇슴니다
이華麗한 문명의 거리에 나의마음을 파러버리라고달큼이 속살인것은『이쁘』의 배암이의부르운 목소리가 아님니까?그러치만 나는 당신에게로가야하겟는데 ──
오 ── 악마여 나의敎養이여 내게서물러가라 어머니 ── 당신의품에서 내가써날째 새ㅅ발간 벌거숭이가 아니엿슴닛싸 그런데 지금 나의몸은 무거운 쇠부치로 빗나게 쑴인 찬란한 갑옷밋테서 헐덕임니다 당신의 붉은 몸둥아리에는 당신이 손수짜신무명이 감겨잇슬터인데!
오 ── 나는 文明이 내게준 무거운 이옷을 어서버서버리고 새ㅅ발간 벌거숭이로 타오르는『개쓰』에 수수쎈이목을 밋그러운 당신의 젓으로 축이려 당신의품속으로 도라가야 할터인데!
나의 가슴을 나리누리는 寶石의훈장에 敬禮하는 사람들에게 이옷을 버서주고 나는 눈포래속의 당신에게로 가야할터인데 오 ── 악마여 나의敎養이여 내손목을노아라

(『新東亞』 2.2. 1932. 02. 01. 89쪽)

오 — 어머니여

어머니여 —— 당신의 옛 성은 지금 검은 [눈보라][1]가 날랜 채찍을 휘두르며 벌판을 찢는 속에서 불도 없이 붉은 먼지 밑에 파묻혀 있는 [것]을 압니다
나는 당신에게로 가야 할 터인데 나는 어쩌면 이렇게 먼 곳에 있습니까?
이 먼 구름 속의 소란한 잔치[2]로 누가 나의 손목을 이끌고 저 아득히 높은 층층대를 올라왔습니까?
이 깊은 곳에 나를 가두어 두고 문을 잠그고 돌아서 간 이는 누굽니까? 지극히 먼 이 나라에서 부르는 나의 노래는 끝없이 외롭고 슬픕니다 밤마다 나의 꿈은 눈보라 — 속을 뚫고 날아가서 미친 이의 머리칼같이 찢어진 당신의 지붕 위에 날개를 펴고 있습니다
이 화려한 문명의 거리에 나의 마음을 팔아 버리라고 달큼히[3] 속살인[4] 것은 이브의 뱀의 [부르는][5] 목소리가 아닙니까? 그렇지만 나는 당신에게로 가야하겠는데 ——
오 —— 악마여 나의 교양이여 내게서 물러가라 어머니 —— 당신의 품에서 내가 떠날 때 새빨간 벌거숭이가 아니었습니까 그런데 지금 나의 몸은 무거운 쇠붙이로 빛나게 꾸민 찬란한 갑옷 밑에서 헐떡입니다 당신의 붉은 몸뚱아리에는 당신이 손수 짜신 무명이 감겨 있을 터인데!
오 —— 나는 문명이 내게 준 무거운 이 옷을 어서 벗어 버리고 새빨간 벌거숭이로 타오르는 가스에 수수[6] 낀 이 목을 미끄러운 당신의 젖으로 축이러 당신의 품속으로 돌아가야 할 터인데!
나의 가슴을 내리누르는 보석의 훈장에 경례하는 사람들에게 이 옷을 벗어 주고 나는 눈보라 속의 당신에게로 가야 할 터인데 오 —— 악마여 나의 교양이여 내 손목을 놓아라

(『신동아』 2.2. 1932. 02. 01. 89쪽)

원문

봄은電報도안치고

아득한 黃昏의 찬안개를 마시며
기- ㄴ 말없는 山허리를 기여오는
車ㅅ소리 ——
우루루르 ——
오늘도 鐵橋는 웁니다。 무엇을 우누?

봄은 언제온다는 電報도 안치고 저車를타고 글세 도적과 같이 슬그머니 왓습니다。
어머니와 가튼 부드러운 목소리로
골작에서 코고는 시내물들을 부르면서 ——
太陽은지금 붉은 얼골을 벙글거리며 분주하게 싸라저 가는 엷은 눈우헤 離別의 키쓰를 뿌리며 도라단닙니다。

『포푸라』들은 파-란 煙氣를 뿜으면서
빨래와가튼 그인 防川우헤모혀서서[1]
失業쟁이처름 하욤없이 담배를 피우는
午後 ——
봄이여
당신은 언제 江가에서라도 맛나서
나에게 아모러한 約東도 준일이 없엇것만
엇전지 당신은 무엇을 —— 굉장히 훌륭한
무엇을 가저다 줄것 가타서
나는 來日도 汽車가
아득한 黃昏의 찬안개를 마시며
기- ㄴ 말없는 山기슭을 기여오는 것을
바라보렵니다。

(『新東亞』 2.4. 1932. 04. 01. 108쪽)

(『太陽의 風俗』 63-65)

봄은 전보도 안 치고

아득한 황혼의 찬 안개를 마시며
긴 말 없는 산허리를 기어 오는
차 소리 ——
우루루르 ——
오늘도 철교는 웁니다. 무엇을 우누?

봄은 언제 온다는 전보도 안 치고 저 차를 타고 글쎄 도적과 같이 슬그머니 왔습니다.
어머니와 같은 부드러운 목소리로
골짝에서 코 고는 시냇물들을 부르면서 ——
태양은 지금 붉은 얼굴을 벙글거리며 분주하게 사라져 가는 엷은 눈 위에 이별의 키스를 뿌리며 돌아다닙니다.

포플러들은 파란 연기를 뿜으면서
빨래와 같은 그인[2] 방천[3] 위에 모여 서서
실업쟁이처럼 하염없이 담배를 피우는
오후 ——
봄이여
당신은 언제 강가에서라도 만나서
나에게 아무러한 약속도 준 일이 없었건만
어쩐지 당신은 무엇을 —— 굉장히 훌륭한
무엇을 가져다 줄 것 같아서
나는 내일도 기차가
아득한 황혼의 찬 안개를 마시며
긴 말 없는 산기슭을 기어 오는 것을
바라보렵니다.

(『신동아』 2.4. 1932. 04. 01. 108쪽)
(『태양의 풍속』 63-65)

원문 잠은나의배를밀고

公會堂 식댁이 ——
時計의 時針은『1 2』우흘 분주하게 구르고 감니다

불을 끔니다
그러면 작은 風船인 나의 寢室은 밤의埠頭를 써나감니다

피 석긴눈동자 흘기는 눈자위 칼날가튼 微笑 오 —— 잘잇거라
나의 대낫을 찬란하게 달리던 것들이여

잠은 나의 배를밀고
地球를 멀리 써나감니다

밋업는 어둠의 물박휘속에
물거품처름 넝구는 地球를 버리고
멀리 멀리 나는배는
별들의 노래에 잇쓸리며
푸른꿈의 바다우흘 드놀며 밋그러저감니다

(『三千里』 4.4. 1932. 04. 01. 93쪽)

잠은 나의 배를 밀고

공회당 꼭대기 ――
시계의 시침은 1 2 위를 분주하게 구르고 갑니다

불을 끕니다
그러면 작은 풍선인 나의 침실은 밤의 부두를 떠나갑니다

피 섞인 눈동자 흘기는 눈자위 칼날 같은 미소 오 ―― 잘 있거라
나의 대낮을 찬란하게 달리던 것들이여

잠은 나의 배를 밀고
지구를 멀리 떠나갑니다

밑 없는 어둠의 물바퀴[1] 속에
물거품처럼 넝구는[2] 지구를 버리고
멀리 멀리 나는 배는
별들의 노래에 이끌리며
푸른 꿈의 바다 위를 들놀며[3] 미끄러져 갑니다

(『삼천리』 4.4. 1932. 04. 01. 93쪽)

원문

오 ── 汽車여
(한개의實驗詩)

긴소리를 가진것을 자랑으로 삼는 긴소리를 가진 汽車는 긴소리를 휘젓는 長距里選手[1)]랍니다
그의 年代記의 第一『페이지』는 말함니다 ──
千七百六十九年『잉글랜드』의 平凡한 어느날『왓트』의 茶ㅅ물끄리는 주전자에서 가엽슨 김을 뿜으면서…………云云 ──
國民들은 들에서 째여진 북소리와 목쉰 웨침을 노피어『올림피아』보다도 더 華麗한XX의 祝祭를올리고 잇슴니다 바로 이러한때 汽車여
일즉이(그것은 一八三O年이라고 歷史는 말한다)『스티븐슨』의 實驗室을 나와서는『리빼풀』에서『만췌스터』를 오락가락하던 네가 (오 ── 汽車여)
지금 짱우에 가는곳마다 검은『렐』을느리고 달른다 달른다 달른다 너는 ──
푸른독수리의 忠實하기 짝이업는 鋼鐵의 傳令아 너는 지금 모-든 들우헤서XX의 祝祭의第一列에 參與하기 위하야 모-든 人口속에서XX의 불길을 치질하기위하야 큰나팔을 볼이미여지게 불며 너의 수만個의 다리는 벌판을 주름잡으며 성큼성큼 쒸여간다 (오 ── 汽車여)
너의닷는곳마다 鐵橋는업디여 江을 건누어주고『턴넬』은 바위를뚤러 네길을 여러준다
地球는 鋼鐵의『렐』의 거미줄속에서 샛파랏케 쏘그리고 밤마다 나러다니는 별들을 처다보면서 貪慾한검은『렐』의 투덜거리는 쓴임업는소리의 心臟을투기고 잇슴니다
긴소리를 가진것을 자랑으로 삼는 긴소리를 가진汽車는 푸른독수리의 凱歌를 부르면서
國境에서 또 다른國境에로 쓴칠줄모르는 競走에 參加하는 長距里選手랍니다

(『新東亞』 2.7. 1932. 07. 01. 130쪽)

오— 기차여
(한 개의 실험 시)

긴 꼬리를 가진 것을 자랑으로 삼는 긴 꼬리를 가진 기차는 긴 꼬리를 휘젓는 장거리선수랍니다
그의 연대기의 제1 페이지는 말합니다 ——
1769년 잉글랜드의 한 평범한 어느 날 와트[2]의 찻물 끓이는 주전자에서 가엾은 김을 뿜으면서…………운운 ——
국민들은 들에서 깨어진 북소리와 목쉰 외침을 높이어 올림피아보다도 더 화려한 XX의 축제를 올리고 있습니다 바로 이러한 때 기차여
일찍이 (그것은 1830년이라고 역사는 말한다) 스티븐슨[3]의 실험실을 나와서는 리버풀에서 맨체스터를 오락가락하던 네가 (오 —— 기차여)
지금 땅 위에 가는 곳마다 검은 레일을 [늘이고][4] 달린다 달린다 달린다 너는 ——
푸른 독수리의 충실하기 짝이 없는 강철의 전령아 너는 지금 모든 들 위에서 XX의 축제의 제1 열에 참여하기 위하여 모든 인구 속에서 XX의 불길을 [키질하기][5] 위하여 큰 나팔을 볼이 미어지게 불며 너의 수만 개의 다리는 벌판을 주름잡으며 성큼성큼 뛰어간다 (오 —— 기차여)
너의 닿는 곳마다 철교는 엎드려 강을 건네주고 터널은 바위를 뚫어 네 길을 열어준다
지구는 강철 레일의 거미줄 속에서 새파랗게 쪼그리고 밤마다 날아다니는 별들을 쳐다보면서 [탐욕스러운] 검은 레일의 투덜거리는 끊임없는 소리의 심장을 튀기고 있습니다
긴 꼬리를 가진 것을 자랑으로 삼는 긴 꼬리를 가진 기차는 푸른 독수리의 개가[6]를 부르면서
국경에서 또 다른 국경에로 그칠 줄 모르는 경주에 참가하는 장거리선수랍니다

(『신동아』 2.7. 1932. 07. 01. 130쪽)

원문

暴風警報

東 北 ──
一萬八千『킬로』米突의地點 ──
暴風이다。
사나운 몬지와 불길을 차이르키며
暴風을뚤코 나가는 散兵線。

살과 살의 부대침 번적이는 불꽂 ──
群衆의 굼틀거림 ── 웨침。
투닥 탁 탁
『저兵丁 정신 차려라。
총알이 너의귀밋 三「인취」의 空間을 날지안니?』
亞細亞의 地圖는 戰慄한다。

투닥 탁 탁
으아 ── ㅇ 앙
르르르르르르르
타당。
탕 ──

『平和올시다 平和올시다。』
엑, 『라우드스피-커』를 부는 자식은 누구냐?
미친소리。
『제네빠』의紳士는 거짓말쟁이다。
너는『발칸』의 녯날을 니저버렷느냐?

『훌룸바이르』의 上空에서
피에저즌 구룸 장이 떠돈다。 또저기 ──
沙漠을 짓밟는 大蒙古의 進軍을보아라。

東北 ──
(

폭풍경보

동 북 ——
1만 8천 킬로미터[1]의 지점 ——
폭풍이다.
사나운 먼지와 불길을 차 일으키며
폭풍을 뚫고 나가는 산병선.[2]

살과 살의 부딪힘 번쩍이는 불꽃 ——
군중의 꿈틀거림 —— 외침.
투닥 탁 탁
"저 병정 정신 차려라.
총알이 너의 귀 밑 3인치의 공간을 날지 않니?"
아시아의 지도는 전율한다.

투닥 탁 탁
으아 —— ㅇ 앙
르르르르르르르
타당.
탕 ——

"평화올시다 평화올시다."
엑, 라우드스피커[3]를 부는 자식은 누구냐?
미친 소리.
제네바[4]의 신사는 거짓말쟁이다.
너는 발칸의 옛날을 잊어버렸느냐?

[후룬부이르][5]의 상공에서
피에 젖은 구름장[6]이 떠돈다. 또 저기 ——
사막을 짓밟는 대몽고의 진군을 보아라.

동북 ——

원문

一萬八千『킬로』米突의地點 ——
또暴風이다。暴風이다。

투닥 탁 탁
이兵丁 정신 차려라。

用意 —— 突擊。

(『新東亞』 2.12. 1932. 12. 01. 96쪽)

1만 8천 킬로미터의 지점 ——
또 폭풍이다. 폭풍이다.

투닥 탁 탁
이 병정 정신 차려라.

용의[7] —— 돌격.

(『신동아』 2.12. 1932. 12. 01. 96쪽)

원문 아롱진記憶의 옛바다를건너

당신은 암니까。
해오라비의 그림자 걱구로 잠기는 늙은江우에 주름살 자피는 작은 파도를 울리는 것은 누구의 작난임니까。
그러고듯습니까。골작에 싸인 빨갓코 노란 떠러진입새들을 밟고오는 조심스러운 저 발자취소리를 ──

『클레오파트라』의눈동자처름 情熱에불타는『루비』빛의 林檎이 별처름 빗나는 입사귀드문가지에 스치는 것은 또한 누구의 옷자락임니까。

지금 가을은 印度의 누나들의 珊瑚 빛의 손가락이짠 羅紗의 夜會服을 발길에끌고 나의아롱진 記憶의 녯 바다를 건너옴니다。

나의 입술기에 닷는 그의 皮膚의觸覺은 石膏와가 티히고 水晶과가티참니다。
殘忍한 그의 손은 수풀속의 푸른 宮殿에서 잠자고잇는 귀뚜라미들의 꿈을 흔드러 깨우처서 그들로하여곰 슬픈『쏘푸라노』를 노래하게함니다。

지금 불란서 사람들이 조와한다는 검은 포도송이들이 『사라센』의 포장에 노인繡처름 종용이달려잇는 덩굴미테는 먼祖國을 이야기하는 異邦 사람들의 작은 잔채가 지터감니다。

당신은 나와함끠 殉教者의 찌여진 心臟과 가티 갈라진 果肉에서 흐르는 붉은피와 가튼 液體를 빨면서 우리들의 먼옛날과 니저버렷든 殉教者들을 이야기하며 우스며 이야기하며 울려 저 덩굴 미트로 아니오렴니까

(『新東亞』 2.12. 1932. 12. 01. 97쪽)

아롱진 기억의 옛 바다를 건너

당신은 압니까.
해오라기[1)]의 그림자 거꾸로 잠기는 늙은 강 위에 주름살 잡히는 작은 파도를 울리는 것은 누구의 장난입니까.
그러고 듣습니까. 골짝에 쌓인 빨갛고 노란 떨어진 잎새들을 밟고 오는 조심스러운 저 발자취 소리를——

클레오파트라의 눈동자처럼 정열에 불타는 루비 빛의 임금[2)]이 별처럼 빛나는 잎사귀 드문 가지에 스치는 것은 또한 누구의 옷자락입니까.

지금 가을은 인도 누나들의 산홋빛 손가락이 짠 나사[3)]의 야회복을 발길에 끌고 나의 아롱진 기억의 옛 바다를 건너옵니다.

나의 입술[4)]에 닿는 그의 피부의 촉각은 석고와 같이 희고 수정과 같이 찹니다.
잔인한 그의 손은 수풀 속의 푸른 궁전에서 잠자고 있는 귀뚜라미들의 꿈을 흔들어 [깨워서] 그들로 하여금 슬픈 소프라노를 노래하게 합니다.

지금 프랑스 사람들이 좋아한다는 검은 포도송이들이 사라센[5)]의 포장에 놓인 수처럼 조용히[6)] 달려 있는 덩굴 밑에는 먼 조국을 이야기하는 이방 사람들의 작은 잔치가 짙어 갑니다.

당신은 나와 [함께] 순교자의 찢어진 심장과 같이 갈라진 과육에서 흐르는 붉은 피와 같은 액체를 빨면서 우리들의 먼 옛날과 잊어버렸던 순교자들을 이야기하며 웃으며 이야기하며 울러 저 덩굴 밑으로 아니 오렵니까.

(『신동아』 2.12. 1932. 12. 01. 97쪽)

원문

黃昏

검은다리(橋)는 엇재서 지금도 물도없는개천에서 찬바람결에 허리를씻기우면서 빼々마른다리(脚)를 훨신거두고만 서잇슬가요。

「포풀라」들은 지금 개천가에서 새하얀허리를 들춰내노코 벌벌떨고잇습니다。
그의억개에서 포근한푸른外套를 벗긴것은 누구의잔인한손입니까。참새들은 인제는 그의 옷자락미테 기여드러서 수없는그날의이애기를 재잴거리려오지안켓요。[1)]
해가떠러젓슴으로 집없는바람이 또 다리(橋)미테업디어서 앙앙늣겨웁니다。집들은 회색의大氣미트로 소라와가티 몸을옴크리고 기여듭니라。그러고는 크다란굴둑을 격구로물고서 퍼-ㄱ퍽 담배를피우지요。엇지면 그러케도건방진굴둑일가요。

너무나엄청나게큰꿈이 마음[2)]에떠러지면아니된다고해서 검은山들이 총총이거러와서는 마치「코삭크」의步哨兵처름 表情이없이 웃둑이서서 마을을구버봅니다。그리면 작은등불들이 갑작이 집집의창문에 매달려 밖을내다보지요。아마도 나러댕기는 별들과 이애기하려는게지요。

(『第一線』 2.11. 1932. 12. 15. 76-77쪽)

(『太陽의 風俗』 171-72)

황혼

검은 다리(교)는 어째서 지금도 물도 없는 개천에서 찬 바람결에 허리를 씻기면서 빼빼 마른 다리(각)를 훨씬 거두고만 서 있을까요.

포플러들은 지금 개천가에서 새하얀 허리를 들춰내 놓고 벌벌 떨고 있습니다.
그의 어깨에서 포근한 푸른 외투를 벗긴 것은 누구의 잔인한 손입니까. 참새들은 인제는 그의 옷자락 밑에 기어들어서 수없는 그날의 이야기를 재잘거리러 오지 [않겠지요].
해가 떨어졌음으로 집 없는 바람이 또 다리(교) 밑에 엎드려서 앙앙 느껴[3] 웁니다.
집들은 회색의 대기 밑으로 소라와 같이 몸을 옴츠리고 기어듭니다. 그러고는 커다란 굴뚝을 거꾸로 물고서 퍽퍽 담배를 피우지요. 어쩌면 그렇게도 건방진 굴뚝일까요.

너무나 엄청나게 큰 꿈이 [마을]에 떨어지면 아니 된다고 해서 검은 산들이 총총히 걸어와서는 마치 코사크[4]의 보초병처럼 표정이 없이 우뚝이 서서 마을을 굽어봅니다. 그러면 작은 등불들이 갑자기 집집의 창문에 매달려 밖을 내다보지요. 아마도 날아다니는 별들과 이야기하려는 거지요.

(『제1선』 2.11. 1932. 12. 15. 76-77쪽)
(『태양의 풍속』 171-72)

원문 [1,] 새날이 밝는다[1)]

긋게[2)]잠근 어둠의문 저쪽에서 골작들은
새벽을 陰謀하고 잇습니다。
『비로-도』의금잔디우에서는 沈默이잠니다。

밤한울을 아름답게 꾸미던 무수한별들은 지금
눈물에 저저 하나식 둘식
江물속에 빠저서는 구을러감니다。

『어서이러나요』
푸른안개의 그휘장의 저편에서는
『마르쓰』의늙은이가 분주하게 地球의搖籃을 흔드러깨웁니다。

거리거리의 들창들이
수박빛 한울로 향하야『파락파락파락』열여짐니다。
집들은 새벽을 함북呼吸함니다。

검은車庫의 쇠문을박차고
병아리와가튼 電車들이
뛰여나옴니다。

옷자락에서 부스러떠러지는 간밤의꿈조각들은 돌보지도안으면서 그는
고함을치면서 거리거리를 밋그러저가는
亂暴한 『스케-트』選手올시다。

오 —— 全朝鮮의 市民諸君 ——
『고무공』과가티 부푸러오는[3)] 彈力性의 大地의 가슴위로 뛰여나오렴 그러고[4)]
이러케 훌륭하고 큰아츰을 춤추지안으려는가。

(『新東亞』 3.1. 1933. 01. 01. 136-37쪽)

(『太陽의 風俗』 103-05)

1. 새날이 밝는다

[굳게] 잠근 어둠의 문 저쪽에서 골짝들은
새벽을 음모하고 있습니다.
비로드[5)]의 금잔디 위에서는 침묵이 잡니다.

밤하늘을 아름답게 꾸미던 무수한 별들은 지금
눈물에 젖어 하나씩 둘씩
강물 속에 빠져서는 굴러갑니다.

"어서 일어나요"
푸른 안개의 그 휘장 저편에서는
마르스[6)]의 늙은이가 분주하게 지구의 요람을 흔들어 깨웁니다.

거리거리의 들창들이
수박빛 하늘로 향하여 파락 파락 파락 열립니다.
집들은 새벽을 함북 호흡합니다.

검은 차고의 쇠문을 박차고
병아리와 같은 전차들이
뛰어나옵니다.

옷자락에서 부스러져 떨어지는 간밤의 꿈 조각들은 돌보지도 않으면서 그는
고함을 치면서 거리거리를 미끄러져 가는
난폭한 스케이트 선수올시다.

오 —— 전 조선의 시민 제군 ——
고무공과 같이 부풀어 [오른] 탄력성의 대지의 가슴 위로 뛰어나오렴 그러고
이렇게 훌륭하고 큰 아침을 춤추지 않으려는가.

(『신동아』 3.1. 1933. 01. 01. 136-37쪽)
(『태양의 풍속』 103-05)

원문

2, 祈願

나의노래는 기름과가튼 東海의푸른물결이고십다
나의노래로하여곰 당신의傷處에 엉키고있는
피를씻기를[1]허락하옵소서 님□여[2] ——
나의노래는 다람쥐가튼 민첩한손의임자인 젊은看護婦고십다。
나로하여곰 낫과밤으로 그대의 病床머리를직히는 즐거운義務에 억매여주옵소서 님이여 ——
나의노래는 늙은배ㅅ사공(나루를 지키는오래인希望)이고십다。
바다가노해서 끌른날도 바람이 미처서날뛰는날도[3] 바다를건너는 그대의 배ㅅ머리를 밝히고십다。 님이여 ——

(『新東亞』 3.1. 1933. 01. 01. 137쪽)
(『太陽의 風俗』 66-67)

2. 기원

나의 노래는 기름과 같은 동해의 푸른 물결이고 싶다
나의 노래로 하여금 당신의 상처에 엉키고 있는
피를 [씻기를] 허락하옵소서 [님이여] ——
나의 노래는 다람쥐 같은 민첩한 손의 임자인 젊은 간호부고 싶다.
나로 하여금 낮과 밤으로 그대의 병상 머리를 지키는 즐거운 의무에 얽매어 주옵소서 님이여 ——
나의 노래는 늙은 뱃사공(나루를 지키는 오랜 희망)이고 싶다.
바다가 노해서 끓는 날도 바람이 미쳐서 날뛰는 날도 바다를 건너는 그대의 뱃머리를 밝히고 싶다. 님이여 ——

(『신동아』 3.1. 1933. 01. 01. 137쪽)
(『태양의 풍속』 66-67)

원문

3. 바다ㅅ가의아츰

자근魚族의무리들은 고요한바다 미테서 日曜日아츰의處女들처름 꼬리를내저으면서 다라댕김니다。[1]
고요한 물결들이, 조악돌사이를 기여댕기는 발자취소리가 자못요란함니다。
갑작이 먼곳에서 淫奔한별들의오좀에 저즌鐵橋우를 색각만機關車가 뿡뿡울면서 뛰여감니다。
그러면 나는문득 투닥거리는 가슴을붓잡습니다。 나의바구미에는 人魚의머리칼가튼 푸르고기름진 멱(昆布)이절반도 안찬까닭이외다。[2]
이윽고 해ㅅ벼틀 둘러쓰고 그의배는물새와가티 두놀을펴고 물결의비단폭우을 밋그러저올터인데 ——
먼섬의저편으로부터 오는안개여 너의羊털의『납킨』을 가지고 밋그러웁게 바다의거울을 닥거라。 그의놀대를 저해하는 파도들을 잠재워다고。

(『新東亞』 3.1. 1933. 01. 01. 137-138쪽)

(『태양의 풍속』 96: 「바다의아츰」[3])

3. 바닷가의 아침

작은 어족의 무리들은 고요한 바다 밑에서 일요일 아침의 처녀들처럼 꼬리를 내저으면서 달아다닙니다.[4)]
고요한 물결들이, 조약돌 사이를 기어다니는 발자취 소리가 자못 요란합니다.
갑자기 먼 곳에서 음분한[5)] 별들의 오줌에 젖은 철교 위를 [새까만] 기관차가 뿡뿡 울면서 뛰어갑니다.
그러면 나는 문득 투닥거리는 가슴을 붙잡습니다. 나의 바구니[6)]에는 인어의 머리칼 같은 푸르고 기름진 멱(곤포)[7)]이 절반도 안 찬 까닭이외다.
이윽고 햇빛을 둘러쓰고 그의 배는 물새와 같이 두 [노][8)]를 펴고 물결의 비단 폭 위를 미끄러져 올 터인데—
먼 섬의 저편으로부터 오는 안개여 너의 양털의 냅킨을 가지고 미끄럽게 바다의 거울을 닦아라. 그의 놀대[9)]를 저해하는 파도들을 잠재워 다오.

(『신동아』 3.1. 1933. 01. 01. 137-138쪽)
(『태양의 풍속』 96: 「바다의 아침」)

원문

구두

1, 구두

航路없는 이배는 어대로 가나?
지금은 詩人의哀愁를실고
눈물흘리려 漢江으로 나가는길이람니다。

船長들이 上陸한뒤면 배는
마루의 埠頭에서 말없이 다음의 航行을
기다림니다。온순한 강아지여。

길가의 구두修繕人의『똑크야-드』에서까지 拒絕을 당하면
傷處를 걸머진 그러나 한때는 화려하던『에나벨』혹은『킷드』의軍艦들은
『기리스도』의寬大한마음을가진 쓰렉이통이 삼켜버립니다。

(『新東亞』3.3. 1933. 03. 01. 164쪽)

구두

1. 구두

항로 없는 이 배는 어디로 가나?
지금은 시인의 애수를 싣고
눈물 흘리러 한강으로 나가는 길이랍니다.

선장들이 상륙한 뒤면 배는
마루의 부두[1)]에서 말없이 다음의 항행[2)]을
기다립니다. 온순한 강아지여.

길가 구두 수선인의 [독장][3)]에서까지 거절을 당하면
상처를 걸머진 그러나 한때는 화려하던 [에나멜] 혹은 킷토[4)]의 군함들은
그리스도의 관대한 마음을 가진 쓰레기통이 삼켜 버립니다.

(『신동아』 3.3. 1933. 03. 01. 164쪽)

원문

2, 람푸

밤과함께 나의 침실의 天井으로부터 쇠줄을 보잡고 니러오는[1)]『람푸』여
꿈이 우리를 마중올때까지 우리는 서로말을 피하며 이孤獨의 잔을 마시고마실가?

(『新東亞』 3.3. 1933. 03. 01. 164쪽)
(『太陽의 風俗』 51)

2. 램프

밤과 함께 나의 침실의 [천장][2)]으로부터 쇠줄을 [붙잡고 내려오는[3)]] 램프여
꿈이 우리를 마중 올 때까지 우리는 서로 말을 피하며 이 고독의 잔을 마시고 마실까?

(『신동아』 3.3. 1933. 03. 01. 164쪽)
(『태양의 풍속』 51)

원문

3, 街燈

눈물에저즌 그 눈동자를 처다봅니까?
그는 나그내의 鄕愁만을 바라보는일에 아주 지처서 지금은 쌕々 하폄만합니다。

(『新東亞』 3.3. 1933. 03. 01. 164쪽)

3. 가등[1]

눈물에 젖은 그 눈동자를 쳐다봅니까?
그는 나그네의 향수만을 바라보는 일에 아주 지쳐서 지금은 쌕쌕 하품[2]만 합니다.

(『신동아』 3.3. 1933. 03. 01. 164쪽)

원문

十五夜

珊瑚빛갑옷을 입은달은
푸른한울의 어름장판을 지처서
『에메랄드』의『싸벨』을 휘둘루며 바람을 몰고감니다
月給도없는 夜警軍의 동무올시다。

江들은 두려운[1] 瑠璃문을굿게잠그고
기픈 河床아래에누어서 오늘밤은一切의 面會謝絕임니다。詩人이 성가신게지요
술취한달빛이 午後열한시의 개천가의 어름에 밋그러저 잡바짐니다。

싸악 —— 싸악 —— 싸악 ——
눈부스러지는 애처러운悲鳴을
신바닥아래 눌러죽이는 발자곡소리 ——。
거리우헤 ——。

새벽을 咀呪하는死刑囚인
世界는밤이붓는 沈黙[2]의술을 기우리며
龜裂된 한우님의 心臟인 달에서새는
히푸른 液體속에서 神經病者와가티 히푸르고

(『新東亞』 3.3. 1933. 03. 01. 165쪽)
(『太陽의 風俗』 154-55[3])

십오야[4]

산홋빛 갑옷을 입은 달은
푸른 하늘의 얼음 장판을 지쳐서[5]
에메랄드[6]의 샤벨[7]을 휘두르며 바람을 몰고 갑니다
월급도 없는 야경꾼의 동무올시다.

강들은 [두터운] 유리문을 굳게 잠그고
깊은 하상[8] 아래에 누워서 오늘 밤은 일절 면회 사절입니다. 시인이 성가신 게지요
술 취한 달빛이 오후 11시 개천가의 얼음에 미끄러져 자빠집니다.

싸악 —— 싸악 —— 싸악 ——
눈 부스러지는 애처로운 비명을
신 바닥 아래 눌러 죽이는 발자국 소리 ——.
거리 위에 ——.

새벽을 저주하는 사형수인
세계는 밤이 붓는 [침묵]의 술을 기울이며
균열된 하느님의 심장인 달에서 새는
희푸른 액체 속에서 신경병자와 같이 희푸르고

(『신동아』 3.3. 1933. 03. 01. 165쪽)
(『태양의 풍속』 154-55)

원문

離別

시드러진『튜-립프』의 花盆。窓머리。
女子의얼골은 늣겨운다。

나의마음의 서름 우헤 떠러지는 물방울이여。
나의마음의 淨盤[1)]을 넘처흐르는 물방울이여。

이윽고 내가 巴里에 도착하면
그따뜻한 班點은 나의 外套[2)]자락에서 말러버리겟지。

(『新東亞』 3.3. 1933. 03. 01. 165-66쪽)
(『太陽의 風俗』 57)

이별

시들어진 튤립의 화분. 창머리.
여자의 얼굴은 느껴[3] 운다.

나의 마음의 설움 위에 떨어지는 물방울이여.
나의 마음의 [쟁반][4]을 넘쳐흐르는 물방울이여.

이윽고 내가 파리에 도착하면
그 따뜻한 반점은 나의 [외투][5] 자락에서 말라 버리겠지.

(『신동아』 3.3. 1933. 03. 01. 165-66쪽)
(『태양의 풍속』 57)

원문 들은우리를부르오

경박한참새들은『포풀라』의 푸른집웅미테서
눈을떠서 분주히 노래하오。
바다의 붉은가슴이 타는해를 투겨올리오。
별들은 구룸을타고 나러가오。

아츰의 傳令인 江바람이 숩속의어린새들의 꿈을흔드러 깨우치오。
나는 나의팔에 껴안긴『밤』의 피흐르는 찌여진屍體를 방바닥에 던지고
無限한 野心과가튼 우리들의 대낮으로 향하야 뛰여나왓소。

(나는안해의 방문을 두다리오)
『여보 어서이러나요。
우리도 家畜을몰고 숲으로 가지안켓소。
우리들의 조흔벗 — 太陽은 江가에서 오직이나 섭々해서 기다리고잇겟소。
(나의 팔은 담넘어 언덕넘어 江을가르켯소)

『이윽고 새들은 노픈한울의 中間에떠서 音樂會를 열것이오。
늙은바람은 언덕우헤 송아지의털을 쓰다듬으면서 송아지의노래를 사랑하겟지요。
작은 꽃들은 太陽을향하야『키쓰』를 苦待하겟지요。 ——

(나는 한울을처다보며 두팔을버렷소)
『그러고 여보 ——
우리들은 그넓은 한울과 땅사히에서 얼마나 작은꽃이겟소。
얼마나 갸륵한 새들이겟소。』

(『新東亞』 3.4. 1933. 04. 04. 132쪽[1])

(『太陽의 風俗』 100-02)

들은 우리를 부르오

경박한 참새들은 포플러의 푸른 지붕 밑에서
눈을 떠서 분주히 노래하오.
바다의 붉은 가슴이 타는 해를 튀겨 올리오.
별들은 구름을 타고 날아가오.

아침의 전령인 강바람이 숲속의 어린 새들의 꿈을 흔들어 깨우오.[2)]
나는 나의 팔에 껴안긴 밤의 피 흐르는 찢어진 시체를 방바닥에 던지고
무한한 야심과 같은 우리들의 대낮으로 향하여 뛰어나왔소.

(나는 아내의 방문을 두드리오)
"여보 어서 일어나요.
우리도 가축을 몰고 숲으로 가지 않겠소.
우리들의 좋은 벗 — 태양은 강가에서 오죽이나 섭섭해서 기다리고 있겠소.
(나의 팔은 담 넘어 언덕 넘어 강을 가리켰소)

"이윽고 새들은 높은 하늘의 중간에 떠서 음악회를 열 것이오.
늙은 바람은 언덕 위에 송아지의 털을 쓰다듬으면서 송아지의 노래를 사랑하겠지요.
작은 꽃들은 태양을 향하여 키스를 고대하겠지요. ——

(나는 하늘을 쳐다보며 두 팔을 벌렸소)
"그러고 여보 ——
우리들은 그 넓은 하늘과 땅 사이에서 얼마나 작은 꽃이겠소.
얼마나 갸륵한 새들이겠소."

(『신동아』 3.4. 1933. 04. 04. 132쪽)
(『태양의 풍속』 100-02)

원문 午後의꿈은 날줄을 모른다

1.
날러갈줄을 모르는 나의날개여。

2.
나의꿈은 졸고잇다。
午後의 疲困한그늘에서 ——。

3.
創造者를 絞首臺에 보내라。

4.
그러나 한우님 내게날개를다고。나는火星에걸어안저[1]서 나의살림의 깨여진地上을 우서주고십다。
한우님은 그런재주를 부릴수잇을가? 원 ——

5.
午後는 아름답지안타。來日은 오겟지。

(『新東亞』 3.4. 1933. 04. 04. 132-33쪽)
(『太陽의 風俗』 23-24[2])

오후의 꿈은 날 줄을 모른다

1.
날아갈 줄을 모르는 나의 날개여.

2.
나의 꿈은 졸고 있다.
오후의 피곤한 그늘에서 ── .

3.
창조자를 교수대에 보내라.

4.
그러나 하느님 내게 날개를 다고. 나는 화성에 걸어앉아[3]서 나의 살림의 깨어진 지상을 웃어 주고 싶다.
하느님은 그런 재주를 부릴 수 있을까? 원 ──

5.
오후는 아름답지 않다. 내일은 오겠지.

(『신동아』 3.4. 1933. 04. 04. 132-33쪽)
(『태양의 풍속』 23-24)

원문

古典的인處女가잇는風景

할머니 이애야 그년석이 언제도라온다고그러니?
바다를 건너서도 사흘이나 불술기(汽車)를 타고가는데란다。

처녀 그러치만 그이는 꼭도라옴니다。

할머니 무얼 도라온다구 그러니
녯날부터도 江東군이란 간날이 막날이란다。
그놈만 밋다가는 조흔시절을 다노친다。
아에 내말대로 마음을 돌려라。

처녀 (초마자락으로 눈을가린다)
꼭 도라오신다고 햇는데요 十年이라도 기다려야하지요 다른데로 옴겨안즐 몸이못된담니다

할머니 (새빨개진 얼골을좀보시오)
무얼 엇저고엇재? 그러면 그놈에게 몸을 허락햇단말이냐?

처녀 아니 그런일은 없어요

할머니 (담배ㅅ대를 다시집는다)
그러면 그러치 아모일도없다 내말대로해라。

처녀 (동글한 주먹이 입술가의 눈물을씻는다)
그러치만 할머니 그러치만。

할머니 ?

처녀 나는 그에게 마음을 주어보냇서요。

(『新東亞』 3.5. 1933. 05. 04. 119쪽)

고전적인 처녀가 있는 풍경

할머니 이 애야 그 녀석이 언제 돌아온다고 그러니?
바다를 건너서도 사흘이나 불술기(기차)를 타고 가는 데란다.
처녀 그렇지만 그이는 꼭 돌아옵니다.
할머니 무얼 돌아온다고 그러니
옛날부터도 강동군이란 간 날이 막 날이란다.
그놈만 믿다가는 좋은 시절을 다 놓친다.
아예 내 말대로 마음을 돌려라.
처녀 (치맛자락으로 눈을 가린다)
꼭 돌아오신다고 했는데요 10년이라도 기다려야 하지요 다른 데로 옮겨 앉을 몸이 못 된답니다
할머니 (새빨개진 얼굴을 좀 보시오)
무얼 어쩌고 어째? 그러면 그놈에게 몸을 허락했단 말이냐?
처녀 아니 그런 일은 없어요
할머니 (담뱃대를 다시 집는다)
그러면 그렇지 아무 일도 없다 내 말대로 해라.
처녀 (동그란 주먹이 입술 가의 눈물을 씻는다)
그렇지만 할머니 그렇지만.
할머니 ?
처녀 나는 그에게 마음을 주어 보냈어요.

(『신동아』 3.5. 1933. 05. 04. 119쪽)

원문

噴水 [I][1)]

-S氏에게-

배암이의살갈을가진
찬噴水들의축축한손
힌손 손 손
나의皮膚우흘 기여댕기는
조심스러운너히들의愛撫 ——
나는너에게대하야 全然한마리의강아지밧게아니다

◇

늙은寶石商인한우님은
오늘밤도 그의가개에 寶石상자를펴노코그의顧客인詩人들을부르고잇다
집업는바람들이검은天幕을드리우고잠이든다음에 ——

◇

기-ㄴ世紀의 歐羅巴市民들과 東洋의 佳民[2)]들의 下水道인나의腦髓의河床의堆積 ——
실로公開된몬지통을씨처줄洗濯쟁이는 아니오려누

◇

나는이孤獨을바리고
도망질칠수는업슬가 그러나 孤獨 ——
나의『쉐퍼-드』여
噴水들이눈물을흘리는곳에서
내무릅우헤 머리를언고귀를드리운너 ——
엉크리는視線 쓰러안는視線마조처불타는視線
『나의 靈魂이 다라날가보아그럼니꺄
派守兵丁閣下
자- 모자를버스릿가』

(『朝鮮日報』 1933. 05. 08. 三面)

분수 [I]
-S 씨에게-

뱀의 살갗을 가진
찬 분수들의 축축한 손
흰 손 손 손
나의 피부 위를 기어다니는
조심스러운 너희들의 애무 ——
나는 너에게 대하여 전연 한 마리의 강아지밖에 아니다.

◇

늙은 보석상인 하느님은
오늘 밤도 그의 가게에 보석 상자를 펴놓고 그의 고객인 시인들을 부르고 있다
집 없는 바람들이 검은 천막을 드리우고 잠이 든 다음에 ——

◇

긴 세기의 구라파[3] 시민들과 동양의 [주민]들의 하수도인 나의 뇌수의 하상[4]의 퇴적 ——
실로 공개된 먼지 통을 씻어 줄 세탁쟁이는 아니 오려나

◇

나는 이 고독을 버리고
도망질 칠 수는 없을까 그러나 고독 ——
나의 셰퍼드여
분수들이 눈물을 흘리는 곳에서
내 무릎 위에 머리를 얹고 귀를 드리운 너 ——
엉클리는 시선 끌어안는 시선 마주쳐 불타는 시선
"나의 영혼이 달아날까 보아 그럽니까
파수병정 각하
자 —— 모자를 벗으리까"

(『조선일보』 1933. 05. 08. 3면)

원문

遊覽쌔쓰

動物園

『스토 ── ㅂ ── 』
厭世主義者들의 修道院이올시다 날마다사람들의 얼골만구경하는일에 아주失戀해버린野獸들은 내일은아마도園長님씌 이 실증나는 觀光團은 차라리 解散하면엇더냐고 忠告할가하고 생각합니다
『오-라잇 ── 』

(『朝鮮日報』 1933. 06. 22. 夕刊. 三面)

유람버스[1)]

동물원

"스토 —— ㅂ —— "
염세주의자들의 수도원이올시다 날마다 사람들의 얼굴만 구경하는 일에 아주 실연해 버린 야수들은 내일은 아마도 원장님께 이 싫증 나는 관광단은 차라리 해산하면 어떠냐고 충고할까 하고 생각합니다
"오-라잇[2)] —— "

(『조선일보』 1933. 06. 22. 석간. 3면)

원문

光化門 [I][1)]

스토 ── ㅂ ──
산양개를 일허버린
늙은포수의『포-스』는
全혀歷史的입니다

(『朝鮮日報』 1933. 06. 22. 夕刊. 三面)

광화문 [I]

스토 —— ㅂ ——
사냥개를 잃어버린
늙은 포수의 포스는
전혀 역사적입니다

(『조선일보』 1933. 06. 22. 석간. 3면)

원문

[慶會樓][1)]

우울한검은 白鳥는 노래를하지안습니다 빗방울에게 어더맛지안는 푸른잇기를 씌운 숨소리업는 水面을 씻고 魚族의 叛逆者들은
大氣속에 生命의樂譜를 그리고 는잠깁니다 여기는란간에 기대여어둠들의 등을어르만저 주려모여오는 快活한 바람들의노리텁니다

(『朝鮮日報』 1933. 06. 22. 夕刊. 三面)

[경회루]

우울한 검은 백조는 노래를 하지 않습니다 빗방울에게 얻어맞지 않는 푸른 이끼를 띄운 숨소리 없는 수면을 찢고 어족의 반역자들은
대기 속에 생명의 악보를 그리고는 잠깁니다 여기는 난간에 기대어 어둠들의 등을 어루만져 주러 모여 오는 쾌활한 바람들의 놀이텁니다

(『조선일보』 1933. 06. 22. 석간. 3면)

원문

光化門 [II][1)]

『나의사랑하는개들은
대체어대가 헤맴니까』
하고 이늙은 포수는 혹은손님의 소매에 매달릴른지도모릅니다
어서타서요
『오라 —— 잇』

(『朝鮮日報』 1933. 06. 22. 夕刊. 三面)

광화문 [II]

"나의 사랑하는 개들은
대체 어디 가 헤맵니까"
하고 이 늙은 포수는 [혹시][2] 손님의 소매에 매달릴는지도 모릅니다
어서 타세요
"오라 —— 잇"[3]

(『조선일보』 1933. 06. 22. 석간. 3면)

원문

『파코다』公園

『소토 —— ㅂ』
쓰럭이통의 설비가업는짜닭에 마나님들은 째째로 쓰레백기를 들고 이곳으로 나옵니다
午後가되면 한우님은 절대로 必要치안은 第六日의 濫造物들을 이쓰럭이통에 모아노코는 嘆息하는 習慣이잇습니다
『오라 —— 잇』

(『朝鮮日報』 1933. 06. 22. 夕刊. 三面)
(『太陽의 風俗』 147[1])

파고다공원

"스토 —— ㅂ"
쓰레기통의 설비가 없는 까닭에 마나님들은 때때로 쓰레받기를 들고 이곳으로 나옵니다
오후가 되면 하느님은 절대로 필요치 않은 제6 일[2)]의 남조물[3)]들을 이 쓰레기통에 모아 놓고는 탄식하는 습관이 있습니다
"오라 —— 잇"

(『조선일보』 1933. 06. 22. 석간. 3면)
(『태양의 풍속』 147)

원문

南大門

얼빠진交通巡査나리는 六月이되엿슴으로 푸른服裝을가러입엇습니다
그러나당신의눈은 가엽시도直線이올시다 그러기에 『하이칼라』한『쎌딩』들이 그의억게미트로『시보레』『팍카-드』를『빵빵』울리며타고드러와서는 그의오래인동무인납작집들을 이리밀고저리밀어서市內는아주混雜을 이글루고잇는줄도모르고 버티고만서고잇지요

(『朝鮮日報』 1933. 06. 22. 夕刊. 三面)

남대문

얼빠진 교통순사 나리는 6월이 되었으므로 푸른 복장을 갈아입었습니다
그러나 당신의 눈은 가엾이도 직선이올시다 그러기에 하이칼라[1)]한 빌딩들이 그의 어깨 밑으로 쉐보레 패커드[2)]를 빵빵 울리며 타고 들어와서는 그의 오랜 동무인 납작 집들을 이리 밀고 저리 밀어서 시내는 아주 혼잡을 [이루고][3)] 있는 줄도 모르고 버티고만 서 있지요

(『조선일보』 1933. 06. 22. 석간. 3면)

원문

漢江人道橋

『스――톱』――
港口의終點이올시다
때때로 임자업는모자들이 란간에걸려서는『人生도잘잇거라』고 바람에펄럭거립니다
그럼으로 기둥미테는아가씨들을위하야 커-다란눈물밧기[1)]가노혀잇습니다[2)]
박궈탈이는어서타서요
그러나 孔子님의最後의弟子인木牌는말합니다 『잠간만기다리시요』
아마도戶籍調査나遺物處分에내한이야기겟지요
水夫들이 타고와서는내버린낡은배엔구두짝들이 도라오지안는船長님을기다리고
잇기에忠實합니다
船長님은도라오려누?

(『朝鮮日報』 1933. 06. 22. 夕刊. 三面)
(『太陽의 風俗』 148)

한강인도교[3)]

『스 ── 톱』──
항구의 종점이올시다
때때로 임자 없는 모자들이 난간에 걸려서는 “인생도 잘 있거라”고 바람에 펄럭거립니다
그러므로 기둥 밑에는 아가씨들을 위하여 커다란 눈물 [박기][4)]가 놓여있습니다
바꿔 탈 이는 어서 타세요
그러나 공자님의 최후의 제자인 목패[5)]는 말합니다 “잠깐만 기다리시오”
아마도 호적 조사나 유물 처분에 [대한] 이야기겠지요
수부들이 타고 와서는 내버린 낡은 배엔 구두 짝들이 돌아오지 않는 선장님을 기다리고 있기에 충실합니다
선장님은 돌아오려나?

(『조선일보』 1933. 06. 22. 석간. 3면)
(『태양의 풍속』 148)

원문 海水浴場의아츰

海灣은 水平線의아츰에向하야 분주하게 窓을여럿다 주룸잡히는 銀色의『커-틘』에 서부스러떠러지는 金箔——
바다의검은장판우에는 별들의『失望』이비온다

어둠이갑작이 버리고간짜닭에 눈을부비는늙은香水장사인太陽은
잠깨지안은 물결의짤들의머리칼우에 白金빗의 香水를뿌린다。
멀구 나무의 입사귀들은 총총히떠난 天使들의 니저버리고간 眞珠목 도리들을 안고잇다

힌치마 자락을나팔거리는 가시나무쏫들은 防水布처름추근한海岸에向하야 누른香氣를 치질한다[1)]
푸른空氣의 堆積속에 가로서서 팔락거리는 女子의바둑판「케-푸」는

大西洋을 건너는 無敵艦隊의 돗발[2)]처름 無敵하다[3)]
『에메랄드』의情熱을녹이는 象牙의海岸은
解放된魚族들 解放된제비들解放된 마음들을기르는 瑠璃의牧場이다
푸른한울의『캔바쓰』아래는『캐논』[4)]을 無視하는 大膽한血管들의 宣言이잇다
하나 둘 셋
充血된白魚의 무리들은 어린曲藝師 처름푸른바다의 彈性의허리에몸을던진다

象牙의海岸을씻는 透明한 七月의 거츤살살[5)] ——
바람은新鮮한 海草의입김으로싼 舞衣를입고 부푸러오른 水平線의가슴을차며 달른다 달른다

(『朝鮮日報』 1933. 07. 01. 朝刊 五面, 夕刊 三面)
(『太陽의 風俗』 161-63: 「象牙의海岸」)

해수욕장의 아침

해만[6)]은 수평선의 아침에 향하여 분주하게 창을 열었다 주름 잡히는 은색의 커튼에서 [부스러져] 떨어지는 금박 ——
바다의 검은 장판 위에는 별들의 실망이 비 온다

어둠이 갑자기 버리고 간 까닭에 눈을 [비비는] 늙은 향수 장사인 태양은
잠 깨지 않은 물결의 딸들의 머리칼 위에 백금 빛의 향수를 뿌린다.
머루나무[7)]의 잎사귀들은 총총히 떠난 천사들의 잊어버리고 간 진주 목도리들을 안고 있다

흰 치맛자락을 나팔거리는 가시나무 꽃들은 방수포처럼 추근한[8)] 해안에 향하여 누런 향기를 키질한다[9)]
푸른 공기의 퇴적 속에 가로서서 팔락거리는 여자의 바둑판 케이프[10)]는

대서양을 건너는 무적함대의 돛발[11)]처럼 무적하다
에메랄드의 정열을 녹이는 상아의 해안[12)]은
해방된 어족들 해방된 제비들 해방된 마음들을 기르는 유리의 목장이다
푸른 하늘의 캔버스 아래는 캐논[13)]을 무시하는 대담한 혈관들의 선언이 있다
하나 둘 셋
충혈된 백어[14)]의 무리들은 어린 곡예사처럼 푸른 바다의 탄성의 허리에 몸을 던진다

상아의 해안을 씻는 투명한 7월의 거친 [살결] ——
바람은 신선한 해초의 입김으로 짠 무의[15)]를 입고 부풀어 오른 수평선의 가슴을 차며 달린다
달린다

(『조선일보』 1933. 07. 01. 조간 5면, 석간 3면)

(『태양의 풍속』 161-63: 「상아의 해안」)

원문 카피盞을들고

오 —— 나의 戀人이여
너는 한개의『슈-크림』이다
너는 한잔의『커피』다。

너는 엇지면 地球에서 아지못하는나라로
나를 실고가는 무지개와가튼 김의날개를 가지고잇느냐。

나의억개에서 하로동안의 모-든싯그러운 義務들을
나려주는 짐푸는人夫의일을
너는「칼리포-니아」의 어느埠頭에서 배워왓느냐。

(『新女性』 7.8. 1933. 08. 01. 32쪽)

(『太陽의 風俗』 68)

커피 잔을 들고

오 —— 나의 연인이여
너는 한 개의 슈크림이다
너는 한 잔의 커피다.

너는 어쩌면 지구에서 알지 못하는 나라로
나를 끌고 가는 무지개와 같은 김의 날개를 가지고 있느냐.

나의 어깨에서 하루 동안의 모든 시끄러운 의무들을
내려 주는 짐 푸는 인부의 일을
너는 캘리포니아의 어느 부두에서 배워 왔느냐.

(『신여성』 7.8. 1933. 08. 01. 32쪽)
(『태양의 풍속』 68)

원문 하로ㅅ[일]이씃낫슬째[1)]

수박빗 한울에 매달녀
地球는 어둠속으로 쨔저나려가오
점은[2)] 누-런 혹은灰色의 집웅들이
大地의가슴속으로 파드러갈드시
山모롱[3)]에 가엽시 몸을 옴크리고잇소。

수양버들들은 마음[4)]박 江가에 머리를풀러헤차고
우득허-니서서 무엇을 기다리누
안달뱅이 굴둑들은 汽笛도업시 흰旗ㅅ발을날리고잇소
마을은 쏘다른 하로밤의 航海를써나나보오。

『비로-도』처럼 눈을부시는 색감안밤
『프록코-트』를입은 한우님의 가슴우헤서는 쌜간 금단추들이 반작이오
우는[5)]어미인 바람이 쓰[6)]골작에서 훌적훌적 우는소리가들리오。

그러면 나는 언덕우의 내집으로 총총히 도라가기위하야 호미를둘러메오
天使『미카엘』이 두개의 퉁퉁한『포켓트』에
불룩이 채워가지고오는 크-다란숢을 기다리기위하야 ——

(『新女性』 7.8. 1933. 08. 01. 32-33쪽)
(『太陽의 風俗』 169-70: 「하로일이 끝났을때」)

하루 일이 끝났을 때

수박빛 하늘에 매달려
지구는 어둠 속으로 꺼져 내려가오
[검은] 누런 혹은 회색의 지붕들이
대지의 가슴 속으로 파 들어갈 듯이
산모롱이[7]에 가엾이 몸을 [옴츠리고][8] 있소.

수양버들들은 [마을] 밖 강가에 머리를 풀어 헤치고
우두커니 서서 무엇을 기다리누
안달뱅이[9] 굴뚝들은 기적도 없이 흰 깃발을 날리고 있소
마을은 또 다른 하룻밤의 항해를 떠나나 보오.

비로드[10]처럼 눈을 부시는 새까만 밤
프록코트를 입은 하느님의 가슴 위에서는 빨간 금단추들이 반짝이오
우는 어미인 바람이 [또] 골짝에서 훌쩍훌쩍 우는 소리가 들리오.

그러면 나는 언덕 위의 내 집으로 총총히 돌아가기 위하여 호미를 둘러매오
천사 미카엘이 두 개의 통통한 포켓에
불룩이 채워 가지고 오는 커다란 꿈을 기다리기 위하여 ——

(『신여성』 7.8. 1933. 08. 01. 32-33쪽)
(『태양의 풍속』 169-70: 「하루 일이 끝났을 때」)

원문

한여름

貪慾의 季節이올시다。
情慾에 다른 풀닙사귀의 푸른입김이
地球의 全表面을 征服하려는 意志로써 태웁니다。
수업는細胞의堆積인 植物의斷面은
地殼을 涸渴시키려는 野心을煽動합니다。
그러치만 率直한 季節이올시다。

(『가톨닉靑年』 1.3. 1933. 08. 10. 56쪽)

한여름

탐욕의 계절이올시다.
정욕에 달은[1)] 풀 잎사귀의 푸른 입김이
지구의 전 표면을 정복하려는 의지로써 태웁니다.
수없는 세포의 퇴적인 식물의 단면은
지각[2)]을 학갈[3)]시키려는 야심을 선동합니다.
그렇지만 솔직한 계절이올시다.

(『가톨릭 청년』 1.3. 1933. 08. 10. 56쪽)

원문

海水浴場의夕陽

海拔一〇〇〇메-트의高臺의 斷面에
疲困한太陽이 겨으른 自畵像을 그린다。
山허리에 사라지는[1] 애처러운 抛物線의 자최인 해오라비한마리 ——
孤寂。

앗김업시 바다ㅅ가에 비오는沈默。
헐덕이는물결들의 등을어르만지는 늙은달은 모래불우에서
輕薄한사람들이 니저버리고간 발자곡들을 집기에奮走하다。
脫衣場의모래우에 쑤겨저 저저잇는 러쁘레터한장。
밤은 벌서 호텔의歡樂에 불을켯다。

(『가톨닉靑年』 1.3. 1933. 08. 10. 56쪽)
(『太陽의 風俗』 159-60)

해수욕장의 석양

해발 1000피트 고대[2)]의 단면에
피곤한 태양이 게으른 자화상을 그린다.
산허리에 사라지는 애처로운 포물선의 자취인 해오라기[3)] 한 마리 ——
고적.[4)]

아낌없이 바닷가에 비 오는 침묵.
헐떡이는 물결들의 등을 어루만지는 늙은 달은 모래부리[5)] 위에서
경박한 사람들이 잊어버리고 간 발자국들을 집기에 분주하다.
탈의장의 모래 위에 꾸겨져 젖어 있는 러브 레터 한 장.
밤은 벌써 호텔의 환락에 불을 켰다.

(『가톨릭 청년』 1.3. 1933. 08. 10. 56쪽)
(『태양의 풍속』 159-60)

원문

林檎밭[1)]

능금나무의 잎사귀들은
연(鉛)빛의 호수인 공기의 경사면에 멈췃섯다。

히디힌 론리(論理)의 모래방천에 걸앉어
머리 숙으린 『쏘크라테쓰』인 버드나무。

비는 오후네시의 시골 한울을 적시며
잎사귀들의 푸른 사면(斜面)을 미끌어 진다。

불평가인 바람은 (오늘도) 알지못할 말을 중얼거리며
매암이들의 푸른 잔등을 어르만지면서 숲속을 쏴댕긴다。

나무밑에서 작은 머리를 갸웃거리며
흐린한울에 슬픈 노래를 쓰는참새 ——
『레인코-트』도 없는 나의 즉흥시인이어。

땅을겨누는 수없는 비의화살 들의 틈을채우며
어둠들이 산ㅅ밭을 넘어 흘러온다
조수 —— 나루에서는 바다의 『빠쓰』가 굵어진다。

나의 마음의 사막을 추기며오는 기억의비
잔인한 비는 개울을 지우고 여울을 채우며
검은 날개와 이ㅅ발을 가진 홍수를 사막우에 몰아보낸다。

똑 —— 똑 —— 똑 —— 시름없이
눈을 감으면 마음의 벽을 따리는소리。

나는 침묵의 바다밑에서 익사체가된 내자신을 굽어본다(웃어주어라)
어대서 『뉴-톤』의 눈을 놀래인 훌륭한 능금의 붉은 시체는 떨어지지않누。

(『新家庭』 1.9. 1933. 09. 01. 94-95쪽)

임금[2)]밭

능금나무의 잎사귀들은
연빛[3)]의 호수인 공기의 경사면에 멈춰 섰다.

희디 흰 논리의 모래 방천[4)]에 걸터앉아[5)]
머리 수그린 소크라테스[6)]인 버드나무.

비는 오후 4시의 시골 하늘을 적시며
잎사귀들의 푸른 사면[7)]을 미끄러진다.

불평가인 바람은 (오늘도) 알지 못할 말을 중얼거리며
매미들의 푸른 잔등을 어루만지면서 숲속을 쏘다닌다.

나무 밑에서 작은 머리를 갸웃거리며
흐린 하늘에 슬픈 노래를 쓰는 참새 ──
레인코트도 없는 나의 즉흥 시인이여.

땅을 겨누는 수없는 비의 화살들의 틈을 채우며
어둠들이 산밭을 넘어 흘러온다
조수 ── 나루에서는 바다의 베이스[8)]가 굵어진다.

나의 마음의 사막을 축이며 오는 기억의 비
잔인한 비는 개울을 지우고 여울을 채우며
검은 날개와 이빨을 가진 홍수를 사막 위에 몰아 보낸다.

똑 ── 똑 ── 똑 ── 시름없이
눈을 감으면 마음의 벽을 때리는 소리.

나는 침묵의 바다 밑에서 익사체가 된 내 자신을 굽어본다 (웃어 주어라)
어디서 뉴턴의 눈을 놀라게 한 훌륭한 능금의 붉은 시체는 떨어지지 않나.

(『신가정』 1.9. 1933. 09. 01. 94-95쪽)

원문 나의探險船

산봉오리들의 틈과 틈을 새여 藍色의 잔으로 흘러드러오는 어둠 —— 이윽고 사람들은 이 漆黑의 술을 마실것이다
그러면 해는 淫奔한 그의잔을 던지고 山 모록으로 도라서겟지
密會를 기다리는 고양이는 山기슭의 어둠을 입고 쭈그리고안젓다
夕刊新聞面의 大英帝國의 地圖우헤 별들의 발자곡인 그림자들이 기여든다
그러니까『미스터 뽈드윈』의 演說은 도모지 빛나지안는다
나는걱정한다[1]
나의작은 探險船인 地球가 갑작이 그의 航路의 軌道를 니저버린다면 ——
나는대체 어느구석에서 나의海圖를 편단말인가[2]
집 이층집 삼층집 江 웃는얼골 交通巡査의 모자 히망 그대와의 약속 ——
모- 든것을 差別없이
검은 液體의 汎濫속에 녹여 버리는 貪慾한 化學者의 目的없는 實驗室속에서

(『新東亞』 3.9. 1933. 09. 01. 57쪽)
(『太陽의 風俗』 32-33:「海圖에대하야」)

나의 탐험선

산봉우리들의 틈과 틈을 새어 남색의 잔으로 흘러들어 오는 어둠 ── 이윽고 사람들은 이 칠흑의 술을 마실 것이다
그러면 해는 음분한[3] 그의 잔을 던지고 [산모롱이][4]로 돌아서겠지
밀회를 기다리는 고양이는 산기슭의 어둠을 입고 쭈그리고 앉았다
석간신문 면의 대영제국 지도 위에 별들의 발자국인 그림자들이 기어든다
그러니까 미스터 볼드윈[5]의 연설은 도무지 빛나지 않는다
나는 걱정한다
나의 작은 탐험선인 지구가 갑자기 그의 항로의 궤도를 잊어버린다면 ──
나는 대체 어느 구석에서 나의 해도를 편단 말인가
집 이층집 삼층집 강 웃는 얼굴 교통순사의 모자 희망 그대와의 약속 ──
모든 것을 차별 없이
검은 액체의 범람 속에 녹여 버리는 탐욕스러운 화학자의 목적 없는 실험실 속에서

(『신동아』 3.9. 1933. 09. 01. 57쪽)
(『태양의 풍속』 32-33: 「해도에 대하여」)

원문

卽興詩一篇[1)]

먼—구름들의 寢室가에 뚜렷히 一直線을그리는 大膽한水平線을 나는사랑하오
그의마음의『아가멤논』과가튼 大膽을——

X

넓은바다는 太陽의노리터——
그는앗김업시 그의白金의바구니를 바다의푸른 치마폭우헤 쏘다노앗소[2)]
갑작이防波堤우흐로 汽車가 고함치고간싸닭에 몸소름치는 모래가에잠든 작은물결의아히들 微笑하는바다 의가슴우헤쓴한폭이[3)]힌돗의 幸福

(『朝鮮日報』1933. 09. 08. 朝刊, 特刊 2面:「田園日記의 一節」중)

(『바다와 肉體』114-15:「바다의 卽興詩」)

즉흥시 1 편

먼 구름들의 침실 가에 뚜렷이 일직선을 그리는 대담한 수평선을 나는 사랑하오.
그의 마음의 아가멤논[4]과 같은 대담을——

X

넓은 바다는 태양의 놀이터——
그는 아낌없이 그의 백금 바구니를 바다의 푸른 치마폭 위에 쏟아 놓았소
갑자기 방파제 위로 기차가 고함치고 간 까닭에 몸소름 치는 모랫가에 잠든 작은 물결의 아이들 미소하는 바다의 가슴 위에 뜬 한 폭 흰 돛의 행복

(『조선일보』 1933. 09. 08. 조간, 특간 2면: 「전원 일기의 1 절」 중)
(『바다와 육체』 114-15: 「바다의 즉흥시」)

원문

庭園의鄕愁[1)]

「아테네」의 거리우헤 希臘의한울은 고요히 綠玉의 나래를 드리우고 疲困한『마돈나』처름쉬고잇섯다 地中海의 푸른몰결이털어 놋는작은 한숨인 바람결에 가볍게 몸소름치면서 ――
이 最初에 祝福바든 짱을헤서 스스로 싸흔 神話의世界에 쇠사슬을 얼커논자는 누구냐?

◇

運命의 女神의 슬푼『엘레지』를『아담』의 家族들이 그들의 魂의문을 열고불러드리기 시작한뒤부터 愉快하던 太陽은 아직도 우리들의 地平線에서 우서본일이업다

◇

大學硏究室의 直下에서는 東 西 南 北 『콩크리트』의 鐵壁에 幽閉된 뜰안의 들추어내논 이작은가슴이 숨차서 헐덕인다 幸福한 어머니의품을 써난 大地의한쏘각은 이러케 병드러 누어잇다
빗업는뜰안이여 가난한너의 호주머니는 虐殺된 돌쏘악으로 가득하고나 일즉이 그것들은 太平洋의 엇던 海岸에서 밤을기다려 별들의 속삭임을 엿듣고 잇섯다그러나지금은『후록코-트』를입은 敎授를 시른『시보레 ―― 』바퀴에 짤려 부스러저 그스러버린 그것들의 屍體의 새파란얼골들을 나의마음은 어르만지고잇다
○뜰안의 한구석에 힌幽靈과가티 몸을쏘그리고 서잇는 잣나무하나。머-ㄴ길을거러온바람의팔에 몸을맛겨 오졸오졸 썰고잇는 겸손한 그모양 ――
『쎌딩』의 검은집웅에 걸안저 씃업는한울의放浪에지친 다리를 쉬며 낫잠자는太陽의얼골을 작은 잣나무는 처다본일이업다 西班牙의 女子처름 갓가워오는 黃昏을 쓰러안고 그는운다 늣겨운다
○바다ㅅ가에 돌쏘악을 보내주어라 오늘도홀몸인 거의는 바다에서 낙근 이야기들을 속삭이려 물결을타고도라왓건만 ―― 구경군을일허버린 별들의 노리도 銀河水가에서 興이 시것다 작은새들은 그들의쑴으로 짠眞珠목도리를 잣나무억게에거러주려들로부터도라와서 기다리고잇다 山으로 잣나무를 보내주어라

(『三千里』 5.10. 1933. 10. 01. 115쪽)

정원의 향수

아테네의 거리 위에 희랍의 하늘은 고요히 녹옥[2]의 날개를 드리우고 피곤한 마돈나처럼 쉬고 있었다 지중해의 푸른 [물결]이 털어놓는 작은 한숨인 바람결에 가볍게 몸소름[3] 치면서 ——
이 최초에 축복받은 땅을 헤서[4] 스스로 쌓은 신화의 세계에 쇠사슬을 얽어 놓은 자는 누구냐?

◇

운명의 여신의 슬픈 엘레지[5]를 아담의 가족들이 그들의 혼의 문을 열고 불러들이기 시작한 뒤부터 유쾌하던 태양은 아직도 우리들의 지평선에서 웃어 본 일이 없다

◇

대학 연구실의 직하[6]에서는 동 서 남 북 콘크리트의 철벽에 유폐된 뜰 안의 들추어 내놓은 이 작은 가슴이 숨차서 헐떡인다 행복한 어머니의 품을 떠난 대지의 한 조각은 이렇게 병들어 누워 있다
빛 없는 뜰 안이여 가난한 너의 호주머니는 학살된 돌 조각으로 가득하구나 일찍이 그것들은 태평양의 어떤 해안에서 밤을 기다려 별들의 속삭임을 엿듣고[7] 있었다 그러나 지금은 프록코트를 입은 교수를 실은 쉐보레[8] 바퀴에 깔려 부스러져 그을려 버린 그것들의 시체의 새파란 얼굴들을 나의 마음은 어루만지고 있다
○ 뜰 안의 한구석에 흰 유령과 같이 몸을 쪼그리고 서 있는 잣나무 하나. 먼 길을 걸어온 바람의 팔에 몸을 맡겨 오졸오졸 떨고 있는 겸손한 그 모양 ——
빌딩의 검은 지붕에 [걸터앉아][9] 끝없는 하늘의 방랑에 지친 다리를 쉬며 낮잠 자는 태양의 얼굴을 작은 잣나무는 쳐다본 일이 없다 서반아[10]의 여자처럼 가까워 오는 황혼을 끌어안고 그는 운다 느껴[11] 운다
○ 바닷가에 돌 [조각]을 보내 주어라 오늘도 홀몸인 [거위]는 바다에서 낡은 이야기들을 속삭이러 물결을 타고 돌아왔건만 —— 구경꾼을 잃어버린 별들의 놀이도 은하수 가에서 흥이 식었다 작은 새들은 그들의 꿈으로 짠 진주 목도리를 잣나무 어깨에 걸어 주러 들로부터 돌아와서 기다리고 있다 산으로 잣나무를 보내 주어라

(『삼천리』 5.10. 1933. 10. 01. 115쪽)

원문

바다의抒情詩

여윈 섬들 (엇지면 그러케可憐한『님프』일가)
써댕기는 바다의 푸른가슴을 헤치는 배들은
검은 진흙의 河床 미테서 잠자는 眞珠의 비밀을 들고 시퍼 그러나
욕심쟁인 그의 돗 은 고무風船처름
『쑤르죠아』의 뱃장처름 바람으로 가득하다[1)]
北으로 달른 汽車는 風景에대하야 파랑빗의『로맨티시즘』에대하야도 지극히 冷淡하다。
내가 食堂車의『메뉴』우헤
　조악돌들과 조개들의
　모래미트로 숨어드는
　그바다ㅅ가로 나를 보내주어서
　나로하여곰 그곳에서
　죽엄과 義務와 招待狀등을 니저버리고
　섬들과가치 바위와가치 바다의사랑을 밧게하여다고
하고 抒情詩를쓰면 기관차란놈은 커-다란 우숨소리로써 그것을 지여버린다。

(『가톨닉青年』 1.5. 1933. 10. 10. 53쪽)

(『태양의 풍속』 21-22: 「汽車 [I]」[2)])

바다의 서정시

여윈 섬들 (어쩌면 그렇게 가련한 님프[3]일까)
떠다니는 바다의 푸른 가슴을 헤치는 배들은
검은 진흙의 하상[4] 밑에서 잠자는 진주의 비밀을 [듣고][5] 싶어 그러나
욕심쟁이인 그의 돛은 고무풍선처럼
부르주아의 배짱[6]처럼 바람으로 가득하다
북으로 달리는[7] 기차는 풍경에 대하여 파랑빛의 로맨티시즘에 대하여도 지극히 냉담하다.
내가 식당차의 메뉴 위에
　조약돌들과 조개들의
　모래 밑으로 숨어드는
　그 바닷가로 나를 보내 주어서
　나로 하여금 그곳에서
　죽음과 의무와 초대장 등을 잊어버리고
　섬들과 같이 바위와 같이 바다의 사랑을 받게 하여다오
하고 서정시를 쓰면 기관차란 놈은 커다란 웃음소리로써 그것을 지워 버린다.

(『가톨릭 청년』 1.5. 1933. 10. 10. 53쪽)
(『태양의 풍속』 21-22: 「기차 [I]」)

원문

戰慄하는 世紀

『警戒해라』
信號를 실고 가는 電波·電波·波·波
X
江西가 붉어졌다고
世界의 白色XX主義者들의
『토라홈』症勢의 눈알들이
코걸이 眼鏡 넘어서 둥그래져 굴른다
X
『뉴욕』의 埠頭
뒷골목 四十五層 지붕 밑에서
『컴뮤니스트』『잭크』의 붉은 葬式이
붉은 눈물 속에 새벽으로 向하야 떠나갔다。
그래서『아메카유니언』의 最高의 警察部는 六百七十二名의 경관을 動員했다
X
『프르이드』에 依하면
『무쏠리니』의 꿈은 늘 붉은 바다 밑에서 새파랗게 떨고 있는 모양이다

恐怖

恐怖

恐怖

X色恐怖
X
히어지지 않는 것은
帝國 警官의 모자테와
네 거리의『꼬오스톱』과
그리고 絞首臺의 이슬과——
X

전율하는 세기

"경계해라"
신호를 싣고 가는 전파·전파·파·파
X
강서[1)]가 붉어졌다고
세계의 백색XX주의자[2)]들의
[트라코마][3)] 증세의 눈알들이
코걸이 안경 넘어서 둥그레져 구른다
X
뉴욕의 부두
뒷골목 45 층 지붕 밑에서
코뮤니스트 잭의 붉은 장식[4)]이
붉은 눈물 속에 새벽으로 향하여 떠나갔다.
그래서 [아메리카][5)] 유니언 최고의 경찰부는 672명의 경관을 동원했다.
X
프로이트[6)]에 의하면
무솔리니[7)]의 꿈은 늘 붉은 바다 밑에서 새파랗게 떨고 있는 모양이다.

공포

공포

공포

X색공포
X
희어지지 않는 것은
제국 경관의 모자 테와
네거리의 고·스톱과
그리고 교수대의 이슬과——
X
(

원문

히어지지 않는 것은
帝國 警官의 모자테와
네거리의 『꼬오스톱』과
그러고 絞首臺의 이슬과 ——

(『學燈』 1.1. 1933. 10. 15. 35쪽)

희어지지 않는 것은
제국 경관의 모자 테와
네거리의 고·스톱과
그러고 교수대의 이슬과 ——

(『학등』 1.1. 1933. 10. 15. 35쪽)

원문

밤外二篇

1 밤 [I][1)]

짱우에남은 빗의 最後의 한줄기조차 삼켜버리려는 검은 意志에타는 검은 慾望이여 ——
나의 자근房은 燈불을켜들고 그속에서 눈보라속의 배와가치 흔들리고잇다。
유리窓넘에서 흘기는 어둠의 검은눈짓에 소름치는 슬푼 나의房아 ——

문틈을 새여 흐르는 거리우의 여른[2)]빗의 물결을적시며 흘러가는 발자곡들의 박石를[3)]싸리는 자근音響조차도 어둠은 기르려고 하지안는다。
아름다운 푸른 그림자마저 내쌔앗긴[4)] 거리의 詩人『포풀라』의 怯을낸몸둥아리가 거리가 수부려진곳에서 썰고잇다

『아담』과 『이브』들은
『우리는도시 어둠을밋지안는가』고 입과입으로 중얼거리며 억개를것고[5)] 층층대를 나려간뒤
地下室에서는 썰리는 우숨소리 —— 잔과잔이 마조치는소리 ——

노푼城壁 꼭댁이에서는
꿈들을 내려보내는것조차 니저버린별들이 絶望을안고 조을고잇다
나는 불시에 나의방의 작은 속삭임소리에 귀를기우렷다
………『밤이 새는것을 보고십다』
………『새날이 오는것을 보고십다』

(『朝鮮文學』 1.4. 1933. 10. 25. 70-71쪽)
(『太陽의 風俗』 37-38:「房」)

밤 외 2 편

1. 밤 [I]

땅 위에 남은 빛의 최후의 한줄기조차 삼켜 버리려는 검은 의지에 타는 검은 욕망이여 ——
나의 작은 방은 등불을 켜 들고 그 속에서 눈보라 속의 배와 같이 흔들리고 있다.
유리창 너머서 흘기는 어둠의 검은 눈짓에 소름 치는 슬픈 나의 방아 ——

문틈을 새어 흐르는 거리 위의 [옅은] 빛의 물결을 적시며 흘러가는 발자국들의 박석[6][을] 때리는 작은 음향조차도 어둠은 기르려고 하지 않는다.
아름다운 푸른 그림자마저 내빼앗긴 거리의 시인 포플러의 겁을 낸 몸뚱아리가 거리가 꾸부러진 곳에서 떨고 있다

아담과 이브들은
"우리는 도시[7] 어둠을 믿지 않는가"라고 입과 입으로 중얼거리며 어깨를 [겯고][8] 층층대를 내려간 뒤
지하실에서는 떨리는 웃음소리 —— 잔과 잔이 마주치는 소리 ——

높은 성벽 꼭대기에서는
꿈들을 내려보내는 것조차 잊어버린 별들이 절망을 안고 졸고 있다
나는 불시에 나의 방의 작은 속삭임 소리에 귀를 기울였다
………"밤이 새는 것을 보고 싶다"
………"새날이 오는 것을 보고 싶다"

(『조선문학』 1.4. 1933. 10. 25. 70-71쪽)
(『태양의 풍속』 37-38: 「방」)

원문

2 飛行機 [II][1)]

파랑날개를 팔락이는 어린飛行機는 日曜日날아츰의 유쾌한樂士라오
새벽이 새여간뒤의 아츰 한울은 『풀라티나』의 중[2)]을느린 『하르프』── 그중을
짜리면서 훌륭한 音樂을하는 『푸로페라』는 『싸포──』의 손보다도 입분손 五月의
바람보다도 더가벼운손 새벽한울을 수놋는눈송이[3)]보다도 더힌손을 가지고잇소
나의 가슴의 鈍한城壁에 물결처넘치는 音樂의 湖水── 구름박그로 나를실고가는
힌날개를 가진音樂을 타는그대의힌손이여

(『朝鮮文學』 1.4. 1933. 10. 25. 71쪽)
(『太陽의 風俗』 108: 「아츰飛行機」)

2. 비행기 [II]

파랑 날개를 팔락이는 어린 비행기는 일요일 아침의 유쾌한 악사라오
새벽이 새어 간 뒤의 아침 하늘은 플라티나[4)]의 [줄]을 늘인 하프 —— 그 [줄]을 때리면서 훌륭한 음악을 하는 프로펠러는 사포[5)]의 손보다도 이쁜 손 5월의 바람보다도 더 가벼운 손 새벽하늘을 수놓는 눈송이보다도 더 흰 손을 가지고 있소
나의 가슴의 둔한 성벽에 물결쳐 넘치는 음악의 호수 —— 구름 밖으로 나를 싣고 가는 흰 날개를 가진 음악을 타는 그대의 흰 손이여

(『조선문학』 1.4. 1933. 10. 25. 71쪽)
(『태양의 풍속』 108: 「아침 비행기」)

원문

3 새벽

발자취들은 밧비밧비 窓미틀지나갓다 길바닥을 극는 수레바퀴의 이빨갈리는소리
(그자식은 언제던지 군소리뿐이야)
날근 절의 게으른 鍾이 갑작이 우러야할 그의義務를 記憶햇나보다
자 —— 나는 들窓을 여러야하지 길거리의雜音을 마시고 시퍼하는 작은입을[1) ——

(『朝鮮文學』 1.4. 1933. 10. 25. 71쪽)

(『太陽의 風俗』 156: 「새벽」[2)])

3. 새벽

발자취들은 바삐바삐 창 밑을 지나갔다 길바닥을 긁는 수레바퀴의 이빨 갈리는 소리
(그 자식은 언제든지 군소리뿐이야)
낡은 절의 게으른 종이 갑자기 울어야 할 그의 의무를 기억했나 보다
자 —— 나는 들창을 열어야 하지 길거리의 잡음을 마시고 싶어 하는 작은 입을 ——

(『조선문학』 1.4. 1933. 10. 25. 71쪽)
(『태양의 풍속』 156 「새벽」)

원문

가거라 너의길을[1)]

순아 ——
해마다 가을이오면 금잔디우에는 들국화들의 해쑥한얼굴들이 수없이 피어올테지。말새 많은 작은 참새들도 황혼이되면 저푸른『포푸라』의 집웅밑으로 떠오고떠가든 마을의 소문을 재잴거리려오겟지。하지만 순아 —— 우리 들의 두 그림자는 다시는 황금의 잔디밭 욱을 걷(步)지 않을 테지。

이별의 앞에서 순아 —— 너와나 지금 연약한 두혼은 떨고 잇다。수없는 달큼한 회상들이 별떼와같이 나의마음의 황혼의하눌욱에서 무리지어 눈을뜬다。그래서 애상의바다밑에 지치인혼을 묻으려한다。그렇지만 순아 우리들은 갈라질때다。이윽고 세월은 시들어진 기억의 나무에서 한닢새 두닢새 지나간날의 기억의 쪼각들을 흔들어 떨어트러주겟지。

고동을 트는 저기차는 너를실고 떠나려고 발을 동동구르고잇다。그러고 래일도 모레도 글피도 저기차는 같은 고동을티우며 돌아오겟지。그러면 나는 이곳에 남어잇어서 그고동소리를 어대로 피할가보아

그러나 순아 ——
가거라 너의길을 ——
너의 가슴속에서 타오를 새로운히망의 등불을 끄지말고 ——

(『新家庭』 1.11. 1933. 11. 01. 188쪽)

가거라 너의 길을

순아 ——
해마다 가을이 오면 금잔디 위에는 들국화들의 [해쓱한][2] 얼굴들이 수없이 피어올 테지. 말새[3] 많은 작은 참새들도 황혼이 되면 저 푸른 포플러의 지붕 밑으로 떠오고 [떠가는] 마을의 소문을 재잘거리러 오겠지. 하지만 순아 —— 우리들의 두 그림자는 다시는 황금의 잔디밭 위를 걷지 않을 테지.

이별 앞에서 순아 —— 너와 나 지금 연약한 두 혼은 떨고 있다. 수없는 달큼한[4] 회상들이 별떼와 같이 나의 마음의 황혼의 하늘 위에서 무리 지어 눈을 뜬다. 그래서 애상의 바다 밑에 지친 혼을 묻으려 한다. 그렇지만 순아 우리들은 갈라질 때다. 이윽고 세월은 시들어진 기억의 나무에서 한 잎새 두 잎새 지나간 날의 기억의 조각들을 흔들어 떨어트려 주겠지.

고동을 트는 저 기차는 너를 싣고 떠나려고 발을 동동 구르고 있다. 그러고 [내일][5]도 모레도 글피도 저 기차는 같은 고동을 틔우며[6] 돌아오겠지. 그러면 나는 이곳에 남아 있어서 그 고동 소리를 어디로 피할까 보아

그러나 순아 ——
가거라 너의 길을 ——
너의 가슴속에서 타오를 새로운 희망의 등불을 끄지 말고 ——

(『신가정』 1.11. 1933. 11. 01. 188쪽)

원문

日曜日行進曲

月
火
水
木
金
土
하낫둘
하낫둘
일요일로 나가는 『엇둘』소리。」

자연의학대에서
너를 아노라[1)]
력사의 여백 ——
령혼의 위생「데이」——
일요일의 들로
바다로。

우리들의
유쾌한
하늘과 하로 ——
일요일
일으일。[2)]

(『新家庭』 1.11. 1933. 11. 01. 189쪽)
(『太陽의 風俗』 109-10)

일요일 행진곡

월
화
수
목
금
토
하나 둘
하나 둘
일요일로 나가는 "엇둘" 소리.

자연의 학대에서
너를 [놓아라]
역사의 여백 ——
영혼의 위생 데이 ——
일요일의 들로
바다로.

우리들의
유쾌한
하늘과 하루 ——
일요일
[일요일].

(『신가정』 1.11. 1933. 11. 01. 189쪽)
(『태양의 풍속』 109-10)

원문

어둠의흐름

책상과 나와『칼렌다』의막장과 燈불과 ——

灰色의 戰野에서는
내가 니저버리고온 수업는 戰死者와 負傷者의 무리가 하나식 둘식 무덤의몬지를 썰치며 이러난다

어줄업시 밧작마른 산양개한마리[1] ——
오늘도 내발굼치에서 써러지지안는다

空氣를 씻는 채ㅅ죽아래서
밥일을 다토아먹는 산양개와나와 —— [2]

어둠의 洪水 —— 굼틀거리는 검은 물바퀴의 表面에 재젓다 써오른다
춤추는한손 ——
파-란부르지즘 ——
씨저진心臟 ——

엑 ——
이런
독수리가 파먹다남은
生活은
下水道에나 집어던저라

열두시넘어서
별과 등불을 씌우고
防川아래
쏨을알른 下水道에

無限히 씌쓸을 生産한 이都市의모-든排泄物을 運搬하도록 命令바든 奴隸여[3]

어둠의 흐름

책상과 나와 캘린더의 막장[8)]과 등불과 ——

회색의 전야에서는
내가 잊어버리고 온 수없는 전사자와 부상자의 무리가 하나씩 둘씩 무덤의 먼지를 떨치며 일어난다

[어주리없이][9)] 바짝 마른 사냥개 한 마리 ——
오늘도 내 발꿈치에서 떨어지지 않는다

공기를 찢는 채찍 아래서
[밥알][10)]을 다투어 먹는 사냥개와 나와 ——

어둠의 홍수 —— 굼틀거리는 검은 물바퀴[11)]의 표면에 꺼졌다 떠오른다
춤추는 한 손 ——
파란 부르짖음 ——
찢어진 심장 ——

엑 ——
이런
독수리가 파먹다 남은
생활은
하수도에나 집어던져라

열두 시 넘어서
별과 등불을 띄우고
방천[12)] 아래
꿈을 [앓는][13)] 하수도에

무한히 티끌을 생산한 이 도시의 모든 배설물을 운반하도록 명령 받은 노예여

원문

똥
몬지
石炭재
고양이의屍體[4)]
死兒
쨰쨰로 찌저진 遺書의한쪼각 (누가 읽엇는지 마럿는지)

警察醫가『메쓰』를들고『오-토빠이』에서 나렷다
거리의 거지가 鍾閣에기댄채 숫숫해버렷다[5)]
教會堂에서는 最後의 기도 쓰테
『아-멘』을 불렷다
다음날新聞은 전날밤의치위[6)]는 十六年來의것이라고 거짓말햇다
흥 來日부터紳士와淑女들은
安心하고 네거리로나오렴
『나리마님 —— 돈한푼만 —— 』도 오늘밤뿐이다[7)]

劇場에서는
學生과 會社員들이 사히조케
炭酸『개쓰』를 交換한다
『스크린』에서는 亞米利加녀자의힌다리가 芝罘種의 무우와 가티 밋근하다

어둠의洪水
거리에 구비치는 어둠의흐름 ——

太陽이 어대갓는가
어대갓느냐
내가슴은 太陽이 안고십다

(『新女性』 7.11. 1933. 11. 01. 10-13)
(『太陽의 風俗』 180-84: 「어둠속의노래」)

똥
먼지
석탄재
고양이의 시체
사아[14]
때때로 찢어진 유서의 한 조각 (누가 읽었는지 말았는지)

경찰의[15]가 메스를 들고 오토바이에서 내렸다
거리의 거지가 종각에 기댄 채 꽃꽃해[16] 버렸다
교회당에서는 최후의 기도 끝에
"아-멘"을 불렀다
다음날 신문은 전날 밤의 추위[17]는 16년래의 것이라고 거짓말했다
흥 내일부터 신사와 숙녀들은
안심하고 네거리로 나오렴
"나리 마님 —— 돈 한 푼만 —— "도 오늘 밤뿐이다

극장에서는
학생과 회사원들이 사이좋게
탄산가스를 교환한다
스크린에서는 아메리카 여자의 흰 다리가 즈푸[18] 종의 무와 같이 미끈하다

어둠의 홍수
거리에 굽이치는 어둠의 흐름 ——

태양이 어디 갔는가
어디 갔느냐
내 가슴은 태양이 안고 싶다

(『신여성』 7.11. 1933. 11. 01. 10-13)
(『태양의 풍속』 180-84: 「어둠 속의 노래」)

원문 編輯局의 午後한時半

編輯局의 午後
한時半
모-든 손가락이
푸른原稿紙에
肉迫한다
突擊한다

가을해의
삐뚤어진
노-란얼골이
주름잡힌
『커-틴』을 밀고
編輯局의
마루판에
잡바저
낫잠잔다

씨륵
쌔륵
찰각
철걱
工場에서는
活字의悲鳴 ——

社會部長의귀는
일흔두개다
젊은 見習記者의손씃은
조히우흐로 滿洲의戰爭을달린다
憑玉祥
蔣介石
(

편집국의 오후 한 시 반

편집국의 오후
한 시 반
모든 손가락이
푸른 원고지에
육박한다
돌격한다

가을 해의
삐뚤어진
노란 얼굴이
주름잡힌
커튼을 밀고
편집국의
마루판에
자빠져
낮잠 잔다

찌륵
째륵
찰각
철걱
공장에서는
활자의 비명 ——

사회부장의 귀는
일흔 두 개다
젊은 견습기자의 손끝은
종이 위로 만주의 전쟁[1]을 달린다
펑위샹
장제스[2]
(

원문

動員令
霰彈의비ㅅ발
투덜거리는機關銃
彈丸과生命의抱擁
짱을할튼 二等兵의 最後의『키쓰』
『어머니인 大地。아-멘』
『一將軍의 神聖한名譽를위하야。아-멘』

分娩의 數分前
다름박질하는 輪轉機
벙글거리는 齒輪
다리꼬고 의자에 잡바저
나는눈을감고 網膜우헤 그려본다
汽車는驛마다
우리의아들 — 신문지를 뿌리워주겟지
全朝鮮의 수그러진머리우헤서
웨치는
딩구는
그자식의 모양을

(『新東亞』 3.11. 1933. 11. 01. 100-01쪽)

동원령
산탄[3)]의 빗발
투덜거리는 기관총
탄환과 생명의 포옹
땅을 핥은 이등병의 최후의 키스
"어머니인 대지. 아멘"
"일 장군의 신성한 명예를 위하여. 아멘"

분만의 수분 전
달음박질하는 윤전기
벙글거리는 치륜[4)]
다리 꼬고 의자에 자빠져
나는 눈을 감고 망막 위에 그려 본다
기차는 역마다
우리의 아들 — 신문지를 뿌려 주겠지
전 조선의 수그러진 머리 위에서
외치는
뒹구는
그 자식의 모양을

(『신동아』 3.11. 1933. 11. 01. 100-01쪽)

원문

貨物自動車

엘진 룬진 모-리쓰 모바도
발칸 날단 시레-나 오매가
쥬베니아 헬벳티아 스탄다-드 하우아-드 하-피쓰 포-티쓰 올림파쓰
월짬 뷰-렌 크로노미-터-
타버ㄴ시마 타버-ㄴ놀데 타버ㄴ풀레아 타버-ㄴ템푸…………
時 計 들 의
長針들은 12 혹은XII우흘 一列縱隊로 行進하고잇다。
등불을 켜든 琉璃窓들이 二層 혹은 三層으로부터 거리를구버보고잇스나 大體 이큰 어둠을 밝힐수잇슬가

音樂家가아닌 男學生의 짧은 노래도 『레코-드』소리도
이상하게 나의슬픈 마음과 並行하는밤
작은 燈불을달고 굴러가는 自轉車의 작은 燈불을 밋는 忠實한 信仰은 강아지처름 幸福하다
내가 萬若에 길거리에서 잡바저 께여진 自轉車라면 나는 나의『노트뿍』에서『將來』라는 『페이지』는 지여버렷슬터인데 ——

대체 子正 이넘엇는데 미운詩를 쓴노라고 벼개로 가슴을 고인 動物은 한우님의 눈등자[1]에는 엇더케 가엽슨 모양으로 비칠가 貨物自動車보다도 더미운動物
커다란 몸둥아리면서도 (시골 面長의 자격은充分하다) 가난한 소리를 중얼거리면서
꿈들의 깨여진 조각을실고
郊外로 나가는 貨物 自動車
어둠을 피해가는 貨物 自動車
날이밝기前 港口로가는 貨物自動車

(『中央』 1.2. 1933. 12. 01. 127쪽)
(『太陽의 風俗』 26-27[2])

화물자동차

엘진 론진 모리스 모바도
벌케인 날단 시레나 오메가
쥬베니아 헬베티아 스탠다드 하워드 하피스 포티스 올림푸스
월썸 뷰렌 크로노미터-
타반 시마 타반 놀데 타반 프레아 타반 템푸[3]…………
　　　　　　　　　　　　　　　　　　　　　　시 계 들 의
장침들은 12 혹은 XII 위를 일렬종대로 행진하고 있다.
등불을 켜 든 유리창들이 2 층 혹은 3 층으로부터 거리를 굽어보고 있으나 대체 이 큰 어둠을 밝힐 수 있을까

음악가가 아닌 남학생의 짧은 노래도 레코드 소리도
이상하게 나의 슬픈 마음과 병행하는 밤
작은 등불을 달고 굴러가는 자전차[4]의 작은 등불을 믿는 충실한 신앙은 강아지처럼 행복하다
내가 만약에 길거리에서 자빠져 깨어진 자전차라면 나는 나의 노트북에서 장래라는 페이지는 지워 버렸을 터인데 ——

대체 자정이 넘었는데 미운 시를 [쓰노라고] 베개로 가슴을 고인 동물은 하느님의 [눈동자]에는 어떻게 가엾은 모양으로 비칠까 화물자동차보다도 더 미운 동물
커다란 몸뚱아리면서도 (시골 면장의 자격은 충분하다) 가난한 소리를 중얼거리면서
꿈들의 깨어진 조각을 [싣고]
교외로 나가는 화물자동차
어둠을 피해 가는 화물자동차
날이 밝기 전 항구로 가는 화물자동차

(『중앙』 1.2. 1933. 12. 01. 127쪽)
(『태양의 풍속』 26-27)

원문 밤의SOS

구든 어둠의 장벽을 시름업시 『녹크』하는 비들의 가벼운 손과 손과 손과 손 ——
그는 『아스빨트』의 가슴속에 五色의感情을 기르면서 ——

대낫에 우리는 『아스빨트』에게 향하야 『넥[1] 둔한자식
너도 쏘한 바위의 종류고나』하고 비우섯다
그러치만 지금 우둑허니 한울을처다보는 電線柱아래서 눈물에 어린 그자직[2]의
얼골을 보렴

『루비』 —— 『에메랄드』 —— 『싸ᄧᅡ이어』 —— 비취 —— 호박 —— 夜光珠 ——
『아스빨트』의 湖水面에 녹아나리는 『네은싸인』의 音樂
고양이의 눈을 가진 電車들은(大西洋을건너는『타이타닉』처름) 구원할수업는 希望
을 파뭇기위하야 검은追憶의바다를 거러간다

그들의 救助船인드시
조히雨傘[3]에 맥업시 매달려
밤에게 이끌려 헤염처가는
魚族들
　　　녀자 ——
　　　사나히 ——
아모도 救援을 찻지안는다

밤은 深海의 突端에 坐礁햇다
S　O　S　O　S
信號는 海上에서 지랄하나
어느 無電臺도 문을 다덧다

(『가톨닉青年』 2.1. 1933. 12. 25. 71쪽)
(『太陽의 風俗』 34-36: 「비」)

밤의 SOS

굳은 어둠의 장벽을 시름없이 노크하는 비들의 가벼운 손과 손과 손과 손 ——
그는 아스팔트의 가슴속에 오색의 감정을 기르면서 ——

대낮에 우리는 아스팔트에게 향하여 "[엑] 둔한 자식
너도 또한 바위의 종류구나"하고 비웃었다
그렇지만 지금 우두커니 하늘을 쳐다보는 전선주 아래서 눈물에 어린 그 [자식]의
얼굴을 보렴

루비 —— 에메랄드 —— 사파이어 —— 비취 —— 호박 —— 야광주[4] ——
아스팔트의 호수 면에 녹아내리는 네온사인의 음악
고양이의 눈을 가진 전차들은 (대서양을 건너는 타이타닉[5]처럼) 구원할 수 없는
희망을 파묻기 위하여 검은 추억의 바다를 걸어간다

그들의 구조선인 듯이
종이우산에 맥없이 매달려
밤에게 이끌려 헤엄쳐 가는
어족들
　　　여자 ——
　　　사나이 ——
아무도 구원을 찾지 않는다

밤은 심해의 돌단[6]에 좌초했다
S　O　S　O　S
신호는 해상에서 지랄하나
어느 무전대[7]도 문을 닫았다

(『가톨릭 청년』 2.1. 1933. 12. 25. 71쪽)
(『태양의 풍속』 34-36: 「비」)

원문

나의聖書의一節[1)]

生은 다만 死에의 冒險이 아니고 무엇이랴?

生活 —— 現代에 잇어서는 大部分 그것은 自己의虐殺이다 (結局 申叔舟가 最高의 生活哲學者엿다)

사람은 무엇이고 믿지않고는 견디지못한다。그것은 사람의 永久한疾病이다。

아마 하나님도 創造의 前夜까지도 사람이 이다지 慾心쟁이 일줄은 짐작도 못햇을 것이다。
그는 自己의 하는일에 最大의魅力을 느낀다。
同時에 自己하고는 全然다른 世界에도 그의興味는 움직인다。

(『朝鮮文學』 2.1. 1933. 12. 25. 90쪽)

나의 성서의 1절

생은 다만 사에의 모험이 아니고 무엇이랴?

생활 —— 현대에 있어서 대부분 그것은 자기의 학살이다 (결국 신숙주[2])가 최고의 생활 철학자였다).

사람은 무엇이고 믿지 않고는 견디지 못한다. 그것은 사람의 영구한 질병이다.

아마 하나님도 창조의 전야까지도 사람이 이다지 욕심쟁이일 줄은 짐작도 못했을 것이다.
그는 자기의 하는 일에 최대의 매력을 느낀다.
동시에 자기하고 전연 다른 세계에도 그의 흥미는 움직인다.

(『조선문학』 2.1. 1933. 12. 25. 90쪽)

원문

小兒聖書[1)]

나의 祖先은 어린 아이엿다。 나는不幸이도 어느새 어린아이로부터 어른으로 자라나 버렷다

어린마음 —— 그것은 世界의 心臟이다。 宇宙의 焦點이다。 藝術의肥料다。

아이들의 世界에는 戀愛가없다。 잇는것은 愛情이다。 그러니까 幸福할밖에 잇소?

아이의 理智는 시끄러운論理를 모른다。 그것은 道德觀念과 法律條文과 規律의習慣과 批判을 超越한곳에서 無明속의 寶石과같이 차게 빛난다。

事實을말하면 『메-텔링크』도 수염은 갈라붙엿어도 어린애가 되고 싶어서 『파랑새』를 쓴게라고 自白하지는 못하고 죽엇다。

『마티쓰』가 세상에서 참말로 부러 워한것은 翰林院의 倚子가 아니고『어린애의 눈』—— 바로 그눈이엿다。

어린애는 작난할때에만 때때로 本來의天使의 얼골로 도라간다。

모-든 사람이 참말로 사람이되려면 演說工夫를 해가지고 國際聯盟으로 가기전에 純全한 어린애로부터 다시 出發하는것이 좋앗을것이다。

人類를 그早老에서 救援하는 方法말인가? 간단하다 이地上에 永遠한 幼稚를 汎濫시키는일이다。

(『朝鮮文學』 2.1. 1933. 12. 25. 91쪽)

소아 성서

나의 조선[2)]은 어린아이였다. 나는 불행히도 어느새 어린아이로부터 어른으로 자라나 버렸다

어린 마음 —— 그것은 세계의 심장이다. 우주의 초점이다. 예술의 비료다.

아이들의 세계에는 연애가 없다. 있는 것은 애정이다. 그러니까 행복할 밖에 있소?

아이의 이지[3)]는 시끄러운 논리를 모른다. 그것은 도덕관념과 법률 조문과 규율의 습관과 비판을 초월한 곳에서 무명[4)] 속의 보석과 같이 차게 빛난다.

사실을 말하면 마테를링크[5)]도 수염은 갈라 붙였어도 어린애가 되고 싶어서 『파랑새』[6)]를 쓴 거라고 자백하지는 못하고 죽었다.

마티스[7)]가 세상에서 참말로 부러워한 것은 한림원의 의자가 아니고 "어린애의 눈" —— 바로 그 눈이었다.

어린애는 장난할 때에만 때때로 본래의 천사의 얼굴로 돌아간다.

모든 사람이 참말로 사람이 되려면 연설 공부를 해 가지고 국제연맹[8)]으로 가기 전에 순전한 어린애로부터 다시 출발하는 것이 좋았을 것이다.

인류를 그 조로[9)]에서 구원하는 방법 말인가? 간단하다 이 지상에 영원한 유치[10)]를 범람시키는 일이다.

(『조선문학』 2.1. 1933. 12. 25. 91쪽)

원문

散步路

이깔나무의 情熱은 푸른빛임니다
이깔나무숩속의 꼬부라진길은
푸른 그늘에 손수건처럼 저저잇습니다

(『文學』 1.1. 1934. 01. 01. 13쪽)

산보로

이깔나무[1)]의 정열은 푸른빛입니다.
이깔나무 숲속의 꼬부라진 길은
푸른 그늘에 손수건처럼 젖어 있습니다.

(『문학』 1.1. 1934. 01. 01. 13쪽)

원문

초승달은 掃除夫

오늘밤도 초승달은
珊瑚로짠 신을 끌고
노을의『키 ―』를밟고 나려옵니다
구름의 層層대는 바다와가티
유랑한 손風琴 이라오

어서오시오 정다운 掃除夫 ――

그래서 그는 왼종일 내가슴의河床에 깔안즌
文明의『엔진』에서 부스러진 티끌들을
말숙하게 쓰러주오

그러고는 나에게 命令하오
그가조와하는 詩를 써보라고 ――
(요곤 주제넘게 詩를 꽤안다)

그러면 그와나 손을 마조잡고
바다ㅅ가로 나려감니다
疲困할줄 모르는 舞蹈狂인 地球에게
우리의 詩를 들려주려

鍍金칠한 팔둑時計 대신에
薔薇의 이야기를 파러버린 철모르는 말광양이 에게
故鄕의 노래를 들려주려 ――

(『文學』 1.1. 1934. 01. 01. 13-14쪽)

(『太陽의 風俗』 99: 「나의掃除夫」[1])

초승달은 소제부[2)]

오늘 밤도 초승달은
산호로 짠 신을 끌고
노을의 키[3)]를 밟고 내려옵니다
구름의 층층대는 바다와 같이
[유량한][4)] 손풍금[5)]이라오

어서 오시오 정다운 소제부 ——

그래서 그는 온종일 내 가슴의 하상[6)]에 가라앉은
문명의 엔진에서 부스러진 티끌들을
말쑥하게 쓸어 주오

그러고는 나에게 명령하오
그가 좋아하는 시를 써 보라고 ——
(요건 주제넘게 시를 꽤 안다)

그러면 그와 나 손을 마주 잡고
바닷가로 내려갑니다
피곤할 줄 모르는 무도광인 지구에게
우리의 시를 들려주러

도금칠한 팔뚝시계 대신에
장미의 이야기를 팔아 버린 철모르는 말괄량이에게
고향의 노래를 들려주러 ——

(『문학』 1.1. 1934. 01. 01. 13-14쪽)

(『태양의 풍속』 99: 「나의 소제부」)

원문

食料品店

쵸코레-트……
사랑엔 패햇슬망정
銀빗甲冑 썰처입은 쵸코레-트 兵丁閣下

사랑은 여리다고
아가씨의 입에서도 눈처럼 녹습니다。
서방님의 입에서도 어름처럼 녹습니다。

林檎……‥
心臟을 일허버린 톡기는 지금 어디가서 마른풀을 베고 낫잠을잘가

모과＝파인애풀……
여보 칼을 대지마러요 부듸
피무든 土人의노래가 흘를가보오

밤……
武裝解除를 당한 中央軍의 行列입니다。
天津으로 가는겐가 南京으로 가는겐가 大將의 通電을 기다립니다。

(『新女性』 8.1. 1934. 01. 01. 12-13쪽)

(『太陽의 風俗』 143-146: 食料品店 1, 쵸코레-트; 2, 林檎(임금); 3, 모과(파인애풀); 4, 밤(栗)[1])

식료품점

초콜릿……
사랑엔 패했을망정
은빛 갑주[2] 떨쳐입은[3] 초콜릿 병정 각하[4]

사랑은 여리다고
아가씨의 입에서도 눈처럼 녹습니다.
서방님의 입에서도 얼음처럼 녹습니다.

임금[5]………
심장을 잃어버린 [토끼][6]는 지금 어디 가서 마른 풀을 베고 낮잠을 잘까

모과＝파인애플……
여보 칼을 대지 말아요 부디
피 묻은 토인의 노래가 흐를까 보오[7]

밤……
무장해제를 당한 중앙군[8]의 행렬입니다.
텐진으로 가는 건가 난징[9]으로 가는 건가 대장의 통전[10]을 기다립니다.

(『신여성』 8.1. 1934. 01. 01. 12-13쪽)

(『태양의 풍속』 143-146: 식료품점 1, 초콜릿, 2, 임금; 3, 모과(파인애플), 4, 밤(율))

원문

날개를펴렴으나

──◁ 새해첫아츰에드리는詩 ▷──

잔
듸
밧
별
들의
寢室의

漆黑의『벨벳트』휘장을 분주하게 거두는 太陽의 무수한 손들

窓머리에는
햇볏의噴水에 沐浴하는
水仙花의(마돈나의)裸體하나

우리들의 금순아
너는 너의잇는모-든곳에서 工場에서 學校에서 골방에서 『카페』에서 부억에서 病室에서 들창을 열렴으나

너는 그늘속의고사리가튼女子다

標本室의眞空甁속에서 웃는 힌꽃이다

지난밤 너는 어두운[1)]속에서 수지[2)]와가치 꾸겨진 너의『一年』을 펴보앗지

그러고그속에서 窒息해버린 너의『캐나리아』의 葬式에대하야 너는생각하고 잇슨것을나는안다

너의番地는
樂園洞 또는國境의東족거리二丁目의 一百八十九番地라고도하엿다
〉

날개를 펴려무나
── ◁ 새해 첫 아침에 드리는 시 ▷ ──

잔
디
밭
별
들의
침실의

칠흑의 벨벳 휘장을 분주하게 거두는 태양의 무수한 손들

창머리에는
햇빛의 분수에 목욕하는
수선화의(마돈나의) 나체 하나

우리들의 금순아
너는 너의 있는 모든 곳에서 공장에서 학교에서 골방에서 카페에서 부엌에서 병실에서 들창을 열려무나

너는 그늘 속의 고사리 같은 여자다

표본실의 진공병 속에서 웃는 흰 꽃이다

지난밤 너는 [어둠] 속에서 [휴지][4]와 같이 꾸겨진 너의 1년을 펴 보았지

그러고 그 속에서 질식해 버린 너의 카나리아의 장식[5]에 대하여 너는 생각하고 [있던] 것을 나는 안다

너의 번지는
낙원동 또는 국경의 동쪽 거리 2정목의 189번지라고도 하였다

〉

원문

지금 푸른天幕의 기둥끄테는 힌구름이 걸려잇다
금순이의 가슴속에는 죽지가 부러진『希望』의 屍體가 잔다

그러나 한울은 그의머리우헤
한 끗이업는 푸른돗
그우헤 달린 한개의『빵』인 太陽

금순아
너의꿈은 끗이업는綠色의잔듸밧이고 지난밤거기서 太陽에의 食慾이 움직인것을 나는안다
지금 잠자는噴水들은
너의어린풀들을 추겨주려 黃金빗의 비빨을 뿌리고잇다

너는 뜰에나와서 거기서
식어버린 『카나리아』의 心臟을시처라

그러고 너의날개를 펴라

季節을 輕蔑하는너는 날개도친 水仙花가 아니냐

(『朝鮮日報』 1934. 01. 01: 新年號. 其六, 四面)
(『太陽의 風俗』 94-95: 「噴水 [II]」[3])

지금 푸른 천막의 기둥 끝에는 흰 구름이 걸려 있다
금순이의 가슴속에는 죽지가 부러진 희망의 시체가 잔다

그러나 하늘은 그의 머리 위에
한 끝이 없는 푸른 돛
그 위에 달린 한 개의 빵인 태양

금순아
너의 꿈은 끝이 없는 녹색의 잔디밭이고 지난밤 거기서 태양에의 식욕이 움직인 것을 나는 안다
지금 잠자는 분수들은
너의 어린 풀들을 축여 주려 황금빛의 빛발을 뿌리고 있다

너는 뜰에 나와서 거기서
식어 버린 카나리아의 심장을 씻어라

그러고 너의 날개를 펴라

계절을 경멸하는 너는 날개 돋친 수선화가 아니냐

(『조선일보』 1934. 01. 01: 신년호. 기6, 4면)
(『태양의 풍속』 94-95: 「분수 [II]」)

원문

航海의一秒前

잠을 어르만지던
저근바람과가튼 추근한 어둠의 愛撫

는갓다

눈포래가 빠저간뒤의 寂寞속에 남겨진 나의皮膚에기여드는 虛無한 느낌

거리。
工場들의 붉은 벽돌집
(『이스라엘』의牧者 들의 最後의種族)들은
잠깨지안흔 한울에 향하야 그들의 角笛을 분다 (그들은 또한 새벽의 使節의一行인가)
어둠이 구비처 흐르는 거리의 江邊에서는
羊떼들의 우름이 우지안는가

健康한山脈들 사히에는 꾸여진 힌 들이
傳說을 배고 누어잇고

風信機의 方向은
西
北

大中華民國의將軍들은 勳章과 軍刀를 가튼 풀무에서 빗고잇다
아마 兵士들의 骸骨들이肋骨에걸고
天國의門을 쉽사리 通하기 위해선가보다

太陽에 食傷한 患者의寢室에는『國聯』의 衛生部長 『라잇히만』君이 往診을갓고
太陽에 營養不良이된 『그린윗취』마을에는 府의慈善團이向하엿다 놀라운『뉴-쓰』의
洪水, 行列。洪水……………
파랑帽子를 기우려쓴 佛蘭西領事舘의 꼭댁이에는 三角形의 旗빨이 불근金붕어의
꼬리처럼 떳다[1] 地中海에서印度洋에서 太平洋에서모-든바다에서 陸地에서

항해의 1초 전

잠을 어루만지던
[작은][3] 바람과 같은 추근한[4] 어둠의 애무

는 갔다

눈보라[5]가 [빠져나간] 뒤의 적막 속에 남겨진 나의 피부에 기어드는 허무한 느낌

거리.
공장들의 붉은 벽돌집
(이스라엘 목자들의 최후의 종족)들은
잠 깨지 않은 하늘에 향하여 그들의 각적[6]을 분다 (그들은 또한 새벽 사절의 일행인가)
어둠이 굽이쳐 흐르는 거리의 강변에서는
양 떼들의 울음이 울지 않는가

건강한 산맥들 사이에는 꾸겨진 흰 들이
전설을 베고 누워 있고

풍신기[7]의 방향은
서
북

대중화민국[8]의 장군들은 훈장과 군도를 같은 풀무에서 빚고 있다
아마 병사들의 해골들이 늑골에 걸고
천국의 문을 쉽사리 통하기 위해선가 보다

태양에 식상한 환자의 침실에는 국련[9]의 위생부장 라이히만[10] 군이 왕진을 갔고
태양에 영양불량이 된 그리니치 마을[11]에는 부의 자선단이 향하였다 놀라운 뉴스의 홍수, 행렬. 홍수……………
파랑 모자를 기울여 쓴 프랑스 영사관의 꼭대기에는 삼각형의 깃발이 붉은 금붕어의 꼬리처럼 [떤다] 지중해에서 인도양에서 태평양에서 모든 바다에서 육지에서
(

원문

펄
펄펄
旗빨은 바로
航海의一秒前을 보인다

기빨속에서는
來日의얼골이 웃는다
來日의 우숨속에는
海草의옷을입은 나의『希望』이 잇다

褪色한藍色의 寢室인바다에서는 오래인 悲劇의看守인 아츰해가 긴기지게를 켯다

日記冊을 펴럼으나
그러고 아직畢하지아니한悲劇의 다른幕을 읽어라

아츰해가 黃金빗의 기름을 기우려 부어노은 象牙의海岸에서는
푸른한울에 向하야 날지안는 나의비닭이의 붉은다리를 싸매는 나는늙은水夫다

(『朝鮮日報』 1934. 01. 03: 新年號. 其十五, 二面)
(『太陽의 風俗』 30-31: 「大中華民國行進曲」)
(『太陽의 風俗』 92-93: 「旗빨」)
(『太陽의 風俗』 62: 「憂鬱한天使」[2])

펄
펄펄
깃발은 바로
항해의 1초 전을 보인다

깃발 속에서는
내일의 얼굴이 웃는다
내일의 웃음 속에는
해초의 옷을 입은 나의 희망이 있다

퇴색한 남색의 침실인 바다에서는 오랜 비극의 간수[12]인 아침 해가 긴 기지개를 켰다

일기책을 펴려무나
그러고 아직 필[13]하지 아니한 비극의 다른 막을 읽어라

아침 해가 황금빛의 기름을 기울여 부어 놓은 상아의 해안[14]에서는
푸른 하늘에 향하여 날지 않는 나의 비둘기의 붉은 다리를 싸매는 나는 늙은 수부다

(『조선일보』 1934. 01. 03: 신년호. 기15, 2면)
(『태양의 풍속』 30-31: 「대중화민국 행진곡」)
(『태양의 풍속』 92-93: 「깃발」)
(『태양의 풍속』 62: 「우울한 천사」)

원문 거지들의『크리스마쓰』頌

어머니인 大地여
당신의 피쏠을 흘으는
十二月의 피는 어러서 참니다
당신은 언제붙어 우리들의 이붓어머님이니까
여름에
당신은 별로 수놓은 찬란한 이불을 가지고
우리몸을 가리든것을 기억하오
가벼운바람의 부드러운 손깃이
우리들의 벌거버슨 가슴을 쓰다듬어 주엇지요
그때에(어머니인 大地여)
당신의사랑은 우리들의잠의 忠實한派守兵인것을 우리는 기뻐햇소
지금(『크리스마쓰』날밤이라오)
벽돌 담장넘어서는
끌튼 기름이 빗는 훌륭한音樂이 달큼하오
때々로 높은부억문이 비스듬이 입을열고 닥고기의 냄새를 비위사납게 자랑하오
그런데검은 담장밑에는
우리들의 찌그러진여섯얼골이 피엇소 서리마즌해바리기라고 詩人은노래하겟지요
(죄없는창자여 나는참말이지 너를이다지도 虐待할意思는 없엇다)
『크리스마쓰 츄리』에 힌솜의배꽃이 피엇다고 애들이 손벽을따리오
그러고 애기앒에써 그것을눈이라고 부르는 어른의 소리가 들리오
아가 참말이지 너는 다스한눈을 믿지마러라
우리들의『싼타 크로쓰』늙은이는 심술구저서
그가 펴주고간힌눈은 어름보다도차단다
教會堂에서는
붉게다른 난로에 녹은讚美歌가 흘러오오
市長의 집에는 연회가 잇다나
그러나 우리는 어둠의벗
우리들의이마를 할코잇는 추추근한感觸은 밤의 검은 혀빠닥이라오
우리를 親하려는 바람아
네가 뼈를찌르는 찬입김만 가지고 잇지않다면
(

거지들의 크리스마스 송

어머니인 대지여
당신의 핏줄을 흐르는
12월의 피는 얼어서 찹니다
당신은 언제부터 우리들의 의붓어머님[1)]이니까
여름에
당신은 별로 수놓은 찬란한 이불을 가지고
우리 몸을 가리던 것을 기억하오
가벼운 바람의 부드러운 [손길][2)]이
우리들의 벌거벗은 가슴을 쓰다듬어 주었지요
그때 (어머니인 대지여)
당신의 사랑은 우리들의 잠의 충실한 파수병인 것을 우리는 기뻐했소
지금 (크리스마스 날 밤이라오)
벽돌 담장 너머서는
끓던 기름이 빚는 훌륭한 음악이 달큼하오[3)]
때때로 높은 부엌문이 비스듬히 입을 열고 닭고기의 냄새를 비위 사납게 자랑하오
그런데 검은 담장 밑에는
우리들의 찌그러진 여섯 얼굴이 피었소 서리 맞은 [해바라기]라고 시인은 노래하겠지요
(죄 없는 창자여 나는 참말이지 너를 이다지도 학대할 의사는 없었다)
크리스마스트리에 흰 솜의 배꽃이 피었다고 애들이 손뼉을 때리오
그러고 애기 앞에서 그것을 눈이라고 부르는 어른의 소리가 들리오
아가 참말이지 너는 다스한[4)] 눈을 믿지 말아라
우리들의 산타클로스 늙은이는 심술궂어서
그가 펴주고 간 흰 눈은 얼음보다도 차단다
교회당에서는
붉게 달은 난로에 녹은 찬미가가 흘러오오
시장의 집에는 연회가 있다나
그러나 우리는 어둠의 벗
우리들의 이마를 핥고 있는 [추근한][5)] 감촉은 밤의 검은 혓바닥이라오
우리[와] 친하려는 바람아
네가 뼈를 찌르는 찬 입김만 가지고 있지 않다면
(

원문

우리는무슨일에 이쓰레기통구석으로 너를避하엿겟니
개나리 웃고춤추든때
五月의 잔디밭욱에서
너는 우리의 친한벗이 아니엿니
三月이 오면
大地인어머니 어머니인大地의 怒한마음도 풀리라고하더구나
그러면 그가슴을 흘으는地溫에 내몸을던지리
오늘밤 우리들 여섯얼골을 밝히는것은 조려워하는 街路燈뿐이다
그러나 할줄을몰으는 한심한街路燈아 溫氣를 감추는吝嗇한 街路燈아

(『形象』 1.1. 1934. 02. 06. 42쪽)

우리는 무슨 일에 이 쓰레기통 구석으로 너를 피하였겠니
개나리 웃고 춤추던 때
5월의 잔디밭 위에서
너는 우리의 친한 벗이 아니었니
3월이 오면
대지인 어머니 어머니인 대지의 노한 마음도 [풀리리라고] 하더구나
그러면 그 가슴을 흐르는 지온에 내 몸을 던지리
오늘 밤 우리들 여섯 얼굴을 밝히는 것은 졸려 하는 가로등뿐이다
그러나 할 줄을 모르는[6]한심한 가로등아 온기를 감추는 인색한 가로등아

(『형상』 1.1. 1934. 02. 06. 42쪽)

원문

님을기다림

님이 오신다기에
나는 어저께
쌓이고 가쁜 설음과 한숨의 칠량
화로불에 던져 버렸서요
모다………
　　　그러고 님에게 보이자던
　　　슬픈『페이지』로 엮인 일기책과
　　　고대에 타는 나의눈이
　　　날마다 처다보던 그『카렌다』도………
풀덤이속에 파 묻힌 울타리라고
님의 발길이 행여나 문밖에서 돌아서지나 않을가
찢어진 치마폭 때고인 옷자락이
호수와 같은 님의눈동자를 흐리우지나 않을가보아。
　　　어저께 뭃어진 울타리를 꿔매노라고
　　　가시에 찔리고 갈라져 터진손이
　　　텡뷘 이 농속을 넉없이 휘저어 보았으나………
캄캄한 이방에 잔치상도 없이
어여뿌신 님의행차를 어떻게 뫼시고
바다와 같이 맑고도깊은 님의 풍금소리를 들려달라고
참아 나의입이 벌려질수가 있을가。
　　　그러나 님의손길은 새벽안개와 같이 부드러우리
　　　그손에 부대치면 불으터 갈라진 내손도 녹으리
　　　끌어매고 덧붙인 나의 남루도
　　　님의 눈물의 구슬방울로 꿔매면
　　　공작의 날개 라도 비웃으리。
님이여 지난밤 저이가
눈포래와 싸우며 들우에 닦아 논 석고의길은
대리석의 살깔처럼 미끄러웁니다
그우에 빛나는 해 별 의 금사포를 밟으시고
기다림에 줄음잡힌 이작은 뜰앞으로 어서 오시지 않으렵니까。

님을 기다림

님이 오신다기에
나는 어저께
쌓이고 가쁜 설움과 한숨의 칠량[1])
화롯불에 던져 버렸어요
모두………
　　그러고 님에게 보이자던
　　슬픈 페이지로 엮인 일기책과
　　고대에 타는 나의 눈이
　　날마다 쳐다보던 그 캘린더도………
풀 더미 속에 파묻힌 울타리라고
님의 발길이 행여나 문밖에서 돌아서지나 않을까
찢어진 치마폭 때 고인 옷자락이
호수와 같은 님의 눈동자를 흐리지나 않을까 보아.
　　어저께 무너진 울타리를 꿰매노라고
　　가시에 찔리고 갈라져 터진 손이
　　텅 빈 이 농 속을 넋 없이 휘저어 보았으나………
캄캄한 이 방에 잔칫상도 없이
어여쁘신 님의 행차를 어떻게 모시고
바다와 같이 맑고도 깊은 님의 풍금 소리를 들려 달라고
차마 나의 입이 벌어질 수가 있을까.
　　그러나 님의 손길은 새벽안개와 같이 부드러우리
　　그 손에 부딪히면 부르터 갈라진 내 손도 녹으리
　　끌어매고 덧붙인 나의 남루[2])도
　　님의 눈물의 구슬방울로 꿰매면
　　공작의 날개라도 비웃으리.
님이여 지난밤 저이가
눈보라[3])와 싸우며 들 위에 닦아 놓은 석고의 길은
대리석의 [살결][4])처럼 미끄럽습니다
그 위에 빛나는 햇빛의 금사포를 밟으시고
기다림에 주름 잡힌 이 작은 뜰 앞으로 어서 오시지 않으렵니까.

원문

그래서 무딘 대지의 가슴을
우렁차게 때리는 님의말발굽 소리를 들려주서요
물결과 같이 굴르는 님의목소리로
시들은 나무 닢 같이 뜰우에 드리운 하늘을
뒤흔들어 놀래 주서요。
그러면 니는
낡은 『카렌다』가 걸렸던 그자리에는
어린 수선화의 화병이나 걸어둘까요。
잔인하게도 더딘 걸음으로
나의 마음을 몹시굴던 『카렌다』더니……

(『新家庭』 2.3. 1934. 03. 01. 186-87쪽)

그래서 무딘 대지의 가슴을
우렁차게 때리는 님의 말발굽 소리를 들려주세요
물결과 같이 구르는 님의 목소리로
시든 나뭇잎같이 뜰 위에 드리운 하늘을
뒤흔들어 놀래 주세요.
그러면 [나는]
낡은 캘린더가 걸렸던 그 자리에는
어린 수선화의 화병이나 걸어 둘까요.
잔인하게도 더딘 걸음으로
나의 마음을 [학대하던][5] 캘린더더니……

(『신가정』 2.3. 1934. 03. 01. 186-87쪽)

원문

惡魔外三篇

惡魔

밤중에
불을켯다

자느냐?
나의惡魔야

차디찬 悔悟의 寢具에 쌓여
나는 永久히 잠들줄몰으는 작은惡魔-ㄴ가?

또
불을 꺼보앗다

(『中央』 2.3. 1934. 03. 01. 161쪽)

악마 외 3 편

악마

밤중에
불을 켰다

자느냐?
나의 악마야

차디찬 회오[1]의 침구에 쌓여
나는 영구히 잠들 줄 모르는 작은 악만가?

또
불을 꺼 보았다

(『중앙』 2.3. 1934. 03. 01. 161쪽)

원문

詩 [I][1)]

善良한 惡魔는
때때로 嘆息한다

(『中央』 2.3. 1934. 03. 01. 161쪽)

시 [I]

선량한 악마는
때때로 탄식한다

(『중앙』 2.3. 1934. 03. 01. 161쪽)

원문

詩 [II][1)]

發熱한 腦細胞의
不潔한 排泄物………

그러나 예염집에는 없음으로
잇는집 마나님이 사 가기도한다

(『中央』 2.3. 1934. 03. 01. 161쪽)

시 [II]

발열한 뇌세포의
불결한 배설물………

그러나 여염집[2)]에는 없으므로
있는 집 마나님이 사 가기도 한다

(『중앙』 2.3. 1934. 03. 01. 161쪽)

원문

除夜詩

조심없는 歲月아
오늘밤 너는 아버지의 房문앞을 지날때
부듸 소리없는 비단신을 바꾸어신어라

(『中央』 2.3. 1934. 03. 01. 161쪽)

제야[1)] 시

조심 없는 세월아
오늘 밤 너는 아버지의 방문 앞을 지날 때
부디 소리 없는 비단신을 바꾸어 신어라

(『중앙』 2.3. 1934. 03. 01. 161쪽)

원문

港口

午后[1)]의 조려운『벤취』에서는
히푸른 鄕愁를 뿜는
『마도로쓰 파이프』…………

埠頭에서는
『離別』
『相逢』
사람들은 露骨한 俳優들이다。

(『學燈』 2.2. 1934. 03. 01. 38쪽)

항구

오후의 졸린[2)]벤치에서는
희푸른 향수를 뿜는
마도로스파이프[3)]……

부두에서는
　이별
　　　상봉
사람들은 노골적인 배우들이다.

(『학등』 2.2. 1934. 03. 01. 38쪽)

원문

煙突

건방진 자식이다
그래도 『孤獨』을 理解한다나

구름 속에 목을 빼어들고
푸른 하늘에 검은 憂鬱을 그리는 그 자식

나는 본 일이 없다
거리를 기여가는 성양개비 電車[1]와 우그러진 지붕들을

그 자신[2]의 눈이 나려다 보는것을…………[3]
건방진 자식이다
그 자식의 가슴은 구름을 글겨[4] 마신다나

(『學燈』 2.2. 1934. 03. 01. 38쪽)

(『太陽의 風俗』 142: 「굴뚝」)

연돌[5)]

건방진 자식이다.
그래도 고독을 이해한다나

구름 속에 목을 빼어 들고
푸른 하늘에 검은 우울을 그리는 그 자식

나는 본 일이 없다
거리를 기어가는 성냥개비 전차와 우그러진 지붕들을
[그 [자식]의 눈이 내려다보는 것을…………]

건방진 자식이다
그 자식의 가슴은 구름을 [즐겨] 마신다나

(『학등』 2.2. 1934. 03. 01. 38쪽)
(『태양의 풍속』 142:「굴뚝」)

원문 『스케이팅』

一月의 大氣는
透明한『푸리즘』

나의 가슴을 막는
太陽의 七色의『테-프。』

玻璃의 바다는
푸른옷 입은 季節의 化石이다。

감을줄 몰으는
眞珠의 눈들이 처다보는

魚族들의
圓天劇場에서
내가
한개의 幻想『아웃커-브』』를 그리면
구름 속에서는 天使의 拍手소리가 騷亂하다。
漢江은 全然 손을 댄일이없는
生生한 한幅의 原稿紙………[1)]

나는 구름들을 위하야
그우에 나의 詩를 쓴다

히롱하는 交錯線의 모-든 角度에서 피여나는 藝術。
記號우를 規則的으로 걸른[2)]
時計針의 忠實이 아니다 나는

時間우를 미끄러저 달리는 차라리
放蕩한 運命이다。

〉

스케이팅[4)]

1월의 대기는
투명한 프리즘

나의 가슴을 막는
태양의 7색 테이프.

파리[5)]의 바다는
푸른 옷 입은 계절의 화석이다.

감을 줄 모르는
진주의 눈들이 쳐다보는

어족들의
원천극장에서
내가
한 개의 환상 아웃커브를 그리면
구름 속에서는 천사의 박수 소리가 소란하다.
한강은 전연 손을 댄 일이 없는
생생한 한 폭의 원고지………

나는 구름들을 위하여
그 위에 나의 시를 쓴다

희롱하는 교착[6)]선의 모든 각도에서 피어나는 예술.
기호 위를 규칙적으로 [걷는]
시계 침의 충실이 아니다 나는

시간 위를 미끄러져 달리는 차라리
방탕한 운명이다.

〉

원문

나의 발바닥에서
太陽을 비웃는 두칼날…………
나는 어름 판우에서
速度의 騎士다[3)]

(『新東亞』 4.3. 1934. 03. 01. 168-69쪽)
(『太陽의 風俗』 113-15)

나의 발바닥에서
태양을 비웃는 두 칼날…………
나는 얼음판 위에서
속도의 기사다

(『신동아』 4.3. 1934. 03. 01. 168-69쪽)
(『태양의 풍속』 113-15)

원문 아스팔트

『아스팔트』웋에는
四月의 夕陽이 조렵고

닢사귀를 붙이지 아니한 街路樹 밑에서는
午後가 손질한다。

소리없는 고무바퀴를신은 自働車의 아기들이
분주히 지나간뒤에

너의 마음은
憂鬱한 海底。

너의 가슴은
구름들의 疲困한 그림자가 때때로 쉬러오는
灰色의 잔디밭

바다를 꿈꾸는 바람들의 嘆息을 드르려 나오는 沈默한 行人들을 위하야
작은『아스팔트』의거리는
地平線의 숭내를 낸다。

(『中央』 2.5. 1934. 05. 01. 130쪽)

(『太陽의 風俗』 157-58)

아스팔트

아스팔트 위에는
4월의 석양이 졸리고[1)]

잎사귀를 붙이지 아니한 가로수 밑에서는
오후가 손질한다.

소리 없는 고무바퀴를 신은 자동차의 아기들이
분주히 지나간 뒤에

너의 마음은
우울한 해저.

너의 가슴은
구름들의 피곤한 그림자가 때때로 쉬러 오는
회색의 잔디밭

바다를 꿈꾸는 바람들의 탄식을 들으러 나오는 침묵한 행인들을 위하여
작은 아스팔트의 거리는
지평선의 흉내를 낸다.

(『중앙』 2.5. 1934, 05. 01. 130쪽)
(『태양의 풍속』 157-58)

원문

호텔

土曜日의 午後면은

사람들은
수없는 나라의 이야기들을 담뿍 꾸겨넣은『튜렁크』들을 드리우고 달려듭니다.
太陽을 투기는 印度洋의 고래등이며 船長을 잡아먹었다는 食人種의이야기며
喇嘛教의 부처님의 얼골이며…………。

三層으로 다라진[1)]
黑檀의 층층게 는
두께를 젝혀놓은『오르간』——
『아프리카』형『가리아』[2)]의 『스페인』의 노래를 하며올라가는
『니그로』의 발굼치
『뭇슈』의 발굼치
『칼멘』의 발굼치
單語의 거품을 비웃으며
照明의 노을속을 헤염처가는
女子들의
치마깃의 지느러미에서는
바다의 냄새가 납니다[3)]

食堂
『산데리아』의 噴水밑에
사람은 제각기
수없는나라의 記憶으로 짠
鄕愁의 비단폭을 펴놓습니다

『테불』웋에 널어놓ㅅ는
國語와 國語와 國語의
展覽會

호텔

토요일 오후면

사람들은
수없는 나라의 이야기들을 담뿍 꾸겨 넣은 트렁크들을 드리우고 달려듭니다.
태양을 튀기는 인도양의 고래 등이며 선장을 잡아먹었다는 식인종의 이야기며
라마교[9] 부처님의 얼굴이며………….

3 층으로 [매달린][10]
흑단의 층층계는
뚜껑을 젖혀 놓은 오르간——
아프리카 헝가리 스페인의 노래를 하며 올라가는
니그로의 발꿈치
무슈의 발꿈치
카르멘의 발꿈치
단어의 거품을 비웃으며
조명의 노을 속을 헤엄쳐 가는
여자들의
치마 깃의 지느러미에서는
바다의 냄새가 납니다

식당
샹들리에의 분수 밑에
사람은 제각기
수없는 나라의 기억으로 짠
향수의 비단 폭을 펴놓습니다

테이블 위에 널어놓는
국어와 국어와 국어의
전람회

원문

수염이없는 입들이
『뿌라질』의 『커피』잔에서
푸른 水蒸氣에젖은
地中海의 하늘빛을 마십니다

힌옷을 입은 한[4] 『뽀이』는
國籍의 빛갈을 보여서는 아니되는 漂白된
힌『뽀이』가 아니면 아니 됩니다

여기서는『튜렁크』들이
때로는 市場[5]보다도 훨신
歡待를 받는 風俗이 있읍니다

午後 아홉시면

二層과 三層의 거적문[6]들은
밖앝의 물결소리가 시끄럽다는드시
발각발각 날개를 걷읍니다[7]
그러면『호텔』은
검은연기를 吐하면서
어둠속에서 움직이기 시작합니다

밤의航海의 出發 ——

힌꿈의 비아리[8]들은 寢室로부터
世界의모-든구석을 向하야 날러갑니다
배가 『아츰』의 埠頭에 닿기까지…………·

(『新東亞』 4.5. 1934. 05. 01. 176-77쪽)

(『太陽의 風俗』 123-27)

수염이 없는 입들이
브라질의 커피 잔에서
푸른 수증기에 젖은
지중해의 하늘빛을 마십니다

흰 옷을 입은 한 보이는
국적의 빛깔을 보여서는 아니 되는 표백된
흰 보이가 아니면 아니 됩니다

여기서는 트렁크들이
때로는 시장[11]보다도 훨씬
환대를 받는 풍속이 있습니다

오후 9시면

2 층과 3 층의 거적문[12]들은
바깥의 물결 소리가 시끄럽다는 듯이
발각발각 날개를 거둡니다.
그러면 호텔은
검은 연기를 토하면서
어둠 속에서 움직이기 시작합니다

밤의 항해의 출발 ——

흰 꿈의 [비둘기][13]들은 침실로부터
세계의 모든 구석을 향하여 날아갑니다
배가 아침의 부두에 닿기까지…………

(『신동아』 4.5. 1934. 05. 01. 176-77쪽)
(『태양의 풍속』 123-27)

원문

風俗: 近作詩(1)

바다에게 쪼껴가는거리。
바람이 빨고간
거츠른 風景속에 느러서는
아모일도 생각지안는 겨으른힌壁。

神祕로운 寒帶의戒命을 깨트리고
드듸여 窓들은
五月의바다에 향하야[1]
淫奔한 입들을
버리고마럿다

붉은 머리수건을 쓴
白系露人의女子의다리가
놀랜 派守ㅅ군의 視野를
함부로 짓발부면서
埠頭를 건너간다

힌모래불에담긴
살진 바다물의 푸른가슴에
억매인섬 두어개

西편으로 기우러저
山脈에의 意志를 버리지안는
鄕愁의 化石
두어개

굼틀거리는
水平線의 그너머서는
季節이
봄을 준비하고잇다고

풍속: 근작 시 (1)

바다에게 쫓겨 가는 거리.
바람이 빨고 간
거친 풍경 속에 늘어서는
아무 일도 생각지 않는 게으른 흰 벽.

신비로운 한대[5]의 계명을 깨트리고
드디어 창들은
5월의 바다에 향하여
음분한[6] 입들을
벌리고[7] 말았다

붉은 머릿수건을 쓴
백계 [러시아인][8] 여자의 다리가
놀랜 파수꾼의 시야를
함부로 짓밟으면서
부두를 건너간다

흰 모래부리[9]에 담긴
살진 바닷물의 푸른 가슴에
얽매인 섬 두어 개

서편으로 기울어져
산맥에의 의지를 버리지 않는
향수의 화석
두어 개

굼틀거리는
수평선 그 너머서는
계절이
봄을 준비하고 있다고

원문

바람이 물결을 타고오면서
항용 중얼 거리는
　　　　그들에서는 ——

山脈의 파랑치마 자락에
알롱달롱 한 五色의『레-쓰』를 수놋는 꼿사히에
순이와 나도 붉게 피는꼿이엿다

山빨을
달려오는
季節의 발미테
깔리는것을 두리지안는
두얼골은
瑠璃의 斷層을 녹아나리는
햇볏의 비를 담북쓰고서[2)]
金빗의우숨을 배웟다
　　　　처음으로 ——

(『朝鮮日報』 1934. 05. 13. 朝刊, 特刊 三面)
(『太陽의 風俗』 140-41: 「風俗 [I]」[3)])
(『太陽의 風俗』 153: 「섬」)
(『太陽의 風俗』 60-61: 「먼들에서는」[4)])

바람이 물결을 타고 오면서
항용[10] 중얼거리는
　　　　그 들에서는 ——

산맥의 파랑 치맛자락에
알롱달롱한 5색의 레이스를 수놓는 꽃 사이에
순이와 나도 붉게 피는 꽃이었다

산발[11]을
달려오는
계절의 발밑에
깔리는 것을 [두려워하지][12] 않는
두 얼굴은
유리의 단층을 녹아내리는
햇빛의 비를 담뿍 쓰고서
금빛의 웃음을 배웠다
　　　　처음으로 ——

(『조선일보』 1934. 05. 13. 조간, 특간 3면)
(『태양의 풍속』 140-41: 「풍속 [I]」)
(『태양의 풍속』 153: 「섬」)
(『태양의 풍속』 60-61: 「먼들에서는」)

원문

觀念訣別: 近作詩(2)

懷疑의 十字路에서
(觀念아)
너는 비길데업는 美女엿다

◇

나의
思想의 灰色의散步路이든
十字路

◇

너의 품속에 고혀잇는
안개낀思想의湖水에 낙시를 던지고 나는
眞理의고기들을 기다렷다
死海의 밤을 헤매는 나의 작은冒險船에서 ——

◇

그러나 지금
너는(觀念아)나를 떠나가거라
그러고 너를 招待하는 『빨레리』의사랑으로나가렴
지금 나를 魅惑하는것은
『무엇인가?』가아니다
다만『엇지할가?』다
오래인 歷史의곰팽이에저린
무겁은(빗일흔)觀念의 禮服을 버서버리고
나는 가련다
醉한街頭
생각에 잠긴 大地
숨쉬는 한울
(너는잇스렴으나 자못아름다운 觀念의딸아)

◇

너는 한개의 感傷的인 位置에 停止한다
나는 다만 한개의 方向을 찻는다

◇

관념 결별: 근작 시 (2)

회의의 십자로에서
(관념아)
너는 비길 데 없는 미녀였다

◇

나의
사상의 회색 산보로이던
십자로

◇

너의 품속에 고여 있는
안개 낀 사상의 호수에 낚시를 던지고 나는
진리의 고기들을 기다렸다
사해[1]의 밤을 헤매는 나의 작은 모험선에서 ——

◇

그러나 지금
너는 (관념아) 나를 떠나가거라
그러고 너를 초대하는 발레리[2]의 사랑으로 나가렴
지금 나를 매혹하는 것은
"무엇인가?"가 아니다
다만 "어찌할까?"다
오랜 역사의 곰팡이에 절인
무거운 (빛 잃은) 관념의 예복을 벗어 버리고
나는 가련다
취한 가두[3]
생각에 잠긴 대지
숨 쉬는 하늘
(너는 있으려무나 자못 아름다운 관념의 딸아)

◇

너는 한 개의 감상적인 위치에 정지한다
나는 다만 한 개의 방향을 찾는다

◇

(

원문

길 ——
일즉이하는 躕躇하기위해잇든 너
지금은 다만 거러가기 위하야
行動의 地平線으로 달린다
너는 ——

새로운 美學의「페-지」속에서
타는
行動 行動 行動行動의旋律

(『朝鮮日報』 1934. 05. 15. 朝刊, 特刊 三面)

길 ——
[일찍이][4] 하는 주저하기 위해 있던 너
지금은 다만 걸어가기 위하여
행동의 지평선으로 달린다
너는 ——

새로운 미학의 페이지 속에서
타는
행동 행동 행동행동의 선율

(『조선일보』 1934. 05. 15. 조간, 특간 3면)

원문

五月: 近作詩(3)

늙은城壁의 거문빰을 갈기는 힌똥。

○

비닭이

○

는 나러갓다[1)]

○

푸른 水蒸氣의수폴[2)]의 속삭임을
드듸여 이기지못하는
작은機關車。

(『朝鮮日報』 1934. 05. 16. 朝刊, 特刊 二面)

(『太陽의 風俗』 139)

5월: 근작 시 (3)

늙은 성벽의 검은 뺨을 갈기는 흰 똥.

○

비둘기[는]

○

날아갔다

○

푸른 수증기의 [수풀]의 속삭임을
드디어 이기지 못하는
작은 기관차.

(『조선일보』 1934. 05. 16. 조간, 특간 2면)
(『태양의 풍속』 139)

원문

商工運動會

유쾌한 奏樂을 압세우고
서슬조흔 假裝行列이 떨며간다‥‥‥‥

○

『씨-자』의 투구를쓴 商會
粉을 바른 工場
丸藥의 女神
붉게
푸르게
變하는
行列의
表情

○

敬意를 表하기위하야 멈춰서는
푸른 電車들의禮儀‥‥‥‥
鋪道를 더럽히는 시드른 얼골을 물리치면서
XXX[1] 行列이
凱旋將軍을 뽐낸다

○

『뭇솔리니 · 뷔지니 · 쇄바니 · 제르미니‥‥‥‥
루-즈밸트 · 슈-벨트 · 벨트 · 벨탕[2]‥‥‥‥
힘멘쓰 · 힐트 · 히스트 · 히틀러 · 히포-타마쓰[3]‥‥‥‥
모다 그게다
우리의 무리의
동무다 동무다 동무다‥‥』

○

쉿
종용해라
누가 拜金宗聖書의 第一章을 朗讀한다
『돈을 조와한다는것은 決코 不道德은아니다 우리의世界에는 그림자가 업다
우리는 슬품이라고하는 憂鬱한 녀자를본일이업다

(

상공운동회[8)]

유쾌한 주악을 앞세우고
서슬[9)] 좋은 가장행렬[10)]이 떨며 간다……

○

카이사르[11)]의 투구를 쓴 상회
분을 바른 공장
환약의 여신
붉게
푸르게
변하는
행렬의
표정

○

경의를 표하기 위하여 멈춰 서는
푸른 전차들의 예의……
포도[12)]를 더럽히는 시든 얼굴을 물리치면서
[건방진] 행렬이
개선장군을 뽐낸다

○

"무솔리니·비지니·쇄바니·제르미니……
루스벨트·슈벨트·벨트·벨탕……
힘멘쓰·힐트·히스트·히틀러·히포-타마쓰[13)]……
모두 그게 다
우리의 무리의
동무다 동무다 동무다…"

○

쉿
조용해라[14)]
누가 배금종[15)] 성서의 제1 장을 낭독한다
"돈을 좋아 한다는 것은 결코 부도덕은 아니다 우리의 세계에는 그림자가 없다
우리는 슬픔이라고 하는 우울한 여자를 본 일이 없다
(

원문

그러니까 기쁨까지가 稀薄한 透明體를이룬다……··』

○

市民[4] 들은 집들을
자물쇠나 좀도적이나 늙은이나 어멈이나 고양이나 時計에게 마끼고는
運動場[5]으로 뛰여간다……………·

○

이윽고
號角소리……………·
自轉車가 달린다
選手가 달린다
그러나 나종엔商標만 달린다

○

움직이는 商業展의 이마우헤
整列하는思考의行列……··
壓倒된머리가
주저한다
決心한다 주저한다
『이商店이 더加速度的인걸』
『아니저會社가좀더 빠른걸』[6]

○

『짜라투-스트라』의山上의嘆息……··
『그들은 사람의心臟에서 피를모라내고 그우헤
아츰의潮水와 밤의嘆息을 모르는
灰色建築을세우는데成功햇다』

○

『뿌라보 ── 』
핫 핫 핫……………·[7]

(『朝鮮日報』 1934. 05. 16. 朝刊, 特刊 二面)

(『太陽의 風俗』 185-89)

그러니까 기쁨까지가 희박한 투명체를 이룬다……··"

○

시민들은 집들을
자물쇠나 좀도적이나 늙은이나 어멈이나 고양이나 시계에게 맡기고는
운동장[16]으로 뛰어간다……………·

○

이윽고
호각 소리……………·
자전차가 달린다
선수가 달린다
그러나 나중엔 상표만 달린다

○

움직이는 상업전의 이마 위에
정렬하는 사고의 행렬……··
압도된 머리가
주저한다
결심한다 주저한다
"이 상점이 더 가속도적인 걸"
"아니 저 회사가 좀 더 빠른 걸"

○

차라투스트라의 산상의 탄식[17]……··
"그들은 사람의 심장에서 피를 몰아내고 그 위에
아침의 조수와 밤의 탄식을 모르는
회색 건축을 세우는 데 성공했다"

○

"브라보 ―― "
핫 핫 핫……………·

(『조선일보』 1934. 05. 16. 조간, 특간 2면)

(『태양의 풍속』 185-89)

원문

旅行

「우리는 恒常 地圖속의 住民이엿다
날마다 두손가락이
愉快한 旅行을
地圖우헤서 陰謀햇다。께트렷다。게속햇다。」[1)]

○

七月은
冒險을 즐기는아히들로부터 故鄕을빼아섯다。
우리는 世界의 市民
넓은世界는 우리의 『올림피아』

○

식검은 鐵橋의 엉크린 嫉妬를 비웃으며
障碍物選手가 달린다。汽車가 달린다。
國際列車가 달린다。展望車가 달린다。

○

海洋横斷의 定期船들은 港口마다
푸른 旗빨을물고 『마라손』을 떠난다。

○

럭키 —— 히말라야 —— 알프스
山脈을 뛰여넘는 旅客機들。

○

馬來群島는
土人들의 競走用『카누 — 』다。

○

색기들을 주머니에너코
汽笛을 避해가는 『캉가루』는
『오-스튜렐리아』의부끄럼만흔 家族主義者。
흥 그러나 너히들의 羊毛를팔어서 英國製食器[2)]를 부르기위하야 비싼英語를삿고나。

○

(

여행

"우리는 항상 지도 속의 주민이었다
날마다 두 손가락이
유쾌한 여행을
지도 위에서 음모했다. 깨트렸다. 계속했다."

○

7월은
모험을 즐기는 아이들로부터 고향을 빼앗았다.
우리는 세계의 시민
넓은 세계는 우리의 올림피아

○

시커먼 철교의 엉클린 질투를 비웃으며
장애물 선수가 달린다. 기차가 달린다.
국제열차가 달린다. 전망차가 달린다.

○

해양 횡단의 정기선들은 항구마다
푸른 깃발을 물고 마라톤을 떠난다.

○

로키 —— 히말라야 —— 알프스
산맥을 뛰어 넘는 여객기들.

○

말레이군도[8]는
토인들의 경주용 카누다.

○

새끼들을 주머니에 넣고
기적을 피해 가는 캥거루는
오스트레일리아의 부끄럼 많은 가족주의자.
흥 그러나 너희들의 양모를 팔아서 영국제 식기를 부르기 위하여 비싼 영어를 샀구나.

○

(

원문

자 ——『아메리카』도 시끄럽다。
주머니속의 돈소리가 귀를부신다。[3)]

○

어느새
沙漠과 要塞 들 사히에 씨피는
여즈러진 푸른 眞珠?[4)]가련한地中海다。

○

『런던』『뉴욕』『파리』『푸라-그』『뿌다페스트』
東方의 거리『콘스탄티노-풀』
回教徒。
亞米利加領事舘。
傳書鳩。[5)]
聖『페이트로』의 뾰족집。은 구룸을 찌른다。
(마리아는 노푼데 게시단다。아-멘)

○

季節의 愛撫에 살진섬들은
푸른바다에서 목욕하는仙女들

○

자 ——
짐은『호텔』에 ——
사랑은 바닷가에 —— [6)]

○

『요-트』의 돗은 英蘭銀行의 支配人의배다。
麥藁帽子를 붓잡는손。차던지는저고리。

○

『시온』은 멀지안타。
『예루살렘』은 讚美를 하는[7)] 커-다란 손風琴。
(

자 —— 아메리카도 시끄럽다.
주머니 속의 돈 소리가 귀를 부신다.[9)]

○

어느새
사막과 요새들 사이에 씹히는
이지러진 푸른 진주[——]가련한 지중해다.

○

런던 뉴욕 파리 프라하 부다페스트
동방의 거리 콘스탄티노플
회교도.
아메리카 영사관.
전서구.[10)]
성 베드로의 뾰족집[11)]은 구름을 찌른다.
(마리아는 높은 데 계신단다. 아멘)

○

계절의 애무에 살진 섬들은
푸른 바다에서 목욕하는 선녀들

○

자 ——
짐은 호텔에 ——
사랑은 바닷가에 ——

○

요트의 돛은 영란은행[12)] 지배인의 배다.
맥고모자[13)]를 붙잡는 손. 차던지는 저고리.

○

시온은 멀지 않다.
예루살렘은 찬미를 [타는] 커다란 손풍금.
(

원문

○

『시온』으로 가자
그러고『시온』을 떠나자。
우리에게는 永久한『시온』은없다。
(一九三四, 五, 三O)

(『中央』 2.7. 1934. 07. 01. 130-31쪽)
(『太陽의 風俗』 116-20)

○

시온으로 가자
그러고 시온을 떠나자.
우리에게는 영구한 시온은 없다.
(1934 . 5 . 30)

(『중앙』 2.7. 1934. 07. 01. 130-31쪽)
(『태양의 풍속』 116-20)

원문

裝飾

六월의 별이 히롱한다。
　　바다의 얼굴을
　　늘어진 언덕의 늘어진 등을
　　『클로버 ―』꽃의 힌 타박머리를
　　물결의 푸른 허리를
잔디풀의 옷깃을
　　중얼거리는 개천을
　　해당화의 피튀는 입술기를
　　섬의 여자의 검은 이마를
　　벗은 다리를
　　둥근 돛의 힌 배를
　　말모락을
六월의 별을 투긴다
　　포풀라의 푸른 손톱이
　　물결의 힌 발길이
　　모래 방천의 무릎이
　　붉은 기와짱이
　　조으는 소라가
　　앓는 거의가
　　감동할줄 모르는 비석의 힌 이마가

六월의 별은『녹아 나리는 금붕어떼』
六월의 별은 금속성의 지느러미를 가진 금붕어떼
六월의 별은 분렬식의 아츰이다
六월의 별은 사상의 종점이다
六월의 별은 열대의 숨을 쉰다
六월의 별은 찢어진 심장 정열의 폭포
　　백혈구의 분무(噴霧)。[1]

(『新家庭』 2.8. 1934. 08. 01. 102-03쪽)

장식[2)]

6월의 [빛]이 희롱한다.
　바다의 얼굴을
　늘어진 언덕의 늘어진 등을
　클로버 꽃의 흰 타박머리[3)]를
　물결의 푸른 허리를
　[잔디 풀의 옷깃을][4)]
　중얼거리는 개천을
　해당화의 피 튀는 입술[5)]을
　섬 여자의 검은 이마를
　벗은 다리를
　둥근 돛의 흰 배를
　[말갈기][6)]를
6월의 [빛]을 튀긴다
　포플러의 푸른 손톱이
　물결의 흰 발길이
　모래 방천[7)]의 무릎이
　붉은 기왓장이
　조는 소라가
　앓는 [거위][8)]가
　감동할 줄 모르는 비석의 흰 이마가

6월의 [빛]은 녹아내리는 금붕어 떼
6월의 [빛]은 금속성의 지느러미를 가진 금붕어 떼
6월의 [빛]은 분열식[9)]의 아침이다
6월의 [빛]은 사상의 종점이다
6월의 [빛]은 열대의 숨을 쉰다
6월의 [빛]은 찢어진 심장 정열의 폭포
　백혈구의 분무(噴霧).

(『신가정』 2.8. 1934. 08. 01. 102-03쪽)

원문 　七月의아기씨

○

아가씨들이 갑작이 魚族의一家인것을 느끼는 七月。

○

초록 蚊帳의 海底에서

아가씨의 꿈은 붉을멱[1] 힌물결의 『테-프』에 감기오

○

魚族들의 故鄕에서는

푸른어름장[2]의 斷面을 갈르고

뛰여나오는 물결의 힌이빨이 갈마기의 翡翠빗날개를깨무오

○

물결에 찟긴 갈마기 날개의 傷處에서 떠러지는 힌피방울[3]

○

떨리는 『레일』은 바다로타는[4] 아가씨의 鄕愁의方向。

깜안 機關車들은 海岸으로만 밋그러지오[5]

○

아가씨의 등에서 지느레미가 자라나는 七月。

○

七月에는 아가씨들은 갑작이 地圖의 忠實한 讀者가되오

(『朝鮮日報』 1934. 08. 02. 朝刊, 特刊 二面)

(『太陽의 風俗』 151-152: 「七月의아가씨」[6])

7월의 [아가씨]

○

아가씨들이 갑자기 어족의 일가인 것을 느끼는 7월.

○

초록 문장[7)]의 해저에서

아가씨의 꿈은 [붉은] 멱[8)] 흰 물결의 테이프에 감기오

○

어족들의 고향에서는

푸른 얼음장의 단면을 가르고

뛰어 나오는 물결의 흰 이빨이 갈매기의 비췻빛 날개를 깨무오

○

물결에 찢긴 갈매기 날개의 상처에서 떨어지는 흰 핏방울

○

떨리는 레일은 바다로 타는 아가씨의 향수의 방향.

까만 기관차들은 해안으로만 미끄러지오

○

아가씨의 등에서 지느러미가 자라나는 7월.

○

7월에는 아가씨들은 갑자기 지도의 충실한 독자가 되오

(『조선일보』 1934. 08. 02. 조간, 특간 2면)

(『태양의 풍속』 151-152: 「7월의 아가씨」)

원문

航海

×

八月의햇볏 ——『폴라티나』의 비누방울을투겨올리는
힌비늘쪼각。푸른비늘쪼각
水平에넘처 흐늑이는 黃海이[1)]등덜미。
그것을 가돈 젓빗구름의『레-쓰』。[2)]

×

傲慢한 바다의 가슴을 갈르는 뱃머리는 바다를嫉妬하는 나의칼날이다。제껴지는 물결의 힌살덩이。쏘다지는힌피의奔流。

×

거문[3)]섬이 달려온다 누른섬이달려간다 함뿍 바람을 드리켠붉은돗이도망한다。

×

나의가슴에감겻다 풀리는 바람의『테-프』。
두볼을 씻는氣流는 어느새 가을의싸늘한 살갈이다。

×

低氣壓은벌서 北漢山의저편에 ——。熱帶의 심술쟁이 颱風은赤道에서코고나 보아。[4)] 바람은 羅紗와가치빗나고 햇볏은 부스러저떠러지는 雲母가루。[5)]

×

내눈초리보다도 놉지못한먼돗
그돗보다도 더나즌 水平線。[6)]

×

『마스트』에춤추는 빨간旗빨은一直線이다。
우리들의航海의方向。
港口도벌서 부푸러오르는潮水의 저편에꺼젓다。

×

키를돌리지마러라
海圖는 옹색한休暇證明書。
배머리는 언제든지西南의 中間에드러라。[7)]

(八月十三日 仁川海上에서)

(『朝鮮日報』 1934. 08. 15. 夕刊. 三面)

(『太陽의 風俗』 164-66)

항해

×

8월의 햇빛 —— 플라티나[8]의 비눗방울을 튀겨 올리는
흰 비늘 조각. 푸른 비늘 조각
수평에 넘쳐 흐늑이는[9] 황해[의] 등덜미.
그것을 가둔[10] 젖빛 구름의 레이스.

×

오만한 바다의 가슴을 가르는 뱃머리는 바다를 질투하는 나의 칼날이다. 젖혀지는 물결의 흰 살덩이. 쏟아지는 흰 피의 분류.[11]

×

검은 섬이 달려온다 누런 섬이 달려간다 함뿍 바람을 들이켠 붉은 돛이 도망한다.

×

나의 가슴에 감겼다 풀리는 바람의 테이프.
두 볼을 씻는 기류는 어느새 가을의 싸늘한 살갗이다.

×

저기압은 벌써 북한산의 저편에 ——. 열대의 심술쟁이 태풍은 적도에서 코고나 [보다]. 바람은 나사[12]와 같이 빛나고 햇빛은 부스러져 떨어지는 운모 가루.

×

내 눈초리보다도 높지 못한 먼 돛
그 돛보다도 더 낮은 수평선.

×

마스트에 춤추는 빨간 깃발은 일직선이다.
우리들의 항해의 방향.
항구도 벌써 부풀어 오르는 조수의 저편에 꺼졌다.

×

키를 돌리지 말아라
해도는 옹색한 휴가 증명서.
뱃머리는 언제든지 서남의 중간에 [들어라].[13]

(8월 13일 인천 해상에서)

(『조선일보』 1934. 08. 15. 석간. 3면)
(『태양의 풍속』 164-66)

원문

光化門通

電車들은 目的地의記憶을 닛지안는 優等生의 標本이요。
國防展覽會의 門前에 늘어서는 小學生들의 시끄러운行列。

光化門通下水道밑에서는
쪼껴간비가 중얼대오

洗手한『아스팔트』의 얼골에서
흘기는 붉은『스톱』
픽웃는 푸른『꼬 —— 』

『오-토바이』는 明朗한 短距離選手인체 하나
우울한『깨솔린』의 嘆息을뿜소
(그여석 失戀햇나봐)

도야지가 탄 수레를 조심스럽게 끌고가는 精肉商의 심부름꾼들。
屠殺場行의도야지에게 바치는人間의最後의親切。帽子버섯。

이윽고 府의掃除夫가 간밤의 遺失物들을 실으러。
수레를끌고 公園으로 갈테지。
怯쟁이아가씨의 『핸드빽』。휴지쪼각。
(거지들은잠을깻슬가? 오늘은제발 行旅病屍體를보지말엇스면 ——)

活潑하게 한울을 믈드리는『호텔』의 굴둑이뿜는 검은비누방울。
洋人들은 퍽으나 작난군인가봐。

建築場의 起重機꼭댁이에걸려 찌저진 한울은 해여진 손수건。
아마도구름속에서 비가 알라보다。

나는 松橋다리의 欄干에기대서
世界의 橫死를 볼번한 실업쟁인가。

(『中央』 2.9. 1934. 09. 01. 74쪽)

광화문통[1)]

전차들은 목적지의 기억을 잊지 않는 우등생의 표본이요.
국방전람회의 문전에 늘어서는 소학생들의 시끄러운 행렬.

광화문통 하수도 밑에서는
쫓겨 간 비가 중얼대오

세수한 아스팔트의 얼굴에서
흘기는 붉은 "스톱"
픽 웃는 푸른 "고 ── "

오토바이는 명랑한 단거리선수인 체하나
우울한 가솔린의 탄식을 뿜소
(그 녀석 실연했나 봐)

돼지가 탄 수레를 조심스럽게 끌고 가는 정육상의 심부름꾼들.
도살장 행의 돼지에게 바치는 인간 최후의 친절. 모자 [벗어].

이웃고 부의 소제부[2)]가 간밤의 유실물들을 실으러
수레를 끌고 공원으로 갈 테지.
겁쟁이 아가씨의 핸드백. 휴지 조각.
(거지들은 잠을 깼을까? 오늘은 제발 행려병[3)] 시체를 보지 말았으면 ──)

활발하게 하늘을 [물들이는] 호텔의 굴뚝이 뿜는 검은 비눗방울.
양인[4)]들은 퍽이나 장난꾼인가 봐.

건축장의 기중기 꼭대기에 걸려 찢어진 [하늘]은 해어진 손수건.
아마도 구름 속에서 비가 [아나][5)] 보다.

나는 송교 다리[6)]의 난간에 기대서
세계의 횡사[7)]를 볼 뻔한 실업쟁인가.

(『중앙』 2.9. 1934. 09. 01. 74쪽)

원문

旅=行=風=景
咸鏡線五百킬로卽興詩行脚 (上)

◇序詩 [I] ◇[1]

世界는
나의學校
旅行이라는課程에서
나는수업는 新奇로운일을배호는
愉快한 小學生이다

(『朝鮮日報』 1934. 09. 19. 夕刊. 三面)
(『太陽의 風俗』 77: 「咸鏡線五百킬로旅行風景: 序詩 [I]」)

여행 풍경
함경선[2] 5백 킬로 즉흥시 행각[3] (상)

◇서시 [I] ◇

세계는
나의 학교
여행이라는 과정에서
나는 수없는 신기로운 일을 배우는
유쾌한 소학생이다

(『조선일보』 1934. 09. 19. 석간. 3면)
(『태양의 풍속』 77: 「함경도 5백 킬로 여행 풍경: 서시 [I]」)

원문

1, 待合室 [I][1)]◇

待合室은 언제든지『튜립』처럼 밝다
누구나거기서는 旗빨처럼
出發의希望을가진다

(『朝鮮日報』 1934. 09. 19. 夕刊. 三面)

(『太陽의 風俗』 78: 「咸鏡線五百킬로旅行風景: 待合室 [I]」)

1. 대합실 [I]◇

대합실은 언제든지 튤립처럼 밝다
누구나 거기서는 깃발처럼
출발의 희망을 가진다

(『조선일보』 1934. 09. 19. 석간. 3면)
(『태양의 풍속』 78: 「함경도 5백 킬로 여행 풍경: 대합실 [I]」)

원문

2, 海水浴場◇

『캐베지』와가티
아츰이슬에 저저쓰러진『삐-취파라솔』

五色의 人魚들은 어린魚族의種族
지느러미와가튼 치마자락이
함뿍바다바람을 물고 몰[1]을타드라

九月이 거리에서 분주히 그들을불러간뒤
허-연『호텔』은 줄이끈어진『기타 ── 』
빨간집웅우흐로 겨으른 흰구름이 낫잠을자려온다

[지금바다는 오래간만에
그의靜寂을 回復하야
오늘은 갈마기의]날개를 어르만지는 오래인늙은이다[2]

(『朝鮮日報』 1934. 09. 19. 夕刊. 三面)

(『太陽의 風俗』 149-50: 「咸鏡線五百킬로旅行風景: 海水浴場」)

2. 해수욕장◇

캐비지와 같이
아침 이슬에 젖어 쓰러진 비치파라솔

5색의 인어들은 어린 어족의 종족
지느러미와 같은 치맛자락이
함뿍 바닷바람을 물고 [물을][3] 타더라

9월이 거리에서 분주히 그들을 불러 간 뒤
허연 호텔은 줄이 끊어진 기타 ——
빨간 지붕 위로 게으른 흰 구름이 낮잠을 자러 온다

지금 바다는 오래간만에
그의 정적을 회복하여
오늘은 갈매기의 날개를 어루만지는 오랜 늙은이다

(『조선일보』 1934. 09. 19. 석간. 3면)
(『태양의 풍속』 149-50: 「함경도 5백 킬로 여행 풍경: 해수욕장」)

원문

3, 咸鏡線◇

흰『테-불』보자기위
健康치못한 花盆겨테 나란히선
주둥아리추어든[1)]『알미늄』의주전자가
고게를 꺼덕꺼덕 흔들적마다
廢馬와가티 웰각절각 소리를 낸다
나는鐵道의『마-크』를부친茶盞의두터운입술기에서
咸鏡線五百『킬로』의살진風景을마신다

(『朝鮮日報』 1934. 09. 19. 夕刊. 三面)

(『太陽의 風俗』 79: 「咸鏡線五百킬로旅行風景: 食堂車」[2)])

3. 함경선◇

흰 테이블 보자기 위
건강치 못한 화분 곁에 나란히 선
주둥아리 [추켜든] 알루미늄 주전자가
고개를 꺼덕꺼덕 흔들 적마다
폐마[3]와 같이 월각절각 소리를 낸다
나는 철도의 마크를 붙인 찻잔의 두터운 입술에서
함경선 5백 킬로의 살진 풍경을 마신다

(『조선일보』 1934. 09. 19. 석간. 3면)
(『태양의 풍속』 79: 「함경도 5백 킬로 여행 풍경: 식당차」)

원문

4, 高原附近◇

醫員은 멀리잇나보아서
藥水물 木牌가 자조섯고나

(『朝鮮日報』 1934. 09. 19. 夕刊. 三面)

4. 고원[1] 부근◇

의원은 멀리 있나 보아서
약수 목패[2]가 자주 섯구나

(『조선일보』 1934. 09. 19. 석간. 3면)

원문

5, 元山以北◇

안개는
밤이 니저버리고간
힌
술거품인가
검은골작마다 넘처흐른다

(『朝鮮日報』 1934. 09. 19. 夕刊. 三面)

5. 원산 이북◇

안개는
밤이 잊어버리고 간
흰
술거품[1)]인가
검은 골짝마다 넘쳐흐른다

(『조선일보』 1934. 09. 19. 석간. 3면)

원문

6, 마을◇

수수밧속에 머리수그린 겸손한오막사리의 잿빗집웅우흘
푸른 박덩굴이 기여올라갓고
엉크린 박덩굴을 밟고
흰박꼿들이 거만하게 아츰을 웃는마을

(『朝鮮日報』 1934. 09. 19. 夕刊. 三面)
(『太陽의 風俗』 80: 「咸鏡線五百킬로旅行風景: 마을」)

6. 마을◇

수수밭 속에 머리 수그린 겸손한 오막살이의 잿빛 지붕 위를
푸른 박 덩굴이 기어 올라갔고
엉클린 박 덩굴을 밟고
흰 박꽃들이 거만하게 아침을 웃는 마을

(『조선일보』 1934. 09. 19. 석간. 3면)
(『태양의 풍속』 80: 「함경도 5백 킬로 여행 풍경: 마을」)

원문

7, 風俗 [II]◇

海邊에서는
女子들은될수잇는대로
故鄕의냄새를니저버리려한다
먼 外國에서온것처럼 모다
동딴몸짓을 꾸며보인다

(『朝鮮日報』 1934. 09. 19. 夕刊. 三面)

(『太陽의 風俗』 81: 「咸鏡線五百킬로旅行風景: 風俗 [II]」[1])

7. 풍속 [II]◇

해변에서는
여자들은 될 수 있는 대로
고향의 냄새를 잊어버리려 한다
먼 외국에서 온 것처럼 모두
동뜬[2] 몸짓을 꾸며 보인다

(『조선일보』 1934. 09. 19. 석간. 3면)
(『태양의 풍속』 81: 「함경도 5백 킬로 여행 풍경: 풍속 [II]」)

원문

8, 咸興平野◇

밤마다 서울서듯는汽笛소리는
獅子의우름소리갓드니
아득한들이 푸른깃을
힌구름의 품속에 감추는곳에서는
汽車는
기러기와가티
조고만한나그내고나

(『朝鮮日報』 1934. 09. 19. 夕刊. 三面)

(『太陽의 風俗』 82: 「咸鏡線五百킬로旅行風景: 咸興平野」)

8. 함흥평야◇

밤마다 서울서 듣는 기적 소리는
사자의 울음소리 같더니
아득한 들이 푸른 깃을
흰 구름의 품속에 감추는 곳에서는
기차는
기러기와 같이
조그마한 나그네구나

(『조선일보』 1934. 09. 19. 석간. 3면)
(『태양의 풍속』 82: 「함경도 5백 킬로 여행 풍경: 함흥평야」)

원문

9, 不幸한女子

車窓에기대서
시드른나물가치 머리수그린女子가잇다

『아기씨 여기서는 슬픈얼골을가지지마세요 우리는 人生을피하야 이작은『잉크』 빗의 『쿳숀』을사지안엇습니까』

汽車속에서조차
머리수그리고 슬퍼하는
不幸한女子가잇다

(『朝鮮日報』 1934. 09. 19. 夕刊. 三面)

9. 불행한 여자

차창에 기대서
시든 나물같이 머리 수그린 여자가 있다

“아기씨 여기서는 슬픈 얼굴을 가지지 마세요 우리는 인생을 피하여 이 작은 잉크빛의 쿠션을 사지 않았습니까”

기차 속에서조차
머리 수그리고 슬퍼하는
불행한 여자가 있다

(『조선일보』 1934. 09. 19. 석간. 3면)

원문

旅=行=風=景

咸鏡線五百킬로卽興詩行脚 (中)

10, 新昌驛

(故宋桂月孃을追憶함)

그는몃번이고
람포불을켜든
山등어리의 이작은驛에서
한손에『바스켓』을드리우고
南行車를 자버타드라

지금은 서울가는일도 다니저버렷는지
海邊의 모래불에 가로누어서
갈메기의노래를 즐기고잇다오

(『朝鮮日報』 1934. 09. 20. 夕刊. 三面)

여=행=풍=경
함경선[1] 5백 킬로 즉흥시 행각[2] (중)

10. 신창역

(고 송계월[3]양을 추억함)

그는 몇 번이고
남폿불[4]을 켜 든
[산등성이][5]의 이 작은 역에서
한 손에 바스켓[6]을 드리우고
남행 차를 잡아타더라

지금은 서울 가는 일도 다 잊어버렸는지
해변의 모래부리[7]에 가로누워서
갈매기의 노래를 즐기고 있다오

(『조선일보』 1934. 09. 20. 석간. 3면)

원문

11, 숨박곱질

뿔이 한치만한 山羊의 색기
힌수염은 부첫스나
아기네처름 부끄러워서
옴숙한 풀포기밋헤숨습니다

(『朝鮮日報』 1934. 09. 20. 夕刊. 三面)

(『太陽의 風俗』 83: 「咸鏡線五百킬로旅行風景: 牧場」)

11. 숨바꼭질

뿔이 한 치만 한 산양의 새끼
흰 수염은 붙였으나
아기네[1]처럼 부끄러워서
옴쑥한[2] 풀포기 밑에 숨습니다

(『조선일보』 1934. 09. 20. 석간. 3면)
(『태양의 풍속』 83: 「함경도 5백 킬로 여행 풍경: 목장」)

원문

12, 뽀이

흰『코-트』를입은『뽀이』는
時間마다『메뉴』를 갓다줍니다
적삼과 몽당바지만 입엇스니
퍼그나 大食家로 보이는게지

(『朝鮮日報』 1934. 09. 20. 夕刊. 三面)

12. 보이

흰 코트를 입은 보이는
시간마다 메뉴를 갖다줍니다
적삼[1)]과 몽당바지[2)]만 입었으니
퍽이나 대식가로 보이는 거지

(『조선일보』 1934. 09. 20. 석간. 3면)

원문

13, 東海

울룩 불룩 기운찬 검은山脈이팔을버려
한아름 둥근바다를안어드린곳

섬들은 햇볏에 검은등을쪼이고잇고
고기배들은 돗을거두고 푸른寢牀에서 航海를 니저버리고 조을고잇구료

부듸 이맑은물에 손을 적시지마러요
행여나 작은소라들이 코를찡기고 다라날가보오

당신의 숨소리를 제발 죽일수는업습니까
조으는 바위를 건드리는 수접은힌물결이놀라서 다라날가보오

오늘밤은 車에서나려 풀숩에숨어서
별들이 나려와서 沐浴하는것을 엿봅시다그려

(『朝鮮日報』 1934. 09. 20. 夕刊. 三面)

(『太陽의 風俗』 84-85: 「咸鏡線五百킬로旅行風景: 東海」[1])

13. 동해

울룩불룩 기운찬 검은 산맥이 팔을 벌려
한 아름 둥근 바다를 안아 들인 곳

섬들은 햇볕에 검은 등을 쪼이고 있고
고깃배들은 돛을 거두고 푸른 침상에서 항해를 잊어버리고 졸고 있구려

부디 이 맑은 물에 손을 적시지 말아요
행여나 작은 소라들이 코를 [찡그리고][2] 달아날까 보오

당신의 숨소리를 제발 죽일 수는 없습니까
조는 바위를 건드리는 수줍은 흰 물결이 놀라서 달아날까 보오

오늘 밤은 차에서 내려 풀숲에 숨어서
별들이 내려와서 목욕하는 것을 엿봅시다 그려

(『조선일보』 1934. 09. 20. 석간. 3면)
(『태양의 풍속』 84-85: 「함경도 5백 킬로 여행 풍경: 동해」)

원문

14, 食虫

車ㅅ멀미를이기지못하야
누어서도 죽을請해먹는女子를본다
잡바저서까지 먹지안코못견디도록
밥벌레임을 자랑하지아니한들 일잇스리

(『朝鮮日報』 1934. 09. 20. 夕刊. 三面)

14. 식충

차멀미를 이기지 못하여
누워서도 죽을 청해 먹는 여자를 본다
자빠져서까지 먹지 않고 못 견디도록
밥벌레임을 자랑하지 아니 한들 일 있으리

(『조선일보』 1934. 09. 20. 석간. 3면)

원문

15, 東海水

순이
우리들의흰손수건을
저푸른물에새파랗케물드립시다
도라가서 설합에 겨버[1]두고서
幸福[2]이라부릅시다

(『朝鮮日報』 1934. 09. 20. 夕刊. 三面)
(『太陽의 風俗』 86: 「咸鏡線五百킬로旅行風景: 東海水」)

15. 동해수

순이
우리들의 흰 손수건을
저 푸른 물에 새파랗게 물들입시다
돌아가서 서랍에 [접어][3] 두고서
행복이라 부릅시다

(『조선일보』 1934. 09. 20. 석간. 3면)
(『태양의 풍속』 86: 「함경도 5백 킬로 여행 풍경: 동해수」)

원문

旅=行=風=景

咸鏡線五百킬로卽興詩行脚 (下)

[16], 벼록이[1)]

너는 진정 호랑이의가죽을썻고나
나의寢床을獅子와가티 넘노는너의다리는 曠野의威風을 가젓고나

어둠속에서 짓는사람의 罪우헤 너털우슴을 웃는너
너는 사람의고집은 心臟에서 더러운피를 주저업시 빨미조타[2)]

(『朝鮮日報』 1934. 09. 21. 夕刊. 三面)

(『太陽의 風俗』 87: 「咸鏡線五百킬로旅行風景: 벼룩이」)

여행 풍경
함경선[3] 5백 킬로 즉흥시 행각[4] (하)

16. 벼룩이

너는 진정 호랑이의 가죽을 썼구나
나의 침상을 사자와 같이 넘노는[5] 너의 다리는 광야의 위풍을 가졌구나

어둠 속에서 짓는 사람의 죄 위에 너털웃음을 웃는 너
너는 사람의 고집은[6] 심장에서 더러운 피를 주저 없이 빪이 좋다

(『조선일보』 1934. 09. 21. 석간. 3면)
(『태양의 풍속』 87: 「함경도 5백 킬로 여행 풍경: 벼룩이」)

원문

[17], 바위[1)]

陸地로 향하야 업드려저서
물결의 힌채찍에
말업시 등을 어더맛는
늙은 바위

(『朝鮮日報』 1934. 09. 21. 夕刊. 三面)
(『太陽의 風俗』 88: 「咸鏡線五百킬로旅行風景: 바위」)

17. 바위

육지로 향하여 엎드러져서
물결의 흰 채찍에
말없이 등을 얻어맞는
늙은 바위

(『조선일보』 1934. 09. 21. 석간. 3면)
(『태양의 풍속』 88: 「함경도 5백 킬로 여행 풍경: 바위」)

원문

18, 물

물은될수잇는대로
힌돌이 펴저잇는곳을 가려서 거러댕긴다
조이밧속에서서 그소리를엿듯는
팔이부러진 허수아비는
여기서는 오직 한사람의詩人이다

(『朝鮮日報』 1934. 09. 21. 夕刊. 三面)

(『太陽의 風俗』 89: 「咸鏡線五百킬로旅行風景: 물」)

18. 물

물은 될 수 있는 대로
흰 돌이 펴져 있는 곳을 가려서 걸어 다닌다
조밭[1] 속에 서서 그 소리를 엿듣는
팔이 부러진 허수아비는
여기서는 오직 한 사람의 시인이다

(『조선일보』 1934. 09. 21. 석간. 3면)
(『태양의 풍속』 89: 「함경도 5백 킬로 여행 풍경: 물」)

원문

19, 따리아

眞紅꼿을심거서
南으로 타는鄕愁를 기르는
國境각가운停車場들

(『朝鮮日報』 1934. 09. 21. 夕刊. 三面)
(『太陽의 風俗』 90: 「咸鏡線五百킬로旅行風景: 따리아」)

19. 달리아

진홍 꽃을 심어서
남으로 타는 향수를 기르는
국경 가까운 정차장들

(『조선일보』 1934. 09. 21. 석간. 3면)
(『태양의 풍속』 90: 「함경도 5백 킬로 여행 풍경: 달리아」)

원문

20, 山村

모-든것이 마을을 사랑한담네
차마 嶺을넘지못하고
山허리에 멈춰서는
힌
아츰연기

(『朝鮮日報』 1934. 09. 21. 夕刊. 三面)
(『太陽의 風俗』 91: 「咸鏡線五百킬로旅行風景: 山村」)

20. 산촌

모든 것이 마을을 사랑한다네
차마 령을 넘지 못하고
산허리에 멈춰 서는
흰
아침 연기

(『조선일보』 1934. 09. 21. 석간. 3면)
(『태양의 풍속』 91: 「함경도 5백 킬로 여행 풍경: 산촌」)

원문

21, 바다의女子

하로밤親한女子는 될수잇는대로 大膽하게
『헐리우드』의風俗을 쪼차서
車窓아래서 홀란하게 활개를치드니
기다란팔이 그의『베레』우헤서
커-다란圓을하나그린다
힌圓周속에서 그女子의얼골은
모-든슬품을無視하는드시역시홀란하게웃는다

(一九三四, 九月)

(『朝鮮日報』 1934. 09. 21. 夕刊. 三面)

21. 바다의 여자

하룻밤 친한 여자는 될 수 있는 대로 대담하게
할리우드의 풍속을 쫓아서
차창 아래서 혼란하게[1)] 활개를 치더니
기다란 팔이 그의 베레 위에서
커다란 원을 하나 그린다
흰 원주 속에서 그 여자의 얼굴은
모든 슬픔을 무시하는 듯이 역시 혼란하게 웃는다

(1934, 9월)

(『조선일보』 1934. 09. 21. 석간. 3면)

원문

海邊詩集

(八月二十五日밤 仁川바다까에서 주은 조개껍질들)

1, 汽車 [II][1)]

모닥불의 붉음을
죽엄보다도 더사랑하는 金벌레처럼
汽車는
노을이 타는 西쪽한울밑으로 빨려감니다

(『中央』 2.10. 1934. 10. 01. 130쪽)

(『太陽의 風俗』 69: 「길에서(濟物浦風景): 汽車」)

해변 시집
(8월 25일 밤 인천 바닷가에서 주은 조개껍질들)

1. 기차 [II]

모닥불의 붉음을
죽음보다도 더 사랑하는 금벌레처럼
기차는
노을이 타는 서쪽 하늘 밑으로 빨려 갑니다

(『중앙』 2.10. 1934. 10. 01. 130쪽)
(『태양의 풍속』 69: 「길에서 (제물포 풍경): 기차」)

원문

2, 停車場

『메이드·인·아메-리카』의
성냥개비나
沙工의『팍켓트』[1)]에 잇는까닭에
바다의 비린내를 다무렷습니다

(『中央』 2.10. 1934. 10. 01. 130쪽)
(『太陽의 風俗』 70: 「길에서(濟物浦風景): 仁川驛」)

2. 정차장

메이드 인 아메리카의
성냥개비나
사공의 포켓에 있는 까닭에
바다의 비린내를 다물었습니다

(『중앙』 2.10. 1934. 10. 01. 130쪽)
(『태양의 풍속』 70: 「길에서 (제물포 풍경): 인천역」)

원문

3, 潮水

午後두時 ——
먼바다의 잔디밭에서
바람은 갑작이 잠을 깨여서는
쉬파람을 불며불며
거문潮水의떼를 모라가지고 港口로 도라옵니다

(『中央』 2.10. 1934. 10. 01. 130쪽)

(『太陽의 風俗』 71: 「길에서(濟物浦風景): 潮水」)

3. 조수

오후 2시 ——
먼 바다의 잔디밭에서
바람은 갑자기 잠을 깨어서는
[휘파람][1)]을 불며 불며
검은 조수의 떼를 몰아 가지고 항구로 돌아옵니다

(『중앙』 2.10. 1934. 10. 01. 130쪽)
(『태양의 풍속』 71: 「길에서(제물포 풍경): 조수」)

원문

4, 孤獨

푸른 모래밭에 잡바저서
나는물개와같이 完全히 외롭다
이마를 어르만지는 찬달빛의 恩惠조차
오히려성가시다

(『中央』 2.10. 1934. 10. 01. 130쪽)
(『太陽의 風俗』 72: 「길에서(濟物浦風景): 孤獨」)

4. 고독

푸른 모래밭에 자빠져서
나는 물개와 같이 완전히 외롭다
이마를 어루만지는 찬 달빛의 은혜조차
오히려 성가시다

(『중앙』 2.10. 1934. 10. 01. 130쪽)
(『태양의 풍속』 72: 「길에서 (제물포 풍경): 고독」)

원문

5, 에트란제(異邦人)

낮익은 강아지와같이
발등을 핥는 바다바람의 혀빠닥이
말할수없이사롭건만
나는 이港口에 한벗도 한親戚도 불룩한 지갑도 戶籍도없는
거북이와같이 징글한 한『에트란제』

(『中央』 2.10. 1934. 10. 01. 130쪽)

(『太陽의 風俗』 73: 「길에서(濟物浦風景): 異邦人」)

5. 에트랑제[1)] (이방인)

낯익은 강아지와 같이
발등을 핥는 바닷바람의 혓바닥이
말할 수 없이 사롭건만[2)]
나는 이 항구에 한 벗도 한 친척도 불룩한 지갑도 호적도 없는
거북이와 같이 징글맞은 한 에트랑제

(『중앙』 2.10. 1934. 10. 01. 130쪽)
(『태양의 풍속』 73: 「길에서 (제물포 풍경): 이방인」)

원문

6, 밤港口

부끄럼많은 寶石장사아아씨[1)]
어둠 속에 숨어서야
『루비』『싸파이어』『에메랄드』의
그의寶石바구니를 살그머니뒤집니다

(『中央』 2.10. 1934. 10. 01. 130쪽)

(『太陽의 風俗』 74: 「길에서(濟物浦風景): 밤港口」)

6. 밤 항구

부끄럼 많은 보석 장사 [아가씨]
어둠 속에 숨어서야
루비 사파이어 에메랄드의
그의 보석 바구니를 살그머니 뒤집니다

(『중앙』 2.10. 1934. 10. 01. 130쪽)
(『태양의 풍속』 74: 「길에서 (제물포 풍경): 밤 항구」)

원문

7, 破船

달이잇고 港口에 불빛이멀고
築臺허리에 물결소리 점잔컨만
나는 도모지詩人의 흉내를 낼수도없고
『빠이론』과같이 지슬[1)]수도없고
갈마기와같이 슬퍼질수는 더욱없이[2)]
傷한 바위틈에 破船과같이 慘憺하다
차라리 露店에서 林檎을사서
와락와락 껍질을 벡긴다[3)]

(『中央』 2.10. 1934. 10. 01. 130쪽)
(『太陽의 風俗』 75: 「길에서(濟物浦風景): 破船」)

7. 파선

달이 있고 항구에 불빛이 멀고
축대 허리에 물결 소리 점잖건만
나는 도무지 시인의 흉내를 낼 수도 없고
바이런[4]과 같이 [짖을] 수도 없고
갈매기와 같이 슬퍼질 수는 더욱 [없어]
상한 바위틈에 파선과 같이 참담하다
차라리 노점에서 임금[5]을 사서
와락와락 껍질을 [벗긴다]

(『중앙』 2.10. 1934. 10. 01. 130쪽)
(『태양의 풍속』 75: 「길에서 (제물포 풍경): 파선」)

원문

8, 待合室 [II][1)]

仁川驛 待合室의 조려운『벤취』에서
막車를 기다리는 손님은 저마다
해오라비와 같이 깨끗하오
거리에 돌아가서 또다시 人間의때가 무들때까지
너는물고기처럼 純潔하게 이밤을 자거라

(『中央』 2.10. 1934. 10. 01. 130쪽)

(『太陽의 風俗』 76: 「길에서(濟物浦風景): 待合室 [II]」)

8. 대합실 [II]

인천역 대합실의 졸린 벤치에서
막차를 기다리는 손님은 저마다
해오라기[2)]와 같이 깨끗하오
거리에 돌아가서 또다시 인간의 때가 묻을 때까지
너는 물고기처럼 순결하게 이 밤을 자거라

(『중앙』 2.10. 1934. 10. 01. 130쪽)
(『태양의 풍속』 76:「길에서 (제물포 풍경): 대합실 [II]」)

원문

鄕愁

나의 故鄕은
저山너머 또 저구름박
아라사의 소문이 자조 들리는곳。

나는 문득
街路樹 스치는 저녁바람소리 속에서
여어 — ㅁ염 송아지 부르는 소리를듯고 멈춰선다

(『朝鮮日報』 1934. 10. 16. 夕刊. 四面)
(『太陽의 風俗』 47)

향수

나의 고향은
저 산 너머 또 저 구름 밖
아라사[1)]의 소문이 자주 들리는 곳.

나는 문득
가로수 스치는 저녁 바람 소리 속에서
여어 — ㅁ 염 송아지 부르는 소리를 듣고 멈춰 선다

(『조선일보』 1934. 10. 16. 석간. 4면)
(『태양의 풍속』 47)

원문

戱畵

초저녁달은 작난군
바다ㅅ가의 모래둔에
나와같은 그림자를 墨칠해놓고는
빙긋웃는다
나도웃는다

(『가톨닉靑年』 2.11. 1934. 10. 25. 62쪽)

희화[1)]

초저녁달은 장난꾼
바닷가의 모래언덕[2)]에
나와 같은 그림자를 [먹칠해][3)] 놓고는
빙긋 웃는다
나도 웃는다

(『가톨릭 청년』 2.11. 1934. 10. 25. 62쪽)

원문

마음

여기에 한 젊은사나히
그의 存在마저 잃어버리고
흐르는 江물속에서
宇宙의 마음을 차즈려하오

(『가톨닉靑年』 2.11. 1934. 10. 25. 62쪽)

마음

여기에 한 젊은 사나이
그의 존재마저 잃어버리고
흐르는 강물 속에서
우주의 마음을 찾으려 하오

(『가톨릭 청년』 2.11. 1934. 10. 25. 62쪽)

원문

밤 [II][1)]

『요-마이』의『아스팔트』를보고
도라오는길 ——
어두운거리
말없 는 발자곡소리 소리 소리

(『가톨닉青年』 2.11. 1934. 10. 25. 62쪽)

밤 [II]

조 메이의 『아스팔트』[2)]를 보고
돌아오는 길 ——
어두운 거리
말 없는 발자국 소리 소리 소리

(『가톨릭 청년』 2.11. 1934. 10. 25. 62쪽)

원문

가을의누나[1)]

누나야 너는 오늘은 무엇을하고잇니?江가의 수수밭에서 가마귀들이 수수꺼매기[2)] 처름 흐터지는것을 먼하니바라보고잇니? 겨울이 허둥지둥 江面으로 썰매를 타고 오기전에 그들의 기름진슬품을 묻을데를 찾어서 山모록수풀로 날러가는것을 바래 보내고잇니?가마귀의 검은얼골은 겨울을 부끄러워한다드라。

네가 귀를 기우리고잇는것은 成長이멈처슨 늙은들에서 그의宿題의 解答을 거두기에 분주한 破產管理人[3)]인 가을의발자취를 엿듯고 잇슴이냐? 먼길이 끝난곳에서 매암이 찌르럭이 반듸불 귀뜨라미……來日을 가지지못한 나그내의한떼가 그들의 葬禮에 대한이야기를 하는것을웃고잇는것이냐?

지금 가을은 柘榴알의 날랜주둥아리에 담북깨물려서 붉게피도다[4)] 아프다。또가을 바람이 우리들의이마의 주름살을 헤이려 들을건너온다。누나 이들을 책망하자。들아 너는 完成의설음이오기전에 언제까지든 나와함께 여름처름 젊고잇자든 約束을 엇재서 저버렷니?

누나 설거지가 끝이나거든 저白楊버들밑으로 나가자。거기 가난한개천에업디여서 늙은 아버지처름 슲어하는가을에게 『잘가거라』를 일러주려……도라와서 病人[5)]과 같이 쓸어진 굴둑을손질하자。그러고 니저버렷든검은화독에 붉은불을피우고 긴 航海의 이야기와같은 겨울을기다리자

(『中央』 2.11. 1934. 11. 01. 126쪽)

(『바다와 肉體』 1948. 12. 25. 67-68: 「가을의 누의」)

가을의 누나

누나야 너는 오늘 무엇을 하고 있니? 강가의 수수밭에서 까마귀들이 수수 꺼매기[6] 처럼 흩어지는 것을 멍하니[7] 바라보고 있니? 겨울이 허둥지둥 강 면으로 썰매를 타고 오기 전에 그들의 기름진 슬픔을 묻을 데를 찾아서 산모롱이[8] 수풀로 날아가는 것을 바래 보내고 있니? 까마귀의 검은 얼굴은 겨울을 부끄러워한다더라.

네가 귀를 기울이고 있는 것은 성장이 멈춰 선 늙은 들에서 그의 숙제의 해답을 거두기에 분주한 파산 관리인인 가을의 발자취를 엿듣고 있음이냐? 먼 길이 끝난 곳에서 매미 찌르레기 반딧불이 귀뚜라미……내일을 가지지 못한 나그네 한 떼가 그들의 장례에 대한 이야기를 하는 것을 웃고 있는 것이냐?

지금 가을은 자류[9] 알의 날랜 주둥아리에 담뿍[10] 깨물려서 붉게 피 [돋아] 아프다. 또 가을바람이 우리들 이마의 주름살을 세러[11] 들을 건너온다. 누나 이 들을 책망하자. 들아 너는 완성의 설움[12]이 오기 전에 언제까지든 나와 함께 여름처럼 [젊게] 있자던 약속을 어째서 저버렸니?

누나 설거지가 끝이 나거든 저 백양버들 밑으로 나가자. 거기 가난한 개천에 엎드려서 늙은 아버지처럼 슬퍼하는 가을에게 "잘 가거라"를 일러주러……돌아와서 병인[13]과 같이 쓰러진 굴뚝을 손질하자. 그러고 잊어버렸던 검은 화덕[14]에 붉은 불을 피우고 긴 항해의 이야기와 같은 겨울을 기다리자

(『중앙』 2.11. 1934. 11. 01. 126쪽)

(『바다와 육체』 1948. 12. 25. 67-68: 「가을의 누이」)

원문

첫사랑

네모진 冊床。
힌壁우헤 삐뚜러진『세잔느』한幅。

낡은『페-지』를 뒤적이는 힌손가락에 부대치어
갑작이 숨을쉬는 시드른 海棠花。
蒸發한 香氣의湖水。
(바다ㅅ가에서)
붉은 우숨은 두사람의 작난을 바라보앗다。

힌希望의 힌化石 힌憧憬의 힌骸骨 힌苦待의 힌『미이라』
쓴바다ㅅ바람에 빨리는 山上의燈台[1]를 비웃든 두눈과 두눈은
둥근바다를 미끄러저가는 汽船들의出航을 전송햇다

오늘
어두운 나의마음의 바다에
힌燈台를 남기고간
—— 불을 켠손아
—— 불을 끈입김아

갑작이 窓살을 흔드는 버리떼의汽笛。
배를태여 바다에 흘려보낸 꿈이 또도라오나보다

나는 그를마지할 準備를해야지。
속삭임이 발려잇는 時計딱지
多辨[2]에 지치인 萬年筆
때무든地圖
들을
나는 나의記憶의 힌『테-블크로트』우헤 펴놋는다

흥

첫사랑

네모진 책상.
흰 벽 위에 삐뚤어진 세잔[4] 한 폭.

낡은 페이지를 뒤적이는 흰 손가락에 부딪혀
갑자기 숨을 쉬는 시든 해당화.
증발한 향기의 호수.
(바닷가에서)
붉은 웃음은 두 사람의 장난을 바라보았다.

흰 희망의 흰 화석 흰 동경의 흰 해골 흰 고대[5]의 흰 미라
쓴 바닷바람에 빨리는 산상의 등대를 비웃던 두 눈과 두 눈은
둥근 바다를 미끄러져 가는 기선들의 출항을 전송했다

오늘
어두운 나의 마음의 바다에
흰 등대를 남기고 간
—— 불을 켠 손아
—— 불을 끈 입김아

갑자기 창살을 흔드는 [벌][6] 떼의 기적.[7]
배를 태워 바다에 흘려보낸 꿈이 또 돌아오나 보다

나는 그를 맞이할 준비를 해야지.
속삭임이 발려 있는 시계딱지[8]
다변에 지친 만년필
때 묻은 [지도들을]
나는 나의 기억의 흰 테이블클로스[9] 위에 펴놓는다

흥
(

원문

인제는 도망해야지[3)]
란아 ——
내가 도라오기까지
房을 좀 치어노아라。

(『開闢』 1 新刊. 1934. 11. 01. 30-31쪽)
(『太陽의 風俗』 48-50)

인제는 도망해야지
란아 ——
내가 돌아오기까지
방을 좀 치워 놓아라.

(『개벽』 1 신간. 1934. 11. 01. 30-31쪽)
(『태양의 풍속』 48-50)

원문

飛行機 [III][1)]

푸른한울은
飛行機들의 運動場
　　○
힌『리본』을 피운 구름들이 놀라오면은
그들은 손에 손을 마조잡고서
나라나라의 얼빠진 한울을
놀래려 떠납니다
　　○
……· 오— 저먼들가에 할터부튼『꼬맹이』들아 활개를 거두고
그 옹졸한 國籍을랑『포켓트에나집어너흐렴』
푸로펠라가 웃는다……·
푸로펠라가 꾸짓는다
　　○
바람이 구름을 바다로다려가고
銀나래에 별들이 보석을 뿌려주면
飛行機는 쉬파람을 홀로불면서
어두운 格納庫로 자려옵니다

(『朝鮮日報』 1935. 01. 01: 新年號. 其十, 一面)

비행기 [III]

푸른 하늘은
비행기들의 운동장
○
흰 리본을 피운 구름들이 놀러 오면은
그들은 손에 손을 마주 잡고서
나라 나라의 얼빠진 하늘을
놀래러[2] 떠납니다
○
……· 오— 저 먼 들 가에 핥어 붙은 꼬맹이들아 활개를 거두고
그 옹졸한 국적일랑 "포켓에나 집어넣으렴"
프로펠러가 웃는다……·
프로펠러가 꾸짖는다
○
바람이 구름을 바다로 데려가고
은 나래에 별들이 보석을 뿌려 주면
비행기는 휘파람을 홀로 불면서
어두운 격납고로 자러 옵니다

(『조선일보』 1935. 01. 01: 신년호. 기10, 1면)

원문

窓

바다가 바라보이는 窓이잇는
二層으로 올라간다…………

어디서든지 出發의 命令이 떨어지기를기다리는
안타까운 이집의귀인것처름
나는南쪽으로 뚤린 그窓을 열어제치려………

그렇고는 바다에억매여 흘러갈줄을모르는섬들을 비우서줄게다。
또 해변의 愛撫를 받기를바라는 주린고양이와 시드른菊花꽃들을
오늘도 露台에옴겨놓자。

天使의 심부름꾼들인 비닭이들이 날어와본
일도 날어가본일도없는 窓。
『커-틘』의 이쪽에서는 幸福이 자본일도없다。

나는 그窓에 기대여 꾸짓는다。
—— 人生아
나는 네가 나를 놀래여 기절시키려고하야
수없는 不幸과 殘忍을
이季節의 담벼락 넘어서 陰謀하고잇는것을안다。

올에도 나는 醫師의걱정을 기처본일은없다。
지금너의打擊에 꺽꾸러지지않기위하야
나는 나의마음에향하야 武裝을命한다。——

(『開闢』 3 新刊. 1935. 01. 01. 22-23쪽)

창

바다가 바라보이는 창이 있는
2 층으로 올라간다…………

어디서든지 출발의 명령이 떨어지기를 기다리는
안타까운 이 집의 귀인 것처럼
나는 남쪽으로 뚫린 그 창을 열어젖히러………

그러고는 바다에 얽매여 흘러갈 줄을 모르는 섬들을 비웃어 줄 거다.
또 햇빛의 애무를 받기를 바라는 주린 고양이와 시든 국화꽃들을
오늘도 노대[1)]에 옮겨 놓자.

천사의 심부름꾼들인 비둘기들이 날아와 본 [일도]
날아가 본 일도 없는 창.
커튼의 이쪽에서는 행복이 자 본 일도 없다.

나는 그 창에 기대어 꾸짖는다.
—— 인생아
나는 네가 나를 놀래어 기절시키려고 하여
[수없는] 불행과 잔인을
이 계절의 담벼락 너머서 음모하고 있는 것을 안다.

[올해도][2)] 나는 의사의 걱정을 끼쳐 본 일은 없다.
지금 너의 타격에 거꾸러지지 않기 위하여
나는 나의 마음에 향하여 무장을 명한다. ——

(『개벽』 3 신간. 1935. 01. 01. 22-23쪽)

원문

膳物外一篇

膳物

사근사근
이빨에 씹히는
올사과 한쪼각 ——
千里밖 흙냄새를
숨겨서왔구료。

모몰오몰
입앓에 녹이는
복숭아 어린살갈 ——
버레먹은 어금니가
故鄕의傳說을 깨물었소。

(『中央』 3.2. 1935. 02. 01. 109쪽)

선물 외 1 편

선물

사근사근
이빨에 씹히는
올사과[1] 한 조각 ——
천리 밖 흙냄새를
숨겨서 왔구려.

[오물오물][2]
입 안에 녹이는
복숭아 어린 살갗 ——
벌레[3] 먹은 어금니가
고향의 전설을 깨물었소.

(『중앙』 3.2. 1935. 02. 01. 109쪽)

원문

戀愛

그女子가 나는당신을사랑합니다고 말한것은 아마 바다ㅅ가인것같다。 그러나 나는 아모러한反應도 이르킬줄모르는 한장의便紙에 不過했다。

흰들창에색여진 그女子의表情은 石膏의「비-너쓰」처럼 失色했다。 나의눈으로부터는 一萬燭光의探照燈이 겨우 三十七度五分밖에 달지아니한 女子의心臟으로향하야 펴졌다。 여리게도 解體하는그女子의사랑은 透明치못한 푸른液體였다。

나는 그女子의편지를받아서 봉투를짖이않은채 책상우에던졌드니 하도 손에거둬채이므로 다음에는 原稿紙틈에 접어둔것같은데 大淸潔때에는 어느새 쓰레기통속에있었다。 그뒤에는 아마 府의馬車가 실어갔을게다。

....

나는 오늘도 그날戀愛를 하지못한것을後悔할수가없다。

(『中央』 3.2. 1935. 02. 01. 109쪽)

연애

그 여자가 나는 당신을 사랑합니다라고 말한 것은 아마 바닷가인 것 같다. 그러나 나는 아무러한 반응도 일으킬 줄 모르는 한 장의 편지에 불과했다.
흰 들창에 새겨진 그 여자의 표정은 석고의 비너스처럼 실색했다. 나의 눈으로부터는 1만 촉광의 탐조등이 겨우 37도 5분밖에 달지 아니한 여자의 심장으로 향하여 퍼졌다. 여리게도 해체하는 그 여자의 사랑은 투명치 못한 푸른 액체였다.
나는 그 여자의 편지를 받아서 봉투를 찢지 않은 채 책상 위에 던졌더니 하도 손에 걷어차이므로 다음에는 원고지 틈에 접어 둔 것 같은데 대청결[1] 때에는 어느새 쓰레기통 속에 있었다. 그 뒤에는 아마 부의 마차가 실어 갔을 거다.
....
나는 오늘도 그날 연애를 하지 못한 것을 후회할 수가 없다.

(『중앙』 3.2. 1935. 02. 01. 109쪽)

원문

층층계

美術舘의 壁에 기댄『마돈나』의 허-연 表情이
窓살 넘어 여위어가는 바다를 바라본다。

다람쥐와 고숨도치들은 그들의 地下室에서
버-ㄷ서 털外套를 바꾸어 입었겠지。

어느새 마음속에 쭈그리고 들어앉은 힌沈默의 坐像을
드디어 쫓아내지못하고 나는 층층계의 中間에서
季節의 體重에 지치어 문득 멈춰선다……

(『詩苑』1.1. 1935. 02. 01. 08쪽)

층층계

미술관의 벽에 기댄 마돈나의 허연 표정이
창살 너머 여위어 가는 바다를 바라본다.

다람쥐와 고슴도치들은 그들의 지하실에서
벌써 털외투를 바꾸어 입었겠지.

어느새 마음속에 쭈그리고 들어앉은 흰 침묵의 좌상[1)]을
드디어 쫓아내지 못하고 나는 층층계의 중간에서
계절의 체중에 지치어 문득 멈춰 선다……

(『시원』 1.1. 1935. 02. 01. 08쪽)

원문

俳優

自働車속에서
떨리는 女子의 말소리는『엔진』소리 보다도 날카로웠다.
『여보 인젠 俳優라는 職業은 그만둬요』
(사나이의 눈은 대답이 없었다)
『당신의말과 몸짓이 大體 어디까지가 演劇인지 참말인지 알수없어요』

나는 생각한다.
俳優를 男便으로 가지는 안해는 不幸할게다.
俳優를 안해로 가지는 男便은 不幸할게다.
俳優를 벗으로 가지는 벗은 不幸할게다.

업드러져 흔드는 女子의 등덜미에 우물거리는 힌불빛
푸른 光線이었더면 더 効果的일번 했다.

아 —— 언제나 이 演劇이 끝이 날까?

(『詩苑』 1.1. 1935. 02. 01. 08-09쪽)

배우

자동차 속에서
떨리는 여자의 말소리는 엔진 소리보다도 날카로웠다.
"여보 이젠 배우라는 직업은 그만둬요"
(사나이의 눈은 대답이 없었다)
"당신의 말과 몸짓이 대체 어디까지가 연극인지 참말인지 알 수 없어요"

나는 생각한다.
배우를 남편으로 가지는 아내는 불행할 거다.
배우를 아내로 가지는 남편은 불행할 거다.
배우를 벗으로 가지는 벗은 불행할 거다.

엎드러져 흔드는 여자의 등덜미에 우물거리는 흰 불빛
푸른 광선이었다면 더 효과적일 번했다.

아 —— 언제나 이 연극이 끝이 날까?

(『시원』 1.1. 1935. 02. 01. 08-09쪽)

원문

나

그 女子의 팔은 나를
그의寢室로 끌었다。
그門前에서 나는 주저한다。
『들어갈가? 그만둘가?』
드디여 決心못하는사이에
꿈은 깼다……

간밤의 설합우에서
林檎은 암고양이처름 孤獨하다
나는 如前히 인색한집웅밑에서 떠는 한거루寒帶의 植物이다……

꿈속에서조차 卑怯한나……
드디여 한 愛人도 못되는나……
드디여 한 아들도 못되는나……
드디여 한 아버지도 못되는나……
드디여 한 犯人도 못되는나……

나는 내 미운 가죽 밑에서
굼틀거리는 늙은구렁이와 談判한다。
『早晩間 우리는 갈라지자
네가 가든지 내가 떠나든지……』

(『詩苑』 1.2. 1935. 04. 01. 19-20쪽)

나

그 여자의 팔은 나를
그의 침실로 끌었다.
그 문전에서 나는 주저한다.
"들어갈까? 그만둘까?"
드디어 결심 못하는 사이에
꿈은 깼다……

간밤의 서랍 위에서
임금[1]은 암고양이처럼 고독하다
나는 여전히 인색한 지붕 밑에서 떠는 한 그루 한대의 식물이다……

꿈속에서조차 비겁한 나……
드디어 한 애인도 못되는 나……
드디어 한 아들도 못되는 나……
드디어 한 아버지도 못되는 나……
드디어 한 범인도 못되는 나……

나는 내 미운 가죽 밑에서
굼틀거리는 늙은 구렁이와 담판한다.
"조만간 우리는 갈라지자
네가 가든지 내가 떠나든지……"

(『시원』 1.2. 1935. 04. 01. 19-20쪽)

원문

生活

한장의 白紙인 나의낮과 나의밤。

어느새 독수리가 푸른『잉크』를 빨어버렸다。

不潔한詩가 겨우 白紙의 한구석을 지꾼다。

(『詩苑』 1.2. 1935. 04. 01. 21쪽)

생활

한 장의 백지인 나의 낮과 나의 밤.

어느새 독수리가 푸른 잉크를 빨아 버렸다.

불결한 시가 겨우 백지의 한 구석을 [어지른다].[1)]

(『시원』 1.2. 1935. 04. 01. 21쪽)

원문

習慣

지렁이는 어느새 한울을 쳐다보지않는 習慣을 길렀다。
商人의 家族들의입은 『비싸다』는말의 發音을 잊어버렸다。
府會議員의 아들의 이마에는 『씰크, 햇트』의자리가 남었다。
林檎열매는 아마도 그몸에 가시를 부치지않고는
天使의 노리개가될 希望이 없을게다。

(『詩苑』 1.2. 1935. 04. 01. 21쪽)

습관

지렁이는 어느새 하늘을 쳐다보지 않는 습관을 길렀다.
상인 가족들의 입은 "비싸다"는 말의 발음을 잊어버렸다.
부회의원[1] 아들의 이마에는 실크해트의 자리[2]가 남았다.
임금[3] 열매는 아마도 그 몸에 가시를 붙이지 않고는
천사의 노리개가 될 희망이 없을 거다.

(『시원』 1.2. 1935. 04. 01. 21쪽)

원문

氣象圖 1

한개의 現代의交響樂을 計劃한다 現代文明의 모-든面과稜角은 여기서 發言의權利와機會를 拒絕당하는일이없을것이다。無謀대신에 다만그러한 寬大만을準備하엿다。

一
아침의表情

비눌
도친
海峽은
배암의잔등
처럼 살아낫고
아롱진『아라비아』의 衣裳을 둘른
젊은 山脈들。

바람은 바다까에『사라센』의 비단幅처럼 미끄러웁고
傲慢한風景은 바로 午前七時의絕頂에가로누엇다。

헐덕이는들우에
늙은香水를 뿌리는
教堂의 녹쓰른 鍾소리。

송아지들은 들로 돌아가렴으나。
아가씨는 바다에밀려가는 輪船을 오늘도바래보냇다。[1)]
國境가까운 停車場。
車掌의 信號를 재촉하며
발을 굴르는 國際列車。
車窓마다

기상도 [I]

한 개의 현대 교향악을 계획한다 현대 문명의 모든 면과 능각[8]은 여기서 발언의 권리와 기회를 거절당하는 일이 없을 것이다. 무모[9] 대신에 다만 그러한 관대만을 준비하였다.

1
아침의 표정

비늘[10]
돋친
해협은
뱀의 잔등
처럼 살아났고
아롱진 아라비아[11]의 의상을 두른
젊은 산맥들.

바람은 바닷가에 사라센[12]의 비단 폭처럼 미끄럽고
오만한 풍경은 바로 오전 7시의 절정에 가로누웠다.

헐떡이는 들 위에
늙은 향수를 뿌리는
교당의 녹슨 종소리.

송아지들은 들로 돌아가려무나.
아가씨는 바다에 밀려가는 윤선[13]을 오늘도 바래[14] 보냈다.
국경 가까운 정차장.
차장의 신호를 재촉하며
발을 구르는 국제 열차.
차창마다
(

원문

『잘잇거라』를 삼키고느끼는[2]
『마담』[3]의 이즈러진 얼골들。
旅客機들은 大陸의空中에서 띠끌처럼흐터졋다。

本國에서오는 長距離『라디오』의 効果[4]를 實驗하기위하야
『쥬네브』로 旅行하는紳士의家族들。
『샴판』甲板。[5]『安寧히가세요』。『댕겨오리다』。
船夫들은 그들의嘆息을 汽笛에게맡기고
자리로 돌아간다。

埠頭에날러[6] 팔락이는 五色의『테-프』。
그女子의 머리의 五色의『리본』。[7]

傳書鳩들은
船室의집웅에서
首都로 向하야 떠낫다。
……『스마트라』의東쪽。…5·『킬로』의海上……一行感氣도없다。
赤道가 가까웁다。……20日午前열時。……

(『中央』 3.5. 1935. 05. 01. 104-05쪽)
(『氣象圖』 1936. 07. 08. 01-02쪽: 「世界의아츰」)
(『氣象圖』 1948. 09. 20. 06-11쪽: 「世界의아침」)

"잘 있거라"를 삼키고 느끼는[15]
마담의 이지러진 얼굴들.
여객기들은 대륙의 공중에서 티끌처럼 흩어졌다.

본국에서 오는 장거리 라디오의 효과를 실험하기 위하여
제네바[16]로 여행하는 신사의 가족들.
삼판[17] 갑판. "안녕히 가세요." "다녀오리다."
선부[18]들은 그들의 탄식을 기적에게 맡기고
자리로 돌아간다.

부두에 [달려] 팔락이는 5색 테이프.
그 여자의 머리의 5색 리본.

전서구[19]들은
선실의 지붕에서
수도로 향하여 떠났다.
……수마트라[20] 동쪽. …5킬로 해상……일행 감기도 없다.
적도가 가깝다.……20일 오전 10시.……

(『중앙』 3.5. 1935. 05. 01. 104-05쪽)
(『기상도』 1936. 07. 08. 01-02쪽: 「세계의 아침」)
(『기상도』 1948. 09. 20. 06-11쪽: 「세계의 아침」)

원문

市民行列

『넥타이』를한 힌食人種은
『니그로』의料理가 七面鳥보다도 좋답니다。
살갈을 히게하는 검은고기의偉力。
醫師『콜베-르』氏의 處方입니다。
『헬메트』를쓴 避暑客들은
亂雜한 戰爭競技에 熱中햇습니다。
슬픈獨唱家인 審判의號角소리。
너무 興奮하엿슴으로
內服만입은『파씨스트』。
그러나 伊太利에서는
泄瀉劑는 일체 禁物이랍니다。
畢竟 洋服입는法을 배워낸 宋美齡女史。
마님 한푼만 적선하세요。
내얼골이 요로케 이즈러진것도
내팔이 이러케 부러진것도
『마님과니말이지 내어머니의죄는 아니랍니다。』
『쉿 無名戰士의 紀念祭行列이다。』
뚜걱뚜걱뚜걱……[1)]
『아메리카』에서는
女子들은 모두海水浴을 갓슴으로
빈집에서는 望鄕歌를 부르는『니그로』와생쥐가 둘도없는동무가 되엇습니다。
巴里의 男便들은 오늘도 차라리 自殺의衛生에 對하야 생각하여야하고
옆집의 수만이는 석달만에야
아침부터 支配人영감의 自動車를 부리는[2)] 지리한職業에 就職하엿고
獨裁者는 冊床을 따리며오직
『斷然히 —— 斷然히』한개[3)]의副詞만 發音하면그만입니다。
東洋의안해들은 사철을 不滿이니까
배추장사가 그들의 군소리를 담어가려오기[4)]를 어떠케 기다리는지몰릅니다。

시민 행렬

넥타이를 한 흰 식인종은
니그로의 요리가 칠면조보다도 좋답니다.
살갗을 희게 하는 검은 고기의 위력.
의사 콜베르[5] 씨의 처방입니다.
헬멧을 쓴 피서객들은
난잡한 전쟁 경기에 열중했습니다.
슬픈 독창가인 심판[6]의 호각 소리.
너무 흥분하였으므로
내복만 입은 파시스트.[7]
그러나 이태리에서는
설사제[8]는 일체 금물이랍니다.
필경 양복 입는 법을 배워 낸 쑹메이링[9] 여사.
[“]마님 한 푼만 적선하세요.
내 얼굴이 요렇게 이지러진 것도
내 팔이 이렇게 부러진 것도
마님과니 말이지 내 어머니의 죄는 아니랍니다.”
“쉿 무명전사의 기념제 행렬이다.”
뚜걱 뚜걱 뚜걱……
아메리카에서는
여자들은 모두 해수욕을 갔으므로
빈 집에서는 망향가를 부르는 니그로와 생쥐가 둘도 없는 동무가 되었습니다.
파리의 남편들은 오늘도 차라리 자살의 위생에 대하여 생각하여야 하고
옆집의 수만이는 석 달 만에야
아침부터 지배인 영감의 자동차를 부리는[10] 지루한 직업에 취직하였고
독재자는 책상을 때리며 오직
“단연히 —— 단연히” 한 개의 부사만 발음하면 그만입니다.
동양의 아내들은 사철을 불만이니까
배추 장수가 그들의 군소리를 담아 가러 오기를 어떻게 기다리는지 모릅니다.

원문

公園은 首相『막도날드』가 世界에자랑하는
如前히 失業者를위한 國家的施設이되엇습니다。
教徒들은 언제던지 치일수잇도록
가장簡便한곳에 聖經을 언저두엇습니다。
祈禱는 罪를지을수잇는 口實이 되엇습니다。
감사합니다。
『아-멘』

(『中央』 3.5. 1935. 05. 01. 105쪽)
(『氣象圖』 1936. 07. 08. 03-04쪽)
(『氣象圖』 1948. 09. 20. 13-17쪽)

공원은 수상 맥도널드[11]가 세계에 자랑하는
여전히 실업자를 위한 국가적 시설이 되었습니다.
교도들은 언제든지 치일 수 있도록
가장 간편한 곳에 성경을 얹어 두었습니다.
기도는 죄를 지울 수 있는 구실이 되었습니다.
감사합니다.
"아멘"

(『중앙』 3.5. 1935. 05. 01. 105쪽)
(『기상도』 1936. 07. 08. 03-04쪽)
(『기상도』 1948. 09. 20. 13-17쪽)

원문

二
颱風의起寢

『바기오』의東쪽
北緯十五度。

푸른바다의 寢床에서
흰물결의 이불을 차던지고
내리쏘는 太陽의 金빛화살에 얼골을 어더맞어서
南海의 늦잠재기 赤道의 심술쟁이
颱風이 눈을떳다。
鰐魚의 싸홈동무。
돌아올줄 몰르는 長距離選手。
和蘭船長의 붉은수염이 아무래도 싫다는
따꼽쟁이。

휘둘르는 검은모락에
찢기어 흐터지는 구름빨。
거츠른 숨소리에 소름치는
魚族들。
海灣을찾어숨어드는 물결의떼。
황망히 바다의장판을 구르며날른[1)]
비빨의 굵은다리。[2)]

『바시』의 어구에서 그는문득
바위에 걸터앉어 머리수그린
헐벗고 늙은沙工과 마주쳣다。
흥 『옛날에 옛날에 破船한沙工』인가봐。
結婚式손님이 없어서 저런게지。
『오 파우스트』
(

2
태풍의 기침[7)]

바기오[8)]의 동쪽
북위 15도.

푸른 바다의 침상에서
흰 물결의 이불을 차 던지고
내리쏘는 태양의 금빛 화살에 얼굴을 얻어맞아서
남해의 [늦잠쟁이][9)] 적도의 심술쟁이
태풍이 눈을 떴다.
악어의 싸움 동무.
돌아올 줄 모르는 장거리선수.
화란[10)] 선장의 붉은 수염이 아무래도 싫다는
따꼽쟁이.[11)]

휘두르는 검은 모락[12)]에
찢겨 흩어지는 구름발.[13)]
거친 숨소리에 소름 치는
어족들。
해만[14)]을 찾아 숨어드는 물결의 떼.
황망히 바다의 장판을 구르며 [달리는]
빗발의 굵은 다리.

바시[15)]의 어귀에서 그는 문득
바위에 걸터앉아 머리 수그린
헐벗고 늙은 사공과 마주쳤다.
흥 "옛날에 옛날에 파선한 사공"인가봐.
결혼식 손님이 없어서 저런 거지.
"오 파우스트"

원문

『어디를덤비고가나?』
『응 北으로』
『또 성이낫나?』
『난잠자코 잇슬수가없어。자넨또무엇땜에 예까지왓나?』
『괴테를 찾어댕기네』
『괴테는 자네를 내버리지않엇나?』
『그러치。하지만 그는 내게 생각하는일만 가르켜주엇다네!
行動하는일은 가르켜주지않엇네。
나는지금 그것이 가지고싶네』
『흥 파우스트의 파울
파우스트의 풀[3]』

손[4]

中央氣象臺의 技師의손은
世界의 一千五百구석의 支所에서오는
電波를 번역하기에 분주하다。

(第一報)

低氣壓의 中心은
『발칸』의東北
또는
南米의 高原에 잇서서
六九O粍。
때때로
적은비뒤에
큰비。
바람은
西北의方向으로
(

"어디를 덤비고 가나?"
"응 북으로"
"또 성이 났나?"
"난 잠자코 있을 수가 없어. 자넨 또 무엇 때문에 여기까지 왔나?"
"괴테를 찾아다니네"
"괴테는 자네를 내버리지 않았나?"
"그렇지. 하지만 그는 내게 생각하는 일만 가르쳐 주었다네!
행동하는 일은 가르쳐 주지 않았네.
나는 지금 그것이 가지고 싶네"
"흥 파우스트의 파울
파우스트의 풀"[16)]

손

중앙기상대 기사의 손은
세계의 1천 5백 구석의 지소[17)]에서 오는
전파를 번역하기에 분주하다.

(제1 보)

저기압의 중심은
발칸의 동북
또는
남미의 고원에 있어서
690 밀리미터.[18)]
때때로
적은 비 뒤에
큰 비.
바람은
서북 방향으로

원문

三五米突。

(第二報＝暴風警報)

猛烈한 颱風이
南太平洋上에서
일어나서
바야흐로
北進中。
風雨强할것이다。
亞細亞의 沿岸을 警戒한다。

한使命에로 編成된 短波·短波·長波·短波·超短波·모-든·電波의·動員·[5]

(府의揭示板)

『紳士들은 雨器[6]와 現金을 携帶함이좋을것이다』(第一篇終)

(『中央』3.5. 1935. 05. 01. 105-07쪽)
(『氣象圖』1936. 07. 08. 05-08쪽:「颱風의起寢時間」)
(『氣象圖』1948. 09. 20. 19-26쪽:「颱風의起寢時間」)

35 미터.[19)]

(제2 보=폭풍경보)

맹렬한 태풍이
남태평양상에서
일어나서
바야흐로
북진 중.
풍우 강할 것이다.
아시아의 연안을 경계한다.

한 사명[20)]에로 편성된 단파·단파·장파·단파·초단파·모든·전파의·동원·

(부의 게시판)

"신사들은 [우비]와 현금을 휴대함이 좋을 것이다" (제1 편 종)

(『중앙』 3.5. 1935. 05. 01. 105-07쪽)
(『기상도』 1936. 07. 08. 05-08쪽: 「태풍의 기침 시간」)
(『기상도』 1948. 09. 20. 19-26쪽: 「태풍의 기침 시간」)

원문

바다의鄕愁

1

날마다 푸른바다대신에
꾸겨진 구롬을 바라보려
『엘레베이터-』로
五層꼭대기를올 라간다…

2

파랑『파라숄』을쓴
汽船會社의 旗빨과
파랑。“파라숄”을쓴
“아라사”의아기씨들이
玉色의손수건을흔드는埠頭의거리에서는
바다는 海關의집웅보다도
노푼곳에 잇섯다。
기-ㄴ“세멘트”의築臺를 도라가면
갑작이 머리우에서
물결의 지저귐이 시끄러웟다。
고집은 조각지들이
아직도 밤을 깨물고노치안는 모래물[1)]에는
까치들이 모혀와서
아모도 모르는
祖國의 녯方言을 지꺼리고
남빗목도리를 둘은섬들사히를호고
힌選手의 복장을입은 蒸氣船들이
다다다다다다다다
바다의등을 향용 기여올라갓다…

3

오늘도
푸른바다대신에 꾸겨진구름를 보라보려
『엘레베이터』로
五層꼭대기를올라간다

바다의 향수

1

날마다 푸른 바다 대신에
꾸겨진 구름을 바라보러
엘리베이터로
5 층 꼭대기를 올라간다…

2

파랑 파라솔을 쓴
기선회사[2)]의 깃발과
파랑 파라솔을 쓴
아라사[3)]의 아기씨들이
옥색의 손수건을 흔드는 부두의 거리에서는
바다는 해관[4)]의 지붕보다도
높은 곳에 있었다.
긴 시멘트 축대를 돌아가면
갑자기 머리 위에서
물결의 지저귐이 시끄러웠다.
고집은[5)] 조개[6)]들이
아직도 밤을 깨물고 놓지 않는 [모래부리][7)]에는
까치들이 모여 와서
아무도 모르는
조국의 옛 방언을 지껄이고
남빛 목도리를 두른 섬들 사이를 호고[8)]
흰 선수의 복장을 입은 증기선들이
다다다다다다다다
바다의 등을 [항용][9)] 기어 올라갔다…

3

오늘도
푸른 바다 대신에 꾸겨진 구름을 [바라보러]
엘리베이터로
5 층 꼭대기를 올라간다
(

원문

거기서 우리들은
될수잇는대로 머-ㄹ리 故鄕을떠나잇는것처름
서투른 손짓으로 인사를 바꾸고
그러고는 바다까인것처름
소매를 훨신거둬올리고 欄干에 기대서서
동그라케 담배연기를 뿜어올린다。

(『朝鮮日報』 1935. 06. 25. 夕刊. 六面)

거기서 우리들은
될 수 있는 대로 멀리 고향을 떠나 있는 것처럼
서투른 손짓으로 인사를 바꾸고
그러고는 바닷가인 것처럼
소매를 훨씬 걷어 올리고 난간에 기대서서
동그랗게 담배 연기를 뿜어 올린다.

(『조선일보』 1935. 06. 25. 석간. 6면)

원문

氣象圖 II

三, 滿潮로向하야

『大中華民國의 繁榮을 위하야 —— 』
슬프게 떨리는 유리『컵』의 쇠ㅅ소리。
거륵한『테-불』보자기우에
펴놓는 歡談의물구비속에서
늙은王國의 運命은 흔들리운다。
『솔로몬』의 使者처럼
빨간술을 빠는 자못점잔은 입술들
색깜안 옷깉에서
쌩그시웃는 힌薔薇
『大中華民國의 分裂을위하야 —— 』

찢어지는 휘장의 저편에서
갑짝이 유리窓이 투덜거린다……

『자려므나 자려므나
꽃속에누어서 별에게 앉겨서 —— 』
萬國公園의『라우드·스피-커 —— 』는[1)]

『쁘라-ㅁ쓰』처럼 매우슬픕니다。
꽃은커녕 별도 없는『벤취』에서는
꿈들이 바람에 흔들려 소소라처깨엿습니다。
『하이칼라』한『싼드윗취』의 꿈。
貪慾한『삐-프텍』[2)]의 꿈。
건방진『함·사라다』의 꿈。
비겁한 강낭죽의 꿈。
『나리사 내게는 꿈 꾼죄바께는 없읍니다。
食堂의 以前[3)]에는
천만에 천만에 간일이라곤 없읍니다』

기상도 II

3. 만조[10]로 향하여

"대중화민국[11]의 번영을 위하여 ── "
슬프게 떨리는 유리컵의 쇳소리.
거룩한[12] 테이블 보자기 위에
펴놓는 환담의 물굽이 속에서
늙은 왕국의 운명은 흔들린다.
솔로몬의 사자[13]처럼
빨간 술을 빠는 자못 점잖은 입술들
새까만 옷깃에서
쌩긋이 웃는 흰 장미
"대중화민국의 분열을 위하여 ── "

찢어지는 휘장의 저편에서
갑자기 유리창이 투덜거린다……

"자려무나 자려무나
꽃 속에 누워서 별에게 안겨서 ── "
만국공원[14]의 라우드스피커[15]는
브람스[16]처럼 매우 슬픕니다.
꽃은커녕 별도 없는 벤치에서는
꿈들이 바람에 흔들려 소스라쳐 깨었습니다.
하이칼라[17]한 샌드위치의 꿈.
탐욕스런 비프스테이크의 꿈.
건방진 햄 샐러드의 꿈.
비겁한 강냉이죽[18]의 꿈.
"나리사 내게는 꿈 꾼 죄밖에는 없습니다.
식당의 [문전]에는
천만에 천만에 간 일이라곤 없습니다"

원문

『…………………………』
『나리 저건 默示錄의騎삽니까?』

산빨이 소름 친다。
바다가 몸부림 친다。
휘청거리는 빌딩의 긴허리。
비틀거리는 電線柱의 미끈한다리。
旅客機는 颱風의 깃을피하야
成層圈으로 소스라처 올라갔다。
痙攣하는 亞細亞의 머리우에 흐터지는 電波의 噴水。噴水。
故國으로 몰래가는[4] 忠實한『에-텔』의 아들들。[5]

國務卿『양키 ―』씨는 受話器를내던지고
倉庫의 층층계를 굴러떨어진다。
실로 한목음의『쏘-다』水。
혹은 아모러치도 아니한『이놈』소리와 바꾼 證券들우에서
붉은 수염이 쓰게 웃엇다。
(『워싱톤』은 가르치기를『正直하여라』)

十字架를 높이 들고
動亂에 향하야 귀를 틀어막든
教會堂에서는
『하느님이여 카나안으로 이르는길은
어느 불낄속으로 뚤렷습니까?』
祈禱의 중품에서 禮拜는 멈춰ㅅ섯다。
아모도『아-멘』을 채말하기전에
門으로 門으로 쏟아진다………

圖書舘에서는
사람들은 걱꾸로서는『쏘크라테쓰』를 拍手합니다
(

"…………………………"
"나리 저건 묵시록의 기사입니까?"

산발[19]이 소름 친다.
바다가 몸부림친다.
휘청거리는 빌딩의 긴 허리.
비틀거리는 전선주의 미끈한 다리.
여객기는 태풍의 깃을 피하여
성층권[20]으로 소스라쳐 올라갔다.
경련하는 [아시아][21]의 머리 위에 흩어지는 전파의 분수. 분수.
고국으로 [몰려가는][22] 충실한 에테르[23]의 아들들.

국무경[24] 양키 씨는 수화기를 내던지고
창고의 층층계를 굴러 떨어진다.
실로 한 모금의 소다수.
혹은 아무렇지도 아니한 "이놈"[25] 소리와 바꾼 증권들 위에서
붉은 수염이 쓰게 웃었다.
(워싱턴[26]은 가르치기를 "정직하여라")

십자가를 높이 들고
동란에 향하여 귀를 틀어막던
교회당에서는
"하느님이여 가나안[27]으로 이르는 길은
어느 불길 속으로 뚫렸습니까?"
기도의 중품에서 예배는 멈춰 섰다.
아무도 "아멘"을 채 말하기 전에
문으로 문으로 쏟아진다………

도서관에서는
사람들은 거꾸로 서는 소크라테스[28]를 박수합니다.
(

원문

生徒들은 『헤-겔』의 서투른 算術에 아주歎服합니다.
어적게의同志를江邊으로 보내기위하야
자못變化自在한 刑法上의條件이 調査됩니다.
教授는 紙錢우에 印刷된 博士論文을 朗讀합니다.

『녹크도 없는 손님은 누구냐?』
『……………』
『대답이없는 者는 누구냐?』
『…………………』
『禮儀는 지켜야 할것이다』

떨리는 租界線에서
하도심심한 步哨는 佛蘭西婦人을 멈춰세웟스나
어느새 그는 그女子의 『스카-트』 밑에 잇섯습니다.
『베레』 그늘에서 취한입술이 博愛主義者의
웃음을 웃엇습니다.

硼酸냄새에 얼빠진 花柳街에서는
賣藥會社의 廣告紙들
이지러진 『알미늄』 내야.[6)]
담배집 倉庫에서는
썩은 고무냄새가 焚香을 피운다.
집웅을 베끼운 골목의어구에서
쫓껴난 孔子님이 잉잉 울고섯다.

自働車가 돌을차고 너머진다.
電車가 개울에 쓸어진다.
『삘딩』의 숲속
네거리의 골작에 몰켜든 검은 대가리들의 下水道.
멱처럼 허우적이는 가-느다란팔들.

생도들은 헤겔[29]의 서투른 산술에 아주 탄복합니다.
어저께의 동지를 강변으로 보내기 위하여
자못 변화자재[30]한 형법상의 조건이 조사됩니다.
교수는 지전[31] 위에 인쇄된 박사논문을 낭독합니다.

"노크도 없는 손님은 누구냐?"
"……………"
"대답이 없는 자는 누구냐?"
"…………………"
"예의는 지켜야 할 것이다"

떨리는 조계선[32]에서
하도 심심한 보초는 프랑스 부인을 멈춰 세웠으나
어느새 그는 그 여자의 스커트 밑에 있었습니다.
베레[33] 그늘에서 취한 입술이 박애주의자의
웃음을 웃었습니다.

붕산[34] 냄새에 얼빠진 화류가에서는
매약 회사의 광고지들
이지러진 알루미늄 [대야].
담뱃집 창고에서는
썩은 고무 냄새가 분향을 피운다.
지붕을 벗긴[35] 골목 어귀에서
쫓겨난 공자[36] 님이 잉잉 울고 섰다.

자동차가 돌을 차고 넘어진다.
전차가 개울에 쓰러진다.
빌딩의 숲속
네거리의 골짝에 몰려든 검은 대가리들의 하수도.
멱[37]처럼 허우적이는 가느다란 팔들.
(

원문

救援대신에 虛空을 부짭는 지치인努力。
흔들리우는 억개의 물결。

불自働車의
날랜『싸이랜』의날이
선듯 무딘騷亂을 갈르고 지나갓다。
입마다 불낄을 뿜는
摩天樓의 턱을 어르 만지는 噴水의 바알。

억깨가 떨어진『말코보로』의 銅像이 혼자
네거리의 복판에 가로 서서
群衆을 號令하고 싶으나
목아지가 없읍니다。
『라디오·삐-큰』에 걸린
飛行機의 부러진 죽지。
골작을 거꾸로 자빠저 흘으는 碑石의 瀑布。[7)]

『召集令도 끝나기전에
戶籍簿를 어찌담』
『그보다도 必要한 納稅簿』
『그보다도 俸給表를』
『그러치만 出勤簿는 없어지는게좋아』

날마다 갈리는 公使의行列
乘馬俱樂部의 발말굽소리
『홀』에서 돌아오는 마지막 自働車의 고무바퀴들[8)]

墨西哥行의『쿠리』들 의『투레기』
자못가벼운 두쌍의『키드』와『하이힐』
몇개의 世代가 황망히 밟고간 海岸의街道는
(

구원 대신에 허공을 붙잡는 지친 노력.
흔들리는 어깨의 물결.

불자동차의
날랜 사이렌의 날이
선뜻 무딘 소란을 가르고 지나갔다.
입마다 불길을 뿜는
마천루[38]의 턱을 어루만지는 분수의 [방울].[39]

어깨가 떨어진 마르코 폴로[40]의 동상이 혼자
네거리의 복판에 가로서서
군중을 호령하고 싶으나
모가지가 없습니다.
라디오 비콘[41]에 걸린
비행기의 부러진 죽지
골짝을 거꾸로 자빠져 흐르는 비석의 폭포.

“소집령도 끝나기 전에
호적부를 어쩐담”
“그보다도 필요한 납세부”
“그보다도 봉급표를”
“그렇지만 출근부는 없어지는 게 좋아”

날마다 갈리는 공사[42]의 행렬
승마 [클럽][43]의 말발굽 소리
홀에서 돌아오는 마지막 자동차의 고무바퀴들
[멕시코][44]행 쿨리[45]들의 [투래기][46]
자못 가벼운 두 쌍의 키드와 하이힐[47]
몇 개의 세대가 황망히 밟고 간 해안의 가도는

원문

깨여진 벽돌 쪼각과
부서진 유리쪼각에 어더맞어서
꼬부라저 자빠저 잇다。

날마다 黃昏이 채여주는
電燈의 勳章을 번쩍이며
世紀의 밤중에 버리고[9] 일어섯던
傲慢한 都市를 함부로 뒤저놓고
颱風은 휘파람을 높이불며
黃河의 江邊으로 비꼬며간다……

(『中央』 3.7. 1935. 07. 01. 122-24쪽)
(『氣象圖』 1936. 07. 08. 09-14쪽: 「자최」)
(『氣象圖』 1948. 09. 20. 27-40쪽: 「자최」)

깨어진 벽돌 조각과
부서진 유리 조각에 얻어맞아서
꼬부라져 자빠져 있다.

날마다 황혼이 [채워][48] 주는
전등의 훈장을 번쩍이며
세기의 밤중에 [버티고] 일어섰던
오만한 도시를 함부로 뒤져놓고
태풍은 휘파람을 높이 불며
황허[49]의 강변으로 비꼬며 간다……

(『중앙』 3.7. 1935. 07. 01. 122-24쪽)
(『기상도』 1936. 07. 08. 09-14쪽: 「자취」)
(『기상도』 1948. 09. 20. 27-40쪽: 「자취」)

원문

四, 病든風景

보라빛 구름으로 선을둘른
灰色의『칸바쓰』를 등지고
꾸겨진 빨래처럼
바다는
山脈의 突端에 걸려 퍼덕인다。

삐뚤어진 城壁우에
부러진 소나무하나……

지치인 바람은 지금
漂白된 風景속을
썩은 嘆息처럼
埠頭를 넘어서
찌저진바다의 치마자락을 걷우면서
化石된벼래의 뺨을 어르만지며
주린강아지 처럼 비틀거리고 지나간다。

바위틈에 엎디여
죽지를 들이운 물새한마리 ——
물결을 베고자는
꺼질줄 모르는 너의鄕愁。
그도
故鄕은 언제던지
바다의 저편에 잇다고 생각한
미련한 放浪者의 種族이엇다。[1)]

짓밟혀 느러진 白沙場우에
매맞어 검푸른『빠나나』껍길[2)]하나

4. 병든 풍경

보랏빛 구름으로 선을 두른
회색의 캔버스를 등지고
꾸겨진 빨래처럼
바다는
산맥의 돌단[4]에 걸려 퍼덕인다.

삐뚤어진 성벽 위에
부러진 소나무 하나……

지친 바람은 지금
표백된 풍경 속을
썩은 탄식처럼
부두를 넘어서
찢어진 바다의 치맛자락을 [거두면서][5]
화석 된 벼루[6]의 뺨을 어루만지며
주린 강아지처럼 비틀거리고 지나간다.

바위틈에 엎드려
죽지를 드리운 물새 한 마리 ——
물결을 베고 자는
꺼질 줄 모르는 너의 향수.
그도
고향은 언제든지
바다의 저편에 있다고 생각한
미련한 방랑자의 종족이었다.

짓밟혀 늘어진 백사장 위에
매 맞아 검푸른 바나나 [껍질] 하나

원문

부프러올은 구두한짝을
물결이 차던지고 갓다 ──
海灣은 또하나
슯은傳說을 삼켯나보다。

黃昏이 입혀주는
灰色의 襚衣를 감고
물결은 바다가 타는 葬送曲에 마추어
病든이하로의 臨終을 춘다 ──
섬을 부등켜안는
안타까운 너의팔。
바□를[3] 차는 날랜 발길
모래를 스치는 조심스런 발꼬락。
埠頭에 엎드려서
築臺를 어르만지는
간엷힌 손길。

붉은 香氣를 떨어버린
海棠花의 섬에서는
참새들의 이야기도 꺼저 버렷고
머-ㄴ 燈臺의 부근에는
등불도 별들도 피지 않엇다……

(『中央』 3.7. 1935. 07. 01. 124-25쪽)
(『氣象圖』 1936. 07. 08. 15-17쪽)
(『氣象圖』 1948. 09. 20. 41-46쪽)

부풀어 오른 구두 한 짝을
물결이 차던지고[7] 갔다 ——
해만[8]은 또 하나
슬픈 전설을 삼켰나 보다.

황혼이 입혀 주는
회색의 수의를 감고
물결은 바다가 타는 장송곡에 맞추어
병든 이 하루의 임종을 춘다 ——
섬을 부둥켜안는
안타까운 너의 팔.
[바위]를 차는 날랜 발길
모래를 스치는 조심스런 발가락.
부두에 엎드려서
축대를 어루만지는
가냘픈 손길.

붉은 향기를 떨어버린
해당화의 섬에서는
참새들의 이야기도 꺼져 버렸고
먼 등대 부근에는
등불도 별들도 피지 않았다……

(『중앙』 3.7. 1935. 07. 01. 124-25쪽)
(『기상도』 1936. 07. 08. 15-17쪽)
(『기상도』 1948. 09. 20. 41-46쪽)

원문

奇蹟[1)]

마지막『뻐쓰』속에서는 여러가지目的地가 흔들리우면서 저마다 城밖으로 나간다. 乘客들은 아모러한 共通된話題도 없는드시 對話의興味는 아주 잃어버렸다.

奇蹟은 일즉이[2)] 아마도 東方의 어느거리에서 시작되리라는 소문이 어대로부턴가 안개처름 흘러드러와서 興奮하는거리를 둘러쌋다.

『이스라엘』의 안해와 누의들은 다만『예수』가 奇蹟을 행하였다는 소문 때문에『마리아』의 不貞을 용서하였다.

그날부터 수없는 七面鳥들은 얼골을 찡기면서도[3)] 눈오는밤에 廚房으로 끌려갈밖에없엇다. 奇蹟을위하여서는 우리도 작고 큰所望의 병아리들을 屠殺場으로 보내리라. 이고약한 어둠도 용서하리라[4)]……

지금 밤도 모-든 화려한 爆竹의 化粧과 우슴소리를 빨아버리고 街路樹 그늘에서도 記念碑의 아래서도 奇蹟을 이야기하는 소리를 들을수가없다. 아모데서도 奇蹟을 믿는[5)]듯한 얼골을 맛날수가없다. 希望을[6)] 盲臟처럼 사람들의 體內의 한不隨意筋으로 굳어버렸다.

그러나 奇蹟은 역시 있어야 할것이다. 우리들의 單調로운 日記를 놀래여주기 위하야 그것은 대낮의 反抗에도 不拘하고 한울을 채우고도 넘치는 어둠처름 어느새 우리들의 옛거리로 왔어야할것이다. 어느坑道를 새여기여오는 지도 몰은다.

날이새기전에 우리는 東方의 거리로가서 거기서 奇蹟이 도적처름와서 꿈을일흔 사람들을 우끼는것을 보고싶다.

奇蹟아 너는 시악씨처름 수집어만말고 大膽하게 이거리를 걸어오너라. 사람들은 집집마다 그들의 긴 고닯음과 슯음과 분노와 후회로짠 오래인 보료를 층게에 걸어놓고 너의 발자곡 소리를 기다릴것이다. 奇蹟에 대한 소문이 또다시 湖水와같이 맥빠진거리를 휩쌀것이다.

(『三千里』7.8. 1935. 09. 01. 248-49쪽)

(『바다와 肉體』1948. 12. 25. 75-77)

기적

마지막 버스 속에서는 여러 가지 목적지가 흔들리면서 저마다 성 밖으로 나간다. 승객들은 아무러한 공통된 화제도 없는 듯이 대화의 흥미는 아주 잃어버렸다.

기적은 [일찍이] 아마도 동방의 어느 거리에서 시작되리라는 소문이 어디로부턴가 안개처럼 흘러 들어와서 흥분하는 거리를 둘러쌌다.

이스라엘의 아내와 누이들은 다만 예수가 기적을 행하였다는 소문 때문에 마리아의 부정을 용서하였다.

그날부터 수없는 칠면조들은 얼굴을 [찡그리면서도][7] 눈 오는 밤에 주방으로 끌려갈밖에 없었다. 기적을 위하여서는 우리도 작고 큰 소망의 병아리들을 도살장으로 보내리라. 이 고약한 어둠도 용서하리라……

지금 밤도 모든 화려한 폭죽의 화장과 웃음소리를 빨아 버리고 가로수 그늘에서도 기념비 아래서도 기적을 이야기하는 소리를 들을 수가 없다. 아무 데서도 기적을 믿는 듯한 얼굴을 만날 수가 없다. 희망[은] 맹장처럼 사람들의 체내의 한 불수의 근[8]으로 굳어 버렸다.

그러나 기적은 역시 있어야 할 것이다. 우리들의 단조로운 일기를 놀래 주기 위하여 그것은 대낮의 반항에도 불구하고 하늘을 채우고도 넘치는 어둠처럼 어느새 우리들의 옛 거리로 왔어야 할 것이다. 어느 갱도를 새어 기어 오는지도 모른다.

날이 새기 전에 우리는 동방의 거리로 가서 거기서 기적이 도적처럼 와서 꿈을 잃은 사람들을 웃기는 것을 보고 싶다.

기적아 너는 새악시[9]처럼 수줍어만 말고 대담하게 이 거리를 걸어오너라. 사람들은 집집마다 그들의 긴 고달픔과 슬픔과 분노와 후회로 짠 오래된 보료[10]를 층계에 걸어 놓고 너의 발자국 소리를 기다릴 것이다. 기적에 대한 소문이 또 다시 호수와 같이 맥 빠진 거리를 휩쌀 것이다.

(『삼천리』 7.8. 1935. 09. 01. 248-49쪽)

(『바다와 육체』 1948. 12. 25. 75-77)

원문

바다

바다 ——
너는 병어리[1]처럼 점잖기도하다。

소낙비가 당황히 구르고 지나갈때에도
너는 놀라서 서둘르는일이없다。

沙工들은 山처럼큰 그들의 설음을랑
너의 뺄합속에 담어두려하야 海灣을 열고 바삐나간다。

사람들은 너를 運命이라부른다。
너를울고 욕하고 꾸짖는다。
허나 너는 그러한것들의 쓰레배끼인것처럼
한숨도 눈물도 욕설도 말없이 받어가지고 돌아서드라。
너는 그처럼 슳븜에 익숙하냐?[2]

바다 ——
지금 너는 잠이들었다。무서운 꿈을 꾸나보다。
배에 힘을준다。괴로워 꿈틀거린다。
너는 하늘을 담고저 애쓰나보다。

그러나 ——
너의마음은 아직도 엉크러지지않었다。굳지 않었다。
그렇기에 달밤에는 숨이차서 헐덕인다。
시악씨처럼 해볓이 부끄러워서 검은섬의 그늘에 엎드린다。

바다 ——
네살갈은 하늘을 닮어서도 한늘보다 푸르다。
바위에 갈라서[3] 쪼개지는 네 살덩이는
그러나 히기가 눈이고나。
너는 玉같이 깨끗한 마음을 푸른가죽에 쌌구나。

바다

바다 ——
너는 벙어리처럼 점잖기도 하다.

소낙비가 당황히 구르고 지나갈 때에도
너는 놀라서 서두르는 일이 없다.

사공들은 산처럼 큰 그들의 설움일랑
너의 [서랍][4] 속에 담아 두려 하여 해만[5]을 열고 바삐 나간다.

사람들은 너를 운명이라 부른다.
너를 울고 욕하고 꾸짖는다.
허나 너는 그러한 것들의 쓰레받기인 것처럼
한숨도 눈물도 욕설도 말없이 받아 가지고 돌아서더라.
너는 그처럼 슬픔에 익숙하냐?

바다 ——
지금 너는 잠이 들었다. 무서운 꿈을 꾸나 보다.
배에 힘을 준다. 괴로워 꿈틀거린다.
너는 하늘을 담고자 애쓰나 보다.

그러나 ——
너의 마음은 아직도 엉클어지지 않았다. 굳지 않았다.
그렇기에 달밤에는 숨이 차서 헐떡인다.
새악시[6]처럼 햇빛이 부끄러워서 검은 섬의 그늘에 엎드린다.

바다 ——
네 살갗은 하늘을 닮아서도 하늘보다 푸르다.
바위에 갈려서[7] 쪼개지는 네 살덩이는
그러나 희기가 눈이구나.
너는 옥같이 깨끗한 마음을 푸른 가죽에 쌌구나.

원문

바다 ――
너는 노래를 듣기를 퍽으나 좋아하더라。
汽笛만 울어도 너는 쭈그리고 귀를기우리더라。
너는 서투른 목청에게 자꾸만 노래를 부르라고 조른다。

바다 ――
너는 아무도 거두어본일이 없는 보료다。
때때로 바람이 그런 엉뚱한생각을 하다도말고
밤이면 별들이 굴러떠러지나 어느새 아침안개가 흠쳐버린다。

바다 ――
너는 언제날다려 親하다고 한일도 없건만
온아침에도 잠옷채로 窓으로 달려가서
또 네얼굴을 구버본다。 (八月十一日)

(『朝光』 1.1. 1935. 11. 01. 224-25쪽)
(『바다와나비』 51-55)

바다 ——
너는 노래를 듣기를 퍽[8] 좋아하더라.
기적만 울어도 너는 쭈그리고 귀를 기울이더라.
너는 서투른 목청에게 자꾸만 노래를 부르라고 조른다.

바다 ——
너는 아무도 거두어 본 일이 없는 보료[9]다.
때때로 바람이 그런 엉뚱한 생각을 [하다가][10] 말고
밤이면 별들이 굴러떨어지나 어느새 아침 안개가 훔쳐 버린다.

바다 ——
너는 언제 나더러 친하다고 한 일도 없건만
[오늘][11] 아침에도 잠옷 채로 창으로 달려가서
또 네 얼굴을 굽어본다. (8월 11일)

(『조광』 1.1. 1935. 11. 01. 224-25쪽)
(『바다와 나비』 51-55)

원문

氣象圖 (終篇)

五, 올배미의노래

颱風은 네거리와 公園과市場에서 몬지와 休紙와 『캐베지』와臙脂와 戀愛의流行을 쪼차버렷다。

헝크러진 거리를 이구석저구석
혀바닥으로 뒤지며 댕기는밤바람。
어둠에게 벌거버슨등을 씨끼우면서
말없이 우두커니 서잇는 電信柱。[1)]
업드린 모래불[2)]의 허리에서는
물결이 가금 힌머리채를 추어든다。

요란스럽게 마시고 지꺼리고 떠들고 도라간뒤에
『테불』우에는 깨여진盞들[3)]과
함부로 지꾸어진 芳名錄과[4)]

아마도 署名만하기위하야 온것처름
총총히 펜을던지고 客들은도라갓다。
이윽고 記憶들도 그일홈들을
마치 때와같이 총총히 빨아버릴게다。

나는 갑작이 신발을 찾어신고
도망할자세를 갖인다。길이없다。
도라서 등불을 비틀어죽인다。

그는 비달기처름 거짓말쟁이엿다。
황홀한불빛의 榮華의그늘에는
몸을 조려없애는 기름의 十字架가잇슴을
등불도 비달기도 말한일이없다。[5)]

기상도 (종편)

5. 올빼미의 노래

태풍은 네거리와 공원과 시장에서 먼지와 휴지와 캐비지와 연지와 연애의 유행을 쫓아 버렸다.

헝클어진 거리를 이 구석 저 구석
혓바닥으로 뒤지며 다니는 밤바람.
어둠에게 벌거벗은 등을 씻기면서
말없이 우두커니 서 있는 전신주.
엎드린 [모래부리][16]의 허리에서는
물결이 가끔 흰 머리채를 [추어올린다].

요란스럽게 마시고 지껄이고 떠들고 돌아간 뒤에
테이블 위에는 깨어진 잔[들]과
함부로 [어질러진][17] 방명록과
아마도 서명만 하기 위하여 온 것처럼
총총히 펜을 던지고 객들은 돌아갔다.
이윽고 기억들도 그 이름들을
마치 때와 같이 총총히 빨아 버릴 거다.

나는 갑자기 신발을 찾아 신고
도망할 자세를 가진다. 길이 없다.
돌아서 등불을 비틀어 죽인다.

그는 비둘기처럼 거짓말쟁이였다.
황홀한 불빛의 영화의 그늘에는
몸을 졸여 없애는 기름의 십자가가 있음을
등불도 비둘기도 말한 일이 없다.

원문

나는 信者의 숭내를내서 무릅을꿀어본다。
믿을수잇는 神이나 모신것처름。
다음에는 旗빨처름 호화롭게 웃어벼린다。
대체 이疲困을 피할 하로밤酒幕은
『아라비아』의 『아라스카』의 어느가시밭에도 없는냐?
戀愛와같이 싱겁게 나를 떠난希望은
지금 또 어듸서 復讐를 준비하고잇느냐?
나의머리에 별의꽃따발을 두엇다가
거두어간것은 누구의 변덕이냐?
밤이간뒤엔 새벽이온다는 宇宙의法則은
누구의 실없은 작난이냐?
東方의傳說처름 믿을수없는
아마도 失敗한 實驗이냐?[6)]

귀먹은 어둠의 鐵門저편에서
바람이 터덜터덜 웃나보다。
어느 헝크러진 수풀에서
부엉이가 목쉰소리로 껄껄웃나보다。

來日이없는 『칼렌다』를 처다보는
너의눈동자는 엇재서 별보다 이빛지못하냐?[7)]
도시十九世紀처름 興奮할수없는너。
어둠이 잠긴 地平線너머는
다른한울이 보이지않는다。
音樂은 바다밑에 파묻은 오래인 옛날처름 춤추지않고
수풀속에서는 傳說이도모지 슬프지않다。
『페이지』를 번지건만 너머장에는 結論이없다。[8)]

모퉁이에 혼차남은 街路燈은
마음은 슬퍼서 느껴서우나

나는 신자의 흉내를 내서 무릎을 꿇어 본다.
믿을 수 있는 신이나 모신 것처럼.
다음에는 깃발처럼 호화롭게 웃어 버린다.
대체 이 피곤을 피할 하룻밤 주막은
아라비아의 알래스카의 어느 가시밭에도 없느냐?
연애와 같이 싱겁게 나를 떠난 희망은
지금 또 어디서 복수를 준비하고 있느냐?
나의 머리에 별의 꽃다발을 두었다가
거두어 간 것은 누구의 변덕이냐?
밤이 간 뒤엔 새벽이 온다는 우주의 법칙은
누구의 실없는 장난이냐?
동방의 전설처럼 믿을 수 없는
아마도 실패한 실험이냐?

귀먹은 어둠의 철문 저편에서
바람이 터덜터덜 웃나 보다.
어느 헝클어진 수풀에서
부엉이가 목쉰 소리로 껄껄 웃나 보다.

내일이 없는 캘린더를 쳐다보는
너의 눈동자는 어째서 별보다 [이쁘지] 못하냐?
도시 19세기처럼 흥분할 수 없는 너.
어둠이 잠긴 지평선 너머는
다른 하늘이 보이지 않는다.
음악은 바다 밑에 파묻은 오랜 옛날처럼 춤추지 않고
수풀 속에서는 전설이 도무지 슬프지 않다.
페이지를 번지건만[18] 너머 장에는 결론이 없다.

모퉁이에 혼자 남은 가로등은
마음은 슬퍼서 느껴서[19] 우나
(

원문

부르뜬[9]눈에 눈물이없다。

너는 埃及에서 도라온 『씨-자』냐?
너의주둥아리는 진정독수리냐?
너는 날개도친 힌구름의種族이냐?
너는도야지처름 기름지냐?
너의숨소리는 바다와 같이 너그러우냐?
너는果然 天使의家族이냐?

거츠른 발잣취들이 구르고지나갈때에
담벼락에 달려붓는 나의숨소리는
생쥐보다도 커본일[10]없다。
강아지처름 거리를 기웃거리다가도
강아지처름 어더맞고 발길에채여 도라왓다。

나는참말이지 善良하려는惡魔다,
될수만잇스면 神이고십은 즘생이다。
그렇건만은 밤아 너의썩은바줄은
웨이다지도 내몸에 깊이 親切하냐?[11]

문허진 築臺의근방에서는
바다가 또 아름소리[12]를 치나보다。

금음밤 물결의노래에 취할수잇는
『타골』의귀는 응당 물고기처럼 幸福스러울게다

어머니 어머니의무덤에 『마이크』를 갖어갈가요?
사랑스러운骸骨, 옛날의자장가를 기억해내서,
병신된 나의귀에 불러주려우?
자장가도 부를줄모르는 바보인바다。

[부릅뜬] 눈에 눈물이 없다.

너는 애급[20]에서 돌아온 카이사르[21]냐?
너의 주둥아리는 진정 독수리냐?
너는 날개 돋친 흰 구름의 종족이냐?
너는 돼지처럼 기름지냐?
너의 숨소리는 바다와 같이 너그러우냐?
너는 과연 천사의 가족이냐?

거친 발자취들이 구르고 지나갈 때에
담벼락에 달라붙는 나의 숨소리는
생쥐보다도 커 본 일[이] 없다.
강아지처럼 거리를 기웃거리다가도
강아지처럼 얻어맞고 발길에 차여 돌아왔다.

나는 참말이지 선량하려는 악마다,
될 수만 있으면 신이고 싶은 짐승이다.
그렇건마는 밤아 너의 썩은 밧줄은
왜 이다지도 내 몸에 깊이 친절하냐?

무너진 축대의 근방에서는
바다가 또 [앓음][22] 소리를 치나 보다.

그믐밤 물결의 노래에 취할 수 있는
타고르[23]의 귀는 응당 물고기처럼 행복스러울 거다

어머니 어머니의 무덤에 마이크를 가져갈까요?
사랑스러운 해골, 옛날의 자장가를 기억해 내서,
병신 된 나의 귀에 불러 주려우?
자장가도 부를 줄 모르는 바보인 바다.
(

원문

허나 바다는
어둠에 반란하는
永遠한 不平家다。[13)]

바다는 작구만[14)]
힌[15)]이빨로 밤을 재문다。

(『三千里』 7.10. 1935. 11. 01. 268-73쪽)
(『氣象圖』 1936. 07. 08. 19-23쪽: 「올배미의呪文」)
(『氣象圖』 1948. 09. 20. 47-56쪽: 「올배미의呪文」)

하나 바다는
어둠에 반란하는
영원한 불평가다.

바다는 [자꾸만]
흰 이빨로 밤을 깨문다.

(『삼천리』 7.10. 1935. 11. 01. 268-73쪽)
(『기상도』 1936. 07. 08. 19-23쪽: 「올배미의 주문」)
(『기상도』 1948. 09. 20. 47-56쪽: 「올배미의 주문」)

원문

금붕어

金붕어는 어항밖大氣를 오를래야 오를수없는 한울이라생각한다。
金붕어는 어느새 금빛비눌을 입었다。빨간꽃잎파리같은 꼬랑지를폈다。눈이 가락지처럼 삐여저나왔다 인젠금붕어의엄마는 응당 化粧한 따님을몰라볼게다

X

金붕어는 아츰마다 말숙한 冷水를 뒤집어쓴다。
떡가루를 뿌려주는[1] 힌손을 天使의날개라 생각한다
금붕어의幸福[2]은 어항속에있으리라는 傳說과같은 이야기도 있다。

X

金붕어는 유리벽에 부대처 머리를 부시는일이없다
얌전한수염은 어느새 國境임을 느끼고는 아담하게 꼬리를 젓고 돌아선다。지느레미는 칼날의 흉내를 내서도 항아리를 끊는일이없다。

X

아츰에 책장우에 옴겨 놓으면 窓문턱으로 비스듬이 햇볕을 녹이는 붉은바다를 흘겨 본다。꿈이라 가르켜진그바다는 넓기도 하다고 생각한다。

X

金붕어는 아롱진 거리를지나 어항밖 大氣를 건너서 支那海의 寒流를 끊고 헤염처 가고싶다。쓴매개를 와락와락 삼키고싶다。沃度빛의 海草에 森林속을[3] 검푸른 비눌을 입고 상어에게쫒겨 댕겨보고도싶다。

X

金붕어는 그러나 작은 입으로 한울보다도 더큰 꿈을 오므려 죽여버려야 한다。
排泄物의 沈澱처럼 어항밑에는 금붕어의 年齡이 쌓여간다。

X

金붕어는 오를래야 오를수없는 한울보다도 더 먼바다를 자꾸만 돌아가야할 故鄕이라 생각한다。[4]

——(九·二·八)——

(『朝光』 1.2. 1935. 12. 01. 39-40쪽)

(『바다와나비』 63-65)

금붕어

금붕어는 어항 밖 대기를 오르려야 오를 수 없는 하늘이라 생각한다.
금붕어는 어느새 금빛 비늘을 입었다. 빨간 [꽃잎][5] 같은 꼬랑지를 폈다. 눈이 가락지처럼 삐져나왔다 인제 금붕어의 엄마는 응당 화장한 따님을 몰라볼 거다

X

금붕어는 아침마다 말쑥한 냉수를 뒤집어쓴다.
떡가루를 뿌려 주는 흰 손을 천사의 날개라 생각한다.
금붕어의 행복은 어항 속에 있으리라는 전설과 같은 이야기도 있다.

X

금붕어는 유리 벽에 부딪혀 머리를 부수는 일이 없다
얌전한 수염은 어느새 국경임을 느끼고는 아담하게 꼬리를 젓고 돌아선다. 지느러미는 칼날의 흉내를 내도 항아리를 끊는 일이 없다.

X

아침에 책장 위에 옮겨 놓으면 창문턱으로 비스듬히 햇빛을 녹이는 붉은 바다를 흘겨본다. 꿈이라 가르쳐진 그 바다는 넓기도 하다고 생각한다.

X

금붕어는 아롱진 거리를 지나 어항 밖 대기를 건너서 지나해[6]의 한류를 끊고 헤엄쳐 가고 싶다. 쓴 매개[7]를 와락와락 삼키고 싶다. 옥도[8] 빛 해초[의] 삼림 속을 검푸른 비늘을 입고 상어에게 쫓겨 다녀 보고도 싶다.

X

금붕어는 그러나 작은 입으로 하늘보다도 더 큰 꿈을 오므려 죽여 버려야 한다.
배설물의 침전처럼 어항 밑에는 금붕어의 연령이 쌓여 간다.

X

금붕어는 오르려야 오를 수 없는 하늘보다도 더 먼 바다를 자꾸만 돌아가야 할 고향이라 생각한다.

——(9.28)——

(『조광』 1.2. 1935. 12. 01. 39-40쪽)

(『바다와 나비』 63-65)

원문

車輪은듯는다

이윽고[1]
颱風이 지밟고간[2] 째여진『메트로폴리쓰』에
어린太陽이 병아리처름
홰를치며 일어날게다。
하로밤 그꿈을 건너댕기든
수없는 놀램과 소름을 떨어버리고
이슬에 젖은날개를 한울로펼게다。

탄탄한大路가 希望처름
저머언 地平線에 뻧이면
우리의來日은 四輪馬車를타고[3]
유랑한[4]말발굽소리를 울리면서
처음맞는 새길을 떠나갈게다。

밤인까닭에 더욱마음달리는
저머언 太陽의故鄕。[5]

끗없는들 푸른 언덕우에서
나는『데모스테네쓰』보다도 더수다할게다。
나는거기서 채찍을 꺽거버리고
망아지처름 사랑하고
망아지처름 뛰놀게다。

미움에 타는일이없을 나의눈동자는
眞珠보다도 맑을게다。[6]
나는 내속에 업드린山羊을 몰아내고
여호[7]와같이 깨끗하게
누의들과 親할것이다。[8]

나의生活은 나의薔薇。

차륜[12]은 듣는다[13]

이윽고
태풍이 [짓밟고] 간 깨어진 메트로폴리스에
어린 태양이 병아리처럼
홰를 치며 일어날 거다.
하룻밤 그 꿈을 건너다니던
수없는 놀람과 소름을 떨어버리고
이슬에 젖은 날개를 하늘로 펼 거다.

탄탄한 대로가 희망처럼
저 먼 지평선에 뻗치면
우리의 내일은 사륜마차를 타고
[유량한][14] 말발굽 소리를 울리면서
처음 맞는 새길을 떠나갈 거다.

밤인 까닭에 더욱 마음 달리는
저 먼 태양의 고향.

끝없는 들 푸른 언덕 위에서
나는 데모스테네스[15]보다도 더 수다할 거다.
나는 거기서 채찍을 꺾어 버리고
망아지처럼 사랑하고
망아지처럼 뛰놀 거다.

미움에 타는 일이 없을 나의 눈동자는
진주보다도 맑을 거다.
나는 내 속에 엎드린 산양을 몰아내고
[여우]와 같이 깨끗하게
누이들과 친할 것이다.

나의 생활은 나의 장미.

원문

어디서 시작한줄도
언제 꽃날줄도 모르는나는
꺼질줄이없이 불타는太陽。

大地의 뿌리에서 地熱을마시고
떨치고 이러날 나는不死鳥。
叡智의날개를 등에붗인 나의날음은
太陽처름 宇宙를 덮을게다。

아름다운行動에서 빛처름피여나는
스스로의法則에 引導되여
나의날음은 즐거운軌道우에
끗없이 달리는 쇠바퀼게다。[9)]

벗 아——
太陽처름 우리는 사나웁고
太陽처름 스스로의빛속에 그늘을 감추고
太陽 처름슯음을 삼켜버리자。
太陽처름 어둠을 살워버리자。

다음날
氣象臺의『마스트』엔
구름쪼각같은 힌旗폭을올리자。[10)]

快晴。
低氣壓은 저먼
『시베리아』의근방에 사라젓고
太平洋의 沿岸에도
高氣壓은 흩어젓다。
흐림도 소낙비도

어디서 시작한 줄도
언제 끝날 줄도 모르는 나는
꺼질 줄이 없이 불타는 태양.

대지의 뿌리에서 지열을 마시고
떨치고 일어날 나는 불사조.
예지의 날개를 등에 붙인 나의 낡은
태양처럼 우주를 덮을 거다.

아름다운 행동에서 빛처럼 피어나는
스스로의 법칙에 인도되어
나의 낡은 즐거운 궤도 위에
끝없이 달리는 쇠바퀴일 거다.

벗아——
태양처럼 우리는 사납고
태양처럼 스스로의 빛 속에 그늘을 감추고
태양처럼 슬픔을 삼켜 버리자.
태양처럼 어둠을 살라[16] 버리자.

다음날
기상대의 마스트엔
구름 조각 같은 흰 기폭[17]을 올리자.

　　쾌청.
　　저기압은 저 먼
　　시베리아의 근방에 사라졌고
　　태평양의 연안에도
　　고기압은 흩어졌다.
　　흐림도 소낙비도

원문

暴風도 장마도 지나갓고
來日도 모레도
날세는 좋을게다。

「府의揭示板」

市民은
우울과 질투와 분노와
끗없는 탄식과 원한의
 장마에 곰팽이씐
추근한 雨器[11]일랑벗어버리고
날개와같이 가벼운
太陽의옷을 갈아입어도 좋을게다
(끗)

(『三千里』 7.11. 1935. 12. 01. 286-90쪽)
(『氣象圖』 1936. 07. 08. 24-27쪽: 「쇠바퀴의노래」)
(『氣象圖』 1948. 09. 20. 57-64쪽: 「쇠바퀴의노래」)

폭풍도 장마도 지나갔고
내일도 모레도
날씨는 좋을 거다.

「부의 게시판」
시민은
우울과 질투와 분노와
끝없는 탄식과 원한의
 장마에 곰팡이 낀
추근한[18] [우비]일랑 벗어 버리고
날개와 같이 가벼운
태양의 옷을 갈아입어도 좋을 거다
(끝)

(『삼천리』 7.11. 1935. 12. 01. 286-90쪽)
(『기상도』 1936. 07. 08. 24-27쪽: 「쇠바퀴의 노래」)
(『기상도』 1948. 09. 20. 57-64쪽: 「쇠바퀴의 노래」)

원문

戀愛와彈石機

(1.) 戀愛와彈石機

戀愛인것을 깨닷자 마자
나는慌忙히 달아날 姿勢를 갓인다。

性急한 彈石機는
戀愛의 附近에서 멍서릴수없다。

이 해여진『빅토-리안』의『레인코-트』는
어서 버서버려야지。그래야지。

(『三千里』 8.1. 1936. 01. 01. 292쪽)

연애와 탄석기

1. 연애와 탄석기[1)]

연애인 것을 깨닫자마자
나는 황망히 달아날 자세를 가진다.

성급한 탄석기는
연애의 부근에서 [망설일] 수 없다.

이 해어진 빅토리아[2)][풍] 레인코트는
어서 벗어 버려야지. 그래야지.

(『삼천리』 8.1. 1936. 01. 01. 292쪽)

원문

(2.) 어떤戀愛

실없는 習慣을 또배웟지。

다타버린 담배 꼭지와함게 비앗아버렷다。

그女子는 오늘 어디선가 씨원한慧星일게다。

(『三千里』 8.1. 1936. 01. 01. 292-93쪽)

2. 어떤 연애

실없는 습관을 또 배웠지.

다 타 버린 담배 꼭지와 함께 뱉어[1] 버렸다.

그 여자는 오늘 어디선가 시원한 혜성일 거다.

(『삼천리』 8.1. 1936. 01. 01. 292-93쪽)

원문

(3.) 祝電

結婚式은 結婚式처름 기껏 華麗하려므나。

인제 세상은 安心해도 좋을게다。
自由를 주고산것이 너무비싼것을 깨닷는날까지
두사람은 서로 얼골을 찡그려가며
쓰디쓴 幸福의거죽을 할틀게다………。

히고 검은縫衣에쌓인 希望을실고
꽃自動車가 떠나간뒤에서
一同은 자못정중하게 最敬禮를 하였다。

(『三千里』 8.1. 1936. 01. 01. 293쪽)

3. 축전

결혼식은 결혼식처럼 기껏 화려하려무나.

인제 세상은 안심해도 좋을 거다.
자유를 주고 산 것이 너무 비싼 것을 깨닫는 날까지
두 사람은 서로 얼굴을 찡그려 가며
쓰디쓴 행복의 거죽을 핥을 거다…….

희고 검은 수의에 싸인 희망을 싣고
꽃자동차[1]가 떠나간 뒤에서
일동은 자못 정중하게 최경례[2]를 하였다.

(『삼천리』 8.1. 1936. 01. 01. 293쪽)

원문

秒針[1)]

나의生活은 나의『사하라』
殘忍한 時間의痕跡을 담은沙漠

찌저진原稿紙만 休紙통에 차가는사히에
過去속에 갑업시 싸혀가는나의靑春。

이윽고 忘却이라부르는 그潔白한 掃除夫는
休紙도靑春도 함께 쓰러가지고
歷史도 모르는 無限의 바다까에 내버릴테지。

(『朝鮮日報』 1936. 02. 28. 夕刊. 五面)

초침

나의 생활은 나의 사하라
잔인한 시간의 흔적을 담은 사막

찢어진 원고지만 휴지통에 차 가는 사이에
과거 속에 값없이 짜여 가는 나의 청춘.

이윽고 망각이라 부르는 그 결백한 소제부는
휴지도 청춘도 함께 쓸어 가지고
역사도 모르는 무한의 바닷가에 내버릴 테지.

(『조선일보』 1936. 02. 28. 석간. 5면)

원문

關北紀行斷章

❶

1 夜行列車

샛바람에 달이떠는
거리에 드러서자
汽車는 추워서 앙 우렷다。

(『朝鮮日報』 1936. 03. 14. 夕刊. 三面)

(『바다와 肉體』 163: 「關北紀行, 1 夜行列車」)

관북[1)]기행 단장[2)]

❶

1. 야행 열차

샛바람에 달이 떠는
거리에 들어서자
기차는 추워서 앙 울었다.

(『조선일보』 1936. 03. 14. 석간. 3면)
(『바다와 육체』 163: 「관북 기행, 1 야행 열차」)

원문

2 機關車

나의 終點은 어디이냐?
나는 이처럼도 늘
前方을 意志해야 하는
焦燥한 機關車냐?

(『朝鮮日報』 1936. 03. 14. 夕刊. 三面)
(『바다와 肉體』 163-64: 「關北紀行, 2 機關車」)

2. 기관차

나의 종점은 어디냐?
나는 이처럼도[1] 늘
전방을 의지해야 하는
초조한 기관차냐?

(『조선일보』 1936. 03. 14. 석간. 3면)
(『바다와 육체』 163-64: 「관북 기행, 2 기관차」)

원문

3 山驛

두茂山이 여기서 十里란다。
붓두막엔 이글이글 드덕불도 타리라。
나려서 아즈머님네와 감자를 버끼며 이야기하며
이야기하며 버끼며 이밤을 새고 가고십다。

(『朝鮮日報』 1936. 03. 14. 夕刊. 三面)

(『바다와 肉體』 164: 「關北紀行, 3 山驛」)

3. 산역[1]

두 무산[2]이 여기서 10리란다.
부뚜막엔 이글이글 드덕불[3]도 타리라.
내려서 아주머님네와[4] 감자를 벗기며 이야기하며
이야기하며 벗기며 이 밤을 새고 가고 싶다.

(『조선일보』 1936. 03. 14. 석간. 3면)
(『바다와 육체』 164: 「관북 기행, 3 산역」)

원문

關北紀行斷章

❷

[4], 마을(가)[1)]

물레방아가 멈춰선날밤
아버지는 번연히 도라오지못할아들이[2)]
도라오는 꿈을 꾸면서 눈을감엇단다。

마을에서는
구두소리가 뜰악에 요란하든 그날밤일도
불빗이휘황하든會舘의일도 모르는아히들이
어머니의 잔소리만 드르면서 자라난다。

(『朝鮮日報』 1936. 03. 15. 夕刊. 五面)

(『바다와 肉體』 164-65: 「關北紀行, 4 마을(가)」)

관북[3]기행 단장[4]

❷

4. 마을 (가)

물레방아가 멈춰 선 날 밤
아버지는 번연히[5] 돌아오지 못할 아들이
돌아오는 꿈을 꾸면서 눈을 감았단다.

마을에서는
구두 소리가 뜨락[6]에 요란하던 그날 밤 일도
불빛이 휘황하던 회관의 일도 모르는 아이들이
어머니의 잔소리만 들으면서 자라난다.

(『조선일보』 1936. 03. 15. 석간. 5면)
(『바다와 육체』 164-65: 「관북 기행, 4 마을(가)」)

원문

[5], 마을(나)[1)]

“풋뽈”대신에 소膀胱을 굴리다가도
끗내 어머니가 저녁을먹으라고 부르지안키에[2)]
아히들은 지처서 도라와서 새우처름 꼬부라저잠이든다지。

(『朝鮮日報』 1936. 03. 15. 夕刊. 五面)
(『바다와 肉體』 165: 「關北紀行, 5 마을(나)」)

5. 마을 (나)

풋볼 대신에 소 방광을 굴리다가도[3)]
끝내 어머니가 저녁을 먹으라고 부르지 않기에
아이들은 지쳐서 돌아와 새우처럼 꼬부라져 잠이 든다지.

(『조선일보』 1936. 03. 15. 석간. 5면)
(『바다와 육체』 165: 「관북 기행, 5 마을(나)」)

원문

[6], 마을(다)[1)]

조고만한 소문에도
마을은 엄청나게 놀랏다。

소문은 언제든지 열매를매저서
한집두집 마을은 여위여가고 ── 。

間島소식을 기다리는 이웃들만 그뒤에남어서
사흘건너오는 郵遞군을 반가워햇다。

(『朝鮮日報』 1936. 03. 15. 夕刊. 五面)
(『바다와 肉體』 166: 「關北紀行, 6 마을(다)」)

6. 마을 (다)

조그마한 소문에도
마을은 엄청나게 놀랐다.

소문은 언제든지 열매를 맺어서
한 집 두 집 마을은 여위어 가고――.

간도[2] 소식을 기다리는 이웃들만 그 뒤에 남아서
사흘 건너 오는 우체군[3]을 반가워했다.

(『조선일보』 1936. 03. 15. 석간. 5면)
(『바다와 육체』 166:「관북 기행, 6 마을(다)」)

원문

關北紀行斷章

❸

7 故鄕 (가)

이러케 친구의 이얘기가 아까운밤에는
눈이나 오시지。
눈이라도 함박눈이 쏘다저나려서
窓박게 바쁜밤의 거름을 멈춰나주지。

(『朝鮮日報』 1936. 03. 17. 夕刊. 五面)
(『바다와 肉體』 166-67: 「關北紀行, 7 故鄕(가)」)

관북[1]기행 단장[2]

❸

7. 고향[3] (가)

이렇게 친구의 이야기가 아까운 밤에는
눈이나 오시지.
눈이라도 함박눈이 쏟아져 내려서
창밖에 바쁜 밤의 걸음을 멈춰나 주지.

(『조선일보』 1936. 03. 17. 석간. 5면)
(『바다와 육체』 166-67: 「관북 기행, 7 고향(가)」)

원문

8 故鄕 (나)[1]

佐野學의 轉向聲明을
스무번읽어도 알수업드라는 靑年에게 이끌려
못먹는술을 곱배기로 석잔을 넘기다。

(『朝鮮日報』 1936. 03. 17. 夕刊. 五面)

8. 고향 (나)

사노 마나부[2)]의 전향 성명을
스무 번 읽어도 알 수 없더라는 청년에게 이끌려
못 먹는 술을 곱빼기로 석 잔을 넘기다.

(『조선일보』 1936. 03. 17. 석간. 5면)

원문

9 故鄕 (다)

아버지의 친구를 輕蔑햇다는 그惡德한少年도
"루바슈카"를입은 얼골이힌靑年도 맛날수업서서
北쪽의 十二月이 이마에차다。

(『朝鮮日報』 1936. 03. 17. 夕刊. 五面)
(『바다와 肉體』 167:「關北紀行, 8 故鄕(나)」)

9. 고향 (다)

아버지의 친구를 경멸했다는 그 악덕한 소년도
루바슈카[1)]를 입은 얼굴이 흰 청년도 만날 수 없어서
북쪽의 12월이 이마에 차다.

(『조선일보』 1936. 03. 17. 석간. 5면)
(『바다와 육체』 167: 「관북 기행, 8 고향(나)」)

원문

關北紀行斷章

❹

10, 豆滿江

大陸은 이간사한 혀끗이 보기시려서
스무나문발 江물로 갈라노앗다。
그럴바엔 아주 바다에나 집어던지지。
그랫드면 오늘와서 딴소리는 업섯슬것을——。

(『朝鮮日報』 1936. 03. 18. 夕刊. 五面)
(『바다와 肉體』 167-68: 「關北紀行, 9 豆滿江」)

관북[1]기행 단장[2]

❹

10. 두만강

대륙은 이 간사한 혀끝이 보기 싫어서
스무남은 발 강물로 갈라놓았다.
그럴 바엔 아주 바다에나 집어던지지.
그랬다면 오늘 와서 딴소리는 없었을 것을——.

(『조선일보』 1936. 03. 18. 석간. 5면)
(『바다와 육체』 167-68: 「관북 기행, 9 두만강」)

원문

11, 國境

저러케 털모자를 쓰고나서면
短砲쯤 엽꾸리에 차고시풀걸.
저러케 다리굴근 아기네가 목도리를감아주면
이만쯤 눈포래엔 幌馬車도 달리리라.

(『朝鮮日報』 1936. 03. 18. 夕刊. 五面)
(『바다와 肉體』 168: 「關北紀行, 10 國境(가)」)

11. 국경

저렇게 털모자를 쓰고 나서면
단포쯤[1] 옆구리에 차고 싶을 걸.
저렇게 다리 굵은 아기네[2]가 목도리를 감아 주면
이만쯤[3] 눈보라[4]엔 황마차[5]도 달리리라.

(『조선일보』 1936. 03. 18. 석간. 5면)
(『바다와 육체』 168: 「관북 기행, 10 국경(가)」)

원문

關北紀行斷章

❺

12, 國境(가)

車에서 나리자마자
어느새 寒帶가 코를 문다。

(『朝鮮日報』 1936. 03. 19. 夕刊. 五面)
(『바다와 肉體』 168: 「關北紀行, 11 國境(나)」)

관북[1]기행 단장[2]

❺

12. 국경 (가)

차에서 내리자마자
어느새 한대가 코를 문다.

(『조선일보』 1936. 03. 19. 석간. 5면)
(『바다와 육체』 168: 「관북 기행, 11 국경(나)」)

원문

13, 國境(나)

살진 華僑가 나무床에 기대서『라듸오』를 틀어노코
祖國의 騷亂을 걱정스레 엿듯는 거리 ──。

(『朝鮮日報』 1936. 03. 19. 夕刊. 五面)
(『바다와 肉體』 169:「關北紀行, 12 國境(다)」)

13. 국경 (나)

살진 화교[1]가 나무 상에 기대어 라디오를 틀어 놓고
조국의 소란을 걱정스레 엿듣는 거리 ──.

(『조선일보』 1936. 03. 19. 석간. 5면)
(『바다와 육체』 169: 「관북 기행, 12 국경(다)」)

원문

14, 國境(다)

地圖를 펴자
꿈의 距離가 갑작이 멀어지네。

(『朝鮮日報』 1936. 03. 19. 夕刊. 五面)
(『바다와 肉體』 169: 「關北紀行, 13 國境(라)」)

14. 국경 (다)

지도를 펴자
꿈의 거리가 갑자기 멀어지네.

(『조선일보』 1936. 03. 19. 석간. 5면)
(『바다와 육체』 169: 「관북 기행, 13 국경(라)」)

원문

15, 밤중

잠이더된 窓박게서는
별을 쫓는 바람소리만
山빨에 빠르고나。

(『朝鮮日報』 1936. 03. 19. 夕刊. 五面)
(『바다와 肉體』 169-70: 「關北紀行, 14 밤중」)

15. 밤중

잠이 더딘 창밖에서는
별을 쫓는 바람 소리만
산발[1)]에 빠르구나.

(『조선일보』 1936. 03. 19. 석간. 5면)
(『바다와 육체』 169-70: 「관북 기행, 14 밤중」)

원문

16, 東海의아츰

눈보래가 멋자
지치인 山脈들은 바다ㅅ까에 모여들어 머리를박고
진한 간물을 드리켠다。

◇

政治的陰謀도 업다。
海流의 變節도 업다。

◇

오늘아츰 바다는 진정
간밤의 눈포래를 뉘우치나보다。

(『朝鮮日報』 1936. 03. 19. 夕刊. 五面)
(『바다와 肉體』 170: 「關北紀行, 15 東海의아츰」)

16. 동해의 아침

눈보라가 멎자
지친 산맥들은 바닷가에 모여들어 머리를 박고
진한 간물[1])을 들이켠다.

◇

정치적 음모도 없다.
해류의 변절도 없다.

◇

오늘 아침 바다는 진정
간밤의 눈보라[2])를 뉘우치나 보다.

(『조선일보』 1936. 03. 19. 석간. 5면)
(『바다와 육체』 170: 「관북 기행, 15 동해의 아츰」)

원문

關北紀行斷章

❻

[17], 肉親(가)[1)]

"이것두 먹어라" "저것두 먹어라"고
집어 노흐시는 바람에
이번에도 또 배탈을 내가지고 도라왓다。

(『朝鮮日報』 1936. 03. 20. 夕刊. 五面)

(『바다와 肉體』 171: 「關北紀行, 16 肉親(가)」)

관북[2)]기행 단장[3)]

❻

17. 육친 (가)

"이것도 먹어라" "저것도 먹어라"고
집어 놓으시는 바람에
이번에도 또 배탈을 내 가지고 돌아왔다.

(『조선일보』 1936. 03. 20. 석간. 5면)
(『바다와 육체』 171: 「관북 기행, 16 육친(가)」)

원문

[18], 肉親(나)[1)]

담뇨를 둘러쓰고 十里를 온
누이의 눈섭에는 고조[2)]가 달렷다。
어러온 두발을 부억에 땡겨다가 주물러 주며
갈나진 손등의 부스럼 자곡을 헤여 본다。

(『朝鮮日報』 1936. 03. 20. 夕刊. 五面)

(『바다와 肉體』 171: 「關北紀行, 17 肉親(나)」)

18. 육친 (나)

담요를 둘러쓰고 10리를 온
누이의 눈썹에는 [고드름][3)]이 달렸다.
얼어 온 두 발을 부엌에 당겨다가 주물러 주며
갈라진 손등의 부스럼 자국을 [세어] 본다.

(『조선일보』 1936. 03. 20. 석간. 5면)
(『바다와 육체』 171: 「관북 기행, 17 육친(나)」)

원문

[19], 出程[1)]

두고떠난 그날밤은
食堂의 茶ㅅ맛도 유달리 쓰드라。

(『朝鮮日報』 1936. 03. 20. 夕刊. 五面)
(『바다와 肉體』 172: 「關北紀行, 18 떠남」)

19. 출정

두고 떠난 그날 밤은
식당의 차 맛도 유달리 쓰더라.

(『조선일보』 1936. 03. 20. 석간. 5면)
(『바다와 육체』 172: 「관북 기행, 18 떠남」)

원문

除夜

光化門 네거리에 눈이오신다。
꾸겨진 中折帽가 山高帽가 『베레』가 조바위가 四角帽가 『샤포』가
帽子 帽子 帽子가 중대가리 고치머리가 흘러간다。

거지아히들이 感氣의危險을 列擧한
노랑빛 毒한 廣告紙를
軍縮號外와함끠 뿌리고갔다。

電車들이 주린鱇魚처럼
殺氣띤 눈을 부르뜨고
사람을찾어 안개의海底로 모여든다。
軍縮이될리있나? 그런건
牧師님조차도 믿지않는다드라。

『마스크』를 걸고도 國民들은 感氣가 무서워서
酸素吸入器를 携帶하고 댕긴다。
언제부터 이平穩에 우리는 이다지 特待生처럼 익숙해버렸을까?

榮華의歷史가 이야기처럼 먼 어느 種族의 한쪼각부스러기는
조고만한 醜聞에조차 쥐처럼卑怯하다。
나의外套는 어느새 껍질처럼 내몸에 피여났구나。
크지도 적지도않고 신기하게두 꼭맛는다。

市民들은 家族을 위하야
바삐바삐 『데파-트』로 달린다。
(그榮光스러운 遺傳을 지키기위하야………)
愛情의 牢獄속에서 나는 언제까지도 얌전한 捕虜냐?
안해들아 이 달지도못한 愛情의 찌꺽지를
누가 목숨을내놓고 아끼라고 배워주드냐?
우리는 早晩間 이 기름진 補藥을 嘔吐해버리자。

〉

제야[1)]

광화문 네거리에 눈이 오신다.
꾸겨진 중절모가 산고모가 베레가 조바위가 사각모가 샤포가[2)]
모자 모자 모자가 중대가리 고치 머리가 흘러간다.

거지 아이들이 감기의 위험을 열거한
노란빛 독한 광고지를
군축[3)] 호외와 함께 뿌리고 갔다.

전차들이 주린 상어처럼
살기 띤 눈을 부릅뜨고
사람을 찾아 안개의 해저로 모여든다.
군축이 될 리 있나? 그런 건
목사님조차도 믿지 않는다더라.

마스크를 걸고도 국민들은 감기가 무서워서
산소흡입기를 휴대하고 다닌다.
언제부터 이 평온에 우리는 이다지 특대생[4)]처럼 익숙해 버렸을까?

영화[5)]의 역사가 이야기처럼 먼 어느 종족의 한 조각 부스러기는
조그마한 추문에조차 쥐처럼 비겁하다.
나의 [외투][6)]는 어느새 껍질처럼 내 몸에 피어났구나.
크지도 작지도 않고 신기하게도 꼭 맞는다.

시민들은 가족을 위하여
바삐바삐 데파트[7)]로 달린다.
(그 영광스러운 유전[8)]을 지키기 위하여……)
애정의 뇌옥[9)] 속에서 나는 언제까지도 얌전한 포로냐?
아내들아 이 달지도 못한 애정의 찌꺼기[10)]를
누가 목숨을 내놓고 아끼라고 배워주더냐?[11)]
우리는 조만간 이 기름진 보약을 구토해 버리자.

원문

아들들아 여기에 준비된것은
어여쁜 曲藝師의 教養이다。
나는 차라리 너를들에노아보내서
獅子의 우름을 배호게하고십다。

컴컴한 골목에서 우리는 또
차디찬손목을 쥐였다놓을게다。
그리고 뉘우침과 恨嘆으로 더려펴진
간사한 一年의 옷을찢고
피묻은 몸둥아리를 쏘아보아야 할게다。

戰爭의요란소리도 汽笛소리도 들에 멀다。
그무슨感激으로써 나에게
『카렌다』를 바꾸어달라고 命하는
『바치칸』의 鍾소리도 아모것도 들리지않는다。

光化門 네거리에 눈이오신다。별이어둡다。
몬셀卿의演說을 짓밟고 눈을차고
罪깊은 복수구두 키드구두
강가루 고도반 구두 구두 구두들이 흘러간다。
나는 어지러운 安全地帶에서
나를삼켜갈 鱇魚를 초조히 기다린다。　　(끝)

(『詩와 小說』1.1. 1936. 03. 30. 20-22쪽)

아들들아 여기에 준비된 것은
어여쁜 곡예사의 교양이다.
나는 차라리 너를 들에 놓아 보내서
사자의 울음을 배우게[12] 하고 싶다.

컴컴한 골목에서 우리는 또
차디찬 손목을 쥐었다 놓을 거다.
그리고 뉘우침과 한탄으로 더럽혀진
간사한 1년의 옷을 찢고
피 묻은 몸뚱이[13]를 쏘아보아야 할 거다.

전쟁의 요란 소리도 기적 소리도 들에 멀다.
그 무슨 감격으로써 나에게
캘린더를 바꾸어 달라고 명하는
바티칸[14]의 종소리도 아무것도 들리지 않는다.

광화문 네거리에 눈이 오신다. 별이 어둡다.
몬셀 경[15]의 연설을 짓밟고 눈을 차고
죄 깊은 [복스] 구두 키드 구두
캥거루 코도반 구두 구두 구두들이 흘러간다.[16]
나는 어지러운 안전지대에서
나를 삼켜 갈 상어를 초조히 기다린다. (끝)

(『시와 소설』 1.1. 1936. 03. 30. 20-22쪽)

원문

파랑港口

아무두 사랑할수있는少女처럼
파랑치마를 두르구
四月을 苦待하는 그港口에는 ──

國旗에향하야 그다지 敬意를표하지두않는
겨으른汽船들이 지금쯤
바다로부터 도라왔겠지
그리고 無禮하게두 퍼억퍽 담배를 피우겠지。

나는 三國말을함부루 지꺼리는
海關의官吏와 맞오서서
『보로딘』과 꼭같은
한『로서아』사람과
항용 目禮를 바꾸었다

그 슲은汽笛에는
아모두 마음이强하지못한가보아서
住民들은 걸핏하면 家財며[1]장사며 戀愛를 황망히 정리해가지구
다음날은 버얼서 定期船배표를사기두했다

港口는 國籍을 자랑하지않었다。
港口는 犯罪를 무서워하지않었다
港口는 바다의國境을믿지않었다。
그러므로 아무두오고 아무두도라갔다

(『女性』 1.1, 1936. 04. 01. 1쪽)
(『바다와나비』 43-45)

파랑 항구

아무도 사랑할 수 있는 소녀처럼
파랑 치마를 두르고
4월을 고대하는 그 항구에는——

국기에 향하여 그다지 경의를 표하지도 않는
게으른 기선들이 지금쯤
바다로부터 돌아왔겠지
그리고 무례하게도 퍼억 퍽 담배를 피우겠지.

나는 3국 말을 함부로 지껄이는
해관[2)]의 관리와 마주 서서
보로딘[3)]과 똑같은
한 러시아 사람과
항용 목례를 바꾸었다

그 슬픈 기적에는
아무도 마음이 강하지 못한가 보아서
주민들은 걸핏하면 가재며 장사며 연애를 황망히 정리해 가지고
다음날은 벌써 정기선 배표를 사기도 했다

항구는 국적을 자랑하지 않았다.
항구는 범죄를 무서워하지 않았다
항구는 바다의 국경을 믿지 않았다.
그러므로 아무도 오고 아무도 돌아갔다

(『여성』 1.1, 1936. 04. 01. 1쪽)

(『바다와 나비』 43-45)

원문

追憶

종다리 뜨는아츰 언덕웋에 구름을쫓아 달리든
너와나는 그날 꿈많은少年이였다。

제비같은 이야기는 바다건너로만 날리었고 가려운[1]날개밑에 머-ㄹ리 水平線이 層階처럼낮드라。

자조투기는 팔매는 바다의가슴에 화살처럼밖히고[2]
지칠줄모르는 마음은 斷崖의 허리에 겨으른 갈매기 우룸소리를 비웃었다。

오늘 여름[3]처럼 싸늘한 노을이 뜨는 바다의 언덕을 오르는
두놈의 봉해진 입술에는 바다건너 이야기가없고

곰팽이처럼얼룩진 수염이 코밑에 미운
너와나는 또다시 가슴이 둥근 少年일수없고나。

(『女性』 1.3. 1936. 06. 01. 1쪽)
(『바다와나비』 56-57[4])

추억

종다리 뜨는 아침 언덕 위에 구름을 쫓아 달리던
너와 나는 그날 꿈 많은 소년이었다.

제비 같은 이야기는 바다 건너로만 날리었고 [가벼운] 날개 밑에 멀리 수평선이 층계처럼 낮더라.

자주 튀기는 팔매[5)]는 바다의 가슴에 화살처럼 [박히고]
지칠 줄 모르는 마음은 단애[6)]의 허리에 게으른 갈매기 울음소리를 비웃었다.

오늘 [얼음]처럼 싸늘한 노을이 뜨는 바다의 언덕을 오르는
두 놈의 봉해진 입술에는 바다 건너 이야기가 없고

곰팡이처럼 얼룩진 수염이 코 밑에 미운
너와 나는 또다시 가슴이 둥근 소년일 수 없구나.

(『여성』 1.3. 1936. 06. 01. 1쪽)
(『바다와 나비』 56-57)

원문

『아프리카』狂想曲

숨마키는 毒瓦斯에 썩은[1] 띠끌이 쓸려간뒤에
聖都의아츰에 王朝의歷史는 간데없고
어느새 『로-마』의 風俗을 단장한 酋長의따님의
숭내내는 國歌의 서투른곡조가 웬일이냐?

급한발길을 행여막으려 다투어덮이는
眞紅빛 薔薇의 언덕을 박차며
熱沙를 뿜으며 몰려오는
검은 쇠바퀴……검은 말발굽소리……

『테불』에 쏘다지는 『샴판』의瀑布。
『소생하는 로-마야 마셔라 麒麟의피를……
正義도 象牙도 文明도 石油도 우리것이다。』
法王의鍾들과 『라디오』가 마을마을에 요란하다。

『다-샨』火山에 불이꺼진날
새로 여낀『페-지』에 世紀의犯行이 淋漓하고나。
입담은證人인 靑『나일』이 혼자
哀史를 중얼거리며 埃及으로 흘으더라。

오늘은 三色旗의 行進을祝福하는
沙漠의太陽。
『타-나』湖[2] 푸른거울속에
五月의얼골이 태연하고나。

〉

아프리카 광상곡[3)]

숨 막히는 독와사[4)]에 썩은[5)] 티끌이 쓸려간 뒤에
성도[6)]의 아침에 왕조의 역사는 간 데 없고
어느새 로마의 풍속을 단장한 추장 따님의
흉내 내는 국가의 서툰 곡조가 웬일이냐?

급한 발길을 행여 막으려 다투어 던지는
진홍빛 장미의 언덕을 박차며
열사[7)]를 뿜으며 몰려오는
검은 쇠바퀴……검은 말발굽 소리……

테이블에 쏟아지는 [샴페인][8)]의 폭포
"소생하는 로마야 마셔라 기린의 피를……
정의도 상아도 문명도 석유도 우리 것이다."[9)]
법왕[10)]의 종들과 라디오가 마을 마을에 요란하다.

다샨 화산[11)]에 불이 꺼진 날
새로 엮인 페이지에 세기의 범행이 임리하구나.[12)]
입 [다문] 증인인 청나일[13)]이 혼자
애사[14)]를 중얼거리며 애급[15)]으로 흐르더라.

오늘은 삼색기[16)]의 행진을 축복하는
사막의 태양.
타나 호[17)] 푸른 거울 속에
5월의 얼굴이 태연하구나.

원문

『한니발』도 지빨고 『칼타고』도 불지르고
오늘은 千年묵은 沙漠의 靜寂을 부시고가는
피묻은 늙은 쇠바퀴야
너 달려가는곳이 어디냐?

(五, 一O)

(『朝光』 2.7. 1936. 07. 01. 34-35쪽)
(『바다와나비』 58-60)

한니발도 짓밟고 카르타고도 불 지르고[18]
오늘은 천년 묵은 사막의 정적을 부수고 가는
피 묻은 늙은 쇠바퀴야
너 달려가는 곳이 어디냐?

(5.10)[19]

(『조광』 2.7. 1936. 07. 01. 34-35쪽)
(『바다와 나비』 58-60)

원문

琉璃窓과 마음

여보 ——
내마음은 유린가봐。겨을 하늘처럼
이처럼 작은 한숨에도 흐려버리니………

만지면 무쇠같이 굳은체 하더니
하로밤 찬서리에도 금이 갔구료。

눈포래 부는 날은 소리치고 우오
밤이 물어간[1)]뒤면 온 뺨에 눈물이 어리오。

타지 못하는 情熱。박쥐들의 燈臺。
밤마다 날어가는 별들이 부러워 쳐다보며 밝히오。

여보 ——
내마음은 유린가봐。
달빛에도 이렇게 부서지니………。

(『現代朝鮮文學全集: 詩歌集』 第二回配本. 1938. 04. 01. 208-09쪽[2)])

(『바다와나비』 87-88:「유리창」)

유리창과 마음

여보 ——
내 마음은 유리인가 봐. 겨울 하늘처럼
이처럼 작은 한숨에도 흐려 버리니………

만지면 무쇠같이 굳은 체하더니
하룻밤 찬 서리에도 금이 갔구려.

[눈보라] 부는 날은 소리치고 우오
밤이 [물러간] 뒤면 온 뺨에 눈물이 어리오.

타지 못하는 정열. 박쥐들의 등대.
밤마다 날아가는 별들이 부러워 쳐다보며 밝히오.

여보 ——
내 마음은 유리인가 봐.
달빛에도 이렇게 부서지니………

(『현대 조선 문학 전집: 시가집』 제2 회 배본. 1938. 04. 01. 208-09쪽)
(『바다와 나비』 87-88: 「유리창」)

원문

追放된 쥬피타

芭蕉잎 파리처럼 축 느러진 中折帽 아래서
빼여문 파이프가 자조 거륵지 못한 圓光을 그려 올린다。
거리를 달려가는 밤의 暴行을 엿듣는
치껴 올린 어깨가 이걸상 저걸상에서 으쓱거린다。
住民들은 벌서 바다의 유혹도 말다툴 흥미도 잃어버렸다。

깐라라[1] 壁畵를 숭내낸 아롱진 盞에서
쥬피타는 中華民國의 여린 피를 드리켜고 꼴을 찡그린다。
『쥬피타氏 술은 무엇을 드릴가요?』
『응 그 다락에 얹혀둔 登錄한 思想을랑 그만둬。
빚은지 하도 오라서 김이 다 빠졌을걸。
오늘밤 신선한 내 식탁에는 제발
구린 냄새는 피지말어』。

쥬피타의 얼굴에 絶望한 우숨이 장미처럼 히다。
쥬피타는 지금 씰크·헷트를 쓴 英蘭銀行 노오만氏가
글세 大英帝國 아츰거리가 없어서
장에 게란을 팔러나온것을 만났다나。
그래도 게란 속에서는
빅토리아女王 直屬의 樂隊가 軍樂만 치드라나。

쥬피타는 록펠라氏의 庭園에 만발한
곰팽이낀 節操들을 도모지 칭찬하지 않는다。
별처럼 무성한 온갓 思想의 花草들。
기름진 장마[2]를 빨아 먹고 오만하게 머리추어든 恥辱들。

쥬피타는 구름을 믿지 않는다。장미도 별도………
쥬피타의 품안에 자빠진 비둘기같은 天使들의 屍體。
거문 피 엉크린 날개가 輕氣球처럼 쓰러졌다。
딱한 愛人은 오늘도 쥬피타다려 정열을 말하라고 졸르나

추방된 주피터[6)]

파초 이파리처럼 축 늘어진 중절모 아래서
빼어 문 파이프가 자주 거룩하지[7)] 못한 원광을 그려 올린다.
거리를 달려가는 밤의 폭행을 엿듣는
치켜올린 어깨가 이 걸상 저 걸상에서 으쓱거린다.
주민들은 벌써 바다의 유혹도 말 다툴 흥미도 잃어버렸다.

[간다라][8)] 벽화를 흉내 낸 아롱진 잔에서
주피터는 중화민국의 여린 피를 들이키고 꼴을 찡그린다.
"주피터 씨 술은 무엇을 드릴까요?"
"응 그 다락에 얹어 둔 등록한 사상일랑 그만둬.
빚은 지 하도 오래라[9)] 김이 다 빠졌을 걸.
오늘 밤 신선한 내 식탁에는 제발
구린 냄새는 피지 말어."

주피터의 얼굴에 절망한 웃음이 장미처럼 희다.
주피터는 지금 실크해트를 쓴 영란은행 노만 씨[10)]가
글쎄 대영제국 아침거리가 없어서
장에 계란[11)]을 팔러 나온 것을 만났다나.
그래도 계란 속에서는
빅토리아 여왕[12)] 직속의 악대가 군악만 치더라나.

주피터는 록펠러 씨[13)]의 정원에 만발한
곰팡이 낀 절조[14)]들을 도무지 칭찬하지 않는다.
별처럼 무성한 온갖 사상의 화초들.
기름진 [장미][15)]를 빨아먹고 오만하게 머리 추켜든 치욕들.

주피터는 구름을 믿지 않는다. 장미도 별도………
주피터의 품 안에 자빠진 비둘기 같은 천사들의 시체.
검은 피 엉클린 날개가 경기구[16)]처럼 쓰러졌다.
딱한 애인[17)]은 오늘도 주피터더러 정열을 말하라고 조르나

원문

쥬피타의 얼굴에 장미같은 우숨이 눈보다 차다。
땅을 밟고 하는 사랑은 언제고 흙이 묻었다。

아모리 따려보아야 스트라빈스키의 어느 拙作보다도
이뿌지 못한 도·레·미·파………인생의 一週日。
은단추와[3] 조개껍질과 金貨와 아가씨와
佛蘭西人形과 몇개 부스러진 꿈 쪼각과………
쥬피타의 노름감은 하나도 자미가 없다。

몰려오는 안개가 겹겹이 둘러싼 네거리에서는
交通巡査 로오랑氏 로오즈벨트-氏 기타 제씨가
저마다 그리스트 몸짓을 숭내내나
함부로 돌아가는 붉은 불 푸른 불이 곳곳에서 事故만 이르킨다。
그중에서도 푸랑코氏의 直立不動의 자세에 더군다나 현기쯩이 났다。

쥬피타 너는 世紀의 아픈 상처였다。
惡한 氣流가 스칠적마다 오슬거렸다。
쥬피타는 병상을 차면서 소리쳤다。
『누덕이 불로라도 신문지로라도 좋으니
저 太陽을 가려다고。
눈먼 팔레스타인의 殺戮을 키질하는 이 건장한
大英帝國의 태양을 보지 말게 해다고』。

쥬피타는 어느날 아츰 초라한 걸레쪼각처럼 때묻고 해여진
수놓은 비단 形而上學과 체면과 거짓을 쓰레기통에 버서 팽개쳤다。
실수많은 인생을 탐내는 썩은 體重을 풀어버리고
파르테논으로 파르테논으로 날어갔다。

그러나 쥬피타는 아마도 오늘 세라시에陛下처럼
해여진 망또를 둘르고

주피터의 얼굴에 장미 같은 웃음이 눈보다 차다.
땅을 밟고 하는 사랑은 언제고 흙이 묻었다.

아무리 때려 보아야 스트라빈스키[18]의 어느 졸작보다도
예쁘지 못한 도 · 레 · 미 · 파………인생의 1주일.
은단추와 조개껍질과 금화와 아가씨와
프랑스 인형[19]과 몇 개 부스러진 꿈 조각과………
주피터의 놀음감[20]은 하나도 재미가 없다.

몰려오는 안개가 겹겹이 둘러싼 네거리에서는
교통순사 롤랑 씨[21] 루즈벨트 씨[22] 기타 제씨[23]가
저마다 그리스도 몸짓을 흉내 내나
함부로 돌아가는 붉은 불 푸른 불이 곳곳에서 사고만 일으킨다.
그중에서도 프랑코 씨[24]의 직립부동의 자세에 더군다나 현기증이 났다.

주피터 너는 세기의 아픈 상처였다.
악한 기류가 스칠 적마다 오슬거렸다.[25]
주피터는 병상을 차면서 소리쳤다.
"누덕이불[26]로라도 신문지로라도 좋으니
저 태양을 가려다오.
눈먼 팔레스타인의 살육[27]을 키질하는[28] 이 건장한
대영제국의 태양을 보지 말게 해다오."

주피터는 어느 날 아침 초라한 걸레 조각처럼 때 묻고 해어진
수놓은 비단 형이상학과 체면과 거짓을 쓰레기통에 벗어 팽개쳤다.
실수 많은 인생을 탐내는 썩은 체중을 풀어 버리고
파르테논[29]으로 파르테논으로 날아갔다.

그러나 주피터는 아마도 오늘 셀라시에 폐하[30]처럼
해어진 망토를 두르고

원문

문허진 神話가 파무낀 폼페이 海岸을
바람을 데불고 혼차서 소요하리라。

쥬피타 昇天하는 날 禮儀없는 사막에는
마리아의 찬양대도 분향도 없었다。
길잃은 별들이 遊牧民처럼
허망한 바람을 숨쉬며 떠 댕겼다。
허나 노아의 홍수보다 더진한 밤도
어둠을□고□□두 눈동자[4]를 끝내 감기지 못했다。

(『現代朝鮮文學全集: 詩歌集』 第二回配本. 1938. 04. 01. 201-06쪽[5])
(『바다와나비』 93-98: 「쥬피타追放 (李箱의靈前에바침)」)

무너진 신화가 파묻힌 폼페이 해안을
바람을 데리고 혼자서 소요하리라.

주피터 승천하는 날 예의 없는 사막에는
마리아의 찬양대도 분향도 없었다.
길 잃은 별들이 유목민처럼
허망한 바람을 숨 쉬며 떠다녔다.
하나 노아의 홍수보다 더 진한 밤도
어둠을 [뚫고] [타는] 두 눈동자를 끝내 감기지 못했다.

(『현대 조선 문학 전집: 시가집』 제2회 배본. 1938. 04. 01. 201-06쪽)

(『바다와 나비』 93-98: 「주피터 추방, 이상의 영전에 바침」)

원문

나비와바다

아모도 그에게 水深을일러준일이없기에
힌나비는 도모지 바다가무섭지않다。

青무우밭인가해서 나려갔다가는[1)]
어린날개가 물결에 저러서
公主처럼 지처서 도라온다。

三月달바다가 꽃이피지않어서 서거푼
나비허리에 새파란초생달이 시리다。

(『女性』 4.4. 1939. 04. 01. 18쪽)
(『바다와나비』 39: 「바다와나비」[2)])

나비와 바다

아무도 그에게 수심을 일러준 일이 없기에
흰 나비는 도무지 바다가 무섭지 않다.

청무밭인가 해서 [날아갔다가는][3)]
어린 날개가 물결에 절어서
공주처럼 지쳐서 돌아온다.

3월 달 바다가 꽃이 피지 않아서 [서글픈][4)]
나비 허리에 새파란 초승달이 시리다.

(『여성』 4.4. 1939. 04. 01. 18쪽)
(『바다와 나비』 39: 「바다와 나비」)

원문

連禱

내神은
잠든아기의얼굴에서 우숨을 걷우는
즐거우려는 자라려는 날뛰려는
망아지와 薔薇를 시들게하는
이 邪惡한 비바람[1]을 가장미워하는 神이리라。

내神은
내마음속의 주착없는 放心과
간사한衝動과 친하려는 嬌態를
가장怒하시는 神이리라。

내神은
沙漠에 꺼꾸러저워치든[2] "아라비아"사람들의
캄캄한마음에 떠오르든 太陽——
埃及의 채찍을 피해서 紅海에 막다른
"이스라엘"사람들의앞에 갑자기 길이든 神이리라。

내神은
내港口도 避難處도 安息도 아니오
내싸홈속에서 나를 지키고 鼓舞하는 소리리라。
연약하려는 落望하려는나를 노려보는 엄숙한 눈쌀이리라。

(『朝光』 3.4. 1939. 04. 01. 118-19쪽)
(『바다와나비』 61-62)

연도[3)]

내 신은
잠든 아기의 얼굴에서 웃음을 거두는
즐거우려는 자라려는 날뛰려는
망아지와 장미를 시들게 하는
이 사악한 비바람을 가장 미워하는 신이리라.

내 신은
내 마음속의 주책없는 방심과
간사한 충동과 친하려는 교태를
가장 노하시는 신이리라.

내 신은
사막에 꺼꾸러져 [외치던] 아라비아 사람들의
캄캄한 마음에 떠오르던 태양[4)] ——
애급[5)]의 채찍을 피해서 홍해에 막다른[6)]
이스라엘 사람들 앞에 갑자기 길이던 신이리라.[7)]

내 신은
내 항구도 피난처도 안식도 아니오
내 싸움 속에서 나를 지키고 고무하는 소리리라.
연약하려는 낙망하려는 나를 노려보는 엄숙한 눈살[8)]이리라.

(『조광』 3.4. 1939. 04. 01. 118-19쪽)
(『바다와 나비』 61-62)

원문

에노시마

—— 續東方紀行詩 ——

I 『가마꾸라』海邊 [I][1)]

바다 ——
그 날랜 裁縫師 歲月도
당신의 얼골에는 주름쌀을 잡지못합니다그려。

時間이 달려가는大陸을 비웃는 당신의 끄님없는 우승소리。
시드른 내三十年이 소라처럼 부끄럽구료。

바다 ——
슬픈어머니처럼 그러나
당신은 오늘 무엇때문에 그렇게 憂鬱하시오?

來日은 旗幅을 높이 올릴가요?
그렇면 내航海를 藍빛 꽃따발로 둘려주시려우?

(『文章』 1.5. 1939. 06. 01. 102-03쪽)

(『바다와나비』 82: 「東方紀行: 菖蒲田海水浴場」[2)])

에노시마[3)]

── 속 동방 기행 시 ──

I. 가마쿠라[4)] 해변 [I]

바다 ──
그 날랜 재봉사 세월도
당신의 얼굴에는 주름살을 잡지 못합니다그려.

시간이 달려가는 대륙을 비웃는 당신의 끊임없는 웃음소리.
시든 내 30년이 소라처럼 부끄럽구려.

바다 ──
슬픈 어머니처럼 그러나
당신은 오늘 무엇 때문에 그렇게 우울하시오?

내일은 기폭[5)]을 높이 올릴까요?
그러면 내 항해를 남빛 꽃다발로 둘러 주시려우?

(『문장』 1.5. 1939. 06. 01. 102-03쪽)
(『바다와 나비』 82: 「동방 기행: 쇼부타 해수욕장」)

원문

II 『에노시마』海水浴場

遙奔[1)]한 제비들이
날러간[2)]뒤에
축々한 모래둔 우에는 ——

빨간두께를한 『컴팩트』와
새깜한 날개깃과
얼빠진 달이
떨어져 있었다。

(『文章』 1.5. 1939. 06. 01. 103쪽)
(『바다와나비』 80: 「東方紀行: 江之島」[3)])

II. 에노시마[4] 해수욕장

[음분][5]한 제비들이
날아간 뒤에
축축한 모래언덕[6] 위에는 ——

빨간 뚜껑[7]을 한 콤팩트[8]와
새까만 날개짓과
얼빠진 달이
떨어져 있었다.

(『문장』 1.5. 1939. 06. 01. 103쪽)
(『바다와 나비』 80:「동방 기행: 에노시마」)

원문

III 軍港

海灣에는 驅逐艦들이
몸 가려운 河豚처럼 딩굴고 있었다。

어데서 戰爭이 부르지나 않나해서
자꾸만 귀를 주벗거리면서 ——

(舊稿)

(『文章』 1.5. 1939. 06. 01. 103쪽)
(『바다와나비』 81: 「東方紀行: 吳軍港」)

III. 군항

해만[1]에는 구축함들이
몸 가려운 하돈[2]처럼 뒹굴고 있었다。

어디서 전쟁이 부르지나 않나 해서
자꾸만 귀를 쭈삣거리면서 ——

(구고)

(『문장』 1.5. 1939. 06. 01. 103쪽)
(『바다와 나비』 81: 「동방 기행: 구례 군항[3]」)

원문

瀨戶內海
—— 續東方紀行詩 ——

I 安藝幸崎附近

瀨戶內海 이 地帶는
『에호봐』[1)]의 抒情詩。

금방 斷髮한 어린 松林들이
타박머리를 바람에 휘날리는 곳
한幅 말쑥한 푸른 종이에
갈매기야 너는 무슨 樂譜를 그리노?

심술을 부릴양으로
『모오타 뽀오트』를 휘몰아 들어가면
내 배도 어느새 詩의 한 句節이 되어버린다。[2)]

(『文章』 1.6. 1939. 07. 01, 140-41쪽)
(『바다와나비』 79: 「東方紀行: 瀨戶內海」)

세토 내해[3)]
— 속 동방 기행 시 —

I. 아키사이자키[4)] 부근

세토 내해 이 지대는
여호와[5)]의 서정시.

금방 단발한 어린 송림들이
타박머리[6)]를 바람에 휘날리는 곳
한 폭 말쑥한 푸른 종이에
갈매기야 너는 무슨 악보를 그리노?

심술을 부릴 양으로
모터보트를 휘몰아 들어가면
내 배도 어느새 시의 한 구절이 되어 버린다.

(『문장』 1.6. 1939. 07. 01, 140-41쪽)
(『바다와 나비』 79: 「동방 기행: 세토 내해」)

원문

II 神戸埠頭

활짝 青空으로 열어제낀 窓이다。
汽船[1)]들은 방금눈을 뜬 비둘기들처럼
旗빨을 물고 제각기 푸른 숲으로 흩어진다。

(舊稿)

(『文章』 1.6. 1939. 07. 01, 141쪽)
(『바다와나비』 83: 「東方紀行: 神戸埠頭」)

II. 고베 부두[2)]

활짝 청공[3)]으로 열어젖힌 창이다.
기선들은 방금 눈을 뜬 비둘기들처럼
깃발을 물고 제각기 푸른 숲으로 흩어진다.

(구고)

(『문장』 1.6. 1939. 07. 01, 141쪽)
(『바다와 나비』 83: 「동방 기행: 고베 부두」)

원문

海洋動物園

A 코키리

「키풀링」氏의 자장가만듣고
코키리는 잠만잘자면 칭찬을 받는다。

(『朝光』 5.7. 1939. 07. 01. 116쪽)
(『바다와나비』 84)

해양 동물원

A. 코끼리

키플링[1] 씨의 자장가만 듣고
코끼리는 잠만 잘 자면 칭찬을 받는다.

(『조광』 5.7. 1939. 07. 01. 116쪽)
(『바다와 나비』 84)

원문

B 駱駝

되됨이 천생해야 勤勞階級이다
「어-윈」卿 泰平합시라고 보내신 하누님의 선물이다。

(『朝光』 5.7. 1939. 07. 01. 116쪽)
(『바다와나비』 85)

B. 낙타

되됨이 천생[1] 근로계급이다
어윈 경[2] 태평하시라고 보내신 하느님의 선물이다.

(『조광』 5.7. 1939. 07. 01. 116쪽)
(『바다와 나비』 85)

원문

C 잉코

밤낮없이 모양만 내시니
祖國『에디오피아』王朝의終焉은 모르시나요?

(『朝光』 5.7. 1939. 07. 01. 117쪽)
(『바다와나비』 86)

C. 잉꼬[1)]

밤낮없이 모양만 내시니
조국 에티오피아[2)] 왕조의 종언은 모르시나요?

(『조광』 5.7. 1939. 07. 01. 117쪽)
(『바다와 나비』 86)

원문

D 씨-라이언(加洲產물개)

엉엉 우는꼴이 점잔치도 못하다。
『씨-라이언』
너도 故國에 알른애기를 두고왔니?

(舊稿)

(『朝光』 5.7. 1939. 07. 01. 117쪽)

D. 씨-라이언 (캘리포니아 주[1]산 물개)

엉엉 우는 꼴이 점잖지도 못하다.
씨-라이언
너도 고국에 앓는[2] 아기를 두고 왔니?

(구고)

(『조광』 5.7. 1939. 07. 01. 117쪽)

원문

療養院 (外一篇)

療養院

저마다 가슴속에 癌腫을 기루면서
지리한 歷史의 臨終을 苦待한다。

그날그날의 動物의習性에도 아주 익어버렸다。
標本室의 착한倫理에도 아담하게 固定한다。

人生아 나는 용맹한 포수인채 숨차도록
너를 쫓아댕겼다。

너는 오늘 간사한메초라기처럼
내발앞에서 포도독 날러가 버리는구나。

(『朝光』 5.9. 1939. 09. 01. 196-97쪽)
(『바다와나비』 40)

요양원 (외 1 편)

요양원

저마다 가슴속에 암종[1]을 기르면서
지루한 역사의 임종을 고대한다.

그날그날의 동물의 습성에도 아주 익어[2] 버렸다.
표본실[3]의 착한 윤리에도 아담하게 고정한다.

인생아 나는 용맹한 포수인 채 숨차도록
너를 쫓아다녔다.

너는 오늘 간사한 메추라기[4]처럼
내 발 앞에서 포도독 날아가 버리는구나.

(『조광』 5.9. 1939. 09. 01. 196-97쪽)
(『바다와 나비』 40)

원문

山羊

홀로자뻐저
옛날에 옛날에 잊어버렸던 찬송가를 외여보는밤
山羊과같이 나는 갑자기 무엇이고 믿고싶여。

(『朝光』 5.9. 1939. 09. 01. 197쪽)
(『바다와나비』 41)

산양

홀로 자빠져
옛날에 옛날에 잊어버렸던 찬송가를 외워 보는 밤
산양과 같이 나는 갑자기 무엇이고 믿고 싶어.

(『조광』 5.9. 1939. 09. 01. 197쪽)
(『바다와 나비』 41)

원문

餞別

餞別 I

웃어보일랴고 앨써 꾸미는 네입술인데
웨 「安寧히……」도 채이루지못하고
벌써 깨물리기만하느냐?

急行列車야 너도情을아드냐?
참아 내닷지못하고
그저 머뭇 머뭇 거리는구나。

(『女性』 4.9. 1939. 09. 01. 15쪽)

전별

전별[1] I

웃어 보이려고 애써 꾸미는 네 입술인데
왜 "안녕히……"도 채 이루지 못하고
벌써 깨물리기만 하느냐?

급행열차야 너도 정을 알더냐?
차마 내닫지 못하고
그저 머뭇머뭇거리는구나.

(『여성』 4.9. 1939. 09. 01. 15쪽)

원문

餞別 II

너다려 떠날때 채맞날날을 일르지못한것은
그 모진歲月에게 어떻게 우리들의
무거운 기약을 부탁할수없었던까닭이다。

(『女性』 4.9. 1939. 09. 01. 15쪽)

전별[1] II

너더러 떠날 때 채 만날 날을 이르지 못한 것은
그 모진 세월에게 어떻게 우리들의
무거운 기약을 부탁할 수 없었던 까닭이다.

(『여성』 4.9. 1939. 09. 01. 15쪽)

원문

共同墓地

日曜日아츰마다 陽地바닥에는
무덤들이 버숫처럼 일제히 도다난다。

喪輿는 늘 거리를 돌아다보면서
언덕으로 끌려올라 가군한다。

　아모무덤도 입을 버리지않도록 봉해버렸건만
　默示錄의 나팔소리를 기다리는가 보아서
　바람소리에조차 모다귀를 쫑그린다。

潮水가우는 달밤에는
등을이르키고 넋없이 바다를 구버본다。

(『人文評論』 1.1. 1939. 10. 01. 24-25쪽)
(『바다와나비』 42)

공동묘지

일요일 아침마다 양지 바닥에는
무덤들이 [버섯][1)]처럼 일제히 돋아난다.

상여는 늘 거리를 돌아다보면서
언덕으로 끌려 올라가곤 한다.

　아무 무덤도 입을 벌리지 않도록 봉해 버렸건만
　묵시록의 나팔 소리를 기다리는가 보아서
　바람 소리에조차 모두 귀를 쫑그린다.[2)]

조수가 우는 달밤에는
등을 일으키고 넋 없이 바다를 굽어본다.

(『인문평론』 1.1. 1939. 10. 01. 24-25쪽)
(『바다와 나비』 42)

원문

겨울의노래

『망또』 처럼 추근추근한 濕地이기로니[1)]
웨 이다지야 太陽이 그리울가?
醫師는 處方을 斷念하고 돌아갔다지요?
아니요 나는 人生이 더 怒엽지 않습니다。

旅行도 했습니다。 몇낮[2)]서 투룬 『러브씬』 무척 웃고 싶습니다。
人造絹을 둘르고 還故鄕하시는 御使道[3)]님네도 있습니다。
저마다 勳章처럼 傲慢합니다。 사뭇 키가 큽니다。
남들은 참말로 노래를 불를줄 아나베。

갈바람속에 우두커니섰는 벌거벗은 허수아비를
어느 철없는 가마귀가 무서워할가요?
저런 鉛빛 한울에 별이 뜰리 있나요?
薔薇가 피지않는 하늘에도 별이 살가요?

바람이 떼를지어 江가에서 우짖는 밤은
절망이 혼자 밤새도록 내 친한 벗이었습니다。
마지막별이 흘러가도 아무도 소름치지도 않습니다。
집마다 새벽을 믿지않는 頑固한 窓들이 잠겨있습니다。

六千年 메마른 思想의 沙漠에서는 오늘밤도
히미한 神話의 불길들이
음산한 懷疑의 바람이[4)] 불려 깜박어립니다。

그러나 四月이 오면 나도 이 추근추근한 季節과도 작별해야 하겠습니다。
濕地에 자란 검은 생각의 雜草들을 불사라버리고
太陽이 있는 바다까로 나려가겠습니다。
거기서 벌거벗은 神들과 健康한 英雄들을 만나겠습니다。

(『文章』 1.11. 1939. 12. 01. 114-16쪽)

(『바다와나비』 68-70: 「겨울의노래」[5)])

겨울의 노래

망토처럼 추근추근한[6] 습지기로니
왜 이다지도 태양이 그리울까?
의사는 처방을 단념하고 돌아갔다지요?
아니요 나는 인생이 더 노엽지 않습니다.

여행도 했습니다. 몇 [날][7] 서투른 러브신[8] 무척 웃고 싶습니다.
인조견을 두르고 환고향[9]하시는 어사도[10]님네도 있습니다.
저마다 훈장처럼 오만합니다. 사뭇 키가 큽니다.
남들은 참말로 노래를 부를 줄 아나 보네.

갈바람[11] 속에 우두커니 서 있는 벌거벗은 허수아비를
어느 철없는 까마귀가 무서워할까요?
저런 연빛[12] 하늘에 별이 뜰 리 있나요?
장미가 피지 않는 하늘에도 별이 살까요?

바람이 떼를 지어 강가에서 우짖는 밤은
절망이 혼자 밤새도록 내 친한 벗이었습니다.
마지막 별이 흘러가도 아무도 소름 치지도 않습니다.
집마다 새벽을 믿지 않는 완고한 창들이 잠겨 있습니다.

6천 년 메마른 사상의 사막에서는 오늘 밤도
희미한 신화의 불길들이
음산한 회의의 바람[에] 불려 깜박거립니다.

그러나 4월이 오면 나도 이 추근추근한 계절과도 작별해야 하겠습니다.
습지에 자란 검은 생각의 잡초들을 불살라 버리고
태양이 있는 바닷가로 내려가겠습니다.
거기서 벌거벗은 신들과 건강한 영웅들을 만나겠습니다.

(『문장』 1.11. 1939. 12. 01. 114-16쪽)

(『바다와 나비』 68-70: 「겨울의 노래」)

원문

힌薔薇같이 잠이 드시다[1)]

── 遺骸를모시고 ──

힌薔薇처럼 싸늘하게
내靑春의黃昏속에 빛나시는얼골 ──

들뜬손퍽소리‥‥‥‥꾸지람‥‥‥‥휘황한눈짓에도
당신의心臟은 다시 뜨거워지는일이 없을것임니다。

騷亂한 世紀의우지짐은
한갓 당신의귀몃을 스치는 먼 바람결 ──

악착한 우름소리 아우성소리에도
얼골빛하나 찡그림없이
아득한虛無앞에 당신은 合掌을 하셨읍니다。

당신은 지금 뭇소리와 빛밖에
泰然히 눈을 감으시고
힌薔薇처럼 잠이 드셨읍니다。

黃昏속에 멈춰서서 나는 지금
가슴에 설레오는 오래인
先祖와 先祖들의 소리를 듯습니다。[2)]

虛妄한 生의行列에 총々히 왔다가는
이윽고는 실없은나그내처럼 닞어바리워진다함니다。

記憶은 가장 믿기어려운 그림자 ──
다만歷史의 經營에 어느구석 일홈없는 돌멩이고저 ──

(『人文評論』 2.4. 1940. 04. 01. 46-47쪽)
(『바다와나비』 66-67: 「힌 薔薇처럼 잠이드시다」)

흰 장미같이 잠이 드시다

── 유해를 모시고[3] ──

흰 장미처럼 싸늘하게
내 청춘의 황혼 속에 빛나시는 얼굴 ──

들뜬 손뼉[4] 소리……꾸지람……휘황한 눈짓에도
당신의 심장은 다시 뜨거워지는 일이 없을 것입니다.

소란한 세기의 우짖음은
한갓 당신의 [귀밑][5]을 스치는 먼 바람결 ──

악착한[6] 울음소리 아우성 소리에도
얼굴빛 하나 찡그림 없이
아득한 허무 앞에 당신은 합장을 하셨습니다.

당신은 지금 뭇소리와 빛 밖에
태연히 눈을 감으시고
흰 장미처럼 잠이 드셨습니다.

황혼 속에 멈춰 서서 나는 지금
가슴에 설레 오는 오랜
선조와 선조들의 소리를 듣습니다.

허망한 생의 행렬에 총총히 왔다가는
이윽고 실없는 나그네처럼 잊어버려진다 합니다.

기억은 가장 믿기 어려운 그림자 ──
다만 역사의 경영에 어느 구석 이름 없는 돌멩이고자 ──

(『인문평론』 2.4. 1940. 04. 01. 46-47쪽)

(『바다와 나비』 66-67: 「흰 장미처럼 잠이 드시다」)

원문

못

모-든빛나는것 아롱진것을 빨아버리고 ──
못은 아닌밤중 지친瞳子처럼 눈을감었다。

못은 수풀한복판에 뱀처럼 서렸다。
못[1] 호화로운것 찬란한것을 녹여삼키고 ──

스스로 제沈默에 놀라 소름친다。
밑모를 맑음에 저도몰래 오슬거린다。

휩쓰는 어둠에서[2] 날(刄)처럼 흘김은
빛과 빛갈이 녹아엉키다못해 식은때문이다。

바람에 금이가고 비빨에 뚫렸다가도
상한곳하나없이 먼동을 바라본다。

(『春秋』 2.1. 1941. 02. 01. 154-55쪽)
(『바다와나비』 46-47)

못

모든 빛나는 것 아롱진 것을 빨아 버리고 ——
못은 아닌 밤중 지친 동자[3]처럼 눈을 감았다.

못은 수풀 한복판에 뱀처럼 서렸다.[4]
[뭇] 호화로운 것 찬란한 것을 녹여 삼키고 ——

스스로 제 침묵에 놀라 소름 친다.
밑 모를 맑음에 저도 몰래 오슬거린다.[5]

휩쓰는 어둠에서 날(刄(인))[6]처럼 흘김은
빛과 빛깔이 녹아 엉키다 못해 식은 때문이다.

바람에 금이 가고 빗발에 뚫렸다가도
상한 곳 하나 없이 먼동을 바라본다.

(『춘추』 2.1. 1941. 02. 01. 154-55쪽)
(『바다와 나비』 46-47)

원문

小曲

四月은 겨으른표범처럼
인제사 잠이깼다
눈이부시다 가려웁다[1)]
소름친다
등을 살린다
주춤거린다
성큼 겨울을 뛰어넘는다

(『朝光』 7.4. 1941. 04. 01. 23쪽)
(『바다와나비』 89: 「봄」)

소곡[2)]

4월은 게으른 표범처럼
이제야 잠이 깼다
눈이 부시다 가렵다
소름 친다
등을 살린다
주춤거린다
성큼 겨울을 뛰어넘는다

(『조광』 7.4. 1941. 04. 01. 23쪽[3)])
(『바다와 나비』 89: 「봄」)

원문

새벽의『아담』

象牙같은 등어리에 華麗한피를 묻히고
별을밟으며 가시언덕을 넘어감은
한時바삐 저 묵은歷史와도 訣別함이리라

希望은 또다시 어둠우에 떠오르는太陽
밤이면 그대때문에 거리거리에 나부끼는 홰ㅅ불의『리본』
새벽이슬에 함뿍젖어 오슬거리는
눈방울이 구슬같은 『아담』들을 보렴

薔薇보다 찬란한 근심을 진여
寶石처럼영롱한슬픔은 靑春의勳章 ——
새벽行列은 淸楚한 水仙花향기가 도더라

(『朝光』 8.1. 1942. 01. 01. 121쪽)
(『바다와나비』 71-72)

새벽의 아담

상아 같은 등[1)]에 화려한 피를 묻히고
별을 밟으며 가시 언덕을 넘어감은
한시바삐 저 묵은 역사와도 결별함이리라

희망은 또다시 어둠 위에 떠오르는 태양
밤이면 그대 때문에 거리거리에 나부끼는 횃불의 리본
새벽이슬에 함뿍 젖어 오슬거리는
눈방울이 구슬 같은 아담들을 보렴

장미보다 찬란한 근심을 지녀
보석처럼 영롱한 슬픔은 청춘의 훈장 ——
새벽 행렬은 청초한 수선화 향기가 돌더라

(『조광』 8.1. 1942. 01. 01. 121쪽)
(『바다와 나비』 71-72)

원문

詩二題

1. 年輪

뭖어지는 꽃이파리처럼
휘날려 발아래 깔리는
서른나문해야

구름같이 피랴던 뜻은 날로굳어
한금두금 곱다랗게 감기는年輪

갈매기처럼 꼬리떨며
珊瑚핀바다바다에 나려앉은섬으로 가자

비취빛한울아래 피는꽃은 맑기도하리라
뭖어질적에는 눈빛파도에 적시우리

초라한經歷을 陸地에막은다음
주름자피는 年輪마저 끊어버리고
나도또한 불꽃처럼 熱烈히살리라

(『春秋』 3.5. 1942. 05. 01. 88-89쪽)

시 2제

1. 연륜

무너지는 꽃잎[1)]처럼
휘날려 발아래 깔리는
서르나문[2)] 해야

구름같이 피려던 뜻은 날로 굳어
한 금 두 금 곱다랗게 감기는 연륜

갈매기처럼 꼬리 떨며
산호 핀 바다 바다에 내려앉은 섬으로 가자

비췻빛 하늘 아래 피는 꽃은 맑기도 하리라
무너질 적에는 눈빛 파도에 적시우리

초라한 경력을 육지에 막은 다음
주름 잡히는 연륜마저 끊어 버리고
나도 또한 불꽃처럼 열렬히 살리라

(『춘추』 3.5. 1942. 05. 01. 88-89쪽)

원문

2. 靑銅

녹쓰른 靑銅그릇하나
어두운빛을 허리에감고
현란한 世紀의 골목에 물러앉어
흡사 여러歷史를 산듯하다

도도히 흘러온 먼歲月
어느여울까에 피었던
가지가지 꽃香氣를
너는 담었드냐

(『春秋』 3.5. 1942. 05. 01. 89쪽)

2. 청동

녹슨 청동 그릇 하나
어두운 빛을 허리에 감고
현란한 세기의 골목에 물러앉아
흡사 여러 역사를 산 듯하다

도도히 흘러온 먼 세월
어느 여울[1] 가에 피었던
가지가지 꽃향기를
너는 담았더냐

(『춘추』 3.5. 1942. 05. 01. 89쪽)

원문

전날밤

땅을흔드는 은은한 대포소리와
피찔린연기와불낄 소름기치는 소문들을뒤로
비뿌리는밤길에 울리는구두소리 말발굽소리를거슬러
길잃은백성들은가슴투기며 한길로한길로만흩어젔다
일홈지을수없이 뒤복는무슨커다란새날을
저마다어슴푸레 마음속에그렸다 지웠다다시그리며
항구와거리에서는 지금쯤 아마도
성낸戰爭이한창 불을뿜으리라
시달린살림 헐버슨마을 거츤터전쯤이야
모도다불속에 던저버린들무엇이랴
소지처럼피렴 곱다랗게피렴
안타깝고산란턴 온갖사연도
거짓많은고약한都市와 총칼로쌓은祭壇도
모조리 고히고히 할터버리렴
戰爭아 네 불타는 날랜혀빠닥으로 ——
歷史는 가장 총명한豫言者
그만은 속이지않으리라 다알고있으리라 ——
언약보다도 굳게 오직 그대를 믿으며 살아왔다
띠끌과 구렁과 끝없는 地平線 —— 오 —— 焦土도 좋다
創世紀처럼 그우에 피어날 새로운山과들
꽃피는 거리거리 노래하는 機械들
나의 不死鳥는 기어코 새벽과함께
이재덤불속에서 떨치고 일어나리라

(『新朝鮮報』 1945. 10. 08. 一面)

(『바다와나비』 14-16)

전날 밤

땅을 흔드는 은은한 대포 소리와
피 찔린 연기와 불길 소름 끼치는 소문들을 뒤로
비 뿌리는 밤길에 울리는 구두 소리 말발굽 소리를 거슬러
길 잃은 백성들은 가슴 튀기며 한길로 한길로만 흩어졌다
이름 지을 수 없이 뒤볶는 무슨 커다란 새날을
저마다 어슴푸레 마음속에 그렸다 지웠다 다시 그리며
항구와 거리에서는 지금쯤 아마도
성난 전쟁이 한창 불을 뿜으리라
시달린 살림 헐벗은 마을 거친 터전쯤이야
모두 다 불 속에 던져 버린들 무엇이랴
소지[1]처럼 피렴 곱다랗게 피렴
안타깝고 산란하던 온갖 사연도
거짓 많은 고약한 도시와 총칼로 쌓은 제단도
모조리 고이고이 핥아 버리렴
전쟁아 네 불타는 날랜 혓바닥으로 ——
역사는 가장 총명한 예언자
그만은 속이지 않으리라 다 알고 있으리라 ——
언약보다도 굳게 오직 그대를 믿으며 살아왔다
티끌과 구렁과 끝없는 지평선 —— 오 —— 초토[2]도 좋다
창세기처럼 그 위에 피어날 새로운 산과 들
꽃 피는 거리거리 노래하는 기계들
나의 불사조는 기어코 새벽과 함께
이제 덤불 속에서 떨치고 일어나리라

(『신조선보』 1945. 10. 08. 1면)
(『바다와 나비』 14-16)

원문

파도소리헤치고

꽂바다
기빨바다
파도소리 헤치고
밀물처들어온다
띠끌쓴機動部隊 解放의兵士들이
傲慢한要塞線과 鐵條網
失色한捕虜 꺾여진 총칼떼미 박차흩으며
잃어버렷던祖國의아츰이다
눈물걷고 처다보아라 兄弟들아
山脈과 거리와 마을마다
毒蛇처럼 서렷던 사슬도 돌壁도 쇠창살도
民族의 피쫄에 깊이 박혓던 표독한 이빨도 발톱도
갑갑하던 火藥연기와함게 하로아츰 슬어졌다
화려한아츰
고대한던 太陽이다

한울까에서
먼나라에서
獄中에서
채찍아래서 창끝에서
일흠없는 戰傷[1]에서
눈감지못한채 꺼꾸러진 兄弟들
인제야모다 한번식만이라도 얼골돌려
뚤어진 뷘眼孔[2]에빛외는
풀리운 祖國의 이러서는모양 바라보소서
악물린 이빨버려 웃으소서

피엉킨 句節 句節
떨리는글장
삐뚤어진 歷史의 여울물소리

파도 소리 헤치고

꽃바다[4]
깃발 바다
파도 소리 헤치고
밀물 쳐 들어온다
티끌 쓴 기동부대 해방의 병사들이
오만한 요새선[5]과 철조망
실색한 포로 꺾어진 총칼 더미 박차 흩으며
잃어버렸던 조국의 아침이다
눈물 걷고 쳐다보아라 형제들아
산맥과 거리와 마을마다
독사처럼 서렸던[6] 사슬도 돌벽도 쇠창살도
민족의 핏줄에 깊이 박혔던 표독한 이빨도 발톱도
갑갑하던 화약 연기와 함께 하루아침 스러졌다
화려한 아침
고대하던 태양이다

하늘가에서
먼 나라에서
옥중에서
채찍 아래서 창끝에서
이름 없는 [전장]에서
눈감지 못한 채 꺼꾸러진 형제들
인제야 모두 한 번씩만이라도 얼굴 돌려
뚫어진 빈 안공[7]에 비치는
풀린 조국의 일어서는 모양 바라보소서
악물린 이빨 [벌려][8] 웃으소서

피 엉킨 구절구절
떨리는 글장[9]
삐뚤어진 역사의 여울물 소리

원문

亞細亞의밤중에 사모친지 몇몇해냐
잠겼던 바다 바다
오늘은 侵略의 吸盤이아닌 港口마다
解放하는艦隊 自由의兵士들이 들어온다
노래소리
파도소리
목메인 萬歲소리 헤치며

거리거리
마을마다 埠頭마다
꽃바다
기빨바다
만백성 흐렷던 마음에 떠올으는
다시 돌아온 그립던 모습
우슴띠우는 祖國의얼골아
아청빛 비단폭에감아
새時代의 길앞에 바뜰어올리는
꽃무꿈하나
청초히 나부낀다。

(『新文藝』 1.1. 1945. 12. 01. 22-24쪽)

(『새노래』 59-64[3])

아시아[10]의 밤중에 사무친 지 몇몇 해냐
잠겼던 바다 바다
오늘은 침략의 흡반[11]이 아닌 항구마다
해방하는 함대 자유의 병사들이 들어온다
노래 소리
파도 소리
목멘 만세 소리 헤치며

거리거리
마을마다 부두마다
꽃바다
깃발 바다
만백성 흐렸던 마음에 떠오르는
다시 돌아온 그립던 모습
웃음 띤 조국의 얼굴아
아청빛[12] 비단 폭에 감아
새 시대의 길 앞에 받들어 올리는
꽃묶음[13] 하나
청초히 나부낀다.

(『신문예』 1.1. 1945. 12. 01. 22-24쪽)

(『새노래』 59-64)

원문 우리들의八月로도라가자

들과 거리 바다와 企業도
모도다 바치어 새나라 세워가리라 ——
한낫 벌거숭이로 도라가 이나라 지추돌고이는 다만 쪼악돌이고저원 하던
　　　　오 —— 우리들ㅣ[1] 八월로 도라가자。

명예도 지위도 호사스런살림도 다버리고
구름같이 휘날리는 祖國의 기빨아래
다만 헐벗고 정성스런 종이고저 맹세하던
　　　　오 —— 우리들의 八월로 도라가자。

어찌 닭울기전 세번뿐이랴。
다섯번 일곱번 그를 모른다하던辱된날이뼈앞어[2]
땅에 쓸어저 얼골부비며 끌른눈물
　　　　눈뿌리태우던 우리들의 八月

먼나라와 옥중과 총칼사이를
뚫코 헤치며 피흘린 열열한이들마저
한갓 겸손한 심부름꾼이고저 빌던
　　　　오 —— 우리들의 八月로 도라가자。

끗없는 노염 통분 원한속에서 비저진
우리들의꿈 이빨로 뜨더 아로색인彫刻。
아모도 따룰리[3]업는 아름다운땅 맨들리라 ——
　　　　한울 우러러외우치던 우리들의八月。

부리는이 부리우는이 하나없이
知慧와 義理와 착한마음 꼿처럼피어
天使들모다 부리워[4] 歸順하는나라
　　　　내八月의꿈은 영롱한 보석바구니。

〉

우리들의 8월로 돌아가자

들과 거리 바다와 기업도
모두 다 바쳐 새 나라 세워 가리라——
한낱 벌거숭이로 돌아가 이 나라 주춧돌[6] 고이는 다만 조약돌이고자 원하던
오 —— 우리들[의] 8월로 돌아가자.

명예도 지위도 호사스런 살림도 다 버리고
구름같이 휘날리는 조국의 깃발 아래
다만 헐벗고 정성스런 종이고자 맹세하던
오 —— 우리들의 8월로 돌아가자.

어찌 닭 울기 전 세 번뿐이랴.[7]
다섯 번 일곱 번 그를 모른다 하던 욕된 날이 뼈아파[8]
땅에 쓰러져 얼굴 [비비며][9] 끓는 눈물
눈뿌리[10] 태우던 우리들의 8월

먼 나라와 옥중과 총칼 사이를
뚫고 헤치며 피 흘린 열렬한 이들마저
한갓 겸손한 심부름꾼이고자 빌던
오 —— 우리들의 8월로 돌아가자.

끝없는 노염 통분 원한 속에서 빚어진
우리들의 꿈 이빨로 뜯어 아로새긴 조각.
아무도 따를[11] 리 없는 아름다운 땅 만들리라——
하늘 우러러 외치던 우리들의 8월.

부리는 이 [부리이는][12] 이 하나 없이
지혜와 의리와 착한 마음 꽃처럼 피어
천사들 모두 [부러워] 귀순하는 나라
내 8월의 꿈은 영롱한 보석 바구니.

원문

오 —— 八月로 도라가자。
나의創世紀에워싸던 香기론 節期[5]로 ——
썩은연기 벽돌데미 몬지속에서
연꼿처럼 홀란히 피어나던 八月
　　　　　오 —— 우리들의 八月로 도라가자。

(『自由新聞』 1945. 12. 10. 一面)

(『바다와나비』 11-13)

오 —— 8월로 돌아가자.
나의 창세기 에워싸던 향기로운 절기로 ——
썩은 연기 벽돌 더미 먼지 속에서
연꽃처럼 혼란히[13] 피어나던 8월
　　　　오 —— 우리들의 8월로 돌아가자.

(『자유신문』 1945. 12. 10. 1면)
(『바다와 나비』 11-13)

원문

知慧에게바치는노래

검은機關車 車머리마다
장미꽃 쏘다지게 피워서
쪽빛 바다바람 함북안겨
비단폭구룸장 휘감아보내마
숨쉬는鋼鐵 꿈을아는動物아

황량한 近代의 남은터에쓰러저
병들어이즈러저 半身이피에젖은
"헬라쓰"의오래인後裔·이방탕한世紀의 아름소리들으렴
자못 길드리기어려운 즘생이더니
知慧의속삭임에 오늘은 점잔히 귀죽였고나

풀냄새싱々한 山脈을새여
힌물결 선을두룬 뭇大陸의 가장자리를도라
간데마다 暗默과幸福만이사는 아롱진都市
비취빛한울밑 꽃밭속의工場에서는
機械와皮帶가 樂器처럼 울려오리라

時間과空間이 아득하게맛대인곳
거기서는 無限은 벌써 한낫 語彙가아니고
住民들의 한 이시린味覺이리라
얼키고설킨 太陽系의 數式의고물[1)]에걸린
날랜楕圓形하나 —— 새로운별의誕生이다

文明과自然의 아름다운婚姻
知慧의勝利눈부시는 나라나라는
말머리무겁고 눈방울영롱할[2)]種族에게주리라
歷史는 꿈많은시절의日記처럼
하로하로 淸新한"페이지"만이 불어가리라

지혜에게 바치는 노래

검은 기관차 차머리마다
장미꽃 쏟아지게 피워서
쪽빛 바닷바람 함북 안겨
비단 폭 구름장[3] 휘감아 보내마
숨 쉬는 강철 꿈을 아는 동물아

황량한 근대의 남은 터에 쓰러져
병들어 이지러져 반신이 피에 젖은
헬라스[4]의 오랜 후예·이 방탕한 세기의 [앓음] 소리 들으렴
자못 길들이기 어려운 짐승이더니
지혜의 속삭임에 오늘은 점잖이 귀죽였구나[5]

풀 냄새 싱싱한 산맥을 새어
흰 물결 선을 두른 뭇 대륙의 가장자리를 돌아
간 데마다 암묵과 행복만이 사는 아롱진 도시
비췻빛 하늘 밑 꽃밭 속의 공장에서는
기계와 피대[6]가 악기처럼 울려오리라

시간과 공간이 아득하게 맞댄 곳
거기서 무한은 벌써 한낱 어휘가 아니고
주민들의 한 이 시린 미각이리라
얽히고설킨 태양계의 수식의 [그물]에 걸린
날랜 타원형 하나 —— 새로운 별의 탄생이다

문명과 자연의 아름다운 혼인
지혜의 승리 눈부시는 나라 나라는
말머리[7] 무겁고 눈방울 [영롱한] 종족에게 주리라
역사는 꿈 많은 시절의 일기처럼
하루하루 청신한 페이지만이 불어[8] 가리라

〉

원문

검은機關車 車머리마다
장미꽃 쏘다지게 피워 보내마
無知와 不幸과 미련만이 君臨하던
재빛神話는 사라젓다고 사람마다 일러줘라
숨쉬는鋼鐵·꿈을아는動物아

(『解放記念詩集』 1945. 12. 12. 20-23쪽)
(『바다와나비』 17-19)

검은 기관차 차머리마다
장미꽃 쏟아지게 피워 보내마
무지와 불행과 미련만이 군림하던
잿빛 신화는 사라졌다고 사람마다 일러줘라
숨 쉬는 강철·꿈을 아는 동물아

(『해방기념시집』 1945. 12. 12. 20-23쪽)
(『바다와 나비』 17-19)

원문

울어라 인경아

一,
문열어주어라
인경이 울겠단다
벙어리사리 마흔해
인제 사내나 라목노아울라

(후렴) 울어라 인경아
네거리의 황혼을찌즈며
네가울면 나도울마
三千萬이 다울자

二,
창살을 뜨더줘라
인경이 울겠단다
이땅에 고인피 상채기
고이씨스며 쓰다듬으며

三,
뭉치어라 엉키라고
인경이 울겠단다
놈들의칼과 채찍
함께겪은 마흔해 잊지말라고

四,
새나라 오신다고
소리처 울겠단다
겹겹이감긴 어둠
떨어버리며 몸부림치며

(『新朝鮮報』 1945. 12. 27. 二面)

울어라 인경아[1)]

1,
문 열어 주어라
인경이 울겠단다
벙어리 살이 마흔 해
인제야 내 나라 목 놓아 울라

(후렴) 울어라 인경아
네거리의 황혼을 찢으며
네가 울면 나도 울마
3천만이 다 울자

2,
창살을 뜯어 줘라
인경이 울겠단다
이 땅에 고인 피 생채기
고이 씻으며 쓰다듬으며

3,
뭉치어라 엉키라고
인경이 울겠단다
놈들의 칼과 채찍
함께 겪은 마흔 해 잊지 말라고

4,
새 나라 오신다고
소리쳐 울겠단다
겹겹이 감긴 어둠
떨어 버리며 몸부림치며

(『신조선보』 1945. 12. 27. 2면)

원문

世界에웨치노라(1)

부스러진거리거리 이즈러진陸地에
火藥연기 거치는[1]날
오래인病席에서 이러나는것처럼
한 새로운世界의얼골은 떠오르리라 ——
어지럽던 地獄의 地理가끝난곳에
어린天國의 寶石대문은 열리리라했더니 ——

X X X

뭇노니 歷史여 너는무엇때문에
그렇게도 배부를줄이없이
수없는靑春과 또 꿈
博物舘과 圖書舘과 大學
가장 비싼世界의 재산을 삼켰더냐。
『自由와 그러고 새로운世게』
그밖에는 이커다란殺戮을 용서할
五色論理로 단장한 아모러한口實도 거즛이리라

X X X

저東으로쌔친 살진動脈
여러世紀를두고 한帝國을키어간 탐욕한 피ㅅ줄을보아라
『쫀·뿔』씨의 사치한神經이 거기 얽혀떨리지안느냐。
저도모르는사이에 부억에서 부억으로 끌려댕기는
獅子의염통 『아프리카』를보아라
歐羅巴의『호텔』을부지하는 收入맛는[2]榮養을 ——

—— 계속 ——

(『新朝鮮報』 1945. 12. 29. 一面)

(『바다와나비』 101-06[3])

세계에 외치노라 (1)

부스러진 거리거리 이지러진 육지에
화약 연기 [걷히는] 날
오랜 병석에서 일어나는 것처럼
한 새로운 세계의 얼굴은 떠오르리라 ——
어지럽던 지옥의 지리가 끝난 곳에
어린 천국의 보석 대문은 열리리라 했더니 ——

X X X

묻노니 역사여 너는 무엇 때문에
그렇게도 배부를 줄이 없이
수없는 청춘과 또 꿈
박물관과 도서관과 대학
가장 비싼 세계의 재산을 삼켰더냐.
"자유와 그리고 새로운 세계"
그 밖에는 이 커다란 살육을 용서할
5색 논리로 단장한 아무러한 구실도 거짓이리라

X X X

저 동으로 뻗친 살진 동맥
여러 세기를 두고 한 제국을 키워 간 탐욕스런 핏줄을 보아라
존 불[4] 씨의 사치한 신경이 거기 얽혀 떨리지 않느냐.
저도 모르는 사이에 부엌에서 부엌으로 끌려 다니는
사자의 염통 아프리카를 보아라
구라파[5]의 호텔을 부지하는[6] 수입 [맞는] 영양[7]을 ——

—— 계속 ——

(『신조선보』 1945. 12. 29. 1면)

(『바다와 나비』 101-06)

원문

世界에웨치노라(2)

『힌두스타니아[1]』는 얼골검은種族에게주라。
女王님。眞주목도리는 獨木舟選手들의것입니다。
沙漠과金剛石은 말잘달리는住民에게돌리라。
분주한文明이라는市場에 그들은 遲刻한罪밖에 없었으니 ――
地球에휘감긴 삭은사슬을 아직도지키려는者누구냐

X X X

착한늙은나라나라에 황홀한夜市일랑벌리지말어라
知헤와일과우숨만이 있으면 그만이다。
粉과비단은『사탄』의얼골을 감추는데만 소용이되리라。
오 ―― 오래인神殿 거륵한大陸에서
장사치와『마캬-벨리』의後예를 쓸어버릴
성낸『헤부라이』젊은사나이는 어디있느냐。

X X X

病든꿈에배인 어두운神話와
사나운熱病에몰린 세民族이
온世界와, 젊은이와太陽을 묻어버렸던
저 식은재와같은 여러해를잊었느냐。
無名戰士의十字架에뭇노니 그대어깨에걸린것은
누구의自由를위한 꽃따발이냐。

X X X

歐羅巴의등에소슨 해骨의山
『우크라이나』『노르만디』불붙는 화독에
오 ―― 무럭무럭 거기풍성한 여러나라의青春을 피웠더라。
녹아흐르는불바다 불낄쁨은섬들
世게의半조각에걸처 아직도남아타오르는기름과 硫黃연기。
오 ―― 여러해 꺼질줄모르던世紀의火장터야

(『新朝鮮報』 1945. 12. 30. 一面)

(『바다와나비』 101-06[2])

세계에 외치노라 (2)

힌두스타니[3)]는 얼굴 검은 종족에게 주라.
여왕님. 진주 목도리는 독목주[4)] 선수들의 것입니다.
사막과 금강석은 말 잘 달리는 주민에게 돌리라.[5)]
분주한 문명이라는 시장에 그들은 지각한 죄밖에 없었으니 ——
지구에 휘감긴 삭은 사슬을 아직도 지키려는 자 누구냐

X X X

착한 늙은 나라 나라에 황홀한 야시[6)]일랑 벌이지 말라.
지혜와 일과 웃음만이 있으면 그만이다.
분과 비단은 사탄의 얼굴을 감추는 데만 소용이 되리라.
오 —— 오래인 신전 거룩한[7)] 대륙에서
장사치와 마키아벨리[8)]의 후예를 쓸어버릴
성난 히브리 젊은 사나이[9)]는 어디 있느냐.

X X X

병든 꿈에 배인 어두운 신화와
사나운 열병에 몰린 세 민족[10)]이
온 세계와, 젊은이와 태양을 묻어 버렸던
저 식은 재와 같은 여러 해를 잊었느냐.
무명전사의 십자가에 묻노니 그대 어깨에 걸린 것은
누구의 자유를 위한 꽃다발이냐.

X X X

구라파[11)]의 등에 솟은 해골의 산[12)]
우크라이나[13)] 노르망디[14)] 불붙는 화덕에
오 —— 무럭무럭 거기 풍성한 여러 나라의 청춘을 피웠더라.
녹아 흐르는 불바다 불길 뿜은 섬들
세계의 반 조각에 걸쳐 아직도 남아 타오르는 기름과 유황 연기.
오 —— 여러 해 꺼질 줄 모르던 세기의 화장터야

(『신조선보』 1945. 12. 30. 1면)

(『바다와 나비』 101-06)

원문

世界에웨치노라(3)

중천에사모치는 화토불을피우자。
帝國을떠바치던 骸骨의석가래도기둥도
호사와옴난을 길러가던 無知와不德도
화토불에던저라 어서살워버려라。
世게에금을그은 저要塞線들과
大포와 造兵廠과 투구들도 ——
戰쟁은벌서 끝나지않었느냐。
帝國도强國도 다歷史의가슴에달린
부질없는 사치한장식이아니냐。

X X X

여러誤解와敵意의 가시덤불에쌓여
한갈래 좁고가는 理解와知慧의길은
아직도어둔밤 『푸라리나』머리칼처럼 히미하게떨릴뿐。
나의아름다운世게 현란히 열릴날언제냐。
오직하나뿐인世게 금가지않은世게로향해
『사라센』의휘장처럼
아츰안개 눈부시게걷힐날은언제냐。

X X X

어두운주검속에서 꽃처럼 피어나는論理。
骸골의들에도 봄바람이불면
젖은재떼미우에도 벌거버슨山脈에도
싹은트리니 푸른싹은트리니
이윽고 거기 보라빛 당홍빛 노랑이
무지개같이 가지가지 꽃 우거저나부껴
인제 어린『아담』들 눈을부비며 일어나리라。
世게에 웨치노니 어서길을피끼라。[1)]
저기 새로운날은 녹쓰른사슬을 끄온채[2)]
거만한『푸로메티우쓰』처럼 그러나 늠늠히오지않느냐。

—— (끝) ——

(『新朝鮮報』 1945. 12. 31. 一面)

(『바다와나비』 101-06[3)])

세계에 외치노라 (3)

중천에 사무치는[4] 화톳불을 피우자.
제국을 떠받치던 해골의 서까래도 기둥도
호사와 음란을 길러 가던 무지와 부덕도
화톳불에 던져라 어서 살라 버려라.
세계에 금을 그은 저 요새선[5]들과
대포와 조병창[6]과 투구들도 ——
전쟁은 벌써 끝나지 않았느냐.
제국도 강국도 다 역사의 가슴에 달린
부질없는 사치한 장식이 아니냐.
X X X
여러 오해와 적의의 가시덤불에 [싸여]
한 갈래 좁고 가는 이해와 지혜의 길은
아직도 어두운 밤 [플라티나][7] 머리칼처럼 희미하게 떨릴 뿐.
나의 아름다운 세계 현란히 열릴 날 언제냐.
오직 하나뿐인 세계 금 가지 않은 세계로 향해
사라센[8]의 휘장처럼
아침 안개 눈부시게 걷힐 날은 언제냐.
X X X
어두운 죽음 속에서 꽃처럼 피어나는 논리.
해골의 들에도 봄바람이 불면
젖은 잿더미 위에도 벌거벗은 산맥에도
싹은 트리니 푸른 싹은 트리니
이윽고 거기 보랏빛 당홍빛 노랑이
무지개같이 가지가지 꽃 우거져 나부껴
인제 어린 아담들 눈을 [비비며][9] 일어나리라.
세계에 외치노니 어서 길을 [비켜라].
저기 새로운 날은 녹슨 사슬을 [끈] 채
거만한 프로메테우스[10]처럼 그러나 늠름히 오지 않느냐.
—— (끝) ——

(『신조선보』 1945. 12. 31. 1면)

(『바다와 나비』 101-06)

원문

모다들 도라와잇고나

오래 눌렷던소리 뭉처
同胞와 世界에 웨치노니
民族의소리고저 등불이고저
歷史의 별이고저
여기 다시 우리들 모다 도라와잇고나
눈부시는 月桂冠은우리들 본시[願]치[1]안는바
찬란한 自由의 새나라
첩々한 가시덤불 저편에 아직도머니
우리들 가시冠 달게쓰고
새벽 서리ㅅ길 즐거히 걸어가리라。
(全國文學者大會場에서)

(『서울新聞』 1946. 02. 10. 二面)
(『바다와나비』 7: 序詩[2])

모두들 돌아와 있구나

오래 눌렸던 소리 뭉쳐
동포와 세계에 외치노니
민족의 소리고자 등불이고자
역사의 별이고자
여기 다시 우리들 모두 돌아와 있구나
눈부신 월계관은 우리들 본시 원치 않는 바
찬란한 자유의 새 나라
첩첩한 가시덤불 저편에 아직도 머니
우리들 가시관 달게 쓰고
새벽 서릿길 즐거이 걸어가리라.
(전국문학자대회장에서)[3)]

(『서울신문』 1946. 02. 10. 2면)
(『바다와 나비』 7: 서시)

원문

두견새

學兵의故魂에바침

어머니와 누이들 모르는 아닌밤중
歷史와 世界의눈을 가려가면서[1]
큰일을 저즐렀느니라
별과 天使들 구버보며 소름쳤느니라

뵤고 힌 손길을 끌려
송이々々 꽃봉오리 검은貨車에 실려
구름과 수풀과 바다를도라 몰려가던날
아모도 말려주는이없어 어머니만 발을구르셨느니라

눈사부랭이[2] 매치는 이슬 방울々々
그아래 몸던질 떳떳한旗빨과
잃어버린 祖國의 모습을 차즈며
夷狄의方言으로 노래부르며 떠났느니라

분명 뜻하지않은 奇蹟이 었느니라
흘어저 쓸어지는 이리떼아구리와 불바다에서
겨우뼈아서[3] 도라온 몇아니남은목숨
아모렴 橫財이매 새나라에 긴히 바치겠노라 하였느니라

기다리시는 어머니에게로 진작도라못갓습은
인제 오실듯々々々만싶은 새나라 맞으려 함이라
아── 진정 늦었느니라 새나라 오심이여
차라리 어머니에게로 가기만 못하였느니라

젊은이는 나라의꽃이오 보배어니
젊은이를 쏘지말라 쏘아서는 못쓰느니라
어디서 어머니가 노려보고 게시느니라
(

두견새

학병[6]의 고혼[7]에 바침

어머니와 누이들 모르는 아닌 밤중
역사와 세계의 눈을 [가려 가면서]
큰일을 저질렀느니라
별과 천사들 굽어보며 소름 쳤느니라

[뵤족하고][8] 흰 손길을 끌려
송이송이 꽃봉오리 검은 화차[9]에 실려
구름과 수풀과 바다를 돌아 몰려가던 날
아무도 말려 주는 이 없어 어머니만 발을 구르셨느니라

[눈언저리에][10] 맺히는 이슬 방울방울
그 아래 몸 던질 떳떳한 깃발과
잃어버린 조국의 모습을 찾으며
이적[11]의 방언으로 노래 부르며 떠났느니라

분명 뜻하지 않은 기적이었느니라
흩어져 쓰러지는 이리 떼 아가리[12]와 불바다에서
겨우 [빼어서] 돌아온 몇 아니 남은 목숨
아무렴 횡재임에 새 나라에 긴히 바치겠노라 하였느니라

기다리시는 어머니에게로 진작 돌아 못 갔음은
인제 오실 듯 오실 듯만 싶은 새 나라 맞으려 함이라
아 —— 진정 늦었느니라 새 나라 오심이여
차라리 어머니에게로 가기만 못 하였느니라

젊은이는 나라의 꽃이요 보배이니
젊은이를 쏘지 말라 쏘아서는 못 쓰느니라
어디서 어머니가 노려보고 계시느니라
(

원문

새나라는 정녕 꾸지즈리라

그날밤 어머니는 어느산꼴에서[4] 무서운꿈 소스라처 깨셨으리라
별과天使들 꼴을 징기며[5] 고개돌렸느니라
오 —— 젊은이들 모다 이렇게 괴로운데
새나라 오심이 어찌 이리 더디시뇨

(『學兵』 1.2. 1946. 02. 25. 44-45쪽)
(『바다와나비』 27-29)

새 나라는 정녕 꾸짖으리라

그날 밤 어머니는 어느 산골에서 무서운 꿈 소스라쳐 깨셨으리라
별과 천사들 꼴을 [찡그리며][13] 고개 돌렸느니라
오 ── 젊은이들 모두 이렇게 괴로운데
새 나라 오심이 어찌 이리 더디시뇨

(『학병』 1.2. 1946. 02. 25. 44-45쪽)
(『바다와 나비』 27-29)

원문

榮光스러운三月

해없는 나라 굿게닷힌 겨울의門 어두운 陸地에 펴지는 氷河에 깔려다 식어가는 歷史의 河上에 그러허나 榮光스러운 三月 구름사이 새어 흐르는간열힌 햇볒에도 生命과샘과 싹은 火山처럼 솟아젓다 누가 막으랴 철이 돌아와 가꾸는이 없어도 山과 들 욱어저 피어 눈이 모자라는 진달래 꽃을 ——

民族의 記憶속에 놉이 세운 記念碑 우리들의 三月에 해마다 감기우는 젊은이 마음 또한 꽃다발이니 푸른 하늘 우러러 피어 오르는지튼피빛은 自由와 아름다움 죽엄보다 사랑하야 열열함이라。

늙은이는 이윽고 모든것 무덤에파뭇어 잇어도 버리렷만이땅이 널린곳 해마다 뒤니어피어나는 젊은 싹녹여버리는 식은 하늘과 소낙비。世界가 모이는날 나라없는 머리 추어들곳 없어 일허버린 祖國은 목숨보다 비싸더라。어버이와 자손들드되어 일어낫으니 조여 드는 毒蛇의 허리비틀어 뻐기며[1]『라오꼰』보다 사나웁게 소리첫더라。

祖上적 남기신 여러번 빗나는 사연과 용맹한 기록 가지가지 지니지 못하는 못난子孫들 미운 屈辱의 歷史 지워버리려 상처바든 民族의 노염 불길처럼 國土에덥여

우리들의 三月은

하늘하늘 뻣히는

世紀의 봉수불이었다。

창칼에 땅은찍겨 다시 어두운 江山이 꽃가튼 피와 눈물에 젓어 감추어진 民族의 마음하늘가에 이즈러진 무지개 걸리어 닥처 오는 時間의 저편에 새나라 찾어 民族의 放浪은시작하였었다。구슬과눈물 아롱저 빗나는달 三月을안고…

젊은三月달『아네모네』곱게 타는 달은 우리들의 자랑。無知한 世紀의 岩壁에 피로쓴 아름다운 抗議。

흐린 하늘과 어즈러운 밤과 砂漠에 울리던太陽의 豫言者 일어나라 ·· 웨치는목쉰소리었다 인제 三월은 꺼질줄모르는 횃불 우리들의압날 困하고 괴로운 먼길에서 落心과 懷疑 卑劫[2]의 그림자 일일히살워버리는 거룩한 불길이어라。

(『漢城日報』1946. 03. 02. 一面)

영광스러운 3월

해 없는 나라 굳게 닫힌 겨울의 문 어두운 육지에 펴지는 빙하에 깔려 다 식어가는 역사의 하상에 그러하나 영광스러운 3월 구름 사이 새어 흐르는 가녀린 햇빛에도 생명과 샘과 싹은 화산처럼 [솟아났다] 누가 막으랴 철이 돌아와 가꾸는 이 없어도 산과 들 우거져 피어 눈이 모자라는 진달래꽃을 ——
민족의 기억 속에 높이 세운 기념비 우리들의 3월에 해마다 감기는 젊은이 마음 또한 꽃다발이니 푸른 하늘 우러러 피어오르는 짙은 핏빛은 자유와 아름다움 죽음보다 사랑하여 열렬함이라.
늙은이는 이윽고 모든 것 무덤에 파묻어 있어도 버리련만 이 땅이 널린 곳 해마다 뒤이어 피어나는 젊은 싹 녹여 버리는 식은 하늘과 소낙비. 세계가 모이는 날 나라 없는 머리 추켜들 곳 없어 잃어버린 조국은 목숨보다 비싸더라. 어버이와 자손들 드디어 일어났으니 조여드는 독사의 허리 비틀어 뻐기며[3] 라오콘[4]보다 사납게 소리쳤더라.
조상 적 남기신 여러 번 빛나는 사연과 용맹한 기록 가지가지 지니지 못하는 못난 자손들 미운 굴욕의 역사 지워 버리려 상처 받은 민족의 노염 불길처럼 국토에 덮여
우리들의 3월은
하늘하늘 뻗치는
세기의 봉숫불[5]이었다.
창칼에 땅은 [찢겨][6] 다시 어두운 강산이 꽃 같은 피와 눈물에 젖어 감추어진 민족의 마음 하늘가에 이지러진 무지개 걸리어 닥쳐오는 시간의 저편에 새 나라 찾아 민족의 방랑은 시작하였었다. 구슬과 눈물 아롱져 빛나는 달 3월을 안고…
젊은 3월 달 아네모네 곱게 타는 달은 우리들의 자랑. 무지한 세기의 암벽에 피로 쓴 아름다운 항의.
흐린 하늘과 어지러운 밤과 사막에 울리던 태양의 예언자 일어나라 ·· 외치는 목쉰 소리였다. 인제 3월은 꺼질 줄 모르는 횃불 우리들의 앞날 곤하고 괴로운 먼 길에서 낙심과 회의 비겁의 그림자 일일이 살라[7] 버리는 거룩한 불길이어라.

(『한성일보』 1946. 03. 02. 1면)

원문

진달래피는나라

(作曲하기위한歌詞)

一,

長白山 줄기줄기 감도는 푸른바다
三千萬 한형제 정이든 보금자리

(후렴) { 戰士들의 피우에 키워가자
진달레 피는나라 自由의나라 }

二,

쫓기고 시달려온 백성과 나라기에
青春도 사랑도 모도다 바치오리

三,

해마다 진달레 우지저 피는땅은
어머니와 누이들 어여뿐 꿈나라

四,

젊은이 힘으로 움지기는 새나라
世界에 울리자 우리들의 노래를

(『漢城日報』 1946. 03. 05. 2面)

진달래 피는 나라

(작곡하기 위한 가사)

1,
장백산[1] 줄기줄기 감도는 푸른 바다
3천만 한 형제 정이 든 보금자리
(후렴) { 전사들의 피 위에 키워 가자
진달래 피는 나라 자유의 나라 }
2,
쫓기고 시달려 온 백성과 나라기에
청춘도 사랑도 모두 다 바치오리
3,
해마다 진달래 우짖어 피는 땅은
어머니와 누이들 어여쁜 꿈나라
4,
젊은이 힘으로 움직이는 새 나라
세계에 울리자 우리들의 노래를

(『한성일보』 1946. 03. 05. 2면)

원문

殉教者

인제 聖스테빤
피와 땀으로 산 나라 오시니
수다스런 辯明 팔아 번영하던
오 —— 분바른 人生의 저자 물러가라。

둔한살은 주린이리에게 찌저주며
쎠를 탐내는 무리에게는 쎠갈아 던지시며
즐겨 눈보라와 벗하여 살아오신이 오시도다。[1)]

낫익은 별조차 虛空에 아득한날 자젓건만[2)]
떳떳지못한 삶이라면 차라리
길드린 즘생처럼 죽엄을 데불고 댕기시다。

오직 그럴리업슬 歷史의눈짓만 처다보며
여러 흐린하늘과 침々한날[3)]을 견디신
오 —— 서러웁고도 쑴많은 氣象學이여。

인제 聖스테빤
피와 땀으로 산 나라 오시니
수다스런 辯明 팔아 번영하던
오 —— 粉바른 人生의 저자여 물러가라。

(『新文學』1.1. 1946. 04. 01. 116-17쪽)
(『바다와나비』20-21)

순교자

인제 성 스테판[4)]
피와 땀으로 산 나라 오시니
수다스런 변명 팔아 번영하던
오 —— 분 바른 인생의 저자 물러가라.

둔한 살은 주린 이리에게 찢어 주며
뼈를 탐내는 무리에게는 뼈 갈아 던지시며
즐겨 눈보라와 벗하여 살아오신 이 오시도다.

낯익은 별조차 허공에 아득한 날 잦았건만
떳떳치 못한 삶이라면 차라리
길들인 짐승처럼 죽음을 데리고 다니시다.

오직 그럴 리 없을 역사의 눈짓만 쳐다보며
여러 흐린 하늘과 침침한 날을 견디신
오 —— 서럽고도 꿈 많은 기상학이여.

인제 성 스테판
피와 땀으로 산 나라 오시니
수다스런 변명 팔아 번영하던
오 —— 분 바른 인생의 저자여 물러가라.

(『신문학』 1.1. 1946. 04. 01. 116-17쪽)
(『바다와 나비』 20-21)

원문

나의노래

서투룬 내노래속에서
헐벗고 괄시밧던 나의이웃들
그래[1] 우룸을울라 아낌업시울라
憤을 쏌으라

◇ ◇

내 목소리 무디고 더듬어
그래 아픈 사연 이루 옴기지못하거던
내 아둔을 채치라
목을싸리라

◇ ◇

사치한말과 멋진말투
詩의□□[2]도 한량도 아니라
그래그슨얼골 흙에튼 팔뚝이 사로워
그래속에 자라는 새날 목노아 부르리라

(『서울新聞』 1946. 04. 29. 2면)
(『새노래』 12-13)

나의 노래

서투른 내 노래 속에서
헐벗고 괄시 받던 나의 이웃들
[그대] 울음을 울라 아낌없이 울라
분을 뿜으라

◇ ◇

내 목소리 무디고 더듬어
[그대] 아픈 사연 이루 옮기지 못하거든
내 아둔을 채치라[3)]
목을 때리라[4)]

◇ ◇

사치한 말과 멋진 말투
시의 [귀족]도 한량도 아니라
[그대] 그슨 얼굴 흙에 튼 팔뚝이 사로워[5)]
[그대] 속에 자라는 새날 목 놓아 부르리라

(『서울신문』 1946. 04. 29. 2면)
(『새노래』 12-13)

원문

한旗ㅅ발받들고

피 묻은 旗빨인데
갈래갈래 등지고 가는 行列은 웬 일이냐。

너무나 急한 걸음
주저할줄 모르는 매몰한 발길아。
골수에 매친 사슬 자욱 아직도 아물지않었건만 ——

三月초하루
눈물어린 太陽이 그리 무섭지않아
거기 바삐 갈려는 十字길 부름아。

발길이 떨리지 않었드냐。
큰 근심 지닌 무거운 마음이라면서
너무나 가벼운 몸짓 어찐일이냐。

티 하나 없는 三月 첫 하늘
다사론 피 어듸서고 도모지 흐르지않어
얼음보다 식어 뼈 져리고나。

찢어저 퍼덕이는 旗빨
가슴 앞은 손짓 쳐다보자。

傷하고 지친 나라와 백성이어늘
도라와 피 묻은 한 旗빨
껴안고 울지않으려니。
함께 바뜰고 가지않으려니。

(『人民評論』 1.2. 1946. 07. 01. 118-19쪽)

한 깃발 받들고

피 묻은 깃발인데
갈래갈래 등지고 가는 행렬은 웬 일이냐.

너무나 급한 걸음
주저할 줄 모르는 매몰한[1] 발길아.
골수에 맺힌 사슬 [자국] 아직도 아물지 않았건만 ――

3월 초하루[2]
눈물 어린 태양이 그리 무섭지 않아
거기 바삐 가려는 십잣길[3] 부르마.

발길이 떨리지 않았더냐.
큰 근심 지닌 무거운 마음이라면서
너무나 가벼운 몸짓 어쩐 일이냐.

티 하나 없는 3월 첫 하늘
다사로운 피 어디서고 도무지 흐르지 않아
얼음보다 식어 뻐저리구나.

찢어져 퍼덕이는 깃발
가슴 아픈 손짓 쳐다보자.

상하고 지친 나라와 백성이거늘
돌아와 피 묻은 한 깃발
껴안고 울지 않으려니.
함께 받들고 가지 않으려니.

(『인민평론』 1.2. 1946. 07. 01. 118-19쪽)

원문

자유로운"아메리카"

祝詩

아득한 바다건너 한없이 넓은 한울아래
흥성한나라가 있어
아모의權威도 믿지않는
自由와 높은한울과 들과일을 죽엄보다
  사랑하는
한싱싱한백성들이 거기산다고한다
만나기도전부터
그대들 무척 반겼음은
우리 또한 억매임없는 넓은大氣와 살림
  限없이 그리웠기때문
모-든 낡은權威 뭏어저부스러저야함을
  알기때문이었다[1]

  사슬과 抑壓을 잠시도 용서않으며 포악과 侵略을 가장 미워하는그대 弱한者의
곁에 서있기를 늘좋아하는그대 自由와또 前進만을노래하는 詩의傳統을가진
"휘트맨"의나라 백성이기에
그대 손목을 우리는 한없이뜨겁게 잡으려하였다

아! 잊힐리없는 一九四五年九月 義로운 우리들의동무
王없는나라 貴族없는나라 人民의나라젊은戰士들은
바다로 하눌로 구름가티 덮여온다하였다 壓制와虐殺과 脅迫에 짓발피고 찢긴땅에서
毒蛇의무리와 그앞잽이들모조리 우리는 채찍높이휘둘러 쫓아내리라하였다
그대들 또한 우리옆에 예루살렘神殿의성낸 젊은이처럼 서있으리라하였다
그러나 그대는 젊은朝鮮의
불타는 눈초리를 알지못했다
우리가 바라는것이 한革命임을 알지못했다
連續이 아니라 斷絕을
(

자유로운 아메리카
축시[7)]

아득한 바다 건너 한없이 넓은 하늘 아래
흥성한 나라가 있어
아무의 권위도 믿지 않는
자유와 높은 하늘과 들과 일을 죽음보다
　사랑하는
한 싱싱한 백성들이 거기 산다고 한다
만나기도 전부터
그대들 무척 반겼음은
우리 또한 얽매임 없는 넓은 대기와 살림
　한없이 그리웠기 때문
모든 낡은 권위 무너져 부스러져야 함을
　알기 때문이었다

사슬과 억압을 잠시도 용서 않으며 포악과 침략을 가장 미워하는 그대 약한 자의 곁에 서 있기를 늘 좋아하는 그대 자유와 또 전진만을 노래하는 시의 전통을 가진 휘트먼[8)]의 나라 백성이기에
그대 손목을 우리는 한없이 뜨겁게 잡으려 하였다

아! 잊힐 리 없는 1945년 9월[9)] 의로운 우리들의 동무
왕 없는 나라 귀족 없는 나라 인민의 나라 젊은 전사들은
바다로 하늘로 구름같이 덮여 온다 하였다 압제와 학살과 협박에 짓밟히고 찢긴 땅에서
독사의 무리와 그 앞잡이들 모조리 우리는 채찍 높이 휘둘러 쫓아내리라 하였다
그대들 또한 우리 옆에 예루살렘 신전의 성난 젊은이[10)]처럼 서 있으리라 하였다
그러나 그대는 젊은 조선의
불타는 눈초리를 알지 못했다
우리가 바라는 것이 한 혁명임을 알지 못했다
연속이 아니라 단절을

원문

推移가 아니라 淸新한飛躍이야말로 젊은朝鮮의 希望이었음을
지나간날은 너무나안타까이도 캄캄했던까닭에
너무나 歷史에게버림받었던까닭에
그러므로 우리는 커-다란 새날만을 바라섰다[2)]

一九四五年八月은 바로
우리들의 一七七六年七月이고저 하였다
모-든 不合理와 謀叛과 사슬에 대한 불붙는抗議
偉大한 人民의 權利와 自由의 宣言이었다 그대는 우리들의 『七年의싸움』을거지반
도맡어 四年을 싸웠다
그대는 우리들의 百萬의『라파이엣트』
감□[3)]과 地下의 우리들의戰士의 굳은同盟軍 ——[4)]

인제 그대들 우리곁에 있거늘
여기는 오직오래인 가난과 不潔과 懷疑와 연기
모두가 倭敵이 남기고간 상채기뿐 —— 그대손낄너무높은데있어 도시잡기가어렵
고나
『푸록코-트』 도 『쌀롱』 도 우리는없노라 卑屈이나아첨이나 禮服은 오직 오래 입어
본者들만이 얼른다시 뒤집어 썼건만
우리는 느꼈노라 그는 도리혀 義로운戰士를 대접하는 禮儀아님을 ——

祝杯를들자 七月초나흘을위하야 ——
自由로운『아메리카』의聖스런싸움에빛 나는 지나간날과 오늘과
또 平和와 希望의負債에 무거운 來日을 워하야[5)] ——
『워싱튼』 『제퍼-슨』 그리고 『프랑클린』의나라
무엇보다도 『에부라함·링컨』의나라 그무엇보다도 『푸랭클린·로-즈벨트』의나라
이기에
그대에겐있것만 아직도獨立없는 우리의 압흠을
아 —— 누구보다도 그대가 잘알리라

〉

추이[11]가 아니라 청신한 도약이야말로 젊은 조선의 희망이었음을
지나간 날은 너무나 안타까이도 캄캄했던 까닭에
너무나 역사에게 버림받았던 까닭에
그러므로 우리는 커다란 새날만을 바랐었다

1945년 8월[12]은 바로
우리들의 1776년 7월[13]이고자 하였다
모든 불합리와 모반과 사슬에 대한 불붙는 항의
위대한 인민의 권리와 자유의 선언이었다 그대는 우리들의 "7년의 싸움"[14]을 거지반[15]
도맡아 4년[16]을 싸웠다
그대는 우리들의 백만의 라파예트[17]
[감옥]과 지하의 우리들의 전사의 굳은 동맹군 ——

인제 그대들 우리 곁에 있거늘
여기는 오직 오랜 가난과 불결과 회의와 연기
모두가 왜적이 남기고 간 생채기뿐 —— 그대 손길 너무 높은 데 있어 도시[18] 잡기
가 어렵구나
프록코트도 살롱도 우리는 없노라 비굴이나 아첨이나 예복은 오직 오래 입어 본
자들만이 얼른 다시 뒤집어썼건만
우리는 느꼈노라 그는 도리어 의로운 전사를 대접하는 예의 아님을 ——

축배를 들자 7월 초나흘[19]을 위하여 ——
자유로운 아메리카의 성스러운 싸움에 빛나는 지나간 날과 오늘과
또 평화와 희망의 부채에 무거운 내일을 [위하여] ——
워싱턴 제퍼슨 그리고 프랭클린의 나라
무엇보다도 에이브러햄 링컨의 나라 그 무엇보다도 프랭클린 루스벨트[20]의 나라
이기에
그대에겐 있건만 아직도 독립 없는 우리의 아픔을
아 —— 누구보다도 그대가 잘 알리라

원문

自由위한 싸움터위
理解와 尊敬과 높은理想으로 메처진 우리들의 굳은握手위에 장미를 던저라 저 偉大한 一七七六年의七月을위하야 우리모다祝杯를 들자[6)]

(『現代日報』 1946. 07. 04. 二面)
(『새노래』 65-71: 「아메리카」)

자유 위한 싸움터 위
이해와 존경과 높은 이상으로 맺어진 우리들의 굳은 악수 위에 장미를 던져라 저
위대한 1776년의 7월을 위하여 우리 모두 축배를 들자

(『현대일보』 1946. 07. 04. 2면)
(『새노래』 65-71: 「아메리카」)

원문

새나라頌

거리로 마을로 山으로 골짜구니로
이어가는電線은 새나라의 神經。
이름없는나루 외따룬 洞里일망정
빠진곳 하나없이 기름과 피
골고루 도라 다사론 땅이되라。

어린技師들 어서 자라나
굴뚝마다 우리들의검은 꽃묶음 연기를올리자。
김빠진工場마다 動力을보내서
그대와나 온백성의 새나라 키어가자。

山神과 살기와 염병이 함께사는 碑石이선[1] 마을마을에
모-터 ―와 電氣를 보내서
山神을 쫓고 마마를 몰아내자。
기름친 機械로 運命과農場을 휘몰아갈
希望과 自信과 힘을 보내자。

熔鑛爐에 불을켜라。새나라의心臟에 ――
鐵線을뽑고 鐵筋을느리고 鐵板을 피자。
세멘과 鐵과 希望우에
아무도 흔들수없는 새나라 세워가리。

녹쓰른 軌道에 우리들의 機關車 달리자。
戰爭에 해여전 貨車와 트럭에
벽돌을실자。세멘을 올리자。
애매한支配와 屈辱이좀먹던 部落과 나루에
새나라 굳은터 다지려가자。

다이나모 아침부터 잉잉거리는 골짝
파이프 팔들어떠바친 젊은山脈들은

새 나라 송

거리로 마을로 산으로 골짜기[3)]로
이어 가는 전선은 새 나라의 신경.
이름 없는 나루 외딴 동리[4)]일망정
빠진 곳 하나 없이 기름과 피
골고루 돌아 다사로운 땅이 되라.

어린 기사[5)]들 어서 자라나
굴뚝마다 우리들의 검은 꽃묶음[6)] 연기를 올리자.
김빠진 공장마다 동력을 보내서
그대와 나 온 백성의 새 나라 키워 가자.

산신과 살기와 염병이 함께 사는 비석이 선 마을 마을에
모터 ─ 와 전기를 보내서
산신을 쫓고 마마[7)]를 몰아내자.
기름 친 기계로 운명과 농장을 휘몰아 갈
희망과 자신과 힘을 보내자.

용광로에 불을 켜라. 새 나라의 심장에 ──
철선을 뽑고 철근을 늘이고 철판을 펴자.
시멘트와 철과 희망 위에
아무도 흔들 수 없는 새 나라 세워 가리.

녹슨[8)] 궤도에 우리들의 기관차 달리자.
전쟁에 [해어진][9)] 화차와 트럭에
벽돌을 싣자. 시멘트를 올리자.
애매한 지배와 굴욕이 좀먹던 부락과 나루에
새 나라 굳은 터 다지러 가자.

다이너모[10)] 아침부터 잉잉거리는 골짝
파이프 팔 들어 떠받친 젊은 산맥들은

원문

希臘廊下의 목이굵은 女神들
海拔三千尺 湖水를 끌어안은 당돌한땜
얄루江 五千年의 神話를 말렸다 불렸다가

音樂을 울리렴。 새나라의 노래 부르렴。
드부르샤크의 哀憐한 新世界가아니다。
거리거리 마치소리 안개속 떨리는 汽笛
電氣로도라가는 논밭과 물레방아
그대와나의 놀라운 씸포니 울려라。

어린 새나라 하나 시달린 꿈을깨서 눈을 부빈다。
東海 푸른물 허리에 떨며 이러나는「아프디테」[2)] ——
모두가 마지하자 굳이잠긴 마음의門을열어
피흐르는 가슴과 가슴을 섞어 새나라껴안자。

(『文學』 1.1. 1946. 07. 15. 88-92쪽)
(『새노래』 17-21)

희랍 낭하[11)]의 목이 굵은 여신들
해발 3천 척 호수를 끌어안은 당돌한 댐
[압록강][12)] 5천 년의 신화를 말렸다 불렸다가

음악을 울리렴. 새 나라의 노래 부르렴.
드보르자크의 애련한 신세계[13)]가 아니다.
거리거리 망치 소리 안개 속 떨리는 기적
전기로 돌아가는 논밭과 물레방아
그대와 나의 놀라운 심포니 울려라.

어린 새 나라 하나 시달린 꿈을 깨서 눈을 비빈다.
동해 푸른 물 허리에 떨며 일어나는 아프로디테[14)] ——
모두가 맞이하자 굳이[15)] 잠긴 마음의 문을 열어
피 흐르는 가슴과 가슴을 섞어 새 나라 껴안자.

(『문학』 1.1. 1946. 07. 15. 88-92쪽)
(『새노래』 17-21)

원문 우리들 모두의 꿈이 아니냐

順이 준 꽃병과 팔뚝의 크롬時計사 내것이지만
아 —— 저 푸른 넓은 하늘이야
蘭의것도 英의것도 내것도 아닌
우리 모두의 하늘이 아니냐

들을 보아라 그러고 바다를
海棠花 수놓은 白沙場
넘실거리는 보리이삭 벼초리
아청바다에 연이은 초록빛 벌판은
아 —— 英의것도 蘭의것도 아닌
우리들 모두의것이 아니냐

하루ㅅ밤 무엔가 한없이 아름다운
꿈을 꾸다가 눈을 떴더니
무슨 眞珠나 잃은것처럼 몹씨도 서거품은
모두 즐겁고 살지고 노래하고 나물하지않는 곳이었기 때문 ——
아 —— 그것은 蘭의것도 英의것도 내것도 아닌
우리들 모두의 꿈이었고나

바다도 山도 들도[1] 꿈도
아 —— 저 넓은 하늘이야 말할것도없이
우리들 모두의것이 아니냐
모두 즐겁고 살지고 노래하며
英이도 蘭이도 順이도 나도 함께 살 나라의
하늘과 들과 바다와 꿈이 아니냐

(『民聲』 2.9. 1946. 08. 01. 15쪽)

(『새노래』 14-16)

우리들 모두의 꿈이 아니냐

순이 준 꽃병과 팔뚝의 크롬[2] 시계야 내 것이지만
아 —— 저 푸른 넓은 하늘이야
란의 것도 영의 것도 내 것도 아닌
우리 모두의 하늘이 아니냐

들을 보아라 그러고 바다를
해당화 수놓은 백사장
넘실거리는 보리 이삭[3] 벼 초리[4]
아청[5] 바다에 연이은 초록빛 벌판은
아 —— 영의 것도 란의 것도 아닌
우리들 모두의 것이 아니냐

하룻밤 무언가 한없이 아름다운
꿈을 꾸다가 눈을 떴더니
무슨 진주나 잃은 것처럼 몹시도 서글픔[6]은
모두 즐겁고 살지고 노래하고 [나무라지][7] 않는 곳이었기 때문 ——
아 —— 그것은 란의 것도 영의 것도 내 것도 아닌
우리들 모두의 꿈이었구나

바다도 산도 들도 꿈도
아 —— 저 넓은 하늘이야 말할 것도 없이
우리들 모두의 것이 아니냐
모두 즐겁고 살지고 노래하며
영이도 란이도 순이도 나도 함께 살 나라의
하늘과 들과 바다와 꿈이 아니냐

(『민성』 2.9. 1946. 08. 01. 15쪽)

(『새노래』 14-16)

원문 다시八月에

만사람눈동자에 한순간 빛나던 별찌야 일만가슴 한데얽던 신기한 音樂아

뱀과 박쥐와 올뱀과 구렁이서렷던 그늘진땅에 불길처럼 이러서며 찾던 백성들의 나라와꿈

눈뿌리마다 뜨거운이슬 방울방울모여 샘속에 피어나던 旗빨아

별과 구름아래 젊은이들모여 戀愛보다도 안타까히 가슴조리며 고대하던나라

지금 상서롭지못한 우지즘 숨가뿐 아름소리 눈보래 비바람 우뢰소리 몰려옴은 새나라 가는길 더욱 다짐이리라

우리모다 바뜨는自由 白玉같은 몸둥아리 점점이 뚫린상채기마다 장薇꽃 피리라
돌팔매 자욱자욱 구슬과眞珠맷히리라

백성들의 슬픔 슬픔[1] 몸부림속에서 시시각각 커가는꿈 백성의나라 地層을 흔들며 파도치며 그는 기에[2]우리들곁에 닦아오지않느냐

가슴마다 노래를기르자
불독아니처럼 세차게 타오르자 별가까히 닥아서자 어둠지튼 까닭에 홰불은 도리혀 그뭄밤이 곱지않으냐

磐石처럼 밀물처럼 時間의 수레에밀려 그는 地動치며 오지않느냐

(『獨立新報』 1946. 08. 15. 四面)

(『새노래』 25-28)

다시 8월에

만 사람 눈동자에 한순간 빛나던 별찌[3]야 일만 가슴 한데 얽던 신기한 음악아

뱀과 박쥐와 올빼미와 구렁이 서렸던 그늘진 땅에 불길처럼 일어서며 찾던 백성들의 나라와 꿈

눈뿌리[4]마다 뜨거운 이슬 방울방울 모여 샘 속에 피어나던 깃발아

별과 구름 아래 젊은이들 모여 연애보다도 안타까이 가슴 조리며 고대하던 나라

지금 상서롭지 못한 우짖음 숨 가쁜 앓음 소리 눈보라 비바람 우레[5] 소리 몰려옴은 새 나라 가는 길 더욱 다짐이리라

우리 모두 받드는 자유 백옥 같은 몸뚱아리 점점이 뚫린 생채기마다 장미꽃 피리라 돌팔매 자욱자욱[6] 구슬과 진주 맺히리라

백성들의 슬픔 슬픔 몸부림 속에서 시시각각 커가는 꿈 백성의 나라 지층을 흔들며 파도치며 그는 [기어이][7] 우리들 곁에 다가오지 않느냐

가슴마다 노래를 기르자
불도가니[8]처럼 세차게 타오르자 별 가까이 다가서자 어둠 짙은 까닭에 횃불은 도리어 그믐밤이 곱지 않으냐

반석[9]처럼 밀물처럼 시간의 수레에 밀려 그는 지동[10]치며 오지 않느냐

(『독립신보』 1946. 08. 15. 4면)
(『새노래』 25-28)

원문 八月데모行列에 부치는노래

○

바람에 떨리는[1] 수천기빨은
창空에쓰는 人民의 가지가지呼訴라

○

소리소리웨치는 노래와歡呼는
구름에 사모치는 백성들의 홰ㅅ불
타다타다 빛도없는[2] 八月의홰ㅅ불

○

아스팔트뒤흔들며 밀려오고 밀려가는
발자곡의 조수는
어둔밤 설레는 파도소리냐
닥아오는 새날의 발울림이냐

(『現代日報』 1946. 08. 16. 二面)

(『새노래』 29-30: 「바람에 불리는 수천 기빨은」)

8월 데모 행렬에 부치는 노래[3)]

○

바람에 떨리는 수천 깃발은
창공에 쓰는 인민의 가지가지 호소라

○

소리소리 외치는 노래와 환호는
구름에 사무치는 백성들의 횃불
타다 타다 빛도 없는 8월의 횃불

○

아스팔트 뒤흔들며 밀려오고 밀려가는
발자국의 조수는
어둔 밤 설레는 파도 소리냐
다가오는 새날의 발 울림이냐

(『현대일보』 1946. 08. 16. 2면)

(『새노래』 29-30: 「바람에 불리는 수천 깃발은」)

원문

遞信歌詞

(1) 이江山 끝가지 날날히 펄치는
자라는 새나라 씩씩한소식
처다보는 안테나는 三千萬의귀
世紀의潮流에 높이 소삿네
울녀라 蒼空에 높이
十萬의 遞信部隊 建設의哈唱을

(2) 어여쁜 山과물 정이든 한兄弟
정성과 친절로 섬겨가오리
이나라 富强함도 모도다우리힘
일터에넘치는 希望의 노래
울녀라 蒼空에 높이
十萬의 遞信部隊 建設의哈唱을

(3) 電波에 흐르는 歷史의 속삭임
平和와自由의 脈膊은뛰네
새날에 이러섰네 祖國의새모습
世界에 빛내리 民族의꿈을
울녀라 蒼空에 높이
十萬의 遞信部隊 建設의哈唱을

(『遞信文化』 1.1. 1946. 10. 25. 8쪽)

체신 가사

(1) 이 강산 끝까지 [나날이][1)] 펼치는
자라는 새 나라 씩씩한 소식
쳐다보는 안테나는 3천만의 귀
세기의 조류에 높이 솟았네
울려라 창공에 높이
10만의 체신부대 건설의 합창을

(2) 어여쁜 산과 물 정이 든 한 형제
정성과 친절로 섬겨 가오리
이 나라 부강함도 모두 다 우리 힘
일터에 넘치는 희망의 노래
울려라 창공에 높이
10만의 체신부대 건설의 합창을

(3) 전파에 흐르는 역사의 속삭임
평화와 자유의 맥박은 뛰네
새날에 일어섰네 조국의 새 모습
세계에 빛내리 민족의 꿈을
울려라 창공에 높이
10만의 체신부대 건설의 합창을

(『체신문화』 1.1. 1946. 10. 25. 8쪽)

원문

戀歌

두뺨을 스치는 바람결이 한결거세어 별이꺼진 한울아래
즘생처럼 우짖는 都市의소리 피해오듯 돌아오면서
내마음 어느새 그대곁에 있고나
그대마음 내게로 온것이냐

陸路로 千里 水路 千里
오늘밤도 소스라처 깨우치는 꿈이둘
街路樹설레는 바람소리 물새들 잠고대…………
그대아름소리 아닌것 없고나

그대있는곳 새나라오노라 얼마나 소연하랴
병지닌가슴에도 薔薇같은 希望이피어
그대숨이가뻐 處女같이 수다스러우리라

회호리바람 미친밤엔 우리 어깨와 어깨 지탕하야
찬비와서리빨 즐거히 맞으리라
자빠저 김나는몸둥아리 하도달면 이리도 피해달아나리라

새나라언약이 이처럼 화려커늘
그대와나 하로사리 목숨쯤이야
빛나는 하로아츰 이슬인들 어떠랴

(『協同』 3. 1947. 01. 20. 84-85쪽)
(『새노래』 74-76)

연가

두 뺨을 스치는 바람결이 한결 거세어 별이 꺼진 하늘 아래
짐승처럼 우짖는 도시의 소리 피해 오듯 돌아오면서
내 마음 어느새 그대 곁에 있구나
그대 마음 내게로 온 것이냐

육로로 천리 수로[로] 천리
오늘 밤도 소스라쳐 깨는 꿈이 둘
가로수 설레는 바람 소리 물새들 잠꼬대…………
그대 [앓음] 소리 아닌 것 없구나

그대 있는 곳 새 나라 오노라 얼마나 소연하랴[1)]
병 지닌 가슴에도 장미 같은 희망이 피어
그대 숨이 가빠 처녀같이 수다스러우리라

회오리바람 미친 밤엔 우리 어깨와 어깨 지탱하여
찬비와 서릿발 즐거이 맞으리라
자빠져 김나는 몸뚱아리 하도[2)] 달면[3)] 이리도 피해 달아나리라

새 나라 언약이 이처럼 화려하거늘
그대와 나 하루살이 목숨쯤이야
빛나는 하루아침 이슬인들 어떠랴

(『협동』 3. 1947. 01. 20. 84-85쪽)
(『새노래』 74-76)

원문

詩와文化에부치는노래

손을벌이면 山넘어서 바다건너서
四方에서 부짭히는 뜨거운体溫
初面이면서두 맛나자마자 가슴이 열려
하는애기가 眞理와美의근방만 싸고돎이자랑일세。

그대帽子 구멍이뚫려 襤褸가 더욱좋구려。
거즛과 義롭지못한것우에 서리는눈초리
怒염속에감추인 人情의불독아니 ——
나라나라마다 우리들소리 외롭지않어미뿌이

나기前부터도 詩의脈으로이낀 어리석은種族
피아닌系譜가 寶石처럼빛나서 더욱神奇[1]타。
陶淵明과 韓龍雲과 鲁迅과 "타골"
"단테"와 "뽀둘레르"와 "고리키"와 "오닐" ——

砲台와國境을비웃으며 마음마음의고집은뚜껑을 녹이며[2]

江처럼季節처럼퍼저오는 抗拒할수없는物理
메마른沙漠을 추기는샘 어둠속에 차오는빛
世界와古今에넘처흘으는것 —— 아 —— 詩여文化여。

(『文化創造』 2. 1947. 03. 01. 4쪽)
(『새노래』 110-12)

시와 문화에 부치는 노래

손을 벌리면 산 넘어서 바다 건너서
사방에서 붙잡히는 뜨거운 체온
초면이면서도 만나자마자 가슴이 열려
하는 얘기가 진리와 미의 근방만 싸고돎이 자랑일세.

그대 모자 구멍이 뚫려 남루[3]가 더욱 좋구려.
거짓과 의롭지 못한 것 위에 서리는 눈초리
노염 속에 감추인[4] 인정의 불도가니[5] ――
나라 나라마다 우리들 소리 외롭지 않아 미쁘이[6]

나기 전부터도 시의 맥으로 [이어진][7] 어리석은 종족
피 아닌 계보가 보석처럼 빛나서 더욱 신기하다.
타오위안밍(도연명)과 한용운과 루쉰(노신)과 타고르
단테와 보들레르와 고리키와 오닐[8] ――

[포대와 국경을 비웃으며 마음 마음의 고집은[9] 뚜껑을 녹이며]
강처럼 계절처럼 퍼져 오는 항거할 수 없는 물리
메마른 사막을 축이는 샘 어둠 속에 차오는 빛
세계와 고금[10]에 넘쳐흐르는 것 ―― 아 ―― 시여 문화여.

(『문화창조』 2. 1947. 03. 01. 4쪽)
(『새노래』 110-12)

원문

人民工場에 부치는노래

검은 煙氣를 올려
銀河라도 가려버려라
그러나 새ㅅ별만은 남겨두어라

窓마다 뿜는 불길은
어둠을 흩기는 우리들의 눈짓이다
지금은 한구석이나
머지않어 모두가 도라갈것이다
다만
제일소중한것을 잃어버리지만[1] 않으면 그만이다
八月이 가저왔던 저 큰 希望말이다

그대옆에
熔鑛爐는 꺼지지않었느냐
그대앞에
화통은 달은대로 있느냐
그것이꺼지면 우리들의 心臟도 꺼진다

旋盤에 닥아서자
希望곁에 가까이있자
皮帶와 齒輪마다 우리들의 體溫을 돌리자
힘있게 살고있으며 자라난다고
새벽에 싸이렌을 울리자
동트기전에 뚜——를 울리자

(『文學評論』 1.3. 1947. 04. 19. 23-24쪽)

(『새노래』 31-33)

인민 공장에 부치는 노래

검은 연기를 올려
은하라도 가려 버려라
그러나 샛별만은 남겨 두어라

창마다 뿜는 불길은
어둠을 흘기는 우리들의 눈짓이다
지금은 한구석이나
머지않아 모두가 돌아갈 것이다
다만
제일 소중한 것을 잃어버리지만 않으면 그만이다
8월이 가져왔던 저 큰 희망 말이다

그대 옆에
용광로는 꺼지지 않았느냐
그대 앞에
화통[2)]은 달은[3)] 대로 있느냐
그것이 꺼지면 우리들의 심장도 꺼진다

선반에 다가서자
희망 곁에 가까이 있자
피대[4)]와 치륜[5)]마다 우리들의 체온을 돌리자
힘 있게 살고 있으며 자라난다고
새벽에 사이렌을 울리자
동트기 전에 뚜 —— 를 울리자

(『문학평론』 1.3. 1947. 04. 19. 23-24쪽)

(『새노래』 31-33)

원문 움켜잡으면 그대더운피

움켜잡으면 그대 더운피 내가슴까지 홧끈 쐬[1]오는구나
여러싸움과 모함과 박해속으로[2] 헤치고온 매디진 손아

아름다운 眞理와 높은일 위하야
물불 헤아리지않고 뚫고온 퍼진 어께야

나라와 백성 오로지위하는 타는뜻밖엔[3]
딴마음 하나없이 낮과밤 새워 달리던 세찬 다리야

窓으로가자 그대손아귀 더오래 잡고있자
꽃피는 구름 향기론 새벽
동터오는길이 그대와함께 보이는데로 가자

그대얼골에 상채기[4]있어 더욱 빛나는 半달이구나
근심이차 부어올라 가슴이 둥글어
그대타는 눈동자 어둠을뚫고 샛별 틈에 있고나

(『女性公論』 2.2. 1947. 07. 20. 39쪽)

(『새노래』 77-78: 「肉体禮讃」)

움켜잡으면 그대 더운 피

움켜잡으면 그대 더운 피 내 가슴까지 화끈 [쏴] 오는구나
여러 싸움과 모함과 박해 속[을] 헤치고 온 마디진 손아

아름다운 진리와 높은 일 [위해선]
물불 헤아리지 않고 뚫고 온 퍼진 어깨야

나라와 백성 오로지 위하는 타는 뜻밖엔
딴마음 하나 없이 낮과 밤 새워 달리던 세찬 다리야

창으로 가자 그대 손아귀 더 오래 잡고 있자
꽃피는 구름 향기론 새벽
동터 오는 길이 그대와 함께 보이는 데로 가자

그대 얼굴에 생채기[5] 있어 더욱 빛나는 [반달이구나]
근심이 차 부어올라 가슴이 둥글어
그대 타는 눈동자 어둠을 뚫고 샛별 틈에 있구나

(『여성공론』 2.2. 1947. 07. 20. 39쪽)
(『새노래』 77-78: 「육체 예찬」)

원문 句節도아닌 두서너마디 더듬는말인데도

句節도아닌 두서너마디 더듬는말인데도
나의머리 수그리게하는 한량없는뜻은 무엇일까

潮水[1]에뜬 별처럼 黃昏속에서 빛나는 눈동자
처다볼수 도시[2]없어 눈둘데몰라 멍서리게함은 무엇때문일까
이슬젖은구술처럼 눈물이어려 더욱빛나
내마음 꾀뚤어 휘젓는 금빛화살아

귀막고 눈을감으면 潮水처럼 그윽히 밀려와
내가슴하나 가득히 채우는[3]것은 무엇일까

雄辯보다 깊은뜻다물고 잠근[4]입술기
말보다 다사론[5] 눈초리들에 지탕되어
초라한 작은생애가 보람이있어
진달레피는 벼랑과언덕[6] 한없이 사랑하며
내 이들[7]에 즐거히 땀흘리고저 하노라

(『開闢』 9.1. 1947. 08. 01. 49쪽)

(『새노래』 79-80: 「句節도 아닌 두서너 마디」)

구절도 아닌 두서너 마디 더듬는 말인데도

구절도 아닌 두서너 마디 더듬는 말인데도
나의 머리 수그리게 하는 한량없는[8] 뜻은 무엇일까

호수에 뜬 별처럼 황혼 속에서 빛나는 눈동자
쳐다볼 수 도시[9] 없어 눈 둘 데 몰라 망설이게 함은 무엇 때문일까
이슬 젖은 구슬처럼 눈물이 어려 더욱 빛나
내 마음 꿰뚫어 휘젓는 금빛 화살아

귀 막고 눈을 감으면 조수처럼 그윽이 밀려와
내 가슴 하나 가득히 채우는 것은 무엇일까

웅변보다 깊은 뜻 다물고 잠근 입술
말보다 다사로운 눈초리들에 지탱되어
초라한 작은 생애가 보람이 있어
진달래 피는 벼랑과 언덕 한없이 사랑하며
내 이 들에 즐거이 땀 흘리고자 하노라

(『개벽』 9.1. 1947. 08. 01. 49쪽)
(『새노래』 79-80: 「구절도 아닌 두서너 마디」)

원문

百萬의 편을 잃고

당신은 自動車를 싫여하섯다
自動車보다는 뻐스를
뻐스보다는 몬지낀 길바닥을 것기를 좋아하섯다
거기 띠끌을쓰고가는 우리들곁에 늘 오시고 싶은때문이었다

당신의곁에는 銃칼찬 親衛隊도 아모것도 없었다
그런것은 卑怯한 팟쇼의大將들의 짓이라 하섯다
백성에게 自由가없고 억울한죽엄이 그들 앞에 나날이 딩굴적에
호을로 安全한곳에 당신은 도시 앉었을수가없었다
쓸어질지라도 다만 괴로운 人民의 속에 있기가 소원이섯다

당신은 언제고 젊은이들의 벗
가난한이웃과 불상한 사람들의 친구
아이들과도 공차고달리기 좋아하는 진정한 스포-츠맨이었다
그러기에 당신과는 참말 民主主義를 얘기할수있었고
마읍놓고 政權도 마끼리라했다

언제고 群衆의歡呼속에 나타나던당신 성낸獅子처럼 壇上에서 怒號하실적에도
우리는 西山을처다보며 뻑々 담배를 빨수가 있었다
야단맛고 벌々 떠는것은 팟쇼의大將들과 人民의敵들이고
우리가 아니었때문이다

시달리는 백성을 등에돌리고 反動앞에 당신이 가로막아섰을때
우리는 참말이지 싱이 났었다
그러기에 당신의 일홈과함께 人民이부르는 萬歲소리는
가슴과 뱃장에서 아니발톱에서 머리끝 까지 울려나왔다
당신은 벌써 당신自身이 아니오
모-든 人民의 당신이었다
뚫어진 車에실려 소리없이 鍾路로 도라오실적에
골목의 과일장수도 「신기우려」도 어멈도 女店員도

백만의 편을 잃고

당신은 자동차를 싫어하셨다
자동차보다는 버스를
버스보다는 먼지 낀 길바닥을 걷기 좋아하셨다
거기 티끌을 쓰고 가는 우리들 곁에 늘 오시고 싶은 때문이었다

당신의 곁에는 총칼 찬 친위대도 아무것도 없었다
그런 것은 비겁한 파쇼의 대장들의 짓이라 하셨다
백성에게 자유가 없고 억울한 죽음이 그들 앞에 나날이 뒹굴 적에
홀로 안전한 곳에 당신은 도시[1] 앉았을 수가 없었다
쓰러질지라도 다만 괴로운 인민의 속에 있기가 소원이셨다

당신은 언제고 젊은이들의 벗
가난한 이웃과 불쌍한 사람들의 친구
아이들과도 공 차고 달리기 좋아하는 진정한 스포츠맨이었다
그러기에 당신과는 참말 민주주의를 얘기할 수 있었고
[마음] 놓고 정권도 맡기리라 했다

언제고 군중의 환호 속에 나타나던 당신 성낸 사자처럼 단상에서 노호하실 적에도
우리는 서산을 쳐다보며 뻑뻑 담배를 빨 수가 있었다
야단맞고 벌벌 떠는 것은 파쇼의 대장들과 인민의 적들이고
우리가 아니었기 때문이다

시달리는 백성을 등에 돌리고 반동 앞에 당신이 가로막아 섰을 때
우리는 참말이지 [신][2]이 났었다
그러기에 당신의 이름과 함께 인민이 부르는 만세 소리는
가슴과 뱃장[3]에서 아니 발톱에서 머리끝까지 울려 나왔다
당신은 벌써 당신 자신이 아니요
모든 인민의 당신이었다
뚫어진 차에 실려 소리 없이 종로로 돌아오실 적에
골목의 과일 장수도 [신기료장수][4]도 어멈도 여점원도

원문

기구와 저울과 수판을 내던지고 엉々울었다
記者는 연필을 팽개칫으며 늙은이와 少年은 壁報앞에 그만 주앉었다
그들은 그들의곁테서 百萬의편을 한꺼번에 잃었던것이다
지금 전에없이사나운 反動의 회호리속에서 아우성치는 人民의곁에 아모리도라보아야 당신이 안게시다
오늘은 雄辯대신에 무거운沈默으로써 가르키시는
勝利로가는 싸움의길이 萬사람의 눈앞에 눈물에어려 빛날뿐
피로써 당신이 헤치신 人民共和國의 길이햇불처럼 별처럼 떨리고있을뿐

夢陽先生을일코

(『朝鮮中央日報』 1947. 08. 07. 二面)

기구와 저울과 수판을 내던지고 엉엉 울었다
기자는 연필을 팽개쳤으며 늙은이와 소년은 벽보 앞에 그만 주저앉았다
그들은 그들 곁에서 백만의 편을 한꺼번에 잃었던 것이다
지금 전에 없이 사나운 반동의 회오리 속에서 아우성치는 인민의 곁에 아무리 돌아보아야 당신이 안 계시다
오늘은 웅변 대신에 무거운 침묵으로써 가르치시는[5)]
승리로 가는 싸움의 길이 만 사람의 눈앞에 눈물에 어려 빛날 뿐
피로써 당신이 헤치신 인민공화국의 길이 횃불처럼 별처럼 떨리고 있을 뿐

몽양 선생을 잃고[6)]

(『조선중앙일보』 1947. 08. 07. 2면)

원문

希望

希望 ──
『갈리레오』가 잊어버린
또하나
별의 일홈

숨이 가뿐 봄밤
젊은이 꿈속에
즐겨뜨는
기이한 버릇을 한
별아

오늘밤도 네引力의 限界를 스치어
자조 삐뚤어지는
수없는『커-브』[1] 들

온갓 회호리바람과 유인과 협박에 지치어[2]
시달리는 運命들 우에
히미하게 걸리는 圓光아

나는오늘 차디찬 隕星의 무덤을
디디고
나의 恒星[3]
가장 멀면서도 가장 가까운데 있고나

(『新天地』 2.10. 1947. 11. 12. 73쪽)
(『새노래』 91-93)

희망

희망 ——
갈릴레오[4]가 잊어버린
또 하나
별의 이름

숨이 가쁜 봄밤
젊은이 꿈속에
즐겨 뜨는
기이한 버릇을 한
별아

오늘 밤도 네 인력의 한계를 스쳐
자주 삐뚤어지는
수없는 커브들

온갖 회오리바람과 유인과 협박에 지쳐
시달리는 운명들 위에
희미하게 걸리는 원광[5]아

나는 오늘 차디찬 운성[6]의 무덤을
디디고
나의 항성[7]
가장 멀면서도 가장 가까운 데 있구나

(『신천지』 2.10. 1947. 11. 12. 73쪽)
(『새노래』 91-93)

원문

새해의노래

歷史의 復수 아직도 끗나지 안엇슴인가?
먼데서 가까운데서 民族과民族의 아우성소리
어둔밤 波도일른[1]소린가? 별 무수히 문허짐인가?

노픈 구름사이에 앨써마음을 부처살리라한들
저자에 사모치는 저 웅어림 닷지안흘가보냐?

아름다운꿈 지님은 언제고 무거운짐이리라
아름다운꿈 버리지못함은 분명 刑罰보다 아픈 슬품이리라

『이스라엘』헤매이던二千年 꿈속의고향
『시온』은 오늘 도라드는발자곡소리로 소연코나

꿈엔들 이져쓰랴? 우리들의 『시온』도
統一과 自主와 民主우에 설[2] 빗나는祖國

우리들 落葉지는 한두살쯤이야 휴지통에 던지는 꾸겨진 쪼각일따름
사랑하는 나라의 테누리 새年輪으로 한겹 더구더지라

새해와 希望은 몸부림치는 民族에게 주자
새해와 自由와 幸福은 괴로운民族끼리난우어 가지자。

(『自由新聞』 1948. 01. 04. 三面)
(『새노래』 118-20)

새해의 노래

역사의 복수 아직도 끝나지 않았음인가?
먼 데서 가까운 데서 민족과 민족의 아우성 소리
어둔 밤 파도 [앓는][3] 소린가? 별 무수히 무너짐인가?

높은 구름 사이에 애써 마음을 붙여 살리라 한들
저자[4]에 사무치는 저 [웅얼거림] 닿지 않을까 보냐?

아름다운 꿈 지님은 언제고 무거운 짐이리라
아름다운 꿈 버리지 못함은 분명 형벌보다 아픈 슬픔이리라

이스라엘 헤매던 2천 년 꿈속의 고향
시온은 오늘 돌아드는 발자국 소리로 소연[5]하구나

꿈엔들 잊었으랴? 우리들의 시온도
통일과 자주와 민주 위에 설 빛나는 조국

우리들 낙엽 지는 한두 살쯤이야 휴지통에 던지는 꾸겨진 조각일 따름
사랑하는 나라의 [테두리][6] 새 연륜[7]으로 한 겹 더 굳어지라

새해와 희망은 몸부림치는 민족에게 주자
새해와 자유와 행복은 괴로운 민족끼리 나누어 가지자.

(『자유신문』 1948. 01. 04. 3면)
(『새노래』 118-20)

원문

統一에부침

우리는 본시하나 이었다。
뼈저린 챗직 아래서도 쓸어안고 견디던 하나 이었다。
소리소리 지르면 제절로 反抗의 合唱이던
눈물어린 望鄕의 쓴잔도 함께 난운
오! 둘을 모르는 하나이었다。
팃기 없는 한울아래
문의 놓은 기와와 그릇과 비단과 종종한 말
두 아름다운것
죽어지라 사랑하며 살아온 來歷도하나

인제 온 백성을 들어 口腹問題의 막다른골로 몰아넣어
兄弟있는곳과 소식 또 오래인 꿈
돌볼새 없이 맨드는
이 놀라운 實利主義의 天才에 우리 모두 抗拒하리라。
짓밟힌 아름다운것 함께뫃여 소근소근 살아갈길 지키기 위하여

異邦친구들에게 일르노니
한데뭉친 民衆의 民主主義대신에
쬬각난 暴君의 民主主義를
그대들에게 우리언제 부탁한 記憶이없다
四月달 진달레 뿌리벋어
말래도 굳이 벋어
南北으로 滿發한 山脈과 핏줄
뚜드러저 굼틀거리는것
뉘 감히 끊을것이냐?

흐르는 강물도 鐵路도 電線도 변하는 季節도
오로지한소리 아래 움지기고시퍼 ——
모-든 시내 강물 바다로 뫃이듯
진달레 개나리 욱어저피는 한보금자리로

통일에 부침[1)]

우리는 본시[2)] 하나였다.
뼈저린 채찍 아래서도 끌어안고 견디던 하나였다.
소리소리 지르면 저절로 반항의 합창이던
눈물 어린 망향의 쓴 잔도 함께 나눈
오! 둘을 모르는 하나였다.
[티][3)] 없는 하늘 아래
[무늬][4)] 놓은 기와와 그릇과 비단과 종종한 말
두 아름다운 것
죽어지라 사랑하며 살아온 내력도 하나

인제 온 백성을 들어 구복[5)] 문제의 막다른 골로 몰아넣어
형제 있는 곳과 소식 또 오래인 꿈
돌볼 새 없이 만드는
이 놀라운 실리주의의 천재에 우리 모두 항거하리라.
짓밟힌 아름다운 것 함께 모여 소곤소곤 살아갈 길 지키기 위하여

이방 친구들에게 이르노니
한데 뭉친 민중의 민주주의 대신에
조각난 폭군의 민주주의를
그대들에게 우리 언제 부탁한 기억이 없다
4월 달 진달래 뿌리 뻗어
[마루][6)]도 굳이[7)] 뻗어
남북으로 만발한 산맥과 핏줄
뚜드려져 꿈틀거리는 것
뉘 감히 끊을 것이냐?

흐르는 강물도 철로도 전선도 변하는 계절도
오로지 한 소리 아래 움직이고 싶어 ——
모든 시내 강물 바다로 모이 듯
진달래 개나리 우거져 피는 한 보금자리로
(

원문

우리 모두 한데 엉키어 논이지말자。

틀어쥔 손과손 握手가 아니라
南과 北의 자국도없는용接
모-든 熱力學의법則을 기우려
거-만한 異邦사람들의 눈앞에서
보아지라 우리 모두 감아매리

(『新民日報』 1948. 04. 18. 二面)

우리 모두 한데 엉키어 나뉘지[8] 말자.

틀어쥔 손과 손 악수가 아니라
남과 북의 자국도 없는 용접
모든 열역학의 법칙을 기울여
거만한 이방 사람들의 눈앞에서
보이라 우리 모두 감아 매리

(『신민일보』 1948. 04. 18. 2면)

원문

재산

落花三千을 거느리고도
또 九重宮闕을 차지하던 王이여
내가 지닌 모-든것은 아마도 당신 내키는대로 하시리다만은
이 마음속 五臟보다도 깊은데감춘 큰슬픔이사 빼앗지 못하시지

마음대로 勢道를 쓰시지 호강을 하렴 하시지
衣冠을 뽐내시렴 女子와 口錢을랑 다가져가시지
그러나 다만 내襤褸에싼 어리석은 우숨만은 어쩔수 없으리다

田莊도 貯金도 旅券도 분명 없사외다
登錄할수있는 모-든것은 당신과 당신의 신하의 것이리다

그러니 물쓰든 근심을 뿌려 낭비하며
희망을 홀로 내 재산이라 간직할밖에

(『民聲』 4.7-8. 1948. 08. 20. 70-71쪽)

재산

낙화 3천을 거느리고도
또 구중궁궐을 차지하던 왕[1)]이여
내가 지닌 모든 것은 아마도 당신 내키는 대로 하시리다마는
이 마음속 오장보다도 깊은 데 감춘 큰 슬픔이야 빼앗지 못하시지

마음대로 세도를 쓰시지 호강을 하렴 하시지
의관을 뽐내시렴 여자와 구전[2)]일랑 다 가져가시지
그러나 다만 내 남루[3)]에 싼 어리석은 웃음만은 어쩔 수 없으리다

전장[4)]도 저금도 여권도 분명 없사외다
등록할 수 있는 모든 것은 당신과 당신 신하의 것이리다

그러니 [물 쓰듯][5)] 근심을 뿌려 낭비하며
희망을 홀로 내 재산이라 간직할밖에

(『민성』 4.7-8. 1948. 08. 20. 70-71쪽)

원문

새해앞에 잔을들고

첫 잔은
금이 간
자꾸만 금이 가려는 민족을 위하여 들자

다음 잔은
속임 많던 고약한 어저께를 잊기 위하야 ——

그 다음 잔은
우리들
듥어져 가는 아름다운 생각을 위하여

피는 과연 물 보다도 진한 것인가
아 —— 그러나『도그마』는 피 보다도 진하였다

너무나 헤픈 목숨과 청춘
울어도 시언치 못한 우리 모두의 손실이었다

불 꺼진 공장
헐벗은 마을
빛 다른 물건 나부랭이만 넘치는
거리 거리
너 나 없이 숨이 찬

어린 광대들
잔을 들리라
아리들 한량 없이 착하나
그러나 그지 없이 약한 무리들 웃을 날위하여 ——

철 철 철
넘치는 잔은

새해 앞에 잔을 들고

첫 잔은
금이 간
자꾸만 금이 가려는 민족을 위하여 들자

다음 잔은
속임 많던 고약한 어저께를 잊기 위하야 ——

그 다음 잔은
우리들
무너져 가는 아름다운 생각을 위하여

피는 과연 물보다도 진한 것인가
아 —— 그러나 도그마는 피보다도 진하였다

너무나 헤픈 목숨과 청춘
울어도 시원치 못한 우리 모두의 손실이었다

불 꺼진 공장
헐벗은 마을
[색다른][1] 물건 나부랭이만 넘치는
거리거리
너나없이 숨이 찬

어린 광대들
잔을 들리라
[아이들][2] 한량없이 착하나
그러나 그지없이 약한 무리들 웃을 날 위하여 ——

철 철 철
넘치는 잔은

원문

다시 아물 民族의 이름으로 들자

또 한잔 은
지혜롭고 싱싱할 내일과 또 인류에게 ——

마지막 잔은 ——
그렇다
우리 모두의 한결 같은 옛꿈의소생을위하여 들자

(『주간서울』 一月 第2週號 第21號. 1949. 01. 10. 6面)

다시 아물 민족의 이름으로 들자

또 한 잔은
지혜롭고 싱싱할 내일과 또 인류에게 ——

마지막 잔은 ——
그렇다
우리 모두의 한결같은 옛 꿈의 소생을 위하여 들자

(『주간서울』 1월 제2 주호 제21 호. 1949. 01. 10. 6면)

원문

哭 白凡先生

살 깎고 피 뿌린 四十년
돌아온 보람
금도 보석도 아닌
단 한알의 탄환

꿈에도 못잊는
조국통일의 산 生理를 파헤치는
눈도 귀도 없는 몽매한 物理여?

동으로 동으로 목말라 찾던 어머니인 땅이
인제사 바치는 성찬은 이뿐이든가

저주받을세옳은 민족이로다
스스로 제 위대한 혈육에
아로새기는 박해가 어찌 이처럼숙련하냐

위태로운 때
큰 기둥 뒤 따라 꺾여짐
민족의 내일에
빗바람 설레는 우지즘 자꾸만
귀에 자욱하구나

눈물을 아껴둬 무엇하랴
젊은 가슴마다 기념탑 또하나 믄어지는 소리
옳은 꿈 사랑하는이어던 멈춰서
가슴 쏟아 여기 통곡하자

눈물속 어리는
금없는 조국의 어여뿐 얼굴
저마다 처다보며
(

곡[1] 백범[2] 선생

살 깎고 피 뿌린 40년
돌아온 보람
금도 보석도 아닌
단 한 알의 탄환

꿈에도 못 잊는
조국 통일의 산 생리를 파헤치는
눈도 귀도 없는 몽매한 물리여?

동으로 동으로 목말라 찾던 어머니인 땅이
이제야[3] 바치는 성찬은 이뿐이던가

저주 받을 세 옳은 민족이로다
스스로 제 위대한 혈육에
아로새기는 박해가 어찌 이처럼 숙련하냐

위태로운 때
큰 기둥 뒤따라 꺾어짐
민족의 내일에
비바람[4] 설레는 우짖음 자꾸만
귀에 자욱하구나

눈물을 아껴 둬 무엇하랴
젊은 가슴마다 기념탑 또 하나 무너지는 소리
옳은 꿈 사랑하는 이거든 멈춰서
가슴 쏟아 여기 통곡하자

눈물 속 어리는
금 없는 조국의 어여쁜 얼굴
저마다 쳐다보며
(

원문

꺼꾸러지며
그를넘어 또다시 일어나 가리

(『國都新聞』 1949. 06. 30. 2面)

꺼꾸러지며
그를 넘어 또다시 일어나 가리

(『국도신문』 1949. 06. 30. 2면)

원문

祖國의노래

언제 불러보아도
내마음 설레는
아—— 어머니인
祖國이여

아득히 먼듯
三韓新羅에 뻗은 맥맥
그러나 한없이 가까웁게
내 핏줄에밀려오고 밀려드는
물구비
구비마다 감기운
그대 숨결

多寶塔 돌난간 文殊보살 손길에
靑磁병 모가지에 자꾸만 만지우는
다사론 손길

　　鄕歌 歌謠 歌辭 時調에
되처 되처 울리는 그목소리
강과 호수와 또 비취빛 하늘
가는곳마다 비최는 얼골
아—— 무시로 내 피부에 닷는것
귀에 울러는것 닥아오는것
그는 내 조국
내 자랑일러라

지난날
그대 없어서
우리 너나없이 서럽게 자란 아이
나면서 모두가 인찍힌 亡命者
(

조국의 노래

언제 불러 보아도
내 마음 설레는
아—— 어머니인
조국이여

아득히 먼 듯
삼한 신라[1]에 뻗은 맥맥
그러나 한없이 가깝게
내 핏줄에 밀려오고 밀려드는
물굽이
굽이마다 감긴
그대 숨결

다보탑[2] 돌난간 문수보살[3] 손길에
청자 병 모가지에 자꾸만 만져지는
다사로운 손길

　　향가 가요 가사 시조에
되처 되처[4] 울리는 그 목소리
강과 호수와 또 비췻빛 하늘
가는 곳마다 비치는 얼굴
아—— 무시로[5] 내 피부에 닿는 것
귀에 울리는 것 다가오는 것
그는 내 조국
내 자랑이리라

지난날
그대 없어서
우리 너나없이 서럽게 자란 아이
나면서 모두가 인[6] 찍힌 망명자
(

원문

그대 갖고퍼북어처럼여위던 족속

오늘
거리 거리
바람에 파동이는
태극기
꽃이파린가 별쪼각인가
아 —— 이는 내희망

내가 태어나
그 밑에 살기 소원이던 꿈
인류에게 고하라
우리목숨앞서
그를 다시 빼았을 길없음을

역사의 행진
한 모퉁이 떳떳이 나설 우리
삐걱이는 바퀴에
내 약한 어께 받치었음
한없이 보람있고나

언제 불러 보아도
마음 설레는
아 —— 어머니인
내 조국이어

(『聯合新聞』 1950. 05. 24. 地方綜合版 四面)

그대 갖고파 북어처럼 여위던 족속

오늘
거리거리
바람에 파동 이는
태극기
꽃잎[7]인가 별 조각인가
아 —— 이는 내 희망

내가 태어나
그 밑에 살기 소원이던 꿈
인류에게 고하라
우리 목숨 앞서
그를 다시 빼앗을 길 없음을

역사의 행진
한 모퉁이 떳떳이 나설 우리
삐걱대는 바퀴에
내 약한 어깨 받쳤음[8]
한없이 보람 있구나

언제 불러 보아도
마음 설레는
아 —— 어머니인
내 조국이여

(『연합신문』 1950. 05. 24. 지방종합판 4면)

I 최초 발표된 시의 원문

2

단행본 시집에 처음 수록된 시 / 현대 한국어로 수정된 시

『태양의 풍속』 (1934. 09. 25)

『바다와 나비』 (1946. 03. 03)

『새노래』 (1948. 04. 15)

『태양의 풍속』

1934. 09. 25

원문

太陽의風俗

太陽아
다만한번이라도좋다。너를부르기 위하야 나는두루미의 목통을 비러오마。나의마음의문허진터를 닦고 나는 그우에 너를위한 작은宮殿을 세우련다 그러면 너는 그속에와서 살어라。나는 너를 나의어머니 나의故鄕 나의사랑 나의希望이라고 부르마。그러고 너의사나운 風俗을 쫓아서 이어둠을 깨물어죽이련다。

太陽아
너는 나의가슴속 작은宇宙의 湖水와 山과 푸른잔디밭과 힌防川에서 不潔한 간밤의서리를 핥어버려라。나의시내물을 쓰다듬어주며 나의바다의搖籃을 흔들어주어라。너는 나의病室을 魚族들의 아침을 다리고 유쾌한손님처럼 찾어오너라。

太陽보다도 이쁘지못한詩。太陽일수가없는 설어운나의詩를 어두운病室에 켜놓고 太陽아 네가오기를 나는 이밤을새여가며 기다린다。

(『太陽의風俗』 19-20)

태양의 풍속

태양아
다만 한 번이라도 좋다. 너를 부르기 위하여 나는 두루미의 목통을 빌려 오마. 나의 마음의 무너진 터를 닦고 나는 그 위에 너를 위한 작은 궁전을 세우련다. 그러면 너는 그 속에 와서 살아라. 나는 너를 나의 어머니 나의 고향 나의 사랑 나의 희망이라고 부르마. 그러고 너의 사나운 풍속을 쫓아서 이 어둠을 깨물어 죽이련다.

태양아
너는 나의 가슴속 작은 우주의 호수와 산과 푸른 잔디밭과 흰 방천[1]에서 불결한 간밤의 서리를 핥아 버려라. 나의 시냇물을 쓰다듬어 주며 나의 바다의 요람을 흔들어 주어라. 너는 나의 병실을 어족들의 아침을 데리고 유쾌한 손님처럼 찾아오너라.

태양보다도 예쁘지 못한 시. 태양일 수가 없는 서러운 나의 시를 어두운 병실에 켜 놓고 태양아 네가 오기를 나는 이 밤을 새워 가며 기다린다.

(『태양의 풍속』 19-20)

원문

感傷風景[1)]

순아 이 들이 너를 기쁘게하지못한다는말을 참아 이 들의 귀에 들려주지말어라。
네눈을 즐겁게못하는 슬픈벗「포풀라」의 호릿한몸짓은 오늘도 防川에서 떨고있다。
가느다란歎息처럼‥‥

아침의靜寂을 싸고있는 무거운안개속에서
그날
너의노래는 시내물을 비웃으며 조롱하였다。
소들이 마을쪽으로 머리를돌리고
음메 —— 음메 —— 우든저녁에
너는 나물캐든 바구니를 옆에끼고서
푸른보리밭사이 오슬길을 배아미처럼 걸어오더라。

汽車소리가 죽어버린뒤의 검은들우에서
오늘
나는 삐죽한 광이 끝으로 두터운안개빨을 함부로 찢어준다。
이윽고 힌배암이처럼 寂寞하게 나는돌아갈게다。

(『太陽의風俗』 55-56)

감상 풍경

순아 이 들이 너를 기쁘게 하지 못한다는 말을 차마 이 들의 귀에 들려주지 말아라. 네 눈을 즐겁게 못하는 슬픈 벗 포플러의 호릿한 몸짓은 오늘도 방천[2)]에서 떨고 있다. 가느다란 탄식처럼····

아침의 정적을 싸고 있는 무거운 안개 속에서
그날
너의 노래는 시냇물을 비웃으며 조롱하였다.
소들이 마을 쪽으로 머리를 돌리고
음매 —— 음매 —— 울던 저녁에
너는 나물 캐던 바구니를 옆에 끼고서
푸른 보리밭 사이 오솔길을 뱀처럼 걸어오더라.

기차 소리가 죽어 버린 뒤의 검은 들 위에서
오늘
나는 삐죽한 괭이 끝으로 두터운 [안갯발][3)]을 함부로 찢어 준다.
이슥고 흰 뱀처럼 적막하게 나는 돌아갈 거다.

(『태양의 풍속』 55-56)

『바다와 나비』

1946. 03. 03

원문

어린共和國이여[1)]

식은火山 밑바닥에서
히미하게 나부끼던 작은불길
말발굽구루는 땅아래서
水銀처럼 떨리던샘물
인제는 牧丹[2)]같이 피어나라 어린共和國이어

그늘에[3)] 감춰온 마음의財産
우리들의 오래인꿈 어린共和國이어
음산한「近代」의 葬列에서 빼앗은奇蹟
歷史의 귀동자 어린共和國이여

오 ── 명예도 지위도 富貴도 다 싫소
오직그대가는길 멍에밑 즐거운勞役에 얽매어주오[4)]
빛나는共和國이여 그러고 안심하소서
젊은이어깨에 그대얹히셨으니 ──

어린共和國[5)]
오 ── 우리들의가슴에 차오는 꽃봉오리여
저 대담한새벽처럼 서슴치말고
밤새워기다리는거리로[6)] 어서닥아오소서

(『바다와 나비』 22-23)

(『新文藝』 2.2. 1946. 07. 01. 16-17쪽[7)])

어린 공화국이여

식은 화산 밑바닥에서
희미하게 나부끼던 작은 불길
말발굽 구르는 땅 아래서
수은처럼 떨리던 샘물
인제는 목단같이 피어나라 어린 공화국이여

그늘에 감춰 온 마음의 재산
우리들의 오랜 꿈 어린 공화국이여
음산한 근대의 장렬[8]에서 빼앗은 기적
역사의 귀동자[9] 어린 공화국이여

오 —— 명예도 지위도 부귀도 다 싫소
오직 그대 가는 길 멍에 밑 즐거운 노역에 얽매어 주오
빛나는 공화국이여 그러고 안심하소서
젊은이 어깨에 그대 얹히셨으니 ——

어린 공화국
오 —— 우리들의 가슴에 차 오는 꽃봉오리여
저 대담한 새벽처럼 서슴지 말고
밤새워 기다리는 거리로 어서 다가오소서.

(『바다와 나비』 22-23)
(『신문예』 2.2. 1946. 07. 01. 16-17쪽)

원문

무지개[1)]

新羅적 한옛날부터
처다보는 금없는 한 한울
이슬젖은 太古의 젖가슴

오늘도 티끼하나없이 해ㅅ볕에녹아
南으로 기우러진 풍성한 쪽빛『나야가라』
황홀히 우루러보는 나의자랑아。

여러눈포래 구름 번개와 소낙비
우리[2)]와 세월이 구루며 흽쓰러간뒤에도
주름살 하나없이 부푸른 한폭 둥근돗。

검소한 동리와거리 쏘들데□는[3)]분함
초라한사람[4)] 쓴우숨 모조리 덮어가리던
碧玉빛沈默을 다문 밑없는 나의하늘。

背信도 謀叛 시기 미□[5)]다툼도
다보아 알고있는 무서운 靑銅거울
소름지우는 『이쁘』와 『카인』의 한울。

노려보는 묵묵한 푸른 눈초리 피하야
인제우리 그늘로가 앒은데마다 쓴눈물 쏟아[6)]
까신 마음 가득히 하늘빛 철철 받어담자。

靑磁器 빼여문 두루미목에
휘감겨 흐르는 비취빛하늘
나의무지개 나의꿈 다사론 광채야。

(『바다와 나비』 24-26)

(『大潮』 1.2. 1946. 06. 25. 209-10쪽)

무지개

신라[7] 적 한 옛날부터
쳐다보는 금 없는 한 하늘
이슬 젖은 태고의 젖가슴

오늘도 [티끌][8] 하나 없이 햇볕에 녹아
남으로 기울어진 풍성한 쪽빛[9] 나이아가라[10]
황홀히 우러러보는 나의 자랑아.

여러 [눈보라] 구름 번개와 소낙비
[우뢰]와 세월이 구르며 휩쓸어 간 뒤에도
주름살 하나 없이 부푼 한 폭 둥근 돛.

검소한 동리[11]와 거리 쏟을 데 [없는] 분함
초라한 [사랑] 쓴웃음 모조리 덮어 가리던
벽옥[12]빛 침묵을 [담은][13] 밑 없는[14] 나의 하늘.

배신도 모반 시기 [미운] 다툼도
다 보아 알고 있는 무서운 청동 거울
소름 짓는 이브와 카인의 하늘.

노려보는 묵묵한 푸른 눈초리 피하여
인제 우리 그늘로 가 아픈 데마다 쓴 눈물 쏟아
[가신][15] 마음 가득히 하늘빛 철철 받아 담자.

청자기 빼어 문 두루미 목에
휘감겨 흐르는 비췻빛 하늘
나의 무지개 나의 꿈 다사로운 광채야.

(『바다와 나비』 24-26)
(『대조』 1.2. 1946. 06. 25. 209-10쪽)

원문

길까의輓章

네거리의 오고가는 발길과 갑갑한입김과
성낸政黨과 흐리는 利權과
그러고 눈노기는 양지쪽 이 四溫첫날을두고
그대 흙묻은거제기 뒤집어쓴체
완전히 圈外에 나누었네그려

사품치는 삶의 騷亂에서 絕緣된
드디어이룬 無關心의 絕頂——
아——『파이푸오르간』도『할레루야』도
巡警의 짜증소리도 民法의條文도
그대곁을 흘러가는 한낫 無意味일뿐

아마도 市廳도 幕府會議도 그대를 기억한적없고
다사론품안 김나는잔채에 불린일도없이
모다들 도라가는 어슬막 그대 끌려갈 삶의中心도없이
헐벗고 때뭇고 발길에채어 몇번인가 꾸지졌으리
人生은 고약한곳 아예 올데가 아니었다고——

그대가는곳 저 날랜 찬 회오리바람속인가
微熱과 情慾에 아 上氣한 이신기한 별에서 떨어저
엉크린사정도 肉親의바줄도 北極의磁力도
드디어얽매지못하는 항거할수없는 힘으로
그대는오직 주저없이 물러가는 方向일뿐

아——나는 도라서 화끈한 人生을 다시부등켜안으리라
화토불에 몰려드는 하로사리의 정열로
남은세월을 기우려 만음껏 사랑하리라
순수한것과 높은향기와 의로운것들을——
떠날이마다말케하리라 人生은 사시 꽃피는 다사론곳이었다고——

(『바다와나비』 30-32)

길가의 만장[1)]

네거리의 오고 가는 발길과 갑갑한 입김과
성낸 정당과 흐리는 이권과
그러고 눈 녹이는 양지 쪽 이 사온[2)] 첫날을 두고
그대 흙 묻은 [거적][3)] 뒤집어 쓴 채
완전히 권외[4)]에 [나누웠네][5)]그려

사품치는[6)] 삶의 소란에서 절연된
드디어 이룬 무관심의 절정 ——
아 —— 파이프오르간도 할렐루야도
순경의 짜증 소리도 민법의 조문도
그대 곁을 흘러가는 한낱 무의미일 뿐

아마도 시청도 [모스크바 회의][7)]도 그대를 기억한 적 없고
다사로운 품 안 김나는 잔치에 불린 일도 없이
모두들 돌아가는 [어스름][8)] 그대 끌려갈 삶의 중심도 없이
헐벗고 때 묻고 발길에 차여 몇 번인가 꾸짖었으리
인생은 고약한 곳 아예 올 데가 아니었다고 ——

그대 가는 곳 저 날랜 찬 회오리바람 속인가
미열과 정욕에 아 상기한[9)] 이 신기한 별에서 떨어져
엉클린 사정도 육친의 밧줄도 북극의 자력도
드디어 얽매지 못하는 항거할 수 없는 힘으로
그대는 오직 주저 없이 물러가는 방향일 뿐

아 —— 나는 돌아서 화끈한 인생을 다시 부둥켜안으리라
화톳불[10)]에 몰려드는 하루살이의 정열로
남은 세월을 기울여 [마음껏] 사랑하리라
순수한 것과 높은 향기와 의로운 것들을 ——
떠날 이마다 [말하게][11)] 하리라 인생은 사시[12)] 꽃 피는 다사로운 곳이었다고 ——

(『바다와 나비』 30-32)

원문

女人圖

가장 깊은비밀 마음의상처 지녔을적에
당신의가슴에 더운머리 파묻고 거센손에 만지워서
어머니 당신의
『自由로운 朝鮮』은 피ㅅ줄이 굵어왔읍니다。

옥수수 낱낱이 밀고 담으신 흰밥
풋멱과 고사리 북어무침 송어찜
누님의 철따룬 私食으로
『自由로운朝鮮』은 모진 고비고비 넘겨왔읍니다。

父兄會에서 稅務署에서 어디어디서 보았다는소식 ——
몇해만씩 바람에 흘러오는소식에
안해여 마음 튼튼하야
『自由로운朝鮮』은 먼나라의放浪이 슲으지않었읍니다。

흥캐진 눈자위 날씬한손맥 쉬어쉬어 바삐짜서
감춰다주신 속옷과 목도리 감고서
사랑하는 사람이여
『自由로운朝鮮』은 무서운 여러겨을 견디어왔읍니다。

창살을거처 처다보는 젖은 속눈섭
별아래 지나가는 몇마디속삭임과 화끈한입김
손등에 남기신 다사론 體溫과 뜻으로
『自由로운朝鮮』은 힘이나 싸워왔읍니다。또 싸우겠읍니다。

(『바다와나비』 33-35)

여인도

가장 깊은 비밀 마음의 상처 지녔을 적에
당신의 가슴에 더운 머리 파묻고 거센 손에 만져져서
어머니 당신의
'자유로운 조선'은 핏줄이 굵어 왔습니다.

옥수수 낱낱이 밀고 담으신 흰 밥
[풋미역][1]과 고사리 북어무침 송어찜
누님의 철 따른 사식[2]으로
'자유로운 조선'은 모진 고비 고비 넘겨 왔습니다.

부형회[3]에서 세무서에서 어디 어디서 보았다는 소식 ——
몇 해만[4]씩 바람에 흘러오는 소식에
아내여 마음 튼튼하여
'자유로운 조선'은 먼 나라의 방랑이 슬프지 않았습니다.

흥캐진[5] 눈자위[6] 날씬한 [손목][7] [쉬엄쉬엄] 바삐 짜서
감춰다 주신 속옷과 목도리 감고서
사랑하는 사람이여
'자유로운 조선'은 무서운 여러 겨울 견디어 왔습니다.

창살을 거쳐 쳐다보는 젖은 속눈썹
별 아래 지나가는 몇 마디 속삭임과 화끈한 입김
손등에 남기신 다사로운 체온과 뜻으로
'자유로운 조선'은 힘이 나 싸워 왔습니다. 또 싸우겠습니다.

(『바다와 나비』 33-35)

원문

東方紀行

序詩 [II][1)]

언제고 이게 내고향이거니하고 맘놓은적은없다。
山넘어 들건너 구름속에도
永久한時間의 未來속에도 내 찾어갈『約束』은없다。

幸福 —— 너는벌써 나를 誘惑할수도 激勵할수도없이 병신된 꿈이고나。
不幸도 破門도 追放도 인제는 나를 威脅하지는못한다。

戀愛조차도 고칠수없는
이茂盛한 憂鬱을 차라리 웃어버릴까。
絶望을 차고넘어 부질없이 虛無를 꾸짖어본다。

나를얽매인 이現在로부터
나는언제고 脫走를 계획한다。
마음이 추기는 진정하지못하는 소리는 오직
『가자 그리고 도라오지마자』

(『바다와나비』 73-74)

동방 기행[2)]

서시 [II]

언제고 이게 내 고향이거니 하고 마음 놓은 적은 없다.
산 넘어 들 건너 구름 속에도
영구한 시간의 미래 속에도 내 찾아갈 약속은 없다.

행복 —— 너는 벌써 나를 유혹할 수도 격려할 수도 없이 병신 된 꿈이구나.
불행도 파문도 추방도 인제는 나를 위협하지는 못한다.

연애조차도 고칠 수 없는
이 무성한 우울을 차라리 웃어 버릴까.
절망을 차고 넘어 부질없이 허무를 꾸짖어 본다.

나를 얽맨 이 현재로부터
나는 언제고 탈주를 계획한다.
마음이 추기는[3)] 진정하지 못하는 소리는 오직
"가자 그리고 돌아오지 말자"

(『바다와 나비』 73-74)

원문

宮島

얼룩진 사슴아。
극진한 호사에 살이 쪘으나
둥근가슴이 鄕愁로 부은줄 내사모르랴。
고사리가지를 곱게짜서 勳章이라 채워주노니
슲은英雄처럼 널랑 섬을 뛰어댕겨라。

(『바다와나비』 75)

미야지마[1)]

얼룩진 사슴아.
극진한 호사에 살이 쪘으나
둥근 가슴이 향수로 부은 줄 내가 모르랴.
고사리 가지를 곱게 짜서 훈장이라 채워 주노니
슬픈 영웅처럼 [너는][2)] 섬을 뛰어다녀라.

(『바다와 나비』 75)

원문

鎌倉海邊 [II][1)]

함뿍 비에젖은 나루배 燈불하나
저므는 바다를 오락가락 밤을 짬니다。

소라 처럼 슯음을 먹음고 나도
두터운 沈默의껍질속으로 오무라듭니다。

(『바다와나비』 76)

가마쿠라[2)] 해변 [II]

함뿍 비에 젖은 나룻배 등불 하나
저무는 바다를 오락가락 밤을 짭니다.

소라처럼 슬픔을 머금고 나도
두터운 침묵의 껍질 속으로 오므라듭니다.

(『바다와 나비』 76)

원문

中禪寺湖

한밤 숨을죽이고 엎드린 湖水우에
으시시 가을이추워 등불이 소름친다。

달아래 두볼이 홀죽한 나그내다려
딱한 異國의少女는 기어히
우숨을 두고온데가 어디냐고 물어댄다。

『祖國이아닌 祖國。먼希望의무덤에 ── 』
그림파는少女는 아모래도『키네마』보다는
자미없는 얘기라 하면서 도라선다。

(『바다와나비』 77)

주젠지 호[1)]

한밤[2)] 숨을 죽이고 엎드린 호수 위에
으스스[3)] 가을이 추워 등불이 소름 친다.

달 아래 두 볼이 홀쭉한 나그네더러
딱한 이국의 소녀는 기어이
웃음을 두고 온 데가 어디냐고 물어 댄다.

"조국이 아닌 조국. 먼 희망의 무덤에 ——"
그림 파는 소녀는 아무래도 [시네마][4)] 보다는
재미없는 얘기라 하면서 돌아선다.

(『바다와 나비』 77)

원문

仙臺

이 지리한 장마가 언제나 갤까 —— 하고 天氣豫報만 뒤저보는날
버려둔鐵筆이 삐뚜루 필통에 꼬처 녹이쓸었다。
기둥이고 싶지는 않었으랴。
날개고 싶지는 않었으랴。
총뿌리고 싶지는 않었으랴。
보미낀鐵筆을 물어뜯으며뜯으며
窓밖에 찌푸린 장마를 흘겨보는아츰
新聞엔 또 이웃나라에 난리가 소란타 했다。

(『바다와나비』 78)

센다이[1)]

이 지루한[2)] 장마가 언제나 갤까 —— 하고 천기예보만 뒤져 보는 날
버려둔 철필이 삐뚜로 필통에 꽂혀 녹이 쓸었다.
　　　기둥이고 싶지는 않았으랴.
　　　날개고 싶지는 않았으랴.
　　　총부리고 싶지는 않았으랴.
보미[3)] 낀 철필을 물어뜯으며 뜯으며
창밖에 찌푸린 장마를 흘겨보는 아침
신문엔 또 이웃 나라에 난리가 소란하다 했다.

(『바다와 나비』 78)

『새노래』

1948. 04. 15

원문 부푸러오른 五月달 아스팔트는

부푸러오른 五月달『아스팔트』는
우리들 소리소리 노래부르며
어깨걸고 나가기 좋은길이다

『로타리』 환이 티어 활개치고 가기 일맛다
비취빛 한울이 둥그러 우리들노래 울리기좋다
층마다 窓이 뚫려 팔을 휘저어 꽃송이 던지기 한창이고나

이길을 일찌기 王과 정승의 행차 흐통을치며 지나갔다
다음에는 원수의 軍隊와 경찰이 흐기피우며 휘돌든길
아리랑 웅어리며 새벽서리 밟고 젊은이들 戰爭으로 끌려가든 길

오늘은 네줄씩 각지낀 人民의 行列이 온다
이마가 그스러 뼈대굵은 노동자의 行進이다
그옆에 가는것은 메투리 행견친 農軍이 아니냐
事務員과 教員과 記者도 그곁에 있고나

오늘은 뚫어진 몬지길이나
來日은 『아스팔트』 고루다저 물뿌려두고
백성의 行列을 모두들 기다리리

이길은 백성의 길 노래부르며 구루고 가기가 좋다
그러나 支配者의 軍隊와 그들의 앞재비만은
두번도다시 이길을 지나게해서는 아니된다
이길은 오직 백성의 길 勝利로가는 백성의 길이다

(一九四七·메이데이節에)

(『새노래』 22-24)

부풀어 오른 5월 달 아스팔트는

부풀어 오른 5월 달 아스팔트는
우리들 소리소리 노래 부르며
어깨 걸고 나가기 좋은 길이다

로터리 환히 틔어 활개 치고 가기 [알맞다]
비췻빛 하늘이 둥글어 우리들 노래 울리기 좋다
층마다 창이 뚫려 팔을 휘저어 꽃송이 던지기 한창이구나

이 길을 일찍이 왕과 정승의 행차 [호통]을 치며 지나갔다
다음에는 원수의 군대와 경찰이 [호기][1] 피우며 휘돌던 길
아리랑 [웅얼대며] 새벽 서리 밟고 젊은이들 전쟁으로 끌려가던 길

오늘은 네 줄씩 깍지 낀 인민의 행렬이 온다
이마가 그슬어 뼈대 굵은 노동자의 행진이다
그 옆에 가는 것은 [미투리][2] [행전][3] 친 농군이 아니냐
사무원과 교원과 기자도 그 곁에 있구나[4]

오늘은 뚫어진 먼짓길이나
내일은 아스팔트 고루 다져 물 뿌려 두고
백성의 행렬을 모두들 기다리리

이 길은 백성의 길 노래 부르며 구르고 가기가 좋다
그러나 지배자의 군대와 그들의 앞잡이만은
두 번도 다시 이 길을 지나게 해서는 아니 된다
이 길은 오직 백성의 길 승리로 가는 백성의 길이다

(1947 · 메이데이[5] 절에)

(『새노래』 22-24)

원문

우리들의 握手

一萬 가슴인데
萬으로 千 萬인 가슴인데
한갈래로 울리는 신기한 울림은
막을래 막을수없는 울림은 무엇이냐
별보다도 확실한 거름거리
보이지않는 그러면서도
구필수없는 鋼鐵의 軌道를 굴르는
쇠바퀴리라

『함부르그』『룩쌍부-르』
『로-잔느』
『카이로』『칼캇타』『하노이』
『쉬카고』와『에딘바라』
距離를 無視하는 날랜 電波
피ㅅ줄과 같이 화끈한것은
黃昏에 빛나는 한떨기 薔薇같은 우숨
來日에 부치는 約束이리라

뭏어저가는 帝國
關節이 부은 資本主義
「피샤」의塔을 지탕하는 物理學도
드디어 건질수없는
기우러지는것들의 運命이다
萬가슴 萬萬가슴을
견딜수없이 구루는것은
未來로 뻗은 두줄기 빛나는 鋼鐵
보라빛 未明에 감기운 길이다

우리들의 악수

1만 가슴인데
만으로 천만인 가슴인데
한 갈래로 울리는 신기한 울림은
막으려야 막을 수 없는 울림은 무엇이냐
별보다도 확실한 걸음걸이
보이지 않는 그러면서도
굽힐 수 없는 강철의 궤도를 구르는
쇠바퀴리라

함부르크 룩셈부르크
로잔
카이로 콜카타 하노이
시카고와 에든버러[1)]
거리를 무시하는 날랜 전파
핏줄과 같이 화끈한 것은
황혼에 빛나는 한 떨기 장미 같은 웃음
내일에 부치는 약속이리라

무너져 가는 제국
관절이 부은 자본주의
피사의 탑을 지탱하는 물리학도
드디어 건질 수 없는
기울어지는 것들의 운명이다
만 가슴 만만 가슴을
견딜 수 없이 구르는 것은
미래로 뻗은 두 줄기 빛나는 강철
보랏빛 미명[2)]에 감긴 길이다

원문

우리들의 握手는
來日
한바퀴 地球가 도라간곳에서 하자

(『새노래』 34-37)

우리들의 악수는
내일
한 바퀴 지구가 돌아간 곳에서 하자

(『새노래』 34-37)

원문

눈짓으로 理解하는 戰線

『샨·오케시』의『가닥과별』을 읽은 날 밤에
愛蘭軍隊를 꿈에 맛났다
公會堂이라고 하는곳에 목이굵고 눈이둥근 젊은이들이 우중충 앉어있었다
나는 힌軍服을 입은 司令官과 서로
異邦사람이 아니라는드시 눈알림으로 인사했다

말이없는 軍隊
구피지않는 軍隊
사슬을 용서하지않는 軍隊

印度軍隊를 맛나면
아마도 손아귀 으스러지라 틀어쥐리라
安南軍隊를 맛나면 껴안고 뺨을 비々며 로서아 춤추듯 돌아가리라

손을 버리자
自由찾는 불ㅅ길이 이는곳마다
우리들의 동무는 있다
말이 아니라
눈짓으로 理解하는
戰線이 있다

(『새노래』 38-40)

눈짓으로 이해하는 전선

숀 오케이시의 『[쟁기]와 별』[1)]을 읽은 날 밤에
애란[2)] 군대를 꿈에 만났다
공회당이라고 하는 곳에 목이 굵고 눈이 둥근 젊은이들이 우중충 앉아 있었다
나는 흰 군복을 입은 사령관과 서로
이방 사람이 아니라는 듯이 눈 알림으로 인사했다

말이 없는 군대
굽히지 않는 군대
사슬을 용서하지 않는 군대

인도[3)] 군대를 만나면
아마도 손아귀 으스러지라 틀어쥐리라
안남[4)] 군대를 만나면 껴안고 뺨을 비비며 러시아 춤추듯 돌아가리라

손을 [벌리자][5)]
자유 찾는 불길이 이는 곳마다
우리들의 동무는 있다
말이 아니라
눈짓으로 이해하는
전선이 있다[6)]

(『새노래』 38-40)

원문

萬歲 소리

하도 억울하야
부르는 소리 피석인 소리가
萬歲였다
총뿌리앞에서 칼자욱에서 채찍아래서
터저나오는 民族의 소리가
萬歲였다

무엇이라 형언할수없어
그저 부르는 소리가
萬歲였다

눌리다 눌리다
하도 기뻐 어안이 벙벙하야
그저 터저나온 소리도
萬歲였다

萬歲는 손을 들어 함께 부르자
萬歲는
自由를 달라는소리
꿈이왔다는 소리
못견디겠다는 소리
다시 이러난다는 소리
네소리도 내소리도 아닌
우리들 모두의소리

民族과 歷史와 원한과 소원을 한데묶은
터질듯 含蓄이 너무 무거워
것잡을수없는 소리
爆竹처럼
별과 구름 사이에 퉁기는 소리였다

(『새노래』 41-44)

만세 소리

하도 억울하여
부르는 소리 피 섞인 소리가
만세였다
총부리 앞에서 칼자국에서 채찍 아래서
터져 나오는 민족의 소리가
만세였다

무엇이라 형언할 수 없어
그저 부르는 소리가
만세였다

눌리다 눌리다
하도 기뻐 어안이 벙벙하여
그저 터져 나온 소리도
만세였다

만세는 손을 들어 함께 부르자
만세는
자유를 달라는 소리
꿈이 왔다는 소리
못 견디겠다는 소리
다시 일어난다는 소리
네 소리도 내 소리도 아닌
우리들 모두의 소리

민족과 역사와 원한과 소원을 한데 묶은
터질 듯 함축이 너무 무거워
걷잡을 수 없는 소리
폭죽처럼
별과 구름 사이에 퉁기는 소리였다

(『새노래』 41-44)

원문 어렵고 험하기 이를데 없으나

어렵고 험하기 이를데 없으나
이렇게 유쾌한 길이 어대있으랴?

自由와 빛나는날로 통하는길이기
이보다 보람있는 行軍이 어대있으랴?

『파씨스트』에게 진정 일러주노니
너는 어림없이 엉뚱한 꿈을 꾸느니라

이렇게 보람있고 떳떳한 길이기
묵묵히 우숨띠우고 모다들 部署로 나가는것이리

(『새노래』 45-46)

어렵고 험하기 이를 데 없으나

어렵고 험하기 이를 데 없으나
이렇게 유쾌한 길이 어디 있으랴?

자유와 빛나는 날로 통하는 [길이기에][1)]
이보다 보람 있는 행군이 어디 있으랴?

파시스트에게 진정 일러주노니
너는 어림없이 엉뚱한 꿈을 꾸느니라

이렇게 보람 있고 떳떳한 [길이기에]
묵묵히 웃음 띠우고 모두들 부서[2)]로 나가는 것이리

(『새노래』 45-46)

원문 데모크라시에 부치는 노래

나라를 판것은 언제고 백성이 아니라
벼스라치오 勢道댁이었다

四千年 오랜 세월을 두고
이겨본일이없는 백성이다
떳々이 말해본적이 없어
참고 견디기에 소처럼 목만 부었다

지금백성은 무엔가 말하고싶다
백성의입을 막아서는 아니된다
백성의 소리는 구수하고 眞心이 들어 좋다

그들의 머리우에서 한울과 太陽을 가리지마러라
三韓 新羅적 부터도 남의것아닌
본시 이나라 백성의 별이오 한울이 아니냐

인제사 그들의 역사가 시작하려는것이다
이번은 백성들이 이겨야 하겠다
백성을 이기게 해야 하겠다

(『새노래』 47-49)

데모크라시에 부치는 노래

나라를 판 것은 언제나 백성이 아니라
벼슬아치요 세도 댁[1)]이었다

4천년 오랜 세월을 두고
이겨 본 일이 없는 백성이다
떳떳이 말해 본 적이 없어
참고 견디기에 소처럼 목만 부었다

지금 백성은 무언가 말하고 싶다
백성의 입을 막아서는 아니 된다
백성의 소리는 구수하고 진심이 들어 좋다

그들의 머리 위에서 하늘과 태양을 가리지 말아라
삼한 신라[2)] 적부터도 남의 것 아닌
본시 이 나라 백성의 별이요 하늘이 아니냐

이제야 그들의 역사가 시작하려는 것이다
이번은 백성들이 이겨야 하겠다
백성을 이기게 해야 하겠다[3)]

(『새노래』 47-49)

원문

波濤

좀먹는 王宮의 기둥뿌리를 흔들며
『월』街 한울닷는 집들을 휘돌아
배미는 문짱을 제끼며 窓살을 비틀며
향기와 같이
潮水와 같이
音樂과 같이
바람과 같이
또
구름과 같이
모-든 그런것들의 波濤인것 처럼
아 —— 새 世界는 다닥처 오는구나

일홈지을수 없으면서도
그러나
抗拒할수도 없이
확실하고
뚜렷하게
아-모 妥協도 여유도
허락지 않으면서
시시
각각으로
모양을 가추면서 닥아오는것
아 —— 波濤여 너는 온 地平線을 골고루 펴저오는구나

어둡침々한 山峽을지나 낭떨어진 벼래를 스처 들을건너
개나리
벗지
진달레
나리 창포꽂 일々히 삼켜가며 여러 밤과 밤
쏟아지는 별빛을 녹여 담아가지고
江은 지금 둥그렇게 구비치며 파도처온다

파도

좀먹는 왕궁의 기둥뿌리를 흔들며
월가[1] 하늘 닿는 집들을 휘돌아
배 미는 문장[2]을 젖히며 창살을 비틀며
향기와 같이
조수와 같이
음악과 같이
바람과 같이
또
구름과 같이
모든 그런 것들의 파도인 것처럼
아 —— 새 세계는 다닥쳐[3] 오는구나

이름 지을 수 없으면서도
그러나
항거할 수도 없이
확실하고
뚜렷하게
아무 타협도 여유도
허락지 않으면서
시시
각각으로
모양을 갖추면서 다가오는 것
아 —— 파도여 너는 온 지평선을 골고루 펴져 오는구나

어둠침침한 산협[4]을 지나 낭 떨어진 [벼루][5]를 스쳐 들을 건너
개나리
버찌
진달래
나리 창포꽃 일일이 삼켜 가며 여러 밤과 밤
쏟아지는 별빛을 녹여 담아 가지고
강은 지금 둥그렇게 굽이치며 파도쳐 온다
(

원문

여러 陸地와바다 뒤덮으며 휘몰려 온다

벌서
너도 아니고 나도아닌
너나 나나
출렁이는 波濤의 지나가는 波紋일뿐
얼키고설킨 波動의 이구비 저구비 일뿐

아 —— 지금
波濤는 굴러온다
뭉어진다
쓸어진다
떼민다
박찬다
딩구나보다

이
호탕한 汎濫속에
모-든 우리들의 어저께를 파묻자
찢어진 기억을 쓸어보내자
지금 波濤를 막을이 없다
그는 아모의앞에서도 서슴자않는다
波濤는
먼
來日의 地平線을
주름잡으며
抗拒할수 없이
점점
닥아올 뿐이다

(『새노래』 50-56)

여러 육지와 바다 뒤덮으며 휘몰려 온다

벌써
너도 아니고 나도 아닌
너나 나나
출렁이는 파도의 지나가는 파문일 뿐
얽히고설킨 파동의 이 구비 저 구비일 뿐

아 —— 지금
파도는 굴러온다
무너진다
쓰러진다
떠민다
박찬다
뒹구나 보다

이
호탕한 범람 속에
모든 우리들의 어저께를 파묻자
찢어진 기억을 쓸어 보내자
지금 파도를 막을 이 없다
그는 아무의 앞에서도 [서슴지][6] 않는다
파도는
먼
내일의 지평선을
주름잡으며[7]
항거할 수 없이
점점
다가올 뿐이다

(『새노래』 50-56)

원문

壁을 헐자

壁을 헐자
그대들과 우리들 사이의
그대들속의 작은 그대들과 또 다른 그대들 사이의
우리들속의 작은 우리들과 또 다른 우리들 사이의

아마도 그것은
金과 銀과 象牙로 쌓은 恥辱의城일지도
모른다 그러면 더욱 헐자

낡은 장벽을 뭉어버린우에 거기
새날의 大路를 뽑자
그대들과 우리 다
함께 갈 大路를 뽑자

(『새노래』 57-58)

벽을 헐자

벽을 헐자
그대들과 우리들 사이의
그대들 속의 작은 그대들과 또 다른 그대들 사이의
우리들 속의 작은 우리들과 또 다른 우리들 사이의

아마도 그것은
금과 은과 상아로 쌓은 치욕의 성일지도
모른다 그러면 더욱 헐자

낡은 장벽을 [무너뜨린] 위에 거기
새날의 대로를 뽑자
그대들과 우리 다
함께 갈 대로를 뽑자

(『새노래』 57-58)

원문

오늘도 故鄕은

오늘도 故鄕은 千里요 또 五百里
뜻하지않은 緯度가 銀河로구나

사랑스런 살부치들
쟁々한 목소리 아물거리는 얼골
도시 허위잡을수없이
구름만 北으로 밀려가는구나

여러十年 하로같이 모다들 고대턴것
눈앞에 얼른거리면서도 종내 나사서지않어
동무와 안타까운소식 이야기하며 밤을 새우며
목이말라 가슴이타 냉수를 켜며
이달도 손때밴 字典을 팔아 즐거히 살아가리

(『새노래』 81-82)

오늘도 고향은

오늘도 고향은 천 리요 또 5백 리
뜻하지 않은 위도가 은하로구나

사랑스런 살붙이들
쟁쟁한 목소리 아물거리는 얼굴
도시[1) [휘어잡을][2) 수 없이
구름만 북으로 밀려가는구나

여러 10년 하루같이 모두들 고대하던 것
눈앞에 어른거리면서도 종내 [다가서지][3) 않아
동무와 안타까운 소식 이야기하며 밤을 새우며
목이 말라 가슴이 타 냉수를 켜며[4)
이달도 손때 밴 자전[5)을 팔아 즐거이 살아가리

(『새노래』 81-82)

원문 닥아앉아 가장 그윽한 애기….[1]

닥아 앉아
가장 그윽한애기 낮에 듯지못하던 가장 깊은데를 스치는 애기를 들려주게
오늘밤 내가 아마 몹씨 약해서 그런가보이

파도치는 바다를 잠재우는 바람처럼
내 가장 슲은곳과 앞은 고장을
情이배인 눈초리로 쓰다듬어 주렴

내 본시 한없이 약하고 허물많은 俗된 人間일 따름
호걸도 영웅도 아무것도 될수없음을 구지 후회치 않으나
다만 착하게 人情의 그늘에 서로 의지해 삶이 소원이네

不義와 싸울적엔 표범처럼 强하라 채찍을치라
혹은 사특한 利害로하야 발길이 주춤거림은 아닌가
아첨과 위협때문에 허리가 주추러들믄 아닌가
자빠지기 쉬울적에야 말로 그대 한마리가 무쇠기둥이었네

그러나 오늘밤만은 그 거센 애기일랑 그만두고
저 가슴속 제일깊은 구석구석까지 슴이는 그런애기를 들려주세
人間以上인것처럼 성을 내면 도모지 무서우이
저 가장 약하고 슲은 즘생처럼
눈물이 고여 그대 눈방울이 더욱 영롱하이

(『새노래』 83-85)

[다가앉아] 가장 그윽한 [얘기]…

다가앉아
가장 그윽한 얘기 낮에 듣지 못하던 가장 깊은 데를 스치는 얘기를 들려주게
오늘 밤 내가 아마 몹시 약해서 그런가 보이

파도치는 바다를 잠재우는 바람처럼
내 가장 슬픈 곳과 아픈 고장을
정이 배인 눈초리로 쓰다듬어 주렴

내 본시 한없이 약하고 허물 많은 속된 인간일 따름
호걸도 영웅도 아무것도 될 수 없음을 굳이 후회하지 않으나
다만 착하게 인정의 그늘에 서로 의지해 삶이 소원이네

불의와 싸울 적엔 표범처럼 강하라 채찍을 치라
혹은 사특한 이해[2]로 하여 발길이 주춤거림은 아닌가
아첨과 위협 때문에 허리가 주추러듦은[3] 아닌가
자빠지기 쉬울 적에야말로 그대 [한마디][4]가 무쇠 기둥이었네

그러나 오늘 밤만은 그 거센 얘기일랑 그만두고
저 가슴속 제일 깊은 구석구석까지 스미는 그런 얘기를 [들려주게]
인간 이상인 것처럼 성을 내면 도무지 무서우이
저 가장 약하고 슬픈 짐승처럼
눈물이 고여 그대 눈방울이 더욱 영롱하이

(『새노래』 83-85)

원문

童話

힌 모래둔과 구름으로 선을 친
바다까에는
한낮이면 少年과 海棠花가
일제히 피었다

『코발트』층계를 기어올라가다도 말고
숨이 가뻐 멈춰서면은
비둘기같은 발꼬락 아래서 바다가
風琴처럼 갑까기 소리나기 시작한다

꿈과 대낮의 지경이 분명치않은
이 마을에서는
조악돌과 조개껍질과 힌 海圖가
제일큰 財産이었다

이슬어린 눈동자는 간밤
珊瑚수풀에서 주어온 眞珠
소라이냥 오무린 귀는
먼 바람소리에도 金屬처럼 울었다

자조 겨드랭이가 앒어옴은
보이지않는 죽찌가 자라는 까닭

끓는 血管은 필시
바다 파도에 연이었나 보드라

(舊作)

(『새노래』 86-88)

동화

흰 모래언덕[1)]과 구름으로 선을 친
바닷가에는
한낮이면 소년과 해당화가
일제히 피었다

코발트 층계를 기어 올라가다 말고
숨이 가빠 멈춰 서면
비둘기 같은 발가락 아래서 바다가
풍금처럼 [갑자기] 소리 내기 시작한다

꿈과 대낮의 지경[2)]이 분명하지 않은
이 마을에서는
조약돌과 조개껍질과 흰 해도가
제일 큰 재산이었다

이슬 어린 눈동자는 간밤[3)]
산호 수풀에서 주어 온 진주
[소라인 양] 오므린[4)] 귀는
먼 바람 소리에도 금속처럼 울었다

자주 겨드랑이가 아파 옴은
보이지 않는 죽지가 자라는 까닭

끓는 혈관은 필시
바다 파도에 연이었나[5)] 보더라

(구작)

(『새노래』 86-88)

원문

사슴의 노래

가락입 뒤덮인 샘을 찾어 나려옴은
하로밤 어지런 꿈으로 단 이마를 적시려함이라

높은 思想의 化石을 머리에 바뜬채
여러 얽힌 白樺숲 안개바다에 지치었음이리라

구름도 기어넘는 한울다은 嶺마루는 하로밤주막
오늘도 삼가 내ㅅ가의 雜草는 씹지않으리라

(舊作)

(『새노래』 89-90)

사슴의 노래

[가랑잎][1] 뒤덮인 샘을 찾아 내려옴은
하룻밤 어지러운 꿈으로 단[2] 이마를 적시려 함이라

높은 사상의 화석을 머리에 받든 채
여러 얽힌 백화[3] 숲 안개 바다에 지치었음이리라[4]

구름도 기어 넘는 하늘 닿은 영마루[5]는 하룻밤 주막
오늘도 삼가 냇가의 잡초는 씹지 않으리라

(구작)

(『새노래』 89-90)

원문

뜻없이 달이 밝아

뜻없이 달이 밝아
한울이 맑아
울어도 씨언치않은
八月이 얼어드러 뼈가 시리다

꿈이라기엔 너무나 뚜렷이
한낮 한울을 구르며 온 소식
팔이 빠지라 휘저어
목이 터지도록 반기던 일홈아

　　　自由를 달라
　　　生活을 달라
　　　政府를 달라
　　　아 —— 希望을 달라

여러十年 주린 소리
땅뚜껑 지르고 올라오다도 말고
흙발에 짓밟혀
뭉캐지던 소리

骸骨 쌓인 『골고다』에서 오던 소리
피고인 들에서 소사나던 소리

구름닷는 돌담을 기어넘어
창살을 새여 흘러오던 소리
刑틀에 이슬지며
노래하듯 웅어리던 소리야

달이 둥그러 구름이 빛나
노래 나올듯 올듯 목에 걸리는 八月
(

뜻 없이 달이 밝아

뜻 없이 달이 밝아
하늘이 맑아
울어도 시원치 않은
8월이 얼어들어[1] 뼈가 시리다

꿈이라기엔 너무나 뚜렷이
한낮 하늘을 구르며 온 소식
팔이 빠지라 휘저어
목이 터지도록 반기던 이름[2]아

　　자유를 달라
　　생활을 달라
　　정부를 달라
　　아 —— 희망을 달라

여러 10년 주린 소리
땅 뚜껑 지르고[3] 올라오다 말고
흙발에 짓밟혀
뭉개지던[4] 소리

해골 쌓인 골고다[5]에서 오던 소리
피 고인 들에서 솟아나던 소리

구름 닿는 돌담을 기어 넘어
창살을 새어 흘러오던 소리
형틀에 이슬지며[6]
노래하듯 [웅얼대던] 소리야

달이 둥글어 구름이 빛나
노래 나올 듯 올 듯 목에 걸리는 8월

원문

꿈이 너무 무거워 다리가 휘청거려 겨우
벗과 의지하야 새벽거리에 서다

(『새노래』 94-97)

꿈이 너무 무거워 다리가 휘청거려 겨우
벗과 의지하여 새벽 거리에 서다

(『새노래』 94-97)

원문 정영 떠나신다는 말슴

정영 떠나신다는 말슴
그대 손아귀 돌보다 차구려
이렇게 고약한 세상에선
하로바삐 싸움속으로 가심이 옳겠지요

거센 밤바람 차오는 들길
여러 갈대밭 돌멩이길 또 구렁챙이
분명 어두운 地域 이리다
별이 없이 가기는 어려운 곳이리다

감옥과 來日은 좋은곳이라 우숨띠우며
내손에 남기신 물고기같은 찬기
인제 갈바람 몰여드는 저무는 네거리에
그대 눈과 두볼이 노을보다 붉구료

어찌다 맛나면 떠내보낼일 먼저 근심이더니
떠날적엔 다시 맛날일 앨써 믿으리다
갈바람에 부처서라도 기에 믿으리다

(舊作)

(『새노래』 98-100)

정녕 떠나신다는 말씀

정녕 떠나신다는 말씀
그대 손아귀 돌보다 차구려
이렇게 고약한 세상에선
하루바삐 싸움 속으로 가심이 옳겠지요

거센 밤바람 차 오는 들길
여러 갈대밭 돌멩이 길 또 [구렁텅이]
분명 어두운 지역이리다
별이 없이 가기는 어려운 곳이리다

감옥과 내일은 좋은 곳이라 웃음 띠우며
내 손에 남기신 물고기 같은 찬기
인제 갈바람[1] 모여드는 저무는 네거리에
그대 눈과 두 볼이 노을보다 붉구려.

어쩌다 만나면 떠나보낼 일 먼저 근심이더니
떠날 적엔 다시 만날 일 애써 믿으리다
갈바람에 부쳐서라도[2] [기어이][3] 믿으리다

(구작)

(『새노래』 98-100)

원문

길일은 노루 처럼[1)]

길잃은 노루처럼 살아왔기에
바다가 바라다 보일적마다 숨이차 볼이 다랐다
銀杏나무와 포프라 와 나는 그러기에
가을이면 누구보다도 먼저 단풍이 들었다

미듬과 향복의 테누리만 도라
갈꽃 날리는 새ㅅ길이 비탈리기만 했다
발에채는 한송이 들꽃과 별찌에 조차 가슴이 떨렸다

다사론 인정이 얽힌 양지바닥에
한량없이 믿으며 의지해살리라
등을 구우며 빰을웅켜 녹여주며
모닥불까에 옹기종기 옛말처럼 피리라

메마른 들에는 눈물과 땀을 뿌려
즐거히 이웃끼리 도아가리라
길이 멀어서야 못갈데 있으랴
서름을 벗하여도 살아온 마흔 해어던
히망과함께 라면 날이 날 마다
신기한 얘기 아닐날 있으랴

(『새노래』 101-03)

길 잃은 노루처럼

길 잃은 노루처럼 살아왔기에
바다가 바라다 보일 적마다 숨이 차 볼이 달았다
은행나무와 포플러와 나는 그러기에
가을이면 누구보다도 먼저 단풍이 들었다

믿음과 향복[2]의 [테두리][3]만 돌아
갈꽃[4] 날리는 샛길이 [비틀리기만][5] 했다
발에 차이는 한 송이 들꽃과 별찌[6]에조차 가슴이 떨렸다

다사로운 인정이 얽힌 양지 바닥에
한량없이 믿으며 의지해 살리라
등을 구우며 뺨을 움켜 녹여 주며
모닥불가에 옹기종기 옛말처럼 피리라

메마른 들에는 눈물과 땀을 뿌려
즐거이 이웃끼리 도와 가리라
길이 멀어서야 못 갈 데 있으랴
설움[7]을 벗하여도 살아온 마흔 해거든
희망과 함께라면 [날이면] 날마다
신기한 얘기 아닐 날 있으랴

(『새노래』 101-03)

원문

코스모쓰는

코스모쓰는
부디 귀뚜리 울다간 섬돌밑이 좋아서 피는게냐

코스모쓰는
하필 고향과 꿈이 모두 아득히 먼 아츰에 피는겔까

코스모쓰는
좋은날 기다리기에 목이 자즈러진 나라 백성이 못니치어
도라서며 도라서며 피나부다

코스모쓰는
서리ㅅ바람 일일히 견디노라니 목이 저리 가느렷지

다듬다 물러앉은 分院白磁에도
어느새 연지처럼 코스모쓰 물이 드렀네

코스모쓰는
필시 '크로이첼·쏘나타' 쏟아지는 피아노 우에 쓸어질걸

코스모쓰는
獨立을 기다리다 목이 타 죽은 새무덤에
안고가 피워 주자

(『새노래』 104-06)

코스모스는

코스모스는
부디 귀뚜리[1] 울다 간 섬돌[2] 밑이 좋아서 피는 거냐

코스모스는
하필 고향과 꿈이 모두 아득히 먼 아침에 피는 걸까

코스모스는
좋은 날 기다리기에 목이 자지러진[3] 나라 백성이 못 잊혀
돌아서며 돌아서며 피나 보다

코스모스는
서릿바람 일일이 견디노라니 목이 저리 가늘었지

다듬다 물러앉은 분원 백자[4]에도
어느새 연지처럼 코스모스 물이 들었네

코스모스는
필시 『크로이체르 소나타』[5] 쏟아지는 피아노 위에 쓰러질 걸

코스모스는
독립을 기다리다 목이 타 죽은 새 무덤에
안고 가 피워 주자

(『새노래』 104-06)

원문

오늘은 惡魔의것이나

門이 아니라 壁인것같다
바위가 아니면 벼래
또 밑없는 골자구니

길이 너무험하야
두고가는 무덤이 자저
진달레와 두견새 우룸소리 슲을날 아직도 많을가부다
그러나 地球는 부질없이 돌아가지는 않으리라

뭇 사라지는것들의 亡靈인것 처럼
이즈러진 電車와 강아지와 거지가
악을쓰며 쫓겨댕기는 거리
모두가 헐벗고 춥고 배가고파
악이오른 찌푸린거리
쓰레기 쌓인 골목을 돌아
열 스무번 다시 이러나 가야할 길

이길 을 돌아가야만
바다가 트인 平野로 나간다 한다

地球는 부질없이 돌아가지는 않으리라
아모리 그뭄밤일지라도 저기 별이있어 좋지않으냐
薔薇와 무지개 가득차 우리 가슴이 부풀어 좋지않으냐

오늘은 惡魔의 것이나
來日은 우리의 것이다

(『새노래』 107-09)

오늘은 악마의 것이나

문이 아니라 벽인 것 같다
바위가 아니면 벼루[1]
또 밑 없는 골짜기[2]

길이 너무 험하여
두고 가는 무덤이 잦아
진달래와 두견새 울음소리 슬플 날 아직도 많을까 보다
그러나 지구는 부질없이 돌아가지는 않으리라

뭇 사라지는 것들의 망령인 것처럼
이지러진[3] 전차와 강아지와 거지가
악을 쓰며 쫓겨 다니는 거리
모두가 헐벗고 춥고 배가 고파
악이 오른 찌푸린 거리
쓰레기 쌓인 골목을 돌아
열 스무 번 다시 일어나 가야할 길

이 길을 돌아가야만
바다가 트인 평야로 나간다 한다

지구는 부질없이 돌아가지는 않으리라
아무리 그믐밤[4]일지라도 저기 별이 있어 좋지 않으냐
장미와 무지개 가득 차 우리 가슴이 부풀어 좋지 않으냐

오늘은 악마의 것이나
내일은 우리의 것이다

(『새노래』 107-09)

원문

센토오르[1)]

『센토오르』는 원래가 말다리말굽을한 怪物이었으나
天幸으로[2)] 웃몸은 人間의형상을 하였드람니다。

『센토오르』는 그래서 어디서 牧羊神의 수염을 얻어붙이고 天使『미하엘』의 갑옷[3)]을 슬척 훔처다 입고는
(혹은 古物商에서 사입었거나 그 흔한 戰場판에서 주어왔는지도 모르지만)
봄바람을 휘〻감으며 송아지 망아지 틈에 뒤섞여
꽃밭에 달려들었읍니다。

하는말이 ——
사과밭 무우밭 딸기밭 가꾸기란 내가 天下에 第一이지。
어린家畜 맡어보는데야 날 당할者있나?
한옛날부터도 그게 神이 저민[4)] 내 天職인데야 ——

그러나
『센토오르』지나간데마다 진탕이 되고『센토오르』 댕겨간 곳에 도야지 송아지 병아리 짓밟힌 죽엄만 쌓였고나。

——『센토오르』
어늬 숫羊의털을 몰래뽑아다 맨든겐지는 몰라도[5)]
그 銀실수염을랑 떼버리면 어때?
아모리보아야『산타·클로쓰』비슷도 않더라。
당홍[6)] 투구와 저고리는 치자가 아니라 어늬 戰場텀 피샘[7)]에서 물드린게지。
金絲『레-쓰』밑의 그 마디굵은 馬脚이사 어찌한담[8)] ——

아이들아 거기 챗직을 가저오너라。

『센토오르』때문에 아예
못살구나겠구나。[9)]
이러다가는 금년가을도[10)]
(

켄타우로스[12]

켄타우로스는 원래가 말 다리 말굽을 한 괴물이었으나
천행으로 윗몸은 인간의 형상을 하였더랍니다.

켄타우로스는 그래서 어디서 목양신[13]의 수염을 얻어 붙이고 천사 미카엘[14]의 갑옷을 슬쩍 훔쳐다 입고는
(혹은 고물상에서 사 입었거나 그 흔한 전장판[15]에서 주워 왔는지도 모르지만)
봄바람을 휘휘 감으며 송아지와 망아지 틈에 뒤섞여
꽃밭에 달려들었습니다.

하는 말이 ——
사과밭과 무밭 딸기밭 가꾸기란 내가 천하에 제일이지.
어린 가축 맡아보는 데야 날 당할 자 있나?
한 옛날부터도 그게 신이 저민 내 천직인데야 ——

그러나
켄타우로스 지나가는 데마다 진탕이 되고 켄타우로스 다녀간 곳에 돼지 송아지 병아리 짓밟힌 주검만 쌓였구나.

—— 켄타우로스
어느 숫양의 털을 몰래 뽑아다 만든 건지는 몰라도
그 은실 수염일랑 떼 버리면 어때?
아무리 보아야 산타클로스 비슷[하지]도 않더라.
당홍 투구와 저고리는 치자[16]가 아니라 어느 [전쟁터] 피 샘에서 물들인 거지.
금사[17] 레이스 밑의 그 마디 굵은 마각[18]이야 어찌한담——

아이들아 거기 채찍을 가져오너라.

켄타우로스 때문에 아예
[못살겠구나].
이러다가는 금년 가을도
(

원문

또 虛事가 될가부다。
사과밭
딸기밭
개나리
진달레 꽃밭에서[11)]
통굽을한 『센토오르』를
훠얼 훨
몰아내자。

아이들아 거기 챗직을 가저오너라。

(『새노래』 113-17)
(『開闢』 10.3. 1948. 05. 05. 30-31쪽: 「쎈토-르」)

또 허사가 될까 보다.
사과밭
딸기밭
개나리
진달래 꽃밭에서
통굽을 한 켄타우로스를
휘얼 휠
몰아내자.

아이들아 거기 채찍을 가져오너라.

(『새노래』 113-17: 「센토오르」)
(『개벽』 10.3. 1948. 05. 05. 30-31쪽: 「쎈토-르」)

The Complete Works of Ki-Rim Kim Textual Criticism

Volume 1: Poems

Beyond the "Territory of the Lyric"

Ⅱ

추후 다시 발표된 시의 본문

시의 차례

1. 신문・잡지 등에 처음 수록된 시 중 단행본 시집 등에 다시 수록된 시

2. 단행본 시집에 처음 수록된 시 중 신문・잡지 등에 다시 수록된 시

시의 차례

II-1.
신문·잡지 등에 처음 수록된 시 중 단행본 시집 등에 다시 수록된 시

가거라 새로운生活(생활)로 • 692

가을의太陽(태양)은『풀라티나』의燕尾服(연미복)을입고 • 693

훌륭한 아침이 아니냐? • 694

꿈꾸는眞珠(진주)여 바다로가자 • 696

出發(출발) • 698

三月(3월)의씨네마 • 699

　아츰해 • 699

　물레방아깐 • 700

　分光器(분광기) • 701

　개 • 702

　江(강) • 703

　魚族(어족) • 704

　飛行機(비행기) [I] • 705

　北行列車(북행열차) • 706

　제비의家族(가족) • 707

屋上庭園(옥상정원) • 708

戀愛(연애)의斷面(단면) • 709

海上(해상) • 710

가을의果樹園(과수원) • 711

봄은 電報(전보)도안치고 • 712

黃昏(황혼) • 713

새날이 밝는다 • 714

祈願(기원) • 715
바다의아츰 • 716
람푸 • 717
十五夜(십오야) • 718
離別(이별) • 719
들은 우리를불으오 • 720
午後(오후)의꿈은 날줄을모른다 • 721
파고다公園(공원) • 722
漢江人道橋(한강인도교) • 723
象牙(상아)의海岸(해안) • 724
『커피』盞(잔)을들고 • 725
하로일이 끝났을때 • 726
海水浴場(해수욕장)의夕陽(석양) • 727
海圖(해도)에대하야 • 728
바다의 卽興詩(즉흥시) • 729
汽車(기차) [I] • 730
房(방) • 731
아츰飛行機(비행기) • 732
새벽 • 733
日曜日(일요일)行進曲(행진곡) • 734
어둠속의노래 • 735
貨物自動車(화물자동차) • 737
비 • 738
나의掃除夫(소제부) • 739
食料品店(식료품점) • 740
1, 초코레-트 • 740
2, 林檎(임금) • 741
3, 모과(파인애풀) • 742
4, 밤(栗(율)) • 743
噴水(분수) [II] • 744
大中華民國(대중화민국)行進曲(행진곡) • 745
旗빨(깃발) • 746
憂鬱(우울)한天使(천사) • 747

굴뚝 • 748
『스케이팅』 • 749
아스팔트 • 751
호텔 • 752
風俗(풍속) [I] • 754
섬 • 755
먼들에서는 • 756
五月(5월) • 757
商工運動會(상공운동회) • 758
旅行(여행) • 760
七月(7월)의아가씨 • 762
航海(항해) • 763
咸鏡線(함경선)五百(5백)킬로旅行(여행)風景(풍경) • 764
　序詩(서시) [I] • 764
　待合室(대합실) [I] • 765
　海水浴場(해수욕장) • 766
　食堂車(식당차) • 767
　마을 • 768
　風俗(풍속) [II] • 769
　咸興平野(함흥평야) • 770
　牧場(목장) • 771
　東海(동해) • 772
　東海水(동해수) • 773
　벼록이 • 774
　바위 • 775
　물 • 776
　따리아 • 777
　山村(산촌) • 778
2, 길에서 (濟物浦(제물포)風景(풍경)) • 779
　汽車(기차) [II] • 779
　仁川驛(인천역) • 780
　潮水(조수) • 781
　孤獨(고독) • 782

異邦人(이방인) • 783
밤港口(항구) • 784
破船(파선) • 785
待合室(대합실) [II] • 786
鄕愁(향수) • 787
가을의 누의 • 788
첫사랑 • 789
氣象圖(기상도, 1936) • 791
世界(세계)의아츰 • 791
市民(시민)行列(행렬) • 793
颱風(태풍)의起寢(기침)時間(시간) • 795
자최 • 798
病(병)든風景(풍경) • 802
奇蹟(기적) 散文詩(산문시) • 804
바다 • 805
氣象圖(기상도, 1936) • 807
올배미의呪文(주문) • 807
금붕어 • 810
氣象圖(기상도, 1936) • 811
쇠바퀴의노래 • 811
關北(관북)紀行(기행) • 814
1 夜行(야행)列車(열차) • 814
2 機關車(기관차) • 815
3 山驛(산역) • 816
4 마을(가) • 817
5 마을(나) • 818
6 마을(다) • 819
7 故鄕(고향)(가) • 820
8 故鄕(고향)(나) • 821
9 豆滿江(두만강) • 822
10 國境(국경)(가) • 823
11 國境(국경)(나) • 824
12 國境(국경)(다) • 825

13 國境(국경)(라) • 826
14 밤중 • 827
15 東海(동해)의아츰 • 828
16 肉親(육친)(가) • 829
17 肉親(육친)(나) • 830
18 떠남 • 831
파랑港口(항구) • 832
追憶(추억) • 833
아뜨리카狂想曲(광상곡) • 834
유리창 • 835
쥬피타追放(추방) (李箱(이상)의靈前(영전)에바침) • 836
바다와나비 • 839
連禱(연도) • 840
東方(동방)紀行(기행) • 841
菖蒲田(쇼부타)海水浴場(해수욕장) • 841
江之島(에노시마) • 842
吳(구레)軍港(군항) • 843
瀨戶(세토)內海(내해) • 844
神戶(고베)埠頭(부두) • 845
코끼리 • 846
駱駝(낙타) • 847
잉코 • 848
療養院(요양원) • 849
山羊(산양) • 850
共同墓地(공동묘지) • 851
겨울의노래 • 852
힌 薔薇(장미)처럼 잠이드시다 • 853
못 • 854
봄 • 855
새벽의「아담」 • 856
전날밤 • 857
파도소리 헤치고 • 858
우리들의八月(8월)로 도라가자 • 860

知慧(지혜)에게 바치는노래 • 862
世界(세계)에웨치노라 • 864
모다들 도라와 있고나 • 867
두견새 (세學兵(학병)의靈前(영전)에드림) • 868
殉敎者(순교자) • 870
나의 노래 • 871
아메리카 • 872
새나라頌(송) • 875
우리들 모두의 꿈이 아니냐 • 877
다시 八月(8월)에 • 878
바람에 불리는 수천 기빨은 • 880
戀歌(연가) • 881
詩(시)와 文化(문화)에 부치는 노래 • 882
人民(인민)工場(공장)에 부치는 노래 • 883
肉体(육체)禮讚(예찬) • 884
句節(구절)도 아닌 두서너 마디 • 885
希望(희망) • 886
새해의 노래 • 887

II-2.
단행본 시집에 처음 수록된 시 중 신문·잡지 등에 다시 수록된 시

어린共和國(공화국)이여 • 890
무지개 • 891
쎈토-르 • 892

II. 추후 다시 발표된 시의 본문

1

신문・잡지 등에 처음 수록된 시 중 단행본 시집 등에 다시 수록된 시

超越抒情之域

第一卷 詩

金起林全集

原文批評

Volume 1: Poems — Beyond the "Territory of the Lyric"

가거라 새로운生活(생활)로

「바빌론」으로
「바빌론」으로
적은女子(여자)의마음이 움직인다。
개나리의얼굴이
여린볕을 향할때………。

「바빌론」으로간 「미미」에게서
복숭아꽃봉투가 날러왔다。
그날부터 안해의마음은 시들어저
썼다가 찢어버린 편지만쌓여간다。
안해여, 작은마음이여

너의날어가는 自由(자유)의날개를 나는막지않는다。
호을로 쌓아놓은 좁은城壁(성벽)의문을닫고 돌아서는
나의외로움은 돌아봄없이 너는가거라。

안해여 나는안다。
너의작은마음이 병들어있음을………。
동트지도않은 來日(내일)의 窓(창)머리에매달리는 너의얼굴우에
새벽을 기다리는 작은不安(불안)을 나는본다。

가거라 새로운生活(생활)로 가거라。
너는來日(내일)을 가저라。
밝어가는 새벽을 가저라。

(『태양의 풍속』 58-59)
(『조선일보』 1930. 09. 06. 4면)

가을의太陽(태양)은『풀라티나』의燕尾服(연미복)을입고

가을의
太陽(태양)은 겨으른 畵家(화가)입니다。

거리 거리에 머리숙이고 마주선 벽돌집사이에
蒼白(창백)한꿈의그림자를 그리며댕기는……

「쇼-윈도우」의 마네킹人形(인형)은 홋옷을벗기우고서
「셀루로이드」의 눈동자가 이슬과같이 슬픔니다。

失業者(실업자)의그림자는 公園(공원)의蓮(연)못가의 갈대에의지하야
살진 금붕어를 호리고있습니다。

가을의太陽(태양)은 「풀라티나」의 燕尾服(연미복)을입고서
피빠진하늘의 얼굴을 散步(산보)하는
沈默(침묵)한畵家(화가)입니다。

(『태양의 풍속』 167-68)
(『조선일보』 1930. 10. 01. 4면)

훌륭한 아침이 아니냐?

蒼白(창백)한 하늘아래
戰野(전야)는 灰色(회색)이다。
毒瓦斯(독와사)의 화끈한입김이 휩쓸고간다。
骸骨(해골)과같이 메마른空氣(공기)가 窒息(질식)한다。

바람에 휘날려
下水道(하수도)의물우에 떠나려가는「칼렌더」한장 잘가거라
말광양이 一九三O年(1930년)。

江邊(강변)의屠殺場(도살장)
날카로운채찍이 빽빽한空氣(공기)를 찢는다。
動物(동물)들은 그아래서 自己(자기)의번을 기다리는짧은동안을 뼉다귀를 다토며 소일한다。
(오 —— 榮光(영광)이있어라。人類(인류)에게)

어느새밤이가고
먼灰色(회색)의 地平線(지평선)을
붉은웃음으로써 채우며 오는것은누구냐?
오 —— 새벽이다。새해다。
그는 비닭이와 장미와 푸른날개와
그러한선물을 한수레 가득이실은 馬車(마차)를끌고
山(산)마루턱을 넘어온다。

보기싫은 失望(실망)과悲觀(비관) 아름다운고양이들
너희들은 내품에서떠나거라。미지근한 잠자리에나 박혀있어라。

기름과먼지와피투성인
아름답다는 지나간날은
붙잡어 목을비틀어
차라리「페치카」에 집어넣자。

「짠」……
총끝의 볼미를닦는일에 싫증이난다고하였지。
너의塹壕(참호)는 너무나어둡다。
어서 뛰여나와서 「폴」의손을잡아주어라。

「ᄯ랭크」
저자식은 山高帽(산고모)를 둘러쓰고 조개의무덤우에서 춤을추겠지。
이「후-버」의「팬」
어서 너의 유리眞珠(진주)의 바구밀랑 바다에집어던지고 들로나오렴

순이
너는 훌륭히빛나는 살갈을 가지고있고나。
벗어버리렴으나 그런人造絹(인조견)양말은……

방금 「그란드오르간」인푸른바다가
뿡뿡을 시작했다。
들로나와서 너희들은 손을잡어라。
초하룻날은 水晶(수정)의바다다。
새벽의별들이 주착없이 흘리고간
힌눈의「벨벳트」우에
아침볕이 噴水(분수)와같이 퍼붓는다。

훌륭한 아침이아니냐?
쿵 —— 쿵 —— 쿵
나는저자식의 발자취소리가
아주듣기좋아……

(『태양의 풍속』 175-79)
(『조선일보』 1931. 01. 08. 4면)

꿈꾸는眞珠(진주)여 바다로가자

「마네킹」의목에 걸려서까물치는
眞珠(진주)목도리의 새파란눈동자는
南洋(남양)의물결에 저저있고나。
바다의안개에 흐려있는 파-란鄕愁(향수)를 감추기위하야 너는
일부러벙어리를 꾸미는줄 나는안다나。

너의말없는 눈동자속에서는
熱帶(열대)의 太陽(태양)아래 과일은붉을게다。
키다리 椰子樹(야자수)는
하늘의구름을 붙잡을려고
네활개를 저으며 춤을추겠지。

바다에는 달이빠저 피를흘려서
미처서 날뛰며 몸부림치는 물결우에
오늘도 네가듣고싶어하는 獨木舟(독목주)의 노젔는소리는
삐-걱 빼-걱
유랑할게다。

永遠(영원)의成長(성장)을 숨쉬는 海草(해초)의 자지빛山林(산림)속에서
너에게 키쓰하던 鱌魚(상어)의 딸들이 그립다지。

嘆息(탄식)하는 벙어리의눈동자여
너와나 바다로 아니가려니?
녹쓰른 두마음을 잠그려가자
土人(토인)의女子(여자)의 진흙빛 손가락에서
모래와함께 새여버린
너의幸福(행복)의 조악돌들을 집으러가자。
바다의 人魚(인어)와같이 나는
푸른하늘이 마시고싶다。

「페이으멘트」를따리는 수없는구두소리。
眞珠(진주)와 나의귀는 우리들의꿈의 陸地(육지)에부대치는
물결의 속삭임에 기우려진다。

오 —— 어린바다여。 나는네게로 날어가는 날개를 기르고있다。

(『태양의 풍속』 52-54)
(『조선일보』 1931. 01. 23. 4면)

出發(출발)

五月(5월)의바다와같이 빛나는窓(창)이
아침해에게 웃음을보내며
無限(무한)히 깊은會話(회화)를 두사람은 바꾸고있다。
하늘은 얼굴에서 어둠을씻고
地中海(지중해)를 굽어본다。푸른 밑없는거울………。

窓(창)을열렴으나 누나
푸른하늘, 써늘한大氣(대기)

어린새들은 너희의三月(3월)을 잊어버렸니?
너희들의 훌륭한「파라슈-트」沐浴(목욕)한 날개를타고
날래게 푸른하늘로 떠러지렴으나。

그래서 世界(세계)에 아침을일러주어라。
빛인……
푸름인……
生成(생성)인……

太平洋(태평양)横斷(횡단)의汽船(기선)「엠프레쓰·어쁘·에이샤』號(호)가
금방 커다란希望(희망)과같은 旗(기)빨을 흔들며 埠頭(부두)를떠났다。
바로 午前(오전)八時三十分(8시30분)………。

(『태양의 풍속』 106-07)
(『조선일보』 1931. 03. 27. 4면)

三月(3월)의씨네마

아츰해

별들은 地球(지구)우에서 날개를걷우어가지고 날어갑니다。變(변)하기쉬운戀人(연인)들이여。 푸른하놀에는 구름의 층층대가 걸려있습니다。 부즈런한事務家(사무가)인 太陽君(태양군)은 아침여섯時(시)인데도 벌서 寢床(침상)[1]에서 일어나서 별의잠옷을 벗습니다。 그러고 총총히 층층대를올러가는것이 안개가 찢어진틈틈[2]으로 보입니다。
—— 할로 바다와陸地(육지)
그의걸음거리는 傳說(전설)속의 임금답지도않게 고무뿔처럼가볍습니다。

(『태양의 풍속』 128)

(『조선일보』 1931. 04. 23. 4면: 「3월의 프리즘: 적(赤)」)

물레방아깐

물레방아깐 문턱아래는 어느때의拂下(불하)인지도모르는 낡은 軍隊(군대)의 구두한켜레, 일찌기 그는 軍馬(군마)의부르짖음과 生命(생명)의 마지막불꽃과웨침을 짓밟으며 勇敢(용감)한上等兵(상등병)「슈밋트·베이커」의 물에튄발을 보호하는임무에있었는데 지금은「카이자 —— 」와「니코라이」二世(2세)의무덤과 老朽(노후)한 凱旋門(개선문)처럼 버리운者(자)의運命(운명)과 함께있습니다。戰爭(전쟁)이끝나면 그들은모다행주처럼 잊어버리웁니다。

(『태양의 풍속』 129)

(『조선일보』 1931. 04. 23. 4면: 「3월의 프리즘: 황(黃)」)

分光器(분광기)

太陽(태양)의 어린아들인 무수한光線(광선)들이 두텁게잠긴 겨으른문창을 분주히 따립니다 「빠-드」大佐(대좌)의 제어할수없는 정신을가진 冒險性(모험성)의작은새들입니다。

(『태양의 풍속』 130)

(『조선일보』 1931. 04. 23. 4면: 「3월의 프리즘: 황(黃)」)

개

컹……컹……컹……
안개의海底(해저)에 沈沒(침몰)한마을에서는 개가卽興詩人(즉흥시인)처럼 혼자서 짖습니다。

(『태양의 풍속』 131)
(『조선일보』 1931. 04. 23. 4면: 「3월의 프리즘: 황(黃)」)

江(강)

江(강)은 그의모-든種族(종족)과함께 大地(대지)의永遠(영원)한下水道(하수도)입니다。아마존,따늅, 쎄-느, 라인, 漢江(한강), 豆滿江(두만강) 미시시피………최후로 저偉大(위대)한땅을 흐르는 揚子江(양쯔강(양자강))
그렇지만 市民(시민)들은 한번도 水道料(수도료)를 낸일이라고는 없습니다。그렇다고 使用(사용)을 거절당한일도 없습니다。지금그는 아침의들을따리며 물레방아를 굴리며 느껴울며 노래하며 깊은안개속을 굴러떨어집니다。

(『태양의 풍속』 132)

(『조선일보』 1931. 04. 23. 4면: 「3월의 프리즘: 청(靑)」)

魚族(어족)

어린魚族(어족)들은 벌거벗은등을 햇볕에쪼이며 헤염칩니다。그속에서 집오리들이 正直(정직)한洗禮敎徒(세례교도)처럼 푸른가슴을 헤웁니다。가까운마을의안악네들은 나물이나 빨래나 혹은 근심을담은 바구니를끼고 오슬길을 바쁘게차며 나려옵니다。사실 그온갖찌걱지들을 말없이삼켜버리는 江(강)과같은 점잖은 河馬(하마)가어디있겠습니까?

(『태양의 풍속』 133)

(『조선일보』 1931. 04. 23. 4면: 「3월의 프리즘: 청(靑)」)

飛行機(비행기) [I]

금방날개가 겨우돋힌 飛行機(비행기)의병아리는 裁縫師(재봉사)가 志願(지원)인가 봅니다。그러기에 할닥할닥 숨이차서도 이슬에젖은 葡萄酒(포도주)의하늘을 분주히 돌아댕기며 도망하는구름의 치마짜락을주름잡습니다。
아이 어느새저녀석이 물속에 뛰여들어가서 고기떼를 몰고댕기네。

(『태양의 풍속』 134)
(『조선일보』 1931. 04. 23. 4면: 「3월의 프리즘: 녹(綠)」)

北行列車(북행열차)

移民(이민)들을 태운 시컴언汽車(기차)가 갑자기 뛰여들었음으로 瞑想(명상)을 주물르고있든 鋼鐵(강철)의哲學者(철학자)인 鐵橋(철교)가 깜짝놀라서 투덜거립니다。다음驛(역)에서도 汽車(기차)는 그의수수낀 로맨티시즘인 汽笛(기적)을불테지。그렇지만 移民(이민)들의얼굴은 車窓(차창)에서웃지않습니다。機關車(기관차)에게버리운 연기가 산냥개처럼 검은철길을핥으며 기차의뒤를 따라갑니다。

(『태양의 풍속』 135)

(『조선일보』 1931. 04. 23. 4면: 「3월의 프리즘: 자(紫)」)

제비의家族(가족)

샛하얀 쪼끼를입은 空中(공중)의曲藝師(곡예사)인 제비의 家族(가족)들은 어느새 그들의 긴旅行(여행)에서 돌아왔고나。
길가의電線(전선)줄에서 부리는 너의재조를 우리들은 퍽좋아한다나。

그러고 너는 赤道(적도)에서 들은 수없는이야기를 가지고왔니。
거기서는 끓는물결이 太陽(태양)에로향하야 가슴을헤치고 미처서뛰논다고하였지?
그늘이 깊은곳에 無花果(무화과)열매가 익어서 아가씨의 젖가슴보다도더붉다고하였지?
우리들은 첨하끝에 모아서련다。
그러면 너는너의演壇(연단)에 올라서서 긴이야기를 재잴거려라。
밤이되어도 너의이야기가 끝이없으면 銀河水(은하수)아래 우리들은 모닥불을 피우련다。

(『태양의 풍속』 97-98)
(『조선일보』 1931. 04. 23. 4면: 「3월의 프리즘: 홍(紅)」)

屋上庭園(옥상정원)

百貨店(백화점)의 屋上庭園(옥상정원)의 우리속의 날개를드리운「카나리아」는 「니히리스트」처럼 눈을감는다。그는 사람들의 부르짖음과 그러고 그들의 日氣(일기)에대한 株式(주식)에대한 西班牙(서반아)의革命(혁명)에대한 온갓 지꺼림에서 귀를 틀어막고 잠속으로 피난하는것이좋다고 생각한다。그렇지만 그의꿈이 대체 어데가 彷徨(방황)하고있는가에대하야는아무도생각해보려고한일이없다。
기둥시계의 時針(시침)은 바로 12를 출발했는데 籠(농)안의 胡(호)닭은 突然(돌연) 森林(삼림)의習慣(습관)을 생각해내고 홰를치면서 울어보았다。노-랗고가-는울음이 햇볕이풀어저 빽빽한 空氣(공기)의周圍(주위)에 길게 그어졌다。어둠의밑층에서 바다의저편에서 땅의한끝에서 새벽의날개의떨림을 누구보다도 먼저느끼던 흰털에감긴 붉은心臟(심장)은 인제는「때의傳令(전령)」의名譽(명예)를 잊어버렸다。사람들은 「무슈·루쏘-」의 遺言(유언)은 설합속에 꾸겨서넣어두고 屋上(옥상)의噴水(분수)에 메말러버린心臟(심장)을 축이려온다。
建物會社(건물회사)는 병아리와같이 敏捷(민첩)하고 「튜-립」과같이 新鮮(신선)한 공기를 방어하기위하야 大都市(대도시)의골목골목에 75쎈티의 벽돌을 쌓는다。놀라운 戰爭(전쟁)의때다 사람의 先祖(선조)는 맨첨에 별들과구름을거절하였고 다음에大地(대지)를 그러고 최후로 그자손들은 공기에향하야 宣戰(선전)한다。
거리에서는 띠끌이 소리친다。『都市計劃局長閣下(도시계획국장각하) 무슨까닭에 당신은 우리들을 「콩크리-트」와 舖石(포석)의 네모진獄舍(옥사)속에서 질식시키고 푸른「네온싸인」으로 漂白(표백)하려함니까? 이렇게 好奇的(호기적)인洗濯(세탁)의 實驗(실험)에는 아주 진저리가났습니다。당신은 무슨까닭에 우리들의飛躍(비약)과 성장(成長)과 戀愛(연애)를 질투하십니까?』그러나府(부)의 撒水車(살수차)는 때없이 太陽(태양)에게 선동되어 「아스빨트」우에서 叛亂(반란)하는 띠끌의 밀물을 잠재우기위하야 오늘도 쉬일새없이 네거리를 기여댕긴다。사람들은 이윽고 溺死(익사)한 그들의魂(혼)을 噴水池(분수지)속에서 건저가지고 분주히 분주히 乘降機(승강기)를타고 제비와같이 떨어질게다。女案內人(여안내인)은 그의 팡을낳는詩(시)를 암닭처럼 수없이낳겠지。
『여기는 地下室(지하실)이올시다』
『여기는 地下室(지하실)이올시다』

(『태양의 풍속』 41-43)

(『조선일보』 1931. 05. 31. 4면)

戀愛(연애)의斷面(단면)

愛人(애인)이여
당신이 나를 가지고있다고 安心(안심)할때 나는 당신의밖에 있습니다。
萬若(만약)에 당신의속에 내가있다고하면 나는 한덩어리 木炭(목탄)에 不過(불과)할것입니다。

당신이 나를 놓아보내는때 당신은 가장많이 나를 붙잡고있습니다。

愛人(애인)이여
나는 어린제비인데 당신의意志(의지)는 끝이없는 밤입니다。

(『태양의 풍속』 25)
(『조선일보』 1931. 06. 02. 4면)

海上(해상)

S O S

午後(오후)여섯시三十分(30분)。

突然(돌연)

어둠의바다의暗礁(암초)에걸려
地球(지구)는破船(파선)했다。

「살려라」

나는 그만 그를 건지려는 誘惑(유혹)을斷念(단념)한다。

(『태양의 풍속』 28-29)
(『조선일보』 1931. 06. 02. 4면: 「SOS」)

가을의果樹園(과수원)

어린 曲藝師(곡예사)인 별들은 끝이없는 暗黑(암흑)의그물속으로 수없이 꼬리를물고 떨어집니다. 「포풀라」의 裸體(나체)는 푸른저고리를벗기우고서 방천우에서 느껴웁니다. 果樹園(과수원)속에서는 林檎(임금)나무들이 젊은患者(환자)와같이 몸을부르르떱니다. 무덤을찾어댕기는 닙 닙 닙….
西(서) 南(남) 西(서)
바람은 아마 이方向(방향)에 있나봅니다. 그는 진둥나무의 검은 머리채를 찢으며 「아킬러쓰」의 다리를가지고 쫓겨가는 별들속을달려갑니다. 바다에서는 구원을찾는 광란한기적소리가 지구의모-든凸凹面(철요면)을 굴러갑니다. SOS · SOS。 검은바다여 너는 당돌한 한방울의 기선마저 녹여버리려는 意志(의지)를 버리지못하느냐? 이윽고 아침이되면 農夫(농부)들은 수없이떠러진 별들의 슬픈屍體(시체)를 주으려 과일밭으로 나갑니다. 그러고 그 奇蹟的(기적적)인 과일들을 수레에실고는 저 오래인東方(동방)의市場(시장)「바그다드」로끌고갑니다。

(『태양의 풍속』 39-40)

(『삼천리』 3.12. 1931. 12. 01. 97쪽)

봄은 電報(전보)도안치고

아득한 黃昏(황혼)의 찬안개를마시며
긴 —— 말없는 山(산)허리를 기여오는
車(차)소리
우루루루
오늘도 鐵橋(철교)는운다。무엇을 우누。

글세 봄은 언제온다는 電報(전보)도없이 저車(차)를타고 도적과같이 왔구려
어머니와같은 부드러운 목소리로
골짝에서코고는 시내물들을 불러일으키면서……。
해는 지금 붉은얼굴을 벙글거리며
살아지는 엷은눈우에 이별의 키쓰를 뿌리노라고
바쁘게돌아댕기오。

「포풀라」들은 파-란 연기를 뿜으면서
빨래와같은 하-얀 午後(오후)의방천에 느러서서
실업쟁이처럼 담배를 피우오。

봄아
너는 언제 江(강)가에서라도 만나서
나에게 이렇다는 約束(약속)을 한일도없건만
어쩐지 무엇을 —— 굉장히 훌륭한 무엇을 가저다줄것만같애서

나는 오늘도 광이를 멘채 돌아서서
아득한 황혼의 찬안개를 마시며
긴 —— 말이없는 山(산)기슭을 기여오는汽車(기차)를 바라본다。

(『태양의 풍속』 63-65)

(『신동아』 2.4, 1932. 04. 01. 108쪽)

黃昏(황혼)

검은다리(橋(교))는 어째서 지금도 물도없는개천에서 찬바람결에 허리를 씻기우면서 빼빼마른다리(脚(각))를 훨신거두고만 서있을가요?

「포풀라」들은 지금개천가에서 새하얀허리를 들추어내놓고 벌벌벌 떨고있습니다。그의어깨에서 포근한푸른외투를 벗겨간것은 누구의 잔인한손임니까? 참새들은 인제는 그의옷자락밑에기여들어서 수없는 그날의이야기를 재잘거리려 오지않겠지요。

해가떨어졌음으로 집없는 바람이 또 다리밑에업디여서 앙앙 느껴웁니다。집들은 회색의 大氣(대기)밑으로 소라와같이 몸을옴크리고기여듭니다。그러고는 커-다란 굴뚝을 거꾸로물고서 퍽— 퍽담배를피지요。어찌면그렇게도 건방진굴뚝일까요?

너무나엄청나게 큰꿈이 마을에 떨어지면아니된다고해서 검은 山(산)들이 총총히 걸어와서는 마치「코삭크」의步哨兵(보초병)처럼 表情(표정)이 없이 우둑허니서서 마을을 구버봅니다。그러면 작은등불들이 갑자기 집집의창문에 매달려서 밖을 내다보지요。아마도 날어댕기는 별들과 이야기하려는게지요。

(『태양의 풍속』 171-72)

(『제1선』 2.11. 1932. 12. 15. 76-77쪽)

새날이 밝는다

굳게잠근 어둠의문 저쪽에서 골작들은 새벽을 陰謀(음모)합니다.
비로-도의 금잔디우에서는 침묵이잡니다.

밤하눌을 아름답게꾸미던 무수한별들은
지금 눈물에젖어 하나씩둘씩
江(강)물속에 빠저서는 구을러갑니다.
어서 일어나요………
푸른안개의 휘장속에서는
「마르쓰」의 늙은이가 분주하게 地球(지구)의搖籃(요람)을 흔들어 깨웁니다.

거리거리의 들창들이
수박빛하눌로향하야 입을버립니다.
집들은 새벽을 함뿍 드리켭니다.

어느새 검은車庫(차고)의 쇠문을 박차고
병아리와같은 電車(전차)들이 뛰여나옵니다.

옷자락에서 부스러떠러지는 간밤의 꿈쪼각들은 돌보지도않으면서 그는
고함을치면서 거리거리를 미끄러저가는
亂暴(난폭)한 「스케-트」選手(선수)올시다.

오 —— 全朝鮮(전조선)의 市民諸君(시민제군)
고무공과같이 부프러오른 彈力性(탄력성)의 大地(대지)의가슴으로 뛰여나오렴.
우리들의 競走(경주)를위하야 이렇게도 훌륭하고 큰아침이 準備(준비)되었다.

(『태양의 풍속』 103-05)

(『신동아』 3.1. 1933. 01. 01. 136-37쪽)

祈願(기원)

나의노래는 기름과같은 東海(동해)의푸른물결이고싶다。
나의노래로하여곰 당신의 상처에 엉크린피를씻기를 허락하옵소서, 님이여。

나의노래는 다람쥐같은 민첩한손의임자인 젊은看護婦(간호부)고싶다。
나로하여곰 낮과밤으로 그대의 병상머리를 지키는 즐거운義務(의무)에 억매여두옵소서, 님이여。

나의노래는 늙은뱃사공 —— 나루를 지키는 오래인 히망이고싶다。
바다가 노해서 끓는날도 바람이 미처서 날뛰는날도
나의노래는 바다를건너는 그대의뱃머리를 밝히는
꺼질줄모르는 등불이고싶다。 님이여

(『태양의 풍속』 66-67)
(『신동아』 3.1. 1933. 01. 01. 137쪽)

바다의아츰

작은 魚族(어족)의무리들은 日曜日(일요일)아침의 處女(처녀)들처럼 꼬리를 내저으면서 돌아댕깁니다。
어린물결들이 조약돌사이를 기여댕기는 발자취소리도 어느새 소란해졌습니다。
그러면 그의배는 이윽고 햇볕을 둘러쓰고 물새와같이 두놀을 펴고서 바다의 비단폭을 쪼개며 돌아오겠지요。

오 —— 먼섬의저편으로부터 기여오는안개여
너의 羊(양)털의 「납킨」을가지고 바다의거울판을 닦어놓아서
그의놀대를 저해하는 작은파도들을 잠재워다고。

(『태양의 풍속』 96)

(『신동아』 3.1. 1933. 01. 01. 137-138쪽: 「바닷가의 아침」)

람푸

밤과함께 나의침실의 천정으로부터
쇠줄을 붙잡고 나려오는 람푸여
꿈이우리를 마중올때까지
우리는 서로 말을 피해가며 이孤獨(고독)의잔을 마시고 또 마시자。

(『태양의 풍속』 51)
(『신동아』 3.3. 1933. 03. 01. 164)

十五夜(십오야)

珊瑚(산호)빛갑옷을 입은달은
푸른하늘의 얼음판을 지처서
에메랄드의 軍刀(군도)를 휘둘르며 바람을몰고간다。

江(강)들은 두터운 유리창을 굳게잠그고
오늘밤은 一切(일절) 面會謝絕(면회사절)이다。
詩人(시인)과 아가씨의 눈물이 성가신가봐。

새벽을 꾸짖는 死刑囚(사형수)인 늙은세계는
밤이붓는 침묵의술잔을 기우리며
찢어진 하누님의心臟(심장)에서새는 히푸른液體(액체)를 마시며 비청거린다。

술취한 달빛이
오후열한시의 개천가의 얼음판에 미끄러저자빠진다。
와르르 터지는 바람의 웃음소리。

(『태양의 풍속』 154-55)
(『신동아』 3.3. 1933. 03. 01. 165쪽)

離別(이별)

때늦은 「튜-립」의花盆(화분)이
시드른 窓(창)머리에서
女子(여자)의얼굴이 돌아서 느껴운다。

나의마음의 설음우에 쌓이는 물방울。
나의마음의 쟁반을 넘처흐르는 물방울。

이윽고 내가 巴里(파리)에 도착하면
네 눈물이남긴 그따뜻한班點(반점)은
나의外套(외투)짜락에서 응당말러버릴테지?

(『태양의 풍속』 57)

(『신동아』 3.3. 1933. 03. 01. 165-66쪽)

들은 우리를불으오

輕薄(경박)한 참새들은 푸른「포풀라」의집웅밑에서 눈을떠서 분주히 노래하오
바다의 붉은가슴이 타는해를 투겨올리오
별들은 구름을타고 날어가오。

아침의傳令(전령)인 江(강)바람이 숲속의 어린새들의 꿈을 흔들어깨우치오。
나는 나의팔에 껴안긴「밤」의 피흐르는 찢어진屍體(시체)를 방바닥에 던지고
無限(무한)한野心(야심)과같은 우리들의대낮으로향하야 뛰여나가오。

(나는 안해의 방문을 두다리오)
여보 어서일어나요
우리는 家畜(가축)을몰고 숲으로가지않겠소?
우리들의 즐거운벗 —— 太陽(태양)은 江(강)가에서 오직이나 섭섭해서 기다리고 있겠소?
(나의팔은 담넘어 언덕넘어 江(강)을가르켰소)

이윽고 새들은 높은하늘의 中間(중간)에떠서 音樂會(음악회)를 열것이오。
늙은바람은 언덕우의 송아지의 털을 쓰다듬으면서 송아지의 슬픈노래를 사랑하겠지요。

작은꽃들은 太陽(태양)을향하야 「키쓰」를 조르겠지요 ——
(나는하눌을 쳐다보며 두팔을 버렸소)
그러고 여보
우리들은 그넓은 하눌과 땅사이에서 얼마나 작은꽃이겠소?
얼마나 갸륵한 새들이겠소?

(『태양의 풍속』 100-02)

(『신동아』 3.4. 1933. 04. 04. 132쪽)

午後(오후)의꿈은 날줄을모른다

날어갈줄을 모르는 나의날개。

나의꿈은
午後(오후)의 疲困(피곤)한그늘에서 고양이처럼 조려웁다。

도무지 아름답지못한午後(오후)는 꾸겨서 휴지통에나 집어넣을가?

그래도 地文學(지문학)의先生(선생)님은 오늘도 地球(지구)는 圓滿(원만)하다고 가르쳤다나。「갈릴레오」의 거짓말쟁이。

흥 創造者(창조자)를 絞首臺(교수대)에보내라。

하누님 단한번이라도 내게 성한날개를다고。나는 火星(화성)에 걸터앉어서 나의살림의깨여진地上(지상)을 껄 껄 껄 웃어주고싶다。

하누님은 원 그런재주를 부릴수있을가?

(『태양의 풍속』 23-24)

(『신동아』 3.4. 1933. 04. 04. 132-33쪽)

파고다公園(공원)

쓰레기통의 설비가없는까닭에
마나님들은 때때로 쓰레박기를들고 이곳으로 나옵니다。
午後(오후)가되면 하누님은
절대로 필요치않은 第六日(제6 일)의濫造物(남조물)들을
이 쓰레기통에 모아놓고는
嘆息(탄식)을되푸리하는 習慣(습관)이있습니다。

(『태양의 풍속』 147)
(『조선일보』 1933. 06. 22. 석간. 3면)

漢江人道橋(한강인도교)

「스토 —— ㅂ」·······

港口(항구)의 終點(종점)이올시다。

때때로 임자없는모자들이 난간에걸려서는

『人生(인생)도 잘있거라』고 바람에 펄럭입니다。

그러므로 기둥밑에는 아가씨들을위하야

커-다란 눈물박기가 놓여있습니다。

(『태양의 풍속』 148)

(『조선일보』 1933. 06. 22. 석간. 3면)

象牙(상아)의海岸(해안)

海灣(해만)은 水平線(수평선)의아침에향하야 분주하게窓(창)을연다。
주름잡히는 銀(은)빛휘장에서 부스러떨어지는 金箔(금박)은
바다의 검은장판에 비오는 별들의失望(실망)

어둠이 갑자기 버리고간까닭에 눈을부비는 늙은香水(향수)장사인太陽(태양)은
잠깨지않은 물결의딸들의 머리칼우에 白金(백금)빛의 香水(향수)를 뿌려준다。
멀구나무잎사귀들은 총총히떠난 天使(천사)들의 잊어버리고간 眞珠(진주)목도리들을 안고있다。

붉은치마짜락을 나팔거리는 가시나무꽃들은 防水布(방수포)처럼 추근한海岸(해안)에향하야 누른香(향)내를 키질한다。
푸른 空氣(공기)의 堆積(퇴적)속에 가로서서 팔락거리는 女子(여자)의바둑판「케-프」는
大西洋(대서양)을 건너는 無敵艦隊(무적함대)의돛발처럼 無敵(무적)하다。

「에메랄드」의情熱(정열)을 녹이는 象牙(상아)의海岸(해안)은 解放(해방)된魚族(어족) 解放(해방)된제비들 解放(해방)된마음들을기르는 瑠璃(유리)의牧場(목장)이다。
法典(법전)을 無視(무시)하는 大膽(대담)한 血管(혈관)들이 푸른하눌의「칸바쓰」에 그들의宣言(선언) —— 분홍빛꿈을 그린다。

하나 —— 둘 —— 셋
充血(충혈)된 白魚(백어)의무리들은 어린曲藝師(곡예사)처럼바다의 彈力性(탄력성)의허리에 몸을맡긴다。
象牙(상아)의海岸(해안)을씻는 透明(투명)한七月(7월)의거친살갈。
바람은 新鮮(신선)한海草(해초)의입김으로짠 舞衣(무의)를입고
부푸러오른바다의 가슴을차며달린다。

(『태양의 풍속』 161-63)
(『조선일보』 1933. 07. 01. 조간 5면, 석간 3면: 「해수욕장의 아침」)

『커-피』盞(잔)을들고

오 ── 나의 戀人(연인)이여
너는 한개의 「슈-크림」이다。
너는 한잔의 「커-피」다。

너는어쩌면 地球(지구)에서 아지못하는 나라로
나를 끌고가는 무지개와같은 김의날개를 가지고있느냐?

나의어깨에서 하로동안의 모-든 시끄러운義務(의무)를
나려주는 짐푸는 人夫(인부)의일을
너는「칼리뽀-니아」의 어느埠頭(부두)에서 배웠느냐?

(『태양의 풍속』 68)
(『신여성』 7.8. 1933. 08. 01. 32쪽)

하로일이 끝났을때

수박빛하늘에 매달려 地球(지구)는 어둠속으로 꺼저나려가오, 검은 누-런 혹은 회색의집웅들이 大地(대지)의가슴속으로 파들어갈듯이 山(산)모록[1)]에가엽이 몸을옴크리고있소。

수양버들들은 마을밖 江(강)가에 머리를풀어헤치고 우둑허-니서서 무엇을기다리누? 안달뱅이 굴뚝들은 汽笛(기적)도없이 힌旗(기)빨을날리고있소。마을은 또다른 하로밤의航海(항해)를 떠나오。

비로-도처럼 눈을부시는 새깜안밤 「푸록코-트」를입은 하누님의 옷섭에서는 金(금)단추들이반짝이오。울란[2)]어미인 바람이 또 골작에서 훌적훌적 우는소리가 들려오오。

그러면 나는 언덕우의내집으로 총총히 돌아가기위하야 호미를둘러메오。天使(천사)「미카엘」이 두개의퉁퉁한 「포케트」를 불룩이 채워가지고오는 커-다란꿈을 기다리기위하야……·

(『태양의 풍속』 169-70)

(『신여성』 7.8. 1933. 08. 01. 32-33쪽: 「하루 일이 끝났을 때」)

海水浴場(해수욕장)의夕陽(석양)

海拔(해발)一OOO(일천)메-트의 高臺(고대)의斷面(단면)에
疲困(피곤)한太陽(태양)이 겨으른 自畵像(자화상)을 그린다。
山(산)허리에 살아지는[1] 애처로운抛物線(포물선)의 자최인
해오라비 한마리………
孤寂(고적)。

아낌없이 바다까에 비오는沈默(침묵)。
헐덕이는 물결의등을 어루만지는 늙은달은모래불우에서
경박한사람들이 잊어버리고간 발자국들을 집기에 분주하다。
脫衣塲(탈의장)의 모래우에 꾸겨저젖어있는
「러쁘레터 —」한장。
밤은 벌서 호텔의歡樂(환락)에 불을켰다。

(『태양의 풍속』 159-60)
(『가톨릭 청년』 1.3. 1933. 08. 10. 56쪽)

海圖(해도)에대하야

山(산)봉오리들의 나즉한 틈과틈을새여 藍(남)빛잔으로 흘러들어오는 어둠의潮水(조수)。사람들은 마치 지난밤끝나지아니한 約束(약속)의계속인것처럼 그漆黑(칠흑)의술잔을 드리켠다。그러면 해는 할일없이 그의希望(희망)을 던저버리고 그만 山(산)모록으로 돌아선다。

고양이는 山(산)기슭에서 어둠을입고 쪼그리고앉어서 密會(밀회)를기다리나보다。우리들이 버리고온 幸福(행복)처럼……。夕刊新聞(석간신문)의 大英帝國(대영제국)의地圖(지도)우를 도마배암이처럼 기여가는 별들의 그림자의발자국들。「미스터·뽈드윈」의演說(연설)은 암만해도 빛나지않는 全(전)혀 가엾은 黃昏(황혼)이다。

집 이층집 江(강) 웃는얼굴 交通巡査(교통순사)의모자 그대와의約束(약속)……무엇이고 差別(차별)할줄모르는 無知(무지)한 검은液體(액체)의汎濫(범람)속에 녹여버리려는 이 目的(목적)이없는實驗室(실험실)속에서 나의작은探險船(탐험선)인地球(지구)가 갑자기 그航海(항해)를잊어버린다면 나는대체 어느구석에서 나의海圖(해도)를편단말이냐?

(『태양의 풍속』 32-33)

(『신동아』 3.9. 1933. 09. 01. 57쪽: 「나의 탐험선」)

바다의 卽興詩(즉흥시)

먼—구룸들의 寢室(침실)가에 뚜렷이 一直線(일직선)을 그리는 대담한 水平線(수평선)을 나는 사랑하오。
그의 마음의 『아가멤논』과같은 大膽(대담)을——

넓은 바다는 太陽(태양)의 노리터—— 그는 아낌없이 그의 白金(백금) 바구니를 바다의 푸른 치마폭우에 쏟아놓았오。
갑자기 防波堤(방파제)위로 汽車(기차)가 고함치고 간 까닭에 몸소름치는 모랫가의 잠든 작은 물결의 아이들。微笑(미소)하는 바다의 가슴우에 뜬 한폭 흰 돛의 幸福(행복)。

(『바다와 육체』 114-15)

(『조선일보』 1933. 09. 08. 조간, 특간 2면: 「전원 일기의 1절: 즉흥시 1 편」)

汽車(기차) [I]

「레일」을 쫓아가는汽車(기차)는 風景(풍경)에대하야도 파랑빛의「로맨티시즘」에 대하야도 지극히冷淡(냉담)하도록 가르첬나보다 그의 끝없는旅愁(여수)를 감추기위하야 그는 그붉은情熱(정열)의가마우에 검은鋼鐵(강철)의조끼를입는다。
내가食堂(식당)의 「메뉴」뒷등에
(나로하여곰 저바다까에서 죽음과 納稅(납세)와 招待狀(초대장)과 그수없는 結婚式(결혼식)請牒(청첩)과 訃告(부고)들을잊어버리고
저 섬들과 바위의틈에 섞여서 물결의 사랑을 받게하여주옵소서)
하고 詩(시)를쓰면 機關車(기관차)란놈은 그 鈍(둔)탁한 검은 갑옷밑에서 커-다란 웃음소리로써 그것을지여버린다。
나는 그만 화가나서 나도 그놈처럼 검은 조끼를 입을가보다하고 생각해본다。

(『태양의 풍속』 21-22)

(『가톨릭 청년』 1.5. 1933. 10. 10. 53쪽: 「바다의 서정시」)

房(방)

땅우에 남은빛의 最後(최후)의한줄기조차 삼켜버리려는 검은意志(의지)에 타는 검은慾望(욕망)이여
나의작은房(방)은 등불을켜들고 그속에서 술취한輪船(윤선)과같이 흔들리우고있다。
유리창넘어서 흘기는 어둠의 검은눈짓에조차 소름치는 怯(겁)많은房(방)아。

문틈을 새여흐르는 거리우의 옅은빛의 물결에 적시우며
흘러가는 발자국들의 舖石(포석)을따리는 작은音響(음향)조차도 어둠은 기르려하지않는다。
아름다운 푸른그림자마저빼았긴
거리의詩人(시인)「포풀라」의 졸아든 몸둥아리가 거리가 꾸부러진곳에서 떨고있다。

「아담」과 「이쁘」들은
『우리는 도시 어둠을믿지않는다』고 입과입으로 중얼거리며 층층게를나려간뒤
地下室(지하실)에서는 떨리는웃음소리 잔과잔이마조치는 참담한소리…·

높은 城壁(성벽)꼭댁이에서는
꿈들을내려보내는것조차 잊어버린별들이 絶望(절망)을안고 졸고들있다。 나는 불시에 나의방의 작은속삭임소리에 놀라서 귀를 송긋인다。
── 어서 밤이 새는것을 보고싶다 ──
── 어서 새날이오는것을 보고싶다 ──

(『태양의 풍속』 37-38)

(『조선문학』 1.4. 1933. 10. 25. 70-71쪽: 「밤 외 2 편: 1 밤 [I]」)

아츰飛行機(비행기)

파랑날개를 팔락이는 어린飛行機(비행기)는
日曜日(일요일)날아침의 유쾌한樂士(악사)올시다。
새벽이 새여간뒤의 아침하늘은 「풀라티나」의줄을느린「하-프」
그줄을 따리면서 훌륭한 音樂(음악)을타는 「푸로펠라」는 「싸포 — 」의손보다도 더
이쁜
五月(5월)의바람보다도 더가벼운
새벽하늘을 수놓는눈숭이[1]보다도 더힌손의임자。
나의가슴의 鈍(둔)한城壁(성벽)에 물결처넘지는 音樂(음악)의湖水(호수)。
구름밖으로 나를실고가는 힌날개를가진 너의音樂(음악)이여。

(『태양의 풍속』 108)

(『조선문학』 1.4. 1933. 10. 25. 71쪽: 「밤 외 2 편: 2 비행기 [II]」)

새벽

싸악‥‥‥‥싸악‥‥‥‥싸악
부스러지는 애처로운 눈의悲鳴(비명)을
신바닥아래 눌러죽이며
거리를 쏠고가는 바쁜 발자취소리 소리 소리
窓(창)밑을 굴러가는 수레바퀴의 이빨갈리는소리
소리 소리(그자식은 언제든 군소리뿐이야)

낡은절의 겨으른 북이 갑자기 울어야할 그의 義務(의무)를 기억했나보다。
자 ── 나는 어서 들창을 열어야지。
아침해를 마시고 싶어서 밤이새도록 말러서탄 貪慾(탐욕)한입을‥‥

(『태양의 풍속』 156)
(『조선문학』 1.4. 1933. 10. 25. 71쪽: 「밤 외 2 편: 3 새벽」)

日曜日(일요일)行進曲(행진곡)

月(월)
  火(화)
    水(수)
      木(목)
        金(금)
          土(토)
하낫 둘
 하낫 둘
일요일로 나가는 『엇둘』소리·······

자연의 虐待(학대)에서
너를 놓아라
역사의 餘白(여백)·······
영혼의 위생「데이」·······
일요일의들로
바다로·······

우리들의
유쾌한
하눌과하로
일요일
    일요일

(『태양의 풍속』 109-10)

(『신가정』 1.11. 1933. 11. 01. 189쪽)

어둠속의노래

책상과 나와
「칼렌다 ——」의 막장과
燈(등)불과……··

灰色(회색)의戰野(전야)에서는
내가 잊어버리고온
수없는戰死者(전사자)와 負傷者(부상자)의무리가
하나씩 둘씩 무덤의먼지를 떨치며 일어난다。

어줄없이 바짝마른 이리한마리(그이름은生活(생활))
오늘도 내발굼치에서 떠러지지않는다。

어둠의洪水(홍수) —— 굼틀거리는 검은물바퀴의 얼굴에 떴다 꺼졌다 떠오르는
춤추는 한팔……··
파-란부르짖음……··
찢어진心臟(심장)……··

엑……
이런
독수리가 파먹다남은
生活(생활)은
下水道(하수도)에나 집어던저라。

열두時(시)넘어서
별과 燈(등)불을 띠우고
防川(방천)아래
꿈을알른 下水道(하수도)에……··
無限(무한)히 띠끌을生產(생산)하는 이都市(도시)의 모-든排泄物(배설물)을 運搬(운반)하도록 命令(명령)받은忠實(충실)한 검은奴隸(노예)。

〉

똥
먼지
타고남은 石炭(석탄)재
棄兒(기아) 때때로死兒(사아)
찢어진遺書(유서)쪼각

警察醫(경찰의)가「오-토바이」에서나렸다。
거리의거지가 鍾閣(종각)에 기댄채 꿋꿋해버렸다。
教堂(교당)에서는 牧師(목사)님이
最後(최후)의 祈禱(기도)끝에「아-멘」을불렀다。
다음날아침 朝刊(조간)에는 그전날밤의 추위는 十六年來(16년래)의일이라고 거짓말했다。
來日(내일)은 紳士(신사)와 淑女(숙녀)들은
安心(안심)하고 네거리로 나올게다。

劇塲(극장)에서는
學生(학생)과 會社員(회사원)들이 사이좋게
같은盞(잔)에서 炭酸(탄산)「가쓰」를 비앗었다드리켠다‥‥‥
芝罘種(즈푸종)의 무우와같은「스크린」의「아메리카」女子(여자)의다리에 食慾(식욕)을삼킨다。

어둠의洪水(홍수)
거리에구비치는 어둠의흘음
太陽(태양)이 어대갔느냐?
어대갔느냐?
내가슴은 太陽(태양)이안고싶다。

(『태양의 풍속』 180-84)

(『신여성』 7.11. 1933. 11. 01. 10-13:「어둠의 흐름」)

貨物自働車(화물자동차)

작은 등불을달고 굴러가는 自轉車(자전차)의 작은등불을믿는 忠實(충실)한幸福(행복)을 배우고싶다。

萬若(만약)에 내가 길거리에 쓸어진 깨여진自轉車(자전차)라면 나는 나의「노-트」에서 將來(장래)라는「페이지」를 벌-서 지여버렸을텐데·······

대체 子正(자정)이넘었는데 이 미운詩(시)를 쓰노라고 벼개로 가슴을 고인 動物(동물)은 하누님의 눈동자에는 어떻게 가엾은모양으로비첼가? 貨物自働車(화물자동차)보다도 이쁘지못한四足獸(사족수)。

차라리 貨物自働車(화물자동차)라면 꿈들의破片(파편)을 걷어실고 저먼 —— 港口(항구)로 밤을피하야 가기나할터인데·······。

(『태양의 풍속』 26-27)

(『중앙』 1.2. 1933. 12. 01. 127쪽)

비

굳은 어둠의장벽을 시름없이「녹크」하는 비들의 가벼운손과 손과 손과 손……
그는「아스팔트」의 가슴속에 五色(오색)의感情(감정)을 기르며온다

대낮에 우리는 「아스팔트」에게 향하야
『옉 둔한자식 너도또한 바위의종류고나』하고 비웃었다。
그렇지만 지금 우둑허니 하눌을쳐다보는
눈물에어린 그자식의 얼굴을보렴。

루비 에메랄드 싸ㅽ이어 琥珀(호박) 翡翠(비취) 夜光珠(야광주)……
「아스팔트」의 湖水面(호수면)에 녹아나리는 네온싸인의音樂(음악)。
고양이의 눈을가진 電車(전차)들은 (大西洋(대서양)을 건너는 타이타닉號(호)처럼)
구원할수없는希望(희망)을 파묻기위하야 검은追憶(추억)의바다를 건너간다。

그들의 救助船(구조선)인듯이
종이兩傘(양산)[1]에 맥없이 매달려
밤에게 이끌려 헤염처가는 魚族(어족)들
女子(여자) ——
사나히 ——
아무도 救援(구원)을 찾지않는다。

밤은 深海(심해)의突端(돌단)에 坐礁(좌초)했다。
S O S O S
信號(신호)는 海上(해상)에서 지랄하나
어느 無電臺(무전대)도 문을닫었다。

(『태양의 풍속』 34-36)

(『가톨릭 청년』 2.1. 1933. 12. 25. 71쪽: 「밤의 SOS」)

나의掃除夫(소제부)

오늘밤도 초생달은
珊瑚(산호)로판 나막신을 끌고서
구름의 층층게를 밟고나려옵니다。

어서와요 정다운掃除夫(소제부)。
그래서 왼종일 깔앉은 띠끌을
내가슴의河床(하상)에서 말쑥하게 쓸어줘요。
그러고는 당신과나 손을잡고서
물결의노래를 들으려 바다까로 나려가요。
바다는 우리들의 유랑한 손風琴(풍금)。

(『태양의 풍속』 99)
(『문학』 1.1. 1934. 01. 01. 13-14쪽: 「초승달은 소제부」)

食料品店(식료품점)

1, 쵸코레-트

사랑엔 敗(패)했을망정
銀(은)빛甲胄(갑주) 떨처입은 쵸코레-트兵丁閣下(병정각하)。

사랑은 여리다고
아가씨의입에서도 눈처럼녹습니다。
서방님의입에서도 얼음처럼녹습니다。

(『태양의 풍속』 143)

(『신여성』 8.1. 1934. 01. 01. 12쪽: 「식료품점」)

2, 林檎(임금)

心臟(심장)을잃어 버린토끼는
지금은어디가서 마른풀을베고 낮잠을잘가?

(『태양의 풍속』 144)

(『신여성』 8.1. 1934. 01. 01. 13쪽: 「식료품점」)

3, 모과(파인애플)

여보 칼을대지 말어요 부디……··
피묻은土人(토인)의노래가 흐를가보오.

(『태양의 풍속』 145)
(『신여성』 8.1. 1934. 01. 01. 13쪽: 「식료품점」)

4, 밤(栗(율))

武裝解除(무장해제)를 당한 中央軍(중앙군)의 行列(행렬)입니다。
天津(텐진(천진))으로가는겐가? 南京(난징(남경))으로 가는겐가?
大將(대장)의通電(통전)을 기다립니다。

(『태양의 풍속』 146)
(『신여성』 8.1. 1934. 01. 01. 13쪽: 「식료품점」)

噴水(분수) [II][1)]

太陽(태양)의무수한손들이
漆黑(칠흑)의 비로-도 휘장을 분주하게 걷워간뒤 창머리에는
햇볕의噴水(분수)에 목욕하는
(어린마돈나)水仙花(수선화)의 裸體像(나체상)하나。

순아。
지난밤 나는 어둠속에서 남몰래
休紙(휴지)와같이 꾸겨진 나의一年(1년)을 살그머니 펴보았다。

나의가슴의 무덤속에서자는
죽지가 부러진 希望(희망)의屍體(시체)의 찬등을 어루만지며
일어나보라고 속삭여보았다。

나의꿈은 한 끝이없는 草綠(초록)빛잔디밭
지난밤 그우에서 나의食慾(식욕)은 太陽(태양)에로 끌었단다。

그러나 지금은아침。
순아 어서 나의病室(병실)의문을 열어다고。
푸른天幕(천막) 꼭댁이에서는
흰구름이 매아지[2)]처럼달치[3)]안니?

우리는 뜰에 나려가서 거기서 우리의病(병)든날개를 햇볕의 噴水(분수)에 씻자。
그러고 표범과같이 독수리와같이 몸을송기고
우리의 발굼치에 쭈그린 미운季節(계절)을 바람처럼 꾸짖자。

(『태양의 풍속』 94-95)

(『조선일보』 1934. 01. 01. 신년호 기6. 4면: 「날개를 펴려무나」)

大中華民國(대중화민국)行進曲(행진곡)

大中華民國(대중화민국)의 將軍(장군)들은
七十五種(75종)의 勳章(훈장)과 靑龍刀(청룡도)를
같은 풀무에서 빚고있습니다。

『엑 軍士(군사)들은 무덤의方向(방향)을 물어서는못써。다만죽기만해。그때까지는
鴉片(아편)이 여기있어。大將(대장)의命令(명령)이야………
엇둘………둘………둘』

『大中華民國(대중화민국)의兵卒(병졸)貴下(귀하)
부디 이 빛나는勳章(훈장)을 貴下(귀하)의 骸骨(해골)의肋骨(늑골)에거시고
쉽사리 天國(천국)의門(문)을 通(통)하옵소서。아-멘。
엇둘
엇둘』

(『태양의 풍속』 30-31)
(『조선일보』 1934. 01. 03. 신년호 기15. 2면: 「항해의 1초 전」)

旗빨(깃발)

파랑帽子(모자)를 기우려쓴 佛蘭西(불란서)領事舘(영사관)꼭댁이에서는
三角形(삼각형)의 旗(기)빨이 붉은金(금)붕어처럼 꼬리를떤다。

地中海(지중해)에서 印度洋(인도양)에서 太平洋(태평양)에서
모-든바다에서 陸地(육지)에서
펄 펄 펄
기빨은 바로 航海(항해)의 一秒(1초)前(전)을보인다。

旗(기)빨속에서는
來日(내일)의얼굴이웃는다。
來日(내일)의웃음속에서는
海草(해초)의옷을입은 나의「希望(희망)」이잔다。

(『태양의 풍속』 92-93)

(『조선일보』 1934. 01. 03. 신년호 기15. 2면: 「항해의 1초 전」)

憂鬱(우울)한天使(천사)

푸른 하늘에 向(향)하야
날지않는 나의비닭이。 나의절름바리。

아침해가
金(금)빛기름을 부어놓는
象牙(상아)의海岸(해안)에서
비닭이의 傷(상)한날개를싸매는
나는 오늘도
憂鬱(우울)한 어린天使(천사)다。

(『태양의 풍속』 62)
(『조선일보』 1934. 01. 03. 신년호 기15. 2면: 「항해의 1초 전」)

굴뚝

건방진자식이다。
그래도孤獨(고독)을 理解(이해)한다나。

구름속에 목을빼들고
푸른하늘에 검은憂鬱(우울)을 그리는그자식

나는 본일이없다。
거리를 기여가는 電車(전차)개비[1]와 욱으러진집웅들을
그자식의눈이 나려다보는것을·······

건방진자식이다。
그자식의가슴은 구름을즐겨마신다나。

(『태양의 풍속』 142)
(『학등』 2.2. 1934. 03. 01. 38쪽: 「연돌」)

『스케이팅』

一月(1월)의 大氣(대기)는
透明(투명)한「푸리즘」

나의가슴을 막는
햇볕은 七色(7색)의「테-프」

玻璃(파리)의바다는
푸른옷입은 季節(계절)의化石(화석)이다。

감을줄모르는
眞珠(진주)의눈들이 쳐다보는

魚族(어족)들의 圓天劇場(원천극장)에서
내가
한개의幻想(환상)「아웃커-앤」를그리면
구름속에서는 天使(천사)들의拍手(박수)소리가 불시에인다。

漢江(한강)은 全然(전연) 손을 댄일이없는
生生(생생)한 한幅(폭)의原稿紙(원고지)。

나는 나의觀衆(관중) —— 구름들을위하야
그우에 나의詩(시)를쓴다。

히롱하는 交錯線(교착선)의 모-든角度(각도)와曲線(곡선)에서 피여나는藝術(예술)
記號(기호)우를 規則(규칙)에억매여걸어가는
時計(시계)의 忠實(충실)을 나는모른다。

時間(시간)의軌道(궤도)우를 미끄러저달리는 차라리
放蕩(방탕)한運命(운명)이다。나는……

나의발바닥밑의
太陽(태양)의느림을 비웃는 두칼날……··

나는얼음판우에서
全(전)혀奔放(분방)한 한速度(속도)의 騎士(기사)다。

(『태양의 풍속』 113-15)
(『신동아』 4.3. 1934. 03. 01. 168-69쪽)

아스팔트

「아스팔트」우에는
四月(4월)의 夕陽(석양)이 조렵고

잎사귀를 붙이지 아니한 街路樹(가로수)밑에서는
午後(오후)가 손질한다。

소리없는 고무바퀴를신은 自働車(자동차)의아기들이
분주히 지나간뒤

너의마음은
憂鬱(우울)한 海底(해저)

너의가슴은
구름들의 疲困(피곤)한그림자들이 때때로 쉬려오는 灰色(회색)의잔디밭。

바다를꿈꾸는 바람의嘆息(탄식)을 들으려나오는 沈默(침묵)한 行人(행인)들을위하야
작은「아스팔트」의거리는
地平線(지평선)의 숭내를낸다。

(『태양의 풍속』 157-58)

(『중앙』 2.5. 1934. 05. 01. 130쪽)

호텔

土曜日(토요일)의 午後(오후)면은……

사람들은
수없는나라의 이야기들을 담뿍꾸겨넣은 「가방」을 드리우고 달려듭니다.
太陽(태양)을 투겨올리는 印度洋(인도양)의 고래의등이며
船長(선장)을 잡아먹은 食人種(식인종)의이야기며
喇嘛教(라마교)의 부처님의 찡그린얼굴이며………

三層(3 층)으로 탈려진[1]
黑檀(흑단)의 층층계는
두께를 젝겨놓은 「그란드·오르간」
「아쁘리카」의 「헝가리아」의 「스페인」의 노래를 타며올라가는
「니그로」의발굼치 「무슈」의 발굼치 「칼멘」의 발굼치………

單語(단어)의 거품을 비앗으며
照明(조명)의노을속을 헤염처가는
女子(여자)의치마 짜락에서는
바다의 냄새가 납니다。

食堂(식당)………
「샨데리아」의 噴水(분수)밑에
사람들은 제각기
수없는 나라의 記憶(기억)으로짠
鄕愁(향수)의 비단폭을 펴놓습니다。

「테불」우에 늘어놓는
國語(국어)와 國語(국어)와 國語(국어)와 國語(국어)의
展覽會(전람회)

수염이없는 입들이
(

「뿌라질」의 「커피」잔에서
푸른水蒸氣(수증기)에젖은
地中海(지중해)의 하늘빛을 마십니다。

힌옷을입은 힌[2]「뽀이」는
國籍(국적)의 빛갈을 보여서는 아니되는
漂白(표백)된 힌「뽀이」가 아니면아니됩니다。

여기서는 「가방」들이
때때로는 市長(시장)[3]보다도 훨신
歡待(환대)를받는 風俗(풍속)이 있습니다。

午後(오후)아홉時(시)면········

二層(2 층)과三層(3 층)의 덧문들은
밖앗의 물결소리가 시끄럽다는듯이
발깍 발깍 닫겨집니다。
그러면「호텔」은 검은煙氣(연기)를 吐(토)하면서 움직이기시작합니다。

밤의航海(항해)의 出發(출발)信號(신호)········
힌꿈의 비닭이들은 寢室(침실)[4]로부터
世界(세계)의 모-든구석으로 向(향)하야 날어갑니다。
배가 아침의埠頭(부두)에 또다시닿기까지········

(『태양의 풍속』 123-27)
(『신동아』 4.5. 1934. 05. 01. 176-77쪽)

風俗(풍속) [I][1)]

바다에게 쫒겨가는거리。
바람이 빨고간 거츠른 風景(풍경)속에 느러서는
아무일도 생각지않는 겨으른 힌壁(벽)。

神祕(신비)로운 寒帶(한대)의 戒命(계명)을
드디여 깨트리고
窓(창)들은 淫奔(음분)한입을 버리고말었다
五月(5월)의바다로 향하야……‥

붉은 머리수건을 둘른
白系露人(백계로인)의 女子(여자)의다리가
놀랜 派守兵(파수병)의 視野(시야)를 함부로 가로건넌다。

바다는 끝없는 푸른벌판
멀리 그저 멀리 떠나가려는 煩惱(번뇌)때문에
진정치못하는 汽船(기선)들을 붙잡고있는
埠頭(부두)의 倫理(윤리)를 슬퍼하는듯이
우뚝솟은 힌 稅關(세관)의建物(건물)이
바다의물결소리에 귀를 기우린다。

(『태양의 풍속』 140-41)

(『조선일보』 1934. 05. 13. 조간, 특간 3면: 「풍속: 근작 시(1)」)

섬

흰모래불에 담긴
살진바다의 푸른가슴에
억매인 섬 두어개。

西(서)편으로 기우러저
山脈(산맥)에의意志(의지)를 드디여버리지못하는
鄕愁(향수)의化石(화석)
두어개。

나라가 먼 沙工(사공)들이 배를끌고
때때로 쌓인한숨을 버리려옵니다。

(『태양의 풍속』 153)
(『조선일보』 1934. 05. 13. 조간, 특간 3면: 「풍속: 근작 시(1)」)

먼들에서는

배아미처럼 굼틀거리는 水平線(수평선)그넘어서는
季節(계절)이 봄을 준비하고있다고
바람이물결을 타고 지나가면서
항용중얼거리는 그 들에서는……

山脈(산맥)의 파랑치마짜락에
알롱 달롱한 五色(5색)의「레-쓰」를 수놓는꽃사이에서
순이와나도 붉게피는 꽃떨기 한쌍이였다。

山(산)빨을 넘어오는 季節(계절)의발밑에 깔리는것을
두리지않는 당돌한 두얼굴은
처음으로 금빛웃음을 배웠다。그 들에서………。
유리의斷面(단면)을 녹아나리는
해볕의 이슬을 담북둘러쓰고서………。

(『태양의 풍속』 60-61)

(『조선일보』 1934. 05. 13. 조간, 특간 3면: 「풍속: 근작 시(1)」)

五月(5월)

늙은城壁(성벽)의 검은빰을 후려갈기는 힌똥。

비닭이는 날어갔다。

푸른水蒸氣(수증기)의수풀의 誘惑(유혹)을
드디여 이기지못하는 작은機關車(기관차)。

(『태양의 풍속』 139)
(『조선일보』 1934. 05. 16. 조간, 특간 2면: 「5월, 근작 시(3)」)

商工運動會(상공운동회)

愉快(유쾌)한 奏樂(주악)을 앞세우고
서슬좋은 假裝行列(가장행렬)이 떨며간다……‥

「씨-자」의 투구를쓴商會(상회)
粉(분)칠한 丸藥(환약)의女神(여신)
붉게
푸르게
變(변)하는 行列(행렬)의表情(표정)

敬意(경의)를 表(표)하기위하야 멈춰서는 푸른電車(전차)의禮儀(예의)。
舖道(포도)를 휘덮는 시드른얼굴들을 물리치면서
건방진 行列(행렬)이
凱旋將軍(개선장군)을뽑낸다。

　　뭇솔리니, 뷔지니, 쇼바니, 제르미니
　　루-즈벨트, 벨트, 벨탕, 슈-베르트
　　힐트, 힘멘쓰, 히스트, 히틀러
　　그게 모도다
　　우리의무리의
　　동무다 동무다 동무다 동두다……‥

쉬-ㅅ
종용해라
누가 拜金宗(배금종)聖書(성서)의 第一章(제1장)을朗讀(낭독)한다
── 돈을좋아한다는것은 元來(원래)不道德(부도덕)하고는 關係(관계)가없느니라。
　　우리의世界(세계)에는 그림자라는것이 없는法(법)이니라。우리는 슬픔이라는 憂鬱(우울)한女子(여자)를 본일이없노라。그러니까 기쁨까지가 稀薄(희박)한 透明體(투명체)에 지나지않느니라 ──

主婦(주부)[1]들은 그들의집을
(

잠을쇠나 좀도적이나 늙은이나 어멈이나 고양이나 掛鍾(괘종)에 맡기고는
奬忠壇(장충단)[2]으로 뛰여나온다。기여나온다。밀려나온다。

이윽고 號角(호각)소리·······
自轉車(자전차)가 달린다。選手(선수)가달린다。그러나 나종에는 商標(상표)만달린다。

움직이는 商業展(상업전)의 會場(회장)우에서
壓倒(압도)된 머리가 느러선다。주저한다。決心(결심)한다。
『이會社(회사)가좀더 加速度的(가속도적)인걸』
『아니 저商會(상회)가 더빨은걸』
『요담의 廣木(광목)은 저집에가 사야겠군』

살어있는「짜라투-스트라」의
山上(산상)의嘆息(탄식)
—— 그들은 사람의心臟(심장)에서 피를몰아내고 그자리에
아침潮水(조수)의 자랑과 밤의한숨을 모르는灰色(회색)建築(건축)을 세우는데
成功(성공)했다 ——

뿌라보 —— 뿌라보 ——
工場(공장)과 商店(상점)의 굳은握手(악수)
뿌라보 —— 뿌라보 ——
핫 핫 핫 핫·······

(『태양의 풍속』 185-89)
(『조선일보』 1934. 05. 16. 조간, 특간 2면:「상공운동회, 근작 시(3)」)

旅行(여행)

七月(7월)은
冒險(모험)을즐기는 아이들로부터
故鄉(고향)을 빼앗었다。

우리는世界(세계)의市民(시민)
世界(세계)는 우리들의「올리피아-드」

시컴언 鐵橋(철교)의 엉크린 嫉妬(질투)을 비웃으며 달리는 障害物競走(장해물경주)選手(선수)들
汽車(기차)가달린다。國際列車(국제열차)가 달린다。展望車(전망차)가달린다………

海洋(해양)横斷(횡단)의 定期船(정기선)들은 港口(항구)마다
푸른旗(기)빨을 물고「마라쏜」을떠난다………

럭키。히말라야。알프스。
山脈(산맥)을 날어넘은 旅客機(여객기)들은 어린傳書鳩(전서구)

馬來群島(마래군도)는
土人(토인)들의 競走用(경주용)獨木舟(캐누-)(독목주)다。

새끼를 호주머니에 감추고
汽笛(기적)을 피해가는「캉가루」는
「오-스튜레일리아」의 수접은家族主義者(가족주의자)。
흥 너희들은 羊毛(양모)를팔어서
英國製(영국제)食器(식기)의이름을 부르기위하야
비싼英語(영어)를 삿고나。

자 —— 아메리카도 시끄럽다
女子(여자)의웃음소리와 주머니의돈소리가 귀를부신다。

어느새 沙漠(사막)과要塞(요새)들사이에 씨피는
여즈러진 푸른眞珠(진주) —— 可憐(가련)한地中海(지중해)다。

런돈。뉴욕。파리。푸라-그。뿌다페스트。
東方(동방)의거리 콘스탄티노-풀
回敎徒(회교도)
亞米利加(아미리가)領事舘(영사관)
聖(성)페이트로의 뾰죽집은 구름을찌른다。
(마리아는 높은데게시단다。아-멘)

자 —— 짐은 호텔에⋯⋯
사랑은 바다까에⋯⋯

季節(계절)의愛撫(애무)에 살진섬들은
푸른바다에서 머리감는 仙女(선녀)들。

요-트의 돛은 英蘭銀行(영란은행)의支配人(지배인)의배다。
麥稿帽子(맥고모자)[1]를 붙잡는손。차던지는저고리。

에이 시온은 멀지않다。
예루살렘은 讚美(찬미)를타는 커-다란손風琴(풍금)。

시온으로가자。
그리고 시온을떠나자
우리에게는 永久(영구)한시온은없다。

(『태양의 풍속』 116-20)
(『중앙』 2.7. 1934. 07. 01. 130-31쪽)

七月(7월)의[아가씨][1)]

아가씨들이 갑자기 魚族(어족)의一家(일가)인것을 느끼는七月(7월)。

초록문장의海底(해저)에서 아가씨의꿈은
붉은미역 힌물결의 테-프에 감기오。

魚族(어족)들의 고향에서는 푸른유리창의 斷面(단면)을갈르고
뛰여나오는 물결의 힌이빨이 갈매기의 翡翠(비취)빛 날개를 깨무오。

떨리는 鐵路(철로)는 바다로끌리는 아가씨의 鄕愁(향수)의方向(방향)。
驛夫(역부)의가위는 오늘도「元山(원산)」을수없이 잘렀소。

아가씨의등에서 지느러미가 자라나는七月(7월)。
아가씨들은 갑자기 地圖(지도)의 忠實(충실)한讀者(독자)가되오。

(『태양의 풍속』 151-152)

(『조선일보』 1934. 08. 02. 조간, 특간 2면: 「7월의 아기씨」)

航海(항해)

八月(팔월)의햇볕은 白金(백금)의비누방울。
水平(수평)에넘처 흐늑이는 黃海(황해)의등덜미에서 그것을 투겨올리는 푸른비눌쪼각, 힌비눌쪼각。
젓빛 구름의「스카-트」가 淫奔(음분)한 바다의허리를 둘렀다。

傲慢(오만)한海洋(해양)의 가슴을 갈르는 뱃머리는
바다를 嫉妬(질투)하는 나의칼날이다。
제껴지는 물결의힌살덩이。쏟아지는 힌피의 奔流(분류)。

내눈초리보다도 높지못한먼돛
그돛보다도 더 높지못한水平線(수평선)
검은섬이 달려온다。누른섬이 달려간다。
함뿍 바람을드리켠 붉은돛이 미끄러진다。

나의가슴에 감겼다 풀리는 바람의「테-프」。
低氣壓(저기압)은 벌서 北漢山(북한산)의 저편에 ——
熱帶(열대)의심술쟁이 颱風(태풍)은 赤道(적도)에서 코고나보다。

「마스트」에 춤추는 빨간旗(기)빨은 一直線(일직선)
우리들의 航海(항해)의方向(방향)。
港口(항구)도벌서 부푸러오르는潮水(조수)의 저편에꺼저버렸다。

바람은 羅紗(나사)와같이 빛나고
햇볕은 부스러떨어지는 雲母(운모)가루。

키를 돌리지말어라。
海圖(해도)는 옹색한 休暇(휴가)證明書(증명서)。
뱃머리는 언제든지 西南(서남)의中間(중간)에 들어라。[1)]

(『태양의 풍속』 164-66)
(『조선일보』 1934. 08. 15. 석간. 3면)

咸鏡線(함경선)五百(5백)킬로旅行(여행)風景(풍경)

序詩(서시) [I]

世界(세계)는
나의學校(학교)。
旅行(여행)이라는 課程(과정)에서
나는 수없는 신기로운일을배우는
유쾌한 小學生(소학생)이다。

(『태양의 풍속』 77)

(『조선일보』 1934. 09. 19. 석간 3면: 「여행 풍경: 함경선 5백 킬로 즉흥시 행각 (상): 서시 [I]」)

待合室(대합실) [I]

待合室(대합실)은 언제든지 「튜-립」처럼 밝고나。
누구나 거기서는 旗(기)빨처럼
出發(출발)의히망을 가지고있다。

(『태양의 풍속』 78)

(『조선일보』 1934. 09. 19. 석간 3면: 「여행 풍경: 함경선 5백 킬로 즉흥시 행각 (상): 대합실 [I]」)

海水浴場(해수욕장)

캐베지와같이 아침이슬에 젖어쓸어진
삐-취 파라솔。

五色(5색)의人魚(인어)들은 어린魚族(어족)들의 種族(종족)。
지느러미와같은 치마짜락이
함북 바다바람을물고 볼[1]을타더니……·

九月(9월)이 거리에서 분주히 그들을 불러간뒤
허-연 호텔은 줄이끊어진 기타 ── 。
겨으른힌구름이 빨간집웅우으로 낮잠을 자러온다。

지금 바다는 오래간만에 그의靜寂(정적)을 回復(회복)하야
오늘은 갈매기의날개를 어루만지는 오래인늙은이다。

(『태양의 풍속』 149-50)

(『조선일보』 1934. 09. 19. 석간. 3면: 「여행 풍경: 함경선 5백 킬로 즉흥시 행각 (상): 해수욕장」)

[食堂車(식당차)][1)]

힌테-불보작이。
健康(건강)치못한 花盆(화분)곁에 나란히선
주둥아리빼여든 「알미늄」주전자는
고개를 꺼덕꺼덕흔들적마다
廢馬(폐마)와같이 월각절각 소리를낸다。
나는鐵道(철도)의 「마-크」를부친 茶盞(찻잔)의두터운입술기에서
咸鏡線(함경선)五百(5백)킬로의 살진風景(풍경)을마신다。

(『태양의 풍속』 79)

(『조선일보』 1934. 09. 19. 석간. 3면: 「여행 풍경: 함경선 5백 킬로 즉흥시 행각 (상): 함경선」)

마을

수수밭속에 머리숙으린
겸손한오막사리 재빛집웅우를
푸른박덩쿨이 기여올라갔고
엉크린박덩쿨을 나리밟고서
허-연박꽃들이 거만하게
아침을웃는마을。

(『태양의 풍속』 80)

(『조선일보』 1934. 09. 19. 석간. 3면: 「여행 풍경: 함경선 5백 킬로 즉흥시 행각 (상): 마을」)

風俗(풍속) [II][1)]

海邊(해변)에서는 女子(여자)들은 될수있는대로
故鄕(고향)의냄새를 잊어버리려한다。
먼 —— 外國(외국)에서온것처럼 모다
동딴몸짓을 꾸며보인다。

(『태양의 풍속』 81)

(『조선일보』 1934. 09. 19. 석간. 3면: 「여행 풍경: 함경선 5백 킬로 즉흥시 행각 (상): 풍속」)

咸興平野(함흥평야)

밤마다
서울서듣던汽笛(기적)소리는
獅子(사자)의울음소리같드니
아득한들이 푸른깃을
힌구름의 품속에 감추는곳에서는
汽車(기차)는
기러기와같이 조고마한
나그내고나。

(『태양의 풍속』 82)

(『조선일보』 1934. 09. 19. 석간. 3권: 「여행 풍경: 함경선 5백 킬로 즉흥시 행각 (상): 함흥평야」)

牧場(목장)

뿔이한치만한 山羊(산양)의새끼
힌수염은 붙였으나
아기네처럼 부끄러워서
옴쑥한 풀포기밑에 달려가숨습니다。

(『태양의 풍속』 83)
(『조선일보』 1934. 09. 20. 석간. 3면: 「여행 풍경: 함경선 5백 킬로 즉흥시 행각 (상): 숨바꼭질」)

東海(동해)

울룩 불룩 기운찬 검은山脈(산맥)이 팔을버려
한아름 둥근 바다를 안어드린곳。
섬들은 햇볕에 검은등을 쪼이고있고
고깃배들은 돛을걷우고
푸른寢牀(침상)에서 航海(항해)를 잊어버리고조을고있구료。

부디 달리는汽車(기차)여 숨소리를 죽이렴으나。
조으는 바위를 건드리는 수접은힌물결이
놀라서 다라나면 어떻거니?

멱을따는아가씨 제발 이맑은물에 손을적시지말어요。
행여나 어린소라들이 코를찡기고
모래를파고 숨어버릴가보오。

오늘밤은 車(차)에서나려 저숲에숨어서
별들이나려와서 목욕하는것을
가만히 도적해볼가。

(『태양의 풍속』 84-85)

(『조선일보』 1934. 09. 20. 석간. 3면: 「여행 풍경: 함경선 5백 킬로 즉흥시 행각 (중): 동해」)

東海水(동해수)

순이……··
우리들의 힌손수건을
저푸른물에 새파랗게 물드립시다。
돌아가서 설합에 접어두고서
純潔(순결)[1]이라 부릅시다。

(『태양의 풍속』 86)

(『조선일보』 1934. 09. 20. 석간. 3면: 「여행 풍경: 함경선 5백 킬로 즉흥시 행각 (중): 동해수」)

벼룩이

너는 진정 호랑이의 가죽을썼고나。
나의寢牀(침상)을 獅子(사자)와같이 넘노는너의다리는
曠野(광야)의威風(위풍)을 닮었고나。

어둠속에서짓는 사람의죄우에 너털웃음을웃는너。
너는 사람의 고집은心臟(심장)에서
더러운피를 주저없이 빨어먹으렴으나。

(『태양의 풍속』 87)

(『조선일보』 1934. 09. 21. 석간. 3면: 「여행 풍경: 함경선 5백 킬로 즉흥시 행각 (하): 벼룩이」)

바위

陸地(육지)로 향하야 업드려저서
물결의 흰채찍에
말없이 등을얻어맞는
늙은바위。

(『태양의 풍속』 88)
(『조선일보』 1934. 09. 21. 석간. 3면: 「여행 풍경: 함경선 5백 킬로 즉흥시 행각 (하): 바위」)

물

물은 될수있는대로
힌돌이 펴저있는곳을 가려서 걸어댕깁니다。
조이밭속에서 그소리를엿듣는
팔이 부러진 허수아비는
여기서는 오직한사람의 詩人(시인)이외다。

(『태양의 풍속』 89)

(『조선일보』 1934. 09. 21. 석간. 3면: 「여행 풍경: 함경선 5백 킬로 즉흥시 행각 (하): 물」)

따리아

眞紅(진홍)빛 꽃을심거서
南(남)으로타는 鄕愁(향수)를 길으는
國境(국경)가까운 停車塲(정차장)들。

(『태양의 풍속』 90)
(『조선일보』 1934. 09. 21. 석간. 3면: 「여행 풍경: 함경선 5백 킬로 즉흥시 행각 (하): 따리아」)

山村(산촌)

모-든것이 마을을 사랑한담네。
참아 嶺(령)을 넘지못하고
山(산)허리에서 멍서리는
힌
아침연기。

(『태양의 풍속』 91)

(『조선일보』 1934. 09. 21. 석간. 3면: 「여행 풍경: 함경선 5백 킬로 즉흥시 행각 (하): 산촌」)

2, 길에서
(濟物浦(제물포)風景(풍경))

汽車(기차) [II]

모닥불의 붉음을
죽음보다도 더사랑하는 금벌레처럼
汽車(기차)는
노을이타는 서쪽하늘밑으로 빨려갑니다。

(『태양의 풍속』 69)
(『중앙』 2.10. 1934. 10. 01. 130쪽: 「해변 시집: 1. 기차」)

仁川驛(인천역)

「메이드·인·아메-리카」의
성냥개비나
사공의「포케트」에 있는까닭에
바다의 비린내를 다물었습니다。

(『태양의 풍속』 70)

(『중앙』 2.10. 1934. 10. 01. 130쪽: 「해변 시집: 2. 정차장」)

潮水(조수)

오후두時(시)·······
머언바다의 잔디밭에서
바람은 갑자기 잠을깨여서는
쉬파람을 불며 불며
검은潮水(조수)의 떼를 몰아가지고
港口(항구)로 돌아옵니다。

(『태양의 풍속』 71)
(『중앙』 2.10. 1934. 10. 01. 130쪽: 「해변 시집: 3. 조수」)

孤獨(고독)

푸른 모래밭에 자빠저서
나는 물개와같이 完全(완전)히외롭다。
이마를 어르만지는 찬달빛의恩惠(은혜)조차
오히려 화가난다。

(『태양의 풍속』 72)

(『중앙』 2.10. 1934. 10. 01. 130쪽: 「해변 시집: 4. 고독」)

異邦人(이방인)

낯익은 강아지처럼
발등을핥는 바다바람의 혀빠닥이
말할수없이 사롭건만
나는 이港口(항구)에 한벗도 한親戚(친척)도 불룩한지갑도 戶籍(호적)도없는
거북이와같이 징글한 한異邦人(이방인)이다。

(『태양의 풍속』 73)
(『중앙』 2.10. 1934. 10. 01. 130쪽: 「해변 시집: 5. 에트랑제 (이방인)」)

밤港口(항구)

부끄럼많은 寶石(보석)장사아가씨
어둠속에 숨어서야
루비 싸파이어 에메랄드………
그의寶石(보석)바구니를 살그머니뒤집니다。

(『태양의 풍속』 74)

(『중앙』 2.10. 1934. 10. 01. 130쪽: 「해변 시집: 6. 밤 항구」)

破船(파선)

달이있고 港口(항구)에 불빛이멀고
築臺(축대)허리에 물결소리 점잖건만
나는도무지 詩人(시인)의흉내를 낼수도없고
「빠이론」과같이 짖을수도없고
갈메기와같이 슬퍼질수는 더욱없어
傷(상)한바위틈에 破船(파선)과같이 慘憺(참담)하다
차라리 露店(노점)에서 林檎(임금)을사서
와락와락 껍질을 벗긴다。

(『태양의 풍속』 75)

(『중앙』 2.10. 1934. 10. 01. 130쪽: 「해변 시집: 7. 파선」)

待合室(대합실) [II]

仁川驛(인천역)待合室(대합실)의 조려운「벤취」에서
막차를 기다리는 손님은저마다
해오라비와같이 깨끗하오。
거리에 돌아가서 또다시 人間(인간)의때가묻을때까지
너는 물고기처럼 純潔(순결)하게 이밤을자거라。

(『태양의 풍속』 76)

(『중앙』 2.10. 1934. 10. 01. 130쪽:「해변 시집: 8. 대합실 [II]」)

鄕愁(향수)

나의 故鄕(고향)은
저山(산)넘어 또 저구름밖
아라사의 소문이 자조들리는곳。

나는 문득
街路樹(가로수)스치는 저녁바람 소리속에서
여엄 —— 염 송아지부르는 소리를듣고 멈춰선다。

(『태양의 풍속』 47)
(『조선일보』 1934. 10. 16. 석간. 4면)

가을의 누의

누의[1]야 너는 오늘은 무었을 하고있니? 江(강)가의 수수밭에서 가마귀들이 숫거매기[2]처름 흐터지는것을 먼하니 바라보고있니? 겨울이 허둥지둥 江面(강면)으로 썰매를 타고 오기전에 그들의 기름진 슬품을 묻을데를 찾어서 山(산)모록 수풀로 날러가는것을 바래보내고있니? 가마귀 검은 얼골은 겨울을 부끄러워한다드라。
네가 귀를 기우리고있는것은 成長(성장)이 멈춰선 늙은 들의 분주한 破産(파산)整理人(정리인)인 가을의 발자취를 엿듯고 있음이냐? 먼길이 끝난곳에서 매암이 찌르럭이 반디불 꿔뜨라미……來日(내일)을 가지지못한 나그내의 한떼가 그들의 葬禮(장례)에 대한 이야기를 하는것을 웃고있는것이냐?
지금 가을은 柘榴(자류)알 날랜 주동아리에 담북 깨물려서 붉게 피돋아 아프다。또 가을바람이 우리들의 이마의 주름살을 헤이려 들을 건너온다。누의야 이 들을 책망하자。들아 너는 完城(완성)의 설음이 오기전에 언제까지든 나와함께 여름처름 젊고있자던 약속을 저버렸니?
누의야 설거지가 끝이나거든 저 白楊(백양)버들밑으로 나가자。거기 가난한 개천에 업디여서 늙은 할아버지처름 슲어하는 가을에게 『잘가거라』를 일러주려……도라와서 병자처럼 이 쓸어진 굴둑을 손질하자。그러고 잊어버렸던 검은 화독에 붉은 불을 피우고 긴 航海(항해)의 이야기와같은 겨울을 기다리자。

(『바다와 육체』 67-68)

(『중앙』 2.11. 1934. 11. 01. 126쪽: 「가을의 누나」)

첫사랑

네모진冊床(책상)。
힌壁(벽)우에 삐뚜러진 「쎄잔느」한幅(폭)。

낡은「페-지」를 뒤적이는 힌손가락에 부대처갑자기 숨을쉬는 시드른 海棠花(해당화)。
蒸發(증발)한 香氣(향기)의湖水(호수)。
(바다까에서)
붉은웃음은 두사람의작난을 바라보았다。

힌希望(희망)의 힌化石(화석) 힌憧憬(동경)의 힌骸骨(해골) 힌苦待(고대)의 힌「미이라」
쓴 바다바람에 빨리우는 山上(산상)의燈臺(등대)를 비웃던 두눈과두눈은
둥근바다를 미끄러저가는 汽船(기선)들의出航(출항)을 전송했다。

오늘
어두운 나의마음의바다에
힌 燈臺(등대)를 남기고간
—— 불을켠손아
—— 불을끈입김아

갑자기 窓(창)살을 흔드는 버리떼의汽笛(기적)。
배를태여 바다로 흘려보낸 꿈이 또돌아오나보다。

나는 그를 맞이할 준비를해야지。
속삭임이 발려있는 時計(시계)딱지

多辯(다변)에지치인 萬年筆(만년필)
때묻은 地圖(지도)들을
나는 나의記憶(기억)의 힌「테불크로쓰」우에 펴놓는다。
흥
(

인제는 도망해야지。

란아 ——
내가 돌아올때까지
房(방)을 좀 치어놓아라。

(『태양의 풍속』 48-50)
(『개벽』 신간 1. 1934. 11. 01. 30-31쪽)

氣象圖(기상도, 1936)

世界(세계)의아츰

비늘
돛인
海峽(해협)은
배암의잔등
처럼 살아낫고
아롱진 『아라비아』의 衣裳(의상)을 둘른 젊은 山脈(산맥)들。

바람은 바다ㅅ가에 『사라센』의 비단幅(폭)처럼 미끄러웁고
傲慢(오만)한風景(풍경)은 바로 午前(오전)七時(7시)의絕頂(절정)에 가로누엇다。

헐덕이는 들우에
늙은香水(향수)를 뿌리는
敎堂(교당)의 녹쓰른 鍾(종)소리。
송아지들은 들로 돌아가렴으나。
아가씨는 바다에밀려가는 輪船(윤선)을 오늘도바래보냇다。

國境(국경)가까운 停車場(정차장)。
車掌(차장)의 信號(신호)를 재촉하며
발을 굴르는 國際列車(국제열차)。
車窓(차창)마다
『잘있거라』를 삼키고느껴서우는
마님들의 이즈러진 얼골들。
旅客機(여객기)들은 大陸(대륙)의空中(공중)에서 띠끌처럼흐터젓다。

本國(본국)에서오는 長距離(장거리)『라디오』의 效果(효과)를 實驗(실험)하기위하야
『쥬네브』로 旅行(여행)하는 紳士(신사)의家族(가족)들。
『샴판』。甲板(갑판)。『安寧(안녕)히가세요』。『단여오리다』。
船夫(선부)들은 그들의嘆息(탄식)을 汽笛(기적)에게맡기고

자리로 돌아간다。

埠頭(부두)에달려 팔락이는 五色(5색)의 『테잎』。
그女子(여자)의 머리의 五色(5색)의 『리본』。

傳書鳩(전서구)들은
船室(선실)의집웅에서
首都(수도)로 向(향)하야 떠낫다。
……『스마트라』의東(동)쪽。…5·『킬로』의海上(해상)……一行(일행) 感氣(감기)도없다。
赤道(적도) 가까웁다。……20日(일)午前(오전)열時(시)。……

(『기상도』 1936. 07. 08. 01-02쪽)
(『중앙』 3.5. 1935. 05. 01. 104-05쪽: 「기상도 1: 1. 세계의 아침」)
(『기상도』 1948. 09. 20. 06-11쪽: 「세계의 아침」)

市民(시민)行列(행렬)

『넥타이』를한 힌食人種(식인종)은
『니그로』의料理(요리)가 七面鳥(칠면조)보다도 좋답니다。
살갈을 히게하는 검은고기의偉力(위력)。
醫師(의사)『콜베-르』氏(씨)의 處方(처방)입니다。
『헬메트』를쓴 避暑客(피서객)들은
亂雜(난잡)한 戰爭競技(전쟁경기)에 熱中(열중)햇습니다。
슯은獨唱家(독창가)인 審判(심판)의號角(호각)소리。
너무 興奮(흥분)하엿슴으로
內服(내복)만입은『빠씨스트』。
그러나 伊太利(이태리)에서는
泄瀉劑(설사제)는 일체 禁物(금물)이랍니다。
畢竟(필경) 洋服(양복)입는法(법)을 배워낸 宋美齡(쑹메이링(송미령))女史(여사)。
『아메리카』에서는
女子(여자)들은 모두海水浴(해수욕)을 갓스므로
빈집에서는 望鄕歌(망향가)를 불으는『니그로』와 생쥐가 둘도없는동무가 되엇습니다。
巴里(파리)의 男便(남편)들은 오늘도 차라리 自殺(자살)의衛生(위생)에 對(대)하야 생각하여야하고
옆집의 수만이는 석달만에야
아침부터 支配人(지배인)영감의 自動車(자동차)를 불으는 지리한職業(직업)에 就職(취직)하엿고
獨裁者(독재자)는 冊床(책상)을 따리며 오직
『斷然(단연)히 —— 斷然(단연)히』 힌개[1]의副詞(부사)만發音(발음)하면 그만입니다。
東洋(동양)의안해들은 사철을 不滿(불만)이니까
배추장사가 그들의 군소리를 담어가려오기를 어떻게 기다리는지몰릅니다。
公園(공원)은 首相(수상)『막도날드』가 世界(세계)에자랑하는
如前(여전)히 失業者(실업자)를위한 國家的(국가적)施設(시설)이되엇습니다。
敎徒(교도)들은 언제던지 치일수잇도록
가장簡便(간편)한곳에 聖經(성경)을 언저두엇습니다。
(

祈禱(기도)는 罪(죄)를지을수잇는 口實(구실)이 되엇습니다。
『감사합니다。
아-멘』
『감사합니다。 마님 한푼만 적선하세요。
내얼골이 요로케 이즈러진것도
내팔이이렇게부러진것도
마님과니말이지 내어머니의죄는 아니랍니다』
『쉿! 無名戰士(무명전사)의 記念祭(기념제)行列(행렬)이다』
뚜걱 뚜걱 뚜걱…………

(『기상도』 1936. 07. 08. 03-04쪽)
(『중앙』 3.5. 1935. 05. 01. 105쪽: 「기상도 1: 1. 시민 행렬」)
(『기상도』 1948. 09. 20. 13-17쪽)

颱風(태풍)의起寢(기침)時間(시간)

『바기오』의東(동)쪽
北緯(북위)十五度(15도)。

푸른바다의 寢床(침상)에서
힌물결의 이불을 차덙이고
내리쏘는 太陽(태양)의 金(금)빛화살에 얼골을 어더맞어서
南海(남해)의 늦잠재기 赤道(적도)의 심술쟁이
颱風(태풍)이 눈을떳다。
鰐魚(악어)의 싸홈동무。
돌아올줄 몰르는 長距離選手(장거리선수)。
和蘭(화란)船長(선장)의 붉은수염이 아무래도 싫다는
따꼽쟁이。
휘둘르는 검은모락에
찢기어 흐터지는 구름빨。
거츠른 숨소리에 소름치는
魚族(어족)들。
海灣(해만)을찾어숨어드는 물결의떼。
황망히 바다의장판을 구르며달른
비ㅅ발의 굵은다리。

『바시』의 어구에서 그는문득
바위에 걸터앉어 머리수그린
헐벗고 늙은 한 沙工(사공)과 마주첫다。
흥 『옛날에 옛날에 破船(파선)한沙工(사공)』인가봐。
結婚式(결혼식)손님이 없어서 저런게지。
『오 빠우스트』
『어디를덤비고가나』
『응 北(북)으로』
(

『또 성이낫나?』
『난 잠잘고 잇슬수가없어。[자넨][1] 또 무엇땜에 예까지왓나?』
『괴테를 찾어단이네』
『괴테는 자네를 내버리지않엇나?』
『하지만 그는 내게 [생각하라고만][2] 가르켜주엇지
行動(행동)할줄은 가르켜주지않엇다네。
나는지금 그게 가지고싶으네』
흠 막난이 뗘우스트。
흠 막난이 뗘우스트。

中央氣象臺(중앙기상대)의 技師(기사)의손은
世界(세계)의 一千五百餘(1천 5백여)구석의 支所(지소)에서오는
電波(전파)를 번역하기에 분주하다。

(第一報(제1보))

低氣壓(저기압)의 中心(중심)은
『발칸』의東北(동북)
또는
南米(남미)의 高原(고원)에 있어서
690밀리
때때로
적은 비 뒤에
큰 비。
바람은
西北(서북)의方向(방향)으로
35米突(미돌(미터))。

(第二報(제2보)=暴風警報(폭풍경보))

猛烈(맹렬)한 颱風(태풍)이
南太平洋(남태평양)上(상)에서
일어나서

바야흐로
北進中(북진중)이다。
風雨(풍우)强(강)할것이다。
亞細亞(아세아)의 沿岸(연안)을 警戒(경계)한다。

한使命(사명)에로 編成(편성)된 短波(단파)·短波(단파)·長波(장파)·短波(단파)·長波(장파)·超短波(초단파)·모-든·電波(전파)의·動員(동원)·

(府(부)의揭示板(게시판))

『紳士(신사)들은 雨器(우기)[3]와 現金(현금)을 携帶(휴대)함이좋을것이다』

(『기상도』 1936. 07. 08. 05-08쪽)
(『중앙』 3.5. 1935. 05. 01. 105-07쪽: 「기상도 1: 2. 태풍의 기침」)
(『기상도』 1948. 09. 20. 19-26쪽: 「태풍의 기침 시간」)

자최

『大中華民國(대중화민국)의 繁榮(번영)을 위하야 ── 』
슯으게 떨리는 유리『컵』의 쇠ㅅ소리。
거륵한 『테-불』 보재기우에
펴놓는 歡談(환담)의물구비속에서
늙은王國(왕국)의 運命(운명)은 흔들리운다。
『솔로몬』의 使者(사자)처럼
빨간술을 빠는 자못 점잔은 입술들
색깜안 옷깃에서
쌩그시 웃는 힌薔薇(장미)
『大中華民國(대중화민국)의 分裂(분열)을위하야 ── 』

찢어지는 휘장의 저편에서
갑짝이 유리窓(창)이 투덜거린다……

『자려므나 자려므나
꽃속에누어서 별에게 안겨서 ── 』
萬國公園(만국공원)의 『라우드·스피-커』는
『쁘람-쓰』처럼 매우슯읍니다。
꽃은커녕 별도 없는『뻰취』에서는
꿈들이 바람에 흔들려 소스라처깨엇습니다。
『하이칼라』한 『쌘드윗취』의 꿈。
貪慾(탐욕)한 『삐-프스테잌』의 꿈
건방진 『햄·살라드』의 꿈。
비겁한 강낭죽의 꿈。
『나리사 내게는 꿈꾼죄밖에는 없읍니다。
食堂(식당)의 門前(문전)에는
천만에 천만에 간일이라곤 없읍니다』
『……………………』
(

『나리 저건 默示錄(묵시록)의騎士(기사)ㅂ니까?』

산빨이 소름 친다。
바다가 몸부림 친다。
휘청거리는 빌딩의 긴 허리。
비틀거리는 電柱(전주)의 미끈한다리。
旅客機(여객기)는 颱風(태풍)의 깃을피하야
成層圈(성층권)으로 소스라처 올라갓다。
痙攣(경련)하는 亞細亞(아세아)의 머리우에 흐터지는 電波(전파)의 噴水(분수)。噴水(분수)。
故國(고국)으로 몰려가는[1] 忠實(충실)한『에-텔』의 아들들。

國務卿(국무경)『양키 —— 』씨는 受話器(수화기)를내던이고
倉庫(창고)의 층층계를 굴러떨어진다。
실로 한목음의 『쏘-다』水(수)。
혹은 아모러치도 아니한 『이늠』소리와 바꾼 證券(증권)들우에서
붉은 수염이 쓰게 웃엇다。
(『워싱톤』은 가르치기를『正直(정직)하여라』)

十字架(십자가)를 높이 들고
動亂(동란)에 향하야 귀를 틀어막든
教會堂(교회당)에서는
『하느님이여 카나안으로 이르는길은
어느 불ㅅ길속으로 뚤렷습니까?』
祈禱(기도)의 중품에서 禮拜(예배)는 멈춰섯다。
아모도『아-멘』을 채 말하기전에
門(문)으로 門(문)으로 쏟아진다………

圖書舘(도서관)에서는
사람들은 걱꾸로서는 『쏘크라테쓰』를 拍手(박수)합니다。
生徒(생도)들은 『헤-겔』의 서투른 算術(산술)에 아주歎服(탄복)합니다。
어저께의同志(동지)를 江邊(강변)으로 보내기위하야
자못變化自在(변화자재)한 刑法(형법)上(상)의條件(조건)이 調査(조사)됩니다。
教授(교수)는 紙錢(지전)우에 印刷(인쇄)된 博士論文(박사논문)을 朗讀(낭독)합니다。

〉

『녹크도 없는 손님은 누구냐?』
『……………』
『대답이없는 놈은 누구냐?』
『……………………』
『禮儀(예의)는 지켜야 할것이다』

떨리는 租界線(조계선)에서
하도심심한 步哨(보초)는 한 佛蘭西(불란서)婦人(부인)을 멈춰세윗스나
어느새 그는 그女子(여자)의 『스카-트』밑에 있었습니다.
『베레』그늘에서 취한입술이 博愛主義者(박애주의자)의
우슴을 웃엇습니다.

硼酸(붕산)냄새에 얼빠진 花柳街(화류가)에는
賣藥會社(매약회사)의 廣告紙(광고지)들.
이지러진 『알미늄』대야.
담배집 倉庫(창고)에서
썩은 고무냄새가 焚香(분향)을 피운다.
집웅을 베끼운 [골목 어구]에서[2)]
쫒껴난 孔子(공자)님이 잉잉 울고섯다.

自働車(자동차)가 돌을차고 너머진다.
電車(전차)가 개울에 쓸어진다.
『빌딩』의 숲속
네거리의 골작에 몰켜든 검은 대가리들의 下水道(하수도).
멱처럼 허우적이는 가-느다란팔들.
救援(구원)대신에 虛空(허공)을 부짭는 지치인努力(노력).
흔들리우는 억개의 물결.

불自働車(자동차)의
날랜『싸이랜』의날이
선듯 무딘 動亂(동란)을 갈르고 지나갓다.
입마다 불낄을 뱉는[3)]
摩天樓(마천루)의 턱을 어르맍이는 噴水(분수)의 바알.

억깨가 떨어진 『말코보로』의 銅像(동상)이 혼자
네거리의 복판에 가로 서서
群衆(군중)을 號令(호령)하고 싶으나
목아지가 없읍니다。

『라디오·삐-큰』에 걸린
飛行機(비행기)의 부러진 죽지。
골작을 거꾸로 자빠저 흘으는 碑石(비석)의 瀑布(폭포)。

『召集令(소집령)도 끝나기전에 戶籍簿(호적부)를 어찌담』
『그보다도 必要(필요)한 納稅簿(납세부)』
『그보다도 俸給表(봉급표)를』
『그러치만 出勤簿(출근부)는 없어지는게좋아』

날마다 갈리는 公使(공사)의行列(행렬)
乘馬(승마)俱樂部(구락부)의 말발굽소리
『홀』에서 돌아오는 마지막 自働車(자동차)의 고무바퀴들
墨西哥(묵서가)行(행)의 『쿠리』들의 『투레기』
자못가벼운 두쌍의『키드』와『하이힐』
몇개의 世代(세대)가 뒤섞기어 밟고간 海岸(해안)의街道(가도)는
깨여진 벽돌쪼각과
부서진 유리쪼각에 어더맞어서
꼬부라저 자빠저 있다。

날마다 黃昏(황혼)이 채여주는
電燈(전등)의 勳章(훈장)을 번쩍이며
世紀(세기)의 밤중에 버티고 일어섯든
傲慢(오만)한 都市(도시)를 함부로 뒤저놓고
颱風(태풍)은 휘파람을 높이불며
黃河(황허(황하))의 江邊(강변)으로 비꼬며간다……

(『기상도』 1936. 07. 08. 09-14)

(『중앙』 3.7. 1935. 07. 01. 122-24쪽: 「기상도 2: 3. 만조로 향하여」)

(『기상도』 1948. 09. 20. 27-40쪽: 「자취」)

病(병)든風景(풍경)

보라빛 구름으로 선을둘른
灰色(회색)의 『칸바쓰』를 둥지고[1)]
꾸겨진 빨래처럼
바다는
山脈(산맥)의 突端(돌단)에 걸려 퍼덕인다。

삐뚤어진 城壁(성벽)우에
부러진 소나무하나……

지치인 바람은 지금
漂白(표백)된 風景(풍경)속을
썩은 嘆息(탄식)처럼
埠頭(부두)를 넘어서
찢어진바다의 치마자락을 걷우면서
化石(화석)된벼래의 뺨을 어르만지며
주린강아지 처럼 비틀거리며 지나간다。

바위틈에 엎디어
죽지를 들이운 물새한마리 ——
물결을 베고자는
꺼질줄 모르는 너의鄕愁(향수)。

짓밟혀 느러진 白沙場(백사장)우에
매맞어 검푸른 『빠나나』껍질하나
부프러올은 구두한짝을
물결이 차덙이고 도라갓다。
海灣(해만)은 또하나
슯은傳說(전설)을 삼켯나보다。

黃昏(황혼)이 잎여주는
灰色(회색)의 襚衣(수의)를 감고
물결은 바다가 타는 葬送曲(장송곡)에 마추어
病(병)든 하로의 臨終(임종)을 춘다…
섬을 부등켜안는
안타까운 팔。
바위를 차는 날랜 발길。
모래를 스치는 조심스런 발꼬락。
埠頭(부두)에 엎드려서
築臺(축대)를 어르많이는
간엷힌 손길。

붉은 香氣(향기)를 떨어버린
海棠花(해당화)의 섬에서는
참새들의 이야기도 꺼저 버렷고
먼 —— 燈臺(등대) 부근에는
등불도 별들도 피지 않엇다……

(『기상도』 1936. 07. 08. 15-17쪽)
(『중앙』 3.7. 1935. 07. 01. 124-25쪽: 「기상도 2: 4. 병든 풍경」)
(『기상도』 1948. 09. 20. 41-46쪽)

奇蹟(기적) (散文詩(산문시))

마지막 『버쓰』속에서는 여러가지 目的地(목적지)가 흔들리우면서 저마다 城(성)밖으로 나간다。乘客(승객)들은 아모러한 共通(공통)된 話題(화제)도 없는드시 對話(대화)의 興味(흥미)는 아주 잃어버렸다。

奇蹟(기적)은 일찌기 아마도 東方(동방)의 어느거리에서 시작되리라는 소문이 어대로부턴가 안개처름 흘러드러와서 興奮(흥분)하는 거리를 둘러쌋다。
『이스라엘』의 안해와 누의들은 다만 『예수』가 奇蹟(기적)을 행하였다는 소문때문에 『마리아』의 不貞(부정)을 용서하였다。
그날부터 수없는 七面鳥(칠면조)들은 얼골을 찡그리면서도 눈오는 밤에 주방으로 끌려 갈 밖에없었다。奇蹟(기적)을 위하여서는 우리도 작고 큰 所望(소망)의 병아리들을 屠殺場(도살장)으로 보내리라。이 고약한 어둠도 참으리랴……

지금 밤은 모-든 화려한 爆竹(폭죽)의 化粧(화장)과 우슴소리를 빨아버리고 街路樹(가로수) 그늘에서도 記念碑(기념비) 아래서도 奇蹟(기적)을 이야기하는 소리를 들을수가 없다。아모데서도 奇蹟(기적)을 맞는듯한 얼골을 맛날수가 없다。希望(희망)은 盲腸(맹장)처럼 사람들의 體內(체내)의 한 不隨意筋(불수의근)으로 굳어버렸다。

그러나 奇蹟(기적)은 역시 있어야 할것이다。우리들의 단조로운 日記(일기)를 놀래여주기위하야 그것은 대낮의 反抗(반항)에도 不拘(불구)하고 한울을 채우고도 넘치는 어둠처름 어느새 우리들의 옛거리로 왔어야 할것이다。어느 坑道(갱도)를 새여 기어오는 지도 몰은다。

날이 새기전에 우리는 東方(동방)의 거리로가서 거기서 奇蹟(기적)이 도적처름 와서 꿈을잃은 사람들을 우끼는것을 보고싶다。

奇蹟(기적)아 너는 시악씨처름 수집어만말고 대담하게 이 거리를 걸어 오너라。사람들은 집집마다 그들의 긴 고닯음과 슲음과 분노와 후회로짠 오래인 보료를 층게에 걸어놓고 너의 발자곡 소리를 기다릴것이다。奇蹟(기적)에 대한 소문이 또다시 湖水(호수)와같이 맥빠진거리를 휩쌀것이다。

(『바다와 육체』 1948. 12. 25. 75-77)
(『삼천리』 7. 8. 1935. 09. 01. 248-49쪽)

바다

바다
너는 벙어리처럼 점잖기도하다。
소낙비가 당황히 구루고 지나갈적에도
너는 놀라서 서둘르는 일이없다。

沙工(사공)들은 山(산)처럼 큰 그들의 서름을랑
네 뺄합속에 담어두려하야
海灣(해만)을열고 바삐나가더라。

사람들은 너를 運命(운명)이라부른다。
너를 울고 욕하고 꾸짖는다。

허나 너는 그러한것들의 쓰레배끼인것처럼
한숨도 눈물도 辱說(욕설)도 말없이 받어가지고 도라서드라。

너는 그처럼 슲음에 익숙하냐。

바다
지금 너는 잠이 들었나보다。 꿈을 꾸나보다。
배에 힘을 주나보다 꿈틀거린다。
너는 자꾸만 한울을 담고저 애쓰나보다。

그러나
네 마음은 아직 엉크러지지 않었다. 굳지않었다。
그러기에 달밤에는 숨이차서 헐덕인다。
시악씨처럼 해빛이 부끄러워 섬그늘에 숨는다。

바다
네살결은 한울을 닮어서도 한울보다 푸르고나。
바위에 버이워[1] 쪼개지는 네살덩이는 그러나 히기가 눈이고나。
(

너는 玉(옥)같은 마음을 푸른가죽에 쌌고나。

바다
너는 노래듣기를 퍽으나 좋아하드라
汽笛(기적)만 울어도 너는 쫑기고[2] 귀를기우리더라。
너는 서투룬 목청을보고도 자꾸만 노래를 부르라 조르드라。

바다
너는 아무도 거둬본일이없는 보료
때때로 바람이 그런 엉뚱한생각을 하다도말고
밤이면 별들이 떨어지나 어느새 아츰안개가 훔처버린다。

바다
너는 언제 나다려 親(친)하다고 한일이없건만
온아츰에도 잠옷채로 창으로 달려가서
넋없이 또 네얼골을 구버본다。

(『바다와 나비』 51-55)
(『조광』 1.1. 1935. 11. 01. 224-25쪽)

氣象圖(기상도, 1936)

올배미의呪文(주문)

颱風(태풍)은 네거리와 公園(공원)과 市場(시장)에서
몬지와 休紙(휴지)와『캐베지』와 臙脂(연지)와
戀愛(연애)의流行(유행)을 쪼차버렷나。[1]

헝크러진 거리를 이구식 저구식[2]
혀바닥으로 뒤지며 단이는 밤바람。
어둠에게 벌거버슨 등을 씨끼우면서
말없이 우두커니 서있는 電線柱(전선주)。
엎드린 모래불의 허리에서는
물결이 가끔 힌머리채를 추어든다。

요란스럽게 마시고 지꺼리고 떠들고 도라간뒤에
『테불』우에는 깨여진盞(잔)들과
함부로 지꾸어진 芳名錄(방명록)과……
아마도 署名(서명)만하기위하야 온것처럼
총총히 펜을덗이고 客(객)들은도라갓다。
이윽고 記憶(기억)들도 그일흠들을
마치 때와같이 총총히 빨아버릴게다。

나는 갑작이 신발을 찾어신고
도망할자세를 갖인다。길이없다。
도라서 등불을 비틀어죽인다。
그는 비들기처럼 거짓말쟁이엿다。
황홀한불빛의 榮華(영화)의그늘에는
몸을 조려없애는 기름의 十字架(십자가)가있음을
등불도 비닭이도 말한일이없다。

나는 信者(신자)의 숭내를내서 무릅을 꿀어본다。

믿을수잇는 神(신)이나 모신것처럼。
다음에는 旗(기)빨처름 호화롭게 웃어버린다。
대체 이疲困(피곤)을 피할 하로밤 酒幕(주막)은
『아라비아』의 『아라스카』의 어느가시밭에도 없느냐?
戀愛(연애)와같이 싱겁게 나를 떠난希望(희망)은
지금 또 어대서 復讐(복수)를 준비하고있느냐?
나의머리에 별의꼿따발을 두엇다가
거두어간것은 누구의 변덕이냐?
밤이간뒤엔 새벽이온다는 宇宙(우주)의法則(법칙)은
누구의 실없은 작난이냐?
東方(동방)의傳說(전설)처름 믿을수없는
아마도 失敗(실패)한 實驗(실험)이냐?

너는 埃及(애급)에서 도라온 씨-자 냐?
너의주둥아리는 진정독수리냐?
너는 날개도친 힌구름의種族(종족)이냐?
너는도야지처름 기름지냐?
너의숨소리는 바다와 같이 너그러우냐?
너는果然(과연) 天使(천사)의家族(가족)이냐?

귀먹은 어둠의 鐵門(철문) 저편에서
바람이 터덜터덜 웃나보다。
어느 헝크러진 수풀에서
부엉이가 목쉰소리로 껄껄웃나보다

來日(내일)이없는 『칼렌다』를 처다보는
너의눈동자는 어쩐지 별보다 이뿌지못하고나。
도시十九世紀(19세기)처름 興奮(흥분)할수없는너。
어둠이 잠긴 地平線(지평선)너머는
다른한울이 보이지않는다。
音樂(음악)은 바다밑에 파묻낀 오래인 옛말처럼 춤추지않고
수풀속에서는 傳說(전설)이 도모지 슲으지않다。
『페이지』를 번지건만 너머ㅅ장에는 結論(결론)이없다。
(

모퉁이에 혼자남은 街路燈(가로등)은
마음은 슲어서 느껴서우나
부릅뜬 눈에 눈물이없다。[3]

거츠른 발자취들이 구르고지나갈때에
담벼락에 달러붙는 나의숨소리는
생쥐보다도 커본일이없다。
강아지처럼 거리를 기웃거리다가도
강아지처럼 어더맞고 발길에채여 도라왓다。

나는참말이지 善良(선량)하려는惡魔(악마)다。
될수만잇스면 神(신)이고싶은 즘생이다。
그렇건만은 밤아, 너의썩은바줄은
웨이다지도 내몸에 깊이 親切(친절)하냐?
문허진 築臺(축대)의근방에서는
바다가 또 아름다운[4]소리를 치나보다。

금음밤 물결의노래에 취할수잇는
『타골』의귀는 응당 소라처름 幸福(행복)스러울게다

어머니, 어머니의무덤에 『마이크』를 갖어갈가요?
사랑스러운骸骨(해골), 옛날의자장가를 기억해내서
병신된 나의귀에 불러주려우?

자장가도 불을줄모르는 바보인바다。

바다는 다만
어둠에 叛亂(반란)하는
永遠(영원)한 不平家(불평가)다。

바다는 작구만
힌[5] 이빨로 밤을 깨문다。

(『기상도』 1936. 07. 08. 19-23)

(『삼천리』 7.10. 1935. 11. 01. 268-73쪽: 「올빼미의 노래」)

(『기상도』 1948. 09. 20. 47-56쪽: 「올빼미의 주문」)

금붕어

금붕어는 어항밖 大氣(대기)를 오를래야 오를수없는 하늘이라 생각한다。
금붕어는 어느새 금빛 비눌을 입었다 빨간꽃 잎파리 같은
꼬랑지를 폈다。 눈이 가락지처럼 삐여저 나왔다。
인젠 금붕어의 엄마도 화장한 따님을 몰라 볼게다。

금붕어는 아침마다 말숙한 찬물을 뒤집어 쓴다 떡가루를 [뿌려주는]
힌손을[1)] 天使(천사)의 날개라 생각한다。 금붕어의 향복[2)]은
어항속에 있으리라는 傳說(전설)과 같은 소문도 있다。

금붕어는 유리벽에 부대처 머리를 부시는 일이없다。
얌전한 수염은 어느새 國境(국경)임을 느끼고는 아담하게
꼬리를 젓고 돌아선다。 지느러미는 칼날의 흉내를 내서도
항아리를 끊는 일이없다。

아침에 책상우에 옴겨 놓으면 창문으로 비스듬이 햇볕을 녹이는
붉은 바다를 흘겨본다。 꿈이라 가르켜진
그 바다는 넓기도 하다고 생각한다。

금붕어는 아롱진 거리를 지나 어항밖 大氣(대기)를 건너서 支那海(지나해)의
寒流(한류)를 끊고 헤염처 가고싶다。 쓴매개를 와락와락
삼키고 싶다。 沃度(옥도)빛 海草(해초)의 산림속을 검푸른 비눌을 입고
鱌魚(상어)에게 쪼껴댕겨 보고도 싶다

금붕어는 그러나 작은 입으로 하늘보다도 더큰 꿈을오므려
죽여버려야한다。 排泄物(배설물)의 沈澱(침전)처럼 어항밑에는
금붕어의 年齡(연령)만 쌓여간다。
금붕어는 오를래야 오를수없는 하늘보다도 더먼 바다를
자꾸만 돌아가야만 할 故鄕(고향)이라 생각한다。

(『바다와 나비』 63-65)

(『조광』 1.2. 1935. 12. 01. 39-40쪽)

氣象圖(기상도, 1936)

쇠바퀴의노래

허나
이윽고
颱風(태풍)이 짓밟고간 깨여진 『메트로폴리스』에
어린太陽(태양)이 병아리처럼
홰를치며 잃어날게다。
하로밤 그꿈을 건너단이든
수없는 놀램과 소름을 떨어버리고
이슬에 젖은날개를 한울로펼게다。
탄탄한大路(대로)가 希望(희망)처럼
저머언 地平線(지평선)에 뻗이면
우리도 四輪馬車(사륜마차)에 來日(내일)을실고
유량한말발굽소리를 울리면서
처음맞는 새길을 떠나갈게다。

밤인까닭에 더욱 마음달리는
저머언 太陽(태양)의故鄕(고향)

끝없는 들 언덕 위 에서
나는 『데모스테네스』보다도 더수다스러울게다
나는거기서 채찍을 꺾어버리고
망아지처럼 사랑하고 망아지처럼 뛰놀게다。
미움에 타는일이없을 나의눈동자는
眞珠(진주)보다도 더맑은샛별
나는 내속에 엎드린山羊(산양)을 몰아내고
여호[1)]와같이 깨끗하게
누의들과 親(친)할게다。

나의生活(생활)은 나의薔薇(장미)。
(

어디서 시작한줄도
언제 끝날줄도 모르는나는
꺼질줄이없이 불타는太陽(태양)。
大地(대지)의 뿌리에서 地熱(지열)을마시고
떨치고 이러날 나는不死鳥(불사조)。

叡智(예지)의날개를 등에붙인 나의날음은
太陽(태양)처럼 宇宙(우주)를 덮을게다。
아름다운行動(행동)에서 빛처럼 스스로
피여나는 法則(법칙)에 引導(인도)되여
나의날음은 즐거운軌道(궤도)욯에
끝없이 달리는 쇠바퀴ㄹ게다。

벗 아 ――
太陽(태양)처럼 우리는 사나웁고
太陽(태양)처럼 제빛속에 그늘을 감추고
太陽(태양)처럼 슲음을 삼켜버리자。
太陽(태양)처럼 어둠을 살워버리자。

다음날
氣象臺(기상대)의 『마스트』엔
구름조각같은 힌旗(기)폭이휘날릴게다。

(暴風警報(폭풍경보)解除(해제))

快晴(쾌청)。
低氣壓(저기압)은 저 머언
『시베리아』의 근방에 사라젓고
太平洋(태평양)의 沿岸(연안)서도
高氣壓(고기압)은 흩어젓다。
흐림도 소낙비도
暴風(폭풍)도 장마도 지나갓고
來日(내일)도 모레도

(

날세는 좋을게다。

(府(부)의揭示板(게시판))

市民(시민)은
우울과 질투와 분노와
끗없는 탄식과
원한의 장마에 곰팽이낀
추근한 雨器(우기)[2)]일랑벗어버리고
날개와같이 가벼운
太陽(태양)의옷을 갈아입어도 좋을게다。
(七(7)·七(7)·)

(『기상도』 1936. 07. 08. 24-27)
(『삼천리』 7.11. 1935. 12. 01. 286-90쪽: 「차륜은 듣는다」)
(『기상도』 1948. 09. 20. 57-64쪽: 「쇠바퀴의 노래」)

關北(관북)紀行(기행)

1 夜行(야행)列車(열차)

샛바람에 달이 떠는
거리에 드러서자
汽車(기차)는 추워서 앙 우렀다

(『바다와 육체』 163)
(『조선일보』 1936. 03. 14. 석간 3면)

2 機關車(기관차)

나의 終點(종점)은 어디이냐
나는 이처럼도 늘
前方(전방)을 意志(의지)해야 하는
焦燥(초조)한 機關車(기관차)냐

(『바다와 육체』 163-64)
(『조선일보』 1936. 03. 14. 석간 3면)

3 山驛(산역)

두茂山(무산)이 여기서 十里(10리)란다
붓두막엔 이글이글 드덕불도 타리라
나려서 아즈머님네와 감자를 버끼며 이야기하며
이야기하며 버끼며 이밤을 새고 가고싶다

(『바다와 육체』 164)
(『조선일보』 1936. 03. 14. 석간 3면)

4 마을(가)

물레방아가 멈춰선날밤
아버지는 번연히 도라오지못할 아들이
도라오는 꿈을 꾸면서 눈을 감엇단다

마을에서는
구두소리가 뜰악에 요란하던 그날밤일도
불빛이 휘황하던 會館(회관)의 일도 모르는 아이들이
어머니의 잔소리만 드르면서 자라난다

(『바다와 육체』 164-65)

(『조선일보』 1936. 03. 15. 석간 5면: 「[4], 마을(가)」)

5 마을(나)

『풋뽈』 대신에 소膀胱(방광)을 굴리다가도
끝내 저녁을 먹으라는 어머니의 소리가 들리지않기에
아이들은 지처서 도라와서 새우처럼 꼬부라저 잠이든다

(『바다와 육체』 165)

(『조선일보』 1936. 03. 15. 석간 5면: 「[5], 마을(나)」)

6 마을(다)

조고만한 소문에도
마을은 엄청나게 놀랐다

소문은 언제든지 열매를 맺어서
한집 두집 마을은 여위여가고——

間島(간도)소식을 기다리는 이웃들만 그뒤에 남어서
사흘건너 오는 郵遞(우체)군을 반가워했다

(『바다와 육체』 166)
(『조선일보』 1936. 03. 15. 석간 5면: 「[6], 마을(다)」)

7 故鄕(고향)(가)

이렇게 친구의 이얘기가 아까운 밤에는
눈이나 오시지
눈이라도 함박눈이 쏘다저 나려서
창밖에 바쁜 밤의 거름을 멈춰나주지

(『바다와 육체』 166-67)

(『조선일보』 1936. 03. 17. 석간 5면: 「고향(가)」)

8 故鄕(고향)(나)

아버지의 친구를 輕蔑(경멸)했다는 그 惡德(악덕)한 少年(소년)도
『루바슈카』를 입은 얼골이 흰 靑年(청년)도 맛날수 없어서
北(북)쪽의 十二月(12월)이 이마에 차다。

(『바다와 육체』 167)
(『조선일보』 1936. 03. 17. 석간 5면: 「9 고향(다)」)

9 豆滿江(두만강)

大陸(대륙)은 이 간사한 혀끝이 보기시려서
스무나문발 江(강)물로 갈라 노았다
그럴바엔 아주 바닥에나 집어던지지
그랫드면 오늘와서 딴소리는 없었을것을——

(『바다와 육체』 167-68)
(『조선일보』 1936. 03. 18. 석간 5면: 「10 두만강」)

10 國境(국경)(가)

저렇게 털모자를 쓰고나서면
短砲(단포)쯤 엽꾸리에 차고 시풀걸
저렇게 다리굵은 아기네가 목도리를 감아주면
이만쯤 눈포래엔 幌馬車(황마차)ㄴ들 못달리랴

(『바다와 육체』 168)
(『조선일보』 1936. 03. 18. 석간 5면: 「11 국경」)

11 國境(국경)(나)

車(차)에서 나리자마자
어느새 寒帶(한대)가 코를 깨문다

(『바다와 육체』 168)

(『조선일보』 1936. 03. 19. 석간 5면: 「12 국경(가)」)

12 國境(국경)(다)

살진 華僑(화교)가 나무床(상)에 기대서 『라디오』를 틀어놓고
祖國(조국)의 騷亂(소란)을 걱정스레 엿듣는 거리——

(『바다와 육체』 169)
(『조선일보』 1936. 03. 19. 석간 5면: 「13 국경(나)」)

13 國境(국경)(라)

地圖(지도)를 펴자
꿈의 距離(거리)가 갑자기 멀어지네

(『바다와 육체』 169)
(『조선일보』 1936. 03. 19. 석간 5면: 「14 국경(다)」)

14 밤중

잠이더딘 창밖에서는
별을 쫓는 바람소리만
山(산)빨에 빠르고나

(『바다와 육체』 169-70)
(『조선일보』 1936. 03. 19. 석간 5면: 「15 밤중」)

15 東海(동해)의아츰

눈보래가 멋자
지치인 山脈(산맥)들은 바닷가에 몽여들어 머리를 박고
진한 간물을 드리켠다

政治的(정치적) 陰謀(음모)도 없다
海流(해류)의 變節(변절)도 없다

오늘아츰 바다는 진정
간밤의 눈포래를 뉘우치나보다

(『바다와 육체』 170)

(『조선일보』 1936. 03. 19. 석간 5면: 「16 동해의아츰」)

16 肉親(육친)(가)

『이것을 먹어라』『저것두 먹어라』고
집어 놓으시는 바람에
이번에도 또 배탈을 내가지고 도라간다

(『바다와 육체』 171)
(『조선일보』 1936. 03. 20. 석간 5면: 「[17] 육친(가)」)

17 肉親(육친)(나)

담뇨를 둘러쓰고 十里(10리)를 온
누님의 눈섭에는 고드레미가 달렸다
얼어온 두발을 부엌에 댕겨다가 주물러주며
갈라진 손등의 부스름 자곡을 헤여본다

(『바다와 육체』 171)

(『조선일보』 1936. 03. 20. 석간 5면: 「[18] 육친(나)」)

18 떠남

두고떠난 그날밤은
食堂(식당)의 茶(차)ㅅ맛도 유달리 쓰더라

(『바다와 육체』 172)
(『조선일보』 1936. 03. 20. 석간 5면: 「19 출정」)

파랑港口(항구)

아무도사랑할수있는 少女(소녀)처럼
파랑치마를 두루고
四月(4월)을 고대하는 港口(항구)에는

國旗(국기)에 향하야 그다지 敬意(경의)를 표하지두않는
겨으른輪船(윤선)들이 지금쯤 바다로부터 도라왔겠지。
그리고 無禮(무례)하게두 퍼억퍼억 담배를 피우겠지。

나는 三國(3국)말을 함부루 지꺼리는
海關(해관)官吏(관리)와 마조서서
「보로딘」과 꼭같은 한 로서아사람과
항용 目禮(목례)를 바꾸었다。

그 슲은汽笛(기적)에는 아무두 마음이 강하지못한가보아서
住民(주민)들은 항용 걸핏하면 가장[1]이며 장사며 戀愛(연애)를 황망히 정리해가지고
다음날은 벌서 定期船(정기선) 배표를 사군했다。

港口(항구)는 國籍(국적)을 자랑하지않었다。
港口(항구)는 犯罪(범죄)를 무서워하지않었다。
港口(항구)는 바다의國境(국경)를[2] 믿지않는다。
그러므로 아무도 오고 아무도 도라갔다。

(『바다와 나비』 43-45)
(『여성』 1.1. 1936. 04. 01. 1쪽)

追憶(추억)

종다리 뜨는아츰 언덕우에 구름을쫓아 달리던
　너와나는 그날 꿈많은 少年(소년)이었다。
제비같은 이야기는 바다건너로만 날리었고
　가벼운 날개밑에 머-ㄴ리 水平線(수평선)이 層階(층계)처럼 낮드라。

자조투기는 팔매는 바다의가슴에 화살처럼 박히고
지칠줄모르는 마음은 斷崖(단애)의허리에
　겨으른 갈매기 우룸소리를 비우섰다

오늘 어름처럼 싸늘한 노을이뜨는 바다의언덕을 오르는
　두놈의 봉해진입술에는 바다건너 이야기가없고。

곰팽이처럼 얼룩진 수염이 코밑에미운 너와나는
　또다시 가슴이둥근 少年(소년)일수없고나。

(『바다와 나비』 56-57)
(『여성』 1.3. 1936. 06. 01. 1쪽)

아쁘리카狂想曲(광상곡)

숨막히는 毒瓦斯(독와사)예[1] 썩은[2]띠끌이 쓸려간뒤에
聖都(성도)의아츰에 王朝(왕조)의歷史(역사)는 간데없고
어느새 로-마의 風俗(풍속)을 단장한 酋長(추장)의따님의
숭내내는 國歌(국가)의 서투룬곡조가 웬일이냐。

급한발길을 행여막으려 다투어던지는
眞紅(진홍)빛 薔薇(장미)의 언덕을 박차며
熱沙(열사)를 뿜으며 몰려오는
검은쇠바퀴………검은 말발굽소리………

테-불에 쏟아지는 샴펜 의 瀑布(폭포)。
『소생하는 로-마야 마서라 麒麟(기린)의피를………
正義(정의)도 象牙(상아)도 文明(문명)도 石油(석유)도 우리것이다[』][3]
法王(법왕)의 鍾(종)들과 라디오가 마을 마을에 요란하다。

다-샤火山(화산)에 불이꺼진날
새로 엮인 페-지에 世紀(세기)의犯行(범행)이 淋漓(임리)하고나。
입담은證人(증인)인 靑(청)나일이 혼자
哀史(애사)를 중얼거리며 埃及(애급)으로 흘으더라。

오늘은 三色旗(3색기)의 行進(행진)을 祝福(축복)하는
沙漠(사막)의太陽(태양)。
차-나湖(호)[4] 푸른거울에
五月(5월)의 얼골이 태연하고나。

한니발도 짓밟고 칼타고도 불지르고
오늘은 千年(천년)묵은 沙漠(사막)의 靜寂(정적)을 부시고가는
피묻은 늙은 쇠바퀴야
너 달려가는 곳이 어디냐

(『바다와 나비』 58-60)

(『조광』 2.7. 1936. 07. 01. 34-35쪽)

유리창

여보
내마음은 유린가봐 겨을한울처럼
이처럼 작은한숨에도 흐려버리니……

만지면 무쇠같이 굳은체하더니
하로밤 [찬서리][1)]에도 금이갔구료

눈포래부는날은 소리치고 우오
밤이물러간뒤면 온밤에 눈물이어리오

타지못하는 情熱(정열) 박쥐들의燈臺(등대)
밤마다 날어가는 별들이 부러워 처다보며밝히오

여보
내마음은 유린가봐
달빛에도 이렇게 부서지니

(『바다와 나비』 87-88)

(『현대 조선 문학 전집: 시가집』 제2회 배본. 1938. 04. 01. 208-09쪽: 「유리창과 마음」)

쥬피타追放(추방)
(李箱(이상)의靈前(영전)에바침)

芭蕉(파초) 잎파리처럼 축 느러진 中折帽(중절모) 아래서
빼여 문 파이프가 자조 거륵지 못한 圓光(원광)을 그려올린다。
거리를 달려가는 밤의 暴行(폭행)을 엿듣는
치껴 올린 어께가 이걸상 저걸상에서 으쓱거린다。
住民(주민)들은 벌서 바다의 유혹도 말다툴 흥미도 잃어버렸다。

깐다라 壁畵(벽화)를 숭내낸 아롱진 盞(잔)에서
쥬피타는 中華民國(중화민국)의 여린피를 드리켜고 꼴을 찡그린다。
『쥬피타 술은 무엇을 드릴가요?』
『응 그다락에 언저둔 登錄(등록)한 思想(사상)을랑 그만둬。
빛은지 하도 오라서 김이 다 빠졌을걸。
오늘밤 신선한 내 식탁에는 제발
구린 냄새는 피지말어』。

쥬피타의 얼굴에 絕望(절망)한 우숨이 장미처럼 히다。
쥬피타는 지금 씰크헷트를 쓴 英蘭銀行(영란은행)노오만氏(씨)가
글세 大英帝國(대영제국) 아츰거리가 없어서
장에 게란을 팔러 나온것을 만났다나。
그래도 게란 속에서는
빅토리아女王(여왕) 直屬(직속)의 樂隊(악대)가 軍樂(군악)만 치드라나。

쥬피타는 록펠라氏(씨)의 庭園(정원)에 만발한
곰팽이낀 節操(절조)들을 도모지 칭찬하지 않는다。
별처럼 무성한 온갓 思想(사상)의 花草(화초)들。
기름진 장마[1]를 빨아 먹고 오만하게 머리추어든 恥辱(치욕)들。

쥬피타는 구름을 믿지않는다。장미도 별도……
쥬피타의 품안에 자빠진 비둘기 같은 天使(천사)들의 屍體(시체)。

거문 피 엉크린 날개가 輕氣球(경기구)처럼 쓰러졌다。
딱한 愛人(애인)은 오늘도 쥬피타다려 정열을 말하라고 졸르나
쥬피타의 얼굴에 장미같은 우숨이 눈보다 차다。
땅을 밟고 하는 사랑은 언제고 흙이 묻었다。

아모리 따려보아야 스트라빈스키의 어느拙作(졸작)보다도
이뿌지 못한 도, 레, 미, 파……인생의 一週日(1주일)。
[은단추][2]와 조개껍질과 金貨(금화)와 아가씨와
佛蘭西(불란서)人形(인형)과 몇개 부스러진 꿈 쪼각과……
쥬피타의 노름감은 하나도 자미가 없다。

몰려오는 안개가 겹겹이 둘러싼 네거리에서는
交通巡査(교통순사) 로오랑氏(씨) 로오즈벨트氏(씨) 기타 제씨가
저마다 그리스도 몸짓을 숭내내나
함부로 돌아가는 붉은 불 푸른 불이 곳곳에서 事故(사고)만 이르킨다。
그중에서도 푸랑코氏(씨)의 直立不動(직립부동)의 자세에 더군다나 현기ㅅ증이났다。

쥬피타 너는 世紀(세기)의 아픈 상처였다。
惡(악)한 氣流(기류)가 스칠적마다 오슬거렸다。
쥬피타는 병상을 차면서 소리쳤다。
『누덕이불로라도 신문지로라도 좋으니
저 太陽(태양)을 가려다고。
눈먼 팔레스타인의 殺戮(살육)을 키질하는 이 건장한
大英帝國(대영제국)의 태양을 보지 말게 해다고』

쥬피타는 어느날아침 초라한 걸레쪼각처럼 때묻고 해여진
수놓은 비단 形而上學(형이상학)과 체면과 거짓을 쓰레기통에[3] 벗어팽개쳤다。
실수많은 인생을 탐내는 썩은體重(체중)을 풀어 버리고
파르테논으로 파르테논으로 날어갔다。

그러나 쥬피타는 아마도 오늘 세라시에陛下(폐하)처럼
해여진 망또를 둘르고
문허진 神話(신화)가 파무낀 폼페이 海岸(해안)을

바람을 데불고 혼자서 소요하리라。

쥬피타 昇天(승천)하는날 禮儀(예의)없는 사막에는
마리아의 찬양대도 분향도 없었다。
길잃은 별들이 遊牧民(유목민)처럼
허망한 바람을 숨쉬며 떠 댕겼다。
허나 노아의 홍수보다 더진한 밤도
어둠을 뚫고 타는 두 눈동자를 끝내 감기지 못했다。

(『바다와 나비』 93-98)

(『현대 조선 문학 전집: 시가집』 제2회 배본. 1938. 04. 01. 201-06쪽: 「추방된 주피터」)

바다와나비[1)]

아모도 그에게 水深(수심)을 일러 준일이 없기에
흰나비는 도모지 바다가 무섭지않다。

靑(청)무우밭인가해서 나려갔다가는[2)]
어린날개가 물결에 저러서
公主(공주)처럼 지쳐서 도라온다。

三月(3월)달바다가 꽃이피지않어서 서거픈
나비허리에 새파란초생달이 시리다。

(『바다와 나비』 39)

(『여성』 4.4. 1939. 04. 01. 18쪽: 「나비와 바다」)

連禱(연도)

내神(신)은
잠든 아기의 얼골에서 우숨을 걷우는
즐거우려는 자라려는 날뛰려는
망아지와 薔薇(장미)를 시들게하는
이邪惡(사악)한 비바람을 가장 미워하는 神(신)이리라。

내神(신)은
내마음속의 주착없는 放心(방심)과
간사한 衝動(충동)과 親(친)하려는 嬌態(교태)를
가장 怒(노)하시는 神(신)이리라。

내神(신)은
沙漠(사막)에 꺼꾸러저 웨치는「아라비아」사람들의
캄캄한 마음에 떠오르는 太陽(태양) ——
埃及(애급)의 채찍을 피해서 紅海(홍해)에막다른
「이스라엘」사람들의 앞에 갑자기 길이던 神(신)이리라。

내神(신)은
내港口(항구)도 避難處(피난처)도 安息(안식)도 아니오
내싸움속에서 나를지키고 鼓舞(고무)하는 소리리라。
연약하려는 落望(낙망)하려는 나를 노려보는 엄숙한눈쌀이리라。

(『바다와 나비』 61-62)

(『조광』 3.4. 1939. 04. 01. 118-19쪽)

東方(동방)紀行(기행)

菖蒲田(쇼부타)海水浴場(해수욕장)[1)]

그 날랜裁縫師(재봉사) 歲月(세월)도
바다얼골에는 주름살을 잡지못합니다그려。

時間(시간)이 달려가는 大陸(대륙)을 비웃는
바다의 끊임없는 우슴소리。
시드른 내 서른해가 소라처럼 부끄럽구료。

(『바다와 나비』 82)

(『문장』 1.5. 1939. 06. 01. 102-03쪽: 「에노시마——속 동방 기행 시: I. 가마쿠라 해변 [I]」)

江之島(에노시마)

淫奔(음분)한 제비들이
나러간 뒤에
축축한 모래둔우에는
빨간 두께를한『컴팩트』와
새깜안 [날개깃][1] 과
얼빠진 달이
떨어저 있었다。

(『바다와 나비』 80)

(『문장』 1.5. 1939. 06. 01. 103쪽:「에노시마 ―― 속 동방 기행 시: II. 에노시마 해수욕장」)

吳(구레)軍港(군항)

海灣(해만)에 驅逐艦(구축함)들이
몸가려운 河豚(하돈)처럼 딩굴고 있었다。
어디서 戰爭(전쟁)이 부르지나 않나 해서
자꾸만 귀를 주벗거리면서 ——

(『바다와 나비』 81)
(『문장』 1.5. 1939. 06. 01. 103쪽: 「에노시마 —— 속 동방 기행 시: III. 군항」)

瀨戶(세토)內海(내해)

瀨戶(세토)內海(내해) 이地帶(지대)는
『여호와』의 抒情詩(서정시)。

금방斷髮(단발)한 어린 松林(송림)들이
타박머리를 [바람에][1] 휘젓는곳
한幅(폭) 말숙한 [푸른][2] 종이에
갈마기 너는 무슨 樂譜(악보)를 그리노。

(『바다와 나비』 79)

(『문장』 1.6. 1939. 07. 01. 140-41쪽: 「속 동방 기행 시: I. 아키사이자키(안예신기) 부근」)

神戶(고베)埠頭(부두)

활짝
蒼空(창공)으로 열어제낀 窓(창)。
輪船(윤선)들은 방금 눈을뜬 비둘기들처럼
제각기 旗(기)빨을 물고
푸른숲으로 흐터진다。

(『바다와 나비』 83)
(『문장』 1.6. 1939. 07. 01. 141쪽: 「속 동방 기행 시: II. 고베 부두」)

코끼리

「키풀링」氏(씨)의 자장가만 듣고
코끼리는 잠만 잘자면 칭찬을 받는다。

(『바다와 나비』 84)

(『조광』 5.7. 1939. 07. 01. 116쪽: 「해양 동물원: A. 코끼리」)

駱駝(낙타)

됨됨이 천상해야 勤勞階級(근로계급)이다。
「어윈」卿(경) 태평합시라고 보낸 한우님의 선물이다。

(『바다와 나비』 85)
(『조광』 5.7. 1939. 07. 01. 116쪽)

잉코

밤낮없이 모냥만 내시니
祖國(조국)「에띠오피아」王朝(왕조)의 終焉(종언)은 모르시나뇨。

(『바다와 나비』 86)
(『조광』 5.7. 1939. 07. 01. 117쪽)

療養院(요양원)

저마다 가슴속에 癌腫(암종)을 기르면서
지리한 歷史(역사)의 臨終(임종)을 苦待(고대)한다。

그날 그날의 動物(동물)의習性(습성)에도 아주 익어버렷다。
標本室(표본실)의 착한倫理(윤리)에도 아담하게 固定(고정)한다。

人生(인생)아 나는 용맹한 포수인체 숨차도록
너를 쫓아 댕겼다。

너는 오늘 간사한 매초라기처럼
내 발앞에서 포도독 날러가버리는구나。

(『바다와 나비』 40)

(『조광』 5.9. 1939. 09. 01. 196-97쪽: 「요양원 (외 1 편): 요양원」)

山羊(산양)

홀로자뻐저

옛날에 옛날에 잊어버렸던 찬송가를 외여보는밤

山羊(산양)과 같이 나는 갑짜기 무엇이고 믿고싶다。

(『바다와 나비』 41)

(『조광』 5.9. 1939. 09. 01. 197쪽: 「요양원 (외 1 편): 산양」)

共同墓地(공동묘지)

日曜日(일요일)아츰마다 陽地(양지)바닥에는
무덤들이 버슷처럼 일제히 돋아난다。

喪輿(상여)는 늘 거리를 도라다보면서
언덕으로 끌려올라가군 하였다。

아모무덤도 입을 버리지않도록 봉해버렸건만
默示錄(묵시록)의 나팔소리를 기다리는가보아서
바람소리에조차 모다들 귀를 쫑그린다。

潮水(조수)가우는 달밤에는
등을이르키고 넋없이 바다를 구버본다。

(『바다와 나비』 42)

(『인문평론』 1.1. 1939. 10. 01. 24-25쪽)

겨올의노래[1)]

『망또』처럼 추근추근한 濕地(습지)기로니[2)]
웨이다지야 太陽(태양)이 그리울까
醫師(의사)는 處方(처방)을 斷念(단념)하고 도라갔다지요
아니요 나는 人生(인생)이 더 노엽지않읍니다

旅行(여행)도했읍니다 몇날서투룬『퍼쁘씬』—— 무척우습습니다
人造絹(인조견)을 두루고 還(환)故鄕(고향)하는 御史道(어사도)님도있읍디다
저마다 勳章(훈장)처럼 傲慢(오만)합니다 사뭇 키가큼니다
남들은 참말로 노래를 부를줄 아나베

갈바람속에 우두커니섰는 벌거벗은 허수아비를
어느철없는 가마귀가 무서워할까요
저런 鉛(연)빛한울에도 별이 뜰리있나
薔薇(장미)가 피지않는 한울에 별이 살理(리)있나

바람이떼를지어 江(강)가에서 우짖는밤은
絶望(절망)이 혼차 밤새도록 내 친한 벗이었읍니다
마지막별이 흘러가도 아모도 소름치지않읍니다
집마다 새벽을 믿지않는 頑固(완고)한 窓(창)들이 잠겨있읍니다

六千年(육천년)메마른 思想(사상)의沙漠(사막)에서는 오늘밤도
히미한 神話(신화)의 불낄들이
음산한 懷疑(회의)의 바람에 불려 깜박어림니다

그러나 四月(4월)이오면 나도 이 추근추근한 季節(계절)과도 작별해야 하겠읍니다
濕地(습지)에자란 검은생각의 雜草(잡초)들을 불살워버리고
太陽(태양)이있는 바다까로 나려가겠읍니다
거기서 벌거벗은神(신)들과 健康(건강)한英雄(영웅)들을 맞나겠읍니다

(『바다와 나비』 68-70)

(『문장』 1.11. 1939. 12. 01. 114-16쪽)

힌 薔薇(장미)처럼 잠이드시다

힌薔薇(장미)처럼싸늘하게
내靑春(청춘)의 黃昏(황혼)속에 빛나시는얼골

들뜬 손뼉소리…꾸지람…휘황한눈짓에도
당신의 心臟(심장)은 다시 뜨거워지는일이없을것임니다

騷亂(소란)한世紀(세기)의 우지짐은
한갓 당신의귀멋을 스치는 먼 바람결

악착한우숨소리 아우성소리에도
얼골빛[하나] [찡그림]없이[1)]
아득한 虛無(허무)앞에 당신은 合掌(합장)을 하셨읍니다

당신은지금 뭇소리와 빛밖에
泰然(태연)히 눈을 감으시고
힌 薔薇(장미)처럼 잠이 드셨읍니다

虛妄(허망)한 生(생)의 行列(행렬)에 총총히 왔다가는
이웃고는 실없은 나그내처럼 잊어버리워진다함니다

記憶(기억)은 가장 믿기어려운 그림자
다만 歷史(역사)의經營(경영)에 어느구석 일흠없는 돌멩이고저

(『바다와 나비』 66-67)

(『인문평론』 2.4. 1940. 04. 01. 46-47쪽)

못

모-든 빛나는것 아롱진것을 빨아버리고
못은 아닌밤중 지친瞳子(동자)처럼 눈을감었다

못은 수풀한복판에 뱀처럼 서렸다
뭇 호화로운것 찬란한것을 녹여삼키고

스스로 제沈默(침묵)에 놀라 소름친다
밑모를 맑음에 저도몰래 오슬거린다

휩쓰는 어둠속에서 날(刃(인))처럼 흘김은
빛과 빛갈이 녹아엉키다못해 식은때문이다

바람에 금이가고 비빨에 뚫렸다가도
상한곳 하나없이 먼동을 바라본다

(『바다와 나비』 46-47)
(『춘추』 2.1. 1941. 02. 01. 154-55쪽)

봄

四月(4월)은 겨으른 표범처럼
인제사 잠이깼다
눈이 부시다
가려웁다
소름친다
등을 살린다
주춤거린다
성큼 겨울을 뛰어넘는다

(『바다와 나비』 89)
(『조광』 7.4. 1941. 04. 01. 23쪽: 「소곡」)

새벽의「아담」

象牙(상아)같은 등어리에 華麗(화려)한피를 묻히고
별을밟으며 가시언덕을 넘어감은
한時(시)바삐 저 묵은歷史(역사)와도 訣別(결별)함이리라

希望(희망)은 또다시 어둠우에 떠오르는太陽(태양)
밤이면 그대때문에 거리거리에 나부끼는 홰ㅅ불의「리본」
새벽이슬에 함뿍젖어 오슬거리는
눈방울이 구슬같은「아담」들을보렴

薔薇(장미)보다 찬란한 근심을 지녀
寶石(보석)처럼 영롱한슬픔은 靑春(청춘)의勳章(훈장) ——
새벽行列(행렬)은 淸楚(청초)한 水仙花(수선화)향기가 도더라

(『바다와 나비』 71-72)

(『조광』 8.1. 1942. 01. 01. 121쪽)

전날밤

땅을흔드는 은은한 대포소리와
피찔린연기와불낄 소름기치는 소문들을 뒤로
비뿌리는밤길에 울리는구두소리 말발굽소리를 거슬러
길잃은백성들은 가슴투기며 한길로한길로만흩어졌다
일흠지을수없이 뒤볶는 무슨 커다란새날을
저마다어슴푸레 마음속에그렸다 지웠다 다시그리며
항구와 거리에서는 지금쯤 아마도
성낸戰爭(전쟁)이 한창 불을뿜으리라
시달린살림 헐벗은마을 거츤터전쯤이야
모도다불속에 던저버린들 무엇이랴
소지처럼피렴 곱다랗게피렴
안타깝고 산란턴 온갖사연도
거짓많은 고약한都市(도시)와 총칼로쌓은祭壇(제단)도
모조리 고히고히 핥어버리렴
戰爭(전쟁)아 네 불타는 날랜 혀빠닥으로 ——
歷史(역사)는 가장 총명한豫言者(예언자)
그만은 속이지않으리라 다알고있으리라 ——
언약보다도 굳게 오직 그대를 믿으며 살아왔다
띠끌과 구렁과 끝없는 地平線(지평선) —— 오 —— 焦土(초토)도 좋다
創世紀(창세기)처럼 그우에 피어날 새로운山(산)과들
꽃피는 거리거리 노래하는 機械(기계)들
나의 不死鳥(불사조)는 기어코 새벽과함께
이제덤불속에서 떨치고 일어나리라

(『바다와 나비』 14-16)
(『신조선보』 1945. 10. 08. 1면)

파도소리 헤치고

꽃바다
기빨바다
파도소리 헤치고
밀물처 들어온다
띠끌쓴 機動部隊(기동부대) 解放(해방)의 兵士(병사)들이
傲慢(오만)한要塞線(요새선)과 鐵條網(철조망)
失色(실색)한捕虜(포로) 꺾여진 총칼 떼미 박차흩으며
잃어버렷던 祖國(조국)의아츰이다
눈물걷고 처다보아라 兄弟(형제)들아
山脈(산맥)과 거리와 마을마다
毒蛇(독사)처럼 서렷던 사슬도 돌壁(벽)도 쇠창살도
民族(민족)의 피쭐에 깊이 박혓던 표독한 이빨도 발톱도
갑갑하던 火藥(화약)연기와 함께 하로아츰 슬어졌다
화려한 아츰
고대하던 太陽(태양)이다

한울까에서
먼나라에서
獄中(옥중)에서
채찍아래서 창끝에서
일홈없는 戰場(전장)에서
눈감지못한채 꺼꾸러진 兄弟(형제)들
인제야 모다 한번식만이라도 얼골 돌려
뚫어진 眼孔(안공)에빛외는
풀리운 祖國(조국)의 이러서는모양 바라보라
악물린 이빨버려 웃어보라

피엉킨 句節(구절) 句節(구절)
떨리는 글장
삐뚤어진 歷史(역사)의 여울물소리
(

亞細亞(아세아)의 밤중에 사모친지 몇몇해냐
잠겼던 바다 바다
오늘은 侵略(침략)의 吸盤(흡반)이아닌 港口(항구)마다
解放(해방)하는艦隊(함대) 自由(자유)의兵士(병사)들이 들어온다
노래소리
파도소리
목매인 萬歲(만세)소리 헤치며
거리거리
마을마다 埠頭(부두)마다
꽃바다
기빨바다
만백성 흐렷던 마음에 떠올으는
다시 돌아온 그립던 모습
우슴띠우는 祖國(조국)의 얼골아
아청빛 비단폭에감아
새時代(시대)의 길앞에 바뜰어올리는
꽃무꿈하나
청초히 나부낀다

(一九四五(1945)·聯合軍(연합군)을歡迎(환영)하야)

(『새노래』 59-64)
(『신문예』 1.1. 1945. 12. 01. 22-24쪽)

우리들의八月(8월)로 도라가자

들과거리 바다와 企業(기업)도
모도다 바치어 새나라 세웨[1]가리라—
한낱 벌거숭이로 도라가 이나라 지추돌 고이는
다만 쪼악돌이고저 원하던
　오—우리들의八月(8월)로 도라가자。

명예도 지위도 호사스런살림 다버리고
구름같이 휘날리는 祖國(조국)의 기빨아래
다만 헐벗고 정성스런 종이고저 맹세하던
　오—우리들의八月(8월)로 도라가자。

어찌 닭울기전 세번뿐이랴
다섯번 일곱번 그를 모른다하던 辱(욕)된그날이아퍼
땅에쓸어저 얼골부비며 끌른눈물
　눈뿌리 태우던 우리들의八月(8월)

먼나라와 옥중과 총칼사이를
뚫고 헤치며 피흘린 열렬한이들 마저
한갓 겸손한 심부름꾼이고저 빌던
　오—우리들의八月(8월)로 도라가자。

끝없는노염 통분속에서 빚어진
우리들의꿈 이빨로 물어뜯어 아로색인彫刻(조각)
아모도 따룰이[2]없는 아름다운땅 맨들리라
　하늘우르러 외우치던 우리들의八月(8월)

부리는이 부리우는이 하나없이
知慧(지혜)와 義理(의리)와 착한마음 꽃처럼피어
天使(천사)들 모다 부러워 歸順(귀순)하는나라
　내八月(8월)의꿈은 영롱한 보석바구니。

〉

오—八月(8월)로 도라가자
나의創世紀(창세기) 에워싸던 香(향)기론 季節(계절)로——
썩은연기 벽돌데미 몬지속에서
蓮(연)꽃처럼 홀란히 피어나던八月(8월)
　오—우리들의八月(8월)로 도라가자。

(『바다와 나비』 11-13)
(『자유신문』 1945. 12. 10. 1면)

知慧(지혜)에게 바치는노래

검은機關車(기관차) 車(차)머리마다
장미꽃 쏟아지게 퍼워서[1]
쪽빛 바다바람 함북안겨
비단폭 구룸장 휘감아보내마
숨쉬는鋼鐵(강철) 꿈을아는動物(동물)아

황량한『近代(근대)』의 남은터에 쓸어저
병들어 이즈러저 半身(반신)이 피에젖은
『[헬라쓰]』[2]의 오래인後裔(후예)·이 방탕한 世紀(세기)의 아름소리드르렴
자못 길드리기어려운 즘생이더니
知慧(지혜)의 속삭임에 오늘은 점잔이 귀죽였고나

풀냄새 싱싱한 山脈(산맥)을 새어
힌물결 선을두룬 뭇大陸(대륙)의 가장자리 도라
간데마다 暗默(암묵)과 幸福(행복)만이 사는 아롱진都市(도시)
비취빛 한울밑 꽃밭속의 工場(공장)에서는
機械(기계)와 皮帶(피대)가 樂器(악기)처렴[3] 울려오리

時間(시간)과空間(공간)이 아득하게 맞대인곳
거기서는 無限(무한)은 벌써 한낱語彙(어휘)가아니고
住民(주민)들의 한 이시린味覺(미각)이리라
얽히고설킨 太陽系(태양계)의 수식(數式)의 그물에걸린
날랜楕圓形(타원형)하나 —— 새로운 별의 誕生(탄생)이다

文明(문명)과自然(자연)의 아름다운婚姻(혼인)
知慧(지혜)의勝利(승리) 눈부시는 나라나라는
말머리무겁고 눈방울영롱한 種族(종족)에게주리라
歷史(역사)는 꿈많은시절의 日記(일기)처럼
하로하로 清新(청신)한『페-지』만이 [불어가리라][4]

〉

검은機關車(기관차) 車(차)머리마다
장미꽃쏟아지게 피워보내마
無知(무지)와 不幸(불행)과 미련만이 君臨(군림)하던
재빛神話(신화)는 사라졌다고 사람마다 일러줘라
숨쉬는鋼鐵(강철) 꿈을아는動物(동물)아

(『바다와 나비』 17-19)
(『해방기념시집』 1945. 12. 12. 20-23쪽)

世界(세계)에웨치노라

부스러진거리거리 이즈러진陸地(육지)에
火藥(화약)연기 걷히는날
오래인病席(병석)에서 이러나는것처럼
한 새로운世界(세계)의얼골은 떠오르리라 ——
어지럽던 地獄(지옥)의 地理(지리)가끝난곳에
어린天國(천국)의 寶石(보석)대문은 열리리라했더니 ——

묻노니 歷史(역사)여 너는무엇때문에
그렇게도 배부를줄이없이
수없는靑春(청춘)과 또 꿈
博物舘(박물관)과 圖書舘(도서관)과 大學(대학)
가장 비싼世界(세계)의 재산을 삼켰더냐。
『自由(자유)와 그리고 새로운 世界(세계)』
그밖에는 이커다란殺戮(살육)을 용서할
五色(5색)論理(논리)로 단장한 아모러한口實(구실)도 거즛이리라。

病(병)든꿈에 배인 어두운神話(신화)와
사나운熱病(열병)에몰린 세民族(민족)이
온世界(세계)의 젊은이와太陽(태양)을 묻어버렸던
저 식은재와같은 여러해를잊었느냐
無名戰士(무명전사)의十字架(십자가)에묻노니 그대어깨에걸린것은
누구의自由(자유)를위한 꽃따발이냐。

歐羅巴(구라파)의등에솟은 해骨(골)의山(산)
『우크라이나』『노르만디』불붙는 화독에
오 —— 무럭무럭 거기풍성한 여러나라의靑春(청춘)을 피웠더라。
녹아흐르는불바다 불낄뿜는 섬들
世界(세계)의半(반)쪼각에걸처 아직도남아타오르는기름과 硫黃(유황)연기。
오 —— 여러해 꺼질줄모르던 世紀(세기)의 火葬(화장)터야。

저東(동)으로뻐친 살진動脈(동맥)
여러世紀(세기)를두고 한帝國(제국)을키어간 貪慾(탐욕)한 피ㅅ줄을보아라。
『쫀·뿔』씨의 사치한神經(신경)이 거기얽혀 떨리지안느냐。
저도[모르는][1]사이에 부억에서 부억으로 끌려댕기는
獅子(사자)의염통 『아으리카』를보아라
歐羅巴(구라파)의『호텔』을부지하는 收入(수입)맞는榮養(영양)을 ——

『힌두스타니』는 얼골검은種族(종족)에게주라。
女王(여왕)님。眞珠(진주)목도리는 獨木舟(독목주)選手(선수)들의것입니다。
沙漠(사막)과 金剛石(금강석)은 말잘달리는住民(주민)에게돌리라。
분주한 文明(문명)이라는市場(시장)에 그들은 遲刻(지각)한罪(죄)밖에 없었으니 ——
地球(지구)에 휘감긴 삭은사슬을 아직도 지키려는者(자)누구냐。

착한 늙은나라나라에 황홀한夜市(야시)일랑 벌리지말어라。
知慧(지혜)와 일과 우숨만이있으면 그만이다。
粉(분)과비단은『사탄』의얼골을 감추는데만 소용이되리라。
오 —— 오래인神殿(신전) 거륵한大陸(대륙)에서
장사치와『마캬-벨리』의 後(후)예를 쓸어버릴
성낸『헤부라이』젊은사나이는 어디없느냐。

중천에사모치는 화토불을피우자。
帝國(제국)을 떠바치던 骸骨(해골)의 석가래도 기둥도
호사와 음난을 길러가던 無知(무지)와 不德(부덕)도
[화토불]에[던져라][2] 어서살워[3]버려라。
世界(세계)에 금을그은 저要塞線(요새선)들과
大砲(대포)와 造兵廠(조병창)과 투구들도 ——
戰爭(전쟁)은 벌서 끝나지않었느냐。
帝國(제국)도 强國(강국)도 다 歷史(역사)의가슴에달린
부질없는 사치한장식이아니냐。
〉

여러誤解(오해)와 敵意(적의)의 가시덤불에쌓여
한갈래 좁고가는 理解(이해)와 知慧(지혜)의길은
아직도 어둔밤 『푸라리나』머리칼처럼 히미하게 떨릴뿐。
나의 아름다운 世界(세계) 현란히 열릴날언제냐。
오직 하나뿐인世界(세계) 금가지않은 世界(세계)로향해
『사라센』의휘장처럼
아츰안개 눈부시게 걷힐날은언제냐。

어두운 주검속에서 꽃처럼 피어나는論理(논리)。
骸骨(해골)의들에도 봄바람이 불면
젖은 재떼미우에도 벌거벗은山脈(산맥)에도
싹은트리니 푸른싹은트리니
이윽고 거기 보라빛 당홍빛 노랑이
무지게같이 가지가지꽃 우거저나부껴
인제 어린『아담』들 눈을부비며 일어나리라。
世界(세계)에 웨치노니 어서길을비끼라
저기 새로운날은 녹쓰른사슬을 끄은채
거만한『푸로메티우쓰』처럼 그러나 늠늠히 오지않느냐。

(『바다와 나비』 101-06)

(『신조선보』 1945. 12. 29, 30, 31. 1면: 「세계에 외치노라」 1, 2, 3)

모다들 도라와 있고나

오래 눌렸던 소리 뭉처
同胞(동포)와 世界(세계)에 웨치노니
民族(민족)의소리고저 등불이고저
歷史(역사)의별이고저
여기 다시 우리들 모다 [도라와있노라]。[1)]
눈부시는 月桂冠(월계관)은 우리들 본시 바라지도않은것。
찬란한 自由(자유)의 새나라
첩첩한 가시덤불 저편에 아직도 머니
우리들 가시冠(관) 달게 쓰고
새벽 서리ㅅ길 즐거히 거러가리。

(一九四六·二·八·(1946·2·8·) 全國文學者大會場(전국문학자대회장)에서)

(『바다와 나비』 7[2)])
(『서울신문』 1946. 02. 10. 2면)

두견새
(세學兵(학병)의靈前(영전)에드림)

어머니와 누이들 모르는 아닌밤중
歷史(역사)와 世界(세계)의 눈을 가려가면서
큰일을 저즐렀느니라
별과 天使(천사)들 구버보며 소름첬느니라

뵤고 힌 손길을 끌려
송이송이 꽃봉오리 검은 貨車(화차)에실려
구름과 수풀과 바다를도라 몰려가던날
아모도 말려주는이없어 어머니만 발을 구르셨느니라

눈사부랭이에 매치는 이슬 방울방울
그아래몸덮일[1] 떳떳한 旗(기)빨과
잃어버린 祖國(조국)의 모습을 찾으며
夷狄(이적)의方言(방언)으로 노래부르며 떠났느니라

분명 뜻하지않은 奇蹟(기적)이었느니라
흐터저쓰러지는 이리떼아구리와 불바다에서
겨우 빼아서 도라온 몇아니남은 목숨
아모렴橫財(횡재)이매 새나라에 긴히 바치겠노라하였느니라

기다리시는 어머니에게로 진작 도라못갔음은
인제오실듯오실듯만 싶은 새나라 맞으려함이라
아 —— 진정 늦었느니라 새나라 오심이여
차라리 어머니에게로 가기만 못하였느니라

젊은이는 나라의꽃이오 보배어니
젊은이를 쏘지말라 쏘아서는 못쓰느니라
어디서 어머니가 노려보시느니라
(

새나라는 정영 꾸지즈리라

그날밤 어머니는 무서운 꿈 소스라처깨섰으리라
별과 天使(천사)들 꼴을찡기며 고개돌렸느니라
오 ── 젊은이들 모다 이렇게 괴로운데
새나라 오심이 어찌 이리더디시뇨

(『바다와 나비』 27-29)

(『학병』 1.2. 1946. 02. 25. 44-45쪽)

殉教者(순교자)

聖(성)스테빤
피와 땀으로 산 나라 오시니
수다스런辯明(변명)을 팔아 번영하던
오 —— 분바른 人生(인생)의저자 물러가라

둔한살은 주린이리에제[1] 찢어주며
뼈를탐내는 무리에게는 뼈갈아던지시며
즐겨 눈포래와 벗하야 살아오신이 ——

낯익은 별조차 虛空(허공)에 아득한 낮과밤[2]
떳떳지못한삶이라면 차라리
길드린즘생처럼 죽엄을 데불고 댕기신이 오시다

오직 그럴리없는 歷史(역사)의 눈짓만 처다보며
여러 흐린[한울][3]과 침침한 하늘[4]을 견디신
오 —— 서러웁고도 꿈많은氣象學(기상학)이여

聖(성)스테빤
피와 땀으로 산 나라 오시니
수다스런辯明(변명)을 팔아 번영하던
오 —— 粉(분)바른 人生(인생)의저자 물러가라

(『바다와 나비』 20-21)
(『신문학』 1.1. 1946. 04. 01. 116-17쪽)

나의 노래

서투룬 내노래 속에서
헐벗고 괄시받던 나의 이웃들
그대 우룸을울라 아낌업시 울라
憤(분)을 뿜으라

내 목소리 무디고 더듬어
그대 앞은[1] 사연 이루 옴기지 못하거덜랑
내 아둔을 채치라
목을따리라

사치한말과 멋진말투
詩(시)의 貴族(귀족)도 한량도 아니라
그대 그슨얼골 흙에 튼 팔뚝이 사로워
그대속에 자라는 새날 목노아 부르리라

(『새노래』 12-13)
(『서울신문』 1946. 04. 29. 2면)

아메리카

아득한 바다건너 한없이 넓은 한울아래 흥성한 나라가 있어
아모의 權威(권위)도 믿지않는 自由(자유)와 높은 한울과 들과 일을
죽엄보다 사랑하는 한 싱싱한 백성들이 거기산다 고한다
만나기도전부러[1] 그대들 무척 반겼음은
우리 또한 억매임없는 넓은 大氣(대기)와 살림 限(한)없이 그리웠기 때문
모-든 낡은權威(권위) 뭃어저 부스러저야함을 알었기때문이다

사슬과 抑壓(억압)을 잠시도 용서않으며
포악과 侵略(침략)을 가장 미워하는 그대
弱(약)한者(자)의 곁에 서있기를 늘 좋아하는 그대
自由(자유)와 또 前進(전진)만을 노래하는 詩(시)의傳統(전통)을가진
『휘트맨』의나라 백성이기에
그대 손목을 우리는 한없이 뜨겁게 잡으리라하였다

아! 잊힐리없는 一九四五年(1945년)九月(9월) 義(의)로운 우리들의동무
王(왕)없는나라 貴族(귀족)없는나라 人民(인민)의나라 젊은戰士(전사)들은
바다로 하눌로 구름가티 덮여온다하였다
壓制(압제)와 虐殺(학살)과 脅迫(협박)에 짓밟히고 찢긴 땅에서
毒蛇(독사)의 무리와 그앞잽이들 모조리 우리[2]
채찍높이휘들러 쫓아내리라하였다
그대들 또한 우리옆에 예루살렘神殿(신전)의 성낸 젊은이처럼 서있으리라 하였다

그러나 그대는 젊은朝鮮(조선)의 불타는 눈초리를 알지못했다
우리가 바라는것이 한 革命(혁명)임을 알지못했다
連續(연속)이 아니라 斷絕(단절)을 推移(추이)가 아니라 淸新(청신)한 飛躍(비약)이
야말로 젊은 朝鮮(조선)의 希望(희망)이었음을
지나간날은 너무나안타까이도 캄캄했던까닭에
너무나 歷史(역사)에게 버림받었던까닭에
그러므로 우리는 커-다란 새날만을 바라섰다

〉

一九四五年(1945년)八月(8월)은 바로 우리들의 一七七六年(1776년)七月(7월)이고저하였다
모-든 不合理(불합리)와 謀叛(모반)과 사슬에 대한 불붙는抗議(항의)
偉大(위대)한 人民(인민)의 權利(권리)와 自由(자유)의 宣言(선언)이고저하였다
그대는 우리들의 『七年(7년)의싸움[3]』을 거지반 도맡어 四年(4년)을 싸웠다
그대는 우리들의 百萬(백만)의『라파이엣트』

감옥과 地下(지하)의 우리들의 戰士(전사)의 굳은同盟軍(동맹군) ——
인제 그대들 우리곁에 있거늘
여기는 오직오래인 가난과 不潔(불결)과 懷疑(회의)와 연기
모두가 倭敵(왜적)이 남기고간 상채기뿐
그대손 너무 높은데있어 도시잡기가 어렵고나
『푸록코-트』도 『쌀롱』도 우리는없다
卑屈(비굴)이나 아첨이나 禮服(예복)은
오직 오래 입어본 치들만이 얼른 다시 뒤집어 썼건만
우리는 느꼈다 그는 도리혀 義(의)로운 戰士(전사)를 대접하는 禮儀(예의)아님을 ——

祝杯(축배)를 들자 七月(7월)초나흘을 위하야 —— 自由(자유)로운『아메리카[4]』의 聖(성)스런 싸움에 빛나는 지나간날과 오늘과
또 平和(평화)와 希望(희망)의 負債(부채) 무거운 來日(내일)을 위하야 ——
『워싱튼』『제퍼-슨』 그리고 『프랑클린』의나라
무엇보다도 『에부라함·링컨』의나라
그무엇보다도 『푸랭클린·로-즈벨트』의나라 이기에
그대에겐 있것만 아직도獨立(독립)없는
우리의 아픔을 아 —— 누구보다도 그대가 잘알리라

自由(자유)위한 싸움터우 다만 理解(이해)와 尊敬(존경)과 높은理想(이상)으로만
우리들의 굳은握手(악수)를 맺자
장미를 던저라 저 偉大(위대)한 一七七六年(1776년)의 七月(7월)을 위하야
우리모다 祝杯(축배)를 들자
또하나 祝杯(축배)는 우리들것으로 남겨두자[5]
(

(一九四六·七·四·美國獨立記念日(1946·7·4·미국독립기념일)에)

(『새노래』 65-71)

(『현대일보』 1946. 07. 04. 2면: 「자유로운 "아메리카"」)

새나라頌(송)

거리로 마을로 山(산)으로 골짜구니로
이어가는 電線(전선)은 새나라의 神經(신경)
일홈없는 나루 외따룬 洞里(동리)일만정[1]
빠진곳 하나없이 기름과 피
골고루 도라 다사론 땅이 되라

어린技師(기사)들 어서 자라나
굴뚝마다 우리들의 검은 꽃무꿈
연기를 올리자
김빠진 工場(공장)마다 動力(동력)을 보내서
그대와 나 온백성의 새나라 키어가자

山神(산신)과 살기와 염병이 함께사는 碑石(비석)이 흔한 마을 마을에
모-터와 電氣(전기)를 보내서
山神(산신)을 쫓고 마마를 몰아내자
기름친 機械(기계)로 運命(운명)과 農場(농장)을 휘몰아갈
希望(희망)과 自信(자신)과 힘을 보내자

熔鑛爐(용광로)에 불을켜라 새나라의 心臟(심장)에
鐵線(철선)을뽑고 鐵筋(철근)을 느리고 鐵板(철판)을 피리자[2]
세멘과 鐵(철)과 希望(희망)우에
아모도 흔들수없는 새나라 세워가자

녹쓰른 軌道(궤도)에 우리들의 機關車(기관차) 달리자
戰爭(전쟁)에 해여전[3] 貨車(화차)와 트럭에
벽돌을 실자 세멘을 올리자
애매한 支配(지배)와 屈辱(굴욕)이 좀먹던 部落(부락)과 나루에
새나라 굳은터 다져가자

『다이나모』아침부터 잉々거리는 골짝
(

『파이프』팔들어 떠바친 젊은 山脈(산맥)들은
希臘(희랍) 廊下(낭하)의 목이굵은 女神(여신)들
海拔(해발)三千尺(삼천척) 湖水(호수)를 끌어안은 당돌한 댐
얄루江(강) 五千年(5천년)의 神話(신화)를 말렸다 불렸다가

音樂(음악)을 울리렴 새나라의 노래 부르렴
『드부르샥크』의 哀憐(애련)한 新世界(신세계)가 아니다
거리거리 마치소리 안개속 떨리는 汽笛(기적)
電氣(전기)로 도라가는 논밭과 물레방아
그대와 나의 놀라운『씸포니』울려라

어린 새나라 하나 시달린 꿈을깨여 눈을부빈다
東海(동해) 푸른물 허리에 떨며 이러나는『아프로디테』
모두가 마지하자 굳이 잠긴 마음의 門(문)을 열어[4)]
피흐르는 가슴과 가슴을· 섞어 새나라 껴안자

(『새노래』 17-21)

(『문학』 1.1. 1946. 07. 15. 88-92쪽)

우리들 모두의 꿈이 아니냐

順(순)이 준 꽃병과 팔뚝의 크롬時計(시계)사 내것이지만
아 —— 저 푸른 넓은 하늘이야
蘭(난)의것도 英(영)의것도 내것도 아닌
우리 모두의 하늘이 아니냐

들을 보아라 그러고 바다를
海棠花(해당화) 수놓은 白沙場(백사장)
넘실거리는 보리이삭 벼초리
아청 바다에 연이은 초록빛 벌판은
아 —— 英(영)의것도 蘭(난)의것도 아닌
우리들 모두의것이 아니냐

하루ㅅ밤 무엔가 한없이 아름다운
꿈을 꾸다가 눈을 떴더니
무슨 眞珠(진주)나 잃은것 처럼 몹시도 서거품은
모두 즐겁고 살지고 노래하고 나물하지않는 곳이었기 때문
아 —— 그것은 蘭(난)의것도 英(영)의것도 내것도 아닌
우리들 모두의 꿈이었고나

바다도 山(산)도 꿈도
아 —— 저 넓은 하늘이야 말할것도없이
우리들 모두의것이 아니냐
모두 즐겁고 살지고 노래하며
英(영)이도 蘭(난)이도 順(순)이도 나도 함께 살 나라의
하늘과 들과 바다와 꿈이 아니냐

(『새노래』 14-16)

(『민성』 2.9. 1946. 08. 01. 15쪽)

다시 八月(8월)에

만사람 눈동자에 한순간 빛나던 별찌야
일만가슴 한데얽던 신기한 音樂(음악)아

뱀과 박쥐와 올뱀과 구렁이 서렷던 그늘진땅에
불길처럼 이러서며 찾던 백성들의 나라와 꿈

눈뿌리 마다 뜨거운 이슬 방울방울 뭉여
샘속에 피어나던 旗(기)빨아

별과 구름아래 젊은이를[1] 뭉여 戀愛(연애)보다도
안타까히 가슴조리며 고대하던 나라

지금 상서롭지못한 우지즘 숨가뿐 아름소리
눈보래 비바람 우뢰소리 몰려옴은
새나라 가는길 더욱 다짐이리라

우리모다 바뜨는 自由(자유) 白玉(백옥)같은 몸둥아리
점점이 뚫린 상채기마다 장미꽃 피리라
돌팔매 자욱자욱 구슬과 眞珠(진주) 맷히리라

백성들의 슬픔 노염 몸부림 속에서
시시각각 커가는 꿈 백성의나라
地層(지층)을 흔들며 파도치며 그는 거기[2]
우리들곁에 닦아 오지않느냐

가슴마다 노래를 기르자
불독아니처럼 세차게 타오르자 별가까히 닥아서자
어둠지튼 까닭에 홰불은 도리혀 그뭄밤이 긇읍지않으냐

磐石(반석)처럼 밀물처럼 時間(시간)의 수레에 밀려
(

그는 地動(지동)치며 오지않느냐

(『새노래』 25-28)
(『독립신보』 1946. 08. 15. 4면)

바람에 불리는 수천 기빨은

바람에 불리는 수천기빨은
蒼空(창공)에 쓰는 人民(인민)의 가지가지 呼訴(호소)라

소리소리 웨치는 노래와 歡呼(환호)는
구름에 사모치는 백성들의 홰ㅅ불
한울한울 올리는 八月(8월)의 홰ㅅ불

『아스팔트』 흔들며 밀려서오는
발자욱의 조수는
어둔밤 설레는 파도소리냐 아니
닥아오는 새날의 발울림이냐

(『새노래』 29-30)

(『현대일보』 1946. 08. 16. 2면: 「8월 데모 행렬에 부치는 노래」)

戀歌(연가)

두뺨을 스치는 바람결이 한결 거세어 별이 꺼진 한울 아래
즘생처럼 우짖는 都市(도시)의소리 피해오듯 돌아오면서
내마음 어느새 그대곁에 있고나
그대마음 내게로 온것이냐

陸路(육로)로 千里(천리) 水路(수로) 千里(천리)
오늘밤도 소스라처 깨우치는 꿈이 둘
街路樹(가로수) 설레는 바람소리 물새들 잠고대‥‥
그대아름소리 아닌것 없고나

그대있는곳 새나라오노라 얼마나 소연하랴
병지닌 가슴에도 薔薇(장미)같은 希望(희망)이피어
그대 숨이가뻐 處女(처녀)처럼 수다스러우리

회호리바람 미친 밤엔 우리 어깨와 어깨 지탕하야
찬비와 서리빨 즐거히 맞으리
자빠저 김나는 몸둥아리 하도 달면 이리도 피해 달아나리

새나라언약이 이처럼 화려커늘
그대와나 하로사리 목숨쯤이야
빛나는 하로아츰 이슬인들 어떠랴

(『새노래』 74-76)
(『협동』 3. 1947. 01. 20. 84-85쪽)

詩(시)와 文化(문화)에 부치는 노래

손을 벌이면 山(산)넘어서 바다건너서
四方(사방)에서 부짭히는 뜨거운体溫(체온)
初面(초면)이면서두 맛나자마자 가슴이 열려
하는얘기가 眞理(진리)와 美(미)의 근방만 싸고돎이 자랑일세

그대帽子(모자) 구멍이 뚫려 襤褸(남루)가 더욱좋구려
거즛 과 義(의)롭지못한것우에 서리는 눈초리
怒(노)염속에 감추인 人情(인정)의 불독아니
나라나라마다 우리들소리 외롭지않어 미뿌이

나기前(전)부터도 詩(시)의脈(맥)으로 이낀 어리석은種族(종족)
피아닌系譜(계보)가 寶石(보석)처럼빛나서 더욱玲瓏(영롱)타
陶淵明(도연명)과 韓龍雲(한용운) 과 鲁迅(노신)과 『타골』
『단테』와 『뽀들레르』와 『고리키』와 『오닐』

砲台(포대) 와 國境(국경) 을 비웃으며 마음마음의 고집은 뚜껑을녹이며
江(강)처럼 季節(계절)처럼 퍼저오는 拒否(거부)할수없는 物理(물리)
메마른 沙漠(사막)을 추기는 샘 어둠속에 차오는 빛
世界(세계)와 古今(고금) 에 넘처흘으는것 아 —— 詩(시)여 文化(문화)여

(『새노래』 110-12)

(『문화창조』 2. 1947. 03. 01. 4쪽)

人民(인민)工場(공장)에 부치는 노래

검은 煙氣(연기)를 올려
銀河(은하)라도 가려버려라
그러나 새ㅅ별만은 남겨두어라

窓(창)마다 뿜는 불길은
어둠을 흘기는 우리들의 눈짓
지금은 한구석이나
머지않어 모두가 돌아가겠지
다만
제일 소중한것을 저버리지만[1] 않으면 그만이다
八月(8월)이 가저왔던 저 큰 希望(희망)말이다

그대옆에
熔鑛爐(용광로)는 꺼지지 않었느냐
그대앞에
화통은 달은대로 있느냐
그것이 꺼지면 우리들의 心臟(심장)도 꺼진다

旋盤(선반)에 닥아서자
希望(희망)곁에 가까이 있자
皮帶(피대)와 齒輪(치륜)마다 우리들의 體溫(체온)을 돌리자
힘있게 살고있으며 자라난다고
새벽에 싸이렌을 울리자
동트기전에 뚜 —— 를 울리자

(『새노래』 31-33)

(『문학평론』 1.3. 1947. 04. 19. 23-24쪽)

肉体(육체)禮讚(예찬)

움켜잡으면 그대 더운피 가슴까지 화끈 쏴오는구나
여러싸움과 모함과 迫害(박해)속을 헤치고온 매디진손아

아름다운 眞理(진리)와 높은일 위하야는
물불 헤아리지않고 뚫고온 퍼진어께야

나라와 백성에게 바치는뜻 밖엔
딴마음 하나없이 낮과밤새워 달리던 세찬다리야

窓(창)으로 가자 그대손아귀 더오래 잡고있자
꽃피는구름 향기론 새벽
동터오는 한길이 그대와함께 보이는데로 가자

그대 얼골에 칼자욱 있어 더욱 빛나는 半(반)달이고나
근심이 차 부어올라 가슴이 둥글어
그대 타는 눈동자 어둠을 뚫고 별틈에 있고나

(『새노래』 77-78)

(『여성공론』 2.2. 1947. 07. 20. 39쪽: 「움켜잡으면 그대 더운 피」)

句節(구절)도 아닌 두서너 마디

句節(구절)도아닌 두서너마디 더듬는 말인데도
나의머리 수그리게하는 한량없는 뜻은 무엇일까

潮水(조수)[1)]에 뜬 별처럼 黃昏(황혼)에 더욱 빛나는 눈동자
도시 처다볼수없어 눈둘데 몰라 멍서리게함은무엇때문일까
이슬젖은 구술처럼 눈물이 어려 한결 빛나
내마음 꾀뚫어 휘젔는 금빛 화살아

귀막고 눈을 감으면 潮水(조수)처럼 그윽히 밀려와
내가슴하나 가득이 넘치는것은 무엇일까

雄辯(웅변)보다 깊은뜻 다문입술기
말보다 무거운[2)] 눈초리들에 지탕되어
초라한 작은 生涯(생애)가 보람이 있어
진달레 우거지는 언덕과 들 한없이 사랑하며
내 이 들에 즐거히 땀흘리리라

(『새노래』 79-80)

(『개벽』 9.1. 1947. 08. 01. 49쪽: 「구절도 아닌 두서너 마디 더듬는 말인데도」)

希望(희망)

希望(희망) ——
『갈리레오』가 이저버린
또하나
별의 일홈

숨이 가쁜 봄밤
젊은이 꿈속에 즐겨뜨는
기이한 버릇을 한
별아

오늘밤도
네 引力(인력)의 限界(한계)를 스치어
자조 삐뚤어지는
서투른 抛物線(포물선)들

온갓 회호리바람과 誘惑(유혹)과 脅迫(협박)에 휩쓸려
시달리는 運命(운명)우에
히미하게 걸리는
圓光(원광)

아 —— 나는 오늘
차디찬 隕星(운성)의 무덕[1]을 디디고
나의恒星(항성) 나의希望(희망)
가장 멀면서도 가장 가까운데있다

(『새노래』 91-93)
(『신천지』 2.10. 1947. 11. 12. 73쪽)

새해의 노래

歷史(역사)의 復讐(복수) 아직도 끝나지않었음인가
먼데서 가까운데서 民族(민족)과 民族(민족)의 아우성소리
어둔밤 파도 알른소린가 별 무수히 뭂어짐인가?

높은 구룸사이에 앨써 마음을 부처 살리라 한들
저자에 사모치는 저 웅어림 닿지않을까보냐?

아름다운 꿈 진임[1]은 언제고 무거운 짐이리라。
아름다운 꿈 버리지못함은 분명 刑罰(형벌)보다 앞은[2] 슲음이리라。

『이스라엘』헤매이던 二千年(2천 년) 꿈속의 故鄕(고향)
『시온』은 오늘 도라드는 발자곡소리로 騷然(소연)코나。

꿈엔들 잊어쓰랴? 우리들의『시온』도 統一(통일)과 自主(자주)와 民主(민주)우에 세울 빛나는 祖國(조국)。

우리들 落葉(낙엽)지는 한두살쯤이야 휴지통에 던지는 꾸겨진 쪼각일따름
사랑하는 나라의 테누리 새年輪(연륜)으로 한겹 굳어지라。

새해와 希望(희망)은 몸부림치는 民族(민족)에게 주자。
새해와 自由(자유)와 幸福(행복)은 괴로운 民族(민족)끼리 난우어가지지。[3]

(『새노래』 118-20)
(『자유신문』 1948. 01. 04. 3면)

II. 추후 다시 발표된 시의 본문

2

·

단행본 시집에 처음 수록된 시 중 신문・잡지 등에 다시 수록된 시

어린共和國(공화국)이여

식은火山(화산) 밑바닥에서
히미하게 나부끼던 작은불낄
말발굽 구루는 땅아래서
水銀(수은)처럼 떨리던샘물
인제는 모란같이 피어나라 어린共和國(공화국)어여[1]。

어둠속에 감춰온 마음의財産(재산)
우리들의 오래인꿈 어린共和國(공화국)이여

음산한『近代(근대)』의 葬列(장렬)에서 빼아슨奇蹟(기적)
歷史(역사)의 귀동자 어린共和國(공화국)이여。

오—— 명에도 富貴(부귀)도 지위도 다싫습니다
오직 그대가는길 멍에밑 즐거운 勞役(노역)에 억매여주소서

빛나는 共和國(공화국)이여 그리고 안심하소서
젊은이 어께에 그대 언치셨으니——

어린共和國(공화국)이여
우리들의 가슴에 차오는 꽃봉오리여
저 대담한 새벽처럼 서슴지않고 어서
밤새우며 고대하는거리로 닥아오소서。

(『신문예』 2.2. 1946. 07. 01. 16-17쪽)
(『바다와 나비』 22-23)

무지개

新羅(신라)적 한옛날부터
처다보는 금없는 한 한울
이슬젖은 太古(태고)의 젖가슴

오늘도 티끼하나없이 해ㅅ볕에 녹아
南(남)으로 기우러진 풍성한 쪽빛『나야가라』
황홀히 우르러보는 나의자랑아。

여러눈포래 구름 번개와 소낙비
우뢰와 세월이 구루며 휩쓰러간뒤에도
주름살하나없이 부푸른 한폭 둥근돗。

검소한동리와거리 쏘들데없는 분함
초라한사랑 쓴우숨 모조리 덮어가리던
碧玉(벽옥)빛沈默(침묵)을 다문 밑없는 나의한울。

背信(배신)도 謀叛(모반) 시기 미운다툼도
다보아 알고있는 무서운 靑銅(청동)거울
소름지우는『이쁘』와『카인』의 한울아。

노려보는 묵々한 눈초리 피하야
인제 우리 그늘로가 앓은 상채기마다 쓴눈물쏟은다음
까신 마음 가득히 한울빛 철々 받어담자。

靑瓷器(청자기) 빼여문 두루미목에
휘감겨 흘르는 비취빛 한울
나의 무지개 나의꿈 다사론광채야。

(『대조』 1.2. 1946. 06. 25. 209-10쪽)

(『바다와 나비』 24-26)

쎈토—르

『쎈토—르』는 原來(원래)가 말다리 말굽을한 怪物(괴물)이엿으나
요행이도 웃몸은 사람의형상을 하였드랍니다.

『쎈토—르』는 그래서어디서 牧羊神(목양신)의수염을 얻어부치고 天使(천사)『미하엘』의옷을훔쳐다입고는
(혹은 古物商(고물상)에서 사다입었거나 그흔한戰場(전장)판에서 주어왔는지도 모릅니다)
봄바람을 휘々감으며 송아지와 망아지들 틈에섞여 꽃밭에 달려들었읍니다.

하는말이———
——사과밭과 무—밭 딸기밭 가꾸기란 天下(천하)에 내가 第一(제일)이지.
어린家畜(가축)맡어보는데야 날당할者(자)있나?
한옛날부터도 그게 神(신)이점인 내天職(천직)인데사———

그러나
『쎈토—르』지나가는곳마다 진탕이되고
『쎈토—르』댕겨간곳마다 도야지 송아지 병아리 짓밟힌 죽엄이 쌓입니다.

어늬 숫羊(양)의털을 몰래뽑아다 맨든건지는 몰라도
『쎈토—르』
그銀(은)실수염을랑 떼버리면 어때?
아모래도 『쌘타클로쓰』 비슷도 않구려.
붉은투구와 저고리는 치자가아니라 어늬戰爭(전쟁)터나 물샘[1])에서 물드린게지?
金絲(금사)『레—쓰』밑에 그 매디굵은 馬脚(마각)이사 어찌한담?

아이들아 거기 챗찍을 가져오너라.

『쎈토—르』 때문에 못살겠구나.
이러다가는 今年(금년)일도
또 虛事(허사)가될가부다.

사과밭
채마밭
진달레
개나리 꽃밭에서
통굽을한 『쎈토—르』를
훠—ㄹ 훨
몰아내자。

아이들아 거기 챗찍을 가저오너라

(『개벽』 10.3. 1948. 05. 05. 30-31쪽)
(『새노래』 113-17)

The Complete Works of Ki-Rim Kim Textual Criticism

Volume 1: Poems

Beyond the "Territory of the Lyric"

III

부록

1. 기상도』(1936) / 『기상도』(1948), 대조
2. 단행본 시집의 서문 혹은 발문의 원문 /
   현대 한국어로 수정된 서문 혹은 발문
3. 단행본 시집별 차례 (시집 출판 시기 순)
4. 주석

III. 부록

1

・

『기상도』(1936) / 『기상도』(1948), 대조

氣象圖(기상도) (1936)

世界(세계)의아츰

비눌
돛인
海峽(해협)은
배암의잔등
처럼 살아낫고
아롱진『아라비아』의 衣裳(의상)을 둘른 젊은 山脈(산맥)들。

바람은 바다ㅅ가에『사라센』의 비단幅(폭)처럼 미끄러웁고
傲慢(오만)한風景(풍경)은 바로 午前(오전)七時(7시)의絕頂(절정)에 가로누엇다。

헐덕이는 들우에
늙은香水(향수)를 뿌리는
教堂(교당)의 녹쓰른 鍾(종)소리。
송아지들은 들로 돌아가렴으나。
아가씨는 바다에밀려가는 輪船(윤선)을 오늘도바래보냇다。

國境(국경)가까운 停車場(정차장)。
車掌(차장)의 信號(신호)를 재촉하며
발을 굴르는 國際列車(국제열차)。
車窓(차창)마다
『잘있거라』를 삼키고느껴서우는
마님들의 이즈러진 얼골들。
旅客機(여객기)들은 大陸(대륙)의空中(공중)에서 띠끌처럼흐터젓다。

本國(본국)에서오는 長距離(장거리)『라디오』의 効果(효과)를 實驗(실험)하기위하야
『쥬네브』로 旅行(여행)하는 紳士(신사)의家族(가족)들。
『샴판』。甲板(갑판)。『安寧(안녕)히가세요』。『단여오리다』。
船夫(선부)들은 그들의嘆息(탄식)을 汽笛(기적)에게맡기고
자리로 돌아간다。

氣象圖(기상도) (1948)

世界(세계)의아침

비눌
돛인
海峽(해협)은
배암의잔등
처럼 살아났고
아롱진 〈아라비아〉의 衣裳(의상)을 둘른 젊은, 山脈(산맥)들

바람은 바다가에 〈사라센〉의 비단幅(폭)처럼 미끄러웁고
傲慢(오만)한風景(풍경)은 바로 午前(오전)七時(7시)의 絕頂(절정)에 가로누었다

헐덕이는 들우에
늙은香水(향수)를 뿌리는
教堂(교당)의 녹쓰른 鍾(종)소리
송아지들은 들로 돌아가려므나
아가씨는 바다에 밀려가는 輪船(윤선)을 오늘도 바래보냈다

國境(국경)가까운 停車場(정차장)
車掌(차장)의 信號(신호)를 재촉하며
발을 굴르는 國際列車(국제열차)
車窓(차창)마다
〈잘있거라〉를삼키고 느껴서우는
마님들의 이즈러진 얼골들
旅客機(여객기)들은 大陸(대륙)의空中(공중)에서 띠끌처럼 흐터졌다

本國(본국)에서오는 長距離(장거리) 라디오의 效果(효과)를 實驗(실험)하기위하야
〈쥬네브〉로 旅行(여행)하는 紳士(신사)의家族(가족)들
샴판 甲板(갑판) 〈安寧(안녕)히가세요〉 〈단여오리다〉
船夫(선부)들은 그들의嘆息(탄식)을 汽笛(기적)에게맡기고 자리로 돌아간다

埠頭(부두)에달려 팔락이는 五色(5색)의『테잎』。
그女子(여자)의 머리의 五色(5색)의『리본』。

傳書鳩(전서구)들은
船室(선실)의집웅에서
首都(수도)로 向(향)하야 떠낫다。
……『스마트라』의東(동)쪽。…5·『킬로』의海上(해상)……一行(일행) 感氣(감기)도없다。
赤道(적도) 가까웁다。……20日(일)午前(오전)열時(시)。……

(『기상도』 1936. 07. 08. 01-02쪽)
(『중앙』 3.5. 1935. 05. 01. 104-05쪽:「기상도 1: 1. 세계의 아침」)
(『기상도』 1948. 09. 20. 06-11쪽:「세계의 아침」)

埠頭(부두)에달려 팔락이는 五色(5색)의 〈테잎〉
그女子(여자)의머리의 五色(5색)의 〈리본〉

傳書鳩(전서구)들은
船室(선실)의 집웅에서
首都(수도)로 향하야 떠났다
……〈스마트라〉의 東(동)쪽.……5킬로의 海上(해상)……一行(일행) 感氣(감기)도 없다
赤道(적도) 가까웁다……20日(일)午前(오전)열時(시)。……

(『기상도』 1948. 09. 20. 06-11쪽)
(『기상도』 1936. 07. 08. 01-02쪽)
(『중앙』 3.5. 1935. 05. 01. 104-05쪽: 「기상도 1: 1. 세계의 아침」)

市民(시민)行列(행렬)

『넥타이』를한 힌食人種(식인종)은
『니그로』의料理(요리)가 七面鳥(칠면조)보다도 좋답니다。
살갈을 히게하는 검은고기의偉力(위력)。
醫師(의사)『콜베-르』氏(씨)의 處方(처방)입니다。
『헬메트』를쓴 避暑客(피서객)들은
亂雜(난잡)한 戰爭競技(전쟁경기)에 熱中(열중)햇습니다。
슯은獨唱家(독창가)인 審判(심판)의號角(호각)소리。
너무 興奮(흥분)하엿슴으로
內服(내복)만입은 『빠씨스트』。
그러나 伊太利(이태리)에서는
泄瀉劑(설사제)는 일체 禁物(금물)이랍니다。
畢竟(필경) 洋服(양복)입는法(법)을 배워낸 宋美齡(쑹메이링(송미령))女史(여사)。
『아메리카』에서는
女子(여자)들은 모두海水浴(해수욕)을 갓스므로
빈집에서는 望鄕歌(망향가)를 불으는『니그로』와 생쥐가 둘도없는동무가 되엇습니다。
巴里(파리)의 男便(남편)들은 오늘도 차라리 自殺(자살)의衛生(위생)에 對(대)하야 생각하여야하고
옆집의 수만이는 석달만에야
아침부터 支配人(지배인)영감의 自動車(자동차)를 불으는 지리한職業(직업)에 就職(취직)하엿고
獨裁者(독재자)는 冊床(책상)을 따리며 오직
『斷然(단연)히 —— 斷然(단연)히』 힌개의副詞(부사)만發音(발음)하면 그만입니다。
東洋(동양)의안해들은 사철을 不滿(불만)이니까
배추장사가 그들의 군소리를 담어가려오기를 어떻게 기다리는지몰릅니다。
公園(공원)은 首相(수상)『막도날드』가 世界(세계)에자랑하는
如前(여전)히 失業者(실업자)를위한 國家的(국가적)施設(시설)이되엇습니다。
(

市民(시민)行列(행렬)

넥타이를한 흰 食人種(식인종)은
니그로의 料理(요리)가 七面鳥(칠면조)보다도 좋답니다
살갈을 희게하는 검은고기의偉力(위력)
醫師(의사) 〈콜베-르〉氏(씨)의 處方(처방)입니다
〈헬메트〉를 쓴 避暑客(피서객)들은
亂雜(난잡)한 戰爭競技(전쟁경기)에 熱中(열중)했습니다
슲은獨唱家(독창가)인 審判(심판)의號角(호각)소리
너무 興奮(흥분)하였으므로
內服(내복)만입은 파씨스트
그러나 伊太利(이태리)에서는
泄瀉劑(설사제)는 일체 禁物(금물)이랍니다
필경 洋服(양복)입는법을 배워낸 宋美齡(쑹메이링 (송미령))女史(여사)
아메리카에서는
女子(여자)들은 모두海水浴(해수욕)을 갔으므로
빈집에서는 望鄕歌(망향가)를 불으는 니그로와
생쥐가 둘도없는 동무가 되었읍니다
巴里(파리)의 男便(남편)들은 차라리 오늘도 自殺(자살)의 衛生(위생)에 대하여 생각하여야 하고
옆집의 수만이는 석달만에야
아침부터 支配人(지배인)영감의 自動車(자동차)를 불으는
지리한職業(직업)에 就職(취직)하였고
獨裁者(독재자)는 冊床(책상)을 따리며 오직
〈斷然(단연)히 —— 斷然(단연)히〉 한개의副詞(부사)만 發音(발음)하면 그만입니다
東洋(동양)의 안해들은 사철을 不滿(불만)이니까
배추장사가 그들의 군소리를 담어갖어오기를
어떻게 기다리는지모릅니다
公園(공원)은 首相(수상) 〈막도날드〉氏(씨)가 世界(세계)에 자랑하는
如前(여전)히 失業者(실업자)를위한 國家的(국가적)施設(시설)이 되었읍니다

敎徒(교도)들은 언제던지 치일수잇도록
가장簡便(간편)한곳에 聖經(성경)을 언저두엇습니다。
祈禱(기도)는 罪(죄)를지을수잇는 口實(구실)이 되엇습니다。
『감사합니다。
아-멘』
『감사합니다。마님 한푼만 적선하세요。
내얼골이 요로케 이즈러진것도
내팔이이렇게부러진것도
마님과니말이지 내어머니의죄는 아니랍니다』
『쉿! 無名戰士(무명전사)의 記念祭(기념제)行列(행렬)이다』
뚜걱 뚜걱 뚜걱…………

(『기상도』 1936. 07. 08. 03-04쪽)
(『중앙』 3.5. 1935. 05. 01. 105쪽: 「기상도 1: 1. 시민 행렬」)
(『기상도』 1948. 09. 20. 13-17쪽)

敎徒(교도)들은 언제던지 치일수 잇도록
가장 簡便(간편)한 곳에 聖經(성경)을 언저 두었습니다
祈禱(기도)는 罪(죄)를지을수있는 口實(구실)이 되었습니다
〈감사합니다〉
〈아-멘〉
〈감사합니다 마님 한푼만 적선하세요
내얼골이 요로케 이즈러진것도
내팔이 이렇게 부러진것도
마님과니 말이지 내어머니의죄는 아니랍니다〉
〈쉿! 無名戰士(무명전사)의 記念祭行列(기념제행렬)이다〉
뚜걱 뚜걱 뚜걱……

(『기상도』 1948. 09. 20. 13-17쪽)
(『기상도』 1936. 07. 08. 03-04쪽)
(『중앙』 3.5. 1935. 05. 01. 105쪽: 「기상도 1: 1. 시민 행렬」)

颱風(태풍)의起寢(기침)時間(시간)

『바기오』의東(동)쪽
北緯(북위)十五度(15도)。

푸른바다의 寢床(침상)에서
흰물결의 이불을 차덙이고
내리쏘는 太陽(태양)의 金(금)빛화살에 얼골을 어더맞어서
南海(남해)의 늦잠재기 赤道(적도)의 심술쟁이
颱風(태풍)이 눈을떳다。
鰐魚(악어)의 싸홈동무。
돌아올줄 몰르는 長距離選手(장거리선수)。
和蘭(화란)船長(선장)의 붉은수염이 아무래도 싫다는
따꼽쟁이。
휘둘르는 검은모락에
찢기어 흐터지는 구름빨。
거츠른 숨소리에 소름치는
魚族(어족)들。
海灣(해만)을찾어숨어드는 물결의떼。
황망히 바다의장판을 구르며달른
비ㅅ발의 굵은다리。

『바시』의 어구에서 그는문득
바위에 걸터앉어 머리수그린
헐벗고 늙은 한 沙工(사공)과 마주첬다。
흥 『옛날에 옛날에 破船(파선)한沙工(사공)』인가봐。
結婚式(결혼식)손님이 없어서 저런게지。
『오 빠우스트』
『어디를덤비고가나』
『응 北(북)으로』

颱風(태풍)의起寢(기침)時間(시간)

〈바기오〉의 東(동)쪽
北緯(북위)15度(도)

푸른 바다의 寢床(침상)에서
흰 물결의 이불을 차던지고
내리쏘는 太陽(태양)의 金(금)빛화살에 얼골을 어더맞으며
南海(남해)의 늦잠재기 赤道(적도)의 심술쟁이
颱風(태풍)이 눈을떴다
鰐魚(악어)의 싸홈동무
돌아올줄 몰르는 長距離選手(장거리선수)
和蘭(화란)船長(선장)의 붉은수염이 아무래도 싫다는
따꼽쟁이
휘둘르는 검은모락에
찢기어 흐터지는 구름빨
거츠른 숨소리에 소름치는
魚族(어족)들
海灣(해만)을 찾어 숨어드는 물결의떼
황망히 바다의 장판을 구르며달른
빗발의 굵은다리

〈바시〉의 어구에서 그는 문득
바위에 걸터앉어 머리수그린
헐벗고 늙은 한 沙工(사공)과 마주쳤다
흥 〈옛날에 옛날에 破船(파선)한沙工(사공)〉인가봐
結婚式(결혼식)손님이 없어서 저런게지
〈오 파우스트〉
〈어디를덤비고가나〉
〈응 北(북)으로〉

『또 성이낫나?』
『난 잠잫고 잇슬수가없어。자□ 또 무엇땜에 예까지왓나?』
『괴테를 찾어단이네』
『괴테는 자네를 내버리지않엇나?』
『하지만 그는 내게 생각하라고□□만 가르켜주엇지
行動(행동)할줄은 가르켜주지않엇다네。
나는지금 그게 가지고싶으네』
흠 막난이 ㅹ우스트。
흠 막난이 ㅹ우스트。

中央氣象臺(중앙기상대)의 技師(기사)의손은
世界(세계)의 一千五百餘(1천5백여)구석의 支所(지소)에서오는
電波(전파)를 번역하기에 분주하다。

(第一報(제1보))

低氣壓(저기압)의 中心(중심)은
『발칸』의東北(동북)
또는
南米(남미)의 高原(고원)에 있어서
690밀리
때때로
적은 비 뒤에
큰 비。
바람은
西北(서북)의方向(방향)으로
35米突(미돌(미터))。

(第二報(제2보)=暴風警報(폭풍경보))

猛烈(맹렬)한 颱風(태풍)이
南太平洋(남태평양)上(상)에서
일어나서
(

〈또 성이났나?〉
〈난 잠잫고 있을수가없어 자넨 또 무엇땜에 예까지왔나?〉
〈괴테를 찾어다니네〉
〈괴테는 자네를 내버리지않엇나〉
〈하지만 그는 내게 생각하라고만 가르켜주엇지
어떻게行動(행동)하라군 가르켜주지않엇다네
나는지금 그게 가지고싶으네〉
흠 막난이 빠우스트
흠 막난이 빠우스트

中央氣象台(중앙기상대)의 技師(기사)의손은
世界(세계)의 1500餘(여)구석의 支所(지소)에서오는
電波(전파)를 번역하기에 분주하다

(第一報(제1보))

低氣壓(저기압)의 中心(중심)은
〈발칸〉 의東北(동북)
또는
南米(남미)의 高原(고원)에 있어
690밀리
때때로
적은 비 뒤에
큰 비
바람은
西北(서북)의方向(방향)으로
35미터

(第二報(제2보)·暴風警報(폭풍경보))

猛烈(맹렬)한 颱風(태풍)이
南太平洋(남태평양)上(상)에서
일어나
(

바야흐로
北進中(북진중)이다。
風雨(풍우)强(강)할것이다。
亞細亞(아세아)의 沿岸(연안)을 警戒(경계)한다。

한使命(사명)에로 編成(편성)된 短波(단파)·短波(단파)·長波(장파)·短波(단파)·長波(장파)·超短波(초단파)·모-든·電波(전파)의·動員(동원)·

(府(부)의揭示板(게시판))

『紳士(신사)들은 雨器(우기)와 現金(현금)을 携帶(휴대)함이좋을것이다』

(『기상도』 1936. 07. 08. 05-08쪽)
(『중앙』 3.5. 1935. 05. 01. 105-07쪽: 「기상도 1: 2. 태풍의 기침」)
(『기상도』 1948. 09. 20. 19-26쪽: 「태풍의 기침 시간」)

바야흐로
北進中(북진중)이다
風雨(풍우) 强(강)할것이다
亞細亞(아세아)의 沿岸(연안)을 警戒(경계)한다

한 使命(사명)에로 編成(편성)된 短波(단파)·短波(단파)·長波(장파)·短波(단파)·長波(장파)·超短波(초단파)·모-든·電波(전파)의·動員(동원)·

(市(시)의揭示板(게시판))

〈紳士(신사)들은 雨備(우비)와 現金(현금)을 携帶(휴대)함이 좋을것이다〉

(『기상도』 1948. 09. 20. 19-26쪽)
(『기상도』 1936. 07. 08. 05-08쪽: 「태풍의 기침 시간」)
(『중앙』 3.5. 1935. 05. 01. 105-07: 「기상도 1: 2. 태풍의 기침」)

자최

『大中華民國(대중화민국)의 繁榮(번영)을 위하야 ── 』
슯으게 떨리는 유리『컵』의 쇠ㅅ소리。
거륵한 『테-불』 보재기우에
펴놓는 歡談(환담)의물구비속에서
늙은王國(왕국)의 運命(운명)은 흔들리운다。
『솔로몬』의 使者(사자)처럼
빨간술을 빠는 자못 점잔은 입술들
색깜안 옷깃에서
쌩그시 웃는 힌薔薇(장미)
『大中華民國(대중화민국)의 分裂(분열)을위하야 ── 』

찢어지는 휘장의 저편에서
갑짝이 유리窓(창)이 투덜거린다……

『자려므나 자려므나
꽃속에누어서 별에게 안겨서 ── 』
萬國公園(만국공원)의 『라우드·스피-커』는
『쁘람-쓰』처럼 매우슯읍니다。
꽃은커녕 별도 없는『벤취』에서는
꿈들이 바람에 흔들려 소스라처깨엇습니다。
『하이칼라』한 『쌘드윗취』의 꿈。
貪慾(탐욕)한 『비-프스테잌』의 꿈
건방진 『햄·살라드』의 꿈。
비겁한 강낭죽의 꿈。
『나리사 내게는 꿈꾼죄밖에는 없읍니다。
食堂(식당)의 門前(문전)에는
천만에 천만에 간일이라곤 없읍니다』
『……………………』
(

자최

〈大中華民國(대중화민국)의 繁榮(번영)을 위하야 ——〉
슲으게 떨리는 유리컵의 쇳소리
거륵한 〈테-불〉 보재기우에
펴놓는 歡談(환담)의 물구비속에서
늙은王國(왕국)의 運命(운명)은 흔들리운다
〈솔로몬〉의 使者(사자)처럼
빨간 술을 빠는 자못 점잔은 입술들
색깜안 옷깃에서
쌩그시 웃는 흰 薔薇(장미)
〈大中華民國(대중화민국)의 分裂(분열)을위하야 ——〉

찢어지는 휘장 저편에서
갑자기 유리窓(창)이 투덜거린다……

〈자려므나 자려므나〉
꽃속에누어서 별에게 안겨서 ——〉
萬國公園(만국공원)의 〈라우드·스피-커〉는
〈쁘람-쓰〉처럼 매우 슲읍니다
꽃은커녕 별도 없는 벤취에서는
꿈들이 바람에 흔들려 소스라쳐 깨었읍니다
하이칼라한 쌘드윗취의 꿈
貪慾(탐욕)한 〈삐-프스테잌〉의 꿈
건방진 〈햄살라드〉의 꿈
비겁한 강낭죽의 꿈
〈나리사 나게는 꿈꾼죄밖에는 없읍니다
食堂(식당)의 門前(문전)에는
천만에 천만에 간일이라곤 없읍니다〉
〈…………………………〉
(

『나리 저건 默示錄(묵시록)의騎士(기사)ㅂ니까?』

산빨이 소름 친다。
바다가 몸부림 친다。
휘청거리는 빌딩의 긴 허리。
비틀거리는 電柱(전주)의 미끈한다리。
旅客機(여객기)는 颱風(태풍)의 깃을피하야
成層圈(성층권)으로 소스라처 올라갓다。
痙攣(경련)하는 亞細亞(아세아)의 머리우에 흐터지는 電波(전파)의 噴水(분수)。噴水(분수)。
故國(고국)으로 몰려가는 忠實(충실)한『에-텔』의 아들들。

國務卿(국무경)『양키 — 』씨는 受話器(수화기)를내던이고
倉庫(창고)의 층층계를 굴러떨어진다。
실로 한목음의 『쏘-다』水(수)。
혹은 아모러치도 아니한 『이늠』소리와 바꾼 證券(증권)들우에서
붉은 수염이 쓰게 웃엇다。
(『워싱톤』은 가르치기를『正直(정직)하여라』)

十字架(십자가)를 높이 들고
動亂(동란)에 향하야 귀를 틀어막든
教會堂(교회당)에서는
『하느님이여 카나안으로 이르는길은
어느 불ㅅ길속으로 뚤렷습니까?』
祈禱(기도)의 중품에서 禮拜(예배)는 멈춰섯다。
아모도『아-멘』을 채 말하기전에
門(문)으로 門(문)으로 쏟아진다………

圖書舘(도서관)에서는
사람들은 걱꾸로서는 『쏘크라테쓰』를 拍手(박수)합니다。
生徒(생도)들은 『헤-겔』의 서투른 산술(算術)에 아주歎服(탄복)합니다。
어저께의同志(동지)를 江邊(강변)으로 보내기위하야
자못變化自在(변화자재)한 刑法(형법)上(상)의條件(조건)이 調査(조사)됩니다。
教授(교수)는 紙錢(지전)우에 印刷(인쇄)된 博士論文(박사논문)을 朗讀(낭독)합니다。

〈나리 저건 默示錄(묵시록)의騎士(기사)ㅂ니까〉

산빨이 소름 친다
바다가 몸부림 친다
휘청거리는 삘딩의 긴 허리
비틀거리는 電柱(전주)의 미끈한 다리
旅客機(여객기)는 颱風(태풍)의 깃을 피하야
成層圈(성층권)으로 소스라처 올라갔다。
痙攣(경련)하는 亞細亞(아세아)의 머리우에 흐터지는 電波(전파)의 噴水(분수) 噴水(분수)
故國(고국)으로 몰려가는 忠實(충실)한 에-텔의 아들들
國務卿(국무경)〈양키 — 〉씨는 受話器(수화기)를 내던지고
倉庫(창고)의 층층계를 굴러떨어진다
실로 한목음의 소-다水(수)
혹은 아모러치도 아니한 〈이놈〉소리와 바꾼 證券(증권)들우에서
붉은 수염이 쓰게 웃었다
〈워싱톤은 가르키기를 正直(정직)하여라〉

十字架(십자가)를 높이 들고
動亂(동란)에 향하야 귀를 틀어막던
教會堂(교회당)에서는
〈하느님이여 카나안으로 이르는길은
어느 불ㅅ길속으로 뚤렸습니까〉
祈禱(기도)의 중품에서 禮拜(예배)는 멈춰섰다
아모도〈아-멘〉을 채 말하기전에
門(문)으로 門(문)으로 쏟아진다……

圖書舘(도서관)에서는
사람들은 거꾸로서는 〈소크라테쓰〉를 拍手(박수)합니다
生徒(생도)들은 〈헤-겔〉의 서투른 算術(산술)에 아주歎服(탄복)합니다
어저께의 同志(동지)를 江邊(강변)으로 보내기위하야
자못 變化自在(변화자재)한 刑法上(형법상)의條件(조건)이 調査(조사)됩니다
教授(교수)는 紙錢(지전)우에 印刷(인쇄)된 博士論文(박사논문)을 朗讀(낭독)합니다

『녹크도 없는 손님은 누구냐?』
『………………』
『대답이없는 놈은 누구냐?』
『………………………』
『禮儀(예의)는 지켜야 할것이다』

떨리는 租界線(조계선)에서
하도심심한 步哨(보초)는 한 佛蘭西(불란서)婦人(부인)을 멈춰세웟스나
어느새 그는 그女子(여자)의 『스카-트』밑에 있었습니다。
『베레』그늘에서 취한입술이 博愛主義者(박애주의자)의
우슴을 웃엇습니다。

硼酸(붕산)냄새에 얼빠진 花柳街(화류가)에는
賣藥會社(매약회사)의 廣告紙(광고지)들。
이지러진 『알미늄』대야。
담배집 倉庫(창고)에서
썩은 고무냄새가 焚香(분향)을 피운다。
집웅을 베끼운 골목□어구에서
쫒겨난 孔子(공자)님이 잉잉 울고섯다。

自働車(자동차)가 돌을차고 너머진다。
電車(전차)가 개울에 쓸어진다。
『빌딩』의 숲속
네거리의 골작에 몰켜든 검은 대가리들의 下水道(하수도)。
멱처럼 허우적이는 가-느다란팔들。
救援(구원)대신에 虛空(허공)을 부짭는 지치인努力(노력)。
흔들리우는 억개의 물결。

불自働車(자동차)의
날랜『싸이랜』의날이
선듯 무딘 動亂(동란)을 갈르고 지나갓다。
입마다 불낄을 뿜는
摩天樓(마천루)의 턱을 어르맍이는 噴水(분수)의 바알。

〈녹크도 없는 손님은 누구냐〉
〈…………………………〉
〈대답이없는 놈은 누구냐〉
〈…………………………〉
〈禮儀(예의)는 지켜야 할것이다〉

떨리는 租界線(조계선)에서
하도 심심한 步哨(보초)는 한 佛蘭西(불란서)婦人(부인)을 멈춰세웠으나
어느새 그는 그 女子(여자)의 스카-트밑에 있었습니다
〈베레〉 그늘에서 취한 입술이 博愛主義者(박애주의자)의 웃음을 웃었습니다

硼酸(붕산)냄새에 얼빠진 花柳街(화류가)에는
賣藥會社(매약회사)의 廣告紙(광고지)들
이즈러진 알미늄 대야
담뱃집 倉庫(창고)에서
썩은 고무냄새가 焚香(분향)을 피운다
지붕을 베끼운 골목어구에서
쫓겨난 孔子(공자)님이 잉잉 울고 섰다

自動車(자동차)가 돌을 차고 너머진다
電車(전차)가 개울에 쓸어진다
〈빌딩〉의 숲속
네거리의 골짝에 몰켜든 검은 대가리들의 下水道(하수도)
멱처럼 허우적이는 가-느다란 팔들
救援(구원)대신에 虛空(허공)을 부짭은 지치인 努力(노력)
흔들리우는 어깨의 물결

불自動車(자동차)의
날랜 〈사이렌〉의 날이
선뜻 무딘 動亂(동란)을 갈르고 지나갔다
입마다 불낄을 뿜는
摩天樓(마천루)의 턱을 어르만지는 噴水(분수)의 바알

억깨가 떨어진 『말코보로』의 銅像(동상)이 혼자
네거리의 복판에 가로 서서
群衆(군중)을 號令(호령)하고 싶으나
목아지가 없읍니다。

『라디오·삐-큰』에 걸린
飛行機(비행기)의 부러진 죽지。
골작을 거꾸로 자빠저 흘으는 碑石(비석)의 瀑布(폭포)。
『召集令(소집령)도 끝나기전에 戶籍簿(호적부)를 어찐담』
『그보다도 必要(필요)한 納稅簿(납세부)』
『그보다도 俸給表(봉급표)를』
『그러치만 出勤簿(출근부)는 없어지는게좋아』

날마다 갈리는 公使(공사)의行列(행렬)
乘馬(승마)俱樂部(구락부)의 말발굽소리
『홀』에서 돌아오는 마지막 自働車(자동차)의 고무바퀴들
墨西哥(묵서가)行(행)의 『쿠리』들의 『투레기』
자못가벼운 두쌍의『키드』와『하이힐』
몇개의 世代(세대)가 뒤섞기어 밟고간 海岸(해안)의街道(가도)는
깨여진 벽돌쪼각과
부서진 유리쪼각에 어더맞어서
꼬부라저 자빠저 있다。

날마다 黃昏(황혼)이 채여주는
電燈(전등)의 勳章(훈장)을 번쩍이며
世紀(세기)의 밤중에 버티고 일어섯든
傲慢(오만)한 都市(도시)를 함부로 뒤저놓고
颱風(태풍)은 휘파람을 높이불며
黃河(황허(황하))의 江邊(강변)으로 비꼬며간다……

(『기상도』 1936. 07. 08. 09-14쪽)

(『중앙』 3.7. 1935. 07. 01. 122-24쪽: 「기상도 2: 3. 만조로 향하여」)

(『기상도』 1948. 09. 20. 27-40쪽: 「자취」)

어깨가 떨어진 〈마르코·폴로〉의 銅像(동상)이 혼자
네거리의 복판에 가로 서서
群衆(군중)을 號令(호령)하고 싶으나
목아지가 없읍니다

〈라디오·비-큰〉에 걸린
飛行機(비행기)의 부러진 죽지
골작을 거꾸로 자빠져 흐르는 碑石(비석)의 瀑布(폭포)
〈召集令(소집령)도 끝나기 전에 戶籍簿(호적부)를 어쩐담〉
〈그보다도 必要(필요)한 納稅簿(납세부)〉
〈그보다도 俸給表(봉급표)를〉
〈그렇지만 出勤簿(출근부)는 없어지는게 좋아〉

날마다 갈리는 公使(공사)의 行列(행렬)
乘馬(승마)俱樂部(구락부)의 말발굽 소리
〈홀〉에서 돌아오는 마지막 自動車(자동차)의 고무바퀴들
墨西哥(묵서가)行(행)의 〈쿠리〉들의 〈투레기〉
자못 가벼운 두쌍의 〈키드〉와 〈하이힐〉
몇개의 世代(세대)가 뒤섞기어 밟고간 海岸(해안)의 街道(가도)는
깨여진 벽돌쪼각과
부서진 유리쪼각에 얻어맞어서
꼬부라져 자빠져 있다

날마다 黃昏(황혼)이 채여주는
電燈(전등)의 勳章(훈장)을 번쩍이며
世紀(세기)의 밤중에 버티고 일어섰던
傲慢(오만)한 都市(도시)를 함부로 뒤져놓고
颱風(태풍)은 휘파람을 높이불며
黃河(황허 (황하)) 江邊(강변)으로 비꼬며 간다……

(『기상도』 1948. 09. 20. 27-40쪽)
(『기상도』 1936. 07. 08. 09-14쪽: 「자취」)
(『중앙』 3.7. 1935. 07. 01. 122-24쪽: 「기상도 2: 3. 만조로 향하여」)

病(병)든風景(풍경)

보라빛 구름으로 선을둘른
灰色(회색)의『칸바쓰』를 둥지고
꾸겨진 빨래처럼
바다는
山脈(산맥)의 突端(돌단)에 걸려 퍼덕인다。

삐뚤어진 城壁(성벽)우에
부러진 소나무하나……

지치인 바람은 지금
漂白(표백)된 風景(풍경)속을
썩은 嘆息(탄식)처럼
埠頭(부두)를 넘어서
찢어진바다의 치마자락을 걷우면서
化石(화석)된벼래의 뺨을 어르만지며
주린강아지 처럼 비틀거리며 지나간다。

바위틈에 엎디어
죽지를 들이운 물새한마리 ——
물결을 베고자는
꺼질줄 모르는 너의鄕愁(향수)。

짓밟혀 느러진 白沙場(백사장)우에
매맞어 검푸른『빠나나』껍질하나
부프러올은 구두한짝을
물결이 차덙이고 도라갔다。
海灣(해만)은 또하나
슲은傳說(전설)을 삼켰나보다。

病(병)든風景(풍경)

보라빛 구름으로 선을 둘른
灰色(회색)의 칸바쓰를 등지고
꾸겨진 빨래처럼
바다는
山脈(산맥)의 突端(돌단)에 걸려 퍼덕인다

삐뚤어진 城壁(성벽)우에
부러진 소나무 하나……
지치인 바람은 지금
漂白(표백)된 風景(풍경)속을
썩은 嘆息(탄식)처럼
埠頭(부두)를 넘어서
찢어진 바다의 치마자락을 걷우면서
化石(화석)된 벼래의 뺨을 어루만지며
주린 강아지처럼 비틀거리며 지나간다

바위틈에 엎디어
죽지를 들이운 물새 한 마리
물결을 베고 자는
꺼질줄 모르는 鄕愁(향수)
짓밟혀 느러진 白沙場(백사장)우에
매맞어 검푸른 빠나나껍질 하나
부프러 올은 구두 한짝을
물결이 차던지고 돌아갔다
海灣(해만)은 또 하나
슬픈 傳說(전설)을 삼켰나보다
(

黃昏(황혼)이 잎여주는
灰色(회색)의 襚衣(수의)를 감고
물결은 바다가 타는 葬送曲(장송곡)에 마추어
病(병)든 하로의 臨終(임종)을 춘다…
섬을 부등켜안는
안타까운 팔。
바위를 차는 날랜 발길。
모래를 스치는 조심스런 발꼬락。
埠頭(부두)에 엎드려서
築臺(축대)를 어르맍이는
간엷힌 손길。

붉은 香氣(향기)를 떨어버린
海棠花(해당화)의 섬에서는
참새들의 이야기도 꺼저 버렷고
먼 ── 燈臺(등대) 부근에는
등불도 별들도 피지 않엇다……

(『기상도』 1936. 07. 08. 15-17쪽)
(『중앙』 3.7. 1935. 07. 01. 124-25쪽: 「기상도 2: 4. 병든 풍경」)
(『기상도』 1948. 09. 20. 41-46쪽)

黃昏(황혼)이 입혀주는
灰色(회색)의 襚衣(수의)를 감고
물결은 바다가 타는 葬送曲(장송곡)에 맞추어
病(병)든 하루의 臨終(임종)을 춘다……
섬을 부등켜안는
안타까운 팔
바위를 차는 날랜 발길
모래를 스치는 조심스런 발꾸락
埠頭(부두)에 엎드려서
築臺(축대)를 어루만지는
간엷힌 손길

붉은 香氣(향기)를 떨어버린
海棠花(해당화)의 섬에서는
참새들의 이야기도 꺼저버렸고
먼 燈臺(등대) 부근에는
등불도 별들도 피지 않았다……

(『기상도』 1948. 09. 20. 41-46쪽)
(『기상도』 1936. 07. 08. 15-17쪽)
(『중앙』 3.7. 1935. 07. 01. 124-25쪽: 「기상도 2: 4. 병든 풍경」)

올배미의呪文(주문)

颱風(태풍)은 네거리와 公園(공원)과 市場(시장)에서
몬지와 休紙(휴지)와『캐베지』와 臙脂(연지)와
戀愛(연애)의流行(유행)을 쪼차버렷나。

헝크러진 거리를 이구석 저구석
혀바닥으로 뒤지며 단이는 밤바람。
어둠에게 벌거버슨 등을 씨끼우면서
말없이 우두커니 서있는 電線柱(전선주)。
엎드린 모래불의 허리에서는
물결이 가끔 힌머리채를 추어든다。

요란스럽게 마시고 지꺼리고 떠들고 도라간뒤에
『테불』우에는 깨여진盞(잔)들과
함부로 지꾸어진 芳名錄(방명록)과……
아마도 署名(서명)만하기위하야 온것처럼
총총히 펜을덚이고 客(객)들은도라갓다。
이윽고 記憶(기억)들도 그일흠들을
마치 때와같이 총총히 빨아버릴게다。

나는 갑작이 신발을 찾어신고
도망할자세를 갖인다。길이없다。
도라서 등불을 비틀어죽인다。
그는 비들기처럼 거짓말쟁이엿다。
황홀한불빛의 榮華(영화)의그늘에는
몸을 조려없애는 기름의 十字架(십자가)가있음을
등불도 비닭이도 말한일이없다。

나는 信者(신자)의 숭내를내서 무릅을 꿀어본다。

올배미의呪文(주문)

颱風(태풍)은 네거리와 公園(공원)과 市場(시장)에서
몬지와 休紙(휴지)와 캐베지와 臙脂(연지)와
戀愛(연애)의 流行(유행)을 쫒아버렸다

헝크러진 거리를 이 구석 저 구석
혓바닥으로 뒤지며 다니는 밤바람
어둠에게 벌거벗은 등을 씻기우면서
말없이 우두커니 서있는 電線柱(전선주)
엎드린 모래벌의 허리에서는
물결이 가끔 흰 머리채를 추어든다

요란스럽게 마시고 지꺼리고 떠들고 돌아간 뒤에
테불우에는 깨여진 盞(잔)들과
함부로 지꾸어진 芳名錄(방명록)과……
아마도 署名(서명)만 하기 위하여 온것처럼
총총히 펜을 던지고 客(객)들은 돌아갔다
이윽고 記憶(기억)들도 그 이름들을
마치 때와같이 총총히 빨아버릴게다

나는 갑자기 신발을 찾아신고
도망할 자세를 가춘다 길이없다
돌아서 등불을 비틀어 죽인다
그는 비들기처럼 거짓말쟁이였다
황홀한 불빛의 榮華(영화)의 그늘에는
몸을 조려없애는 기름의 十字架(십자가)가 있음을
등불도 비들기도 말한 일이 없다

나는 信者(신자)의 숭내를 내서 무릎을 꿇어본다
(

믿을수잇는 神(신)이나 모신것처럼。
다음에는 旗(기)빨처름 호화롭게 웃어버린다。
대체 이疲困(피곤)을 피할 하로밤 酒幕(주막)은
『아라비아』의 『아라스카』의 어느가시밭에도 없느냐?
戀愛(연애)와같이 싱겁게 나를 떠난希望(희망)은
지금 또 어대서 復讐(복수)를 준비하고있느냐?
나의머리에 별의꼿따발을 두엇다가
거두어간것은 누구의 변덕이냐?
밤이간뒤엔 새벽이온다는 宇宙(우주)의法則(법칙)은
누구의 실없은 작난이냐?
東方(동방)의傳說(전설)처름 믿을수없는
아마도 失敗(실패)한 實驗(실험)이냐?

너는 埃及(애급)에서 도라온 씨-자 냐?
너의주둥아리는 진정독수리냐?
너는 날개도친 힌구름의種族(종족)이냐?
너는도야지처름 기름지냐?
너의숨소리는 바다와 같이 너그러우냐?
너는果然(과연) 天使(천사)의家族(가족)이냐?

귀먹은 어둠의 鐵門(철문) 저편에서
바람이 터덜터덜 웃나보다。
어느 헝크러진 수풀에서
부엉이가 목쉰소리로 껄껄웃나보다

來日(내일)이없는 『칼렌다』를 처다보는
너의눈동자는 어쩐지 별보다 이뿌지못하고나。
도시十九世紀(19세기)처름 興奮(흥분)할수없는너。
어둠이 잠긴 地平線(지평선)너머는
다른한울이 보이지않는다。
音樂(음악)은 바다밑에 파묻낀 오래인 옛말처럼 춤추지않고
수풀속에서는 傳說(전설)이 도모지 슯으지않다。
『페이지』를 번지건만 너머ㅅ장에는 結論(결론)이없다。
모통이에 혼차남은 街路燈(가로등)은
(

믿을 수 있는 神(신)이나 모신것처럼
다음에는 旗(기)빨처럼 호화롭게 웃어버린다
대체 이 疲困(피곤)을 피할 하루밤 酒幕(주막)은
〈아라비아〉의 〈아라스카〉의 어느 가시밭에도 없느냐
戀愛(연애)와같이 싱겁게 나를 떠난 希望(희망)은
지금 또 어디서 復讐(복수)를 준비하고 있느냐
나의 머리에 별의 꽃다발을 두었다가
거두어간 것은 누구의 변덕이냐
밤이 간 뒤엔 새벽이 온다는 宇宙(우주)의 法則(법칙)은
누구의 실없은 작난이냐
東方(동방)의 傳說(전설)처럼 믿을 수 없는
아마도 失敗(실패)한 實驗(실험)이냐

너는 埃及(애급)에서 돌아온〈씨-자〉냐
너의 주둥아리는 진정 독수리냐
너는 날개 도친 흰 구름의 種族(종족)이냐
너는 도야지처럼 기름지냐
너의 숨소리는 바다와 같이 너그러우냐
너는 果然(과연) 天使(천사)의 家族(가족)이냐

귀먹은 어둠의 鐵門(철문) 저 편에서
바람이 터덜터덜 웃나보다
어느 헝크리진 수풀에서
부엉이가 목쉰소리로 껄껄 웃나보다

來日(내일)이 없는 칼렌다를 쳐다보는
너의 눈동자는 어쩐지 별보다 이뿌지 못하고나
도시 十九世紀(19세기)처럼 興奮(흥분)할 수 없는 너
어둠이 잠긴 地平線(지평선)너머는
다른 하늘이 보이지 않는다
音樂(음악)은 바다밑에 파묻힌 오래인 옛말처럼 춤추지 않고
수풀 속에서는 傳說(전설)이 도무지 슬프지 않다
페이지를 번지건만 너멋장에는 結論(결론)이 없다
모통이에 혼자남은 街路燈(가로등)은
(

마음은 슯어서 느껴서우나
부릅뜬 눈에 눈물이[없다]。

거츠른 발자취들이 구르고지나갈때에
담벼락에 달러붙는 나의숨소리는
생쥐보다도 커본일이없다。
강아지처럼 거리를 기웃거리다가도
강아지처럼 어더맞고 발길에채여 도라왓다。

나는참말이지 善良(선량)하려는惡魔(악마)다。
될수만잇스면 神(신)이고싶은 즘생이다。
그렇건만은 밤아, 너의썩은바줄은
웨이다지도 내몸에 깊이 親切(친절)하냐?
문허진 築臺(축대)의근방에서는
바다가 또 아름다운소리를 치나보다。

금음밤 물결의노래에 취할수잇는
『타골』의귀는 응당 소라처름 幸福(행복)스러울게다

어머니, 어머니의무덤에 『마이크』를 갖어갈가요?
사랑스러운骸骨(해골), 옛날의자장가를 기억해내서
병신된 나의귀에 불러주려우?

자장가도 불을줄모르는 바보인바다。

바다는 다만
어둠에 叛亂(반란)하는
永遠(영원)한 不平家(불평가)다。

바다는 작구만
힌 이빨로 밤을 깨문다。

(『기상도』 1936. 07. 08. 19-23쪽)

(『삼천리』 7.10. 1935. 11. 01. 268-73쪽: 「올빼미의 노래」)

(『기상도』 1948. 09. 20. 47-56쪽: 「올빼미의 주문」)

마음은 슬퍼서 느껴서 우나
부릅뜬 눈에 눈물이 없다

거츠른 발자취들이 구르고 지나갈 때에
담벼락에 달러붙는 나의 숨소리는
생쥐보다도 커본 일이 없다
강아지처럼 거리를 기웃거리다가도
강아지처럼 얻어맞고 발길에 채여 돌아왔다

나는 참말이지 善良(선량)하려는 悪魔(악마)다
될 수만 있으면 神(신)이고싶은 짐승이다
그렇건만 밤아 너의 썩은 바줄은
웨 이다지도 내몸에 깊이 親切(친절)하냐
무너진 築臺(축대)의 근방에서는
바다가 또 아름다운 알음소리를 치나보다

그믐밤 물결의 노래에 취할 수 있는
〈타골〉의 귀는 응당 소라처럼 幸福(행복)스러울게다

어머니 어머니의 무덤에 마이크를 갖어갈까요
사랑스러운 骸骨(해골) 옛날의 자장가를 기억해내서
병신 된 나의 귀에 불러주려우

자장가도 불을줄 모르는 바보인 바다

바다는 다만
어둠에 叛亂(반란)하는
永遠(영원)한 不平家(불평가)다

바다는 자꾸만
헌 이빨로 밤을 깨문다

(『기상도』 1948. 09. 20. 47-56쪽)

(『기상도』 1936. 07. 08. 19-23쪽: 「올빼미의 주문」)

(『삼천리』 7.10. 1935. 11. 01. 268-73쪽: 「올빼미의 노래」)

쇠바퀴의노래

허나
이윽고
颱風(태풍)이 짓밟고간 깨여진『메트로폴리스』에
어린太陽(태양)이 병아리처럼
홰를치며 잃어날게다。
하로밤 그꿈을 건너단이든
수없는 놀램과 소름을 떨어버리고
이슬에 젖은날개를 한울로펼게다。
탄탄한大路(대로)가 希望(희망)처럼
저머언 地平線(지평선)에 뻣이면
우리도 四輪馬車(사륜마차)에 來日(내일)을실고
유량한말발굽소리를 울리면서
처음맞는 새길을 떠나갈게다。

밤인까닭에 더욱 마음달리는
저머언 太陽(태양)의故鄕(고향)

끝없는 들 언덕 위 에서
나는『데모스테네스』보다도 더수다스러울게다
나는거기서 채찍을 꺾어버리고
망아지처럼 사랑하고 망아지처럼 뛰놀게다。
미움에 타는일이없을 나의눈동자는
眞珠(진주)보다도 더맑은샛별
나는 내속에 엎드린山羊(산양)을 몰아내고
여호와같이 깨끗하게
누의들과 親(친)할게다。

나의生活(생활)은 나의薔薇(장미)。
(

쇠바퀴의노래

허나
이윽고
颱風(태풍)이 짓밟고간 깨여진 〈메트로폴리스〉에
어린 太陽(태양)이 병아리처럼
홰를 치며 일어날게다
하루밤 그 꿈을 건너다니던
수없는 놀램과 소름을 떨어버리고
이슬에 젖은 날개를 하늘로 펼게다
탄탄한 大路(대로)가 希望(희망)처럼
저 머언 地平線(지평선)에 뻗히면
우리도 四輪馬車(사륜마차)에 來日(내일)을 싣고
유량한 말발굽 소리를 울리면서
처음 맞는 새길을 떠나갈게다
밤인 까닭에 더욱 마음달리는
저 머언 太陽(태양)의 故鄕(고향)

끝없는 들 언덕 위에서
나는 〈데모스테네스〉보다도 더 수다스러울게다
나는 거기서 채찍을 꺾어버리고
망아지처럼 사랑하고 망아지처럼 뛰놀게다
미움에 타는 일이 없을 나의 눈동자는
眞珠(진주)보다도 더 맑은 샛별
나는 내속에 엎드린 山羊(산양)을 몰아내고
여우와 같이 깨끗하게
누의들과 親(친)할게다

나의 生活(생활)은 나의 薔薇(장미)

어디서 시작한줄도
언제 끝날줄도 모르는나는
꺼질줄이없이 불타는太陽(태양)。
大地(대지)의 뿌리에서 地熱(지열)을마시고
떨치고 이러날 나는不死鳥(불사조)。
叡智(예지)의날개를 등에붙인 나의날음은
太陽(태양)처럼 宇宙(우주)를 덮을게다。
아름다운行動(행동)에서 빛처럼 스스로
피여나는 法則(법칙)에 引導(인도)되여
나의날음은 즐거운軌道(궤도)옿에
끝없이 달리는 쇠바퀴ㄹ게다。

벗 아——
太陽(태양)처럼 우리는 사나웁고
太陽(태양)처럼 제빛속에 그늘을 감추고
太陽(태양)처럼 슯음을 삼켜버리자。
太陽(태양)처럼 어둠을 살워버리자。

다음날
氣象臺(기상대)의『마스트』엔
구름조각같은 힌旗(기)폭이휘날릴게다。

(暴風警報(폭풍경보)解除(해제))

快晴(쾌청)。
低氣壓(저기압)은 저 머언
『시베리아』의 근방에 사라젓고
太平洋(태평양)의 沿岸(연안)서도
高氣壓(고기압)은 흩어젓다。
흐림도 소낙비도
暴風(폭풍)도 장마도 지나갓고
來日(내일)도 모레도
날세는 좋을게다。
〉

어디서 시작한 줄도
언제 끝날 줄도 모르는 나는
꺼질줄이 없이 불타는 太陽(태양)
大地(대지)의 뿌리에서 地熱(지열)을 마시고
떨치고 일어날 나는 不死鳥(불사조)
叡智(예지)의 날개를 등에 붙인 나의 날음은
太陽(태양)처럼 宇宙(우주)를 덮을게다
아름다운 行動(행동)에서 빛처럼 스스로
피여나는 法則(법칙)에 引導(인도)되어
나의 날음은 즐거운 軌道(궤도)우에
끝없이 달리는 쇠바퀼게다

벗아
太陽(태양)처럼 우리는 사나웁고
太陽(태양)처럼 제빛 속에 그늘을 감추고
太陽(태양))처럼 슬픔을 삼켜버리자
太陽(태양)처럼 어둠을 살워버리자

다음날
氣象台(기상대)의 마스트엔
구름조각같은 흰 旗(기)폭이 휘날릴게다

(暴風警報(폭풍경보)解除(해제))

快晴(쾌청)
低氣壓(저기압)은 저 머언
시베리아의 근방에 사라졌고
太平洋(태평양)의 沿岸(연안)서도
高氣壓(고기압)은 흩어졌다
흐림도 소낙비도
暴風(폭풍)도 장마도 지나갔고
來日(내일)도 모레도
날세는 좋을게다
〉

(府(부)의揭示板(게시판))

市民(시민)은
우울과 질투와 분노와
끗없는 탄식과
원한의 장마에 곰팽이낀
추근한 雨器(우기)일랑벗어버리고
날개와같이 가벼운
太陽(태양)의옷을 갈아입어도 좋을게다。
(七(7)·七(7)·)

(『기상도』 1936. 07. 08. 24-27)
(『삼천리』 7.11. 1935. 12. 01. 286-90쪽: 「차륜은 듣는다」)
(『기상도』 1948. 09. 20. 57-64쪽: 「쇠바퀴의 노래」)

(市(시)의揭示板(게시판))

市民(시민)은
우울과 질투와 분노와
끝없는 탄식과
원한의 장마에 곰팽이 낀
추근한 雨備(우비)를랑 벗어버리고
날개와같이 가벼운
太陽(태양)의 옷을 갈아입어도 좋을게다

(『기상도』 1948. 09. 20. 57-64쪽)
(『기상도』 1936. 07. 08. 24-27쪽: 「쇠바퀴의 노래」)
(『삼천리』 7.11. 1935. 12. 01. 286-90쪽: 「차륜은 듣는다」)

III. 부록

2

단행본 시집의 서문 혹은 발문의 원문 / 현대 한국어로 수정된 서문 혹은 발문

원문

어떤親한『詩의벗』에게

[『太陽의 風俗』 序文]

드듸여 이책은 完成된 秩序를 가추지못하엿다. 彷徨 突進 衝突 그러한것들로만 찬 어쩌면 이렇게도 野蠻한土人의地帶이냐?

그러면서도 내가勸하고싶은것은 依然히 相逢이나 歸依나 圓滿이나 師事나 妥協의美德이아니다。 차라리 訣別을 —— 저東洋的寂滅로부터 無節制한 感傷의排泄로부터 너는 이即刻으로 떠나지안어서는 아니된다。

嘆息。 그것은 紳士와淑女들의 午後의禮儀가아니고 무엇이냐? 祕密。 어쩌면 그렇게도 粉바른할머니인 十九世紀的「비-너쓰」냐? 너는그것들에게서 지금도 곰팽이의 냄새를 맡지못하느냐?

그肥滿하고 魯鈍한 午後의禮儀대신에 놀라운 午前의生理에대하야 驚嘆한일은없느냐? 그건장한 아츰의體格을 부러워해본일은 없느냐?

까닭모르는우룸소리 過去에의 구원할수없는 愛着과停頓。 그것들 음침한 밤의 迷惑과 眩暈에 너는 아직도 疲勞하지않었느냐?

그러면 너는나와함께 魚族과같이 新鮮하고 旗빨과같이 活潑하고 표범과같이 大膽하고 바다와같이 明朗하고 仙人掌과같이 健康한 太陽의風俗을배호자。

나도 이책에서 완전히버리지못하였다만은 너는 저韻文이라고하는禮服을 너무나 낡었다고 생각해본일은 없느냐? 아모래도 그것은벌서 우리들의 衣裳이아닌것 같다。

나는 물론 네가 이冊을 사랑하기를 바란다。 그러나 영구히 너의사랑을 받기를 두려워한다。 혹은 네가 이책만 두고두고 사랑하는사히에 너의精神이 한곳에멈춰설가보아 두려워하는까닭이다。

어떤 친한 시의 벗에게
[『태양의 풍속』 서문]

드디어 이 책은 완성된 질서를 갖추지 못하였다. 방황 돌진 충돌 그러한 것들로만 찬 어쩌면 이렇게도 야만한 토인의 지대이냐?

그러면서도 내가 권하고 싶은 것은 의연히 상봉이나 귀의나 원만이나 사사[1]나 타협의 미덕이 아니다. 차라리 결별을 ── 저 동양적 적멸[2]로부터 무절제한 감상의 배설로부터 너는 이 즉각으로 떠나지 않아서는 아니 된다.

탄식. 그것은 신사와 숙녀들의 오후의 예의가 아니고 무엇이냐? 비밀. 어쩌면 그렇게도 분바른 할머니인 19세기적 비너스냐? 너는 그것들에게서 지금도 곰팡이의 냄새를 맡지 못하느냐?

그 비만하고 노둔[3]한 오후의 예의 대신에 놀라운 오전의 생리에 대하여 경탄한 일은 없느냐? 그 건장한 아침의 체격을 부러워해 본 일은 없느냐?

까닭 모르는 울음소리 과거에의 구원할 수 없는 애착과 정돈.[4] 그것들 음침한 밤의 미혹과 현훈[5]에 너는 아직도 피로하지 않았느냐?

그러면 너는 나와 함께 어족과 같이 신선하고 깃발과 같이 활발하고 표범과 같이 대담하고 바다와 같이 명랑하고 선인장과 같이 건강한 태양의 풍속을 배우자.

나도 이 책에서 완전히 버리지 못하였다마는 너는 저 운문이라고 하는 예복을 너무나 낡았다고 생각해 본 일은 없느냐? 아무래도 그것은 벌써 우리들의 의상이 아닌 것 같다.

나는 물론 네가 이 책을 사랑하기를 바란다. 그러나 영구히 너의 사랑을 받기를 두려워한다. 혹은 네가 이 책만 두고두고 사랑하는 사이에 너의 정신이 한곳에 멈춰 설까 보아 두려워하는 까닭이다.

원문

네가 아다시피 이책은 昭和五年가을로부터 昭和九年 가을까지의 동안 나의총망한 宿泊簿에 불과하다。그러니까 來日은 이주막에서 나를 찾지마러라 나는벌서 거기를 떠나고없을것이다。

어대로가느냐고? 그것은내발길도 모르는 일이다。다만 어대로든지 가고있을것만은 사실일게다。

昭和九年 一O, 一五 著者

(『태양의 풍속』 3-5)

네가 알다시피 이 책은 쇼와 5년 가을로부터 쇼와 9년[6] 가을까지의 동안 나의 총망한[7] 숙박부에 불과하다。그러니까 내일은 이 주막에서 나를 찾지 말아라. 나는 벌써 거기를 떠나고 없을 것이다.

어디로 가느냐고? 그것은 내 발길도 모르는 일이다. 다만 어디로든지 가고 있을 것만은 사실일 거다.

쇼와 9년 10, 15 저자

(『태양의 풍속』 3-5)

원문

머리ㅅ말
[『바다와나비』 서문]

一九三O年代를 통해서 나는 우리詩의 潮流속에서 두갈래의 흐름을 물리치고 나와야했다。그하나는 지나친感傷主義요 다른하나는 封建的뭇要素였다。더 바루말한다면 이 두흐름의 結婚이었다。그것이 合처서 빚어낸 詩壇의『非』近代的『反』近代的인雰圍氣와 作詩上의風俗을 휩쓸어버리지않고는『近代』라는것에조차 우리는 눈을뜨지못한 시골띠기요 半島의개고리가 되고말것을두려워했다。이두가지의 低氣壓과 不連續線을 휩쓸어버리기위한가장 힘있는武器로서는 다름아닌 知性의太陽이 필요하였던것이다。

一九三九年 第二次世界大戰의 勃發은 벌써避할수없는『近代』그것의破產의 豫告로 들렸으며 이危機에선『近代』의 超克이라는 말하자면 世界史的煩憫에 우리들 젊은詩人들은 마조치고말었던것이다。이러한일들이 日本帝國主義의 朝鮮에대한 점점 高潮로향하는 政治的文化的侵略의 急한『템포』와 集中射擊과 함께 다닥쳤으며 따라서 生活의體驗을 통해서 實感되어왔던것은 勿論이다。一九四五年八月十五日까지 約五六年동안의 中斷과沈默은 다름아닌 우리詩壇의 世界와自身에대한 二重의 커다란苦憫을품은 沈痛한表情이었다。

八月十五日은 分明 우리앞에 偉大한『浪漫』(로망틱)의 時代를 펼처노았다。그러나 또다시感傷的으로 이속에 耽溺하기에는 우리는 너무나큰 洞察과透視를 준비해야할것이다。한古典主義도아니다。한象徵主義도아니다。한超現實主義도아니다。우리는 모-든 그런것을 지나왔다。인제야우리앞에는 大戰以前에 좀채로想像할수없었던 새로운世界가 誕生하려하고있다。朝鮮은 門을열고 이世界와 마조서게되었다。이새로운世界 ——『올더쓰·헉쓸레』가 빈정댄 그런意味가 아니고 眞正한 한새로운 찬란한世界 —— 가 완전히 人類의것이되기까지에는 아직도 여러가지陣痛이 있을런지모른다。그러나 먼저 黎明의前哨에 눈을뜬사람 또먼저 먼 기이한발자취에 귀가밝은사람들의 꾸준하고도 끈직한努力만이 참말로 이새로운世界의 門을 열어제낄수있을것이다。

詩의問題도 실상은 이러한 人類의問題속에 무처있는것이다 詩의問題만을 동따로 찾어댕긴다던지 解決하려는것은 쓸데없는일같다。人類의問題를 거처서 그속에서 詩의問題도 解決해나가는것 그길밖에는없을상싶다。

머리말
[『바다와 나비』 서문]

1930년대를 통해 나는 우리 시의 조류 속에서 두 갈래의 흐름을 물리치고 나와야 했다. 그 하나는 지나친 감상주의요 다른 하나는 봉건적 뭇 요소였다. 더 바로 말한다면 이 두 흐름의 결혼이었다. 그것이 합쳐져서 빚어진 시단의 비근대적 반근대적인 분위기와 작시 상의 풍속을 휩쓸어 버리지 않고는 근대라는 것에조차 우리는 눈을 뜨지 못한 시골뜨기요 반도의 개구리가 되고 말 것을 두려워했다. 이 두 가지의 저기압과 불연속선을 휩쓸어 버리기 위한 가장 힘 있는 무기로서는 다름 아닌 지성의 태양이 필요하였던 것이다.

1939년 제2 차 세계대전의 발발은 벌써 피할 수 없는 근대 그것의 파산의 예고로 들렸으며 이 위기에 선 근대의 초극이라는 말하자면 세계사적 번민에 우리들 젊은 시인들은 마주치고 말았던 것이다. 이러한 일들이 일본제국주의의 조선에 대한 점점 고조로 향하는 정치적 문화적 침략의 급한 템포와 집중사격과 함께 다닥쳤으며[1)] 따라서 생활의 체험을 통해서 실감되어 왔던 것은 물론이다. 1945년 8월 15일까지 약 5, 6년 동안의 중단과 침묵은 다름 아닌 우리 시단의 세계와 자신에 대한 이중의 커다란 고민을 품은 침통한 표정이었다.

8월 15일은 분명 우리 앞에 위대한 낭만(로맨틱)의 시대를 펼쳐 놓았다. 그러나 또다시 감상적으로 이 속에 탐닉하기에는 우리는 너무나 큰 통찰과 투시를 준비해야 할 것이다. 한 고전주의도 아니다. 한 상징주의도 아니다. 한 초현실주의도 아니다. 우리는 모든 그런 것을 지나왔다. 인제야 우리 앞에는 대전 이전에 좀처럼 상상할 수 없었던 새로운 세계가 탄생하려하고 있다. 조선은 문을 열고 이 세계와 마주 서게 되었다. 이 새로운 세계 —— 올더스 헉슬리[2)]가 빈정댄 그런 의미가 아니고 진정한 한 새로운 찬란한 세계 —— 가 완전히 인류의 것이되기까지에는 아직도 여러 가지 진통이 있을는지 모른다. 그러나 먼저 여명의 전초에 눈을 뜬사람 또 먼저 먼 기이한 발자취에 귀가 밝은 사람들의 꾸준하고도 끈직한[3)] 노력만이 참말로 이 새로운 세계의 문을 열어젖힐 수 있을 것이다.

시의 문제도 실상은 이러한 인류의 문제 속에 묻혀 있는 것이다. 시의 문제만을 동따로 찾아다닌다든지 해결하려는 것은 쓸데없는 일 같다. 인류의 문제를 거쳐서 그 속에서 시의 문제도 해결해 나가는 것 그 길 밖에는 없을 성싶다.

〉

원문

八月十五日以後 많은벗들이 나에게 새로운詩論을보이기를 청했다。지금말한것이 나의親切한벗들에게보내는 나의생각의 要點이다。그러나 自身은 아직도 한問題도 完全한答案을 꺼내지는못하였다。다만 끈임없이 鉛筆을가지고 지웠다 살렸다하면서 運算하고있는것만은 事實이다。不幸한 計算家는아마도 一生을두고 끝없는 運算을계속해갈것같다。그때그때의作品은 늘 끝나지않은 긴 計算의한토막일것이다。그런것으로서 읽어주기바란다。

1은 八月十五日뒤에쓴것이다。

2와3에 뫃은것은 詩集『太陽의風俗』과 『氣象圖』이후 一九三九年 大戰勃發까□朝光, 女性, 文章, 人文評論, 或은 그뒤의春秋等 各雜誌에 실렸던것들이다。

4는 우리들이 가졌던 황홀한天才 李箱의 哀悼詩여서 그의死後에 發表되었던것이다。

5는 지난해年末 저 政治的旋風속에서 쓴것이다。

(一九四六 三 · 三 · 著者)

(『바다와 나비』 1-4)

8월 15일 이후 많은 벗들이 나에게 새로운 시론을 보이기를 청했다. 지금 말한 것이 나의 친절한 벗들에게 보내는 나의 생각의 요점이다. 그러나 자신은 아직도 한 문제도 완전한 답안을 꺼내지는 못하였다. 다만 끊임없이 연필을 가지고 지웠다 살렸다 하면서 운산[4]하고 있는 것만은 사실이다. 불행한 계산가는 아마도 일생을 두고 끝없는 운산을 계속해 갈 것 같다. 그때그때의 작품은 늘 끝나지 않은 긴 계산의 한 토막일 것이다. 그런 것으로서 읽어 주기 바란다.

1은 8월 15일 뒤에 쓴 것이다.

2와 3에 모은 것은 시집 『태양의 풍속』과 『기상도』 이후 1939년 대전 발발[까지] 『조광』 『여성』 『문장』 『인문평론』 혹은 그 뒤의 『춘추』 등 각 잡지에 실렸던 것들이다.

4는 우리들이 가졌던 황홀한 천재 이상의 애도시여서 그의 사후에 발표되었던 것이다.

5는 지난해 연말 저 정치적 선풍[5] 속에서 쓴 것이다.

(1946 3 · 3 · 저자)

(『바다와 나비』 1-4)

원문

새노래에 대하야
[『새노래』 跋文]

世界와 人生에 대한 생각을 끊임없이 하나로 組織하고 바로잡으며 또 거기 옳고 굵고 늠々하게 살아가는 마음의 態勢를 가추어 가야한다는것은 사람으로서의 한 무겁고 번거로운 負擔일세옳다. 짐이 너무 무겁고 앞뒤가 하도 막々할적에 우리는 때로는 차라리 저 들즘생의 生活의 無心하고 순々함을 부러워하기도 한다. 詩는 내게 있어서는 이러한 스스로의 살아가는 問題의 調整의 手段에 지나지 않는다. 詩人이란 사람의 사람으로서의 짐을 남달리 깊이 意識하고 自進하야 그것을 걸머지고가는 무릇 미련하고 못나고 줄난 種族인것 같다. 버서버릴려면 못버릴것도 없다. 편한길은 얼마던지 있는것이다. 즘생의生活에 한거름씩 더 가까히만 가면 그만일터이다. 하지만 모두가 짐을 잊어버리고 또는 일부러 버리고 가는것만 같애서 世俗의 行列에서는 가장 뒤떨어진 곳에 精神의 무거운 負擔을 끄은채 時代의 거센 물구비를 간신히 헤치고 나갈밖에 없다. 사납고 어지러운 時代일스록 그는 더 疲勞하고 슯으고 노엽고 초라하고 上氣해야 하나보다. 그러므로 그는 항용 창황히 짐을 꾸리는 버릇이있다. 까닭모를 出發이 그를 몰아세는 때문이다. 辱스런 過去와 現在에 대한 끈임없는 訣別——그것은 藝術의 成長을 위한 倫理인듯도 하다. 跳躍 그것이야말로 가장 소중한 精神의 體操일지도 모른다. 모다 떳々하고 훌륭하게 살아갈려는 몸짓이다.

우리는 일찌기 센티멘탈 로맨티시즘의 洪水속에서 詩를 건저냈다. 저 野獸的인時代에 感傷에 살기가 싫었고 좀더 透明하게 살고싶었던것이다. 俗談대로 죽어가면서도 제精神만은 잃지말고저한것이다. 그러나 건저내놓고 보니 그것은 淸潔하기는 하나 피가 흐르지않는 한낱『미이라』였다. 詩의 蘇生을 위하야는 역시 사람의 흘린 피와 더운 입김이 적당히 다시 서껴야 했다. 하지만 벌서 한낱 精神의 形而上學은 아니라할지라도 또 단순한 肉體의 動悸일수도 없었다. 그러한것을 實踐의 慧知와 情熱속에서 統一하는 한 全人間의 소리라야 했다. 生活의現實속에서 우러나와야 했다. 떨어저 나간 한 孤獨한 영혼의 獨白이 아니라 새歷史를 맨드러가는 民族의베일래 베일수없는 한토막으로서의 한사람의 무엇보다도 노래라야 했다. 詩를 읽는것만으로는 아모도 만족하지 못했다. 무척 노래하고 싶었던것이다⋯.

새노래에 대하야
[『새노래』 발문]

세계와 인생에 대한 생각을 끊임없이 하나로 조직하고 바로잡으며 또 거기 옳고 굵고 늠름하게 살아가는 마음의 태세를 갖추어 가야 한다는 것은 사람으로서의 한 무겁고 번거로운 부담일세 옳다. 짐이 너무 무겁고 앞뒤가 하도 막막할 적에 우리는 때로는 차라리 저 들짐승의 생활의 무심하고 순순함[1])을 부러워하기도 한다. 시는 내게 있어서는 이러한 스스로의 살아가는 문제의 조정 수단에 지나지 않는다. 시인이란 사람의 사람으로서의 짐을 남달리 깊이 의식하고 자진하여 그것을 걸머지고 가는 무릇 미련하고 못나고 줄난[2]) 종족인 것 같다. 벗어 버리려면 못 버릴 것도 없다. 편한 길은 얼마든지 있는 것이다. 짐승의 생활에 한 걸음씩 더 가까이만 가면 그만일 터이다. 하지만 모두가 짐을 잊어버리고 또는 일부러 버리고 가는 것만 같아서 세속의 행렬에서는 가장 뒤떨어진 곳에 정신의 무거운 부담을 끈 채 시대의 거센 물굽이를 간신히 헤치고 나갈밖에 없다. 사납고 어지러운 [시대일수록] 그는 더 피로하고 슬프고 노엽고 초라하고 상기해야 하나 보다. 그러므로 그는 항용[3]) 창황히[4]) 짐을 꾸리는 버릇이 있다. 까닭 모를 출발이 그를 [몰아세우기][5]) 때문이다. 욕스런 과거와 현재에 대한 끊임없는 결별 —— 그것은 예술의 성장을 위한 윤리인 듯도 하다. 도약 그것이야말로 가장 소중한 정신의 체조일지도 모른다. 모두 떳떳하고 훌륭하게 살아가려는 몸짓이다.

우리는 일찍이 쎈티멘탈 로맨티시즘의 홍수 속에서 시를 건져 냈다. 저 야수적인 시대에 감상에 살기가 싫었고 좀 더 투명하게 살고 싶었던 것이다. 속담대로 죽어 가면서도 제정신만은 잃지 말고자 한 것이다. 그러나 건져 내놓고 보니 그것은 청결하기는 하나 피가 흐르지 않는 한낱 미라였다. 시의 소생을 위해서는 역시 사람의 흘린 피와 더운 입김이 적당히 다시 섞여야 했다. 하지만 벌써 한낱 정신의 형이상학은 아니라 할지라도 또 단순한 육체의 동계[6])일 수도 없었다. 그러한 것을 실천의 혜지[7])와 정열 속에서 통일하는 한 전 인간의 소리라야 했다. 생활의 현실 속에서 우러나와야 했다. 떨어져 나간 한 고독한 영혼의 독백이 아니라 새 역사를 만들어 가는 민족의 [베일래야] 베일 수 없는 한 토막으로서의 한 사람의 무엇보다도 노래라야 했다. 시를 읽는 것만으로는 아무도 만족하지 못했다. 무척 노래하고 싶었던 것이다….

원문

하지만 모-든것을 한꺼번에 내던지기란 그리 쉬운 노릇이 아니다。비록 낡은 때요 찌라 할지라도 제게 묻은 것이기때문에 거기 그저 멍서리기 쉬운것이 사람의 마음의 연약한 버릇인것 같다。모-든것을 잊어버리라는 말은 피차에 慰勞나 激勵의 말로 항용 쓰기는 하나 하는편에서도 그리 효과에 기대를 가지는것은 아니다。다만 긴장한 對話의 틈을 메우기위한 수단인 경우가 많다。사실 離別을 간단히 해치우기 위하야는『괴테』처럼 약간의 熟練이 필요할런지 모른다。사는데 있어서도 藝術에 있어서도 斷乎하게 斷乎하게해야할 일이면서도 그저 주저주저하는 동안에 사람들의 半身은 언제까지고 적당히 過去라는 진흙탕 속에 잠긴채 좀체로 소꾸어나지 못하고 마나보다。더군다나 지금 우리가 막 다닥친것은 전에 없던 風浪이 아니냐? 아모짝에도 쓸데없는것이라면 어서어서 배ㅅ장밖에 팽개치자。약간의 生理와 習性의 未練이라면 우리들의 경쾌한 航海를 위하야 그만 斷念하면 어떨까? 到處에 離別이 있어야 하겠다。藝術에있어서도 人生에있어서도 ── 이윽고 새로운 來日을 마지하기 위하야 ──。

(1947 · 8 1)

(『새노래』 121-26)

하지만 모든 것을 한꺼번에 내던지기란 그리 쉬운 노릇이 아니다. 비록 낡은 때요 찌[8]라 할지라도 제게 묻은 것이기 때문에 거기 그저 [망설이기] 쉬운 것이 사람 마음의 연약한 버릇인 것 같다. 모든 것을 잊어버리라는 말은 피차에 위로나 격려의 말로 항용 쓰기는 하나 하는 편에서도 그리 효과에 기대를 가지는 것은 아니다. 다만 긴장한 대화의 틈을 메우기 위한 수단인 경우가 많다. 사실 이별을 간단히 해치우기 위해서는 괴테[9]처럼 약간의 숙련이 필요할는지 모른다. 사는 데 있어서도 예술에 있어서도 단호하게 단호하게 해야 할 일이면서도 그저 주저주저하는 동안에 사람들의 반신은 언제까지고 적당히 과거라는 진흙탕 속에 잠긴 채 좀처럼 솟구어[10] 나지 못하고 마나 보다. 더군다나 지금 우리가 막 다닥친[11] 것은 전에 없던 풍랑이 아니냐? 아무짝에도 쓸데없는 것이라면 어서어서 뱃장[12] 밖에 팽개치자. 약간의 생리와 습성의 미련이라면 우리들의 경쾌한 항해를 위하여 그만 단념하면 어떨까? 도처에 이별이 있어야 하겠다. 예술에 있어서도 인생에 있어서도 —— 이윽고 새로운 내일을 맞이하기 위하여 —— .

(1947 · 8 · 1)

(『새노래』 121-26)

III. 부록

3

•

단행본 시집별 차례 (시집 출판 시기 순)

『氣象圖』(『기상도』)

(1936년 7월 8일 彰文社(창문사))

世界의아츰 (세계의 아침)

市民行列 (시민 행렬)

颱風의起寢時間 (태풍의 기침 시간)

자최 (자취)

病든風景 (병든 풍경)

올배미의呪文 (올빼미의 주문)

쇠바퀴의노래 (쇠바퀴의 노래)

『太陽의 風俗』(『태양의 풍속』)

(1939년 9월 25일 學藝社(학예사))

어떤親한『詩의벗』에게 (어떤 친한 시의 벗에게) [차례: "親한"이 없음]

마음의衣裳 (마음의 의상)

太陽의風俗 (태양의 풍속)

汽車 (기차)

午後의꿈은 날줄을 모른다 (오후의 꿈은 날 줄을 모른다)

戀愛의斷面 (연애의 단면)

貨物自動車 (화물자동차)

海上 (해상)

大中華民國行進曲 (대중화민국 행진곡)

海圖에대하야 (해도에 대하여)

비 (비)

房 (방)

가을의果樹園 (가을의 과수원)

屋上庭園 (옥상정원)

話術 (화술)

1, 午後의禮儀 (오후의 예의)

鄕愁 (향수)

첫사랑 (첫사랑)

람푸 (램프)

꿈꾸는珍珠여 바다로가자 (꿈꾸는 진주여 바다로 가자)

感傷風景 (감상 풍경)

離別 (이별)

가거라 새로운生活로 (가거라 새로운 생활로)

먼들에서는 (먼 들에서는)

憂鬱한天使 (우울한 천사)

봄은 電報도안치고 (봄은 전보도 안 치고)

祈願 (기원)

「커피」盞을들고 (커피 잔을 들고)

2, 길에서 (濟物浦風景) (길에서 (제물포 풍경)) [차례: "(濟物浦風景)"이 없음]

汽車 (기차)

仁川驛 (인천역)

湖水 (호수)

孤獨 (고독)

異邦人 (이방인)

밤港口 (밤 항구)

破船 (파선)

待合室 (대합실)

咸鏡線五百킬로旅行風景 (함경선 5백 킬로 여행 풍경)

序詩 (서시)

待合室 (대합실)

食堂車 (식당차) [본문: "식당"]

마을 (마을)

風俗 (풍속)

咸興坪野 (함흥평야)

牧場 (목장)

東海 (동해)

東海水 (동해수)

벼록이 (벼룩이)

바위 (바위)

물 (물)

따리아 (달리아)

山村 (산촌)

3, 午後의生理 (오후의 생리)

旗빨 (깃발)

噴水 (분수)

바다의아츰 (바다의 아침)

제비의家族 (제비의 가족)

나의掃除夫 (나의 소제부)

들은 우리를불으오 (들은 우리를 부르오) [차례: 들은우리를부르오]

새날이 밝는다 (새날이 밝는다)

出發 (출발)

아츰飛行機 (아침 비행기)
日曜日行進曲 (일요일 행진곡)

速度의詩 (속도의 시)
『스케이팅』 (스케이팅)
旅行 (여행)
씨네마風景 (시네마 풍경)
호텔 (호텔)
三月의씨네마 (3월의 시네마) [차례: 해당 소제목이 없음]
아츰해 (아침 해)
물레방아깐 (물레방앗간) [차례: 물네방아깐]
分光器 (분광기)
개 (개)
江 (강)
魚族 (어족)
飛行機 (비행기)
北行列車 (북행열차)
앨범 (앨범)
五月 (5월)
風俗 (풍속)
굴뚝 (굴뚝)
食料品店 (식료품점)
1, 쵸코레-트
2, 林檎 (임금)
3, 모과(파인애풀) (모과(파인애플)) [차례: "(파인애플)"이 없음]
4, 밤(栗) (밤(율))
파고다公園 (파고다공원)
漢江人道橋 (한강인도교)
海水浴場 (해수욕장)
七月의아가씨 (7월의 아가씨) [본문: 七月의아가씨섬. "섬"은 이어지는 시의 제목]
섬 (섬)
十五夜 (십오야)
새벽 (새벽)

아스팔트 (아스팔트) [차례: 아스짤트]

海水浴場의夕陽 (해수욕장의 석양)

象牙의海岸 (상아의 해안)

航海 (항해)

가을의太陽은『플라티나』의燕尾服을입고 (가을의 태양은 플라티나의 연미복을 입고)

하로일이 끝났을때 (하루 일이 끝났을 때)

黃昏 (황혼)

移動建築 (이동 건축)

훌륭한 아침이 아니냐? (훌륭한 아침이 아니냐?) [차례: "아침"이 "아츰"으로 표기]

어둠속의노래 (어둠 속의 노래)

商工運動會 (상공운동회)

『바다와나비』 (『바다와 나비』)
(1946년 4월 20일 新文化研究所(신문화연구소))

머리ㅅ말

序詩 (서시)
모다들 도라와 있고나 (모두들 돌아와 있구나)

1
우리들의八月로 도라가자 (우리들의 8월로 돌아가자)
전날밤 (전날 밤)
知慧에게 바치는 노래 (지혜에게 바치는 노래)
殉教者 (순교자)
어린共和國이여 (어린 공화국이여) [차례: 어린共和國이어]
무지개 (무지개)
두견새 (세學兵의靈前에드림) (두견새 (세 학병의 영전에 드림)) [차례: 부제 없음]
길까의輓章 (길가의 만장)
女人圖 (여인도)

2
바다와나비 (바다와 나비)
療養院 (요양원)
山羊 (산양)
共同墓地 (공동묘지)
파랑港口 (파랑 항구)
못 (못)

3
바다 (바다)
追憶 (추억)
아쁘리카狂想曲 (아프리카 광상곡)
連禱 (연도)

금붕어 (금붕어)
흰 薔薇처럼 잠이 드시다 (흰 장미처럼 잠이 드시다)
겨올의노래 (겨울의 노래) [차례: 겨을의노래]
새벽의「아담」(새벽의 아담)
東方紀行 (동방 기행)
序詩 (서시)
宮島 (미야지마)
鎌倉海邊 (가마쿠라 해변)
中禪寺湖 (주젠지 호)
仙臺 (센다이)
瀨戶內海 (세토 내해)
江之島 (에노시마)
吳軍港 (구레 군항)
菖蒲田海水浴場 (쇼부타 해수욕장)
神戶埠頭 (고베 부두)
코끼리 (코끼리)
駱駝 (낙타)
잉코 (잉꼬)
유리窓 (유리창)
봄 (봄)

4
쥬피타追放 (李箱의靈前에바침) (주피터 추방 (이상의 영전에 바침)) [차례: 부제 없음]

5
世界에웨치노라 (세계에 외치노라)

『새노래』, (『새날에 부치는 노래』)
(1948년 4월 15일 雅文閣(아문각))

I

나의 노래 (나의 노래)
우리들 모두의 꿈이 아니냐 (우리들 모두의 꿈이 아니냐)
새나라頌 (새나라 송)
부푸러오른 五月달 아스팔드는 (부풀어 오른 5월 달 아스팔트는)
다시 八月에 (다시 8월에)
바람에 불리는 수천 기빨은 (바람에 불리는 수천 깃발은)
人民工場에 부치는 노래 (인민 공장에 부치는 노래)
우리들의 握手 (우리들의 악수)
눈짓으로 理解하는 戰線 (눈짓으로 이해하는 전선)
萬歲 소리 (만세 소리)
어렵고 험하기 이를데 없으나 (어렵고 험하기 이를 데 없으나)
데모크라시에 부치는 노래 (데모크라시에 부치는 노래)
波濤 (파도)
壁을 헐자 (벽을 헐자)
파도소리 헤치고 (파도 소리 헤치고)
아메리카 (아메리카)

II

戀歌 (연가)
肉体禮讚 (육체 예찬)
句節도 아닌 두서너 마디 (구절도 아닌 두서너 마디)
오늘도 故鄕은 (오늘도 고향은) [차례: 오늘도 고향은]
닥아앉아 가장 그윽한 얘기⋯⋯ (다가앉아 가장 그윽한 얘기) [차례: 닥아앉아 가장 그윽한 얘기]
童話 (동화)
사슴의 노래 (사슴의 노래)

希望 (희망)
뜻없이 달이 밝아 (뜻 없이 달이 밝아)
정영 떠나신다는 말슴 (정녕 떠나신다는 말씀)
길일은 노루 처럼 (길 잃은 노루처럼) [차례: 길잃은 노루 처럼]
코스모쓰는 (코스모스는)
오늘은 惡魔의 것이나 (오늘은 악마의 것이나)
詩와 文化에 부치는 노래 (시와 문화에 부치는 노래)
센토오르 (켄타우로스)
새해의 노래 (새해의 노래)
새노래에 대하야 (새노래에 대하여)

『氣象圖』(『기상도』)
(1948년 9월 20일 珊瑚莊(산호장) 발행)

世界의아침 (세계의 아침)
市民行列 (시민 행렬)
颱風의起寢時間 (태풍의 기침 시간)
자최 (자취)
病든風景 (병든 풍경)
올배미의呪文 (올빼미의 주문)
쇠바퀴의노래 (쇠바퀴의 노래)

超越抒情之域 第一券 詩

III. 부록

4 · 주석

金起林全集 原文批評

The Complete Works of Ki-Rim Kim, Textual Criticism
Volume 1: Poems — Beyond the "Territory of the Lyric"

I-1. 최초 발표된 시의 원문
신문·잡지 등에 처음 수록된 시 / 현대 한국어로 수정된 시

가거라 새로운生活로 —— / 가거라 새로운 생활로 —— • 14

1 원문 1, 2, 6, 9행의 "——로"는 『태양의 풍속』에서 "「바빌론」(으로)"로 표기 (58).

2 원문의 "적은"은 『태양의 풍속』에서 "작은"으로 표기 (59)

3 원문의 "밝다가는"은 『태양의 풍속』에서 "밝어가는"으로 표기 (59).

4 바빌론(Babylon): 바빌로니아의 수도로서 번영한 고대 도시. 그 유적은 이라크의 바그다드 남쪽 약 89km 지점인 유프라테스강 변에 있음.

『슈-르레알리스트』 / 쉬르레알리스트 • 16

1 쉬르레알리스트(surréalist): 초현실주의자. 쉬르레알리슴(surréalisme): 제1차 세계대전 후, 유럽에 나타난 문예사조. 비합리적 인식과 잠재의식을 추구하고 표현의 혁신을 꾀한 전위적 예술 운동. 1917년 프랑스 시인 기욤 아폴리네르(Guillaume Apollinaire, 1880-1918)가 이 용어를 사용하였으며, 프랑스의 작가이자 시인인 앙드레 브르통(André Breton, 1896-1966)이 1924년 『초현실주의 선언』 (*Surrealist Manifesto*)을 발표함으로써 시작됨. "초현실주의," "자본주의," "생활" 등과 관련하여 김기림의 「상아탑의 비극: 사포에서 초현실파까지」(『동아일보』 1931.07.31-08.09, 10회 연재), 특히 "7. 슈르레알리즘의 비극"(08.07. 8회) 참조.

2 어리꾸지다: (말소리나 행동이) 어리숭하여 갈피를 잡을 수 없다.

3 작품의 출판 연도가 1930년인 점을 감안하여 원문의 "千九百五十(1950)" 중 "五(5)"는 "三(3)"의 오기인 듯.

4 프랑스혁명(French Revolution, 1789-1799): 프랑스에서 절대 왕정에 대항하여 일어난 시민 혁명으로 "자유, 평등, 우애"를 국시로 삼음.

5 말예(末裔): 자신의 세대에서 여러 세대가 지난 뒤의 자녀를 통틀어 이르는 말.

6 메리-고-라운드(merry-go-round): 회전목마.

7 반려(伴侶): 동반자, 반려자, 짝이 되는 동무.

8 카지노 폴리(the Casino Follies): 도쿄도 다이토구(台東区)에 있는 아사쿠사(浅草) 지역 소재의 연극, 음악, 극장 등이 있는 거대한 복합 시설.

9 주악(奏樂): 음악을 연주함. 또는 그 음악.

가을의太陽은『푸라티나』의燕尾服을입고 / 가을의 태양은 플라티나의 연미복을 입고 • 18

1 원문의 "쎄싸진"은 『태양의 풍속』에서 "피빠진"으로 표기 (168).
2 플라티나(platina): 플라티늄(platinum, 백금)의 스페인어.
3 원문의 "겨으르다"는 "게으르다"의 방언 (함북).

屍體의흘음 / 시체의 흐름 • 20

1 만주: 오늘날 중국의 동북지방으로, 랴오닝성, 지린성, 헤이룽장성, 내몽고 자치구의 동북부, 허베이 성 북부의 옛 러허성 지역, 외만주 우수리 강 아무르 강 등을 포괄한 지역. 일본이 포츠머스 조약 (1905년)에 의해 만주의 창춘-뤼순간 철도의 이권을 획득하고 관동주를 조차한 이후 만주는 일본의 자본투자·상품시장·중공업 원료 공급지. 관동군은 남만주 철도를 보호한다는 구실로 1905년부터 만주에 설치되어 주둔. 만주를 둘러싼 중국 내부의 갈등 및 중국과 일본의 갈등이 계속되다가 1931년 9월 만주사변 및 1932년 3월 만주국 수립으로 극에 달함. 당대 조선인들은 꾸준히 압록강과 두만강을 넘어서 만주에 정착. 조선총독부는 재만 조선인에 대하여 관할권을 주장하면서 만주 소재 일본 총영사관, 조선인민회와 같은 자치단체, 민영 회사인 동아권업주식회사 등을 통해서 만주에 있는 조선인 문제에 간섭.
2 우수리(Ussuri): 우수리 지방 (러시아 영토 중 극동 지역의 남부를 부르는 명칭). 이 지역의 명칭은 우수리강에 접한 데에서 유래. 러시아 연해주와 만주 사이를 흐르는 우수리강은 중국 흑룡강(黑龍江, 헤이룽강)의 지류로, 중국과 러시아 국경에 있음.
3 호적(胡賊): 오랑캐. 예전에, 두만강 일대의 만주 지방에 살던 여진족을 멸시하여 이르던 말.
4 머리꼬리: 땋은 머리의 꼬리.
5 도색(桃色): 복숭아 빛깔과 같은 연한 분홍빛.
6 1930년 간도(間島) 5·30 봉기/사건. 1930년 5월 30일 간도 일대에서 조선인 공산주의자들이 일으킨 항일 무장봉기. 〈제4차 간도공산당사건〉이라고도 함. 중국 공산당 만주성위원회 연변당부(延邊黨部)가 주도. 만주지역의 정세가 불리하게 되자 중국공산당 만주성위원회는 일제와 장쉐량(張學良, 장학량) 군벌세력을 몰아내기 위해 상해 5·30사건 기념일을 맞아 무장봉기를 계획하고, 이 봉기에 조선인 공산주의자들을 총동원하려고 함. 김기림은 『조선일보』에 1930년 6월 12일부터 26일까지 「間島紀行(간도 기행)」이라는 제목의 기사를 12회 연재하여 "間島大事變(간도대사변) 突發(돌발)"을 전한다. 12일(1), 13일(2), 14일

(3), 15일(4), 17일(5), 19일(6), 20일(7), 21일(8), 22일(9), 24일(10), 25일(11), 26일(12). 특히 19일, 22일, 24-26일 자 기사 참조.

7 원문의 "물박휘"는 "물바퀴." 물바퀴: 바다에서 배를 움직여 가게 하는 바퀴. 배의 옆에 달려 있으며 그것이 물에서 도는 힘에 의해 배가 움직여 간다 (『조선말 대사전』). 김기림은 산문 「豆滿江(두만강)과 流筏(유벌)」 [『삼천리』 8 (1930.09.01)]에서 "물박휘"를 다음과 같이 사용. "깍거 나린 듯한 斷岸(단애)의 허리를 안고 구비구비 물박휘치며 감돌아 드는 검푸른 豆滿江(두만강) 물결" 및 "『나엘(나일)』의 江(강)가에는 『글레오파트라』의 아름다운 이야기가 잠겨 잇스며 『따윱(다뉴브)』의 급한 물박휘 우헤는 『뵌*』의 『아나톨』과 『코켓트』의 얼크러진 抱擁(포옹)의 그림." "물회오리," "소용돌이" 혹은 "물굽이" 정도의 의미로 추정.

8 문맥상 "XX군"은 "관동군"으로 추정해 볼 수 있음. 관동군의 군복은 카키색이며, 총기 중 하나는 다음 행에 나오는 "마우저."

9 원문의 "모젤"은 총기 "마우저"(Mauser). 일본어: モーゼル(모제루). 페터 파울 마우저(Peter Paul Mauser)의 회사에서 제작된 총.

10 유사한 몇몇 요소들이 「간도 기행, 12」(1930.06.26)에서도 사용. "盲腸(맹장)과 가티 『無用物(무용물)』로 보이는 路警(노경)이 긴 白銅(백동) 『싸벨』을 쓸고 쓴임업이 그 입을 놀리면서 一等車(일등 차) 에 올라탄다."

11 새밭: 띠나 억새가 우거진 곳.

저녁별은푸른날개를흔들며 / 저녁별은 푸른 날개를 흔들며 • 26

1 헤다: "세다"의 방언.

2 하상(河床): 하천의 바닥.

3 원문의 "알에"는 당대 신문에서 "아래"의 뜻으로 사용되기도 함.

4 원문의 "폭르다"(4연)와 "폭른"(6연)은 제목의 "푸른"을 참조하여 "푸르다"와 "푸른"의 오기로 추정.

훌륭한아츰이아니냐? / 훌륭한 아침이 아니냐? • 28

1 원문의 "괄양이"는 『태양의 풍속』에서 "말괄양이"로 표기 (175).

2 원문의 이 행에는 『태양의 풍속』에서 "(오-榮光(영광)이있어라。人類(인류)에게)"라는 한 행이 추가, 다음 연의 첫 행에는 『태양의 풍속』에서 "어느새밤이가고"라는 한 행이 추가 (176).

3 원문의 이 행 앞에는 『태양의 풍속』에서 "기름과먼지와피투성이인"이라는 한 행이 추가 (177).

4 원문의 "X"는 『태양의 풍속』에서 "총"으로 표기 (177).
5 원문의 "나"는 『태양의 풍속』에서 "폴"로 표기, 다음 연 첫 행의 "폴"은 "쯔랭크"로 표기 (177).
6 원문의 "폴"에 이어지는 행의 공백은 인쇄상 두 행 전체가 탈자된 것으로 보임. 원문의 공백 부분은 『태양의 풍속』에서 "저자식은 山高帽(산고모)를 둘러쓰고 조개의무덤우에서 춤을추겠지。/ 이「후-버」의 「팬」"으로 표기 (178).
7 원문의 이 행부터 다음 연까지는 『태양의 풍속』에서 앞의 연에서 분리된 하나의 연으로 수정 (178).
8 원문의 "눈"은 『태양의 풍속』에서 "힌눈"으로 표기 (179).
9 아주조와: 『태양의 풍속』에서 "아주듣기좋아"로 표기 (179).
10 독와사(毒瓦斯): 독가스.
11 번: 차례.
12 산마루턱: "산마루터기"(산마루의 두드러진 곳)의 준말.
13 6번 주석과 연관. 추정상 허버트 후버(Herbert Hoover, 1874-1964): 미국의 31대 대통령 (재임 기간: 1929-1933). 『동아일보』 1928년 11월 17일 자 기사 「定策(정책)엔 無關(무관)한 米國(미국)의 選擧民(선거민): 選擧(선거) 理由(이유)의 統計(통계)」에서 미국의 주간 잡지를 원용하여, 당시 미국 대통령 선거에서 후버 후보에 투표한 이유 중 하나로 "茶褐色(다갈색) 山高帽(산고모)를 愛用(애용)하기 때문"이라고 함. 산고모(山高帽): 꼭대기가 둥글고 높은 서양 모자.

詩論 / 시론 • 32

1 원문의 "조희"는 당시 "종이"라는 의미로 빈번히 사용됨. 「編輯局(편집국)의 午後(오후)한時(시)半 (반)」과 「밤의SOS」에서는 "조히"로 표기.
2 원문의 "밸"은 "배알"("창자"를 비속하게 이르는 말)의 준말. 당대 신문에서 사용된 첫 번째 예는 주로 "배"를 지칭: "腹(복)의 ハラ는 『배』 或(혹) 『밸』의 轉訛(전와)로서" 「朝鮮上古史管見(조선상고사관견) 五三(53), 特殊文化(특수문화)의 種種相(종종상), 十一(11) 東方文化(동방문화)와 朝鮮素(조선소) 【四(4)】」 『조선일보』(1930.04.01). 이와 연관하여, "밸"이 "화"로 표기된 경우도 있음: "서울 사람들은 트금스러 밸(화)이 난다" 「旅舘竹枝詞(여관죽지사) 各人各語(각인각어)」 『조선일보』(1931.05.16).
3 원문의 "촴푠"은 1930년대 중기 『조선일보』 기사에 두 차례 등장한 바에 따르면 "챔피언 (champion)"의 뜻인 듯함: "싸베트 當局(당국)은 恒常(항상) 입으로는 平和(평화) 政策(정책)의 『촴푠』으로 自任(자임)한다" (「蘇聯邦(소연방)

外交(외교)의 收穫(수확)」 1934.01.01. 7면), "所謂(소위) 『몬로 딱추린』을 主張(주장)할 뿐만 아니라 世界平和(세계평화)의 참폰으로 子任(자임)하는 北米合衆國(북미합중국)"(「軍縮會議(군축회의)는 어대로」 1935.05.06. 1면). 같은 의미의 이 단어는 주로 "참폰"으로 표기. 혹은, "축여줄"이라는 단어를 고려할 때 당시 표기 중 "샴판"인 "샴페인"(champagne)일 가능성도 있을 듯함. 『김기림 전집』(심설당, 1988) 등에서는 "쉼표"로 표기.

4 소제부(掃除夫): 청소하는 일을 직업으로 하는 남자.

5 영양(令孃): 영애(令愛), 윗사람의 딸에 대한 높임말.

6 타태(墮胎): 낙태 또는 유산을 이르는 말.

7 사아(死兒): 죽은 아이.

8 귀밀눈: 약간 길게 생긴 작은 눈을 비유적으로 이르는 말. 『김기림 전집』 제1권(심설당, 1988) 등에서는 "귀밑눈"으로 표기(274).

9 안젤루스(angelus): 삼종기도(하루 세 번 성당 종을 칠 때 바치는 기도). 안젤루스란 말은 삼종기도를 시작하는 첫 라틴어 말마디인 "안젤루스 도미니(Angelus Domini: 주님의 천사)"에서 유래.

10 폐인(廢人): 병 따위로 몸을 망친 사람. 쓸모 없이 된 사람.

11 원문의 "느렁챙이"는 다음 중 하나일 듯함. 느렁장이: "느림뱅이"의 방언 (제주). 느렁뱅이: "느림뱅이"의 방언 (평북). 느렁광이: "게으름쟁이"의 방언 (평북).

12 심볼리즘(symbolism): 상징주의. 당시 사용되던 표기는 "삼볼리즘." 김기림의 상징주의(symbolism)에 대한 부정적인 견해에 관해서는 서양의 신화시대부터 20세기 초까지의 서양 예술사를 "생활"로부터 분리되어 주관화되어 가는 과정으로 보는 「시와 시인의 개념: 근본적 의혹에 대하야」(『조선일보』 1930.07.24-07.30. 6회 연재) 및 「現代(현대시)의 展望(전망): 象牙塔(상아탑)의 悲劇(비극)—『싸쪼』에서 超現實派(초현실파)싸지」(『동아일보』 1931.07.30-08.09. 10회 연재) 참조. 특히 두 번째 글의 5회차(1931.08.04) "四(4), 싼볼리스트의運動(운동)" 참조.

13 줄느림: 장식으로 늘어뜨리거나 늘여 놓음. 또는 그런 줄.

14 플라티나(platina): 플라티늄(platinum, 백금)의 스페인어. 일본어: 푸라치나(プラチナ).

15 원문의 "필사(必死)"라는 의미의 "모탈리티(mortality)"는 문맥상 "도덕"이라는 의미의 "모랄리티 (morality)"일 것으로 추정.

꿈꾸는眞珠여바다로가자 / 꿈꾸는 진주여 바다로 가자 • 38

1 원문의 첫 5연은 『태양의 풍속』에서 삭제 (52). 4연의 마지막 행"(오늘도地文

學의先生님은 地球는圓滿하다고가르첫대요)”은 『태양의 풍속』에 수록된 「午後(오후)의꿈은 날줄을모른다」의 4연에 삽입 (23).

2 원문의 “일무러”는 『태양의 풍속』에서 “일부러”로 표기 (52).

3 원문의 “십허가는”는 『태양의 풍속』에서 “싫어하는”으로 표기 (53).

4 원문의 이 행(“그러면土人의女子의진흙빗손가락에서모래와함께새여버린너의幸福의조악돌을도루집으러가자”)은 『태양의 풍속』에서 일부 수정된 후 다음 연의 3행과 4행 사이에 삽입 (53-54).

5 원문의 “부즈런하다”는 “부지런하다”의 방언 (평북).

6 마치(march): 행진할 때에 쓰는 반주용 음악.

7 정초(正初): 정월의 초승. 그해의 맨 처음.

8 에비뉴(avenue): 거리.

9 춘부(春婦): 돈을 받고 남자에게 몸을 파는 여자.

10 지문학(地文學): 예전에, “자연 지리학”을 이르던 말. 지구 과학 영역까지 포함.

11 정목(丁目): 일본식 길목에 따른 마을의 단위.

12 까물치다: “까무러치다”의 준말.

13 남양(南洋): 태평양의 적도를 경계로 하여 그 남북에 걸쳐 있는 지역을 통틀어 이르는 말. 마리아나, 마셜, 캐롤라인 따위의 군도와 필리핀 제도, 보르네오섬, 수마트라섬 따위를 포함. 남양군도: 일본 제국이 1919년에서 1945년까지 위임 통치했던 미크로네시아의 섬들과 해당 섬들에 설치된 행정구역.

14 독목주(獨木舟): 통나무를 파서 만든 작은 배. 「旅行(여행)」에서 “독목주”는 “캐누”(カヌ canoe)와 병기.

15 원문의 “유랑”은 “유량.” 유량(瀏喨)하다: 음악 소리가 맑으며 또렷하다. 「초승달은 掃除夫(소제부)」 및 『기상도』의 「車輪(차륜)은듯는다」 참조. 후자의 경우 1935년 판의 “유랑”은 1936년 판(24)과 1948년 판(59)에서 “유량”으로 표기.」

16 원문의 “자지(紫地)”는 “짙은 남빛을 띤 붉은색”이라는 의미로 “자주(紫朱)”와 동일.

17 페이브먼트(pavement): 포장한 인도 혹은 보도.

木馬를타고온다던새해가 / 목마를 타고 온다던 새해가 • 42

1 원문의 “ㅜ름”은 “구름”으로 추정.

2 원문의 “커린”은 김기림의 수필 「바다의 誘惑(유혹)」(下(하))에서도 사용됨. “창살에 매달려 흐늑이는『커린』“ 혹은 “축축한 소곰ㅅ기 석긴 바람이 『커텐』을 밀고.”

3 연판(鉛板): 활자를 짠 원판(原版)에 대고 지형(紙型)을 뜬 다음에 납, 주석, 알루미늄의 합금을 녹여 부어서 뜬 인쇄판.

4 사금(砂金): 물가나 물 밑의 모래 또는 자갈 속에 섞인 금.

5 원문의 "옷기슭"은 "옷자락"의 옛말.

6 원문의 "간호무"는 당시 여러 신문 기사에서 "간호부"와 같은 단어로 사용됨.

7 마호가니(mahogany): 적갈색 열대산 나무의 목제로 가구 제작에 쓰임.

8 원문의 "애마르다"는 "애타다"의 방언 (함남).

9 원문의 "림금"은 "임금"의 방언. 임금(林檎): 능금나무의 열매. 사과와 비슷한 모양이지만 훨씬 작음.

10 전야(戰野): 싸움터.

11 악착하다: 일을 해 나가는 태도가 매우 모질고 끈덕지다.

12 원문의 "瞬(순)"은 앞 행에서 나오는 "순간"의 오식일 가능성.

13 원문의 "밀"은 기존의 『김기림 전집』(심설당, 1988) 제1 권에서 "별"로 표기 (279).

14 원문의 "우리가십흘쌔"는 "싶다"의 앞말이 없으므로 의미를 확정하기 어려움. 문맥상 "우리가"와 "십흘쌔" 사이에 동사가 누락된 것으로 추정: 예, "우리가 [보고] 싶을 때." 『김기림 전집』(심설당, 1988) 제1 권 시 전집에서는 "너는 언제든지 우리 가고 십흘 때"로 표기 (279). 앞말 없이 사용 가능한 "십다"는 "헐하다/헗다"로 그 의미가 "힘들지 않아 쉽다" (『두만강 유역의 조선어 방언사전』). 하지만 이 의미는 이 시의 문맥에서 타당하지 않음.

出發 / 출발 • 46

1 원문의 "하늘은"~"거울—" 두 시행은 『태양의 풍속』에서 1연 3-4행으로 수정 (106).

2 원문의 "창을"~"서늘한 대기—"의 시행은 『태양의 풍속』에서 분리되어 2연으로 수정 (106).

3 원문의 2연 4행 "태양은 별들의"부터 11행 "새롭다"까지 시행은 『태양의 풍속』에서 삭제.

4 원문의 "生長(생장)"은 『태양의 풍속』에서 "生成(생성)"으로 표기 (107).

5 원문의 "쏙크"는 『태양의 풍속』에서 "埠頭(부두)"로 표기 (107).

6 엠프레스 오브 아시아 (RMS Empress of Asia): 1912-13에 건조된, 태평양 횡단 원양 정기선. 전시에는 군함으로 사용되기도 함.

7 독(dock): 선박의 건조나 수리 또는 짐을 싣고 부리기 위한 설비 (『우리말샘』). 도크(dock): 배를 수리하거나 묫기 위한 갑실과 같은 구조물. 건도크와 뜬도크가 있다 (『조선말 대사전』).

三月의『푸리즘』/ 3월의 프리즘 • 48

赤 / 적 • 48

1 원문의 "이상한일은"~"전율합니다"는『태양의 풍속』에서 삭제 (128).
2 원문의 "썩어나는"~"저쪽에서—" 2행은『태양의 풍속』에서 삭제 (128).
3 원문의 "층층대"는『태양의 풍속』에서 "층층대"로 표기 (128).
4 원문의 "톡기"는『태양의 풍속』에서 "임금"으로 수정 (128).
5 원문의 마지막 2행은『태양의 풍속』에서 부분 수정 후 앞의 "할로—陸地와바다—"를 이동하여 재배열. "—할로 바다와陸地(육지) / 그의걸음거리는 傳說(전설)속의 임금답지도않게 고무뽈처럼가볍습니다" (128).
6 원문의 "칭칭대"는 "층층대"의 방언(전남).
7 썩어나다: 다 쓰지도 못하고 버릴 만큼 너무 많이 가지고 있거나 들어 있다.
8 원문의 "톡기"는 "토끼"의 방언, 당대 신문에서 대부분 "톡기"와 "톡끼"를 병용.

黃 / 황 • 50

1 원문의 "구두한켜레가일직이"는『태양의 풍속』에서 "구두한켜레, 일찌기"로 표기 (129).
2 원문의 "지금은" 이후의 문장은『태양의 풍속』에서 일부 수정 후 마지막에 "戰爭(전쟁)이끝나면 그들은모다행주처럼 잊어버리웁니다"라는 문장을 추가 (129).
3 원문의 마지막 겹낫표 속의 문장(『오-오늣잠자기 (…) 질수는업습니까』)은『태양의 풍속』에서 삭제.
4 이 시는『태양의 풍속』에서「물레방아깐」("물레방아간"~"개선문도—"),「分光器(분광기)」("太陽의 어린아들인"~"새들이여.),"「개」("『컹—"~"짓습니다")로 분리. 이후 부분은『태양의 풍속』에서 삭제.
5 불하(拂下): 국가 또는 공공 단체의 재산을 민간에게 팔아넘기는 일.
6 호곡(號哭): 소리를 내어 슬피 욺.
7 카이저(Kaiser): 독일 제국의 3대이자 마지막 황제인 빌헬름 2세 (Wilhelm II, 1859-1941). 제1 차 세계대전의 여파로 강제 퇴위 (재임: 1888-1918).
8 니콜라이 2세 (Nicholai II, 1868-1918): 러시아 제국의 마지막 황제 (재위: 1894-1917). 로마노프 왕조의 14번째 군주로 1917년 2월 혁명으로 퇴위, 1918년 총살됨.
9 개선문(凱旋門, Triumphal Arch): 니콜라이 2세가 23세가 되는 된 것을 기념하기 위해 1891년에 세운 개선문 (Triumphal Arch for Tsar Nicholas II).
10 문창(門窓): 문과 창문을 아울러 이르는 말.

11 리처드 버드(Richard E. Byrd, 1888-1957; 일본어 リチャード・バード(리챠도 바도): 미국의 해군 항공대 소속 비행사이며 탐험가로, 비행기를 이용한 최초의 북극 탐험가. 대좌(大佐): 일본에서 "대령"을 이르던 말.

12 원문의 "늦잠자기"는 "늦잠쟁이" 혹은 "늦잠재이"("늦잠꾸러기"의 방언)로 추정. 『기상도』「태풍의 기침」/「태풍의 기침 시간」의 "늦잠재기" 참조.

靑 / 청 • 52

1 원문은 『태양의 풍속』에서 「江(강)」("江은그의"~"쎠러짐니다"), 「魚族(어족)」("어린魚族들은"~"오슬 길을밧부게참니다")으로 분리. "바다를차저"~"도시업고나"는 『태양의 풍속』에서 삭제. 「어족」에 해당하는 부분은 다수 수정.

2 모두 강의 이름. 아마존(Amazon): 남아메리카 북부를 흐르는 강. 다뉴브(Danube): 독일의 바덴에서 시작하여 흑해로 흐르는 강. 쎈(la Seine): 프랑스의 중북부를 흐르는 강. 라인(Rhine): 유럽의 중북부를 흐르는 강. 압록강(鴨綠江): 한반도 북서쪽의 강으로, 백두산에서 시작하여 황해로 흐르는 강. 두만강(豆滿江): 한반도의 북동쪽의 강으로, 백두산의 동쪽 기슭에서 시작하여 동해로 흐르는 강. 미시시피(Mississippi): 미네소타 주 미국과 캐나다 국경에서 시작하여 멕시코 만으로 흐르는 강. 양쯔강(揚子江, 양자강): 티베트고원 동북부에서 시작하여 중국의 중심부를 흘러 동중국해로 흐르는 강.

3 원문의 "싸리며"는 「꿈꾸는 진주여 바다로 가자」, 「밤 [I]」, 「비행기 [II]」 등에서 모두 "때리며"를 지칭.

4 도시(都是): 도무지, 아무리 해도.

5 원문의 "헤우다"는 "헹구다"(물에 넣어 흔들어 씻다)의 방언.

6 소크라테스(Socrates, 기원전 470년 경-기원전 399): 고대 그리스의 철학자. 「林檎밭(임금밭)」, 『氣象圖(기상도)』의 3부 「滿潮로向하야(만조로 향하여)」[「자최(자취)」] 참조.

錄 / 녹 • 54

1 원문의 제목은 『태양의 풍속』에서 「飛行機(비행기)」로 수정. 수정된 제목과 동일한 다른 두 편의 시 제목을 구분하기 위해, 『태양의 풍속』에서 수정된 제목 「飛行機(비행기)」를 「飛行機(비행기) [I]」로 표기. 이에 따라 『조선문학』에 수록된 동일 제목의 다른 시(1933. 10. 25)를 「飛行機(비행기) [II]」, 『조선일보』에 수록된 동일 제목의 다른 시(1935. 01. 01)를 「飛行機(비행기) [III]」으로 표기.

紫 / 자 • 56

1 원문의 "號角(호각)"은 『태양의 풍속』에서 "汽笛(기적)"으로 표기 (135).

2 원문의 "불리다"는 『태양의 풍속』에서 "불테지"로 표기 (135).

3 대체로 김기림의 시에서 "수수"는 "볏과의 한해살이풀"을 의미. 하지만 원문의 "수수"는 그 뒤에 나오는 "로맨티시즘"을 감안할 경우 "수수(愁愁)"로도 추정 가능. 수수롭다(愁愁롭다): 마음이 서글프고 산란한 데가 있다. 또한 『중앙』에 수록된 「가을의 누나」에 사용된 "수수꺼매기"가 추후 『바다와 육체』에 「가을의 누의」라는 제목으로 다시 수록되며 "숫거매기"로 수정된 것을 감안한다면, "수수"는 "숯"으로도 추정 가능. 특히 이 시에 등장하는 "기차"를 염두에 둔다면, 제한적이나마 "숯"으로도 추정 가능. 「오—어머니여」, 「가을의 누나」 참조. 사전에서 "수수낀"에 가장 가까운 단어는 "수수꾸다"(실없는 농담으로 남을 부끄럽게 하다). 하지만 이 의미는 이 시의 문맥에서 타당하지 않음.

紅 / 홍 • 58

1 원문의 다음 행부터의 시행은 『태양의 풍속』에서 상당 부분 수정.

屋上庭園……散文詩/ 옥상정원……산문시 • 62

1 원문의 이 문장은 『태양의 풍속』에서 "기둥시계의 時針(시침)은 바로 12를 출발했는데 籠(농)안의 胡(호)닭은 突然(돌연) 森林(삼림)의習慣(습관)을 생각해내고 홰를치면서 울어보았다。노-랗고가-는울음이 햇볕이풀어저 빽빽한 空氣(공기)의周圍(주위)에 길게 그어졌다。"로 표기 (41).

2 원문의 "벽동"은 『태양의 풍속』에서 "벽돌"로 표기 (42).

3 원문의 "磚石(전석)"은 『태양의 풍속』에서 "舗石(포석)"으로 표기 (42).

4 니힐리스트(nihilist): 허무주의자.

5 일기(日氣): 그날그날의 비, 구름, 바람, 기온 따위가 나타나는 기상 상태.

6 스페인 혁명: 1931년 4월 14일, 스페인 왕국을 무너뜨리고 세워진 공화국인 스페인 제2 공화국 선포. 국왕 알폰소 13세는 해외 망명. 서반아(西班牙): "에스파냐"의 음역어.

7 농(籠): 새를 넣어 기르는 장.

8 호(胡): 예전에, '오랑캐'를 이르던 말. (일부 명사 앞에 붙어) "중국에서 들여온"의 뜻을 더하는 접두사.

9 부출: "날개"의 방언 (함경).

10 무리(無理): 도리나 이치에 맞지 않거나 정도에서 지나치게 벗어남.

11 장 자크 루소(Jean-Jacques Rousseau, 1712-1778): 스위스 제네바 공화국

에서 태어난 프랑스의 사회계약론자. 인간의 선한 본성을 강조.

12 조선(祖先): 돌아간 어버이 위로 대대의 어른. 자기 세대 이전의 모든 세대. 선조.

13 선전(宣戰): 한 나라가 다른 나라에 대하여 전쟁을 시작한다는 의사 표시를 하는 일.

14 전석(磚石, 甎石): 벽돌. 진흙과 모래를 차지게 반죽하여 틀에 박아서 구워 만들거나, 시멘트와 모래를 버무려 틀에 박아 건조한 네모진 건축 재료. 포석(舗石): 도로를 포장할 때 길에 까는 돌.

15 호기(好奇): 신기한 것을 좋아함.

16 살수차(撒水車): 도로나 운동장 같은 데에 먼지가 나지 않도록 물을 뿌리는 차.

17 분수지(噴水池): 분수탑에서 떨어지는 물이 괴도록 만든 못.

18 1931년 당시 국내 신문에서 "팡"은 "빵"을 지칭. "今日(금일)의 攝取物(섭취물)은 팡을 牛乳(우유)로 煮熟(자숙)한 것으로" 『동아일보』(1931.04.11), 혹은 "『팡』으로만 사는 것이 사람이 아니라는 것" 『조선일보』(1931.10.13). 일본어: パン(팡: 포르투갈어 : pão, 프랑스어: pain).

撒水車 / 살수차 • 68

1 살수차(撒水車): 도로나 운동장 같은 데에 먼지가 나지 않도록 물을 뿌리는 차.

2 뾰족집: 지붕의 끝이 뾰족하게 생긴 서양식 집.

3 바네 (일본어, ばね[発条·撥条]): 용수철, 스프링. 이어오는 "온같이"는 7연의 "라무네와같이"를 참조하여 "온"을 "와"로 표기.

4 라무네(일본어, ラムネ): 일본의 탄산음료.

5 쉐보레(Chevrolet): 미국 제너럴 모터서의 자동차. 일본어: シボレー(시보레).

6 준동물(蠢動物): 꿈틀거리는 동물. [준동(蠢動): 벌레 따위가 꿈적거린다는 뜻으로, 불순한 세력이나 보잘것없는 무리가 법석을 부림을 이르는 말].

7 필경(畢竟): 끝장에 가서는.

8 해조(害鳥): 사람의 생활에 직접 또는 간접으로 피해를 주는 새.

苦待 / 고대 • 72

1 「苦待(고대)」의 제목 상단에에 "自由詩(자유시)"라고 적혀 있음. 이어지는 시 「날개만도치면」도 여기에 포함.

2 원정(園丁): 정원이나 과수원 따위를 관리하는 사람.

3 절계(節季): 계절 또는 계절의 끝.

4 원문의 "의다리"는 사전적 정의나 용례로 확인하기 어려움. "너의다리"의 오기로 추정. 김기림이 사용한 유사한 일례: "너의다리" (「벼록이」), 혹은 "시의다리" (「시론」), "여자의다리" (「풍속: 근작 시 (1)」). 또한 당대의 신문에서

"의다리"의 용례를 확인한 결과 대체로 "…의 다리"로 사용됨. 『김기림 전집』(심설당, 1988) 제1 권 시 전집에서는 "의다리"가 "외다리"로 표기 (288). 참고로, "의다리"를 "의족(義足, 발이 없는 사람에게 인공으로 만들어 붙이는 발)"으로 연상할 수 있으나 문맥상 타당하지 않은 듯함.

날개만도치면 / 날개만 돋치면 • 74

1 다롄(大連, 대련): 중국 랴오둥 반도(遼東半島)의 남쪽 끝에 있는 항만 도시. 1907년에 일본으로 조차권이 넘어가서 일본의 지배 아래 있다가, 제2 차 세계대전 후 중국에 반환.

2 1929년 9월 초 일본항공수송주식회사가 동경-경성-다롄간 여객수송기를 운영하기 시작. 관련 기사는 「旅客機試乘(여객기 시승)」, 「旅客機試乘(여객기 시승): 一碧秋空(일벽추공)에 快翔(쾌상), 京城(경성) 仁川(인천) 間(간) 縱橫(종횡)」『동아일보』(1929.08.31).

3 원문의 "손깃"은 문맥상 "손길"(내밀거나 잡거나 당거나 만지거나 할 때의 손)로 추정. 여기서는 이어 오는 "나래"를 감안하여 "깃"(조류의 몸 표면을 덮고 있는 털, 혹은 새의 날개)을 그대로 둠. 「거지들의 크리스마스 송」 참조.

4 나래: 흔히 문학 작품 따위에서, "날개"를 이르는 말. "날개"보다 부드러운 어감.

아츰해頌歌 / 아침 해 송가 • 76

1 조롱(鳥籠): 새를 넣어 기르는 장.

2 영양(令孃): 영애(令愛), 윗사람의 딸을 높여 부르는 말.

3 사포(Sappho, 기원전 630-570 년경): 고대 그리스의 여류 시인. 레스보스(Lesbos)섬의 에레소스 혹은 미틸리니 출신으로, 주로 노랫말을 위한 서정시를 남긴 시인.

4 카인(Cain): 구약 성경 창세기에 나오는 아담과 이브의 맏아들. 그는 자기의 제물이 하나님에게 받아들여지지 않고 아우 아벨의 제물이 받아들여지자, 이를 시기하여 동생을 죽여 최초의 살인자가 됨.

가을의果樹園에서 / 가을의 과수원에서 • 78

1 원문의 "外奪(외탈)"은 『태양의 풍속』에서 "저고리"로 표기 (39). 「離別(이별)」의 경우, 『신동아』 원문의 "外奪(외탈)"(166)은 『태양의 풍속』에서 "外套(외투)"(57)로 수정해서 표기.

2 당대의 일간신문에서는 원문의 "外奪(외탈)"과 "外套(외투)"가 같이 사용됨.

3 방천(防川): 둑을 쌓거나 나무를 많이 심어서 냇물이 넘쳐 들어옴을 막음. 또는 그 둑.

4 느끼다: 서러움에 북받쳐 울다.

5 임금(林檎): 능금나무의 열매. 사과와 비슷한 모양이지만 훨씬 작음.

6 아킬레스(Achilles): 그리스 신화의 영웅. 강인한 전사였지만 또 달리기가 빠르기로도 유명.

7 철요(凸凹): 볼록함과 오목함.

어머니어서이러나요 / 어머니 어서 일어나요 • 80

1 루병(瘻病): 부스럼, 연주창 같은 병.

2 채질: 채찍으로 치는 일.

3 참참(慘慘): 비통한 모양, 걱정하는 모양, 암담한 모양. "우심참참(憂心慘慘)하다"(시름하는 마음이 비참하다) 참조.

4 엉클다: 실이나 줄 따위를 풀기 힘들 정도로 서로 한데 얽히게 하다.

5 원문의 "가룩을 내다"는 사전적 정의나 용례로 확인 불가. 당대의 용례를 따르면, "가름하다"(승부나 등수 따위를 정하다), 혹은 "가늠하다"(사물을 어림잡아 헤아리다)는 의미로 추정. 「映異界(영이계)의 風雲兒(풍운아) 故(고) 羅雲奎(나운규)를 論(논)함 (上(상))」(『동아일보』 1939.08.08. 석간 5면)의 "가룩하게" 참조: "아리랑을 爲始(위시)하야 [나운규]가 만든 十八篇(18 편) 映畫(영화)의 擧皆(거개)가 興行(흥행)이 조앗다는 것은, 勿論(물론) 大衆性(대중성)이 만타는 것이며 또 事實(사실) 映畫(영화)의 大衆性(대중성)은 映畫(영화)의 存續性(존속성)을 支配(지배)하리만큼 重大(중대)한 課題(과제)이긴 허나 映畵藝術(영화예술)의 價値(가치) 全部(전부)는 아니니 가령 大衆性(대중성)의 퍼-센테-지로 藝術(예술)의 優劣(우열)을 가룩하게 못되는 例(예)를 現代(현대) 온갖 藝術(예술)의 商品的(상품적) 數字(숫자)에서 目睹(목도)하고 잇는 바 (…)."

6 원문의 "줌저리다"는 "줌자리다"일 가능성. 줌자리다: "주저하다"의 방언 (함북)

오—어머니여 / 오—어머니여 • 82

1 원문의 "눈포래"는 "눈보라"의 방언.

2 원문의 "잔채"는 "잔치"의 방언.

3 달큼히: 감칠맛이 있을 정도로 꽤 달게.

4 속살이다: 나직한 목소리로 수다스럽게 이야기하다 (『토박이말 쓰임 사전』).

5 부르운: 당대의 일간신문에서 "부르운"과 가장 유사한 단어는 "부르은"으로, "부르는" 혹은 "부르던"이라는 뜻으로 사용 (「나물캐기」 『조선일보』 1930.05.01. 5면; 「밀톤의 失樂園(실낙원) 初版(초판)」 『조선일보』 1936.01.26. 석간 5면).

6 대체로 김기림의 시에서 "수수"는 "볏과의 한해살이풀"을 의미. 하지만 『중앙』

에 수록된 「가을의 누나」에 사용된 수수꺼매기"가 추후 『바다와 육체』에 「가을의 누의」라는 제목으로 다시 수록되며 "숫거매기"로 수정된 것을 감안한다면, "수수"는 "숯"으로도 추정 가능. 또는 "수수"는 "수수(愁愁)"(수수롭다(愁愁롭다): 마음이 서글프고 산란한 데가 있다)로도 추정 가능. 「紫(자)」(「북행열차」), 「가을의 누나」 참조. 사전에서 원문의 "수수낀"에 가장 가까운 단어는 "수수꾸다"(실없는 농담으로 남을 부끄럽게 하다). 하지만 이 의미는 이 시에서 타당하지 않음.

봄은電報도안치고 / 봄은 전보도 안 치고 • 84

1 원문의 이 행은 『태양의 풍속』에서 "빨래와같은 하-얀 午後(오후)의방천에 느러서서"로 표기 (64).

2 원문의 "그인"은 "긋다"(어떤 일정한 부분을 강조하거나 나타내기 위하여 금이나 줄을 그리다)로 추정 가능. 또는 "그인"이 『태양의 풍속』에서 "하-얀 午後(오후)의"로 수정된 점을 감안한다면 "긋다"(비가 잠시 그치다)로 추정 가능. 혹은 "그인"은 "긴"의 긴말로도 추정 가능.

3 방천(防川): 둑을 쌓거나 나무를 많이 심어서 냇물이 넘쳐 들어옴을 막음. 또는 그 둑.

잠은나의배를밀고 / 잠은 나의 배를 밀고 • 86

1 원문의 "물박휘"는 "물바퀴". 물바퀴: 바다에서 배를 움직여 가게 하는 바퀴. 배의 옆에 달려 있으며 그것이 물에서 도는 힘에 의해 배가 움직여 간다 (『조선말 대사전』). 김기림은 산문 「豆滿江(두만강)과 流筏(유벌)」 [『삼천리』 8 (1930.09.01)]에서 "물박휘"를 다음과 같이 사용. "깍거 나린 듯한 斷岸(단애)의 허리를 안고 구비구비 물박휘 치며 감돌아 드는 검푸른 豆滿江(두만강) 물결" 및 "『나엘(나일)』의 江(강)가에는 『글레오파트라』의 아름다운 이야기가 잠겨 잇스며 『따뉴(다뉴브)』의 급한 물박휘 우헤는 『뷘*』의 『아나톨』과 『코켓트』의 얼크러진 抱擁(포옹)의 그림"(45). "물회오리," "소용돌이" 혹은 "물굽이" 정도의 의미로 추정.

2 원문의 "넝구다"는 사전적으로 "넘기다"의 방언 (경상, 강원, 함경) 혹은 "삼키다"의 방언 (경상). 문맥상 "넘겨지는" 혹은 "삼켜지는"의 의미로 추정. "넝구는"은 『김기림 전집』 (심설당, 1988) 제1 권에서 "뒹구는"의 방언인 "딩구는"으로 표기 (287). 후자의 경우에 "넝구는"의 "넝"은 "딩구는"의 "딩"을 오기한 것.

3 원문 "드놀다"의 규범 표기는 "들놀다." 들놀다: 들썩거리며 이리저리 흔들리다.

오—汽車여 (한개의實驗詩) / 오—기차여 (한 개의 실험 시) • 88

1 "장거리선수"를 지칭하는 원문의 한자 "長距里選手"는 "長距離選手"의 오기.

2 제임스 와트(James Watt, 1736-1819): 스코틀랜드의 발명가이자 기계 공학자. 영국과 세계의 산업혁명에 중대한 역할을 했던 증기기관을 개량하는 데 공헌.

3 조지 스티븐슨(Geroge Stephenson, 1781-1848): 영국의 발명가. 처음으로 증기기관차를 발명한 그는 '철도의 아버지'라고 불림. 영국의 리버풀-맨체스터 사이의 철도는 1830년 9월 15일에 개통.

4 1930년대 초 당대의 신문에서 원문의 "느리다"는 "늘이다"의 의미로 사용. 늘이다: 본디보다 더 길어지게 하다. 선 따위를 연장하여 계속 긋다.

5 원문의 "치질하다"는 "키질하다"의 방언. 키질하다: 일이나 감정을 부추기어 더욱 커지게 하다.

6 개가(凱歌): 싸움에서 이기고 돌아올 때에 부르는 노래.

暴風警報 / 폭풍경보 • 90

1 원문의 "米突(미돌)"은 미터법에 의한 길이의 단위인 "미터(meter)"의 음역어.

2 산병선(散兵線, skirmish line): 산개(散開, 밀집된 군대나 병력을 적당한 간격으로 넓게 벌리거나 해산하는 일)로 이루어진 전투 대형의 선. 1932년 국내 신문은 주로 일본군과 중국군의 충돌에 관한 상해 발 외신 기사를 전하면서 중국군의 "산병선"을 언급. 상하이 사변(上海事變, 상해 사변), 제1 차 상하이 사변(第一次上海事變): 1932년 1월 28일 상하이 국제 공동 조계 주변에서 일어났던 중화민국과 일본 제국의 군사적 충돌.

3 라우드스피커(loudspeaker): 전기 에너지를 음향 에너지로 변환하는 장치.

4 제네바(Geneva): 스위스의 도시로 국제연맹의 본부 소재지. 국제연맹(國際聯盟, League of Nations, 1920-1946): 제1 차 세계대전 직후, 미국 대통령 윌슨의 제창에 따라 국제 평화 유지와 협력의 촉진을 목적으로 창설된 국가 간의 연합체. 초기 상임이사국은 영국, 프랑스, 일본, 이탈리아. 국제 분쟁의 평화적 처리에 공헌하였으나, 대공황 이후 흔들리기 시작하여, 1930년대에 국가 간의 분쟁을 해결하는 데 실패. 특히 일례로 일본의 만주국 문제와 독일의 베르사유조약 폐기 문제로 인해 1933년에는 일본과 독일이 탈퇴, 이탈리아의 에티오피아 침략 문제로 인해 이탈리아는 추후 1937년에 탈퇴. 1945년 국제연합의 창설로 해체. 이 시의 문맥과 관련하여, 당시 국제연맹은 일본군이 중국 만주 및 내몽고 지역을 침략하여 만주국을 수립(1932년 3월)한 만주사변(1931-1933)에 개입하여 만주국을 승인하지 않고 일본군의 철수를 권고했지만, 일본은 이에 불복하고 결국 1933년에 탈퇴함. 김기림의 다른 시에

서는 이를 프랑스어인 "쥬네브"로 표기.

5 원문의 "홀룸바이르"는 몽골어로 "후룬부이르(Hulunbuir, Kolunbuir)", 중국어로 후룬베이얼(呼伦贝尔). 내몽골(네이멍구) 자치구의 북동부에 위치한 지급시. 당대 국내 신문에는 주로 "호륜패이(呼倫貝爾)"로 표기. 또한 "코론바이르," "코론바일," "코론바알" "코론패일," "호륜패이(呼倫貝爾)" 등으로도 표기. 「呼倫貝爾(호륜패이)의 叛軍(반군) 徹底的膺懲(철저적 응징)을 決定(결정)」 『조선일보』 (1932.12.01). 「日本軍宮本先遣隊(일본군궁본선견대) 大興安嶺頂上占據(대흥안령정상점거) 決死隊組織 (결사대조직)하야 防禦陣地突入(방어진지돌입) 呼倫貝爾(호륜패이)로 前進中(전진중)」 『동아일보』 (1932.12.06). 당대 국제연맹과의 관련성은 " 呼倫貝爾(호륜패이)의 銃火(총화)에 敗(패)하엿스니 國際聯盟(국제연맹)의 舌戰(설전)에 勝(승)하자는 心算(심산)인가" 「八面鋒(팔면봉)」 『조선일보』 (1932.12.10). 만주사변이 일어나면서 이 지역은 일본의 세력 하에 들어가 만주국에 편입되었고 남쪽의 저리무 맹과 합병, 싱안 성이 놓임. 이후 싱안 성이 분할되면서 후룬부이르 중 산맥 동쪽에는 싱안둥 성(興安東省), 산맥 서쪽에는 싱안베이 성(興安北省)이 설치되었지만, 만주국 붕괴 후 1948년에 후룬부이르 맹이 설치되고, 내몽골 자치구에 속하게 됨.

6 구름장: 넓게 퍼진 두꺼운 구름 덩이.

7 용의(用意): 어떤 일을 하려고 마음을 먹음. 또는 그 마음.

아롱진記憶의 옛바다를건너 / 아롱진 기억의 옛 바다를 건너 • 94

1 원문의 "해오라비"는 "해오라기"(왜가릿과의 새)의 방언.

2 임금(林檎): 능금나무의 열매. 사과와 비슷한 모양이지만 훨씬 작음.

3 나사(羅紗): 양털 또는 거기에 무명, 명주, 인조 견사 따위를 섞어서 짠 모직물.

4 원문의 "입술기"는 "입술"의 방언.

5 사라센(Saracen): 고대 그리스 · 로마 시대에, 그리스 · 로마인이 아라비아 북부의 아라비아(인)을 부르던 말. 십자군 시대에, 유럽인이 이슬람교도를 부르던 말. 『기상도』 「아침의 표정」 [「세계의 아침」], 「세계에 외치노라(3)」 참조.

6 원문 "종용하다"의 규범 표기는 "조용하다." 「商工運動會(상공운동회)」 참조.

黃昏 / 황혼 • 96

1 원문의 "안켓요"는 『태양의 풍속』에서 "않겠지요"로 표기 (171).

2 원문의 "마음"은 『태양의 풍속』에서 "마을"로 표기 (172).

3 느끼다: 서러움에 북받쳐 울다.

4 코사크 (카자크, 혹은 코자키): 오늘날의 우크라이나 일대와 러시아 서남부 지

역에서 준군사적인 자치 공동체를 이루며 살았던 동슬라브어를 사용하는 민족집단. 1932년의 코사크 관련 기사는 「滿洲(만주) 問題(문제)와 朝鮮(조선) 사람 (二十二(22)) 人口(인구)의 構成(구성)과 및 그 分布(분포)」『조선일보』(1932.02.02) 참조. 기사는 당대의 러시아가 만주를 관통하는 철도 건설에 대한 내용을 전달하며, 러시아의 경우 "이 『차-』式(식) 政策(정책)과 資本(자본)은 大(대) 集團(집단)의 『코삭크』 兵(병)과 『무식크』 兵(병)을 滿洲(만주)에 齎來(재래)하엿다"고 적고 있다.

[1,] 새날이 밝는다 / 1. 새날이 밝는다 • 98

1 같은 잡지에 뒤이어 수록된 두 편의 시에 각각 번호 "2"와 "3"이 붙어 있어 (「2, 祈願(기원)」과 「3, 바다ㅅ가의아츰」), 제목에 "1"을 추가.

2 원문의 "굿게"는 『태양의 풍속』에서 "굳게"로 표기 (103).

3 원문의 "오는"은 『태양의 풍속』에서 "오른"으로 표기 (105).

4 원문의 "그러고"는 『태양의 풍속』에서 "우리들의 競走(경주)를 위하야"로 대체 (105).

5 비로드(veludo): 벨벳(velvet) 혹은 우단. 거죽에 곱고 짧은 털이 촘촘히 돋게 짠 비단. 일본어: ビロード(비로도).

6 마르스(Mars): 로마 신화에 나오는 군신(軍神). 그리스 신화의 아레스에 해당.

2, 祈願 / 2. 기원 • 100

1 원문의 "쑷기를"은 『태양의 풍속』에서 "씻기를"로 표기 (66).

2 원문의 "님□여"는 이후 모두 "님이여"로 표기, 또한 『태양의 풍속』에서도 "님이여"로 표기 (66).

3 『태양의 풍속』에서는 원문의 "날뛰는날도" 다음에 앞 문장의 주어인 "나의노래는"이 다시 표기 (67).

3, 바다ㅅ가의아츰 / 3. 바닷가의 아침 • 102

1 원문의 "다라댕기다"는 『태양의 풍속』에서 "돌아댕깁니다"로 표기 (96).

2 원문의 "갑작이 먼곳에서"~"안찬까닭이외다"는 『태양의 풍속』에서 삭제 (96).

3 원문의 "갑작이 먼곳에서"~"뛰여감니다"와 "나는문득"~"안찬까락이외다"는 『태양의 풍속』에서 삭제 (96).

4 원문의 "다라댕기다"는 "달아댕기다"로 추정. 달아댕기다: 이리저리 뛰어다니다. 쫓아다니다, 따라다니다 (『두만강 유역의 조선어 방언사전』). 달아다니다: 빠른 걸음으로 다니다, 빠른 걸음으로 돌아다니다 (『우리말샘』).

5 음분(淫奔)하다: 음란하고 방탕한 짓을 하다.
6 원문의 "바구미"는 "바구니"의 방언.
7 멱: "미역"의 준말. 곤포(昆布): 갈조류 다시맛과의 하나.
8 원문의 "놀"은 "노(櫓)"의 방언.
9 놀대: 뗏목의 방향을 잡아 주기 위하여 설치하는 조종대.

구두 / 구두 • 104

1, 구두 / 1. 구두 • 104

1 "마루"의 사전적 정의는 "안벽, 방파제, 제방, 호안 등 항만 구조물의 최상부"(『항만용어사전』). 접안 선박을 안전하게 계류하는, 널반지로 된 항만 구조물. 이 경우에는 "부두의 마루"로 추정 가능. 또는 당대의 용례에서 "마루"는 일본 선박 이름 뒤에 흔히 붙이던 단어인 "丸(마루マル, 환)"으로 추정 가능: "오늘 저녁 木浦(목포)서 莞島(완도)로 갈 배는 『가모매마루(鷗丸(구환))』란다" (「學生(학생) 作品(작품): 南國(남국)의 봄 追憶(추억) (三(3))」『조선일보』 1937.05.09. 석간 5면). 또는 원문의 "마루"가 "나루"(강이나 내, 또는 좁은 바닷목에서 배가 건너다니는 일정한 곳. 혹은 나루와 나루 사이를 오가며 사람이나 짐 따위를 실어 나르는 작은 배 (규범 표기는 "나룻배"))의 오기로도 추정 가능.
2 항행(航行): 배나 비행기 따위를 타고 항로 또는 궤도를 다님. 어떤 목적지를 향하여 나아감.
3 원문의 "똑크야-드"는 "도크장"으로 그 규범 표기는 "독장." 도크(dock): 배를 수리하거나 뭇기 위한 갑실과 같은 구조물. 건도크와 뜬도크가 있다; 도크장: 도크가 있는 곳 (『조선말 대사전』). 도크장(dock場(장)): (북한어) 배의 건조나 수리, 또는 짐의 하역을 위한 설비를 갖추어 놓은 곳. 규범 표기는 "독장" (『우리말샘』).
4 "에나멜"과 "킷드"는 당대 구두의 일종. (Enamel エナメル shoes, Kito/Kitto キット shoes). 「봄 사치는 구두에—신발이 데데하면 사람 꼴도 사납다 "새 구두 해 신으시려거든 먼저 이걸 아십시요"」『조선일보』(1936.02.28): "가죽으로 본 종류: (一) 칠피 구두 가죽에 에나멜을 칠한 것, (二(2)) 키또구두(깃도) 양의 가죽으로 맨든 것."

2, 람푸 / 2. 램프 • 106

1 원문의 "보잡고 니러오는"은 『태양의 풍속』에서 "붙잡고 나려오는"으로 표기(51).
2 원문의 "天井(천정)"은 "천장(天障)"의 방언 혹은 비규범 표기.
3 원문의 "니러오다"는 "내려오다"의 방언.

3, 街燈 / 3. 가등 • 108

1 가등(街燈): 거리의 조명이나 교통안전, 또는 미관을 위하여 길가에 설치해 놓은 등.

2 원문의 "하폄"은 "하품"의 방언 (함경).

十五夜 / 십오야 • 110

1 원문의 "두려움"은 『태양의 풍속』에서 "두터운"으로 표기 (154).

2 원문의 "沈點(침점)"은 『태양의 풍속』에서는 한글 "침묵"으로 표기 (154). 침묵"(沈默)의 오기인 듯.

3 원문의 1연 4행과 3연은 『태양의 풍속』에서 삭제 (154). 원문의 3연은 『태양의 풍속』에서 삭제된 후 「십오야」 바로 다음에 이어지는 「새벽」 1연의 일부(1-4행)로 사용됨 (156). 원문의 2연 2행 "기픈河床아래에누어서"는 『태양의 풍속』에서 삭제, 같은 행의 "詩人이"는 "詩人과 아가씨의 눈물"로 대체, 4연 4행의 "속에서 神經病者와 가티 히푸르고"는 "를 마시며 비청거린다"로 대체 (154-55). 끝으로 2연 3행("술취한달빛이 午後열한시의 개천가의 어름에 밋그러저 잡바짐니다")은 『태양의 풍속』 마지막 연으로 옮겨진 후 "와르르 터지는 바람의 웃음소리"가 추가 (155).

4 십오야(十五夜): 음력 보름날 밤. 특히 음력 8월의 보름.

5 지치다: 얼음 위를 미끄러져 달리다.

6 에메랄드(emerald): 크로뮴을 함유하여 비취색을 띤, 투명하고 아름다운 녹주석.

7 샤벨(Sabel): (외날의) 휘어진 긴 칼, 군도(軍刀). 일본어: サ - ベル(세-베루).

8 하상(河床): 하천의 바닥.

離別 / 이별 • 112

1 원문의 "淨盤(정반)"은 『태양의 풍속』에서 한글 "쟁반"으로 표기 (57).

2 원문의 "外奪(외탈)"은 『태양의 풍속』에서 外套(외투)로 표기 (57).

3 느껴: 서러움에 북받쳐 울다.

4 원문의 "淨盤(정반)"은 "錚盤(쟁반)"의 방언. 당대 일간 신문에서는 이 두 단어가 같이 사용됨.

5 당대의 일간신문에서는 원문의 "外奪(외탈)"과 "外套(외투)"가 같이 사용됨.

들은우리를부르오 / 들은 우리를 부르오 • 114

1 이 시는 『三千里(삼천리)』 7.3.(1935.03.01.) 190쪽의 "명작 시가집 2"에도 재수록. 일부 표기법과 띄어쓰기에 있어서의 수정은 있지만, 동일한 시. 화자의 대사를 나타내는 겹낫표(『』)는 『삼천리』 판의 경우 3연 2행의 『여보 어서이러나요。』에만 적용되어 있고(190), 『태양의 풍속』 판의 경우 모두 삭제 (100-102).

2 원문의 “깨우치다”는 여기서 “깨우다” 혹은 “일으키다”의 뜻으로 추정.

午後의꿈은 날줄을 모른다 / 오후의 꿈은 날 줄을 모른다 • 116

1 본문의 “걸어안저”는 『태양의 풍속』에서 “걸터앉어서”로 표기 (24).

2 원문의 3연은 『태양의 풍속』의 5연으로, 4연은 6연 및 7연으로, 5연의 첫 문장은 3연의 일부로 포함. 원문 5연의 마지막 문장 “來日은 오겟지”는 『태양의 풍속』에서 삭제 (23-24). 『태양의 풍속』의 4연은 「쉼쑤는眞珠(진주)여바다로가자」(『조선일보』 1931.01.23. 4면)의 4연 일부—“(오늘도地文學의先生님은 地球는圓滿하다고가르첫대요)”—가 수정 후 삽입됨.

3 걸어앉다: 높은 곳에 궁둥이를 붙이고 두 다리를 늘어뜨리고 앉다. 『태양의 풍속』에서 사용된 “걸터앉다”는 “어떤 물체에 온몸의 무게를 실어 걸치고 앉다”는 의미.

噴水 [I] -S氏에게- / 분수 [I] —S 씨에게— • 120

1 원문의 제목은 「날개를 펴렴으나」가 『태양의 풍속』에서 수정된 제목 「噴水(분수)」와 동일. 이에 따라 전자에 [I]을, 후자에 [II]를 붙여 시의 제목 표기.

2 원문의 “佳民(가민)”은 “住民(주민)”의 오기인 듯함.

3 구라파(歐羅巴): “유럽”의 음역어.

4 하상(河床): 하천의 바닥.

遊覽뻐쓰 / 유람버스 • 122

動物園 / 동물원 • 122

1 경성유람버스: “조선총독부는 주무관서인 철도국을 비롯해 남만주철도주식회사와 반관반민 형태의 조선관광협회, 일본여행협회 조선지사 등을 내세워 한반도를 대상으로 한 관광정책과 관광사업을 전개. 당시 식민지 문화정책의 하나로 시행된 관광사업은 관광산업적인 측면도 있었지만 주요 관광객인 일본인들에게는 제국 신민의 우월감을 느끼게 하고, 조선인 관광객들에게는 식민 지배의 정당성을 내면화하려는 의도. 이를 위해 관광지로서의 조선은 원시적이고 전근대적인 소재와 이미지로 표상되었고, 이렇게 표상된 이미지는 대량생산된 관광 관련 인쇄물을 통해 국내외로 유통. (…) 1928년 설립 된 경성자동차주식회사(1936년 경성택시주식회사로 개칭)에서는 외지인들의 경성 관광을 위해 시내의 주요 건물, 창경원, 신사, 유명 백화점을 자동차로 안내하는 경성유람버스를 계획. 1931년 2월 경기도 경찰부 보안과에 허가원을 제출하고, 같은 해 6월 22일부터 본격적인 운행에 들어간 경성유람버스는 여성 차장의 안내를 받으며

경성의 주요 명소와 명승지 13곳을 유람하는 코스로 운영. 경성역을 출발하여 남대문, 조선신궁, 경성신사, 장충단, 박문사, 동대문, 경학원, 창경원, 파고다공원, 조선총독 부청사, 조선총독부박물관, 덕수궁 등을 차례로 유람하게 되는데, 총 3시간 반이 소요" 『서울역사아카이브』 (서울특별시).

2 오라이: 차를 움직여도 된다는 것을 운전자에게 알려 주기 위하여 "좋다", "괜찮다"는 뜻으로 하는 말.

光化門 [I] / 광화문 [I] • 124

1 이 연작시의 다음에 나오는 같은 제목의 시와 구분하기 위하여 이 시는 "光化門 [I]"로, 이어지는 시는 "光化門 [II]"로 표기함.

[慶會樓] / [경회루] • 126

1 원문의 제목 "慶樓會(경루회)"는 "慶會樓(경회루)"의 오기.

光化門 [II] / 광화문 [II] • 128

1 이 연작시의 앞에 나오는 같은 제목의 시와 구분하기 위하여 이 시는 "光化門 [II]"로, 앞의 시는 "光化門 [I]"로 표기함.

2 원문의 "혹은"은 "혹시"의 방언.

3 오라이: 차를 움직여도 된다는 것을 운전자에게 알려 주기 위하여 "좋다, 괜찮다"는 뜻으로 하는 말.

『파코다』公園 / 파고다공원 • 130

1 원문의 제1 행("『소토ㅡㅂ』")과 마지막 행("『오라ㅡ잇』")은 『태양의 풍속』에서 삭제 (147).

2 성경에서 하나님께서 여섯째 날에 땅의 생물과 인간을 창조 (창세기 1장 24-31).

3 남조(濫造): 품질 따위를 생각하지 않고 마구 만들어냄.

南大門 / 남대문 • 132

1 하이칼라(high collar): 양복에 입는 와이셔츠의 둘레의 높이가 높은 깃. 예전에, 서양식 유행을 따 르던 멋쟁이를 이르던 말.

2 쉐보레 패커드(Chevrolet Packard): 미국 미시간주 디트로이트 소재 패커드 자동차 회사(Pakard Motor Car Company)가 만든 고급 대형 승용차. 일본어: シボレー パッカード (시보레- 팍카-도)

3 1930년대와 1940년대의 용례에 의하면 "복잡을"과 함께 쓰인 단어는 주로 "이루고." 이에 따라 "이글루고"는 "이루고"의 오식으로 추정.

漢江人道橋 / 한강인도교 • 134

1 원문의 "눈물밧기"는 『태양의 풍속』에서 "눈물박기"로 표기 (148).

2 아래 행부터는 『태양의 풍속』에서 삭제됨 (148).

3 한강인도교(漢江人道橋): 1917년 10월 7일 한강보교(漢江步橋)라는 이름으로 개통. 지금의 한강대교.

4 박기(薄器): 대나무나 갈대로 만든 그릇.

5 목패(木牌): 나무로 만든 패.

海水浴場의아츰 / 해수욕장의 아침 • 136

1 원문의 "치질한다"는 『태양의 풍속』에서 "키질한다"로 표기 (162).

2 원문의 "돗발"은 『태양의 풍속』에서 "돛발"로 표기 (162).

3 원문의 이 행은 『태양의 풍속』에서 앞 연의 마지막 행으로 수정 (162).

4 원문의 "캐논"은 『태양의 풍속』에서 "法典(법전)"으로 표기 (162).

5 원문의 "살살"은 『태양의 풍속』에서 "살갈"로 표기 (163).

6 해만(海灣): 바다와 만을 아울러 이르는 말. 바다가 육지 속으로 파고들어와 있는 곳.

7 원문의 "멀구"는 "머루"의 방언.

8 추근하다: 물기가 조금 있어 축축하다.

9 키질하다: 키로 곡식 따위를 까부르다. 일이나 감정을 부추기어 더욱 커지게 하다.

10 케이프(cape): 어깨·등·팔이 덮이고 소매가 없는 망토.

11 돛발: 돛대에 달린 천이나 종이로 된 부분. "깃발"(깃대에 달린 천이나 종이로 된 부분)에서 추론.

12 상아의 해안: 1930년대 일간신문에서 "상아해안"은 주로 아프리카의 지역을 지칭. "상아해안(象牙海岸)"은 프랑스어로 "코트디부아르(Côte d'Ivoire)" 영어로 "아이보리 코스트(Ivory Coast)." 이는 아프리카 서부 기니 만에 면한 공화국으로, 15세기 후반부터 이 지역의 해안에서 주로 상아를 산출한 데서 유래. 1893년 프랑스의 식민지, 1946년 프랑스령 서아프리카에 편입. 1957년 자치 정부를 수립, 1958년 프랑스 공동체의 일원으로 자치 공화국이 되었고, 1960년 8 월 6일에 프랑스로부터 완전 독립.

13 원문의 "캐논"이 『태양의 풍속』에서 "法典(법전)"으로 표기되어 있기에, 이 경우엔 영어 표기 "canon"(규범, 계율, 정전). 혹시 말놀이일 경우, "cannon"

(대포)일 수도 있음.

14 백어(白魚): 뱅엇과의 민물고기. 당시의 일간신문에서는 "뱅어"와 같이 표기.

15 무의(舞衣): 춤을 출 때 입는 옷.

하로ㅅ[일]이쯧낫슬때 / 하루 일이 끝났을 때 • 140

1 원문의 제목 「하로ㅅ길이쯧낫슬때」는 『태양의 풍속』에서 「하로일이 끝났을 때」로 표기 (169).

2 원문의 "점은"은 『태양의 풍속』에서 "검은"으로 표기 (169).

3 원문의 "山(산)모롱"은 『태양의 풍속』에서 "山(산)모록"으로 표기 (169).

4 원문의 "마음"은 『태양의 풍속』에서 "마을"로 표기 (169).

5 원문의 "우는"은 『태양의 풍속』에서 "울란"로 표기 (169).

6 원문의 "쓰"는 『태양의 풍속』에서 "또"로 표기 (169).

7 산모롱이: 산모퉁이의 휘어 들어간 곳.

8 옴츠리다 (몸이나 몸의 일부를 오그리어 작아지게 하다). 옹크리다 (몸 따위를 옴츠러들이다. '옹그리다'보다 거센 느낌).

9 안달뱅이: 걸핏하면 안달하는 사람. 소견이 좁고 인색한 사람.

10 비로드(veludo): 벨벳(velvet) 혹은 우단. 거죽에 곱고 짧은 털이 촘촘히 돋게 짠 비단. 일본어: ビロード(비로도).

한여름 / 한여름 • 142

1 달다: 열로 몹시 뜨거워지다. 열이 나거나 부끄러워서 몸이나 몸의 일부가 뜨거워지다.

2 지각(地殼): 지구의 바깥쪽을 차지하는 부분.

3 학갈(涸渴): 강 또는 못이 말라 물이 없어짐. 일본어: こ-かつ (枯渴(고갈), 학갈(涸渴)).

海水浴場의夕陽 / 해수욕장의 석양 • 144

1 원문의 "사라지는"은 『태양의 풍속』에서 "살아지는"으로 표기 (159).

2 고대(高臺): 높은 지대. 높이 쌓은 대 (臺: 흙이나 돌 따위로 높이 쌓아 올려 사방을 바라볼 수 있게 만든 곳).

3 원문의 "해오라비"는 "해오라기"(왜가릿과의 새)의 방언.

4 고적(孤寂): 외롭고 쓸쓸함.

5 원문의 "모래불"은 "모래부리"의 방언. 모래부리: 모래가 해안을 따라 운반되다가 바다 쪽으로 계속 밀려 나가 쌓여 형성되는 해안 퇴적 지형. 바닷가나 강

가에 모래가 널리 깔려 모래판을 이루고 있는 곳 (모래톱, 모래부리), 『조선말 대사전』.

林檎밭 / 임금밭 • 146

1 원문의 '한글(한자)' 표기는 원문 그대로의 것임.
2 임금(林檎): 능금나무의 열매. 사과와 비슷한 모양이지만 훨씬 작음.
3 연색(鉛色): 납의 빛깔과 같이 푸르스름한 회색빛.
4 방천(防川): 둑을 쌓거나 나무를 많이 심어서 냇물이 넘쳐 들어옴을 막음. 또는 그 둑. "모래 방천": (속담) 모래로 방천한다 = 모래로 물[내] 막는다. 수고는 하나 아무런 보람이 없는 헛일을 함을 이르는 말.
5 걸앉다: 높은 곳에 궁둥이를 붙이고 두 다리를 늘어뜨리고 앉다. "걸터앉다"의 옛말 혹은 방언.
6 소크라테스(Socrates, 기원전 470년 경-기원전 399): 고대 그리스의 철학자. 「三月의『푸리즘(3월의 프리즘)」 중 「靑(청)」 [「魚族(어족)」, 『氣象圖(기상도)』의 3부 「滿潮로向하야(만조로 향하여)」 [「자최(자취)」] 참조.
7 사면(斜面): 경사가 진 평면이나 지면을 수평면에 상대하여 이르는 말.
8 원문의 "빠쓰"는 베이스(bass). 베이스: 화음 또는 대위법에서 가장 낮은 음의 부분. 일본어: バス(바스).

나의探險船 / 나의 탐험선 • 148

1 원문의 이 1행은 『태양의 풍속』에서 삭제 (32).
2 원문의 이 2행("나의작은 探險船인"~"나의海圖를 편단말인가")은 『태양의 풍속』에서 마지막 2행과 합쳐져 재구성 (33).
3 음분(淫奔)하다: 음란하고 방탕한 짓을 하다.
4 『신여성』의 「하로ㅅ[일]이끗낫슬때」의 "山(산)모롱"은 『태양의 풍속』의 「하로일이 끝났을때」의 "山 (산)모롱" (169)으로 변경. 산모롱이: 산모퉁이의 휘어 들어간 곳.
5 스탠리 볼드윈(Stanley Baldwin, 1867-1947): 영국의 보수당 정치가, 기업가. 1923-1924, 1924-1929, 1935-1937년 세 차례의 총리 역임. 1930년대 초 "뽈드윈" 혹은 "볼드윈" 수상에 관한 신문 기사가 지속적으로 등장. 당대 일간신문에는 볼드윈이 인도 문제와 연관되어 기사화 되어 있을 뿐만 아니라, 예를 들어 1933년 5월 6일 자 『조선일보』의 「停戰交涉(정전교섭) 結果(결과) 無期待(무 기대)」에서는 볼드윈이 하원에서 "극동문제에 관한 질문"에 관해 답한 런던 발 단신이 실림.

卽興詩一篇 / 즉흥시 1 편 • 150

1 원문은 『조선일보』에 3회로 나뉘어 발표된 「田園(전원)日記(일기)의 一節(일절)」 (1919. 09. 07. 조간, 특간 5면; 09. 08. 조간, 특간 2면; 09. 09. 조간, 특간 2면) 중 일부. 여기에 포함된 9 편의 소품—「幸福을 미워함」 (09. 07); 「風景(풍경)」 「咸興(함흥)」 「防雪林(방설림)」 「卽興詩(즉흥시)一篇(1 편)」 (09. 08); 「파씨스트」 「義務(의무)」 「故鄕(고향)」 「아버지」 (09. 09)—중 일부는 시로 분류될 수 있겠지만, 그 경계가 모호하여 이 전집에서는 소극적으로 제목에 "시"가 포함된 작품만을 포함하기로 함. 이 9 편은 모두 김기림의 수필집 『바다와 육체』에 재수록 되어 있기도 해, 추후 이 모두를 산문집에 수록할 예정.

2 원문의 3-4행은 『바다와 육체』에서 하나의 행으로 표기 (115).

3 원문의 조사 "이"는 『바다와 육체』에서 삭제 (115).

4 아가멤논 (Agamemnon): "굴하지 않는," "확고부동한," 혹은 "단호한"이라는 뜻의 아가멤논은 그리스 신화에 등장하는 영웅으로, 트로이 전쟁에서 그리스 동맹군의 총지휘관.

庭園의鄕愁 / 정원의 향수 • 152

1 『삼천리』 5권 10호의 차례에서 「정원의 향수」는 시로 분류.

2 녹옥(綠玉): 녹색의 구슬.

3 몸소름: 춥거나 무섭거나 징그러울 때 살갗이 오그라들며 겉에 좁쌀 같은 것이 도톨도톨하게 돋는 것.

4 헤다: 가려서 분간하거나 따져 가늠하다 (『두만강 유역의 조선어 방언사전』). 원문의 "짱을헤서"는 의미상 "땅을 갈아서" 혹은 "땅을 경작해서"로 추정. 참조, 「가을의 누나」와 「肉親(육친) (나)」에서의 "헤다"는 "세다."

5 엘레지(élégie): 서정시의 일종으로 애도와 비탄의 감정을 표현한 시. 슬픔을 노래한 악곡이나 가곡.

6 직하(直下): 바로 그 아래.

7 원문의 "엿들다"는 "엿듣다"의 방언.

8 쉐보레(Chevrolet): 1911년부터 출시된 미국 제너럴 모터스의 자동차 브랜드. 일본어: シボレー(시 보레-).

9 걸앉다: 높은 곳에 궁둥이를 붙이고 두 다리를 늘어뜨리고 앉다. "걸터앉다"의 옛말 혹은 방언.

10 서반아(西班牙): "에스파냐(España)"의 음역어.

11 느끼다: 서러움에 북받쳐 울다.

바다의抒情詩 / 바다의 서정시 • 154

1 원문의 전반부("여윈 섬들"~"가득하다")는 『태양의 풍속』「汽車(기차)」에서 삭제 (21-22). 이후 부분은 전체적으로 구성 면에서는 동일하지만, 내용 면에서는 상당 부분 수정.

2 원문의 제목이 『태양의 풍속』에서 「汽車(기차)」로 수정되어 동일한 제목의 다른 시와 중복. 이에 따라 전자에 [I]을, 후자에 [II]를 붙여 시의 제목을 표기.

3 님프(Nymph): 그리스 신화에 나오는 젊고 아름다운 여자 모습의 요정.

4 하상(河床): 하천의 바닥.

5 원문의 "들고"는 "듣고"의 방언.

6 원문의 "뱃장"은 1933년 당시 일간 신문에서 "배짱"의 의미로 사용. "元來(원래) 資本家(자본가)의 뱃장이란 될 수만 잇으면 勞働者(노동자)를 最高(최고) 以上(이상)으로 짜내랴는 意圖(의도)이니까"「漁村疲弊(어촌피폐)의 一因(일인) 漁業組合(어업조합)의 弊害(폐해)」『동아일보』(1933.07.30).

7 원문의 "달르다"는 "달리다"의 방언.

戰慄하는 世紀 / 전율하는 세기 • 156

1 1933년 신문 기사 따르면, "강서"는 주로 당대 중국의 국민당과 공산당 사이의 제1 차 국공내전 (1927-1936) 시기의 강서 공산 정부를 지칭.

2 백색테러(White Terror)/백색공포(白色恐怖): 권력자나 지배 계급이 반정부 세력이나 혁명 운동에 대하여 행하는 탄압, 우익 세력이 벌이는 테러 행위. 좌익 세력의 적색테러(Red Terror)/적색공포(赤色恐怖)에 대비. 1933년 당시 두 건의 기사는 "강서"와 "백색테러"에 관한 언급을 하고 있음. 「崩壞(붕괴)되여 가는 中華民國(중화민국)의 現勢(현세), 內政外交(내정 외교 관계)는 엇던가, 世界大勢常識讀本(세계대세 상식 독본) 二(2)」『조선일보』 1933.01.01. 7면), 「쏘베트 中國(중국)의 現勢(현세) (4)」『조선일보』(1933.07.16). "勞動運動(노동운동)의 發展(발전)과 특히 싸베-트의 進展(진전)에 直面(직면)한 反動的(반동적) 國民黨(국민당)과 XXXXX때마고끄를 流布(유포)하는 一便(일편) 政府(정부)와 黃色(황색) 勞動組合(노동조합)을 팟쇼화하며 暴戾無雙(폭려무쌍)한 白色恐怖(백색공포)와 赤軍討伐(적군토벌)을 反復(반복)하면서 國民黨(국민당)의 統治(통치)를 持續(지속)하기에 努力(노력)하엿다. (…) 一九三一年(1931년)에 이르러 四個月間(4개월간)에 江西(강서) 湖北(호북) 湖南(호남) 江蘇(강소) 福建 (복건) 浙江(절강) 等(등) 省(성)에서 十萬(10만) 以上(이상)이 屠殺(도살)되엿고 湖北(호북) 西南部(서남부)에서만 一萬八千(1만 8천)명의 農民(농민)이 慘殺(참살)되엿다."

3 트라코마(Trachoma): 클라미디아로 일어나는 결막의 접촉 감염병. 독일어: trachom(트라홈), 일본어: トラホーム(토라호-무).
4 장식(葬式): 장사(葬事)를 지내는 의식.
5 원문의 "아메카"는 "아메리카"로 추정. 1933년 일간신문에 쓰인 "아메카"는 모두 "아메리카"의 오기.
6 지그문트 프로이트(Sigmund Freud, 1856-1939): 오스트리아의 정신과 의사이자 정신분석학의 창시자.
7 베니토 무솔리니(Benito Mussolini, 1883-1945): 파시즘을 주도한 이탈리아의 정치인. 국가 파시스트당을 창당하였고 1922년 이후 이탈리아 왕국의 총리. 1925년부터 무솔리니는 최고통치자를 뜻하는 두체(Duce)라는 칭호를 사용. 「過去十年間(과거 10년간)의 世界(세계)의 勞働運動(노동운동) 勞働組合(노동조합)과 無産政黨(무산정당) (二(2))」『동아일보』(1929.01.03. 3면) "伊太利(이태리) 共産黨(공산당)과 社會黨(사회당)과의 合同(합동)은 다만 時日(시일) 問題(문제)이엇다. 그러나 當時(당시) 이미 政權(정권)을 掌握(장악)한 뭇솔리니는 卽時(즉시) 此(차)를 彈壓(탄압)하고 말앗다 이리하야 兩者(양자)의 合同(합동)은 豫定(예정)되로 進行(진행)되지 못하고 伊太利(이태리) 無産政黨(무산정당)은 白色恐怖(백색공포)下(하)에 合法的(합법적) 活動(활동)을 禁止(금지) 當(당)하고 말앗다."

밤外二篇 / 밤 외 2 편 • 160

1 밤 [I] / 1. 밤 [I] • 160

1 원문의 제목이 『가톨릭 청년』에 수록된 「밤」과 동일. 이에 따라 전자에 [I]을, 후자에 [II]를 붙여 시의 제목을 표기. 원문의 제목 "밤"은 『태양의 풍속』에서 "房(방)"으로 표기 (37).
2 원문의 "여른"은 『태양의 풍속』에서 "여튼"으로 표기 (37).
3 원문의 "박石를"은 『태양의 풍속』에서 "鋪石(포석)을"로 표기 (37).
4 원문의 "내빼앗긴"은 『태양의 풍속』에서 "빼았긴"으로 표기 (37).
5 원문의 "억개를겻고"는 『태양의 풍속』에서 삭제 (38).
6 박석(薄石): 얇고 넓적한 돌. 『태양의 풍속』에 사용된 "포석(鋪石)": 길에 까는 돌. 도로를 포장할 때에 쓴다.
7 도시(都是): 도무지, 아무리 해도.
8 원문의 "억개를겻고"는 "어깨를 겯고"로 추정. 어깨를 겯다: 같은 목적을 위하여 행동을 서로 같이하다. [겯다: 풀어지거나 자빠지지 않도록 서로 어긋매끼게 끼거나 걸치다].

2 飛行機 [II] / 2. 비행기 [II] • 162

1 원문의 제목 「飛行機(비행기)」는 동일한 제목을 지닌 다른 두 편의 시와 구분하기 위해 「飛行機(비행기) [II]」로 표기. 『조선일보』에 수록된 「綠(녹)」(1931. 04. 23)의 『태양의 풍속』 판 제목인 「飛行機(비행기)」는 「飛行機(비행기) [I]」, 『조선일보』에 수록된 동일 제목의 다른 시(1935. 01. 01)는 「飛行機(비행기) [III]」으로 표기.

2 원문의 "중"은 모두 『태양의 풍속』에서 "줄"로 표기 (108).

3 원문의 "눈송이"는 『태양의 풍속』에서 "눈숭이"로 표기 (108).

4 플라티나(platina): 플라티늄(platinum, 백금)의 스페인어. 일본어: 푸라치나(プラチナ).

5 사포(Sappho, 기원전 630-570 년경): 고대 그리스의 여류 시인. 레스보스(Lesbos)섬의 에레소스 혹은 미틸리니 출신으로, 주로 노랫말을 위한 서정시를 남긴 시인.

3 새벽 / 3. 새벽 • 164

1 원문의 "길거리의雜音(잡음)을 마시고 시펴하는 작은입을"은 『태양의 풍속』에서 "아침해를 마시고 싶어서 밤이새도록 말러서탄 탐욕한입을…"로 수정 (156).

2 『태양의 풍속』에 수록된 「새벽」은 「十五夜(십오야)」(1933.03.01)의 3연을 부분적으로 수정하여 1연의 1-4행으로 사용하고, 이후 부분을 원문 「새벽」(1933.10.25)과 결합 (156). 『태양의 풍속』에 수록된 「새벽」은 김기림이 단행본 시집(1939.09.25)을 만들며 두 편의 시를 부분적으로 결합한 것이지만, 이 시 전집에서는 원문과 『태양의 풍속』의 「새벽」을 동일한 시로 간주.

가거라 너의길을 / 가거라 너의 길을 • 166

1 「가거라 너의길을」은 기존에 『태양의 풍속』에 수록된 「感傷風景(감상 풍경)」(55-56)과 같은 시로 분류되고 있으나, 이 전집에서는 몇몇 유사한 부분 및 이미지에도 불구하고 서로 다른 시일 가능성을 두고 구분.

2 해쓱하다: 색깔이 몹시 하얗다 (『조선말 대사전』). 두드러지게 하얗다. 또 다른 의미로는, 얼굴에 핏기나 생기가 없어 파리하다. 시의 문맥상, 전자의 의미가 우선적이며, 시 전체의 내용으로 보아 후자의 의미도 함축.

3 말새: 말하는 태도나 모양새 (『두만강 유역의 조선어 방언사전』).

4 달큼하다: 감칠맛이 있게 꽤 달다.

5 원문의 "래일"은 "내일"의 북한어.

6 원문의 "티우다"는 "틔우다"로, 앞서 나오는 "트다"(막혀 있던 것을 치우고 통

하게 하다)의 사동사.

日曜日行進曲 / 일요일 행진곡 • 168

1 원문의 "아노라"는 『태양의 풍속』에서 "놓아라"로 표기 (110).
2 원문의 "일으일"은 『태양의 풍속』에서 "일요일"로 표기 (110).

어둠의흐름 / 어둠의 흐름 • 170

1 원문의 "산양개한마리"는 『태양의 풍속』에서 "이리한마리(그이름은生活(생활))"로 표기 (180). 6연 4행의 "生活(생활)"과 연결하려는 의도인 듯함.
2 원문의 4연은 『태양의 풍속』에서 삭제 (180-81).
3 원문의 이 연은 『태양의 풍속』에서 앞의 연 마지막 행으로 수정 (182).
4 원문의 이 행은 『태양의 풍속』에서 삭제 (182).
5 원문의 "슷슷해버렷다"는 『태양의 풍속』에서 "꿋꿋해버렸다"로 표기 (183).
6 원문의 "치위"는 『태양의 풍속』에서 "추위"로 표기 (183).
7 원문의 이 행은 『태양의 풍속』에서 삭제 (183).
8 막장: 마지막 장. 막-: "마지막"의 뜻을 더하는 접두사.
9 어주리없다: 너무나 약하고 실속이 없다.
10 원문의 "밥일"은 "밥알"의 오식인 듯.
11 원문의 "물박휘"는 "물바퀴". 물바퀴: 바다에서 배를 움직여 가게 하는 바퀴. 배의 옆에 달려 있으며 그것이 물에서 도는 힘에 의해 배가 움직여 간다 (『조선말 대사전』). 김기림은 산문 「豆滿江(두만강)과 流筏(유벌)」 [『삼천리』 8 (1930.09.01)]에서 "물박휘"를 다음과 같이 사용. "깍거 나린 듯한 斷岸(단애)의 허리를 안고 구비구비 물박휘치며 감돌아 드는 검푸른 豆滿江(두만강) 물결" 및 "『나엘(나일)』의 江(강)가에는 『글레오파트라』의 아름다운 이야기가 잠겨 잇스며 『따융(다뉴브)』의 급한 물박휘 우헤는 『뵌*』의 『아나톨』과 『코켓트』의 얼크러진 抱擁의 그림." "물회오리," "소용돌이" 혹은 "물굽이" 정도의 의미로 추정.
12 방천(防川): 둑을 쌓거나 나무를 많이 심어서 냇물이 넘쳐 들어옴을 막음. 또는 그 둑.
13 당대의 신문에서 원문의 "알른"은 대부분 의미상 "앓는"으로 사용. 「씨-라이언(加洲産물개)」과 「새해의노래」 참조.
14 사아(死兒): 죽은 아이.
15 경찰의(警察醫): 경찰에 속하여 위생 사무·검시 따위를 맡은 의사.
16 꿋꿋하다: 마르거나 얼어서 어느 정도 굳다.
17 원문의 "치위"는 "추위"의 옛말.

18 즈푸(芝罘(지부)): 현재 산둥 성 옌타이. 한때는 서양 열강에 개방된 항구 중의 하나였고, 조계지로 사용되기도 하여 즈푸(芝罘) 섬 때문에 체푸(Chefoo)로 서양 열강에 알려지기도 했음. 1930년대에 즈푸 종 채소가 보급된 적이 있음.

編輯局의 午後한時半 / 편집국의 오후 한 시 반 • 174

1 만주사변(1931.09.18-1933): 일차적으로 1931~1933년 류탸오후 사건부터 정전 협정에 이르기까지, 일본군이 중국 만주 및 내몽고 지역을 침략한 전쟁을 가리키며 중국에서는 '9·18사변'이라고 부름. 당시 국제연맹은 만주사변을 일본의 침략으로 판단해 만주국을 승인하지 않고 일본군의 철수를 권고하였지만, 일본은 불복하고 국제연맹을 탈퇴하며 1920년대 협조 외교 지향의 워싱턴 체제를 무너뜨림.

2 펑위샹(馮玉祥(풍옥상), 憑玉祥(빙옥상), 1882-1948): 중화민국의 군인 겸 정치가. 장제스 혹은 창카이섹(蔣介石 장개석, 1887-1975): 중화민국의 군인, 정치·군사 지도자. 1933년 당시 『조선일보』와 『동아일보』에는 만주사변의 문맥에서 "반일(反日)"과 "반장(反蔣)" 문제를 둘러싼 펑위샹과 장제스 사이의 갈등에 관한 기사가 다수 실림.

3 산탄(霰彈): 안에 작은 탄알이 많이 들어 있어, 사격하면 속에 있던 탄알들이 퍼져 터지는 탄알.

4 치륜(齒輪): 둘레에 일정한 간격으로 톱니를 내어 만든 바퀴.

貨物自動車 / 화물자동차 • 178

1 원문의 "눈등자"는 『태양의 풍속』에서 "눈동자"로 표기(26).

2 『태양의 풍속』에 수록된 「貨物自動車(화물자동차)」에서는 원문의 전반부("엘진"~"並行하는밤")가 삭제. 마지막 연의 일부("커다란 몸둥아리면서도"~"貨物自動(화물자동차)"도 대부분 삭제되고 "차라리貨物自動車(화물자동차)라면 꿈들의破片(파편)을 걷어실고 저먼一港口(항구)로 밤을피하야 가기나할터 인데……"로 수정 (26).

3 모두 시계의 종류. 엘진(Elgin), 론진(Longines), 모리스(Maurice), 모바도(Movado), 벌케인 (Vulcain), 유리스 날단(Ulys Naldan, 혹은 율리스 나르딘(Ulysse Nardin)), 시레나(Sirena), 오메가 (Omega), 쥬베니아(Juvenia), 헬베티아(Helvetia), 스탠다드(Standard), 하워드(Howard), 하피쓰(?) 포티스(Fortis), 올림푸스(Olympus), 월썸(Waltham), 뷰렌(Buren), 크로노미터(Chronometer), 타반(Tavannes), 시마(Cyma), 놀데(?), 프레아(Frères), 템푸(?).

4 자전차: "자전거"의 비규범 표기.

밤의SOS / 밤의 SOS • 180

1 원문의 "녝"은 『태양의 풍속』에서 "옉"으로 표기 (34).
2 원문의 "자직"은 『태양의 풍속』에서 "자식"으로 표기 (34).
3 원문의 "雨傘(우산)"은 『태양의 풍속』에서 "兩傘(양산)"으로 표기 (35).
4 야광주(夜光珠): 어두운 데서 빛을 내는 구슬.
5 타이타닉(Titanic): 영국 화이트 스타 라인이 운영한 북대서양 횡단 여객선으로, 1912년 4월 10일 영국에서 미국으로 향하던 중 1월 15일에 빙산과 충돌하여 침몰.
6 돌단(突端): 툭 불거져 나온 것의 끝부분.
7 무전대(無電臺): 무전기가 설치되어 있는 대.

나의聖書의一節 / 나의 성서의 1절 • 182

1 『조선문학』 2권 1호의 차례에서 「나의 성서의 1절」은 시가(詩歌)로 분류.
2 신숙주(申叔舟, 1417-1475): 조선 전기의 성리학자·문신·정치가이며 언어학자, 외교관. 사육신과 함께 세종의 유언을 받들어 단종을 보필하기로 약속했으나 이후 수양대군(세조로 즉위)의 편에 가담.

小兒聖書 / 소아 성서 • 184

1 『조선문학』 2권 1호의 차례에서 「소아 성서」는 시가(詩歌)로 분류.
2 조선(祖先): 돌아간 어버이 위로 대대의 어른. 자기 세대 이전의 모든 세대.
3 이지(理智): 이성과 지혜를 아울러 이르는 말.
4 무명(無明): 밝음이 없는 어두움. 잘못된 의견이나 집착 때문에 진리를 깨닫지 못하는 마음의 상태.
5 모리스 마테를링크(Maurice Maeterlinck 1862-1949): 벨기에의 시인이자, 극작가, 수필가. 1911년 노벨 문학상을 수상. 상징주의를 대표하는 작가이자 침묵과 죽음 및 불안의 극작가로 불리기도 함.
6 『파랑새』(*L'Oiseau bleu, The Blue Bird*): 마테를링크가 1908년에 지은 희곡. 가난한 어린 남매 치르치르(Tyltyl)와 미치르(Mytyl)가 행복을 찾는 과정을 다룬 작품. 김기림은 1930년 12월 05일 자 『조선일보』 4면에 수록된 「『노-벨』文學賞(문학상) 受賞者(수상자) 『푸로필』 11 神祕主義者(신비주의자) 『모-리쓰 마테르링크』」에서 『파랑새』를 간략히 언급.
7 앙리 마티스(Henri Matisse, 1869-1954): 20세기 야수파 프랑스 화가. 마티스에 의하면 포비슴의 운동은 무엇보다 먼저 표현 수단의 순수함을 재발견하는 용기를 고취하고 추진.

8 국제연맹(國際聯盟, League of Nations, 1920-1946): 제1차 세계대전 직후, 미국 대통령 윌슨의 제창에 따라 국제 평화 유지와 협력의 촉진을 목적으로 창설된 국가 간의 연합체. 초기 상임이사국은 영국, 프랑스, 일본, 이탈리아. 국제 분쟁의 평화적 처리에 공헌하였으나, 대공황 이후 흔들리기 시작하여, 1930년대에 국가 간의 분쟁을 해결하는 데 실패. 특히 일례로 일본의 만주국 문제와 독일의 베르사유조약 폐기 문제로 인해 1933년에는 일본과 독일이 탈퇴, 이탈리아의 에티오피아 침략 문제로 인해 이탈리아는 추후 1937년에 탈퇴. 1945년 국제연합의 창설로 해체.

9 조로(早老): 나이에 비해 빨리 늙음.

10 유치(幼稚): "유치하다(나이가 어리다)"의 어근.

散步路 / 산보로 • 186

1 이깔나무, 잎갈나무: 금강산 이북의 높은 산지 능선 및 고원에서 자라는 것으로, 백두산과 개마고원 지역의 원시림을 이루는 대표적인 나무. 잎갈나무는 사시사철 푸른 소나무처럼 생겼으나 "잎을 가는 (낙엽이 지는) 나무"라는 뜻에서 얻은 이름. 일본에서 수입한 잎갈나무는 "낙엽송"으로 구분하기도 함.

초승달은 掃除夫 / 초승달은 소제부 • 188

1 원문 4연의 "나에게 命令(명령)하오"~ 5연 1행의 "그러면" 및 5연 3행의 "疲困(피곤)할줄 모르는"~ 6연의 마지막 행까지는 『태양의 풍속』에서 삭제. 나머지는 부분적으로 삭제 및 수정되어 재구성 (99).

2 소제부(掃除夫): 청소하는 일을 직업으로 하는 남자.

3 키(key): 피아노, 풍금 따위의 건(鍵).

4 원문의 "유랑"은 "유량." 유량(嚠喨)하다: 음악 소리가 맑고 또렷하다. 「쉼쑤는 眞珠(진주)여바다로가자」 및 『기상도』의 「車輪(차륜)은 듯는다」 [「쇠바퀴의 노래」] 참조. 후자의 경우 1935년 판의 "유랑"은 1936년 판(24)과 1948년 판(59)에서 "유량"으로 표기.

5 손풍금(風琴): 주름상자를 신축시키고 건반을 눌러 연주하며 경음악에 씀. 아코디언.

6 하상(河床): 하천의 바닥.

食料品店 / 식료품점 • 190

1 원문의 「식료품점」은 『태양의 풍속』에서 각 연이 분리되어 연작시로 표기 (143, 144, 145, 146).

2 갑주(甲冑): 갑옷과 투구를 아울러 이르는 말.

3 떨쳐입다: 드러나게 차려입다.

4 초콜릿 병정 (Chocolate Soldier): 세르비아-불가리아 전쟁(Serbo-Bulgarian War, 1885.11. 14-28)을 배경으로 하여, 전쟁의 이상과 현실 및 허무함과 인간 본성의 위선을 다룬, 버나드 쇼(G. B. Shaw, 1856-1950)의 희극 『무기와 인간』(*Arms and the Man*, 1894)에 언급된 "초콜릿 병정 (chocolate-cream soldier)." 당대의 관련 신문 기사: 「世界列强陸軍(세계열강육군)의 陣營(진영) (三(3))」『조선일보』(1933.07.04. 3면): "戰爭(전쟁)과 高尙(고상)한 戀愛(연애)에 대한 『로맨티시즘』에 向(향)하야 『뻐-너드 쇼-』는 얼마나 深刻(심각)한 苦笑(고소)를 퍼부섯는가? 그러나 時代(시대)는 이미 一段(일단)의 發展(발전)을 하엿다 『쵸코레트』 兵丁(병정)에게서 『쇼―』가 『眞實(진실)한 人間(인간)』을 發見(발견)한 것처럼 우리는 그에게서 『眞實(진실)한 人間(인간)』을 發見(발견)할 수는 없다." 참고로, 당시 극예술연구회는 창립 2주년을 맞아 1933년 6월 13-14일 양일간 오후 7시 30분에 정동 배재고보 신 강당에서 동아일보 학예부 후원으로 『무기와 인간』을 4회 공연: "상연 극본은 지난 번 동양 방문으로 우리의 기억에 아직도 새로운 애란(愛蘭)의 세계적 극작가 『버나드, 소우』 옹의 작품으로 김광섭, 장기제, 박룡철, 공역 (金燮(김섭), 張起悌(장기제), 朴용喆(박용철), 共譯(공역)) 『무기와 인간』(武器(무기)와 人間(인간)) 전 三(삼)막 (…)" (「劇藝術硏究會(극예술연구회)의 二週年(2주년) 紀念(기념) 公演(공연)」『동아일보』(1933.06.02. 조간 2면). 후속 보도: 극예술연구회 주최, 동아일보사 학예부 후원으로 6월 27일-28일 양일간 오후 8:00에 長谷川町(장곡천정) 공회당에서 공연 (「諸(제) 準備(준비) 着着(착착) 進行(진행) 中(중)의 劇硏(극연) 第四回(제4 회) 公演(공연)」『동아일보』 1933.06.20. 조간 4면). 당시의 공연 내용 및 그에 대한 평가는 安容純(안용순)의 「劇藝術硏究會(극예술연구회) 第四回(제4 회) 公演(공연)을 보고」 상, 중, 하 『동아일보』 (1933.07,02-04. 조간 4면) 참조. 김기림은 『조선일보』에 「劇評(극평), 『武器(무기)와 人間(인간)』 短評(단평) (二(2))」 (1933.07.04. 석간 3면)를 게재.

5 임금(林檎): 능금나무의 열매. 사과와 비슷한 모양이지만 훨씬 작음.

6 원문의 "톡기"는 "토끼"의 방언, 당대 신문에서 대부분 "톡기"와 "톡끼"를 병용.

7 "파인애플" 및 "토인"은 당대의 신문 기사에서 주로 "南洋(남양)"과 관련된 것으로 추정. 「樂園(낙원)에도 恐慌風(공황풍), 無斷(무단) 渡航(도항)은 絶對(절대) 禁物(금물), 混血(혼혈) 二世(이세) 白衣族(백의족)도 多數(다수)이다, 南洋在留同胞消息(남양 재유 동포 소식) 【三(3)】」『조선일보』(1933.11.02. 석간 2면): "봄을 당하엿다고 바틀 갈고 씨를 뿌리며 겨울이 각가워 온다고 파동 준비를 할 필요가 업는 토인들은 우리온가티 까다로운 례의범절을 지킬 줄도 모른다. 이른 아

츰 느진 밤에 꼿과 달을 바라보고 즐기며 바람 설래는 야자수 그늘에 모여 안저서 노래 불러라 춤을 추어라—그것이 그들의 인생관의 전부다. 딸라서 그들은 한편으로 겨으른 성품을 가지게 되여 문명한 서양 사람이 한 번 침입하자 도저히 그들과 함께 경쟁선에 마조설 수가 업섯다. 그래서 미서전쟁 후 당시에 이 섬의 통치자엿든 西班牙(서반아) 정부가 재정이 궁하야 일천팔백구십구년 유월에 이천오백만 『페셀』를 밧고 그 섬 전부를 독일 정부에 파러슬 때에도 이 섬의 주민들은 그들의 주인이 갈린 줄을 아렷는지 마럿는지도 모른다고 하는 우수운 경험도 가지고 잇다. (…) 이 섬[싸이판 섬] 바틀 갈고 씨를 뿌리는 법을 처음으로 수입한 것도 서양 사람들이다. 아즉까지도 토인들의 농업 상태는 원시의 역을 버서나지 못하여서 고구마류 강낭수수 『다피오까』 『파인애풀』 『빠나나』 빵나무 야자수 등을 재배하나 거의 버려두고 자라는 대로 맛겨 두는 세음으로써 수확은 물론 품질도 나저서 농경방법을 개량해나갈 줄은 도모지 모른다."

8 중국의 제1 차 국공내전 중 1933년 10월 16일 국민당의 공산당 토벌 작전. "무장해제를 당한 중앙군" 관련 당대 기사: 「江西共産軍(강서 공산군)에게 中央軍(중앙군) 武裝解除(무장해제), 蔣介石(장제스, 장개석)의 極力(극력) 督戰(독전)도 水泡(수포), 共軍(공군)이 이미 豊城(풍성)을 점거」『조선일보』(1933.07.11, 조간 1면) 참조: "中央軍(중앙군) 第八十師(제 80 사) 中(중)에는 臨川(임천)(撫州(무주)) 附近(부근)에서 武裝解除(무장해제)를 當(당)하고 南京(남경)으로부터 百二十里(백이십 리)를 隔(격)한 豊城(풍성)은 이미 共軍(공군)에게 이미 점령되고(…)." 「중국의 국내동향」『조선일보』(1933.05.02. 1면)도 참조. 「福建軍(복건군)과 中央軍(중앙군)의 主力戰(주력전) 開始(개시) 切迫(절박)」『조선일보』(1933.11.24. 1면) 및 「福建軍(복건군)과 中央軍(중앙군) 戰爭(전쟁) 機運(기운)이 濃厚(농후), 兩軍(양군)이 兵力(병력)을 集結(집결) 對峙(대치) 中(중), 主力戰(주력전)은 兩(양) 三日(3일) 中(중)」『조선중앙일보』(1933.11.24. 1면)도 참조.

9 톈진(天津(천진)), 난징(南京(남경)).

10 통전(通電): 전국 각지로 널리 알리는 전보.

날개를펴렴으나 / 날개를 펴려무나 • 192

1 "어두운"은 『태양의 풍속』에서 "어둠"으로 표기 (94).

2 "수지"는 『태양의 풍속』에서 "休紙(휴지)"로 표기 (94).

3 『태양의 풍속』에 수록된 「噴水(분수) [II]」에서 원문의 1, 4(일부), 5, 6, 8, 9, 11, 14, 15연은 삭제되고, 나머지 부분은 수정, 재배열 및 추가.

4 원문의 "수지"(쓸모없는 종이)는 "휴지"의 비규범 표기.

5 장식(葬式): 장사를 지내는 의식.

航海의一秒前 / 항해의 1초 전 • 196

1 원문의 "떳다"는 『태양의 풍속』에서 "떤다"로 표기 (92).

2 원문의 첫 행 "잠을 어르만지던"~"風信機(풍신기)의 方向(방향)은 / 西(서) / 北(북)," "太陽(태양)에 食傷(식상)한"~"『뉴-쓰』의 洪水(홍수), 行列(행렬)。洪水(홍수)……………" 및 "褪色(퇴색)한藍色(남색)의 寢室(침실)"~"다른幕(막)을 읽어라"는 『태양의 풍속』에서 모두 삭제. 원문의 "大中華民國(대중화민국)의將軍(장군)들은"~"위해선가보다"는 수정·보완되어 『태양의 풍속』에서 「大中華民國(대중화민국)行進曲(행진곡)」으로 분리, 원문의 "파랑帽子(모자)를"~"나의『希望(희망)』이 잇다"는 일부 수정되어 「旗빨(깃발)」로 분리, 그리고 원문의 마지막 연 "아츰해가"~"나는늙은水夫다"는 수정·재배열되어 「憂鬱(우울)한天使(천사)」로 분리.

3 1920-30년대 일간신문에서 "저근"은 대체로 "작은" 혹은 "적은"의 의미로 사용. 김기림의 단편소설 「繁榮記(번영기) 【9】」 『조선일보』(1935.11.12. 석간 3면) 참조. "환한 『가스』불이 문으로 쏘다저 드러온다. 창 불빗에 퍼러케 저근 창호의 얼골이 눈이 부시는가 보아서 찡그린다." 이 경우 이어 오는 "추근하다"와 연관하여 "젖은"이라는 의미도 가능할 듯.

4 추근하다: 물기가 조금 있어 축축하다.

5 원문의 "눈포래"는 "눈보라"의 방언.

6 각적(角笛): 뿔피리.

7 풍신기(風信機): 바람이 부는 방향을 관측하는 계기.

8 중화민국(中華民國, Republic of China, 1912-1949): 청나라의 몰락을 야기한 신해혁명(1911)의 성공으로 1912년 1월 쑨원의 삼민주의를 강령으로 수립되어, 1949년 12월 국민당 정권이 중국 공산당에 패배하여 중앙 정부를 타이완으로 옮기기까지 중국 대륙을 통치한 아시아 최초의 공화제 국가. 『기상도』의 「만조로 향하야」 (혹은 「자최」) 참조.

9 국련(國聯): 국제연맹(國際聯盟, 1920-1946)의 준말.

10 루드비히 라이히만(Ludwik Witold Rajchman, 1881-1965): 폴란드 의사, 박테리아 학자. 유니세프(UNICEF)의 창시자. 만주사변 이후 중국은 만주를 상실함에 따라 극심한 경제 위기를 겪게 됨. 여기에 경제 대공황의 여파가 닥쳐왔으며 일본 측이 만주의 세관을 차례로 점령하고 중앙정부로의 송금을 차단함에 따라 대규모 불황을 겪음. 1933년 6월 28일 쑹쯔원(宋子文, 송자문, 1894-1971)은 국제연맹에 국민정부 및 전국경제위원회와 연락하

기 위한 총 연락책을 파견해 줄 것을 요청. 7월 18일 회의는 국제연맹 사무국 위생부장 라이히만을 만장일치로 대중국 총 연락책으로 선출. 라이히만은 1933 년 4월부터 5월까지 네 차례 중국을 방문하고 쑹쯔원과 긴밀히 연락. 당대 "라이히만" 관련 국내 기사는 「一九三一年(1931년) 五月(5월) 開催(개최)된 理事會(이사회)에서 中國(중국) 援助案(원조안) 通過(통과)」(『조선일보』 1933.08.10. 조간 1면), 「國際聯盟(국제연맹)과 極東(극동) 問題(문제)」(『조선일보』 1933.10.02. 1면), 「排日派(배일파) 巨頭(거두) 宋子文(송자문)의 辭職(사직)」(『동아일보』 1933.11.01. 석간 1면).

11 그리니치 빌리지(Greenwich Village): 미국 뉴욕시 맨해튼 구 남부에 있는 상업 지구. 미국 뉴욕발 대공황(Great Depression, 1929-1939)에 관한 국내 신문 기사 1933-1934년 사이에 다수. 「恐慌克服(공황 극복)에 焦燥(초조)한 아메리카 經濟政策(경제정책) 【一(일)】 恒榮(항영)의 豪語(호어)도 春夢(춘몽), 今後進路(금후 진로)는 어듸로」 『조선일보』(1934.01.02, 신년호, 기 11, 1면).

12 간수(看守): 교도관.

13 필(畢): 이미 마침.

14 상아의 해안: 1930년대 일간신문에서 "상아해안"은 주로 아프리카의 지역을 지칭. "상아해안(象牙海岸)"은 프랑스어로 "코트디부아르(Côte d'Ivoire)" 영어로 "아이보리 코스트(Ivory Coast)." 이는 아프리카 서부 기니 만에 면한 공화국으로, 15세기 후반부터 이 지역의 해안에서 주로 상아를 산출한 데서 유래. 1893년 프랑스의 식민지, 1946년 프랑스령 서아프리카에 편입. 1957년 자치 정부를 수립, 1958년 프랑스 공동체의 일원으로 자치 공화국이 되었고, 1960년 8 월 6일에 프랑스로부터 완전 독립.

거지들의『크리스마쓰』頌 / 거지들의 크리스마스 송 • 200

1 이붓어머니: (자신의 친어머니가 아니고) 아버지가 다시 장가감으로써 맞게 된 어머니 (『조선말 대사전』). "의붓어머니"의 북한어 (『우리말샘』).

2 원문의 "손깃"은 문맥상 "손길"(내밀거나 잡거나 닿거나 만지거나 할 때의 손)로 추정. 「날개만 돋치면」 참조.

3 달큼하다: 감칠맛이 있게 꽤 달다.

4 다스하다: 조금 다습다 (알맞게 따뜻하다).

5 원문의 "추추근한"은 약 한 달 전에 발표된 「航海(항해)의一秒(1초) 前(전)」(『조선일보』 1934. 01. 03: 신년호. 기15, 2면)을 참조하면 "추근한"으로 추정. 추근하다: 물기가 조금 있어 축축하다. 더불어, "추근추근하다"(매우 축축하다), 혹은 "축추근하다"(물기가 있어 젖은 듯한 느낌이 있다)도 가능.

6 문맥상 원문의 "할줄을몰으는" 앞에 "아무 것도" 혹은 "어찌"가 생략된 것으로 볼 경우, "아무 것도 할 줄을 모르는" 혹은 "어찌할 줄을 모르는" 정도의 의미로 추정 가능. 『김기림 전집』 제1 권 시 전집에서 "할줄을"은 시의 끝에서 4행에 있는 "怒(노)"를 덧붙여 "怒(노)할줄을"로 표기 (318).

님을기다림 / 님을 기다림 • 204

1 원문의 "칠량"은 "치(일정한 몫이나 양)"+"일랑(어떤 대상을 특별히 정하여 가리킴의 뜻을 나타내는 보조사)"으로 추정. 『김기림 전집』 제1 권 시 전집에서 "칠량"은 "침량"으로 표기 (324). 이 경우, "침량"은 아마도 "침낭(寢囊)"(겹으로 된 천 사이에 솜, 깃털 따위를 넣고 자루 모양으로 만든 침구)의 오기인 듯.

2 남루(襤褸): 누더기.

3 원문의 "눈포래"는 "눈보라"의 방언.

4 원문의 "살깔"은 당대의 신문에서 "살결" 혹은 "살갗"으로 사용.

5 원문의 "몹시굴다"는 "학대하다"의 방언 (평북).

惡魔外三篇 / 악마 외 3 편 • 208

惡魔 / 악마 • 208

1 회오(悔悟): 잘못을 뉘우치고 깨달음.

詩 [I] / 시 [I] • 210

1 이어지는 같은 제목의 시와 구분하기 위하여 이 시는 "시 [I]"로, 이어지는 동일한 제목의 시는 "시 [II]"로 표기함.

詩 [II] / 시 [II] • 212

1 앞선 같은 제목의 시와 구분하기 위하여 이 시는 "시 [II]"로, 동일한 제목의 앞의 시는 "시 [I]"로 표기함.

2 여염집: 일반 백성의 살림집.

除夜詩 / 제야 시 • 214

1 제야(除夜): 섣달그믐날 (음력 12월의 마지막 날) 밤.

港口 / 항구 • 216

1 午后(오후): 午後(오후)의 약어.

2 원문의 "조렵다"는 "졸리다"의 방언.

3 마도로스파이프(matroos pipe): 담배통이 크고 뭉툭하며 대가 짧은 서양식 담뱃대의 하나. 선원들이 주로 사용한 데서 유래.

煙突 / 연돌 • 218

1 원문의 "성양개비 電車(전차)"는『태양의 풍속』에서 "電車(전차)개비"로 표기 (142).

2 원문의 "자신"은『태양의 풍속』에서 "자식"으로 표기 (142).

3 원문의 4연 1행은『태양의 풍속』에서 3연 3행으로 수정 (142).

4 원문의 "글겨"는『태양의 풍속』에서 "즐겨"로 표기 (142).

5 연돌(煙突): 불을 땔 때에, 연기가 밖으로 빠져나가도록 만든 구조물. 주로 철판, 토관, 벽돌 따위로 만듦.

『스케이팅』 / 스케이팅 • 220

1 원문의 5연 마지막 2행("漢江은"~"原稿紙………")은『태양의 풍속』에서 분리된 연으로 표기 (114)

2 원문의 "걸른"은『태양의 풍속』에서 "걸어가는"으로 표기 (115).

3 원문의 9연 마지막 2행("나는"~"騎士(기사)다")은『태양의 풍속』에서 분리된 연으로 표기 (115).

4 김기림의 수필「어느午後(오후)의『스케—트』哲學(철학)」1, 2『조선일보』(1935.02.19, 20. 석간, 5 면). 특히 2에서 이 시에 대해 언급한 내용 참조. 이 시가 수록된『신동아』해당 호는 "억센 조선과 굿건한 민족" 스포츠 특집호.

5 파리(玻璃): 무색투명한 석영의 하나. 수정.

6 교착(交錯): 이리저리 엇갈려 뒤섞임.

아스팔트 / 아스팔트 • 224

1 원문의 "조렵다"는 "졸리다"의 방언.

호텔 / 호텔 • 226

1 원문의 "다라진"은『태양의 풍속』에서 "탈려진"으로 표기 (123).

2 원문의 "형『가리아』"는『태양의 풍속』에서 "헝가리아"로 표기 (124).

3 원문의 3연 8-12행("單語의 거품을"~"남니다")은『태양의 풍속』에서 하나의 연으로 분리 (124).

4 원문의 "한"은『태양의 풍속』에서 "힌"으로 표기 (125).

5 원문의 "市場(시장)"은『태양의 풍속』에서 "市長(시장)"으로 표기 (126).

6 원문의 "거적문"은 『태양의 풍속』에서 "덧문"으로 표기 (126).

7 원문의 "발각발각 날개를 걷읍니다"는 『태양의 풍속』에서 "발깍 발깍 닫겨집니다"로 표기 (126).

8 원문의 "비아리"(병아리)는 『태양의 풍속』에서 "비닭이"(비둘기)로 표기 (127).

9 라마교(喇嘛教, lamaism): 티베트(西藏)를 중심으로 몽고, 부탄, 네팔 등지에 성행하는 불교의 한 종파

10 원문의 "다라진"은 "매달린" 혹은 "달린"으로 추정. 달아지다: "매달리다"의 방언; 달리다 ('달다'의 피동사): 물건이 일정한 곳에 걸리거나 매여 있게 되다. 『태양의 풍속』에서 수정된 "탈려진"은 "탈다" 혹은 "탈리다"와 연관된 단어로 추정. 탈다: 되게 비틀다, "꼬다"의 방언 (함북); 탈리다: 꼬이거나 비틀리다, (비유적으로) 몹시 시달리고 지치다. 또한 "탈려진"은 "달려진"(달린)의 오기일 수도 있음. 유사한 또 하나의 가능한 단어는 "달아내다"(덧대어 늘이다).

11 원문의 "市場(시장)"은 "여기[호텔]"과 비교되는 반면, 『태양의 풍속』에서의 "市長(시장)"은 "트렁크"와 비교.

12 거적문: 문짝 대신에 거적을 친 문.

13 문맥상 원문의 "비아리(병아리)"보다는 『태양의 풍속』에 표기된 "비닭이(비둘기)"가 더 적합할 듯 함.

風俗, 近作詩(1) / 풍속, 근작 시 (1) • 230

1 원문의 이 행은 『태양의 풍속』에서 이 연의 마지막 행으로 수정 (140).

2 원문의 "瑠璃(유리)의"~"담북쓰고서"는 『태양의 풍속』에서 마지막 행으로 수정, "처음으로—"는 삭제 (61).

3 원문 「風俗(풍속)」: 近作詩(근작시)(1)」에서 일부 분리되어 『태양의 풍속』에 수록된 「風俗(풍속)」을 동일한 제목의 다른 시 「風俗(풍속)」과 구분하기 위하여 전자를 "「風俗(풍속)[I]」로, 후자를 「風俗(풍속)[II]」로 구분.

4 『태양의 풍속』에 수록된 「風俗(풍속)」은 원문의 1-3연("바다에게"~"건너간다")과 새로 쓴 하나의 연으로, 「섬」은 이어지는 4-5연("힌모래불"~"화석/두어개")과 새로 쓴 하나의 연으로, 그리고 「먼들에서는」은 6-8연("굼틀거리는"~"처음으로—")으로 수정·분리.

5 한대(寒帶): 차가운 지역을 뜻하는 한대 기후의 준말.

6 음분(淫奔)하다: 음란하고 방탕한 짓을 하다.

7 원문의 "버리다"는 "벌리다"의 옛말.

8 원문의 "白系露人(백계노인): "백계 러시아인"의 음역어. 1917년 러시아 혁명

때 혁명을 반대한 러시아인의 한 파(派)로, 혁명 당시 좌익적인 파가 붉은색을 그들의 상징으로 삼은 데 대하여 보수적인 반대파는 흰색을 그들의 상징으로 삼았기 때문에 이렇게 불렸음. 당대 일간 신문의 일례: 「北滿(북만)에 活躍(활약)하는 蘇聯側間諜(소련 측 간첩), 共産黨(공산당) 分子(분자)와 連絡(연락)」『동아일보』(1934.04.17, 석간 1면): "日滿蘇(일, 만, 소)관계가 險惡化(험악화)하여 가는 지음 各種(각종) 風聞(풍문)이 亂飛(난비)하는데 때로는 넌센스的(적) 情報(정보)가 참다웁게 流布(유포)되고 잇는 일도 잇는 中(중) 最近(최근) 蘇聯邦(소연방) 側(측)의 北滿(북만) 各種(각종) 諜報機關(첩보기관)은 혹은 白系(백계) 脫走(탈주) 露人(노인)으로 假裝(가장)하고 或(혹)은 商人(상인), 또는 딴서로 에로 工作(공작)에 依(의)하야 情報蒐集(정보수집)에 努力(노력)하고 잇다."

9 원문의 "모래불"은 "모래부리"의 방언. 모래부리: 모래가 해안을 따라 운반되다가 바다 쪽으로 계속 밀려 나가 쌓여 형성되는 해안 퇴적 지형. 바닷가나 강가에 모래가 널리 깔려 모래판을 이루고 있는 곳 (모래톱, 모래부리),『조선말 대사전』.

10 항용(恒用): 늘, 흔히.

11 산(山)발: 큰 산에서 길게 뻗어나간 산의 줄기.

12 원문의 "두리다"는 "두려워하다"의 옛말.

觀念訣別, 近作詩(2) / 관념 결별, 근작 시 (2) • 234

1 사해(死海, Dead Sea): 아라비아반도의 서북쪽에 있는 호수.

2 폴 발레리(Paul Valéry, 1871-1945): 프랑스의 시인·사상가·평론가. 그는 보들레르가 시조라고 일컬어지는 프랑스 상징주의에 매혹되었으며, 말라르메의 뒤를 이어 아폴리네르 등과 함께 상징주의의 주요 지류를 차지. 김기림이 「現代詩(현대시)의 展望(전망), 象牙塔(상아탑)의 悲劇(비극),『싸포-』에서 超現實派(초현실파)까지 (八(8)), 七(7), 슈-르레알리즘의 悲劇(비극)」『동아일보』(1931.08.07. 5면)에서 발레리에 대해 언급한 내용 참조. "未來派(미래파)는 오늘은 完全(완전)히『뭇소리니』의『팟쇼』國家(국가)의 忠實(충실)한 番犬(번견)이 任務(임무)에 榮光(영광)을 늣기고 잇고『빨레리』의 純粹詩(순수시)의 高塔(고탑)은 넘우나 孤獨(고독)한 싸닭에 누구 하나 接近(접근)할 수조차 잇는 것 갓지 안타."

3 가두(街頭): 도시의 길거리.

4 원문의 "일즉"은 "일찍"의 옛말. 뒤에 이어 오는 "하는"은 오기로 추정.

五月, 近作詩(3) / 5월, 근작 시 (3) • 238

1 원문의 "비닭이 // 는 나러갓다"는『태양의 풍속』에서 1행 1연("비닭이는 날어갔다")으로 수정 (139).

2 원문의 "수폴"은 『태양의 풍속』에서 "수풀"로 표기 (139).

商工運動會, 近作詩(3) / 상공운동회, 근작 시 (3) • 240

1 원문의 "XXX"는 『태양의 풍속』에서 "건방진"으로 표기 (186).

2 원문의 "루-즈벨트·슈-벨트·벨트·벨탕"은 『태양의 풍속』에서 "루-즈벨트, 벨트, 벨탕, 슈-베르트"로 표기 (186).

3 원문의 "힘멘쓰·힐트·히스트·히틀러·히포-타마쓰"는 『태양의 풍속』에서 "힐트, 힘멘쓰, 히스트, 히틀러"로 표기 (186).

4 원문의 "市民(시민)"은 『태양의 풍속』에서 "主婦(주부)"로 표기 (187).

5 원문의 "運動場(운동장)"은 『태양의 풍속』에서 "奬忠壇(장충단)"으로 표기 (187).

6 원문의 이 연 2행("整列하는思考의行列········")은 『태양의 풍속』에서 삭제, 이 연의 마지막 행 다음에 "『요담의 광목은 저집에가 사야겠군』" 추가 (188).

7 원문의 2행으로 구성된 이 연은 『태양의 풍속』에서 "뿌라보— 뿌라보— / 工場(공장)과 商店(상점)의 굳은握手(악수) / 뿌라보— 뿌라보— / 핫 핫 핫 핫········"으로 수정 (189).

8 1934년 5월 6일 경성에서 개막한 상공운동회. 「商工運動會(상공운동회) 臨迫(임박) 마라손 코스 決定(결정)」 『동아일보』(1934.05.01. 조간 2면). "京城商工協會(경성상공협회) 주최의 제八(8)회 전 경성 상공연합 대운동회는 앞으로 한 일주일 남기고 임박하엿다. 경성의 우리네 상공업게를 굳게 지키고, 자 질과, 되 질 또는 저울 질 등으로부터 주판으로부터 그날그날을 보내어 한 자리 친목과 쾌유의 날을 만들려는 취지에서 이 운동회가 창설된 지 어느듯 제八(8)회를 맞이한 것인데 이 동안 일반 상공민칭의 보건 문제에도 크게 관게되는 의의 잇는 하로의 모임으로서 사게에 크게 기대되는 바이다. 특히 이번에 체육적으로 그 대회의 효과를 걷우고저 기보한 바와 같이 마라손을 실시하기로 하엿는데 그 코스는 奬忠壇運動場(장충단운동장) 出發(출발)—東大門(동대문)—鐘路通(종로통)—西大門町(서대문 정)—義州通(의주통)—蓬萊町(봉래정)—京城驛(경성역)—太平通(태평통)—鐘路通(종로통)—運動場(운동장)—의 순서로 약 七(7)마일이며 (···)." 또 하나의 관련 기사: 「廣告(광고) 意匠(의장)엔 天一藥房(천일 약방) 優等(우등)」 『조선일보』(1934.05.07. 3면): "상공연합운동회에서 가장 이채를 띄우고 잇는 상점 광고 의장 행렬은 모다 각기 상품과 상점의 광고에 대한 고심의 의장을 하엿는데 이에 대하야 심사위원회에서는 엄밀히 심사한 결과 다음과 가티 등급이 결정되엿다 (···)." 이 시는 당대의 상공운동회를 원용하여 서구의 배금주의(자본주의)를 풍자하는 시로 추정.

9 서슬: 강하고 날카로운 기세.

10 1934.05.07일 자 『조선일보』(2면)와 『동아일보』(3면)에서는 당시 상공운동회의 가장행렬을 포함한 여러 사진이 게재.

11 시저, 카이사르(Julius Caesar BC 100-BC44): 로마의 장군, 정치가, 작가.

12 포도(鋪道): 길바닥에 돌과 모래 따위를 깔고 그 위에 시멘트나 아스팔트 따위로 덮어 단단하게 다져 사람이나 자동차가 다닐 수 있도록 꾸민 비교적 넓은 길.

13 당대 무솔리니, 루즈벨트, 히틀러 등과 연관된 이름들을 이용한 풍자적인 말놀이. 베니토 무솔리니 (Benito Mussolini, 1883-1945): 파시즘을 주도한 이탈리아의 정치인. 비지니(Calogero "Don Calo" Vizzini, 1877-1954): 무솔리니 파시스트 정권의 출현으로 구금되는 등의 갈등을 겪은 이탈리아 마피아의 이름일 가능성. 쇄바니(?). 제르미니(?). 프랭클린 루스벨트(Franklin Roosevelt, 1882-1945): 미국의 32대 대통령(재임 1933-1945). 임기 동안 대공황과 제2 차 세계대전. 슈-벨트: 당대 기사뿐만 아니라 『태양의 풍속』에서 수정·표기된 "슈-베르트"로 보아, 이는 음악가 "프란츠 페터 슈베르트(Franz Peter Schubert, 1797-1828)"를 지칭. 혹시 문맥 상 1934년에 몇 차례 신문 기사에서 언급된 조미수호통상조약(1822)의 미국 측 전권대신 수사총병인 "슈펠트(Robert Wilson Shufeldt, 1822-1985)"일 가능성: [「對米關係(대미 관계) 五十年史(50년 사) 『알렌』 公使(공사)로 『모간』 公使(공사)」에서는 "슈펠트"가 "슈벨트"로 표기. 『조선일보』(1934.12.18. 석간, 7면)]. 벨트(?). 벨탕(?), 힘멘쓰(?). 힐트(?). 히스트(?). 아돌프 히틀러(Adolf Hitler, 1889-1945): 나치 독일의 총통. 히포-타마쓰: 『태양의 풍속』에서 삭제되어 확인하기 어렵지만, "하마"를 의미하는 히포포타무스(hippopotamus)일 가능성. 혹시 루스벨트를 염두에 둘 경우, 대공황 시기 루스벨트의 금본위제도 포기에 관한 국내 기사에서 언급된 "타마스 안"을 지칭할 가능성. (「米國(미국) 金本位(금본위) 離脫(이탈) 法案(법안) 議會(의회) 提出(제출) 決定(결정)」 『동아일보』(1933.05.28. 석간 1면): "現下(현하) 世界(세계) 不況(불황)의 打開策(타개책)이라 하야 世界經濟會議(세계경제회의)을 앞두고 와싱톤 白堊館(백악관)에서는 劃期的(획기적) 國際商議(국제상의)가 進行(진행)됨에도 不拘(불구)하고 米國(미국) 議會(의회)에서는 大統領(대통령)에 通貨(통화) 獨裁權(독재권)을 附與(부여)하는 '타마스'案(안)이 上程(상정)되여 去(거) 四月二十八日(4월 28일)은 上院(상원) 五月三日(5월 3일)에는 下院(하원)을 通過(통과)하였다. (…) 루스벨트大統領(대통령)이 此(차) 委任(위임)한 權限(권한)을 實行(실행)할는지는 速斷(속단)하기 難(난)하나 現下(현하) 國際經濟(국제경제) 情勢(정세)로 보아 百(100)퍼센트의 注目(주목)거리라 아니 할 수 없다."

14 원문의 "종용하다"의 규범 표기는 "조용하다." 「아롱진記憶(기억)의 옛바다를 건너」 참조.

15 배금종(拜金宗): 금전을 최고의 것이라고 존중하는 주의.
16 원문의 "운동장"은 『태양의 풍속』에서 1934년 제8 회 상공운동회에서 처음 실시한 마라톤의 출발점과 도착점인 "장충단."
17 차라투스트라(Zarathustra): 니체(Friedrich Nietzche, 1884-1900)의 『차라투스트라는 이렇게 말했다』에 등장하는 주인공. 그의 탄식은 30세가 되어 세상을 등지고 산으로 들어가 10년 동안 수행한 후에 그가 아래 세상에 대해 하는 탄식.

旅行 / 여행 • 244

1 원문의 이 부분("「우리는"~"계속햇다。」")은 『태양의 풍속』에서 삭제 (116).
2 원문의 "食器(식기)"는 『태양의 풍속』에서 "食器(식기)의이름"으로 표기 (118).
3 원문의 이 연 2행은 『태양의 풍속』에서 "주머니속의 돈소리" 앞에 "女子(여자)의웃음소리와"가 추가 (118).
4 원문의 "?" 표기는 『태양의 풍속』에서 "—"로 표기 (118).
5 원문의 "傳書鳩"는 『태양의 풍속』에서 삭제 (118-19).
6 원문의 이 연은 2행으로 수정 후 『태양의 풍속』에서 직전 연 앞으로 이동 (119).
7 원문의 "하는"은 『태양의 풍속』에서 "타는"으로 표기 (120).
8 말레이군도(馬來群島(마래군도)): 원문의 "마래(馬來)"는 "말레이"의 음역어. 동남아시아의 인도차이나 반도와 오스트레일리아 사이의 섬.
9 1920-30년대 일간신문에서 "부신다"는 대체로 "부수다" 혹은 "부시다"의 의미로 사용. 부시다: "부수다"의 비규범 표기.
10 전서구(傳書鳩): 편지를 보내는 데 쓸 수 있게 훈련된 비둘기.
11 성(聖) 베드로의 뾰족집: 성 베드로 성당. 뾰족집: "교회당"을 속되게 이르는 말.
12 영란(英蘭)은행: 영국의 중앙은행 (Bank of England).
13 맥고모자(麥藁帽子): 맥고(밀짚이나 보릿짚)로 만든 모자. 개화기에 젊은 남자들이 주로 썼음.

裝飾 / 장식 • 250

1 원문의 "분무(噴霧)"는 한글(한자)를 있는 그대로 표기.
2 장식(裝飾): 액세서리 따위로 치장함. 또는 그 꾸밈새.
3 타박머리: 좀 헤뜨러진 다박머리. 다박머리: 다보록하게 난 머리털, 혹은 머리털이 다보록한 아이 (『조선말 대사전』).

4 이 시행의 경우 문맥상 들여 쓰는 것이 적절한 듯함.
5 원문의 "입술기"는 "입술"의 방언.
6 원문의 "말모락"은 "말갈기"로 추정. "말모락" 중 "모락"은 "갈기"의 방언 (함북). 말모래: "말갈기(말의 목덜미에서 등가지 나는 긴 털)"의 방언 (함경).
7 방천(防川): 둑을 쌓거나 나무를 많이 심어서 냇물이 넘쳐 들어옴을 막음. 또는 그 둑.
8 원문의 "거의"는 "거위"의 오식으로 추정.
9 분열식(分列式): 사열단 앞을 행진하면서 경례하는 군대 의식.

七月의아기씨 / 7월의 [아가씨] • 252

1 원문의 "붉을멱"은 『태양의 풍속』에서 "붉은미역"으로 표기 (151).
2 원문의 "어름장"은 『태양의 풍속』에서 "유리창"으로 표기 (151).
3 원문의 이 시행/연은 『태양의 풍속』에서 삭제 (151).
4 원문의 "타는"은 『태양의 풍속』에서 "이끌리는"으로 표기 (151).
5 원문의 이 시행은 『태양의 풍속』에서 삭제된 후 다른 시행으로 대체. 대체된 시행은 "驛夫(역부)의 가위는 오늘도 「元山(원산)」을수없이 잘렀소" (151).
6 『태양의 풍속』에서 시의 제목은 「七月의아가씨섬」으로 되어 있으나(151), 시집 차례에서는 「七月의 아가씨」로 표기되어 있음. 제목의 "섬"은 뒤이어 나오는 시의 제목 「섬」이 앞의 시 제목에 잘못 붙여진 것인 듯함.
7 문장(蚊帳): 모기를 막으려고 치는 장막. 생초(生綃)나 망사 따위로 만듦.
8 원문의 "멱"은 "미역"의 준말.

航海 / 항해 • 254

1 원문의 "이"는 『태양의 풍속』에서 "의"로 표기 (164).
2 원문의 이 행은 『태양의 풍속』에서 "젖빛 구름의 「스카-트」가 淫奔(음분)한 바다의허리를 둘렀다"로 표기 (164).
3 원문의 "거문"은 『태양의 풍속』에서 "검은"으로 표기 (165).
4 원문의 "보아"는 『태양의 풍속』에서 "보다"로 표기 (165).
5 원문의 4연 2행("두볼을"~"살갈이다")은 『태양의 풍속』에서 삭제, 4연 1행과 5연의 첫 두 문장("低氣壓(저기압)은벌서"~"코고나보아")은 하나의 연으로 재구성. 원문의 5연 "바람은"~"雲母(운모)가루" 는 『태양의 풍속』에서 7연으로 재배치 (165).
6 원문의 6연은 『태양의 풍속』에서 3연으로 재배치 (164).
7 원문의 "드러라"는 『태양의 풍속』에서 "들어라"로 표기 (166).

8 플라티나(platina): 플라티늄(platinum, 백금)의 스페인어. 일본어: 푸라치나(プラチナ).

9 흐늑이다: 물결 따위가 느리게 움직이다.

10 원문의 "가도다"는 "가두다"의 옛말.

11 분류(奔流): 내달리듯이 아주 빠르고 세차게 흐름. 또는 그런 물줄기.

12 나사(羅紗): 양털 또는 거기에 무명, 명주, 인조견사 따위를 섞어서 짠 모직물.

13 들다 : "길을 택하여 가거나 오다," 혹은 "어떤 처지에 놓이다"의 의미로 추정. 그 옛말은 "들이다."

光化門通 / 광화문통 • 256

1 광화문통(光化門通): 서울에 있는 광화문 거리. 조선시대에 육조거리라 불렸던 광화문통은 일제강점 이후 1912년 실시된 경성시구 개정사업에 따라 행정의 중심지가 됨.

2 소제부(掃除夫): 청소하는 일을 직업으로 하는 남자.

3 행려병(行旅病): 나그네로 떠돌아다니다가 앓는 병.

4 양인(洋人): 서양 여러 나라의 사람.

5 원문의 "알라보다"는 당대의 용례로 보아 "[가려서] 아나 보다" 정도의 의미로 추정. "是非曲直(시비곡직)을 알라보아서 正當(정당)한 判斷(판단)을 할 수가 [잇]섯스며 救護班(구호반) 出動(출동) 與否(여부)의 事實(사실)이 分明(분명)한 것을 斷定(단정)하엿는가?" 「江景市民大會(강경시민대회) 準備會(준비회) 諸君(제군)에게」(『조선일보』 1925.06.10. 1면). 이런 의미에서 "알라보다"는 "가리다"(여럿 가운데서 하나를 구별하여 고르다) 혹은 "알아보다"(조사하여 살펴보다, 눈으로 보고 분간하다 등)로 추정.

6 송교(松橋): 서울특별시 종로구 서린동의 일부. 청계광장에서 광교에 이르는 청계천 다리 중 하나.

7 횡사(橫死): 뜻밖의 재앙으로 죽음.

旅=行=風=景: 咸鏡線五百킬로卽興詩行脚 (上) /
여행 풍경: 함경선 5백 킬로 즉흥시 행각 (상) • 258

序詩 [I] / 서시 [I] • 258

1 원문의 제목이 『바다와 나비』에 수록된 「序詩(서시)」와 동일. 이에 따라 전자에 [I]을, 후자에 [II]를 붙여 시의 제목 표기.

2 함경선(咸鏡線): 함경남도 원산과 함경북도 종성군 상삼봉(上三峰) 사이에 부설된 철도.

3 행각(行脚): 어떤 목적으로 여기저기 돌아다님. 여기저기 돌아다니며 수행함.

1, 待合室 [I] / 1. 대합실 [I] • 260

1 원문의 「함경도 5백 킬로 여행 풍경: 대합실」(『조선일보』 1934. 09. 19. / 『태양의 풍속』 78)을 이후에 발표된 「待合室(대합실)」(『중앙』 2.10. 1934. 10. 01. / 『태양의 풍속』 76)과 구분하기 위해 먼저 발표된 시의 제목에 [I]을 뒤에 발표된 시의 제목에 [II]를 붙임.

2, 海水浴場 / 2. 해수욕장 • 262

1 원문의 "몰"은 『태양의 풍속』에서는 "볼"로 표기 (149).

2 4연의 경우 1934.09.19일 자 원문의 잘못된 부분을 고친 1934.09.20일 자 정정 본에 따라 수정 표기. 19일 자 원문: "지금 바다는오래간만에 그의 오늘은 간마기靜寂(정적)을回復(회복)하야의날새를 어르만지는 오래인늙은이다." 『태양의 풍속』에서도 수정된 시행이 사용됨 (150).

3 원문의 "몰"은 "물"로 추정. 「정원의 향수」의 "몰결" 참조. 1920-30년대 일간 신문 및 잡지에서 간헐적으로 사용된 "몰결"도 모두 "물결"을 지칭.

3, 咸鏡線 / 3. 함경선 • 264

1 원문의 "추어든"은 『태양의 풍속』에서 "빼여든"으로 표기 (79).

2 『태양의 풍속』의 차례에서 이 시의 제목은 「食堂車(식당차)」로, 본문에서는 「食堂(식당)」으로 표기 (79). 본 전집에서는 『태양의 풍속』에 수록된 이 시의 제목을 「食堂車(식당차)」로 표기.

3 폐마(廢馬): 늙거나 부상을 당하여 쓸모가 없어진 말. 또는 그렇게 되어 더 이상 사용하지 않는 말.

4, 高原附近 / 4. 고원 부근 • 266

1 고원(高原): 함경남도 고원군에 있는 읍. 함경선과 평원선이 갈라지는 곳으로 산업과 교통의 중심지, 군청 소재지. 일반적으로는, 해발 고도 600미터 이상에 있는 넓은 벌판.

2 목패(木牌): 나무로 만든 패.

5, 元山以北 / 5. 원산 이북 • 268

1 술거품: 술에 뜨는 거품.

7, 風俗 / 7. 풍속 • 272

1 원문 「風俗(풍속)」을 「風俗(풍속): 近作詩(근작시)(I)」에서 일부 분리되어 『태양의 풍속』에 수록된 「風俗(풍속)」과 구분하기 위해 전자를 「風俗(풍속) (II)」로, 후자를 「風俗(풍속) (I)」로 구분.

2 동뜨다: 평상시와는 다르다. 다른 것들보다 훨씬 뛰어나다.

旅=行=風=景: 咸鏡線五百킬로卽興詩行脚 (中) /
여행 풍경: 함경선 5백 킬로 즉흥시 행각 (중) • 278

10 新昌驛 / 10. 신창역 • 278

1 함경선(咸鏡線): 함경남도 원산과 함경북도 종성군 상삼봉(上三峰) 사이에 부설된 철도.

2 행각(行脚): 어떤 목적으로 여기저기 돌아다님. 여기저기 돌아다니며 수행함.

3 송계월(宋桂月, 송계옥, 1910년-1933): 함경북도 북청군 신창면 신창리에서 태어남. 한국의 독립운동가, 여성주의 운동가, 기자, 소설가, 여성해방운동가. 고등학교 재학 중 가부장제와 현모양처 반대 운동과 1930년 경성 여학생 만세운동을 주도. 보수적인 가정환경에 반발하여 가출, 노동으로 학비를 조달하며 경성여자상업고등학교에 다님. 경성여상 재학 중 현모양처 교육에 반발하여 동맹휴학과 교내 시위를 주도. 1930년 광주에서 일본인의 조선인 여학생 성추행에 반발하여 허정숙 등과 함께 서울에서 학생 만세운동을 일으킴. 1931년부터는 잡지 『신여성』과 『제일선』의 기자가 되고 조선 프롤레타리아 예술가 동맹의 회원으로도 활동. 기자로 일하던 중 폐결핵으로 사망.

4 남폿불: 석유를 넣은 그릇의 심지에 불을 붙이고 유리로 만든 등피를 끼운 등.

5 원문의 "산등어리"는 "산등성이"(산의 등줄기)의 방언. "등어리"는 "등성이"의 방언.

6 바스켓(basket): 바구니.

7 원문의 "모래불"은 "모래부리"의 방언. 모래부리: 모래가 해안을 따라 운반되다가 바다 쪽으로 계속 밀려 나가 쌓여 형성되는 해안 퇴적 지형. 바닷가나 강가에 모래가 널리 깔려 모래판을 이루고 있는 곳 (모래톱, 모래부리), 『조선말대사전』.

11 숨박곱질 / 11. 숨바꼭질 • 280

1 아기네: 아기의 무리. 아기들.

2 옴쑥하다: 가운데가 비스듬히 쏙 들어간 데가 있다.

12 보이 / 12. 보이 • 282

1 적삼: 저고리 모양의 윗도리에 입는 홑옷.

2 몽당바지: 몹시 해지거나 하여 아주 짧아진 바지.

13 東海 / 13. 동해 • 284

1 원문의 1-2연은 『태양의 풍속』 1연으로, 원문의 3, 4연은 수정 후 2, 3연으로 재구성. 원문의 3연 1행은 "부디 달리는汽車(기차)여 숨소리를 죽이렴으나"로 변경한 후 4연 2행과 결합하여 2연으로, 원문의 3연 1행과 2행은 일부 수정 후 3연으로 재구성 (84-85).

2 찡기다: 가볍게 찡그리다 (『조선말 대사전』).

15 東海水 / 15. 동해수 • 288

1 원문의 "겨버"는 『태양의 풍속』에서 "접어"로 표기 (86).

2 원문의 "幸福(행복)"은 『태양의 풍속』에서 "純潔(순결)"로 표기 (86).

3 원문의 "겹다"는 "접다"의 방언 (함북).

旅=行=風=景: 咸鏡線五百킬로郎興詩行脚 (下) /
여행 풍경: 함경선 5백 킬로 즉흥시 행각 (하) • 290
[16], 벼룩이 / 16. 벼룩이 • 290

1 원문의 경우 순서는 이 시와 이어지는 다음 시를 각각 「17, 벼룩이」 「16, 바위」로 표기. 순서상 「16, 벼룩이」 「17, 바위」로 수정. 『태양의 풍속』에서도 「벼룩이」와 「바위」의 순서로 배열 (87, 88).

2 원문의 "빨미조타"는 『태양의 풍속』에서 "빨아먹으렴으나"로 표기 (87).

3 함경선(咸鏡線): 함경남도 원산과 함경북도 종성군 상삼봉(上三峰) 사이에 부설된 철도.

4 행각(行脚): 어떤 목적으로 여기저기 돌아다님. 여기저기 돌아다니며 수행함.

5 넘놀다: 넘나들며 놀다.

6 고집(固執)하다 (동): 자기의 의견을 바꾸거나 고치지 않고 굳게 버티다. 고집스럽다 (형): 보기에 고집을 부리는 태도가 있다

[17], 바위 / 17. 바위 • 292

1 원문의 경우 순서는 이 시와 이전 시를 각각 「17, 벼룩이」 「16, 바위」로 표기. 순서상 「16, 벼룩이」 「17, 바위」로 수정. 『태양의 풍속』에서도 「벼룩이」와 「바위」의 순서로 배열 (87, 88).

18, 물 / 18. 물 • 294

1 원문의 "조이밧"은 "조밭"(조를 심는 밭)의 방언.

21, 바다의女子 / 21. 바다의 여자 • 300

1 혼란(混亂)하다: 뒤죽박죽이 되어 어지럽고 질서가 없다. 당대의 일간신문에 사용된 "홀란"은 대체로 이 뜻으로 사용됨.

海邊詩集 / 해변 시집 • 302

1, 汽車 [II] / 1. 기차 [II] • 302

1 원문의 제목이 『가톨릭 청년』 1권 5호에 수록된 「바다의 抒情詩(서정시)」가 수정되어 『태양의 풍속』에 수록된 제목 「汽車(기차)」와 동일하여 이 원문에 [II]를, 후자에 [I]을 붙여 제목 표기.

2, 停車場 / 2. 정차장 • 304

1 원문의 "팍켓트"는 『태양의 풍속』에서 "포케트"로 표기 (70).

3, 潮水 / 3. 조수 • 306

1 원문의 "쉬파람"은 "휘파람"의 방언.

5, 에트란제(異邦人) / 5. 에트랑제 (이방인) • 310

1 에트랑제(étranger): 이방인. 일본어: エトランジェ(에토란제).

2 원문의 "사롭건만"은 "사랑스럽건만"으로 추정. 김기림이 "aime"(좋아하다, 사랑하다, 그리워하다) 를 "사로워하다"로 번역한 적이 있다고 함. 『동양일보』의 한 대담 기사에서 김태창 동양포럼 주간은 김기림이 프랑스 시인 장 콕토(Jean Cocteau)의 'Mon oreille est un coquillage / Qui aime le bruit de la mer'를 '내 귀는 소라껍질 / 바다 우지짐을 사로워 하는'이라고 번역"한 적이 있다고 함 [「그리운 청주인 II—신동문」 『동양일보』(2017.02.19)]. 김기림의 「나의 노래」 참조. 1930년대 신문·잡지 등에 사용된 "사로운"은 대체로 "새로운"을 의미하는 단어로, 이 경우에 "사롭다"는 "새롭다"로도 추정 가능: "조선에 잇서서 사로운 시험," "사로운 『이듸오로기—』," "사로운 『文化(문화)의 殿堂(전당)』의 廊下(낭하)," "사로운 提案(제안)," "기억에 사로운 바" 등. 「나의 노래」 참조.

6, 밤港口 / 6. 밤 항구 • 312

1 원문의 "아아씨"는 『태양의 풍속』에서 "아가씨"로 표기 (74).

7, 破船 / 7. 파선 • 314

1 원문의 "지슬"은 『태양의 풍속』에서 "짖을"로 표기 (75).
2 원문의 "없이"는 『태양의 풍속』에서 "없어"로 표기 (75).
3 원문의 "벡긴다"는 『태양의 풍속』에서 "벗긴다"로 표기 (75).
4 조지 고든 바이런(George Gordon Byron, 1788-1824): 영국의 낭만주의 시인.
5 임금(林檎): 능금나무의 열매. 사과와 비슷한 모양이지만 훨씬 작음.

8, 待合室 [II] / 8. 대합실 [II] • 316

1 원문의 「待合室(대합실)」(『중앙』 2.10. 1934. 10. 01. / 『태양의 풍속』 76)을 이전에 발표된 「함경도 5백 킬로 여행 풍경: 대합실」(『조선일보』 1934. 09. 19. / 『태양의 풍속』 78)과 구분하기 위해 먼저 발표된 시의 제목에 [I]을, 뒤에 발표된 시의 제목에 [II]를 붙임.
2 원문의 "해오라비"는 "해오라기"(왜가릿과의 새)의 방언.

鄕愁 /향수 • 318

1 아라사(俄羅斯): "러시아"의 음역어.

戱畫 / 희화 • 320

1 희화(戱畵): 실없이 장난삼아 그린 그림. 익살맞게 그린 그림.
2 모래둔: 모래언덕, 사구(沙丘). 「戱畵(희화)」, 「『에노시마』海水浴場(해수욕장)」, 「童話(동화)」에서 "모래둔"은 "모래사장"도 지칭하는 듯.
3 원문의 "墨(묵)"은 "먹"의 방언.

밤 [II] / 밤 [II] • 324

1 원문의 제목이 『조선문학』에 수록된 「밤」과 제목이 동일. 이에 따라 전자에 [II]를, 후자에 [I]을 붙여 제목을 표기.
2 조 메이(Joe May, 1880-1954): 오스트리아에서 태어난 영화감독이자 제작자로 독일 영화의 선구자 중 한 사람. 『아스팔트』(*Asphalt*, 1929): 무성영화. 보석을 훔친 요염한 여자를 체포한 경관이, 그 요염함에 눈이 멀어 죄를 간과해 버린 데서 일어나는 비극을 그린 영화.

가을의누나 / 가을의 누나 • 326

1 원문은 추후 수필집 『바다와 육체』(1948.12.25)에 수록되어 있으나, 원문이

수록된 『중앙』에서 시가로 분류되어 있어, 이 시 전집에 포함.

2 원문의 "수수꺼매기"는 『바다와 육체』에서 "숫거매기"로 표기 (67).

3 원문의 "늙은들에서 그의宿題(숙제)의 解答(해답)을 거두기에 분주한 破產(파산)管理人(관리인)"은 『바다와 육체』에서 "늙은 들의 분주한 破產(파산)整理人(정리인)"으로 표기 (67).

4. 원문의 "피도다"는 『바다와 육체』에서 "피돋아"로 표기 (67).

5 원문의 "病人(병인)"은 『바다와 육체』에서 "병자"로 표기 (68).

6 원문의 "수수꺼매기"는 사전적 정의나 용례로 확인 불가. "수수꺼매기"가 추후 『바다와 육체』에서 "숫거매기"로 수정되어 표기된 점을 감안할 경우, "숯 검댕" 혹은 "숯검댕이"("숯검정"의 방언)로 추정 가능. ["숫"은 "숯"의 방언. 원문의 "꺼매기"와 가장 유사한 단어는 1938년 신문 기사—「名画(명화)에 숨은 로맨쓰 ③ 風雲兒(풍운아)의 남긴 가지가지 活劇(활극)」—에 사용된 "꺼메기": "더욱 平壤(평양) 炭鑛(탄광)에서 감독(李明雨(이명우)扮(분))과 坑夫(갱부)(나운규(羅雲奎))의 싸움이 버러젓는데 그만 정말 부삽으로 감독의 머리를 때려 피가 모두 흘럿는데 원래 탄광인지라 피가 [석탄] 꺼메기와 석겨저 피인지 석탄인지 모르도록 亂鬪(난투)한 일도 잇섯다" (『조선일보』 1938.11.16)]. 혹은 "수수 깜부기"로도 추정 가능. "수수"와 "깜부기"(깜부깃병에 걸려서 까맣게 된 곡식 따위의 이삭)가 함께 사용된 일례: 황해도 출신의 노천명(1911-1957), "우물ㅅ가에서도 그는 말이 적었다 / 아라사 어듸메로 갓다는 소문을드른채 / 올해도 수수밭 깜부기가 패여버렷다" 「玉黍蜀(옥서촉)」 『珊瑚林(산호림)』 (1938) (23). "깜부기는 비가 온 뒤라야 잘 팼다. / 아이들이 깜부기를 찌러 / 참새떼처럼 수수밭으로들 밀려갔다" 「수수 깜부기」 『窓邊(창변)』 (1945). "수수 깜부기"의 또 다른 참조 사항: "소시적 중국 동북 시골에서 자란 나는 여름이면 특별히 따서 먹기 좋아하는 천연 식품이 있었는데 바로 수수 이삭 병변으로 생긴 변이 이삭 깜부기다. (…) 우리는 다시 수수밭 안으로 들어가 깜부기를 따기 시작했다. (…) 우리는 깜부기를 따 먹느라 시간 가는 줄 모르고 있다가 오후 첫 번째 수업이 끝날 무렵에야 교실에 들어섰다. 친구들은 우리가 깜부기를 먹고 왔다는 걸 한눈에 알아보고 킥킥 웃어댔다. 둘 다 입이 까맣고 옷에도 까만 얼룩 자욱이 있었기 때문이었다." 「깜부기를 기억하시나요?」 『중국관광신문』.

7 원문의 "먼하니"는 "멍하니"의 방언. 먼하이: "멍하니"의 방언 (함남).

8 『신여성』의 「하로ㅅ[일]이끗낫슬때」의 "山(산)모롱"은 『태양의 풍속』의 「하로일이 끝났을때」의 "山 (산)모롱" (169)으로 변경됨. 산모롱이: 산모퉁이의 휘어 들어간 곳.

9 자류(柘榴): 석류(石榴). [柘(자): 산뽕나무/사탕수수].

10 원문의 "담북"은 "담뿍"의 방언.
11 원문의 "헤다"는 "세다"의 방언.
12 원문의 "설음"은 "설움"의 방언 혹은 비규범 표기.
13 병인(病人): 병을 앓고 있는 사람.
14 원문의 "화독"은 "화덕"의 방언.

첫사랑 / 첫사랑 • 328

1 원문의 "燈台(등대)"는 『태양의 풍속』에서 "燈臺"로 표기. 4연 3행의 경우도 동일 (49).
2 원문의 "多辨(다변)"은 『태양의 풍속』에서 "多辯"으로 표기 (50).
3 원문의 7연 1-2행은 『태양의 풍속』에서 6연의 마지막 6-7행으로 수정 (50).
4 폴 세잔(Paul Cézanne, 1839-1906): 프랑스의 대표적 화가로서 현대 미술의 창시자.
5 고대(苦待): 몹시 기다림.
6 원문의 "버리"는 "벌"의 방언.
7 기적(汽笛): 기차나 기선 등에서 소리를 내는 신호 장치, 또는 그 소리.
8 시계딱지: 회중시계나 손목시계 따위의 기계를 둘러싸고 있는 것. 일본어: とけいの側(がわ).
9 테이블클로스(table cloth): 식탁보.

飛行機 [III] / 비행기 [III] • 332

1 원문의 제목 「飛行機(비행기)」는 동일한 제목을 지닌 다른 두 편의 시와 구분하기 위해 「飛行機(비행기) [III]」으로 표기. 『조선일보』에 수록된 「綠(녹)」(1931. 04. 23)의 『태양의 풍속』 판 제목인 「飛行機(비행기)」는 「飛行機(비행기) [I]」, 『조선문학』에 수록된 동일 제목의 다른 시(1933. 10. 25)는 「飛行機(비행기) [II]」로 표기.
2 놀래다: 뜻밖의 일을 해 남을 무섭게 하거나 가슴을 두근거리게 하다. 뛰어나거나 신기한 것을 보고 매우 감동하게 하다. "놀라다"의 사동사.

窓 / 창 • 334

1 노대(露台, 露臺): 2 층 이상의 양옥에서, 건물 벽면 바깥으로 돌출되어 난간이나 낮은 벽으로 둘러싸인 뜬 바닥이나 마루. 발코니.
2 원문의 "올에도"는 당대 신문에서 "올해도"라는 의미로 흔히 쓰임.

膳物外一篇 / 선물 외 1 편 • 336

膳物 / 선물 • 336

1 올사과: 제철보다 일찍 익는 사과.

2 원문의 "모몰오몰"은 "오몰오몰"의 오기인 듯. 오몰오몰: "오물오물"의 방언.

3 원문의 "버레"는 "벌레"의 방언.

戀愛 / 연애 • 338

1 대청결(大清潔): "청결"은 "청소"의 방언.

층층게 / 층층계 • 340

1 좌상(坐像): 앉은 모습을 묘사한 그림이나 조소 작품.

나 / 나 • 344

1 임금(林檎): 능금나무의 열매. 사과와 비슷한 모양이지만 훨씬 작음.

生活 / 생활 • 346

1 지꾸다: "어지르다" (함북) 혹은 "적시다" (함남)의 방언.

習慣 / 습관 • 348

1 부회의원(府會議員): 일제 강점기에, 부회를 구성하던 의원.

2 자리: 사람의 몸이나 물건이 어떤 변화를 겪고 난 후 남은 흔적.

3 임금(林檎): 능금나무의 열매. 사과와 비슷한 모양이지만 훨씬 작음.

氣象圖 1 / 기상도 I • 350

ㅡ 아침의表情 / 1. 아침의 표정 • 350

1 원문의 4연 1-2행은 1936년 판(1)과 1948년 판(9)에서 3연의 마지막 행으로 수정.

2 원문의 "느끼는"은 1936년 판(2)과 1948년 판(10)에서 "느껴서우는"으로 표기.

3 원문의 "마담"은 1936년 판(2)과 1948년 판(10)에서 "마님"으로 표기.

4 원문의 "効果(효과)"는 1936년 판(2)에서는 동일하게 표기, 1948년 판(10)에서는 "效果(효과)"로 표기.

5 원문의 "『샤판』甲板。"은 1936년 판(2)에서는 "『샤판』。甲板。"으로 표기, 1948년 판(10)에서는 "샤판 甲板"으로 표기.

6 원문의 "날러"는 1936년 판(2) 및 1948년 판(10)에서 "달려"로 표기.

7 원문의 이 연은 1936년 판(2)에서 분리된 연으로 되어 있으나, 1948년 판(10)에서 앞의 연 마지막 행으로 수정.

8 능각(稜角): 물체의 뾰족한 모서리.

9 무모(無謀): 깊은 사려가 없음. 신중하지 못함.

10 "비늘"은 원문 "비눌"의 규범 표기.

11 아라비아(Arabia): 아시아 서남부 페르시아 만, 인도양, 아덴만, 홍해에 둘러싸여 있는 지역.

12 사라센(Saracen): 고대 그리스 · 로마 시대에, 그리스 · 로마인이 아라비아 북부의 아라비아(인)을 부르던 말. 십자군 시대에, 유럽인이 이슬람교도를 부르던 말. 「아롱진 기억의 옛 바다를 건너」, 「세계에 외치노라(3)」 참조.

13 윤선(輪船): "화륜선(火輪船)"의 준말. 물레바퀴 모양의 추진기를 단 기선.

14 바래다: 일정한 곳까지 배웅하거나 바라보다.

15 느끼다: 서럽거나 감격에 겨워 울다.

16 원문의 "쥬네브(Genève)"는 프랑스어로, 영어의 제네바(Geneva)에 해당. [일본어: ジュネーブ(쥬네부)]. 스위스의 도시로 국제연맹의 본부 소재지. 국제연맹(國際聯盟, League of Nations, 1920-1946): 제1차 세계 대전 직후, 미국 대통령 윌슨의 제창에 따라 국제 평화 유지와 협력의 촉진을 목적으로 창설된 국가 간의 연합체. 초기 상임이사국은 영국, 프랑스, 일본, 이탈리아. 국제 분쟁의 평화적 처리에 공헌하였으나, 대공황 이후 흔들리기 시작하여, 1930년대에 국가 간의 분쟁을 해결하는 데 실패. 특히 일례로 일본의 만주국 문제와 독일의 베르사유조약 폐기 문제로 인해 1933년에는 일본과 독일이 탈퇴, 이탈리아의 에티오피아 침략 문제로 인해 이탈리아는 추후 1937년에 탈퇴. 1945년 국제연합의 창설로 해체.

17 삼판(선)(三板船, sampan, サンパン(센펜)): 거룻배. 항구 안에서 사람이나 짐을 실어 나르는 작은 배. 1930년 9월 1일 『삼천리』에서 "삼판선"의 의미로 사용됨. 1930년 3월 14일, 1936년 6월 27일 『조선일보』 기사에서 "샴판"은 "샴페인"(champagne)의 뜻으로도 사용됨. 일본어 シャンパン (샨판). 「아프리카狂想曲(광상곡)」에서의 "샴판"은 후자의 의미.

18 선부(船夫): 뱃사공.

19 전서구(傳書鳩): 편지를 보내는 데 쓸 수 있게 훈련된 비둘기.

20 수마트라(Sumatra): 인도네시아의 주요 섬으로 세계에서 여섯 번째로 큰 섬.

市民行列 / 시민 행렬 • 354

1 원문의 13-18행("마님 한푼만"~"뚜걱……")은 1936년 판(2)과 1948년 판

(15-17)에서 마지막 행 "『아-멘』" 다음으로 위치 수정. 원문의 마지막 2행은 겹낫표(『 』)로 통합, 그 아래로 재배치된 시행 중 13-16행("마님 한푼만"~"아니랍니다")은 하나의 겹낫표로 통합.

2 원문의 "부리는"은 1936년 판(4)과 1948년 판(15)에서 "불으는"으로 표기.

3 원문의 "한개"는 1936년 판(4)에서 "힌개"로 오기, 1948년 판(16)에서 다시 "한개"로 표기.

4 원문의 "담어오려가기"는 1936년 판(4)에서는 동일하게 표기, 1948년 판(16)에서는 "담어갖어오기"로 표기.

5 장-바티스트 콜베르(Jean-Baptiste Colbert, 1619-1683): 프랑스의 중상주의 정치가로 루이 14세 아래에서 재무부 장관 역임(1665-1683). 그는 무역수지 개선과 식민지에 의한 수입을 중요시하였으며, 프랑스 식민제국에서 주인에 의한 노예의 삶 전체를 규정한 60개 조항을 담은 『코드 누아르』(*Code Noir, The Black Code*, 1685)를 만드는 데 조력. 이 시의 역사적 참조 사항이 전반적으로 당대의 상황, 사건 및 인물을 지칭하고 있어, "콜베르"가 17세기 프랑스 정치가를 지칭한다고 확정하기는 어려움. 다만 "식인종"이 당대의 인종주의적 백인 식민주의자들이 우생학적으로 규정한 흑인이 아니라 오히려 백인들 자신("흰 식인종")이라는 반어적 표현을 위해 17세기의 식민주의적 "콜베르"가 원형적 일례로 원용된 것으로 추정 가능.

6 심판: 국제연맹(國際聯盟, League of Nations, 1920-1946). 제1차 세계대전 직후, 미국 대통령 윌슨의 제창에 따라 국제 평화 유지와 협력의 촉진을 목적으로 창설된 국가 간의 연합체. 초기 상임 이사국은 영국, 프랑스, 일본, 이탈리아. 국제 분쟁의 평화적 처리에 공헌하였으나, 대공황 이후 흔들리기 시작하여, 1930년대에 국가 간의 분쟁을 해결하는 데 실패. 특히 일례로 일본의 만주국 문제와 독일의 베르사유조약 폐기 문제로 인해 1933년에는 일본과 독일이 탈퇴, 이탈리아의 에티오피아 침략 문제로 인해 이탈리아는 추후 1937년에 탈퇴. 1945년 국제연합의 창설로 해체.

7 파시스트 이탈리아: 베니토 무솔리니(1883-1945) 및 국가 파시스트당(National Fascist Party) 중심의 정체 체제 (1922-1943).

8 설사제: 설사가 나게 하는 약. 무솔리니(Mussolini) 일파의 극우파 검은 셔츠단(Blackshirts)은 반대자들을 협박하고 굴욕감을 주기 위해 피마자유(caster oil)를 먹여 설사를 나게 하는 고문을 함.

9 쑹메이링(宋美齡, Sòng Měilíng, 송미령, 1897-2003): 장제스(蔣介石 장개석, 1887-1975)의 부인. 상하이에서 감리교 목사 출신의 사업가인 찰리 쑹의 여섯 자녀 중 넷째로 태어났으며, 고등학교 재학 시절 1908년 미국으로 건너

가 기숙사 학교를 다녔음. 1917년 웰즐리 대학교에서 영문학 전공, 철학 부전공으로 학사 학위를 취득. 장제스가 장군이 되고 중국 국민당의 총수가 되며 쑹메이링은 영어 번역가, 비서, 조언자로의 역할을 시작. 미국과 중국을 넘나들며 활동하던 쑹메이링은 중국과 서방의 문화에 모두 익숙해 양국 모두에서 개인적인 인기를 모았음.

10 부리다: 기계나 기구 따위를 마음대로 조종하다. 원문의 "부리다"는 "부르다"의 방언이기도 함. 1936년 판(4)과 1948년 판(15)에서 사용된 "불으다"는 당시에 "부르다"를 의미.

11 제임스 램지 맥도널드(James Ramsay MacDonald, 1866-1937): 영국의 정치가. 스코틀랜드 출생. 노동당 정부(1924, 1929-31)의 첫 노동당 수상, 연립정부(1931-35)의 수상. 1929년 자연경관을 보존하고 레크리에이션을 위한 시설을 제공하기 위해 국립공원 관련 각서가 제출되었고, 당시 새로 수상이 된 맥도널드는 이를 위한 공원의 필요성에 동의.

二 颱風의起寢 / 2. 태풍의 기침 • 358

1 원문의 "날른"(날르는)은 1936년 판(6)과 1948년 판(21)에서 "달른"(달리는)으로 표기. 날르다: "날다"의 비규범 표기. 달르다: "달리다"의 방언 (함북).

2 원문의 2, 3연은 1936년 판(5)과 1948년 판(21)에서 통합되어 하나의 연으로 재구성.

3 원문의 『흥 파우스트의 파울 / 파우스트의 풀』은 1936년 판(6)과 1948년 판(23)에서 두 행 모두 "흠 막난이 파우스트"로 표기.

4 원문의 소제목 "손"은 1936년 판(7)과 1948년 판(23)에서 삭제.

5 원문의 "短波(단파)·超短波(초단파)"는 1936년 판(8)과 1948년 판(26)에서 "短波(단파)·長波(장파)·超短波(초단파)"로 표기.

6 원문의 "雨器(우기)"는 1936년 판(8)에서 "雨器(우기)"로, 1948년 판(26)에서 "雨備(우비)"로 표기.

7 기침(起寢): 잠에서 깨어 자리에서 일어남.

8 바기오(Baguio): 필리핀 루손 섬 벵게트 주에 있는 도시이며, 동경 120°36′ 북위 16°25′에 위치.

9 늦잠재기: 늦잠쟁이. [참조: "깍재기"는 "깍쟁이"의 방언 (평북)].

10 화란(和蘭): "네덜란드"의 음역어.

11 따곱쟁이: "따곱재이" ("깍쟁이"의 방언 (함남, 중국 흑룡강성)). 따곱재: 구대손(구두쇠) (『두만강 유역의 조선어 방언사전』). [참고] 따곱쟁이: 곱사등이 (『토박이말 쓰임 사전』).

12 모락: "갈기"(말, 사자 따위 짐승의 목덜미에 난 긴 털)의 방언 (함남).

13 구름발: 길게 퍼져 있거나 벋어 있는 구름의 덩어리.

14 해만(海灣): 바다와 만을 아울러 이르는 말. 바다가 육지 속으로 파고들어와 있는 곳.

15 바시: 바시 해협(Bashi Channel), 타이완과 필리핀의 바탄 제도 사이의 해협.

16 원문의 "파우스트의 풀"이 추후 단행본 시집에서 "막난이 파우스트"로 수정된 점을 감안한다면 "풀"이 앞 행에 있는 "파울"(foul)의 말놀이로 추정. 참고로, "풀"의 사전적 정의 중의 하나는 "세찬 기세나 활발한 기운."

17 지소(支所): 본소의 관리 아래, 본소에서 갈리어 일정한 지역의 업무를 맡아보는 곳.

18 원문의 "粍(모)"는 "밀리미터"의 음역어.

19 원문의 "米突(미돌)"은 "미터"의 음역어.

20) 사명(使命): 맡겨진 임무, 사신이나 사절이 받은 명령.

바다의鄕愁 / 바다의 향수 • 364

1 원문은 "모래물"은 "모래불"(모래부리)의 오기일 가능성. 김기림이 이 시기에 쓴 『기상도』의 「올배미의노래」(1935.11.01)에서도 "모래불"이 사용되었고, 다른 여러 편의 시에서도 "모래불"이라는 단어가 사용됨.

2 기선회사(汽船會社): 상선(商船)을 부려서 사람이나 물건을 나르는 일을 하는 회사.

3 아라사 (俄羅斯): "러시아"의 음역어.

4 해관(海關): 항구에 설치한 관문. 개항장에 설치했던 세관.

5 고집(固執)하다 (동): 자기의 의견을 바꾸거나 고치지 않고 굳게 버티다. 고집스럽다 (형): 보기에 고집을 부리는 태도가 있다

6 원문의 "조각지"는 "조개"의 방언.

7 "모래불"은 "모래부리"의 방언. 모래부리: 모래가 해안을 따라 운반되다가 바다 쪽으로 계속 밀려 나가 쌓여 형성되는 해안 퇴적 지형. 바닷가나 강가에 모래가 널리 깔려 모래판을 이루고 있는 곳(모래톱, 모래부리), 『조선말 대사전』.

8 호다: 바느질을 할 때, 감침질하듯이 나선형 모양으로 성깃하게 꿰매다. ("나선형 모양으로 성깃하게 꿰매다"의 뜻바탕에서) 이리저리 왔다갔다하며 가다 (『토박이말 쓰임 사전』).

9 항용(恒用): 늘, 흔히.

氣象圖 II / 기상도 II • 368

三, 滿潮로向하야 / 3. 만조로 향하여 • 368

1 원문의 3연과 4연은 1936년 판(9-10)과 1948년 판(29)에서 하나의 연으로 통합.

2 원문의 "삐-프텍"은 1936년 판(10)과 1948년 판(30)에서 "삐-프스테잌"으로 표기.

3 원문의 "以前(이전)"은 1936년 판(10)과 1948년 판(30)에서 "門前(문전)"으로 표기.

4 원문의 "몰래가는"은 1936년 판(10)과 1948년 판(31)에서 "몰려가는"으로 표기.

5 원문의 이 연과 다음 연은 1936년 판(10-11)과 1948년 판(31)에서 하나의 연으로 통합.

6 원문의 "내야"는 1936년 판(12)과 1948년 판(35)에서 "대야"로 표기.

7 원문의 이 연은 1936년 판(13-14)과 1948년 판(37-38)에서 그 첫 4행이 하나의 연으로 분리되고, 나머지 3행과 다음 연이 통합.

8 원문의 이 연은 1936년 판(13-14)과 1948년 판(37-38)에서 다음 연과 하나의 연으로 통합. 문맥상 하나의 연으로 통합하는 것이 타당하여, 오른쪽 면의 옮긴 글에서는 하나의 연으로 처리.

9 원문의 "버리고"는 1936년 판(14)과 1948년 판(39)에서 "버티고"로 표기.

10 만조(滿潮): 밀물이 꽉 차서 해면의 수위가 가장 높게 된 상태. 또는 그런 현상. 찬물때.

11 중화민국(中華民國, Republic of China, 1912-1949): 청나라의 몰락을 야기한 신해혁명(1911)의 성공으로 1912년 1월 쑨원의 삼민주의를 강령으로 수립되어, 1949년 12월 국민당 정권이 중국 공산당에 패배하여 중앙 정부를 타이완으로 옮기기까지 중국 대륙을 통치한 아시아 최초의 공화제 국가. 「항해의 1초 전」 참조.

12 원문의 "거륵하다"는 "거룩하다"의 방언 (평안).

13 사자(使者): 명령이나 부탁을 받아 전하는 사람.

14 만국공원(萬國公園): 상하이(上海(상해)) 소재 만국공원. 최재서, 「現代詩(현대시)의 生理(생리)와 性格(성격): 長篇詩(장편시) 『氣象圖(기상도)』에 대한 小考察(소고찰)」: "우리는 上海(상해) 萬國公園(만국공원) 뻰취 우에서 잠든 룸펜의 꿈 가운데서 金氏(김 씨)[김기림] 一流(일류)의 新鮮(신선)하고 潑剌(발랄)한 感覺(감각)의 饗宴(향연)에 주림을 채울 수 잇다" 『조선일보』(1936.08.23). 전체적으로 「滿潮로向하야」 혹은 수정된 제목인 「자최」의 역사적·시적 공간

은 상하이, 특히 상하이 조계로 추정. 상하이 조계(上海租界): 1842년에 맺어진 난징 조약에 의해 개항하기로 한 상하이에서 설정된 조차지로 1845년 11월부터 시작하여 1943년 8월까지 약 100년간 상하이의 일부 지역에서 지속된 외국인 통치 특별구. 처음에는 영국, 미국, 프랑스 등이 각각 조계를 설정하였고, 나중에 영·미 열강의 조계를 정리한 "상하이 공공 조계(上海公共租界, Shanghai International Settlement, 1863-1945)"와 "상하이 프랑스 조계(Shanghai French Concession, 1849-1946)"로 재편. 이 두 개의 조계를 상하이 조계라고 함. 당대 상하이 조계에 대한 설명이 이후 전개되는 여러 시적 상황의 배경일 것으로 추측.

15 라우드스피커(loudspeaker): 전기 에너지를 음향 에너지로 변환하는 장치.

16 요하네스 브람스(Johannes Brahms, 1833-1897): 독일의 작곡가이자 피아니스트, 첼리스트, 바이올리니스트, 지휘자. 그의 작품은 고전파적인 양식 위에 서서, 중후하고 북독일적인 맛을 지니며, 아름다운 서정성도 갖고 있음.

17 하이칼라(high collar): 서양식 유행을 따르던 멋쟁이를 이르던 말.

18 원문의 "강낭죽"은 "강냉이죽"의 방언.

19 산발: 큰 산에서 길게 뻗어나간 산의 줄기.

20 성층권(成層圈): 대류권과 중간권 사이에 있는, 거의 안정된 대기층. 높이는 약 10-50km.

21 원문의 "亞細亞(아세아)"는 아시아(Asia)의 음역어.

22 "몰래가다"가 1936년 판과 1948년 판에서 "몰려가다"로 표기된 점을 감안한다면, 원문의 "몰래가다"는 "몰레가다"일 가능성. 몰레가다: "몰려가다"의 방언.

23 에테르(ether): 에테르(용매나 마취제로 쓰이는 알코올 추출물), 높은 하늘, 창공, 혹은 대기.

24 국무경(國務卿): 국무장관(Secretary of State). 헨리 스팀슨(Henry L. Stimson, 재임 기간 1929-1933); 코델 헐(Cordell Hull, 재임 기간 1933-1944). 당대 국내 신문에는 주로 위의 두 인물 이 언급되고 있음.

25 원문의 "이늠"은 "이놈"의 방언.

26 조지 워싱턴(George Washington, 1732-1799): 미국의 초대 대통령(1789년~1797년). "정직이 최상의 방책 (Honesty is the best policy)."

27 가나안(Canaan): 시나이 반도와 아나톨리아 사이에 있는 해안 지역을 가리키는 옛 지명. 성경에서는 일반적으로 요르단 강 서부 지역. 이스라엘 백성들이 광야를 헤매며 찾던 젖과 꿀이 흐르는 약속의 땅.

28 소크라테스(Socrates, 기원전 470년 경-기원전 399): 고대 그리스의 철학자. 「三月의『푸리즘(3월의 프리즘)」 중 「靑(청)」 [「魚族(어족)」, 「林檎밭(임금밭)」 참조.

29 게오르크 빌헬름 프리드리히 헤겔(Georg Wilhelm Friedrich Hegel, 1770-1831): 독일 관념철학을 대표하는 철학자.

30 변화자재(變化自在): 속박이나 장애가 없이 마음대로 변화하는.

31 지전(紙錢): 종이에 인쇄를 하여 만든 화폐. 일반적으로 정부 지폐와 은행권을 이름.

32 조계선(租界): 19세기 후반에 영국, 미국, 일본 등 8개국이 중국을 침략하는 근거지로 삼았던, 개항 도시의 외국인 거주지. 외국이 행정권과 경찰권을 행사하였으며, 한때는 28개소에 이르렀으나 제2차 세계대전 이후에 폐지. 특히 여기서는 상하이 프랑스 조계(선)(Shanghai French Concession, 1849-1943). 당대 신문에는 "상해불조계(上海佛租界)"로 표기. 앞의 주 14 참조.

33 베레(프, béret): 챙이 없고 동글납작하게 생긴 모자. 베레모.

34 붕산(硼酸): 붕사에 황산을 작용시켜 만든 것으로 방부제·소독제 따위를 만드는 데 씀.

35 원문의 "베끼다"는 "벗기다"의 비규범 표기.

36 공자(孔子, 기원전 551-479): 유교의 시조인 고대 중국 춘추시대의 정치가, 사상가, 교육자이고, 노 나라의 문신이자 작가이면서, 시인.

37 멱: "미역"의 준말.

38 마천루(摩天樓): 하늘을 찌를 듯이 높이 솟은 건물. 「上海(상해)에 出現(출현)한 東洋(동양) 一(1)의 摩天樓(마천루)」『조선일보』(석간, 1934.05.24. 1면) 참조: "中國(중국)式(식) 混沌(혼돈)과 國際的(국제적) 極東(극동) 爭霸戰(쟁패전)을 一身(일신)에 具現(구현)한 듯한 東洋(동양) 一(1)의 大商埠地(대상부지)로써 近代化(근대화)! 近代化(근대화)! 울트라모-던化(화) 하는 國際都(국제도) 上海(상해)는 中國 (중국)의 政治的(정치적) 混亂(혼란)을 度外(도외)로 날마다 急速(급속)한 템포의 歐美化(구미화) 過程(과정)을 것고 잇는 中(중) 最近(최근) 共同租界(공동조계)의 競馬場(경마장) 엽 外人(외인) Y·M·C·A 엽헤 二十二層(22 층)의 摩天樓(마천루)가 竣工(준공)되야 東洋(동양)에 在(재)한 高層(고층) 新記錄(신기록)을 作成(작성)하얏는데 寫眞(사진)이 곳 그것이니 이 建物(건물)은 上海聯合儲蓄會(상해연합저축회)의 社屋(사옥)으로 모든 近代的(근대적) 設備(설비)의 善美(선미)를 다 하얏스며 첵코人(인) 技師(기사)의 設計(설계)로 桑港(상항)의 욕·아이스·매쉰어리·코포레이슌 上海(상해) 支店(지점)의 請負(청부)로 된 것이다. 그리고 上海(상해)의 現在(현재) 人口(인구)는 三百三十六萬人(336만 인)으로 이 中(중) 外國人(외국인)만 佛租界(불조계) 共同租界(공동조계)를 合(합)하야 九萬二千餘人(9만 2천여 인)이다." 이 신문 기사에서 당대의 이 건물 사진 제공.

39 원문의 "바알"은 '방울'의 방언. 당대에 "바알"은 "발"(가늘고 긴 대를 줄로 엮거나, 줄 따위를 여 러 개 나란히 늘어뜨려 만든 물건)의 의미로도 사용.
40 마르코 폴로(Marco Polo, c.1254-1324): 이탈리아의 탐험가로 17세 시절에 고향을 떠나 아시아를 탐험하고 1292년에 고향으로 돌아감. 1275년 11월에서 1292년 2월까지 마르코 폴로는 관리로서 원나라를 위해 일하면서 17년 동안 중국의 여러 도시와 지방을 비롯하여 몽골, 버마, 베트남까지 다녀왔음. 그는 제노바 전쟁 포로 시절 1년간 감옥 생활을 하면서 아시아 국가 거류 시절의 재미있는 이야기를 동료들에게 구술로써 들려주었는데, 이때 작가 루스티치아노(Rusticiano)가 그의 해박한 발언 및 구술 관련 여행담을 기록한 것이 바로 『동방견문록』. (*The Travels of Marco Polo*).
41 라디오 비콘(radio beacon): 무선 표지(전자기파를 이용하여 항공기나 선박의 위치, 방향 따위를 확인하는 장치).
42 공사(公使): 대사 아래 외교관의 하나, 조약국에 주재해서 자국을 대표하여 외교 사무를 맡은 공무원.
43 원문의 "俱樂部(구락부)"는 클럽(club)의 일본식 음역어. 상하이 경마클럽(Shanghai Race Club, 1850-).
44 원문의 "墨西哥(묵서가)"는 "멕시코(Mexico)"의 음역어.
45 쿨리(coolie): 원문의 "쿠리"는 육체노동에 종사하는 하층의 중국인 노동자. 당대 신문에서는 "쿠리(중국인 로동자)"라고 표기.
46 원문의 "투레기"는 "투래기" 혹은 "투데기"로 추정. 헌투래기: "누더기"의 방언(함북). 투데기: "누더기"의 방언(강원).
47 키드: 양의 가죽으로 만든 구두의 일종. 당대에 "키또" 혹은 "깃도"로 표기됨. 킷도(キッド): 무두질 한 새끼 양의 가죽. 「금년 봄에는 이런 구두가 유행, 현대 녀성의 장식미는 구두가 오십%」『조선일보』(1935.01.19)에 여성 구두들 중 하나로 "깃도"가 소개됨. (시 「除夜(제야)」 참조).
48 원문의 "채다"("차다"의 사동사)의 규범 표기는 "채우다."
49 황허(黃河, 황하): 중국 서부에서 동북부로 흐르는 강.

四, 病든風景 / 4. 병든 풍경 • 378

1 원문의 "그도"~"종족이엇다"는 1936년 판(16)과 1948년 판(44)에서 삭제. 1948년 판에서는 해당 시행 삭제 후 4, 5, 6연을 하나의 연으로 통합.
2 원문의 "껍길"은 1936년 판(16)과 1948년 판(44)에서 "껍질"로 표기.
3 원문의 "바□를"은 1936년 판(16)과 1948년 판(45)에서 "바위를"로 표기.
4 돌단(突端): 툭 불거져 나온 것의 끝부분.

5 거두다: 벌여 놓거나 차려 놓은 것을 정리하다.
6 원문의 "벼래"는 "벼루"의 비규범 표기. 벼루: 강가나 바닷가에 있는 벼랑(낭떠러지의 험하고 가파른 언덕).
7 차던지다: 완전히 버리다.
8 해만(海灣): 바다와 만을 아울러 이르는 말. 바다가 육지 속으로 파고들어와 있는 곳.

奇蹟 / 기적 • 382

1 원문은 수필집 『바다와 육체』에 다시 수록되어 있으나, 원문의 제목 뒤에 "散文詩(산문시)"가 표기되어 있어 이 시 전집에 포함.
2 원문의 "일즉이"는 『바다와 육체』에서 "일찌기"로 표기 (75).
3 원문의 "찡기면서도"는 『바다와 육체』에서 "찡그리면서도"로 표기 (75).
4 원문의 "용서하리라"는 『바다와 육체』에서 "참으리랴"로 표기 (75).
5 원문의 "믿는"은 『바다와 육체』에서 "맞는"으로 표기 (76).
6 원문의 "을"은 『바다와 육체』에서 "은"으로 표기 (76).
7 찡기다: 가볍게 찡그리다 (『조선말 대사전』).
8 불수의근(不隨意筋): 의지와 관계없이 자율적으로 움직이는 근육.
9 원문의 "시악씨"는 "처녀" 혹은 "아내"의 방언 (『조선말 대사전』). 이 둘의 의미를 동시에 포함하는 단어는 "새악시": "새색시"의 방언 (경상); "처녀"의 방언(충남); "신부"의 방언(함북) (『우리말샘』).
10 보료: 솜 따위로 속을 넣고 만들어서, 앉는 자리에 늘 깔아 두는 두툼한 요.

바다 / 바다 • 384

1 원문의 "병어리"는 『바다와 나비』에서 "벙어리"로 표기 (51).
2 원문의 첫 1-2연은 『바다와 나비』에서 1연으로, 원문의 4연은 1-2행, 3-4행, 5행을 각각 분리된 연으로 수정 (52).
3 원문의 "갈라서"는 『바다와 나비』에서 "버이워"로 표기 (53).
4 원문의 "빼랍"은 "서랍"의 방언.
5 해만(海灣): 바다와 만을 아울러 이르는 말. 바다가 육지 속으로 파고들어와 있는 곳.
6 원문의 "시악씨"는 "처녀" 혹은 "아내"의 방언 (『조선말 대사전』). 이 둘의 의미를 동시에 포함하는 단어는 "새악시": "새색시"의 방언 (경상); "처녀"의 방언(충남); "신부"의 방언(함북) (『우리말샘』).
7 갈다: 잘게 부수기 위하여 단단한 물건에 대고 문지르거나 단단한 물건 사이

에 넣어 으깨다. "깎다"를 이르는 말. 『바다와 나비』에 표기된 "버이다"는 "베이다"를 예스럽게 이르는 말.

8 원문의 "퍽으나"는 "퍽"(보통 정도를 훨씬 넘게)의 비규범 표기.

9 보료: 솜 따위로 속을 넣고 만들어서, 앉는 자리에 늘 깔아 두는 두툼한 요.

10 원문의 "하다도"는 당대의 잡지 『별건곤』 및 『삼천리』에서 "하다가"의 의미로 사용.

11 원문의 "온아츰"은 당대 신문에서 "오늘 아침" 혹은 "온 아침"이라는 두 가지 의미로 사용됨. 여기서는 문맥상 "오늘"이라는 의미로 사용된 듯함.

氣象圖 (終篇) / 기상도 (종편) • 388

五, 올배미의노래 / 5. 올빼미의 노래 • 388

1 원문의 "電信柱(전신주)"는 1936년 판(19)과 1948년 판(48)에서 "電線柱(전선주)"로 표기.

2 원문의 "모래불"은 1948년 판에서 "모래벌"로 표기 (48).

3 원문의 "늘"은 1936년 판(19)과 1948년 판(49)에서 "들"로 표기.

4 원문의 3연과 4연은 1936년 판(19-20)과 1948년 판(49)에서 하나의 연으로 통합. 문맥상 하나의 연으로 통합하는 것이 타당하여, 오른쪽 면의 옮긴 글에서는 하나의 연으로 처리.

5 원문의 5연과 6연은 1936년 판(20)과 1948년 판(49-50)에서 하나의 연으로 통합.

6 원문의 7연과 다음 8연 사이에 1936년 판(21)과 1948년 판(51-52)에서는 11연("너는 埃及에서"~ "天使의家族이냐?")이 삽입.

7 원문의 "엇재서 별보다 이빛지못하냐?"는 1936년 판(21)과 1948년 판(53)에서 "어쩐지 별보다 이뿌지못하고나"로 표기.

8 원문의 9연은 1936년 판(22)과 1948년 판(53-54)에서 10연("모통이에"~ "눈물이없다")과 하나의 연으로 통합.

9 원문의 "부른뜬"은 1936년 판(22)과 1948년 판(54)에서 "부릅뜬"으로 표기.

10 원문의 "일"은 1936년 판(22)과 1948년 판(54)에서 "일이"로 표기.

11 원문의 13연과 14연은 1936년 판(22-23)과 1948년 판(55)에서 하나의 연으로 통합.

12 원문의 "아름소리"는 1936년 판(23)에서 "아름다운소리"로, 1948년 판(55)에서 "아름다운 알음소리"로 표기.

13 원문의 이 연은 1936년 판(23)과 1948년 판(55-56)에서 1-3행, 4행, 5-7행으로 각각 분리.

14 원문과 1936년 판(23)의 "작구만"은 1948년 판(56)에서 "자꾸만"으로 표기.

15 원문의 "힌"은 1936년 판(23)에서 "힌"으로(23), 1948년 판(55)에서 "헌"(56)으로 표기.

16 원문의 "모래불"은 "모래부리"의 방언. 모래부리: 모래가 해안을 따라 운반되다가 바다 쪽으로 계속 밀려 나가 쌓여 형성되는 해안 퇴적 지형. 바닷가나 강가에 모래가 널리 깔려 모래판을 이루고 있는 곳(모래톱, 모래부리) (『조선말대사전』).

17 원문의 "지꾸다"은 "어지르다"(함북) 혹은 "적시다"(함남)의 방언.

18 번지다: 책장 따위를 한 장씩 넘기다.

19 느끼다: 서러움에 북받쳐 울다.

20) 애급(埃及): "이집트"의 음역어.

21 가이우스 율리우스 카이사르(Gaius Iulius Caesar, 기원전 100-기원전 44): 고대 로마의 정치가, 장군, 작가. 카이사르의 이집트 원정 (기원전 48-47).

22 원문에서의 "알음"은 "앓음"이라는 의미. 김기림은 이 시의 발표 시기와 비슷한 1935년 11월 29일 자 「現代(현대) 批評(비평)의 『딜렘마』: 批評(비평)·鑑賞(감상)·製作(제작)의 限界(한계)에 對(대)하야 (1)」에서 "아름소리"를 "앓음 소리"라는 의미로 사용. 기존의 전집 및 선집에서 사용된 표현은 1936년 판(23)의 "아름다운 소리" 혹은 1948년 판(55)의 "아름다운 알음소리."

23 라빈드라나트 타고르(Rabindranath Tagore, 1861-1941): 인도의 시인 겸 철학자. 김기림에게 타고르는 과학적 세계인식을 가로막는 낭만적 감상주의 시를 쓴 시인. 「午前(오전)의 詩論(시론) 第一篇 (제1 편) 基礎論(기초론) 五(5): 東洋人(동양인)」『조선일보』(1935.04.25): "大體(대체)로 東洋人(동양인)은 事物(사물)을 全體的(전체적)으로 統率(통솔)하는 知性(지성)이 缺如(결여)한 것이 通弊(통폐)다. 西洋人(서양인)의 『피아노』는 『키-』가 數百個(수백개)나 되는데 東洋人(동양인)의 피리는 구멍이 다섯 개박게 아니 된다. 『타고아』가 그만한 成功(성공)을 한 것은 俄然(아연)하게도 그는 偉大(위대)한 憂鬱 (우울)의 時代(시대)를 타고난 까닭인가 한다." 「科學(과학)과 批評(비평)과 詩(시) ❹ 現代詩(현대시)의 失望(실망)과 希望(희망)」『조선일보』(1937.02.25): "科學(과학)과 새 産業機構(산업기구)의 主人(주인)으로서 市民層(시민층)이 멋대로 자라날 때에 十九世紀(19세기)의 詩(시)는 슬픈 敗北者(패배자)의 노래엿다. 宮廷(궁정)과 莊園(장원)과 지나간 날의 神話(신화)에 대한 달큼한 回顧(회고)와 鄕愁(향수)에서 언제고 깨려고 하지 안엇다. 그것은 알지 못하는 異國(이국)에 대한 憧憬(동경)으로도 나타나서 世紀末(세기말)에는 東洋(동양)에 대한 꿈을 불타게 햇다. '타골'이 登場(등장)한 것도 그러한 雰圍氣(분위기) 속이엿다.

'기탄자리'와 '오마카이암'의 詩(시)[『루바얏드』]가 英國(영국)의 世紀末(세기말) 詩人(시인)들과 끄러안고 우는 동안 印度(인도)와 近東(근동)에는 英國(영국)의 支配(지배)가 날로 구더갓다."

금붕어 / 금붕어 • 396

1 원문의 "떡가루를 뿌려주는"은 『바다와 나비』에서 "뿌려주는"이 삭제된 채로 표기 (63). 이 시가 재수록된 『현대조선문학전집: 시가집』(제2 회 배본, 1938.04.01)에서는 이 구절이 원문과 동일하게 "떡가루를 뿌려주는"으로 표기 (206).

2 원문의 "幸福(행복)"은 『바다와 나비』(63) 및 『현대조선문학전집: 시가집』(206)에서 "향복(享福)"으로 표기. 1920-40년대 일간신문에서 이 두 단어가 동일하게 사용되기도 함.

3 원문의 "沃度(옥도)빛의 海草(해초)에 森林(삼림)속을"은 『바다와 나비』(64 및 『현대조선문학전집: 시가집』(20)에서 "沃度(옥도)빛 海草(해초)의 산림속을"로 표기.

4 원문의 마지막 두 연은 『바다와 나비』에서 하나의 연으로 통합 (65).

5 원문의 "꽃잎파리"는 "꽃이파리" ("꽃잎"의 방언).

6 지나해(支那海): 중국해.

7 원문의 "매개"는 여러 사전에서 대체로 "매개(每個): 한 개 한 개. 또는 낱낱," "매개(媒介): 둘 사이에서 양편의 관계를 맺어 줌," 혹은 "매개: '메기'의 방언 (전남)" 등으로 규정되어 있지만, 이 시의 문맥에서 단어를 특정하기 어려움. 문맥상 추정해 볼 수 있는 다른 단어는 "멕이: '먹이'의 방언 (강원)," "메기: '미역'의 방언 (함경)," 혹은 "멕: '미역'의 방언 (평안, 함경, 중국 길림성, 중국 흑룡강성)."

8 옥도(沃度): 요오드(iodine, 아이오딘). 광택이 있는 어두운 갈색 결정으로 승화하기 쉬우며, 기체는 자주색.

車輪은듯는다 / 차륜은 듣는다 • 398

1 원문의 1행 "이읏고"는 1936년 판(24)과 1948년 판(58)에서 2행으로 바뀌고, "허나"가 1행으로 추가. 김기림이 「올배미의노래」(「올배미의주문」)를 『기상도』의 "종편"으로 생각했으나, 추후 1936년 판에서 「차륜은듯는다」(「쇠바퀴의노래」)를 최종적인 종편으로 변경하며 「올배미의노래」와 잇기 위해 "허나"를 추가한 듯.

2 원문의 "지밟고간"은 1936년 판(24)과 1948년 판(58)에서 "짓밟고간"으로 표기.

3 원문의 "우리의來日(내일)은 四輪馬車(사륜마차)를타고"는 1936년 판(24)과 1948년 판(59)에서 "우리도 四輪馬車(사륜마차)에 來日(내일)을실고(36년 판)/싣고(48년 판)"로 표기.

4 원문의 "유랑"은 1936년 판(24)과 1948년 판(59)에서 "유량"으로 표기.

5 원문의 1-3연은 1936년 판(24-25)과 1948년 판(58-59)에서 하나의 연으로 통합.

6 원문의 "맑을게다"는 1936년 판(25)과 1948년 판(60)에서 "더맑은샛별"로 표기.

7 원문의 "여호"는 "여우"의 방언. 원문의 "여호"는 1936년 판(25)에서 "여호"로, 1948년 판(60)에서 "여우"로 표기.

8 원문의 4-5연은 1936년 판(25)과 1948년 판(59-60)에서 하나의 연으로 통합.

9 원문의 6-8연은 1936년 판(25-26)과 1948년 판(60-61)에서 하나의 연으로 통합.

10 원문의 10연과 11연 사이에 1936년 판(27)과 1948년 판(63)에서는 "(暴風警報解除(폭풍경보해제))" 추가.

11 원문의 "雨器(우기)"는 1936년 판(27)에서 "雨器(우기)"로, 1948년 판(64)에서 "雨備(우비)"로 표기.

12 차륜(車輪): 차바퀴 (차의 바퀴).

13 원문의 "듯다"는 "듣다"로서 "기계, 장치 따위가 정상적으로 움직이다"라는 의미.

14 유량(嚠喨)하다: 음악 소리가 맑으며 또렷하다.

15 데모스테네스(Demosthenes, 기원전 384-기원전 322): 고대 그리스 아테네의 저명한 정치가이자 웅변가.

16 사르다: 불에 태워 없애다.

17 기폭(旗幅): 깃대에 달린 천이나 종이로 된 부분.

18 추근하다: 물기가 조금 있어 축축하다.

戀愛와彈石機 / 연애와 탄석기 • 404

(1.) 戀愛와彈石機 / 1. 연애와 탄석기 • 404

1 탄석(彈石, 弾石(はじきいし)): 고대 무기의 일종. 성벽이나 산벼랑 위에서 돌을 지탱하는 나무에 밧줄로 돌을 묶어 던져 적을 살상하는 장치. 또한 동일한 단어의 다른 의미로는 彈石[脈](탄석[맥]): 거친 자갈을 서로 비비듯이 맥이 거칠게 뛰다가 한 번씩 끊어지는 맥상, 맥이 힘줄과 살 사이에 뛰면서 딱딱하게 손끝에 마주치고 촉급하여 굳은 것.

2 빅토리아 (시대): 영국 빅토리아 여왕 (재임 기간, 1837-1901).

(2.) 어떤戀愛 / 2. 어떤 연애 • 406

1 원문의 "비앗다"는 "뱉다"의 방언 (평안).

(3.) 祝電 / 3. 축전 • 408

1 꽃자동차: 꽃이나 여러 가지 장식으로 꾸민 자동차. 주로 기념행사나 경축 행사 때에 쓴다.

2 최경례(最敬禮): 가장 존경하는 뜻으로 정중히 하는 경례.

秒針 / 초침 • 410

1 이 시는 수필 「秒針(초침)」(『조선일보』 1936.02.28. 석간. 5면)의 말미에 수록된 것으로, 그 제목이 따로 주어지지 않아 수필의 제목을 그대로 사용.

關北紀行斷章 ❶ / 관북기행 단장 ❶ • 412

1 관북(關北): 마천령의 북쪽 지방. 함경북도 일대를 이르는 말.

2 단장(斷章): 한 체계로 묶지 아니하고 몇 줄씩 토막을 지어 적은 글.

2 機關車 / 2. 기관차 • 414

1 원문의 "이처럼도"는 대개 1936년 신문에서 "이같이도," "이렇게도," 혹은 "이다지도"를 의미. (예) "이처럼도 無氣力(무기력)한 것은" 혹은 "一生(일생)이 이처럼도 悲慘(비참)하다는 것은."

3 山驛 / 3. 산역 • 416

1 산역(山驛): 함경북도 무산군 무산읍에 위치한 무산역(茂山驛, 무산선과 백무선의 철도역), 혹은 함경북도 부령군에 위치한 고무산역(古茂山驛, 함북선의 철도역). 무산선: 고무산역과 무산역을 연결하는 철도노선으로, 1929년에 개통되었으며 무산지역에서 채굴된 노천 철광석을 청진 지역의 제철소까지 수송하기 위하여 건설. 무산에서 백무선과 연결. 백무선: 조선총독부가 1932년 11월 착공하여 1934년 9월 백암에서 산양대까지 33.8㎞가 운행되었고, 1935년 9월 연암까지 22.1㎞, 1936년 10월 유평까지 44.6㎞가 개통. 1944년 12월 연수에서 무산까지 개통됨으로 백암~무산 전 구간이 완공되 었으며, 두만강 유역 원시림의 목재 운반을 목적으로 건설되었으며 무산의 철광석 수송도 담당.

2 무산선에는 "무산"으로 끝나는 곳은 세 곳 (무산, 고무산, 폐무산). "두무산(杜茂山)"이 있기는 하지만, 이는 평안남도 평성시 두무동 남쪽에 있는 산이라 제외.

3 드덕: 등걸, 나뭇등걸 (나무를 베어 내고 남은 밑동). 등걸불: 나뭇등걸을 태우는 불 (『조선말 대사전』).

4 원문의 "아즈머님"은 당시 신문에서 "아즈머니"(형수)의 높임말 혹은 "아주머님"("아주머니"의 높임 말)으로 사용. 대체로 후자의 의미로 사용.

關北紀行斷章 ❷ / 관북기행 단장 ❷ • 418

[4], 마을(가) / 4. 마을 (가) • 418

1 원문 "마을(가)"의 일련번호가 "3"으로 잘못 표기 되어 있어 "4"로 수정. 이후 "마을(나)"는 "5"로, "마을(다)"는 "6"으로 수정. 그 이후는 바르게 표기되어 있음.

2 원문의 "오지못할아들이"는 〈네이버뉴스라이브러리〉를 포함한 『조선일보』의 모든 아카이브 pdf 자료에서 보이지 않음. 수필집 『바다와 육체』에 다시 수록된 시와 『조선일보: 학예면 초』의 문예면 모음집에 수록된 시에서는 해당 구절이 나타남.

3 관북(關北): 마천령의 북쪽 지방. 함경북도 일대를 이르는 말.

4 단장(斷章): 한 체계로 묶지 아니하고 몇 줄씩 토막을 지어 적은 글.

5 번연히: "번히"(어떤 일의 결과나 상태 따위가 훤하게 들여다보이듯이 분명하게)의 본말.

6 뜨락: 집 안의 앞뒤나 좌우로 가까이 딸려 있는 빈터.

[5], 마을(나) / 5. 마을 (나) • 420

1 원문 "마을(나)"의 일련번호가 "4"로 잘못 표기 되어 있어 "5"로 수정.

2 원문의 이 행은 『바다와 육체』에서 "끝내 저녁을 먹으라는 어머니의 소리가 들리지않기에"로 표기 (165).

3 축구공(풋볼 football)이 없어 소나 돼지의 오줌보(방광)를 공으로 만들어 사용.

[6], 마을(다) / 6. 마을 (다) • 422

1 원문 "마을(다)"의 일련번호가 "5"로 잘못 표기 되어 있어 "6"으로 수정.

2 간도(間島): 중국 길림성(吉林省)의 동남부 지역. 두만강 유역의 동간도와 압록강 유역의 서간도를 통틀어 이름. 1935년 당시 신문에는 간도 일본 총영사관의 조사 결과를 통해 보도된 간도 이주 조선인의 증가, 1934년 간도 대흉작으로 인한 1935년이 농촌 불경기, 당대 간도로의 이주와 관련된 10만의 빈

궁한 사람들의 기근 지옥과 화전민의 이산, 간도 공산당 사건의 재판 등의 사건들이 빈번히 기사화.

3 우체(郵遞)군: "우편집배원"의 전 용어.

關北紀行斷章 ❸ / 관북기행 단장 ❸ • 424

7 故鄕 (가) / 7. 고향 (가) • 424

1 관북(關北): 마천령의 북쪽 지방. 함경북도 일대를 이르는 말.

2 단장(斷章): 한 체계로 묶지 아니하고 몇 줄씩 토막을 지어 적은 글.

3 김기림의 고향은 함경북도 학성군 학중면 임명동 276번지.

8 故鄕 (나) / 8. 고향 (나) • 426

1 이 시는 전체 연작시가 다시 수록된 『바다와 육체』에서 제외.

2 사노 마나부(佐野學(좌야학) さのまなぶ, 1892-1953): 동경제대 출신의 당대 대표적 지식인으로서 1920년대 일본공산당 활동을 하였고, 일본 공산당 위원장으로 코민테른에서 「12월 테제」의 조선 문제 입안자로 아시아 사회주의자로부터 존경을 받던 인물. 1933년 당시 일본 공산당 위원장 사노 마나부와 중앙위원회 위원 나베야마 사다치카(鍋山貞親)는 전향선언서를 통해 자신들의 공산주의 신념을 부정. 당시 사노 마나부의 전향선언서는 「佐野(좌야), 鍋山(과산) 兩人(양인) 日本主義(일본주의)로 轉換說(전환설): 聲明書(성명서) 內容(내용)」『조선일보』(1933.06.11. 석간 1면)에 게재. "一(1), 第一(제일) 吾(오) 等(등)은 現在(현재)의 共産黨(공산당)이 漸次(점차) 勞動階級(노동계급)의 黨(당)이 아니고 眞正(진정)한 勞動者(노동자)의 關心(관심)이 鬪爭(투쟁) 以外(이외)에 잇게된 것, 第二(제이)로 『콤민탄』이 諸(제) 國(국)의 勞動階級(노동계급)의 生活(생활) 及(급) 論爭(논쟁)으로부터 써나 國際主義(국제주의)가 破綻(파탄)하고 잇는 것, 第三(제삼)으로 接近(접근)한 戰爭(전쟁) 情勢(정세)에 對(대)하야 『콤민탄』이 日本黨(일본당)에 關(관)한 對戰(대전) 政策(정책)의 日本(일본) 民族(민족) 及(급) 그 勞動者(노동자)에 有害(유해)한 것 등 三個(3개) 主要(주요) 理由(이유)로 『콤민탄』과의 分離(분리)[를] 主張(주장)함. 二(2), 地上(지상) 生活(생활)의 鬪爭(투쟁)으로부터 떠나 急進(급진) 쁠조아의 機關(기관)으로 化(화)하고 잇다 이것은 『콤민탄』의 指導(지도)의 誤謬(오류)만이 안이라 『콤민탄』에 所屬(소속)하게 된 所以(소이)다. 三(3), 『콤민탄』은 初期(초기)의 活氣(활기)를 喪失(상실)하고 中央集權的(중앙집권적) 官僚主義(관료주의)에 浸蝕(침식)되여 國際主義(국제주의)는 機械化(기계화)하고 잇다 『콤민탄』은 內部的(내부적) 矛盾(모순)으로부터 새롭은 世界(세계) 戰爭(전쟁)과 가티 瓦

壞(와괴)될 必然性(필연성)이 잇다 吾(오) 等(등)은 此(차)를 支持(지지)하는 것은 日本(일본) 勞動階級(노동계급)에 對(대)하야 忠實(충실)한 所以(소이)가 아니라고 確信(확신)하게 되엿다. 四(4), 戰爭(전쟁)에 對(대)하여는 日本(일본)의 中國(중국) 軍閥(군벌)에 對(대)한 戰爭(전쟁)은 進步的(진보적)인 戰爭(전쟁)과 內部(내부) 改革(개혁)은 必然(필연)으로 結合(결합)하는 生産(생산) 機構(기구)의 勞動者(노동자) 官吏(관리) 及(급) 人民(인민) 武裝(무장)의 基礎(기초)에 잇서서 戰爭(전쟁)에 積極的(적극적)으로 參加(참가)할 것이오 戰爭(전쟁)에는 期必(기필)코 勝利(승리)하지 안으면 안될 것을 主張(주장)하나 그리고 新(신) 世界(세계) 戰爭(전쟁)의 主要(주요) 內容(내용)은 世界(세계) 資本主義(자본주의)와 亞細亞(아세아) 諸(제) 民族(민족)과의 鬪爭(투쟁)임으로 日本(일본) 勞動者(노동자)는 亞細亞(아세아)의 勤勞者(근로자) 人民(인민)의 戰鬪(전투)에 설 任務(임무)가 잇다. 五(5), 吾(오) 等(등)은 抽象的(추상적) 國際主義(국제주의)에 依據(의거)하지 안코 日本(일본)을 中心(중심)으로 한 一國的(일국적) 社會主義(사회주의)를 實現(실현)할 샛이다 日本(일본) 民族(민족)은 그 優秀(우수)한 資性(자성)에 依(의)하야 卓越(탁월)한 社會主義(사회주의)를 實現(실현)할 能力(능력)이 잇다는 것을 確信(확신)함. 六(6), 日本(일본)의 君主制(군주제)를 露西亞(노서아)의 『차아리즘』 同視(동시)하는 反(반)君主(군주) 鬪爭(투쟁)은 誤謬(오류)[라] 認定(인정)함 日本(일본)[과] 君主制(군주제)는 民族的(민족적) 統一性(통일성)을 表現(표현)하고 잇다 吾(오) 等(등)은 大衆(대중)이 君主制(군주제)에 가지고 잇는 自然的(자연적) 感情(감정)을 잇는 그대로 把握(파악)할 必要(필요)가 잇다. 七(7), 『콤민탄』의 植民地(식민지) 國家(국가) 分離(분리) 政策(정책)은 誤謬(오류)다 吾(오) 等(등)은 植民地(식민지)에 對(대)한 資本主義的(자본주의적) 搾取(착취)를 日本(일본) 民族(민족)에 對(대)한 汚辱(오욕)으로 排擊(배격)하는 同時(동시)에 日(일)滿(만)臺(대)鮮(선) 勤勞(근로) 民衆(민중)이 結合(결합)한 巨大(거대)한 社會主義(사회주의) 國家(국가)의 成立(성립)을 爲(위)하야 努力(노력)함. 八(8), 右翼(우익) 勤勞(근로)勞動者(노동자) 運動(운동)의 一切(일절) 分野(분야)는 『콤민탄』의 影響(영향)으로부터 組織的(조직적)으로 分離(분리)하야 그 內部(내부)의 小(소)『쁠조아』 要素(요소)를 整理(정리)하고 日本(일본)을 中心(중심)으로 한 一國的(일국적) 社會主義(사회주의) 建設(건설)을 目標(목표)로 再編成(재편성)할 것이다. 日本(일본)共産黨(공산당)은 그 非(비)民族的(민족적) 綱領(강령)을 放棄(방기)하고 『콤민탄』과 決然(결연) 分離(분리)하야 日(일)滿(만)臺(대)朝(조)의 『푸로레타리아』 前衛(전위)의 結合(결합)하는 것이 되여야 한다. 吾(오) 等(등)은 새롭은 所信(소신)을 勞動階級(노동계급)에 特(특)히 現在(현재)의 黨(당) 同志(동지) 及(급) 全協(전협) 同志

(동지)에 呼訴(호소)함. 昭和(쇼와, 소화)八年(8년) 六月(6월) 九日(9일) 市(시)谷(곡)刑務所(형무소)에서. 佐野學(사노 마나부, 좌야학) 鍋山貞親(나베야마 사다치카, 과산정친).”

9 故鄕 (다) / 9. 고향 (다) • 428

1 루바슈카(Rubashka): 러시아의 민족의상으로, 남자가 입는 블라우스 풍의 상의. 깃을 세우고, 왼쪽 앞가슴에서 단추를 여며 허리를 끈으로 맴. 당대의 다른 표기는 “루바시카.” 루바슈카는 러시아 진보적 지식층의 혁명적인 의식과 연관. 당대 소설가 이무영(李無影, 1908-1960)이 지식인의 방황 및 무정부적 저항 의식을 그린 작품 「루바슈카」 『신동아』 2월호(1933.02). 작품의 내용, 형식 및 작가의 세계관에 대한 당대 여러 비평가들의 비판에 대한 이무영의 반론에서 사용된 “루바슈카”의 의미: “筆者(필자) 自身(자신)의 作品(작품)인 『루바슈카』에 나오는 『運動者(운동자)』 『同志(동지)』 等(등)의 人物(인물)을 作家(작가)가 取扱(취급)한 것은 루바슈카를 입는 것만으로 運動者(운동자)가 됏다고 自信(자신)할만큼 無識(무식)한 人間(인간)과의 對照(대조)에서 된 것이엇건만 『최』라는 그 人物(인물)을 運動[者](운동자)로 取扱(취급)할 것 갓티 말한 것을 본 記憶(기억)이 잇는 等(등) 金基鎭(김기진) 氏(씨)의評的(평적) 態度(태도)는 穩健(온건)하고 眞實(진실)하면서도 보다 더 作家(작가)를 조흔 傾向(경향)에로 誘導(유도)하는 努力(노력)이 缺如(결여)된 듯한 感(감)이 없지 않어 잇섯다.” 「文藝批評家論(문예 비평가론): 作家(작가)로서 評論(평론)을 評論(평론) 【九(9)】 批評的(비평적)인 너무 批評的(비평적) (完(완))」 『조선일보』 1934.02.09. 조간, 특간 2면).

關北紀行斷章 ❹ / 관북기행 단장 ❹ • 430

1 관북(關北): 마천령의 북쪽 지방. 함경북도 일대를 이르는 말.

2 단장(斷章): 한 체계로 묶지 아니하고 몇 줄씩 토막을 지어 적은 글.

11, 國境 / 11. 국경 • 432

1 단포(短砲): “단총”(短銃, 짤막한 총)의 방언.

2 아기네. 아기: 나이가 많지 않은 딸이나 며느리를 정답게 이르는 말. -네: 그 사람이 속한 가족 따위의 무리.

3 당대의 신문에 사용된 “이만쯤”은 “이만큼” 혹은 “이만한 정도”라는 의미. 여기서는 2행의 “단포쯤”에 맞추어 원문의 표기 “이만쯤”을 그대로 표기.

4 원문의 “눈포래”는 “눈보라”의 방언.

5 황마차(幌馬車): 비바람, 먼지, 햇볕 따위를 막기 위하여 포장을 둘러친 마차.

關北紀行斷章 ❺ / 관북기행 단장 ❺ • 434

1 관북(關北): 마천령의 북쪽 지방. 함경북도 일대를 이르는 말.

2 단장(斷章): 한 체계로 묶지 아니하고 몇 줄씩 토막을 지어 적은 글.

13, 國境(나) / 13. 국경 (나) • 436

1 화교(華僑): 외국에 사는 중국인.

15, 밤중 / 15. 밤중 • 440

1 산(山)발: 큰 산에서 길게 뻗어나간 산의 줄기.

16, 東海의아츰 / 16. 동해의 아침 • 442

1 간물: "바닷물"의 방언.

2 원문의 "눈포래"는 "눈보라"의 방언. 1행의 "눈보래"의 규범 표기는 "눈보라."

關北紀行斷章 ❻ / 관북기행 단장 ❻ • 444

[17], 肉親(가) / 17. 육친 (가) • 444

1 원문 "肉親(육친)(가)"의 일련번호가 "18"로 잘못 표기 되어 있어 "17"로 수정.

2 관북(關北): 마천령의 북쪽 지방. 함경북도 일대를 이르는 말.

3 단장(斷章): 한 체계로 묶지 아니하고 몇 줄씩 토막을 지어 적은 글.

[18], 肉親(나) / 18. 육친 (나) • 446

1 원문 "肉親(육친)(나)"의 일련번호가 "19"로 잘못 표기 되어 있어 "18"로 수정.

2 원문의 "고조"는 『바다와 육체』에서 "고드레미"로 표기 (171).

3 원문의 "고조'는 "고조름"("고드름"의 방언)으로 추정. 『바다와 육체』에서 수정된 "고드레미"도 "고드름"의 방언 (전라).

[19], 出程 / 19. 출정 • 448

1 원문 "出程(출정)"의 일련번호가 "20"으로 잘못 표기 되어 있어 "19"로 수정. 『바다와 육체』에서는 제목이 "떠남"으로 표기 (172).

除夜 / 제야 • 450

1 제야(除夜): 섣달그믐날 밤.

2 중절모(中折帽): 꼭대기의 가운데를 눌러쓰는, 챙이 둥글게 달린 신사용의 모자. 산고모(山高帽): 꼭대기가 둥글고 높은 서양 모자. 예장용은 검은색, 승마용 · 산책용은 회색 또는 밤색이 보통. 베레 (béret): 챙이 없고 둥글납작하게 생긴 모자. 털실로 짜거나 천으로 만든다. ("『하이힐』에 『베레』를 기우려 쓴 당당한 『모던껄』" 「퍼저 가는 京城(경성) 이모저모 大京城都市計畫檢討(대 경성 도시계획 검토) ①」 『조선일보(1936.01.15. 조간 3면)』. 조바위: 추울 때에 여자가 머리에 쓰는 방한모로, 모양은 아얌과 비슷하나 볼끼가 커서 귀와 뺨을 덮음. 사각모(四角帽): 윗면이 네모난 모자. 예전에는 대학생이나 전문학교 학생들이 쓰고 다녔는데, 이후 주로 대학이나 대학원 졸업식 때에 졸업생들이 가운에 갖추어 씀. 샤포(chapeau): 프랑스식 모자로 챙이 달려 있으며, 주로 나사(羅紗)로 만듦.

3 군축회담(軍縮會談, Conference for the Reduction and Limitation of Armaments, Geneva Conference, 혹은 World Disarmament Conference): 1932년 2월 스위스 제네바에서 국제연맹 주제로 시작된 군축회의로 제1 차 세계대전 후 또 다른 전쟁을 막고자 하는 회의. 1931년 12월 4일자 『조선일보』로부터 이 시의 마지막 연에 나오는 영국의 해상 군축 대표이자 제1 위원회 의장인 몬셀 (Monsell)이 언급되는 1932년과 1934-1936년의 『조선일보』 및 『동아일보』에 이르는, 수많은 군축회의 관련 기사들이 신문의 1면을 장식. 특히 1936년 1월에는 제1 위원회에서 일본과의 갈등 문제를 다루는 기사가 빈번히 등장.

4 특대생(特待生): 학업과 품행이 우수하여 수업료 면제 따위의 특전을 받는 학생.

5 영화(榮華): 몸이 귀하게 되어 이름이 세상에 빛남.

6 당대의 일간 신문에서는 원문의 "外奪(외탈)"과 "外套(외투)"가 함께 사용됨. 「離別(이별)」의 경우, 『신동아』 원문의 "外奪(외탈)"(166)은 『태양의 풍속』에서 "外套(외투)"(57)로 수정되어 표기.

7 원문의 "데파트"(일본어, デパート)는 백화점 (Department Store).

8 유전(遺傳): 물려받은 유산.

9 뇌옥(牢獄): 죄인을 가두어 두는 감옥.

10 원문 "찌꺽지"의 규범 표기는 "찌꺼기."

11 배워주다: 가르쳐서 알게 해 주다.

12 원문의 "배호다"의 규범 표기는 "배우다."

13 원문의 "몸뚱아리"는 "몸뚱이"의 방언.

14 바티칸(Vatican): 이탈리아의 로마 시내에 위치하고 있으며, 로마 교황청이 있는 곳.

15 볼튼 메러디스 에이리스-몬셀(Bolton Meredith Eyres-Monsell, 1881-1969): 영국의 보수당 정치가로, 당대 군축회담에 참가한 해군 군축 관련 영국 대표. 특히 1936년에는 군축회의의 결렬 상황에 관한 기사가 자주 등장함. 「日英(영일)의 對立(대립) 激甚(격심), 軍縮會議(군축회의) 決裂(결렬) 狀態(상태), 日米(일미)의 對立(대립)까지 보지 안코도 會議(회의)의 前途(전도)는 極悲觀(극 비관)」(『동아일보』 1926.01.08. 조간 1면). 「日本(일본)의 脫退(탈퇴)와 軍縮會議(군축회의)의 前途(전도)—英米(영미)共同動作(공동 동작)에도 難關(난관) 頗多(파다)」(『조선일보』 1936.01.26. 조간 1면).

16 「봄 사치는 구두에—신발이 데데하면 사람꼴도 사납다 "새 구두 해 신으시려거든 먼저 이걸 아십시요"」『조선일보』(1936.02.28. 석간 5면) 참조. 구두에 대한 설명 중 "가죽으로 본 종류"에서 "키또구두(깃도) 양의 가죽으로 맨든 것, 복스구두 쇠가죽으로 맨든 것, 캥가루구두 강가루 껍질로 맨든 것." 보쿠수 카-후(ボックス・カーフ, box calf, 줄여서 ボックス): 무두질한 송아지 가죽, 그것으로 만든 구두. 깃도(キッド, kid): 무두질한 새끼 양의 가죽. 코[르]도반(Cordovan): 캥거루 혹은 말의 가죽으로 만든 구두.

파랑港口 / 파랑 항구 • 454

1 원문의 "家財며"는 『바다와 나비』에서 "가장"으로 표기 (44).

2 해관(海關): 항구에 설치한 관문. 개항장에 설치했던 세관.

3 미하일 보로딘 (Mikhail Borodin, 1884-1951): 볼셰비키 혁명가이며 코민테른 요원. 1903년 볼셰비키 당원이 되었고 1907년 체포되어 미국으로 추방. 10월 혁명 이후 1918년 조국 러시아로 돌아왔고 국제관계 부서에서 일함. 1919년부터 21년간 그는 코민테른의 특파원으로 영국, 미국, 멕시코에서 활동. 1923년과 1927년, 보로딘은 코민테른과 소비에트 연방을 대표하는 대표자로 중화민국에 파견. 그는 당시 쑨원(孫文(손문))의 촉망을 받는 조언자로, 그의 제안에 따라 국민당은 공산주의자에게도 문호를 개방. 1925년 쑨원 사망 후에도 그는 계속 국민당의 고문으로 재직했으나 1927년 4.12 사건과 장제스(蔣介石(장개석))의 공산당 탄압으로 숙청이 노골화되자 소련으로 돌아감. 중국 공산당의 두 거두 마오쩌둥(毛澤東, 모택동)과 주더(朱德, 주덕)에 관한 「中國(중국)의 巨人群像(거인 군상)—그들의 印象(인상) 及(급) 其他(기타)」『동아일보』(1935.01.06)와 「北中赤化(북중 적화) 總指揮(총지휘)는 보로딘 氏(씨)」『조선일보』(1936.02.06)에서 보로딘에 대한 언급 참조.

追憶 / 추억 • 456

1 원문의 “가려운”은 『바다와 나비』에서 “가벼운”으로 표기 (56).
2 원문의 “밖히고”는 『바다와 나비』에서 “박히고”로 표기 (56).
3 원문의 “여름”은 『바다와 나비』에서 “어름”으로 표기 (57).
4 원문의 1-2연은 『바다와 나비』에서 1연으로 수정 (56).
5 팔매: 작고 단단한 돌 따위를 손에 쥐고 팔을 흔들어 멀리 던지는 짓.
6 단애(斷崖): 깎아 세운 듯한 낭떠러지.

『아프리카』狂想曲 / 아프리카 광상곡 • 458

1 원문의 “썩은”은 『바다와 나비』에서 “쎾은”으로 표기 (58).
2 원문의 “타-나”는 『바다와 나비』에서 “차-나”로 표기 (60).
3 광상곡(狂想曲, capriccio, caprice): 일정한 형식에 구속되지 아니하고 자유로운 요소가 강한 기악곡.
4 독와사(毒瓦斯): 독가스. 제1 차 세계대전 중 독일군과 연합군이 벨기에 이퍼르/이프르(네델란드어 Ieper/프랑스어 Ypres)에서의 전투에서 독일군이 연합군을 향해 최초로 사용. 1935-1936년 이탈리아군이 에티오피아군을 향해 독가스를 대대적으로 사용하며 진격. 「毒瓦斯彈(독와사탄) 伊(이) 空軍 (공군) 使用(사용)?」『동아일보』(1936.01.06. 1면), 「毒瓦斯彈(독와사탄)으로 伊(이), 마칼레 空襲(공습)」『조선일보』(1936.01.07. 1면). 「非人道的(비인도적) 戰爭(전쟁)의 即時(즉시) 停止(정지)를 要請 (요청)」『조선일보』(1936.04.11. 석간 1면). 특히 에티오피아 대리공사가 이탈리아의 독가스 공격 정지에 대한 일본 정부의 조처를 간청한 것과 관련된 기사도 있음. 「伊(이) 毒瓦斯(독와사) 使用(사용)에 日本(일본)의 善處(선처) 懇請(간청)」『조선일보』(1936.03.24. 조간 1면).
5 원문의 “썩다”와 달리 『바다와 나비』에 수정된 “쎾다”는 사전적 의미로 “섞다”의 방언 (경상, 중국 흑룡강성).
6 성도(聖都): 성스러운 도시. 무솔리니의 이탈리아가 에티오피아(Ethiopia) 제국을 침공하여 발발한 제2 차 이탈리아-에티오피아 전쟁(1935.10.03-1936.05.05) 중 1936년 5월 초 수도인 아디스아바바(Addis Ababa) 점령, 이틀 후에 합병. 에티오피아는 라이베리아와 함께 1884년 유럽 열강들의 베를린 회담에서 살아남은 아프리카의 몇 안 되는 독립 국가들 중 하나. 1895년 이탈리아가 에티오피아를 정복하기 위해 제1 차 이탈리아-에티오피아 전쟁을 일으켰으나 1896년 아두와 전투에서 참패. 무솔리니는 국가주의 확장 정책을 펼치기 위한 구실을 찾던 중 1934년 12월 에티오피아와 이탈리아령 소말릴란드의 접경지대에서 충돌이 일어나자 이를 빌미로 삼아 에티오피아를 침공. 제2

차 이탈리아-에티오피아 전쟁은 국제연맹과 강대국들이 이를 눈감아 주어 제 2 차 세계대전으로 번지게 됨. 당대의 에티오피아 침공 과정에 관한 기사: 「에 都邃(도수) 陷落(함락) (一(1)) 에人(인)의 勇壯(용장)도 伊軍爆擊(이군 폭격)엔 無用(무용)」『동아일보』(1936.05.08. 석간 1면), 「에 都邃(도수) 陷落(함락) (二(2)) 에치오피아는 事實上(사실상) 崩壞(붕괴)」『동아일보』(1936.05.09. 석간 1면), 「에 都邃 (도수) 陷落(함락) (三(3)) 伊國(이국)의 難關(난관)은 今後(금후)도 尙存(상존)」『동아일보』 (1935.05.10. 석간 1면). 김기림의 「잉코」 및 「쥬피타追放(추방)」 참조.

7 열사(熱沙): 사막 등의 햇볕 때문에 뜨거워진 모래.

8 샴판: 샴페인(champagne). 1930년 3월 14일, 1936년 6월 27일 『조선일보』 기사에서 "샴판"은 "샴페인"의 뜻으로 사용됨. 일본어 シャンパン (샴판). 『기상도』의 제1 부에 나오는 "거룻배"라는 의미의 "삼판"(三板, sampan, サンパン)과 다름.

9 상아: "『에치오피아』는 阿弗利加(아불리가) 東北端(동북단)에 잇는 悠久(유구)한 歷史(역사)를 가진 半開國(반개국)이다. (…) 그 나라의 (…) 産業(산업)도 따라서 幼稚(유치)하야 毛皮(모피), 珈琲(가배), 木蠟(목랍), 象牙(상아) 等(등)을 輸出(수출)할 뿐이요(…)" 「伊(이) 에 事件(사건)의 深刻化(심각화)」『동아일보』 (1935.02.28. 조간 1면). 석유: "에치오피아가 石油鑛物(석유광물) 資源(자원) 及(급) 農産物(농산물)의 寶庫(보고)임은 事實(사실)이다. 무쏠리니 首相(수상)도 이 때문에 모든 것을 堵(도)하여서라도 에치오피아 獲得(획득)에 狂奔(광분)하고 잇는 것이다." 「伊(이), 에 開戰(개전)이면 問題(문제)도 안된다」『동아일보』(1935.09.06. 조간 1면). 유럽의 아프리카 식민지: 특히 서아프리카의 경우, 상아 해안(Ivory Coast), 황금 해안(Gold Coast), 후추 해안(Pepper coast) 혹은 곡물 해안(Grain Coast), 노예 해안(Slave Coast).

10 법왕(法王): 교황.

11 다샨 화산: 라스 다샨(Ras Dashen, Ras Dejen): 에티오피아에서 가장 높은 화산.

12 임리(淋漓)하다: 피, 땀, 물 따위의 액체가 흘러 흥건하다. 글씨, 그림 따위에 힘이 넘치는 듯하다.

13 청(靑)나일 (Blue Nile): 에티오피아의 타나 호(Lake Tana)에서 발원하는 나일강의 지류.

14 애사(哀史): 슬픈 역사. 불행한 내력.

15 애급(埃及): "이집트"의 음역어.

16 삼색기(三色旗): 이탈리아의 국기. 녹색, 흰색, 빨간색의 세 가지 색으로 된 세

로 삼색기.

17 타나 호 (Lake Tana): 아프리카의 동부이자 에티오피아의 북부 지대인 에티오피아 고원에 자리 잡은 호수. 에티오피아에서 가장 큰 호수로, 청나일의 원류.

18 한니발 바르카(Hannibal Barca, 기원전 247-183 혹은 181): 고대 카르타고(기원전 814년경에 현재의 튀니지 영토에 세워진 북아프리카의 도시국가)의 군사 지도자. 제2 차 포에니 전쟁(기원전 218- 기원전 202): 로마 공화정과 카르타고 사이에 벌이진 일련의 전쟁. 카르타고 장군의 이름을 따서 한 니발 전쟁으로 부르기도 함. 결국에는 로마가 카르타고를 꺾고 지중해 서부의 패권을 차지.

19 이탈리아의 에티오피아 합병 직후인 1936년 5월 10일에 쓴 시로 추정.

琉璃窓과 마음 / 유리창과 마음 • 462

1 원문의 "물어간"은 『바다와 나비』에서 "물러간"으로 표기 (87).

2 「琉璃窓(유리창)과 마음」이 이 시 선집에 수록되기 이전에 발표된 것이 있는지 추가적으로 확인 필요.

追放된 쥬피타 / 추방된 주피터 • 464

1 원문의 "깐라라"는 『바다와 나비』에서 "깐다라"로 표기 (93).

2 원문의 "장마"는 『바다와 나비』에서도 "장마"로 표기 (94). 하지만, 김소운이 일본어로 번역한 『朝鮮詩集(조선시집), 中期(중기)』(1943.10.25)에 수록된 김기림의 「追放のジュピタ」(52-59)에서는 "장마"가 아닌 "薔薇(장미)"로 표기 (55).

3 원문의 "은단추와"는 『바다와 나비』에서 "은단□와"로 표기 (96). 김소운의 일본어 번역 시집에서는 "銀釦(은구)" [ぎんボタン, 은단추]로 표기 (56).

4 원문의 "어둠을□고□□두 눈동자"는 『바다와 나비』에서 "어둠을 뚫고 타는 두 눈동자"로 표기 (98).

5 「追放된 쥬피타」가 이 시 선집에 수록되기 전에 발표된 것이 있는지 추가적으로 확인 필요. 기존에 그 출처가 『조광』 (1937. 06)으로 지목되었으나, 해당 잡지에 수록되지 않음. 현재까지 이 시가 수록 된 시집을 확인 것 중 가장 빠른 것은 『現代(현대) 朝鮮文學(조선문학) 全集(전집), 第2回(제2회) 配本(배본), 詩歌集(시가집) 初版(초판)』(1938.04.01)에 수록된 「追放된주피타外二篇」「추방된 주피타 외 2 편」(201-06). 그 이후에 수록된 시집 혹은 시 선집: 「쥬피타 추방 追放のジュピター」『新潮(신조)』 (金素雲(김소운) 번역, 1940.03); 『바다와 나비』 (1946.04.20); 『朝鮮詩集(조선시집), 中期(중기)』

(김소운) 역. 동경, 興風館(흥풍관). 1943.08.12[08.10. 인쇄], 52-59); 『조선시집』(岩波書店(이와나미서점), 1954).

6 주피터(Jupiter): 로마 신화의 최고 신. 그리스 신화의 제우스(Zeus). 올림포스의 12신의 첫 번째 세대에 속하며 번개와 독수리가 대표적인 상징물. 김기림이 이 시에서 그린 이상의 모습은 전체적으로 그가 편집한 『李箱選集(이상선집)』(1949.03.31)의 서문 「李箱(이상)의 모습과 藝術(예술)」(1949.03.15)(1-8)에 그려진 모습과 유사. "地上(지상)은 그릇 이리로 亡命(망명)해온 『쥬피타』를 다시追放(추방)하고 만것이다" (8). 이상(李箱, 1910.09.23-1937.04.17).

7 원문의 "거륵하다"는 "거룩하다"의 방언 (평안).

8 간다라(Gandhara): 파키스탄 서북부와 아프가니스탄 동부에 자리하였던 고대 왕국(마하자나파다스) 가운데 하나의 이름. 간다라 왕국은 기원전 6세기에서 서기 11세기까지 지속. 알렉산드로스 대왕의 침략으로 인하여 헬레니즘 문화의 영향을 받은 미술로 그리스-불교 미술 혹은 로마-불교 미술이라고도 칭함.

9 원문의 "오라다"는 "오래다"의 옛말.

10 영란은행(英蘭銀行): 영국의 중앙은행, 영국은행 (Bank of England). 몬테규 콜레트 노만(Montagu Collet Norman, 1871-1950): 영국의 은행가, 1920년에서 1944까지 영국은행 총재. 당시 "영란은행 총재 몬타규 노만" 관련 국내 기사는 1933년, 특히 그해 6월 미국, 영국, 프랑스의 중앙은행 총재 회의와 관련하여 빈번하게 등장.

11 원문의 "게란"은 "계란"의 방언.

12 빅토리아 여왕(Queen Victoria, 1819-1901): 그레이트브리튼 아일랜드연합왕국의 여왕. 그녀의 재위 기간(1837-1901)은 '빅토리아 시대(Victorian era)'로 통칭되며 '해가 지지 않는 나라'로 불렸던 대영제국의 최전성기.

13 존 데이비슨 록펠러(John Davison Rockefeller, 1839-1937): 미국의 사업가·대부호. 1870년 스탠더드 오일(Standard Oil)을 창립, 석유 사업으로 많은 재산을 모은 역대 세계 최고의 부자.

14 절조(節操): 절개와 지조. 법도에 맞고 바른 규모.

15 3연 1행과 5연 1행의 "장미"를 고려할 경우, 원문의 "장마"보다는 "장미"가 타당할 듯.

16 경기구(輕氣球): 밀폐된 커다란 주머니에 수소나 헬륨 따위의 공기보다 가벼운 기체를 넣어, 그 부양력으로 공중에 높이 올라가도록 만든 물건.

17 이상은 요양차 갔던 온천에서 기생 금홍을 알게 되고, 요양에서 돌아온 후 종

로 1가에 다방 〈제비〉를 차리고 금홍을 불러 마담 자리에 앉힌 후 금홍과 동거.

18 이고르 스트라빈스키(Igor Stravinsky, 1882-1971): 러시아의 작곡가. 1934년부터 프랑스 시민, 1945년부터는 미국 시민. 불협화음을 그 특징으로 함.

19 이상이 국내 최초 초현실주의 문학동인지 『삼사문학(三四文學)』에 발표한 「I Wed a Toy Bride (나는 장난감 신부와 결혼한다)」 (1936) 참조.

20 원문의 "노름감"은 "놀음감"인 듯. 놀음감: "노리개" 혹은 "장난감"의 방언(함북).

21 당대의 프랑스 정치인 루이 롤랑(Louis Rollin, 1879-1952)으로 추정. 당대 국내 신문에서 소개된 프랑스 식민상(Minister of Colonies, 재임 1934.10.13-1936.01.24). 당대의 "루이·로랑" 관련 기사: 「佛(불) 下院議長(하원 의장) 빗손 氏(씨) 組閣(조각) 完了(완료) 公表(공표)」 『동아일보』 (1935.06.02. 석간 1면), 「下院(하원) 議長(의장) 뷔손 氏(씨) 佛(불) 內閣(내각) 組織(조직) 完了(완료)」 『조선일보』 (1935.06.02. 석간 1면), 「佛英(영불) 新(신) 內閣(내각) 成立(성립)」 『동아일보』(1935.06.29. 조간 1 면) 등.

22 프랭클린 루스벨트(Franklin Roosevelt, 1882-1945): 미국의 32대 대통령(재임 1933-1945).

23 제씨(諸氏): (주로 여러 사람의 성명을 열거한 다음에 쓰여) 여러 사람을 높여 이르는 말.

24 프란시스코 프랑코(Francisco Franco, 1892-1975): 스페인의 군인 출신 정치인이자 예비역 스페인 육군 대원수로 스페인의 총통(국가원수 겸 수상). 스페인의 내전(Spanish Civil War, 1936.07-1939.04): 마누엘 아사냐가 이끄는 좌파 인민전선 정부와 프란시스코 프랑코를 중심으로 한 우파 반란군 사이의 내전. 당시 스페인 내전이 일어난 1936년 7월부터 「左右兩翼(좌우양익) 抗爭(항쟁)으로 西班牙(서반아) 全土(전토) 擾亂(요란)」 『동아일보』(1936.07.21, 석간 1면)이라는 국내 신문 기사로부터 1939년 9월까지의 기사에 이르기까지 지속적으로 보도.

25 오슬오슬하다: 몹시 무섭거나 추워서 자꾸 몸이 움츠러들거나 소름이 끼치다.

26 누덕이불: 누덕누덕 기운 이불. 또는 몹시 해지고 더러워진 이불.

27 팔레스타인 위임통치령 (1920-1946): 1920년 4월 25일, 국제연맹은 요르단 강 유역을 영국이 다스리는 위임통치령으로 설정하여, 영국령 팔레스타인을 형성. 특히 1936년과 1937년의 팔레스타인 저항운동은 영국군에 의해 진압. 특히 이 시기에 해당 문제에 대한 기사가 집중됨. 「英(영) 保守黨員(보수당원) 獨(독), 植民地(식민지) 兼(겸) 分割(분할) 要求(요구) 反對(반대)」 『동아일보』(1936.04.26. 석간 1면), 「民族(민족) 抗爭(항쟁) 益(익) 激化(격화), 英(영)

駐屯軍(주둔군) 倍增(배증), 混亂(혼란)의 팔레스타인 形勢(형세)」『조선일보』(1936.05.24. 석간 1면), 「『팔레스타인』에 英(영) 步兵(보병) 一個師(일개 사) 增派(증파)」『조선일보』(1936.09.10. 조간 1면) 등.

28 키질하다: 일이나 감정을 부추기어 더욱 커지게 하다.

29 파르테논(Parthenon): 고대 아테나이의 수호자로 여겨지던 아테나 여신에 봉헌된 그리스 아테네의 신전. 기원전 5세기에 아테네의 아크로폴리스에 건설.

30 하일레 셀라시에 1세(Haile Selassie, 1892-1975): 에티오피아 제국의 마지막 황제 (재위 1930-1974). 1934년의 '왈왈 사건'을 거쳐 1935년 10월 3일에 무솔리니가 이끄는 이탈리아 왕국이 아두와 전투의 보복을 내걸고 에티오피아를 침공하면서, 제2 차 이탈리아-에티오피아 전쟁이 발발. 1936년 3월 마이체우 전투에서 이탈리아 군은 에티오피아 군을 괴멸시킴. 그 후, 황제 하일레 셀라시에 1세는 5월 영국 런던에 망명. 김기림의 「아프리카狂想曲(광상곡)」과 「잉코」 참조.

나비와바다 / 나비와 바다 • 470

1 원문의 "나러갔다가는"은 『바다와 나비』에서 "나려갔다가는"으로 표기 (39).

2 원문의 제목 "나비와바다"는 『바다와 나비』에서 "바다와나비"로 표기 (39).

3 원문의 "나러가다"는 당대의 신문에서 주로 "날아가다"는 의미로 사용. "나비[가] 나러가는 시늉을 하면서" (「幼稚園(유치원) 알범 昌信幼稚園(창신유치원)」『조선일보』 (1937.04.17. 석간 4면), "후두둑 나러가는 千年古城(천년고성)에 山(산)가마귀" (「金剛紀行(금강기행)」『조선일보』 (1939.04.03. 4면), "어디서 나러온 파랑새 한 마리" (「葡萄園(도포원)의 午後(오후)」『동아일보』 (1939.10.04. 석간 5면) 등 참조. 이와 달리, 『바다와 나비』에서 수정된 "나려가다"는 "내려가다"의 방언.

4 서거프다: 서거운 느낌이 있다. 서겁다: 마음에 섭섭한 느낌이 있다. 매우 쓸쓸하다, 『조선말 대사전』. 서거프다: "서글프다"의 방언 (함북).

連禱 / 연도 • 472

1 원문의 "비바람"은 『바다와 나비』에서 "비바람"으로 표기 (61).

2 원문의 "워치든"은 『바다와 나비』에서 "웨치는"으로 표기 (62).

3 연도(連禱): 선창자를 따라 회중이 제창하는 기도 형식.

4 아랍의 신. 아라비아인: 셈 어족인 아랍어를 사용하는 여러 민족을 통틀어 이르는 말. 백색 인종으로 분류되며, 중동과 북아프리카에 분포하고 대부분이 이슬람교도. 초기 아랍인은 대부분 사막의 유목민.

5 애급(埃及): "이집트"의 음역어.

6 막다르다: 더 나아갈 수 없도록 앞이 막혀 있다.

7 유대의 신. 모세의 기적, 혹은 홍해의 기적: 이스라엘 민족이 이집트에서 탈출할 때 모세가 홍해를 가른 기적. 모세가 지팡이를 들자 여호와가 바람으로 홍해를 갈랐고, 그 사이로 이스라엘 백성이 지나간 뒤 다시 지팡이를 흔들자 바다가 합쳐지면서 이집트 병사들이 몰살. (출애굽기(Exodus) 14장).

8 원문 "눈쌀"은 "눈살"(눈에 독기를 띠며 쏘아보는 시선)의 비규범 표기.

에노시마: 續東方紀行詩 / 에노시마: 속 동방 기행 시 • 474

I 『가마꾸라』海邊 [I] / I. 가마쿠라 해변 [I] • 474

1 원문은 이후 『바다와 나비』에 「동방 기행: 菖蒲田海水浴場 (쇼부타(しょうぶた, 창포전) 해수욕장)」으로 제목이 변경되어 수록 (82). 『바다와 나비』에 수록된 「鎌倉海邊(가마쿠라(かまくら, 겸창) 해변)」은 다른 시 (76). 이 두 편의 시를 구분하기 위해 전자에 [I], 후자에 [II]를 붙여 제목 표기.

2 『바다와 나비』에서 원문 1연 1행의 "바다"는 삭제되고 1연 3행 및 2연 1행의 "당신" 대신 "바다"로 표기. 원문의 3-4연은 삭제 (82).

3 에노시마(えのしま, 江の島, 江之島(강지도)): 일본 가나가와 현 후지사와 시 기타세 해안에 있는 섬. 에노시마 · 가마쿠라가 위치한 해안가의 쇼난 지역은 예로부터 도쿄에서 가장 가까운 행락지이자 해변 관광지.

4 가마쿠라(かまくら, 鎌倉(겸창)): 일본 가나가와 현 미우라 반도 서쪽에 위치한 시. 에노시마 부근.

5 기폭(旗幅): 깃대에 달린 천이나 종이로 된 부분.

II 『에노시마』海水浴場 / II. 에노시마 해수욕장 • 476

1 원문의 "遙奔(요분)"은 『바다와 나비』에서 "淫奔(음분)"으로 표기 (80).

2 원문의 "날러간"은 『바다와 나비』에서 "나러간"으로 표기 (80).

3 원문은 『바다와 나비』에서 연 구분 없이 하나의 연으로 표기 (80).

4 에노시마(えのしま, 江の島(애노섬), 江之島(강지도)): 일본 가나가와 현 후지사와 시 기타세 해안에 있는 섬. 에노시마 · 가마쿠라가 위치한 해안가의 쇼난 지역은 예로부터 도쿄에서 가장 가까운 행락지이자 해변 관광지. 여름이 되면 해수욕을 즐기려는 사람들로 인산인해를 이룸.

5 원문의 "遙奔(요분)"이라는 단어를 찾지 못하여, 『바다와 나비』에서 사용된 "淫奔(음분)"을 사용. 음분(淫奔)하다: 남녀가 음란하고 방탕한 짓을 하다.

6 모래둔: 모래언덕, 사구(沙丘). 「戲畵(희화)」, 「『에노시마』海水浴場(해수욕장)」, 「童話(동화)」에서 "모래사장"을 지칭.
7 원문의 "두께"는 "뚜껑"의 방언.
8 콤팩트(compact): 휴대용 화장 도구. 보통 거울이 붙어 있고 분, 연지 따위가 들어 있음.

III 軍港 / III. 군항 • 478

1 해만(海灣): 바다와 만을 아울러 이르는 말. 바다가 육지 속으로 파고들어 와 있는 곳.
2 하돈(河豚, 일본어 ふぐ(후구)): 참복과의 바닷물고기를 통틀어 이르는 말. 복어.
3 구레 군항(くれぐんこう, 吳軍港(오군항)): 일본 히로시마 현의 구레 시에 존재했던 일본 제국 해군조선소 및 4군항 중의 하나.

瀨戶內海: 續東方紀行詩 / 세토 내해: 속 동방 기행 시 • 480

I 安藝幸崎附近 / I. 아키사이자키 부근 • 480

1 원문의 "에호봐"는 『바다와 나비』에서 "여호와"로 표기 (79).
2 원문의 3연은 『바다와 나비』에서 삭제 (79).
3 세토 내해(せとないかい(세토나이카이), 瀨戶內海(뇌호내해)): 일본 혼슈[本州] 서부와 규슈(九州)·시코쿠(四國)에 에워싸인 좁은 바다.
4 아키사이자키(あきさいざき, 安藝幸崎(안예신기)): 일본 히로시마 현 미하라 시에 위치. 서 일본 여객철도 구레선의 철도역이 있는 곳.
5 원문의 "예호봐(Jehovah)"는 "여호와"(구약 성경에 나오는, 이스라엘 민족의 유일신).
6 타박머리: 좀 헤뜨러진 다박머리. 다박머리: 다보록하게 난 머리털, 혹은 머리털이 다보록한 아이 (『조선말 대사전』).

II 神戶埠頭 / II. 고베 부두 • 482

1 원문의 "汽船(기선)"은 『바다와 나비』에서 "輪船(윤선)"으로 표기 (83).
2 고베 부두(こうべ ふとう, 神戶埠頭(신호부두)): 일본 효고 현의 현청 소재지이자 일본을 대표하는 항만 도시의 부두.
3 청공(靑空): 푸른 하늘.

海洋動物園 / 해양 동물원 • 484

A 코키리 / A. 코끼리 • 484

1 조지프 러디어드 키플링(Joseph Rudyard Kipling, 1865-1936): 영국의 소설가이자 시인. 인도의 봄베이에서 태어났으며, 『정글북』(*The Jungle Book*) 등의 동화 작가. 1907년, 영어권 작가로는 처음으로 노벨 문학상을 수상. 조지 오웰(George Orwell, 1903-1950)은 그를 "영국 제국주의의 선지자"라고 불렀음.

B 駱駝 / B. 낙타 • 486

1 천생(天生): 타고난 것처럼 아주, 이미 정해진 것처럼 어쩔 수 없이.

2 어윈 경(卿) (Lord Irwin, 1926-1959): 1930년대 영국 보수당 정치가. 영국의 인도 총독 (1926-1931)으로 간디-어윈 협약(Ghandi-Irwin Pact, 1931년 5월 3일) 체결. 협약 체결 당시 국내 신문 기사: 「英印(영인) 和平協定(화평협정) 効果(효과) 印度省(인도성) 次官(차관) 談(담)」『동아일보』 (1931.05.03. 1면) 등. 어윈은 인도를 떠난 후 1938-1940년에 외무부 장관 역임. 당대 일간 신문 기사: "『아프리카』『아라비아』에서 나는 낙타(駱駝)는 혹이 하나 『내몽고(內蒙古)』『북지(北支)』 산은 혹이 둘이다" 「一行(일행) 百科辭典(백과사전)」『조선일보』(1939.06.23. 4면) [북지: 중국의 북부 지방. 베이징과 허베이성(河北省), 산시성(山西省), 톈진(天津), 네이멍구 자치구(內蒙古自治區) 등으로 이루어졌다.] 아마도 "낙타"는 영국이 외교적으로 개입한 위의 지역 중 하나 혹은 다수를 지칭할 것이라 추정.

C 잉코 / C. 잉꼬 • 488

1 잉꼬(잉코, インコ): 앵무과의 새.

2 에티오피아(Ethiopia): 에티오피아는 라이베리아와 함께 1884년 유럽 열강들의 베를린 회담에서 살아남은 아프리카의 몇 안 되는 독립 국가들 중 하나. 1895년 이탈리아가 에티오피아를 정복하기 위해 제1 차 이탈리아-에티오피아 전쟁을 일으켰으나 1896년 아두와 전투에서 참패. 이탈리아 총리 베니토 무솔리니는 국가주의 확장 정책을 펼치기 위한 구실을 찾던 중 1934년 12월 에티오피아와 이탈리아령 소말릴란드의 접경지대에서 충돌이 일어나자 이를 빌미로 삼아 에티오피아를 침공. 무솔리니의 이탈리아가 에티오피아 제국을 침공하여 발발한 제2 차 이탈리아-에티오피아 전쟁 (1935.10.03-1936.05.05) 중 1936년 5월 초 수도인 아디스아바바(Addis Ababa)를 점령, 이틀 후에 합병. 김기림의 「아프리카狂想曲(광상곡)」과 「追放(추방)된 쥬피타」 참조.

D 씨-라이언(加洲產물개) / D. 씨-라이언 (캘리포니아주산 물개) • 490

1 원문의 "加洲(가주)"는 "캘리포니아 주"의 음역어.

2 당대의 신문에서 원문의 "알른"은 대부분 의미상 "앓는"으로 사용. 「어둠의흐름」과 「새해의노래」 참조.

療養院 (外一篇) / 요양원 (외 1 편) • 492

療養院 / 요양원 • 492

1 암종(癌腫): 표피, 점막, 샘 조직 따위의 상피 조직에서 생기는 악성 종양.

2 익다: 자주 경험하여 조금도 서투르지 않다. 여러 번 겪어 설지 않다.

3 표본실(標本室): 생물의 표본을 보호하거나 진열하여 놓는 방.

4 원문의 "메초라기"는 "메추라기"의 방언.

餞別 / 전별 • 496

餞別 I / 전별 I • 496

1 전별(餞別): 잔치를 베풀어 작별한다는 뜻으로, 보내는 쪽에서 예를 차려 작별함을 이르는 말.

餞別 II / 전별 II • 498

1 전별(餞別): 잔치를 베풀어 작별한다는 뜻으로, 보내는 쪽에서 예를 차려 작별함을 이르는 말.

共同墓地 / 공동묘지 • 500

1 원문의 "버슷"은 "버섯"의 옛말, 혹은 방언 (함경).

2 쫑그리다: 귀를 뻣뻣하게 세우거나 입을 뿌죽이 내밀다.

겨울의노래 / 겨울의 노래 • 502

1 원문의 "濕地(습지)이기로니"는 『바다와 나비』에서 "濕地(습지)기로니"로 표기 (68).

2 원문의 "몇낮"은 『바다와 나비』에서 "몇날"으로 표기 (68).

3 원문의 "御使道(어사도)"는 『바다와 나비』에서 "御史道"로 표기 (68).

4 원문의 "바람이"는 『바다와 나비』에서 "바람에"로 표기 (70).

5 원문의 제목 "겨울의노래"는 『바다와 나비』에서 "겨올의노래"(68)로, 그 차례에서는 "겨을의노래"(3)로 표기.

6 추근추근하다: 매우 축축하다. 성질이나 태도가 검질기고 끈덕지다.
7 낱: 셀 수 있는 물건 하나하나.
8 러브신(love scene): 연극 · 영화에서, 남녀 배우가 사랑을 표현하는 장면.
9 환고향(還故鄕): 고향으로 돌아가거나 돌아옴.
10 원문의 "어사도"는 "어사또"의 원말.
11 갈바람: "가을바람"의 준말. "서풍"을 일컫는 말.
12 원문의 "연(鉛, 푸르스름한 잿빛의 금속 원소)"은 "납." 연빛: 납빛.

힌薔薇같이잠이드시다 -遺骸를모시고- / 흰 장미같이 잠이 드시다 -유해를 모시고- • 504

1 원문의 제목 중 "같이"는 『바다와 나비』에서 "처럼"으로 표기(66).
2 원문의 6연은 『바다와 나비』에서 삭제 (67).
3 고향 임명동에서 사망(1940)한 시인의 부친 병연(丙淵)의 유해. 해당 시가 수록된 『인문평론』 2.4 의 "編輯後記(편집 후기)" 중 「陽春詩集(양춘시집)」이라는 제목 아래 수록된 시에 대한 언급: "日前 (일전)에 崇愛(숭애)하는 嚴親(엄친)을 [잃]고 나서 그 悲痛(비통)한 胸懷(흉회)를 처음으로 읊은 金起林(김기림)씨의 「흰 薔薇(장미)와같이 잠이 드시다」를 비롯하여 우리 詩壇(시단)의 精英(정영)들이 四月(4월)의 꽃다발같이 爛漫(난만)하다" (302).
4 원문의 "손폑"은 "손뼉"의 방언 (함경).
5 원문의 "귀몃"은 사전적 정의나 당대의 용례로 확인 불가. 문맥상 "귀밑"으로 추정. 조병화가 엮은 김기림의 시 선집 『오늘도 고향은』 (심설당, 1988)에서 "귀몃"은 "귀밑"으로 표기 (91).
6 악착하다: 일을 해 나가는 태도가 매우 모질고 끈덕지다. 잔인하고 끔찍스럽다.

못 / 못 • 506

1 원문의 "못"은 『바다와 나비』에서 "뭇"으로 표기 (46).
2 원문의 "어둠에서"는 『바다와 나비』에서 "어둠속에서"로 표기 (47).
3 동자(瞳子): 눈알의 한가운데에 있는, 빛이 들어가는 부분.
4 서리다: 뱀 따위가 몸을 똬리처럼 둥그렇게 감다.
5 오슬오슬하다: 몹시 무섭거나 추워서 자꾸 몸이 움츠러들거나 소름이 끼치는 듯하다.
6 刄(인): 칼날.

小曲 / 소곡 • 508

1 원문의 이 3행은 『바다와 나비』에서 2행으로 분리되어, "눈이 부시다 / 가려

옵다"로 표기 (89).

2 소곡(小曲): 중국 명나라 때의 문인 시소신(施紹莘)이 호방파의 호방함과 청려파의 청려함을 융합하여 만든, 새로운 풍격의 산곡(散曲). 길이가 짧고 단순한 것이 특징.

3 『동광』에 이 시가 수록된 페이지 아래쪽에 봄이 오는 사진이 있고, 그 우측 그 아래쪽에는 "皇國臣民(황국신민)ノ(노(의)) 誓詞(서사)" 3개 항이 수록.

새벽의『아담』/ 새벽의 아담 • 510

1 원문의 "등어리"는 "등"의 방언.

詩二題 / 시 2제 • 512

1. 年輪 / 1. 연륜 • 512

1 원문의 "꽃이파리"는 "꽃잎"의 방언.

2 서르나문: 개략 수사(概略數詞)로, 서른이 조금 넘는 수.

2. 靑銅 / 2. 청동 • 514

1 여울: 강이나 바다 따위의 바닥이 얕거나 폭이 좁아 물살이 세게 흐르는 곳.

전날밤 / 전날 밤 • 516

1 문맥상 "소지(燒紙)"로 추정. 소지: 부정(不淨)을 없애고 신에게 소원을 빌기 위하여 흰 종이를 태워 공중으로 올리는 일. 또는 그런 종이.

2 초토(焦土): 불에 타서 검게 그을린 땅.

파도소리헤치고 / 파도 소리 헤치고 • 518

1 원문의 "戰傷(전상)"은 『새노래』에서 "戰場(전장)"으로 표기 (61).

2 원문의 "뵌眼孔(안공)"은 『새노래』에서 "眼孔(안공)"으로 표기 (61).

3 원문과 달리 『새노래』에서는 이 시의 끝부분에 "(一九四五(1945)·聯合軍(연합군)을歡迎(환영)하야)"가 추가 (64).

4 꽃바다: 수많은 사람들이 꽃이나 꽃다발을 들고 모인 상태를 비겨 이르는 말(『조선말 대사전』).

5 요새선(要塞線), 마지노선(Maginot line): 더 이상 물러서거나 양보할 수 없는 한계를 비유적으로 이르는 말. 최후 방어선.

6 서리다: 뱀 따위가 몸을 똬리처럼 둥그렇게 감다.

7 안공(眼孔): 눈구멍. 눈알이 박혀 있는 구멍.
8 원문의 "버리다"는 "벌리다"의 옛말.
9 글장(帳): 글이 적힌 종이.
10 원문의 "아세아(亞細亞)"는 "아시아"의 음역어.
11 흡반(吸盤): 다른 동물이나 물체에 달라붙기 위한 기관. 빨판.
12 아청(鴉靑)빛: 검은빛을 띤 푸른빛.
13 꽃묶음: 꽃을 줄기째나 가지째로 모아 묶은 묶음. 꽃다발.

우리들의八月로도라가자 / 우리들의 8월로 돌아가자 • 522

1 원문의 "l"는 인쇄상의 오류로, 이어지는 후렴구처럼 "의." 이는 『바다와 나비』에서도 "의"로 표기 (11).
2 원문의 "뼈앞어"는 『바다와 나비』에서 "아퍼"로 표기 (12).
3 원문의 "따룰리"는 『바다와 나비』에서 "따룰이"로 표기 (12).
4 원문의 "부리워"는 『바다와 나비』에서 "부러워"로 표기 (13).
5 원문의 "節期(절기)"는 『바다와 나비』에서 "季節(계절)"로 표기 (13).
6 원문의 "지추돌"은 "주춧돌"의 방언.
7 베드로가 닭이 울기 전에 예수를 모른다고 세 번 부인한 사건. 요한복음 18장 12-27절.
8 뼈아프다: 어떤 감정이 골수에 사무치도록 정도가 깊다.
9 원문의 "부비다"는 "비비다"의 비규범 표기.
10 눈뿌리: 눈알의 안쪽으로 달려 있는 부분. "눈"을 강조하여 이르는 말.
11 원문의 "따루다"는 "따르다"의 방언 (함남).
12 부리이다: '부리다'의 피동사.
13 혼란(焜爛)하다: 어른어른하는 빛이 눈부시게 아름답다. 당시에 "혼란"(昏亂, 마음이나 정신 따위 가 어둡고 어지럽다) 및 "혼란"(混亂, 뒤죽박죽이 되어 어지럽고 질서가 없음)의 의미가 자주 사용되기는 했으나, 문맥상 "혼란(焜爛)하다"는 의미로 추정.

知慧에게바치는노래 / 지혜에게 바치는 노래 • 526

1 원문의 "고물"은 『바다와 나비』에서 "그물"로 표기됨 (18).
2 원문의 "영롱할"은 『바다와 나비』에서 "영롱한"으로 표기됨 (19).
3 구름장: 넓게 퍼진 두꺼운 구름 덩이.
4 헬라스(Hellas): 고대 그리스인이 자기 나라를 이르던 이름. "그리스"의 옛 이름.
5 원문의 "귀죽였고나"는 문맥상 조용히 혹은 가만히 귀를 기울여 듣는 모습을 뜻하

는 것으로 추정. 이와 유사한 용례는 "귀죽은"이라는 표현: 朴北民(박북민)「三松亭(삼송정)에 생긴일」『삼천리』 7.11 (1935. 12. 01): "이윽고 면서긔가 아래 웃방을 훌터 보며 입을 여는 바람에 한참 서로서로 떠들며 버려지는 이야기판은 갑작이 귀죽은 듯이 조용하여젓다" (234-35).

6 피대(皮帶): 두 개의 바퀴에 걸어 동력을 전하는 띠 모양의 물건.

7 말머리: 이야기를 시작할 때의 말의 첫마디. 이야기를 할 때에 끌고 가는 말의 방향. "말씨"의 방언.

8 불다: "붇다(분량이나 수효가 많아지다)"의 방언 (함경).

울어라 인경아 / 울어라 인경아 • 530

1 인경(人磬): 종로에 있는 종으로 제야의 종. 현재의 보신각종. 『신조선보』의 같은 날 같은 면 (1945.12.17. 2면) 신문 기사「종로, "인경"이 운다!! 怨恨(원한)의 四十(40)년 沈默(침묵)을 깨트리고」. "독립과 해방의 을유(을酉)년도 저므러 除夜(제야)를 앞두고 신문기자단에서는 군정청에 종로 인경을 제야에 울리게하여 달라고 신청하였든 바 이에 군정청에서도 허락하기로 되여 四十(40)년의 침묵을 깨트리고 드디어 인경이 운다고 한다."

世界에웨치노라(1) / 세계에 외치노라 (1) • 532

1 원문의 "거치는"은 『바다와 나비』에서 "걷히는"으로 표기 (101).

2 원문의 "맛는"은 『바다와 나비』에서 "맞는"으로 표기 (103).

3 「長詩(장시), 世界(세계)에웨치노라」 (1), (2), (3)은 『바다와 나비』에서 한 편의 시로 수정되어 수록. (1)의 1-2연은 『바다와 나비』에 수록된 해당 시의 1-2연, (1)의 3연은 5연으로 재배치 (101-03).

4 존 불 (John Bull): 문학 작품이나 정치 만화에서, 영국이나 영국인들의 특성을 나타내는 전통적인 인물.

5 구라파(歐羅巴): "유럽"의 음역어.

6 부지(扶持)하다: 상당히 어렵게 보존하거나 유지하여 나가다.

7 영양(榮養): 지위가 높아지고 명망을 얻어 부모를 영화롭게 잘 모심. 천주를 잘 섬김.

世界에웨치노라(2) / 세계에 외치노라 (2) • 534

1 원문의 "힌두스타니아"는 『바다와 나비』에서 "힌두스타니"로 표기 (104).

2 「長詩(장시), 世界(세계)에웨치노라」 (1), (2), (3)은 『바다와 나비』에서 한 편의 시로 수정되어 수록됨. (2)의 1-2연은 『바다와 나비』에 수록된 해당 시의 6-7

연, (2)의 3-4연은 3-4연으로 재배치 (102-04).

3 힌두스탄(Hindustan): 페르시아어로 "힌두교"(Hindu)에 "토지"를 나타내는 "스탄"(-stan)을 붙인 말로, "힌두교의 땅"을 의미. 현재의 인도, 인도 아대륙을 지칭. "힌두스타니"(Hindustani)는 힌두스탄과 연관된 것 (힌두스탄 사람/언어 등).

4 독목주(獨木舟): 통나무를 파서 만든 작은 배. 김기림은 「여행(旅行)」에서 "캐누"(카누, canoe)와 병기.

5 금강석: 「런던의 명물 (1): 황실 보물을 진열한 런던탑의 기관(奇觀)」『동아일보』(1940.07.16. 석간 5면) 참조: "유명한 빅토리아 여황 대관식의 왕관은 三十九(39 카랏트의 금강석 외에 一九二七(1927)개의 금강석과 二九七(297)) 개의 진주로 장식한 것인데 쬬지 육세가 이번 대관식에 쓰신 것도 이 왕관입니다. 약 九OO(900)년 전부터 내려오는 세인트 에드워드 왕관은 현 폐하가 대관식에 쓴 것이니 부라치나대(臺)에 百六(106)카랏트의 인도산인 금강석으로 된 황후폐하의 보관이니 이 금강석으로 해서 인도 왕의 피의 역사가 남어잇는 것으로 유명하답니다."

6 야시(夜市): 밤에 벌이는 시장.

7 원문의 "거륵하다"는 "거룩하다"의 방언 (평안).

8 니콜로 마키아벨리(Niccolò Machiavelli, 1469-1527): 르네상스 시대의 이탈리아 사상가, 정치철학자로 『군주론』의 저자.

9 헤브라이(Hebrew): 히브리. 「자유로운"아메리카"祝詩 (자유로운 아메리카, 축시)」 참조. "성난 젊은 사나이"는 예수를 지칭. 요한복음 2장 13-25절, 예루살렘 성전에서 장사하는 이들을 꾸짖는 예수.

10 세 민족: 독일, 이탈리아, 일본. 제2 차 세계대전에서 독일, 이탈리아, 일본을 중심으로 집결된 주축국이 중국, 프랑스, 소련, 영국, 미국을 중심으로 집결된 연합국과 대립. 이 세 주축국은 제2 차 세계대전(1939.09.01-1945.09.02) 발발 1년 후인 1940년 9월 27일에 독일의 베를린에서 일종의 군사 동맹 조약인 삼국동맹 조약(Tripartite Pact, Berlin Pact)을 채결. [제1 조: 일본은 독일과 이탈리아가 유럽의 새로운 질서 확립을 주도하는 것을 인정하고 존중한다. 제2 조: 독일과 이탈리아는 일본이 아시아의 새로운 질서 확립을 주도하는 것을 인정하고 존중한다. 제3 조: 일본, 독일, 이탈리아는 위에서 언급한 조항에 노력하여 협력하는 것에 합의한다. 더불어 만약 동맹국이 현재 유럽에서의 전쟁 또는 일본과 중국 간의 분쟁에 참가하지 않은 국가로부터 공격받을 경우 동맹국은 모든 정치적, 경제적, 군사적 수단을 동원하여 서로를 지원해야 한다. 제4 조: 현재의 이 조약을 시행할 목적으로, 일본, 독일, 이탈리아 정

부는 이 조약을 관리하는 기구인 공동 기술 위원회를 즉시 설치한다. 제5 조: 일본, 독일, 이탈리아는 이 협정이 동맹국과 소련 사이에 현존하는 정치적 지위에 어떤 영향도 주지 않는 것을 확인한다. 제6 조: 이 조약의 유효 기간은 체결된 날로부터 10년으로 한다. 다만 이 조약의 유효 기간이 만료된 경우에는 동맹국 간의 협상을 통해 연장하기로 한다.]

11 구라파(歐羅巴): "유럽"의 음역어.

12 해골의 산: 성경에서 "해골산"은 골고다(Golgotha)를 지칭. 골고다는 예수가 십자가에 못 박혀 죽은, 예루살렘 교외의 언덕. 이는 당대 유럽의 전장(戰場)을 지칭.

13 키이우 전투(Battle of Kiev, 1차 1941.07.07-09.26; 2차 1943.11.03-12.22): 제2 차 세계대전 중 독일과 소련이 소련 령 우크라이나 키이우에서 벌인 전투.

14 노르망디 상륙(Normandy landings, 1944.06.06): 제2 차 세계대전 중 연합군의 상륙작전으로, 나치 독일이 점령하고 있던 북서 유럽 해방의 시발점이 되었으며, 서부 전선에서 연합군의 승리에 크게 기여한 전투.

世界에웨치노라(3) / 세계에 외치노라 (3) • 536

1 원문의 "피끼라"는 『바다와 나비』에서 "비끼라"로 표기 (106).

2 원문의 "끄온채"는 『바다와 나비』에서 "끄은채"로 표기 (106).

3 「長詩(장시), 世界(세계)에웨치노라」 (1), (2), (3)은 『바다와 나비』에서 한 편의 시로 수정되어 수록됨. (3)의 1-3연은 『바다와 나비』에 수록된 해당 시의 마지막 3연인 8-10연으로 재배치 (105-06).

4 원문의 "사모치다"의 규범 표기는 "사무치다"(깊이 스며들거나 멀리까지 미치다).

5 요새선(要塞線), 마지노선(Maginot line): 더 이상 물러서거나 양보할 수 없는 한계를 비유적으로 이르는 말. 최후 방어선.

6 조병창(造兵廠): 병기를 만드는 공장.

7 플라티나(platina): 플라티늄(platinum, 백금)의 스페인어. 회백색.

8 사라센(Saracen): 고대 그리스 · 로마 시대에, 그리스 · 로마인이 아라비아 북부의 아라비아(인)을 부르던 말. 십자군 시대에, 유럽인이 이슬람교도를 부르던 말. 「아롱진 기억의 옛 바다를 건너」, 『기상도』 「아침의 표정」 [「세계의 아침」] 참조.

9 원문의 "부비다"는 "비비다"의 비규범 표기.

10 프로메테우스(Prometheus): 고대 그리스 신화에 등장하는 신으로, 제우스를 속이고 꺼지지 않는 불을 회양목 안에 넣어 인간에게 몰래 줌. 제우스가 자신

의 미래를 묻자 거부하였고, 이 때문에 제우스의 분노를 사 코카서스 산 바위에 쇠사슬로 묶여 독수리에게 간을 쪼아 먹힘.

모다들 도라와잇고나 / 모두들 돌아와 있구나 • 538

1 원문의 "願(원)치"는 신문 원문에서 확인 불가능하나, 『바다와 나비』의 해당 부분이 "바라지도않은"이라 표기되어 있어 "원하다"라는 의미의 "願(원)"으로 추정 (7).

2 이 시는 『바다와 나비』의 서시로 사용 (7).

3 전국문학자대회는 1946년 2월 9일부터 13일까지 개최. 이 대회의 개막 관련 기사와 결의문은 『조선일보』 1946년 2월 9일 자 신문 2면에 실림.

두견새, 學兵의故魂에바침 / 두견새, 학병의 고혼에 바침 • 540

1 원문의 "가러가면서"는 『바다와 나비』에서 "가려가면서"로 표기 (27).

2 원문의 "눈사부랭이"는 『바다와 나비』에서 "눈사부랭이에"로 표기 (28).

3 원문의 "뼈아서"는 『바다와 나비』에서 "빼아서"로 표기 (28).

4 원문의 "어느산꼴에서"는 『바다와 나비』에서 삭제 (29).

5 원문의 "징기며"는 『바다와 나비』에서 "찡기며"로 표기 (29).

6 학병: 일제시기 강제로 징집됐던 학병. 1945년 8월 15일 해방 직후 일제시기 강제로 징집됐던 학병 출신들은 사설 군사단체인 조선학병동맹을 만들고, 1946년 1월 『학병』 창간호 발행. 이 시는 『학병』 1.2에 수록. 1946년 1월 14일 자 『자유신문』에 「全國學兵大會(전국학병대회)와 追悼祭(추도제): 來(내) 卄日(20일) 紀念日(기념일) 裝飾(장식)할 行事(행사) 準備(준비)」 기사 참조. 또한 1946년 1월 18일에 시작된 학병동맹사건은 한반도 신탁통치 문제를 둘러싸고 일어난 좌우익 학생들의 충돌 사건. 이로 인해 19일 학병동맹원 박진동·김성익·이달삼 3명이 경찰의 총격에 희생. 이와 관련하여 1946년 1월 24일자 『자유신문』에 「學兵(학병) 慘事(참사) 鬪爭會(투쟁회) 聲明(성명)」 및 30일 자 「今日(금일), 學兵(학병) 犧牲者(희생자) 葬儀(장의)」 기사 참조. 해당 사건은 이 시의 6연 이후와 연관된 듯.

7 고혼(故魂): 세상을 떠난 혼.

8 뾰다: 끝이 차차 가늘어져 뾰족하다 (『두만강 유역의 조선어 방언사전』). 당대의 신문에서 "뾰"를 포함한 형용사는 "뾰죽한," "뾰ㅅ족," "뾰족," 그리고 "뾰얀," "뾰야케" 등이 있음.

9 화차(貨車): 화물차, 화물열차.

10 눈사부랭이: "눈언저리"의 순 한국어 (『토박이말 쓰임 사전』). 눈사부래: "속

눈썹"의 방언 (함북). 『조선말 대사전』에서는 "눈까풀"의 방언(함남, 함북, 량강)으로 정의.

11 이적(夷狄): "이민족"(異民族)을 낮잡아 이르는 말. 여기서 "이적의 방언"은 제국 일본의 언어.

12 원문의 "아구리"는 "아가리"의 방언 (함경).

13 찡기다: 가볍게 찡그리다(『조선말 대사전』).

榮光스러운三月 / 영광스러운 3월 • 544

1 원문에 표기된 "뻐"는 신문의 원문에서 다소 분간하기 어렵지만, 글자의 형태 및 가능한 의미를 추정하여 "뻐기다"로 표기.

2 당대의 신문에서 "비겁"은 주로 "卑怯"으로 표기되었으나, "卑刧"으로 표기되기도 함.

3 뻐기다: (속되게) 어떤 대상이 주변 상황에 움쩍 않고 버티거나 시간을 끌다.

4 라오콘(Laocoon): 그리스 신화에 등장하는 트로이의 신관. 트로인 전쟁 때 그리스 군의 목마를 트로이 성 안에 끌어들이는 것에 반대하여, 신의 노여움을 사서 바다의 신 포세이돈이 보낸 두 마리 뱀에 의해 두 아들과 함께 졸려 죽음.

5 원문의"봉수불"의 규범 표기는 "봉숫불"(봉홧불).

6 『동아일보』의 한 기사에서 "찍겨"는 "찢겨"라는 의미로 사용됨(1935.10.31, 석간 2면). 사전에서 원문의 "찍기다"는 "찍히다"의 방언으로 정의되어 있음.

7 원문의 "사루다"는 "사르다"(불에 태워 없애다)의 방언.

진달래피는나라 (作曲하기위한歌詞) / 진달래 피는 나라 (작곡하기 위한 가사) • 546

1 장백산(長白山): 함경도와 만주 사이에 있는 산. 장백산맥 동쪽에 솟은 한반도 제일의 산. 최고봉인 병사봉에 있는 칼데라호인 천지(天池)에서 압록강, 두만강, 송화강(松花江)이 시작.

殉敎者 / 순교자 • 548

1 원문의 "오시도다"는 『바다와 나비』에서 삭제 (20).

2 원문의 "아득한날 자젓건만"은 『바다와 나비』에서 "아득한 낮과밤"으로 표기 (20).

3 원문의 "날"은 『바다와 나비』에서 "하늘"로 표기 (21).

4 성 스테판(Saint Stephen, 5-34): 기독교 성인으로, 역사상 최초의 순교자. 이 시는 가톨릭의 "성인 호칭 기도(the litany of the saints)" 형식을 원용.

나의노래 / 나의 노래 • 550

1 원문 1, 2, 3연의 "그래"는 모두 『새노래』에서 "그대"로 표기 (12-13).

2 원문의 이 단어는 확인 불가, 『새노래』에서 "詩(시)의 貴族(귀족)"으로 표기 (13).

3 채치다: 채찍 따위로 휘둘러 세게 치다. 일을 재촉하여 다그치다.

4 원문의 "따리다"는 "때리다"의 방언.

5 원문의 "사로워"는 "사랑스러워"로 추정. 김기림이 "aime"(좋아하다, 사랑하다, 그리워하다)를 "사로워 하다"로 번역한 적이 있다고 함. 『동양일보』의 한 대담 기사에서 김태창 동양포럼 주간은 김기림이 프랑스 시인 쟝 콕토(Jean Cocteau)의 'Mon oreille est un coquillage / Qui aime le bruit de la mer'를 '내 귀는 소라껍질 / 바다 우지짐을 사로워 하는'이라고 번역"한 적이 있다고 함 [「그리운 청주인 II—신동문」 『동양일보』(2017.02.19)]. 김기림의 「에트란제(異邦人(이방인))」 참조. 1930년대 신문·잡지 등에 사용된 "사로운"은 대체로 "새로운"을 의미하기에, 이 경우에 "사롭다"는 "새롭다"로 추정 가능: "조선에 잇서서 사로운 시험," "사로운 『이듸오로기—』," "사로운 『文化(문화)의 殿堂(전당)』의 廊下(낭하)," "사로운 提案(제안)," "기억에 사로운 바" 등. 「에트란제 (이방인)」 참조.

한旗ㅅ발받들고 / 한 깃발 받들고 • 552

1 매몰하다: 인정이나 싹싹한 맛이 없고 쌀쌀맞다. "매몰차다"도 동일한 의미.

2 초하루: 매달 첫째 날. 3월 1일.

3 십잣(十字)길: "네거리"의 방언.

자유로운"아메리카" 祝詩 / 자유로운 아메리카, 축시 • 554

1 원문의 1연은 행갈이에 있어 다소 불분명함.

2 원문의 3연은 『새노래』에서 "아!"~"서있으리라하였다"와 그 이후의 두 연으로 분리 (67).

3 원문에는 "감□"은 『새노래』에서 "감옥"으로 표기 (69).

4 원문의 이 행은 『새노래』에서 이어지는 다음 연의 첫 행으로 수정 (68-69).

5 원문의 "워하야"는 『새노래』에서 "위하야"로 표기 (70).

6 『새노래』에서는 원문의 마지막 시행 뒤에 "또하나 祝杯(축배)는 우리들것으로 남겨두자"라는 시행 추가 (71). 또한 『새노래』에서는 새로 추가한 시행 다음에 "(一九四六·七·四·美國獨立記念日에)"(1946.7.4.미국독립기념일에)라는 문구 추가.

7 이 시는 1776년 07월 04일 "미국독립선언"이 채택된 것을 기념하는 미국 독립기념일에 대한 축시의 형태를 취하여, 미국에 대한 시인 자신의 의견을 개진한 것. 이 시가 수록된 『현대일보』(1946.07.04) 같은 면에는 미국 독립선언 170주년을 맞아 「美國獨立宣言文(미국독립선언문)」 전문이 한글로 번역되어 수록.

8 월트 휘트먼 (Walt Whitman, 1819-1892): 미국의 시인, 수필가, 기자. 초월주의에서 사실주의로의 과도기를 대표하는 시인으로, 영국으로부터의 정치적 독립 이후 문화적 독립 시기를 대표하는 시인.

9 1945년 9월 2일: 일본 요코하마에 정박 중이던 미국 전함 USS 미주리 선상에서 시게미쓰 마모루 (重光 葵, しげみつ まもる 1887-1957) 일본 외상이 항복 문서에 서명한 날. 이어지는 1945년 9월 9 일부터 1948년 8월 15일까지 남한 통치를 위한 미국의 군정청이 존속.

10 "성난 젊은이"는 예수를 지칭. 요한복음 2장 13-25절, 예루살렘 성전에서 장사하는 이들을 꾸짖는 예수. 「世界에웨치노라(2) (세계에 외치노라 (2))」 참조.

11 추이(推移): 일이나 형편이 시간이 지남에 따라 변해 감.

12 1945년 8월 15일: 한반도가 일본 제국에서 해방된 날.

13 1776년 7월 4일: 미국독립 선언문이 채택된 미국독립기념일.

14 7년의 싸움: 1938년 4월의 국가총동원법에 따른 총동원령 시기부터 1945년 9월 일제의 항복 선언까지로 추정. 1937년에 발발한 중일전쟁 이후 식민지 조선에 대한 일본의 전시체제로의 전환과 1938년의 국가 총동원령 참조.

15 거지반: 거의 절반 가까이.

16 태평양 전쟁(Pacific War, 1941-1945): 제2 차 세계대전(1939-1945)의 전역 중 하나로 태평양과 동아시아에서 벌어진 전쟁. 발발 시기는 일본 제국이 타이, 영국령 말라야와 싱가포르, 홍콩을 침공하고 미군 기지인 진주만과 웨이크 섬, 괌, 필리핀에 공격을 가한 1941년 12월 7일 또는 8일. 이로 인해 미국이 참전한 이 전쟁은 미국 공군의 히로시마·나가사키 원자폭탄 투하와 일본 본토 공습, 1945 년 8월 8일 소비에트 연방의 만주 전략공세 작전으로 연합군의 승리, 그리고 1945년 8월 15일 일본의 항복으로 진행.

17 라파예트(La Fayette, 1757-1834): 프랑스의 사상가이자 장교로서 미국독립전쟁에 참가한 장군이며, 프랑스혁명 중에는 국민위병의 지휘를 맡았음. 미국독립전쟁에서 조지 워싱턴 휘하에서 대륙군을 지위한 주요 장군.

18 도시(都是): 도무지, 아무리 해도.

19 초나흘: 4일. 즉 7월 4일, 미국독립기념일.

20 조지 워싱턴(George Washington, 1732-1799): 미국의 초대 대통령(1789-

1797). 1775년부터 1783년까지 벌어진 미국 독립전쟁에서는 대륙군 총사령관으로 활동. 토머스 제퍼슨(Thomas Jefferson, 1743-1826): 미국의 3대 대통령(재임 1801-1809)이자 미국 독립 선언서의 기초자. 벤저민 프랭클린(Benjamin Franklin, 1706-1790-): 미국 "건국의 아버지" 중 한 명이자 미국의 초대 정치인 중 한 명. 그는 특별한 공식적 지위에 오르지는 않았지만, 프랑스 군(軍)과의 동맹에 있어 중요한 역할을 해, 미국 독립에 중추적인 역할. 에이브러햄 링컨(Abraham Lincoln, 1809-1865): 미국의 16대 대통령(재임 1861-1865)으로 재직. 그는 남북전쟁이라는 거대한 내부적 위기로부터 나라를 이끌어 벗어나게 하는 데 성공했고, 노예제를 끝냄. 프랭클린 루스벨트(Franklin Roosevelt, 1882-1945): 미국의 32대 대통령(재임 1933-1945). 루스벨트의 리더십은 뉴딜 정책을 통하여 미국이 대공황에서 벗어나도록 도왔으며, 제2 차 세계대전 때 연합군에 동참하여 나치 독일과 이탈리아 왕국, 그리고 일본 제국을 상대로 전쟁을 수행하여 승리로 이끌었음.

새나라頌 / 새 나라 송 • 560

1 원문의 "선"은 『새나라』에서 "흔한"으로 표기 (18).
2 원문의 "아쯔디테"는 『새노래』에서 "아프로디테"로 표기 (21).
3 원문의 "골짜구니"는 "골짜기"의 방언.
4 동리(洞里): 마을, 지방 행정 구역인 동(洞)과 이(里).
5 기사(技師): 관청이나 회사에서 전문 지식이 필요한 특별한 기술 업무를 맡아 보는 사람.
6 꽃묶음: 꽃을 줄기째나 가지째로 모아 묶은 묶음.
7 마마(媽媽): "천연두"를 일상적으로 이르는 말.
8 원문의 "녹쓸다"의 규범 표기는 "녹슬다."
9 당대의 신문에서 "해여진"은 대체로 "해어진"(닳아서 떨어지다)의 의미로 사용. 원문의 "전"은 "진"의 오기인 듯.
10 원문의 "다이나모"의 규범 표기는 "다이너모"(dynamo): 자기장 안에서 운동하는 도체에 발생하는 기전력을 이용하여 전기를 일으키는 장치.
11 낭하(廊下): 건물 안에 다니게 된 통로. 복도.
12 얄루강 (Yālù River 鸭绿江): 압록강 (Amnok River 鴨綠江)의 중국식 발음. 한반도와 중국과의 경계를 이루는 강. 한반도에서 제일 긴 강으로 백두산에서 시작하여 황해로 흘러듦.
13 안토닌 레오폴트 드보르자크(Antonín Leopold Dvořák, 1841-1904): 낭만주의 시대에 활동한 체코의 작곡가. 관현악과 실내악에서 모국의 보

헤미안적인 민속 음악적 작품성 풍색과 선율을 표현. 베드르지흐 스메타나(Bedřich Smetane, 1824-1884)에 의하여 확립된 체코 민족주의 음악을 세계적으로 만든 음악가. 교향곡 9번 『신세계 교향곡』(*New World Symphony*, 1893).

14 아프로디테(Aphrodite): 그리스 신화에 나오는 미와 사랑의 여신. 로마 신화에서는 비너스. "거품에서 태어난 자"라는 의미. 이탈리아의 화가 산드로 보티첼리(Sandro Boticelli, 1445경-1510)의 『비너스의 탄생』.

15 굳이: 단단한 마음으로 굳게.

우리들 모두의 꿈이 아니냐 / 우리들 모두의 꿈이 아니냐 • 564

1 원문의 "들도"는 『새노래』에서 삭제 (16).

2 크롬: 은백색의 광택이 나는 단단한 금속 원소로, 염산과 황산에는 녹으나 공기 가운데에서 녹이 슬지 않고 약품에 잘 견디며 도금이나 합금 재료로 널리 쓰임.

3 이삭: 벼, 보리 따위 곡식에서, 꽃이 피고 꽃대의 끝에 열매가 더부룩하게 많이 열리는 부분.

4 초리: 어떤 물체의 가늘고 뾰족한 끝부분.

5 아청(鴉靑): 검은빛을 띤 푸른빛.

6 원문의 "서거프다"는 "서글프다"의 방언.

7 원문의 "나물하다"는 "나무라다"의 방언.

다시八月에 / 다시 8월에 • 566

1 원문의 반복된 두 번째 "슬픔"은 『새노래』에서 "노염"으로 표기 (27).

2 원문의 "기에"는 『새노래』에서 "거기"로 표기 (27).

3 별찌: "유성(流星)"의 방언. 유성: 지구의 대기권 안으로 들어와 빛을 내며 떨어지는 작은 물체. 별똥(별).

4 눈뿌리: 눈알의 안쪽으로 달려 있는 부분. '눈'을 강조하여 이르는 말.

5 원문 "우뢰"의 규범 표기는 "우레."

6 자욱자욱: 거듭하여 많은 자국마다.

7 원문의 "기에"는 "기어이"의 방언. 「정영 떠나신다는 말슴」 참조. 『새나라』에서는 이 표현이 "거기"로 수정되어 있어 "거기에"를 나타낼 수도 있을 듯.

8 불도가니: 쇠가 녹아 몹시 뜨겁게 단 도가니. 높은 열정으로 세차게 일어나는 기세나 상태를 비유적으로 이르는 말.

9 반석(磐石): 넓고 평평한 큰 바위. 사물, 사상, 기틀 따위가 아주 견고함을 비유적으로 이르는 말.

10 지동(地動): 오랫동안 누적된 변형 에너지가 갑자기 방출되면서 지각이 흔들리는 일.

八月데모行列에 부치는노래 / 8월 데모 행렬에 부치는 노래 • 568

1 원문의 "떨리는"은 『새노래』에서 "불리는"으로 표기 (29).

2 원문의 "타다타다 빛도없는"은 『새노래』에서 "한울한울 올리는"으로 표기 (29).

3 이 시가 수록된 『현대일보』의 같은 면에는 전날(1946.8.15) 행사에 관한 기사가 있음. 「三千万(3 천만) 感激(감격)도 새로운 八·一五(8·15): 人民政權(인민정권) 없이 民族解放(민족해방) 업다, 昨日(작일) 서울運動場(운동장)서 三千萬(3천만) 市民(시민)의 구든 議決(의결)」. 기사 요약문: "새로운 感激 (감격)과 새로운 決意(결의)를 表明(표명)하는 民戰(민전) 主催(주최) 八·一五紀念式典(8·15기념식전)은 豫定(예정)과 같이 昨(작) 十五日(15일) 午前(오전) 八時(8시)부터 서울運動場(운동장)에서 三千萬(3천 만)의 人民大衆(인민대중)의 熱誠的(열성적) 參集裡(참집리)에 開會(개회)되었다 『政權(정권)을 人民(인민)에게로』라는 集中的(집중적) 表現(표현)의 슬로간 앞에 三千萬(3천 만)의 意思(의사)와 行動(행동)은 同一(동일)한 目標(목표)로 向(향)할 것을 굳게 決議(결의)하는 同時(동시)에 다음과 같은 熱意(열의)에 찬 決議文(결의문)과 別行(별항)과 같은 『美國民(미국민)에 보내는 멧세-지』와 『스타-린 大元帥(대원 수)에게 보내는 멧세-지』를 우뢰와 같은 滿場(만장) 박手(수) 속에 可決(가결)하였다." 이 문맥은 앞의 시 「다시八月(8월)에」에도 적용될 수 있을 듯함.

遞信歌詞 / 체신 가사 • 570

1 원문의 "날날히"는 1920년대와 1930년대 일간신문에서 "나날이"라는 의미로 사용. 한국어 사전에서 "날날히"는 "나란히"의 방언으로 되어 있음.

戀歌 / 연가 • 572

1 소연(騷然)하다: 떠들썩하게 야단법석이다.

2 하도: "하"(아주, 몹시)를 강조하여 이르는 말.

3 달다: 열이 나거나 부끄러워서 몸이나 몸의 일부가 뜨거워지다.

詩와文化에부치는노래 / 시와 문화에 부치는 노래 • 574

1 원문의 "神奇(신기)"는 『새노래』에서 "玲瓏(영롱)"으로 표기 (111).

2 이 행은 『새노래』에서 다음 세 행과 하나의 연으로 재구성 (111-12).

3 남루(襤褸): 낡아 해진 옷.
4 원문의 "감추이다"는 "감추다"의 피동형 (『조선말 대사전』).
5 불도가니: 쇠가 녹아 몹시 뜨겁게 단 도가니. 높은 열정으로 세차게 일어나는 기세나 상태를 비유적으로 이르는 말.
6 미쁘다: 믿음성이 있다.
7 원문의 "이끼다"는 "잇기다"(규범 표기: "이어지다")로 추정.
8 타오위안밍(陶淵明, 도연명 365-427): 중국 동진 후기에서 남조 송대 초기까지 살았던 전원시인. 한용운(韓龍雲, 1879-1944): 일제 강점기의 시인, 승려, 독립운동가. 루쉰(魯迅, 노신 1881-1936): 중국의 근대 소설가, 라빈드라나트 타고르(Rabindranath Tagore, 1861-1941): 인도의 시인이자 철학자로 벵갈어 문학의 새로운 경지를 이룩함. 단테 알리기에리(Dante Alighieri, 1265-1321): 이탈리아의 시인 『신곡』(*The Divine Comedy*)의 저자. 샤를 보들레르(Charles Baudelaire, 1821-1867): 프랑스의 비평가이자 시인. 막심 고리키(1868-1936): 러시아의 작가, 사회주의 리얼리즘의 원조. 유진 오닐(Eugene O'Neill, 1888-1953): 노벨 문학상을 받은 미국의 희곡 작가.
9 고집(固執)하다 (동): 자기의 의견을 바꾸거나 고치지 않고 굳게 버티다. 고집스럽다 (형): 보기에 고집을 부리는 태도가 있다.
10 고금(古今): 옛날과 지금.

人民工場에 부치는노래 / 인민 공장에 부치는 노래 • 576

1 원문의 "잃어버리지만"은 『새노래』에서 "저버리지만"으로 표기 (32).
2 화통(火筒/火箭): 기차, 기선, 공장 따위의 굴뚝.
3 달다: 타지 않는 단단한 물체가 열로 몹시 뜨거워지다.
4 피대(皮帶): 두 개의 바퀴에 걸어 동력을 전하는 띠 모양의 물건.
5 치륜(齒輪): 둘레에 일정한 간격으로 톱니를 내어 만든 바퀴. 이가 서로 맞물려 돌아감으로써 동력을 전달.

움켜잡으면 그대더운피 / 움켜잡으면 그대 더운 피 • 578

1 원문의 "쏴"는 『새노래』에서 "쏴"로 표기 (77).
2 원문의 "박해속으로"는 『새노래』에서 "迫害(박해)속을"로 표기 (77).
3 원문의 "백성 오로지위하는 타는뜻밖엔"은 『새노래』에서 "백성에게 바치는뜻밖엔"으로 표기 (77).
4 원문의 "상채기"는 『새나라』에서 "칼자욱"으로 표기 (78).
5 원문의 "상채기"는 "생채기"의 비규범 표기.

句節도아닌 두서너마디 더듬는말인데도 / 구절도 아닌 두서너 마디 더듬는 말인데도 • 580

1 원문의 "湖水(호수)"는 『새노래』에서 "潮水(조수)"로 표기 (79).
2 원문의 "도시"는 『새노래』에서 "처다볼수" 앞으로 이동 (79).
3 원문의 "채우는"은 『새노래』에서 "넘치는"으로 표기 (80).
4 원문의 "다물고 잠근"은 『새노래』에서 "다문"으로 표기 (80).
5 원문의 "다사론"은 『새노래』에서 "무거운"으로 표기 (80).
6 원문의 "벼랑과언덕"은 『새노래』에서 "언덕과 들"로 표기 (80).
7 원문의 "이들에"는 『새노래』에서 "이 들에"로 표기 (80).
8 한량(限量)없다: 끝이나 한이 없다.
9 도시(都是): 도무지, 아무리 해도.

百萬의 편을 잃고 / 백만의 편을 잃고 • 582

1 도시(都是): 도무지, 아무리 해도.
2 원문의 "싱"은 문맥상 "신"으로 추정하지만, 4연 첫 행에 사용된 "성"일 가능성도 있음.
3 원문의 "뱃장"은 1936년 당시 일간 신문에서 "배짱"(조금도 굽히지 아니하고 버티어 나가는 성품이나 태도)의 의미로 사용. "元來(원래) 資本家(자본가)의 뱃장이란 될 수만 잇으면 勞働者(노동자)를 最高(최고) 以上(이상)으로 짜내랴는 意圖(의도)이니까" (「漁村疲弊(어촌 피폐)의 一因(일인) 漁業組合(어업조합)의 弊害(폐해)」『동아일보』 1933.07.30).
4 신기료장수: 헌 신을 꿰매어 고치는 일을 직업으로 하는 사람. 1932년, 1934-1936년, 1938년 및 1940년 여러 일간신문에는 구두를 수선하는 "신기려장수" 등으로 표기.
5 원문의 "가르키다"의 규범 표기는 "가르치다"와 "가리키다." 문맥상 둘 모두 가능할 듯하지만, 여기서는 "가르치다"로 사용.
6 몽양(夢陽), 여운형(呂運亨, 1886.05.25-1947.07.19): 일제 강점기의 독립운동가 겸 저술가. 구한 말 평등사상을 수용하여 노비들을 해방시키고, 교육·계몽 활동을 하다가 1907년 대한협회에서 주최하는 강연회에서 안창호의 연설에 감화되어 독립운동에 투신. 1944년 일제의 패망을 예견하고 '조선건국동맹'이라는 비밀 독립운동 조직을 만들어 해방에 대비했던 여운형은, 1945년 8월 15일 해방 직후 '조선건국준비위원회'를 조직. 1945년 8월에 조선건국준비위원회 위원장을, 9월부터 1946년 2월까지 조선인민공화국의 부주석을 역임. 1947년 7월 19일 서울 혜화동 로터리에서 한지근 등에 의해 암살당

함. 「勤勞人民黨(근로인민당)々首(수) 呂運亨(여운형) 氏(씨) 怪漢(괴한)에 被殺(피살) 昨日(작일) 惠化洞(혜화동) 附近(부근)에서」『동아일보』(1947.07.20. 2면). 장례식: 「故(고) 呂氏(여 씨) 人民葬(인민장) 오늘 嚴肅擧行(엄숙 거행)」『조선일보』(1947.08.03. 2면).

希望 / 희망 • 586

1 원문의 "커-브"는 『새노래』에서 "抛物線(포물선)"으로 표기 (92).
2 원문의 "지치어"는 『새노래』에서 "휩쓸려"로 표기 (92).
3 원문의 "나의 恒星(항성)"은 『새노래』에서 "나의恒星(항성) 나의希望(희망)"으로 표기 (93).
4 갈릴레오(Galileo Galilei, 1564-1642): 이탈리아의 자연 철학자, 천문학자, 수학자. 1609년 망원경을 개량하여 목성의 위성, 달의 반점, 태양의 흑점 등을 발견.
5 원광(圓光): 둥글게 빛나는 빛.
6 운성(隕星): 지구의 대기권 안으로 들어와 빛을 내며 떨어지는 작은 물체.
7 항성(恒星): 천구 위에서 서로의 상대 위치를 바꾸지 아니하고 별자리를 구성하는 별.

새해의노래 / 새해의 노래 • 588

1 원문의 "일는"은 『새노래』에서 "알는"으로 표기 (118).
2 원문의 "설"은 『새노래』에서 "세울"로 표기 (119).
3 당대의 신문에서 『새노래』 본문의 "알른"은 대부분 의미상 "앓는"으로 사용. 「어둠의흐름」과 「씨-라이언(加洲產(가주산)물개)」 참조. 원문의 "일는"은 당대의 신문·잡지에서 대부분 "이르다"(어떤 사람의 잘못을 윗사람에게 말하여 알게 하다, 잘 깨닫도록 일의 이치를 밝혀 말해 주다, 대중이나 기준을 잡은 때보다 앞서거나 빠르다, 등) 혹은 "잃다"의 뜻으로 사용되기에 오기로 추정됨.
4 저자: "시장(市場)"을 예스럽게 이르는 말.
5 소연(騷然)하다: 떠들썩하게 야단법석이다.
6 원문의 "테누리"는 1935, 1939, 1940년 신문에서 거의 "테두리"의 의미로 사용.
7 연륜(年輪): 나무의 줄기나 가지 따위를 가로로 자른 면에 나타나는 둥근 테.

統一에부침 / 통일에 부침 • 590

1 남북협상(南北協商): 1948년 전조선 정당 사회단체 대표자 연석회의와 남북

조선 제 정당 사회단체 지도자 협의회 등 단독 정부수립 노선에 대항한 일련의 정치회담. 1947년 5월 한국 문제 해결을 위한 제2 차 미·소 공동위원회가 열렸으나 미국과 소련 대표 사이의 합의가 이루어질 가능성이 희박. 이에 미국은 한국 문제를 국제연합으로 이관하였고, 그 해 11월 국제연합 총회는 미국이 제안한 한국 통일안을 통과. 1948년 1월 이 결의에 의한 국제연합 임시 한국위원단 방문을 소련과 북한 측이 거부함으로써 남북의 통일 선거 실시는 불가능. 이에 민족 내부적으로는 남북협상을 통해 자주적으로 남북문제를 해결하고자 하는 움직임이 일어났음. 종래부터 남한 단독 정부 수립을 주장한 이승만과 한국민주당은 "남한만이라도 단독 선거를 실시하여 정부를 수립한 뒤에 점진적으로 통일을 성취하자"고 주장. 이에 김구는 김규식과 함께 남한 단독정부 수립을 반대. 이들은 "남북 정치요인 회담을 통하여 통일 정부 수립을 해야 한다"고 하여 국론은 이승만 계열과 김구·김규식 계열로 양분. 특히 4월 14일 저명한 문화인 108명이 연서하여 남북 요인회담의 지지 성명을 발표하여 "남북협상만이 조국의 영구 분단과 동족상잔의 비극을 막는 구국의 길이다"라고 성원.

2 본시(本是): 처음부터 또는 근본부터.

3 원문의 "틧기"("티기"의 규범 표기)는 "티"의 북한어.

4 원문의 "문의"는 "무늬"의 옛말.

5 구복(口腹): 먹고살기 위하여 음식물을 섭취하는 입과 배.

6 원문의 "말래"는 "마루"(등성이를 이루는 지붕이나 산 따위의 꼭대기)의 방언.

7 굳이: 단단한 마음으로 굳게.

8 원문의 "노니다"는 "나누다"의 방언.

재산 / 재산 • 594

1 의자왕(義慈王, 599-660): 삼국시대 백제의 제31 대 마지막 국왕 (재위 641-660). "낙화삼천(落花三千)"은 나라를 빼앗긴 의자왕의 삼천 궁녀가 백마강의 낙화암에서 스스로 뛰어내렸다고 전해지는 일화를 지칭. "낙화삼천"은 1941년 가수 김정구가 부른 노래(김해송 작곡, 조영출 가사)이자, 1948년 3월 12일부터 시공관(市公舘)에서 시작된 연극단 황금좌(黃金座)의 신춘 대공연『百濟末葉(백제 말엽)의 哀話(애화): 落花三千(낙화삼천) 4막 6장』(청초생(靑草生) 작, 민당(民堂) 연출, 김운선(金雲善) 장치)에 관한 1948년 3월 일간신문 광고 및 기사로도 등장.

2 구전(口錢): 흥정을 붙여주고 그 수고비로 받는 돈을 의미.

3 남루(襤褸): 낡아 해진 옷.

4 전장(田莊): 개인이 소유하고 있는 논밭.

5 원문의 "물쓰든"은 당대 신문·잡지 등에 사용된 유사한 단어의 용례에 따르면 "물 쓰듯"의 오기로 추정. 사전적 정의에 따르면, "물쓰다"는 "물켜다"(물을 한꺼번에 많이 마시다)의 방언. 후자의 경우, 많이 들이킨 근심을 쏟아 내고 희망을 간직한다는 의미로도 추정 가능.

새해앞에 잔을들고 / 새해 앞에 잔을 들고 • 596

1 원문의 "빛다르다"는 "색다르다"의 방언.

2 아리: 1930년대 일간신문과 잡지에서 흔히 사용된 "어린아리"에서의 "아리"는 "아이"를 의미.

哭 白凡先生 / 곡 백범 선생 • 600

1 哭(곡): 제사나 장례를 지낼 때에 일정한 소리를 내며 욺.

2 김구(金九, 1876.08.29-1949.06.26): "백범(白凡)"은 그의 호. 일제강점기 독립운동가, 대한민국 정치인, 임시정부 국무회의 주석(1927, 1940-1945). 1949년 6월 26일 서울의 자택 경교장에서 육군 포병 소장 안두희의 총격으로 사망. 김기림의 시 「統一(통일)에부침」(『신민일보』 1948.04.18)의 주석 중 "남북협상" 참고.

3 원문의 "인제사"는 "이제야"의 방언.

4 원문의 "빗바람"은 "비바람"의 방언.

祖國의노래 / 조국의 노래 • 604

1 삼한(三韓 기원전 300-기원후 300년 경): 삼국시대 (고구려, 백제, 신라) 이전 한반도 중남부 지방에 자리 잡고 있던 마한(馬韓), 진한(辰韓), 변한(弁韓)을 통칭. 마한의 백제국(伯濟國)은 백제(百濟), 진한의 사로국(斯盧國)은 신라(新羅), 변한의 구야국(狗邪國)은 가야(伽倻)가 되었다는 설.

2 다보탑(多寶塔): 통일 신라 경덕왕 10년(751)에 건립된 탑으로 추정. 경주 불국사 경내의 대웅전 앞에 있는 동쪽 탑.

3 문수보살(文殊菩薩): 석가모니여래의 왼쪽에 있는 보살의 하나. 제불(諸佛)의 지혜를 맡은 보살로, 오른쪽에 있는 보현보살과 함께 삼존불(三尊佛)을 이룸. 그 모양이 가지각색이나 보통 사자를 타고 오른손에 지검(智劍), 왼손에 연꽃을 들고 있음.

4 되처: 거듭하여 다시.

5 무시(無時)로: 특별히 정한 때가 없이 아무 때나.

6 인(印): 지울 수 없게 새겨진 자취를 비유적으로 이르는 말.
7 원문의 "꽃이파리"는 "꽃잎"의 방언.
8 받치다: 어떤 일을 잘할 수 있도록 뒷받침해 주다. 물건의 밑이나 옆 따위에 다른 물체를 대다.

I-2. 최초 발표된 시의 원문 단행본 시집에 처음 수록된 시 / 현대 한국어로 수정된 시

『太陽의風俗』/『태양의 풍속』 • 611

感傷風景 / 감상 풍경 • 614

1 기존에 『태양의 풍속』에 수록된 「感傷風景(감상 풍경)」(55-56)은 『신가정』(1.11. 1933.11.01. 188 쪽)에 수록된 「가거라 너의길을」과 같은 시로 분류되고 있으나, 이 전집에서는 두 시 사이의 몇 가지 유사한 표현 및 이미지에도 불구하고 서로 다른, 연작시일 가능성을 두고 구분.
2 방천(防川): 둑을 쌓거나 나무를 많이 심어서 냇물이 넘쳐 들어옴을 막음. 또는 그 둑.
3 안개발: 일정한 범위에 길게 발처럼 쭉 깔려 있는 안개를 형상적으로 이르는 말 (『조선말 대사전』).

『바다와나비』/『바다와 나비』 • 617

어린共和國이여 / 어린 공화국이여 • 618

1 「어린共和國(공화국)이여」는 『바다와 나비』(1946.03.03)에 먼저 수록된 후, 『신문예』 2.2(1946.07.01)에 재수록.
2 원문의 "牧丹(목단)"은 『신문예』에서 같은 뜻의 "모란"으로 표기 (16).
3 원문의 "그늘에"는 『신문예』에서 "어둠속에"로 표기 (16).
4 원문의 "주오"는 『신문예』에서 "주소서"로 표기 (16).
5 원문의 "어린共和國"은 『신문예』에서 "어린共和國이여"로 표기 (17).
6 원문의 "밤새워기다리는거리로"는 『신문예』에서 "밤새우며 고대하는거리로"로 표기 (17).

7 원문의 3연은 『신문예』에서 각 2행씩 3연과 4연으로 분리 (17).
8 장렬(葬列): 영구(靈柩)를 따라 장사 지내러 가는 행렬.
9 귀동자: 특별히 귀염을 받거나 귀하게 자란 사내아이.

무지개 / 무지개 • 620

1 「무지개」는 『바다와 나비』(1946.03.03)에 먼저 수록된 후, 『대조』 1.2(1946.06.25)에 재수록.
2 원문의 "우리"는 『대조』에서 "우릐"로 표기 (209).
3 원문의 "쏘들데□는분함"은 『대조』에서 "쏘들데없는 분함"으로 표기 (210).
4 원문의 "사람"은 『대조』에서 "사랑"으로 표기 (210).
5 원문의 "미□다툼"은 『대조』에서 "미운다툼"으로 표기 (210).
6 원문의 "앞은데마다 쓴눈물 쏟아"는 『대조』에서 "앞은 상채기마다 쓴눈물쏟은다음"으로 표기 (210).
7 신라(新羅): 서기전 57-935 시기 한반도의 동남쪽에 존속했던 고대 왕조.
8 원문의 "티끼"는 "티끌"의 방언.
9 쪽빛: 짙은 푸른빛.
10 나이아가라(Niagara): 미국의 뉴욕 주와 캐나다의 온타리오 주 사이의 국경을 가로질러 흐르는 강.
11 동리(洞里): 주로 시골에서, 여러 집이 모여 사는 곳. 지방 행정 구역의 최소 구획인 동(洞)과 이(里)를 아울러 이르는 말.
12 벽옥(碧玉): 산화철로 된 불순물을 함유한 불투명한 석영. 조직이 치밀하며, 그 안에 섞인 불순물에 따라 색깔이 달라짐. 산화철을 함유한 것은 녹색 또는 붉은 색이며, 수산화철을 함유한 것은 누런 녹색.
13 원문의 "다문"은 "담은"으로 추정. 당대의 일간신문에 사용된 용례 참조: "길을 지나다가 『山茶花(산다화)』 『씨크라멘』 『싸이미리아』의 花盆(화분)을 다문 꼿수레를 보앗다" (「淺春譜(천춘보) 【6】 春雨(춘우)·萠芽(맹아)·病友(병우)」 『조선일보』 1938.03.04. 석간 5면); 勅題(칙제) 『神苑朝(신원조)』에 非常時(비상시) 國民(국민)의 赤誠(적성)을 다문 詠進歌(영진가)를 天聽(천청)에 奉達(봉달)하압는 光榮(광영)의 날 (「御製(어제)에 大御心(대어심) 宮中御歌會始(궁중어가회 시)」 『조선일보』 1938.01.25. 석간 1면). 「아프리카 광상곡」 「구절도 아닌 두서너 마디」 참조.
14 원문의 "밑없는"의 "밑"은 『바다와 나비』의 여러 판본을 비교하여 활자 확인 (25). 「어린共和國(공화국)이여」에 사용된 "밑"과 동일한 활자 (23). 1930년대의 신문·잡지 등에 "밑없는 沈默(침묵)," "밑없는 苦痛(고통)," "밑없는 허욕," "밑

없는 공허," "밑없는 구렁," "밑없는 우물," "밑없는 낭떨어지," "밑없는 독" 등이 빈번히 사용.

15 원문의 "까시다"는 "가시다"의 방언. 가시다: 물 따위로 깨끗이 씻다. 어떤 상태가 없어지거나 달라지다.

길까의輓章 / 길가의 만장 • 622

1 만장(挽章): 죽은 사람을 슬퍼하여 지은 글. 장사 때 비단·종이에 적어서 기를 만들어 상여 뒤를 따름. 이 시는 1946년 04월 20일에 발간된 『바다와 나비』에 수록된 시. 이 시기에 "挽章(만장)"이라는 단어를 포함한 주요 인물 관련 기사는 1945년 12월 30일에 사망, 1946년 1월 5일 10시에 그의 영결식이 거행된 고하(古下) 송우진(宋鎭禹). 「宋鎭禹(송우진) 氏(씨) 永訣式(영결식)」『조선일보』(1946.01.06. 2면) 및 「幽明(유명)은 從此(종차)로 永訣(영결), 滿場(만장)의 弔客(조객), 悲淚滂沱(비루방타)」『동아일보』(1946.01.06. 2면). 송진우(宋鎭禹, 1890-1945): 일제강점기 동아일보사 사장, 한국민주당 수석총무 등을 역임한 언론인. 정치인. 교육자. 독립운동가. 12월 28일에 신탁통치문제로 아놀드(Arnold, A. V.) 미군정장관과 회담을 통하여 반탁시위의 정당성을 강조하였으며, 29일 밤에는 경교장(京橋莊)에서 임시정부 요인들과 회담. 미군정청과는 충돌을 피하고 국민운동으로 반탁에 대한 신중론을 피력하고 자택으로 돌아온 뒤, 다음날 30일 상오 6시 한현우(韓賢宇) 등 6명의 습격을 받고 서울특별시 종로구 원서동 74번지 자택에서 사망. 아래 7번 주석 참조.

2 사온(四溫): 삼한 사온의 날씨에서 비교적 따뜻한 나흘 동안.

3 원문의 "거제기"는 "거적"의 방언.

4 권외(圈外): 일정한 범위나 테두리의 밖.

5 나눕다: 나가눕다. 좀 나가서 되는대로 눕다. 어떤 일을 단념하거나 못하겠다고 버티다 (『조선말 대사전』). "나앉다" 참조.

6 사품치다: 물살이 계속 부딪치며 세차게 흐르다. (비유적으로) 마음이 세차게 부딪쳐 움직이다.

7 모스크바 회의: 원문의 "막부(莫府)"는 "모스크바"의 음역어. 모스크바 삼상회의(三相會議)는 1945년 12월 16일부터 25일까지 소련의 모스크바에서 미국, 영국, 소련의 3개국 외상이 한반도의 신탁통치 문제를 포함한 7개 분야의 의제를 다룬 회의. 채택된 의정서에는 한국에 미군사령부와 소련군사령부의 대표로 구성되는 미소공동위원회를 설치하고, 민족 독립 달성을 위해 신탁통치할 수 있는 방책을 작성하도록 되어 있었음. 그러나 신탁통치의 의미를 미·소가 서로 다르게 해석하고 자국에 우호적인 정부 수립을 위한 수단으로 접근함에 따라 미

소공동위원회는 의미 있는 성과를 내지 못하고 말았음. 1945년 12월 14일부터 "막부회의" 관련 기사가 『동아일보』와 『조선일보』에 등장하여 1950년 5월 22일까지 이어짐. 모스크바 삼상회의를 비롯한 당대의 국제 정세와 한반도 신탁통치 문제, 그리고 그 문맥 속에서의 "민주주의 독립 국가의 완성"에 관한 김기림의 의견은 「現下(현하)의 情勢(정세)와 나의 見解(견해): 統一(통일)과 建國(건국) 外交(외교)」(『中央新聞(중앙신문)』 1946.01.16. 1면) 참조.

8 원문의 "어슬막"은 "어스름"의 방언.

9 상기(上氣): 흥분이나 부끄러움으로 얼굴이 붉어짐.

10 화톳불: 한데다가 장작 따위를 모으고 질러 놓은 불.

11 원문의 "말케"는 1933년 2월 19일 『동아일보』 및 1934년 12월 2일 자 기사에서 "말하게"라는 의미로 사용. 예: "農村(농촌)의 經濟事情(경제사정)과 農民(농민)의 生活狀態(생활상태)는 오즉 農民 (농민)의 입으로써 말케하야 듯는 것이 더욱 適切(적절)하고 當然(당연)한 順序(순서)가 않일가."

12 사시(四時): 봄, 여름, 가을, 겨울의 네 철.

女人圖 / 여인도 • 624

1 원문의 "멱"은 "미역"의 준말. 풋미역: 그해 나서 자란 어린 미역.

2 사식(私食): 교도소나 유치장에 갇힌 사람에게 사사로이 마련하여 들여보내는 음식.

3 부형회(父兄會): 학교를 중심으로 학부모와 교사로 이루어진 모임. 또는 그 회의.

4 만: (시간이나 거리를 나타내는 말 뒤에 쓰여) "앞말이 가리키는 만큼 지난 시간이나 떨어진 거리"를 나타내는 말.

5 흥캐진: 사전적 정의나 당대의 용례로 확인하기 어려움. 사전에서 비교적 유사한 단어는 "헝클다"의 방언인 "흥클다"로, 이 경우엔 "헝클어진"으로 추정. 1930년대에 "눈"을 수식하는 형용사로 자주 사용되던 단어이며, 문맥상 어느 정도 타당해 보이는 단어는 "퀭하다"(눈이 쑥 들어가 크고 기운 없어 보이다) 혹은 "충혈되다."

6 눈자위: 눈알의 언저리. 눈의 흰자위와 검은자위를 아울러 이르는 말 (『조선말 대사전』).

7 손맥 (손의 힘): 원문의 "손맥"을 꾸미는 형용사가 "날씬한"이라는 점을 감안한다면, "손맥"은 "손목"으로 추정. 또한 주석 5번의 "흥캐진"이 "헝클어진," "퀭한" 혹은 "충혈된"으로 해석된다면, 여기서의 "날씬한"은 "호리호리한" 정도의 의미로 추정 가능.

東方紀行 / 동방 기행 • 626

序詩 [II] / 서시 [II] • 626

1 원문의 제목이 『태양의 풍속』에 수록된 「序詩(서시)」와 동일. 이에 따라 전자에 [II]를, 후자에 [I]을 붙여 시의 제목 표기.

2 『바다와 나비』(1946.04.20)의 「東方紀行(동방기행)」 연작시 중 잡지 『문장』 1.5(1939.06.01) 및 1.6(1939.07.01)의 「續(속) 東方紀行(동방기행) 詩(시)」에 수록되지 않았던 처음 5 편은 『문장』에 수록된 시와 같은 시기 혹은 그 이전에 쓰인 것으로 추정. 『바다와 나비』에는 「서시」를 포함한 앞서 발표되지 않았던 5 편의 시들을 먼저 배치하고, 그 뒤에 「續(속) 東方紀行(동방기행) 詩(시)」에 속한 몇 편의 시를 배치.

3 추기다: 다른 사람을 꾀어서 무엇을 하도록 하다. 실제 이상으로 높이 칭찬하다. 들추기다: 강하게 부추기다.

宮島/ 미야지마 • 628

1 미야지마(みやじま, 宮島(궁도)): 일본 삼경 중에 하나인 미야지마는 일본 서쪽의 세토 내해(せとないかい, 瀬戸内海(뢰호내해)) 안에 있는 섬으로, 예전부터 '신의 섬'이라 하여 숭배되어 왔음.

2 원문의 "널랑"은 "너는". -ㄹ랑: (구어체로) 어떤 대상을 특별히 정하여 가리킴의 뜻을 나타내는 보조사.

鎌倉海邊 [II] / 가마쿠라 해변 [II] • 630

1 가마쿠라(かまくら, 鎌倉(겸창)) 해변. 동일한 제목의 「『가마꾸라』海邊」(『문장』 1.5. 1939. 06. 01. 102-03쪽)은 이후 『바다와 나비』에 「동방 기행: 쇼부타(しょうぶた, 菖蒲田(창포전)) 해수욕장」으로 변경되어 수록 (82). 대신 이 시가 「鎌倉海邊(가마쿠라 해변)」으로 정해짐. 『바다와 나비』에 수록된 이 시의 원문을 『문장』에 수록된 동일한 제목의 시와 구분하기 위해 전자에 [II]를, 후자에 [I]을 붙여 제목 표기.

2 가마쿠라(かまくら, 鎌倉(겸창)): 일본 가나가와 현 미우라 반도 서쪽에 위치하는 시. 에노시마 부근.

中禪寺湖 / 주젠지 호 • 632

1 주젠지 호(ちゅうぜんじこ, 中禅寺湖(중선사 호)): 일본 도치기(栃木) 현 닛코(日光) 시에 있는 호수.

2 한밤: 깊은 밤.

3 “으스스”는 원문 “으시시”의 규범 표기.

4 원문의 “키네마”(kinema)는 “시네마”(cinema).

仙臺 / 센다이 • 634

1 센다이(せんだい, 仙臺(선대)): 미야기 현의 현청 소재지이고, 도호쿠(とうほく, 東北(동북)) 지방의 중심 도시. 김기림이 재학했던 (1936-1939) 도호쿠(東北(동북)) 제국대학(帝國大學)이 있던 곳.

2 “지루한”은 원문 “지리한”의 규범 표기.

3 보미: 녹(綠), 동록(銅綠). 산화 작용으로 쇠붙이의 표면에 생기는 물질.

『새노래』 / 『새노래』 • 637

부푸러오른 五月달 아스팔트는 / 부풀어 오른 5월 달 아스팔트는 • 638

1 호기(豪氣): 꺼드럭거리는 기운. 꺼드럭거리다: 거만스럽게 잘난 체하며 자꾸 버릇없이 굴다. 씩씩하고 호방한 기상.

2 원문의 “메투리”는 “미투리”의 방언. 미투리: 삼이나 노 따위로 짚신처럼 삼은 신.

3 원문의 “행견”은 “행전(行纏)”의 방언. 행전: 바지나 고의를 입을 때 정강이에 감아 무릎 아래 매는 물건. 반듯한 헝겊으로 소맷부리처럼 만들고 위쪽에 끈을 두 개 달아서 돌라매게 되어 있음.

4 이 시의 3-4연과 연관된 내용은 김기림이 1946년 이후 지속적으로 논의. 「現代文學(현대문학)의 諸(제) 課題(과제)」『文學槪論(문학개론)』(1946.12.20. 70-79): “朝鮮(조선) 人民(인민) 大衆(대중)은 李朝(이조) 末期(말기)에 封建(봉건) 特權層(특권층)의 손으로 日帝(일제)의 손에 팔려 넘아간 뒤에도 그 自身(자신)의 文化(문화)를 所有(소유)해 보지 못하고 더군다나 帝國主義的(제국주의적) 植民地(식민지) 文化政策(문화정책)의 가진 犧牲(희생)이 되어 왔던 것이다. 인제야 朝鮮(조선) 人民(인민)은 그 自身(자신)의 文化(문화)를 所有(소유)해야 할 때가 왔다. (…) 文化(문화)의 所有(소유) 關係(관계)가 從來(종래)의 特權的(특권적)인 獨占(독점) 形態(형태)를 떠나서 廣汎(광범)한 人民(인민) 大衆(대중)에게 基礎(기초)를 둔 眞正(진정)한 民主主義的(민주주의적) 形態(형태)로 바꾸어져야 할 것이다” (71). 「우리 詩(시)의 방향」『詩論(시론)』(1947.11.15. 193-204): “우리가 建設(건설)하려는 새로운 文化(문화)는 말할 것도 없이 넓은 大衆的(대중적) 基盤(기반)을 開拓(개척)해야 할 것이다. 오랫동안 우리로부터 隔離(격리)되었던 그 大衆(대중)이란 무엇이냐. 新羅(신라) 奴隸國家(노예국가)의 貴族(귀족) 文化(문화)를 培養(배양)해 가던 古代(고대)의 奴隸(노예)에서 始作(시작)하여 高麗

(고려)·李朝(이조)의 封建社會(봉건사회)를 通(통)하야 土地(토지)에 억매인 채 特權的(특권적) 貴族(귀족) 兩班事會(양반사회)의 搾取(착취)의 對象(대상)이었으며 또 끝끝내는 이른바 韓日合併(한일합병)으로 하야 韓末(한말) 特權階級(특권 계급)이 日本(일본) 帝國主義(제국주의)의 손에 팔아넘긴 다음부터는 다시 瘦瘠(수척)한 日本(일본) 帝國主義(제국주의)의 奴隷(노예)로 化(화)하였던 數千年(수천년)의 쇠사슬 자욱이 그대로 四肢(사지)에 남아 있는 光明(광명)을 모르는 受難者(수난자)들이 아니냐. 그들은 인제야 새로운 歷史(역사)에 登場(등장)하기 위하여 萬端(만단)의 準備(준비)를 가추면서 있다" (200).

5 메이데이(May Day): 노동절(勞動節, Labor Day): 노동자의 권익과 복지를 향상하고 안정된 삶을 도모하기 위하여 제정한 날. 1886년 5월 1일 미국의 총파업이 그 시초. 1889년에 제2 인터내셔널은 5월 1일을 노동자 운동을 기념하는 날로 정하였고, 이후 전 세계로 확산. 1947년 5월 1일 자 『동아일보』 기사: "勞動者(노동자)의 名節(명절): 메이데이 記念式(기념식). 大韓勞總(대한노총)은 運動場(운동장), 全評(전평)은 南山公園(남산공원). 노동자들의 세계적 명절인 제六十一(61)회 메이데이는 오늘로 박두하였다 이날 대한노총에서 상오 十一時(11시)부터 서울운동장에서 전평(全評)에서는 상오 十時(10시)부터 남산공원에서 각각 성대히 기념식을 거행하기로 되였다."

우리들의 握手 / 우리들의 악수 • 640

1 함부르크(Hamburg): 독일 북부의 주이자 도시. 룩셈부르크(Luxemburg): 서유럽에 위치한 룩셈부르크 대공국의 수도. 로잔(Lausanne): 스위스의 도시로 보(Vaud) 주의 주도로 제네바 북쪽에 위치한 도시. 카이로(Cairo): 이집트와 아랍 연맹의 수도. 콜카타(Kolkata): 인도의 서벵골 주의 주도로 2001년 1월 캘커타(Calcutta)에서 도시 이름 개명. 하노이(Hanoi): 베트남의 수도. 시카고(Chicago): 미국 일리노이 주의 도시. 에든버러(Edinburgh): 스코틀랜드의 수도.

2 미명(未明): 날이 채 밝지 않음. 또는 그런 때.

눈짓으로 理解하는 戰線 / 눈짓으로 이해하는 전선 • 644

1 숀 오케이시 (Seán O'Casey, 1880-1964): 아일랜드의 극작가. 더블린의 빈민 공동주택에서 태어나 15세 때부터 부두의 인부, 도로 인부 등 일당을 받는 노동에 종사했으며, 한때는 혁명군에도 가담. 그는 이 체험을 살려서 도시의 빈민 생활이나 혁명 운동을 소재로 삼음. 원문에서의 『가닥과 별』은 더블린을 배경으로 삼아 1916년 부활절 봉기를 재현한 『쟁기와 별』(*The Plough and*

the Stars, 1926)인 듯함.

2 애란(愛蘭): "아일랜드(Ireland/Éire)"의 음역어. 1920년에 영국의 새 법에 따라 아일랜드는 북아일랜드와 남아일랜드로 양분되어 별도의 의회를 구성, 북아일랜드 6개 주는 영국과 아일랜드 간의 조약에 따라 자치권을 인정받아 아일랜드공화국(26개 주)에서 분리, 1921년 12월 6일 아일랜드가 독립. 1925년 아일랜드와 북아일랜드, 영국 등 세 당사자 간의 조약에 따라 아일랜드공화국과 북아일랜드 간의 국경선이 공식적으로 확정. 제2차 세계대전 후인 1949년에는 국명을 "아일랜드"로 바꾸고 1926년 이래 가맹해 있던 영연방에서 탈퇴.

3 인도: 영국은 1858년 동인도회사에 의한 통치를 마치고 직접 통치 시작. 1947년 인도 독립법 (Indian Independence Act 1947)의 통과로 영국으로부터 1947년 8월 14일에 파키스탄이 별도의 국가로, 1947년 8월 15일에 인도가 주권이 있는 국가로 분리 독립.

4 안남(安南): "베트남(Viet Nam)"의 다른 이름. 19세기 프랑스 식민지로 삼분된 베트남의 중부 지방을 이르던 이름. 프랑스의 지배 (1884-1945). 1940년에 일본군은 베트남 북부에 진출하고, 1941년은 베트남 남부에도 진주. 일본군은 태평양전쟁 말기인 1945년 3월까지 프랑스령 인도차이나 정부와 공존. 1945년 9월 호찌민은 하노이를 수도로 하여 베트남 민주 공화국(북베트남)의 독립.

5 원문의 '버리다'는 "벌리다"의 옛말.

6 이 시에 나타난 피식민 국가들 사이의 국제적 연대 문제에 관한 김기림의 의식은 그가 민족적 특수성과 세계적 보편성을 연결하여 논의한 "민족문학"론에서도 나타남.「現代文學(현대문학)의 諸(제) 課題(과제)」『文學槪論(문학개론)』(1946.12.20. 70-79): "우리가 말하는 民族文學(민족문학)은 아무런感傷(감상)도 自己(자기) 陶醉(도취)도 必要(필요)로 하지 않고 現實(현실)의 具體的(구체적)인 歷史的(역사적)·社會的(사회적) 諸(제) 契機(계기)에서 提起(제기)된 것이며 一面(일면)에 있어서는 特殊(특수)한 社會的(사회적) 內容(내용)을 가지면서, 他面(타면)에 있어서 世界史的(세계사적) 要求(요구)의 發願(발원)이라고 하여 마땅하다. 즉 文學(문학)의 民族的(민족적) 形式(형식)의 完成(완성), 反封建主義(반봉건주의) 싸움에 依(의)한 急速(급속)한 近代化(근대화)라는 點(점)에서는 特殊(특수)한 社會的(사회적) 內容(내용)의 所産(소산)이라고 하겠으며, 反帝國主義(반제국주의) 싸움에 依(의)한 人類(인류)의 自由(자유)와 世界平和(세계평화)의 擁護(옹호)와 反(반)『파시즘』의 싸움에 依(의)한 文化(문화)의 世界性(세계성)의 完成(완성)과 또 眞正(진정)한 人民的(인민적) 文學(문학)의 樹立(수립)이라는 세 가지 點(점)에 있어서는 바로 世界史的(세계사적) 使命(사

명)에로 連結(연결)되는 것이라고 하겠다" (78-79). 「데모크라시에 부치는 노래」 참조.

어렵고 험하기 이를데 없으나 / 어렵고 험하기 이를 데 없으나 • 648

1 원문의 "길이기"의 어미 "-기"는 "-기에"의 옛말.

2 부서(部署): 일정한 조직체 안에서 일의 성격에 따라 나누어진 부분.

데모크라시에 부치는 노래 / 데모크라시에 부치는 노래 • 650

1 세도(勢道): 정치상의 권세. 또는 그러한 권세를 마구 휘두르는 일. 댁: 남의 집이나 가정을 높여 이르는 말.

2 삼한(三韓 기원전 300-기원후 300년 경): 삼국시대 (고구려, 백제, 신라) 이전 한반도 중남부 지방에 자리 잡고 있던 마한(馬韓), 진한(辰韓), 변한(弁韓)을 통칭. 마한의 백제국(伯濟國)은 백제(百濟), 진한의 사로국(斯盧國)은 신라(新羅), 변한의 구야국(狗邪國)은 가야(伽倻)가 되었다는 설.

3 이 시에서의 "백성"의 경우, 「부푸러오른 五月(5월)달 아스팔트는」의 주석 중 조선의 "인민대중"에 관한 「現代文學(현대문학)의 諸(제) 課題(과제)」 『文學槪論(문학개론)』(1946.12.20. 70-79) 및 「우리 詩(시)의 방향」 『詩論(시론)』 (1947.11.15. 193-204) 참조.

波濤 / 파도 • 652

1 월가(Wall Street): 미국 뉴욕시 맨해튼 섬 남쪽 끝에 있는 지역. 국제금융시장의 중심지로 연방준비은행, 증권거래소 따위가 모여 있음.

2 문장(門帳): 창이나 문에 치는 휘장.

3 다닥치다: 일이나 사건 따위가 가까이 이르다.

4 산협(山峽): 산속의 골짜기.

5 "벼루"는 원문 "벼래"의 규범 표기. 벼루: 강가나 바닷가에 있는 벼랑. 낭떠러지: "낭"+"-떠러지"("떨어지다"의 어간 "떨어지-").

6 서슴다: 결단을 내리지 못하고 머뭇거리며 망설이다.

7 원문의 "주룸"은 "주름"의 옛말. 주름잡다: 모든 일을 자기가 하고 싶은 대로 주동이 되어 처리하다. 시간이나 공간의 길이를 앞당기거나 짧게 하다 (북한어).

오늘도 故鄕은 / 오늘도 고향 • 658

1 도시(都是): 도무지, 아무리 해도.

2 원문의 "허위잡을"은 "휘어잡을"의 의미인 듯. 김규동의 「가는 해에게 주는

詩(시)」『경향신문』(1958.12.31. 조간 4면): "東(동)·西(서)·南(남)·北(북), / 아 가고 싶은 곳과 꿈은 많으나 / 도시 허위 잡을 수 없는 빛과 香氣(향기)여."

3 원문의 "나사서다"는 "다가서다"의 방언 (함북).

4 켜다: 물이나 술 따위를 단숨에 들이마시다.

5 자전(字典): 한자를 모아 일정한 순서로 늘어놓고 글자 하나하나의 음과 뜻을 풀이한 책.

닥아앉아 가장 그윽한 애기…. / 다가앉아 가장 그윽한 얘기…. • 660

1 원문의 제목 중 "앉아"와 "애기"는 『새노래』 차례에서 "앉아"와 "얘기"로 표기 (8).

2 이해(利害): 이익과 손해를 아울러 이르는 말.

3 주추러들다: 말뚝 따위를 메로 칠 때 땅이 굳어 말뚝의 머리 부분이 헤어지며 움츠러들다 (『두만강 유역의 조선어 방언사전』). 원문의 "주추러듦"은 "움츠러듦"이라는 의미로 추정. 4연 2행 "주춤거림"과의 소리를 맞추기 위해 원문의 단어 "주추러들믄"을 그대로 사용.

4 문맥상 "한마리"는 "한마디"(짧은 말, 또는 간단한 말)의 오기로 추정. 원문의 "마리"가 "말"의 방언(함북)으로 "한마리"가 "한 말"일 수도 있지만, 조사 "가"로 인해 "한마디"가 더 적절할 듯함.

童話 / 동화 • 662

1 모래둔: 모래언덕, 사구(沙丘). 「戲畵(희화)」, 「『에노시마』海水浴場(해수욕장)」, 「童話(동화)」에서 "모래사장"을 지칭하기도 하는 듯.

2 지경(地境): 나라나 지역 따위의 구간을 가르는 경계.

3 간밤: 어제의 밤.

4 원문의 "오무리다"는 "오므리다"의 방언.

5 연잇다: 어떤 일이나 상태가 끊이지 않고 계속되다. 또는 어떤 일이나 상태가 끊어지지 않게 계속하다.

사슴의 노래 / 사슴의 노래 • 664

1 당대 신문에서 사용된 "가락입"은 "가랑잎"(나무에서 떨어진 마른 잎). 「現(현) 朝鮮(조선) 童話(동화) (3)」『동아일보』(1930.12.28. 5면): "天動(천동)만 하여도 무섭고 가락입만 벗썩하여도 무서웁다." 「花冠(화관) 【112】」『조선일보』(1937.11.27. 7면): "일 원짜리 한 장은 네 쪽에 난 것을 담배갑을 오려 가로 세로 부하여 가락입처럼 떠들석한 것도 잇섯다."

2 달다: 열이 나거나 부끄러워서 몸이나 몸의 일부가 뜨거워지다.

3 백화(白樺): 자작나뭇과의 낙엽 활엽 교목. 높이는 20~30미터이며, 나무껍질

은 흰색이며 종이처럼 벗겨진다.
4 지치다: 어떤 바닥 위를 미끄러져 나가다.
5 영(嶺)마루: 고개의 맨 꼭대기.

뜻없이 달이 밝아 / 뜻 없이 달이 밝아 • 666

1 얼어들다: 얼기 시작하다.
2 원문의 “일홈”은 “이름”의 옛말 (『조선말 대사전』).
3 지르다: 갈라서 나누다. (팔다리나 막대기 따위를) 내뻗치어 대상물을 힘껏 건드리다. 앞 행의 “소리”를 감안한다면, “목청을 높여 소리를 크게 내다”의 의미도 연관된 듯.
4 원문의 “뭉캐다”는 “뭉개다”의 방언.
5 골고다(Golgotha): 예수가 십자가에 못박혀 죽은, 예루살렘 교외의 언덕. “골고다”는 “해골”이라 는 뜻.
6 이슬지다: 이슬이 맺히다. 눈에 눈물이 괴어 흐르다.

정영 떠나신다는 말슴 / 정녕 떠나신다는 말씀 • 670

1 갈바람: “가을바람”의 준말.
2 부치다: 마음이나 정 따위를 다른 것에 의지하여 대신 나타내다.
3 원문의 “기에”는 “기어이”의 방언. 「다시 八月(8월)에」 참조.

길일은 노루 처럼 / 길 잃은 노루처럼 • 672

1 원문의 “길일은”은 원문에서뿐만 아니라 『새노래』 차례에서도 “길잃은”으로 표기 (10).
2 향복(享福): 복을 누림. 「금붕어」 참조: 『조광』 원문(1935.12.01. 40쪽)의 “幸福(행복)”은 『현대조선문 학전집: 시가집』(1938.04.01. 206쪽) 및 『바다와 나비』(1946.04.20. 63쪽)에서 “향복(享福)”으로 표기. 1920-40년대 일간신문에서 이 두 단어가 거의 동일하게 사용되기도 함.
3 “테누리”는 1935, 1939, 1940년 신문에서 “테두리”의 의미로 사용.
4 갈꽃: 갈대의 꽃. 솜과 같은 흰 털이 많고 부드러움.
5 비탈리다: 조금 비틀리다 (『조선말 대사전』).
6 별찌: “유성(流星)”의 방언. 유성: 지구의 대기권 안으로 들어와 빛을 내며 떨어지는 작은 물체.
7 원문 “설음”의 규범 표기는 “설움.”

코스모쓰는 / 코스모스는 • 674

1 귀뚜리: 귀뚜라밋과의 곤충. 몸은 진한 갈색에 복잡한 얼룩점이 있으며 8~10월에 나타나 풀밭이나 뜰 안에 살면서 수컷이 가을을 알리듯이 운다.

2 섬돌: 집채의 앞뒤에 오르내릴 수 있게 놓은 돌층계.

3 "자지러지다"는 원문 "자즈러지다"의 규범 표기.

4 분원(分院): 조선 시대에, 사옹원에서 쓰는 사기그릇을 만들던 곳. 현재의 경기도 광주 분원리. "분원백자(分院白磁)"는 그곳에서 만들어진 백자.

5 『크로이체르 소나타』(*The Kreutzer Sonata*): 루트비히 판 베토벤(Ludwig van Beethoven, 1770-1827)의 10개의 바이올린 소나타 중 9번. 베토벤이 프랑스 바이올리니스트 크로이체르에게 헌정한 작품. 레오 톨스토이(Leo Tolstoy, 1828-1910)는 이 소나타를 듣고 난 후 같은 제목의 중편 소설을 씀.

오늘은 惡魔의것이나 / 오늘은 악마의 것이나 • 676

1 "벼루"는 원문 "벼래"의 규범 표기. 벼루: 강가나 바닷가에 있는 벼랑 (낭떠러지의 험하고 가파른 언덕).

2 원문의 "골짜구니"는 "골짜기"의 방언.

3 "이지러지다"는 원문 "이즈러지다"의 규범 표기.

4 그믐밤: 음력 그믐날의 밤. 그믐: 음력으로 그달의 마지막 날.

센토오르 / 켄타우로스 • 678

1 「센토오르」는 『바다와 나비』(1946.03.03)에 먼저 수록된 후, 『개벽』 10.3 (1948.05.05.)에 「쎈토- 르」로 재수록.

2 원문의 "天幸(천행)으로"는 『개벽』에서 "요행이도"로 표기 (30).

3 원문의 "갑옷"은 『개벽』에서 "옷"으로 표기 (30).

4 원문의 "저민"은 『개벽』에서 "점인"으로 표기 (30).

5 원문의 5연 1행과 2행은 『개벽』에서 서로 위치가 바뀜 (30).

6 원문의 "당홍"은 『개벽』에서 "붉은"으로 표기 (31).

7 원문의 "전장(戰場)텀 피샘"은 『개벽』에서 "전쟁(戰爭)터나 물샘"으로 표기 (31). "전장(戰場)터"는 "전쟁터"의 방언, 혹은 비규범 표기.

8 원문의 이 행과 바로 앞의 행 끝은 『개벽』에서 모두 물음표 표기 (31).

9 원문의 "못살구나겠구나"는 『개벽』에서 "못살겠구나"로 표기 (31).

10 원문의 "금년가을도"는 『개벽』에서 "금년일"로 표기 (31).

11 원문의 "사과밭 / 딸기밭 / 개나리 / 진달레 꽃밭에서"는 『개벽』에서 "사과밭 / 채마밭 / 진달레 / 개나리 꽃밭에서"로 표기 (31). 그리고 이 행이 포함된 7연은

7연(“『센토오르』때문에”~“진달레 꽃 밭에서”)과 8연(“통굽을한”~“몰아내자”) 으로 분리 (31).

12 켄타우로스(Centaur): 그리스 신화에 나오는 상반신은 인간이고 하반신은 말인 상상의 종족. 흔히 길들여지지 않은 말처럼 거친 존재로 알려짐.

13 목양신(牧羊神): 숲, 사냥, 목축을 맡아보는 신. 반은 사람, 반은 동물의 모양. 그리스 신화의 판 (Pan), 로마 신화의 파우누스(Faunus)에 해당.

14 미카엘(Michael): 유대교와 기독교의 대천사.

15 전장(戰場)판: 전투가 벌어지는 위험한 판.

16 치자(梔子): 치자나무 열매. 붉은 색에 가까운 노란 색의 물감 원료로도 씀.

17 금사(金絲): 금빛이 나는 실.

18 마각(馬脚): 말의 다리. 거짓으로 꾸며 숨긴 본래 모습이나 성질.

II-1. 추후 다시 발표된 시의 본문
신문·잡지 등에 처음 수록된 시 중 단행본 시집 등에 다시 수록된 시

아츰해 • 699

1 『태양의 풍속』에 있는 “침”의 한자는 갓머리(宀)가 아닌 구멍 혈(穴) 변으로 되어 있음.

2 본문의 “틈틈”은 “틈”의 오기로 추정.

하로일이 끝났을때 • 726

1 본문의 “山(산)모록”은 『신여성』 원문에는 “山(산)모롱”으로 표기 (33).

2 본문의 “울란”은 『신여성』 원문에는 “우는”으로 표기 (33).

海水浴場(해수욕장)의夕陽(석양) • 727

1 본문의 “살아지는”은 『가톨릭 청년』 원문에서 “사라지는”으로 표기 (56).

아츰飛行機(비행기) • 732

1 본문의 “눈숭이”는 『조선문학』 원문에서 “눈송이”로 표기 (71).

비 • 738

1 본문의 “兩傘(양산)”은 『가톨릭 청년』 원문에 “우산(雨傘)”으로 표기.

噴水(분수) [II] • 744

1 원문의 제목은 『조선일보』에 수록된 「噴水(분수)」와 동일. 이에 따라 전자에 [II]를, 후자에 [I]을 붙여 시의 제목 표기.
2 매아지: “망아지”의 방언 (함경).
3 닰다: “달리다”의 방언 (함경).

굴뚝 • 748

1 본문의 “電車(전차)개비”는 『학등』 원문에서 “성양개비 電車(전차)”로 표기 (38).

호텔 • 752

1 본문의 “탈려진”은 『신동아』 원문에서 “다라진”으로 표기 (123). 탈리다: 꼬이거나 비틀리다. 달다: 물건을 일정한 곳에 걸거나 매어 놓다. 달아지다: “매달리다”의 방언.
2 본문의 “흰”은 『신동아』 원문에서 “한”으로 표기 (177).
3 본문의 “市長(시장)”은 『신동아』 원문에서 “市場(시장)”으로 표기 (177).
4 『태양의 풍속』에 있는 “침”의 한자는 갓머리(宀)가 아닌 구멍 혈(穴) 변으로 되어 있음.

風俗(풍속) [I] • 754

1 원문 「風俗(풍속): 近作詩(근작시) (I)」에서 일부 분리되어 『태양의 풍속』에 수록된 「風俗(풍속)」을 동일한 제목의 다른 시와 구분하기 위하여 전자를 “「風俗(풍속) [I]」”로, 후자를 「風俗(풍속) [II]」로 표기.

商工運動會(상공운동회) • 758

1 본문의 “主婦(주부)”는 『조선일보』 원문에서 “市民(시민)으로 표기.
2 본문의 “獎忠壇(장충단)”은 『조선일보』 원문에서 “運動場(운동장)으로 표기.

旅行(여행) • 760

1 본문의 “麥稿帽子(맥고모자)”는 『중앙』 원문에서 “麥藁帽子(맥고모자)”로 표기 (33).

七月(7월)의[아가씨] • 762

1 『태양의 풍속』에서 시의 제목은 「七月의아가씨섬」으로 되어 있으나(151), 시집 차례에서는 「七月의아가씨」로 표기되어 있음. "섬"은 뒤이어 나오는 시의 제목인 「섬」이 이 시의 제목에 잘못 붙여진 것으로 추정.

航海(항해) • 763

1 본문의 "들어라"는 『조선일보』 원문에서 "드러라"로 표기. 들다: 길을 택하여 오거나 가다.

海水浴場(해수욕장) • 766

1 본문의 "볼"은 『조선일보』 원문에서 "몰"로 표기.

[食堂車(식당차)] • 767

1 『태양의 풍속』에서 이 시의 제목이 차례에서는 「食堂車(식당차)」로, 본문에서는 「食堂(식당)」으로 표기 (79). 본 전집에서는 『태양의 풍속』에 수록된 이 시의 제목을 「食堂車(식당차)」로 함.

風俗(풍속) [II] • 769

1 원문 「風俗(풍속)」을 「風俗(풍속): 近作詩(근작시)(I)」에서 일부 분리되어 『태양의 풍속』에 수록된 「風俗(풍속)」과 구분하기 위해 전자를 「風俗(풍속) (II)」로, 후자를 「風俗(풍속) (I)」로 구분.

東海水(동해수) • 773

1 본문의 "純潔(순결)"은 『조선일보』 원문에서 "幸福(행복)"으로 표기.

가을의 누의 • 788

1 본문의 "누의"는 "누이"의 옛말 혹은 방언.

2 본문의 "숫거매기"는 『중앙』 원문에서 "수수꺼매기"로 표기 (126).

氣象圖(기상도, 1936)

市民(시민)行列(행렬) • 793

1 『기상도』 1936년 판의 "힌개"는 1935년 판(105)과 1948년 판(16)에서 "한개"로 표기.

氣象圖(기상도, 1936)

颱風(태풍)의起寢(기침)時間(시간) • 795

1 본문의 "자□"은 1936년 판에서는 인쇄상 보이지 않으나, 1935년 판(106)과 1948년 판(22)에서 "자넨"으로 표기.

2 본문의 "생각하라고□□만"은 "고"와 "만" 사이에 무엇인가 삭제된 듯 표기되어 있으나, 1935년 판(106)에서는 "생각하는일만," 1948년 판(23)에서는 "생각하라고만"으로 표기.

3 본문의 "雨器(우기)"는 1935년 판(107)에서 "雨器(우기)"로, 1948년 판(26)에서 "雨備(우비)"로 표기.

氣象圖(기상도, 1936)

자최 • 798

1 원문의 "몰려가는"은 1935년 판(123)에서는 "몰래가는"으로, 1948년 판(31)에서는 "몰려가는"으로 표기.

2 본문의 "골목□어구에서"는 두 단어 사이에 무엇인가 삭제된 듯이 보이지만, 1935년 판에서 "골목의어구에서"(123), 1946년 판에서 "골목어구에서"(35)로 표기.

3 본문의 "뽑는"은 1935년 판(124)에서 "뽑는"으로 1948년 판(37)에서는 "뽐는"으로 표기.

氣象圖(기상도, 1936)

病(병)든風景(풍경) • 802

1 본문의 "둥지고"는 1935년 판(124)과 1948년 판(42)에서 "등지고"로 표기.

바다 • 805

1 버이다: "베다"를 예스럽게 이르는 말. 본문의 "버이워"는 『조광』 원문에서 "갈라서"로 표기 (225).

2 본문의 "쭝기고"는 『조광』 원문에서 "쭈그리고"로 표기 (225).

氣象圖(기상도, 1936)

올배미의呪文(주문) • 807

1 본문의 "나"는 1935년 판(268)와 1948년 판(48)에서 "다"로 표기.

2 구식: "구석"의 방언. 원문의 "구식"은 1935년 판(268)과 1948년 판(48)에서 "구석"으로 표기.

3 "다"는 본문에서 거꾸로 표기.
4 본문에서의 "아름다운"은 1935년 판(269)에서 "알음"으로, 1948년 판(55)에서는 "아름다운 알음" 으로 표기.
5 본문의 "힌"은 1935년 판(269)에서 "힌"으로, 1948년 판(56)에서는 "헌"으로 표기.

금붕어 • 810

1 본문의 "떡가루를 / 힌손을"은 『조광』 원문에서 "떡가루를 뿌려주는 힌손" (39)으로, 『현대조선문 학전집: 시가집』(제2 회 배본, 1938.04.01)에서도 『조광』 원문과 동일하게 (206) 표기.
2 본문의 "향복"은 『조광』 원문에서 "幸福(행복)"(40)으로, 재수록 된 『현대조선문학전집: 시가집』 (제2 회 배본, 1938.04.01)에서 "향복"(206)으로 표기.

氣象圖(기상도, 1936)

쇠바퀴의 노래 • 811

1 본문의 "여호"는 1935년 판(287)에서 동일하게 표기, 1948년 판(60)에서는 "여우"로 표기.
2 본문의 "雨器(우기)"는 1935년 판(290)에서 동일하게 표기, 1948년 판(64)에서는 "雨備(우비)"로 표기 (64).

파랑港口(항구) • 832

1 본문에서의 "가장"은 『여성』 원문에서는 "家財(가재)"로 표기 (1). 가장(家藏): 물건 따위를 집에 간직 함. 또는 그 물건.
2 본문의 "를"은 『여성』 원문에서 "을"로 표기 (1).

아프리카狂想曲(광상곡) • 834

1 본문의 "예"는 『조광』 원문에서 "에"로 표기 (34).
2 본문의 "썪은"은 『조광』 원문에서 "썩은"으로 표기 (34).
3 본문에서 "』"는 탈자, 『조광』 원문에서는 "』" 표기 (35).
4 본문의 "차-나湖(호)"는 『조광』 원문에서 "『타-나』湖(호)"로 표기 (35). 에티오피아의 타나 호 (Lake Tana).

유리창 • 835

1 본문의 "찬□리"는 『현대 조선 문학 전집』 원문에서 "찬서리"로 표기 (208).

쥬피타追放(추방) (李箱(이상)의靈前(영전)에바침) • 836

1 본문의 "장마"는 『現代朝鮮文學全集(현대 조선 문학 전집): 詩歌篇(시가 편)』 (1938.04.01)에서도 "장마"로 표기 (203). 하지만, 김소운이 일본어로 번역한 『朝鮮詩集(조선시집), 中期(중기)』 (1943.10.25)에 수록된 「追放のジュピタ」(52-59)에서는 "장마"가 "薔薇(장미)"로 표기 (55).

2 본문은 "은단□." 이는 『현대 조선 문학 전집: 시가집』에서 "은단추"로 표기 (203). 김소운의 번역 시집에서도 "銀釦 ぎんボタン": 은구, 은단추)로 표기 (56).

3 본문의 "예"는 『현대 조선 문학 전집: 시가집』 원문에서 "에"로 표기 (34).

바다와나비 • 839

1 본문의 제목은 『여성』 원문에서 "나비와 바다"로 표기 (18).

2 본문의 "나려갔다가는"은 『여성』 원문에서 "나러갔다가는"으로 표기 (18).

東方(동방)紀行(기행)

菖蒲田(쇼부타)海水浴場(해수욕장) • 841

1 본문 제목의 『문장』 원문 제목은 「『가마꾸라』 海邊(해변)」. 『바다와 나비』에 수록된 동일한 제목과 구분하기 위해 원문의 제목 뒤에 [I]을 붙여 표기.

江之島(에노시마) • 842

1 본문의 "날□깃"은 『문장』 원문에서 "날개깃"으로 표기 (103).

瀨戶(세토)內海(내해) • 844

1 본문의 "바람□"은 『문장』 원문에서 "바람에"로 표기 (140).

2 본문의 "푸□"는 『문장』 원문에서는 "푸른"으로 표기 (141).

겨울의노래 • 852

1 본문 제목의 "겨올"은 『바다와 나비』의 차례에서는 "겨을"("겨울"의 방언)로 표기. 『문장』 원문에서는 "겨울"로 표기.

2 본문의 "濕地기로니"는 『문장』 원문에서 "濕地이기로니"로 표기 (114).

힌 薔薇(장미)처럼 잠이드시다 • 853

1 본문의 "얼골빛□나 찡□림없이"는 『인문평론』 원문에서 "얼골빛하나 찡그림없이"로 표기 (46).

우리들의八月(8월)로 도라가자 • 860

1 본문의 "세웨"는 『자유신문』 원문에서 "세워"로 표기.

2 본문의 "따룰이"는 『자유신문』 원문에서 "따룰리"로 표기. "따루다"는 "따르다"의 방언 (함남).

知慧(지혜)에게 바치는노래 • 862

1 본문의 "퍼워서"는 『해방기념시집』 원문에서 "피워서"로 표기 (20).

2 본문의 "헬□쓰"는 『해방기념시집』 원문에서 "헬라쓰"로 표기 (21).

3 본문의 "처렴"은 『해방기념시집』 원문에서 "처럼"으로 표기 (22).

4 본문의 "ㅂ어가리라"는 『해방기념시집』 원문에서 "불어가리라"로 표기 (23).

世界(세계)에웨치노라 • 864

1 본문의 "저도□르는"은 『신조선보』 원문에서 "저도모르는"으로 표기.

2 본문의 "화토□에□□라"는 『신조선보』 원문에서 "화토불에던져라"로 표기.

3 본문의 "살위"는 『신조선보』 원문에서 "살워"로 표기.

모다들 도라와 있고나 • 867

1 본문의 "도라□있노라"는 『서울신문』 원문에서 "도라와잇고나"로 표기.

2 「모두들 돌아와 있구나」는 『바다와 나비』의 서시(序詩)로 사용.

두견새(세學兵(학병)의靈前(영전)에드림 • 868

1 본문의 "몸덚일"은 『학병』 원문에서 "몸던질"로 표기 (44).

殉敎者(순교자) • 870

1 본문의 "에제"는 『신문학』 원문에서 "에게"로 표기 (116).

2 본문의 "아득한 낮과밤"은 『신문학』 원문에서 "아득한날 자젓건만"으로 표기 (117).

3 본문의 "흐린□울"은 『신문학』 원문에서 "흐린하늘"로 표기 (117).

4 본문의 "하늘"은 『신문학』 원문에서 "날"로 표기 (117).

나의 노래 • 871

1 본문의 "앞은"은 『서울신문』 원문에서 "아픈"으로 표기.

아메리카 • 872

1 본문의 "전부러"는 『현대일보』 원문에서 "전부터"로 표기.
2 본문의 "우리"는 『현대일보』 원문에서 "우리는"으로 표기.
3 본문의 "싸음"은 『현대일보』 원문에서 "싸움"으로 표기.
4 본문의 "아메릐카"는 『현대일보』 원문에서 "아메리카"로 표기.
5 본문의 마지막 행은 『현대일보』 원문 마지막 행 다음에 추가된 것.

새나라頌(송) • 875

1 본문의 "만정"은 『문학』 원문에서 "망정"으로 표기 (88).
2 본문의 "피리자"는 『문학』 원문에서 "피자"로 표기 (90).
3 본문의 "해여전"은 "해여진"의 오기로 추정. "해여지다"는 "해어지다"(닳아서 떨어지다)의 방언.
4 본문의 "얼어"는 『문학』 원문에서 "열어"로 표기 (92).

다시 八月(8월)에 • 878

1 본문의 "젊은이를"은 『독립신보』 원문에서 "젊은이들"로 표기.
2 본문의 "거기"는 『독립신보』 원문에서 "기에"로 표기.

人民(인민)工場(공장)에 부치는 노래 • 883

1 본문의 "저버리지만"은 『새노래』에서 "잃어버리지만"으로 표기 (23).

句節(구절)도 아닌 두서너 마디 • 885

1 본문의 "潮水(조수)" 『개벽』 원문에서 "湖水(호수)"로 표기 (49).
2 본문의 "무거운"은 『개벽』 원문에서 "다사론"으로 표기 (49).

希望(희망) • 886

1 본문의 "무덕"은 『신천지』 원문에서 "무덤"으로 표기 (73).

새해의 노래 • 887

1 본문의 "진임"은 『자유신문』에서 "지님"으로 표기.
2 본문의 "앞은"은 『자유신문』에서 "아픈"으로 표기.
3 본문의 "가지지"는 『자유신문』에서 "가지자"로 표기.

II-2. 추후 다시 발표된 시의 본문
단행본 시집에 처음 수록된 시 중 신문·잡지 등에 다시 수록된 시

어린 共和國(공화국)이여 • 890

1 본문의 "어여"는 『바다와 나비』 원문에서 "이어"로 표기 (22).

쎈토-르 • 892

1 본문의 "戰錚(전쟁)터나 물샘"은 『새노래』 원문에서 "戰場(전장)텀 피샘"으로 표기 (115).

III-2. 부록
단행본 시집의 서문 혹은 발문의 원문 / 현대 한국어로 수정된 서문 혹은 발문

어떤 친한 시의 벗에게 [『태양의 풍속』 서문] • 938

1 사사(師事): 스승으로 섬김, 또는 스승으로 삼고 가르침을 받음.
2 적멸(寂滅): (불교) 사라져 없어짐. 곧 "죽음"을 이르는 말. 세계를 영원히 벗어남. 또 그런 경지.
3 노둔(魯鈍)하다: 둔하고 어리석어 미련하다.
4 정돈(停頓): 침체하여 나아가지 아니함.
5 현훈(眩暈): 정신이 아찔아찔하여 어지러운 느낌.
6 쇼와 5년: 1930년. 쇼와 9: 1934년.
7 총망(悤忙)하다: 매우 급하고 바쁘다.

머리말 [『바다와 나비』 서문] • 942

1 다닥치다: 일이나 사건 따위가 가까이 이르다.
2 올더스 헉슬리(Aldous Huxley, 1894-1963): 영국 출신의 소설가. 『멋진 신세계』(*Brave New World*).
3 "끈직하다"는 당대에 "끈질기다" 혹은 "끈덕지다"라는 의미로 사용.
4 운산(運算): 식이 나타낸 일정한 규칙에 따라 계산하는 일.
5 선풍(旋風): 회오리바람. 돌발적으로 일어나 세상을 뒤흔드는 사건의 비유.

새노래에 대하야 [『새노래』 발문] • 946

1 순순(順順)하다: 성질이나 태도가 매우 고분고분하고 온순하다.

2 줄나다: 기가 눌려 활기가 없거나 활발하지 못하다. "못나다"의 방언.

3 항용: 흔히 늘.

4 창황(蒼黃): 미처 어찌할 사이 없이 매우 급작스러움.

5 원문의 "몰아세다"는 "몰아세우다"의 준말.

6 동계(動悸): 심장의 박동이 빠르고 세지는 일. 흥분, 과로, 심장병 따위로 말미암아 일어나는 증상.

7 혜지(慧知): 총명하고 지혜로움. 슬기.

8 찌: 어린아이의 말로, "똥"을 이르는 말.

9 요한 볼프강 폰 괴테(Johann Wolfgang von Goethe, 1749-1832): 독일의 낭만주의 성향 작가이자 철학자, 과학자.

10 솟구다: 몸 따위를 빠르고 세게 날 듯이 높이 솟게 하다.

11 다닥치다: 일이나 사건 따위가 가까이 이르다.

12 뱃장: 목선(木船)의 안쪽 바닥.

The Complete Works of Ki-Rim Kim, Textual Criticism

Volume 1: Poems

Beyond the "Territory of the Lyric"

시 작품 연보

1. 신문 · 잡지 등에 처음 수록된 시 / 단행본 시집 등에 다시 수록된 시, 대조표
2. 단행본 시집에 처음 수록된 시, 혹은 원문 출처 미확인 시 목록
   (시집 발행 후 다시 발표된 시 포함)

1. 신문·잡지 등에 처음 수록된 시 / 단행본 시집에 다시 수록된 시, 대조표

<table>
<tr><th>원문 발행 연월일</th><th>원문 출처</th><th colspan="2">원문 제목</th><th>시집 등</th><th colspan="2">본문 제목</th></tr>
<tr><td>19300906</td><td>조선일보
4면</td><td colspan="2">가거라 새로운生活로—
가거라 새로운 생활로—</td><td>태양의 풍속
58-59</td><td colspan="2">가거라 새로운生活(생활)로</td></tr>
<tr><td>19300930</td><td>조선일보
4면</td><td colspan="2">『슈-르레알리스트』
쉬르레알리스트</td><td></td><td colspan="2"></td></tr>
<tr><td>19301001</td><td>조선일보
4면</td><td colspan="2">가을의太陽은『푸라티나』의燕尾服을입고
가을의 태양은 플라티나의 연미복을 입고</td><td>태양의 풍속
167-68</td><td colspan="2">가을의太陽(태양)은『풀라티나』의燕尾服(연미복)을입고</td></tr>
<tr><td>19301011</td><td>조선일보
4면</td><td colspan="2">屍體의흘음
시체의 흐름</td><td></td><td colspan="2"></td></tr>
<tr><td>19301214</td><td>조선일보
4면</td><td colspan="2">저녁별은푸른날개를흔들며
저녁별은 푸른 날개를 흔들며</td><td></td><td colspan="2"></td></tr>
<tr><td>19310108</td><td>조선일보
4면</td><td colspan="2">훌륭한아츰이아니냐?
훌륭한 아침이 아니냐?</td><td>태양의 풍속
175-79</td><td colspan="2">훌륭한 아침이 아니냐?</td></tr>
<tr><td>19310116</td><td>조선일보
4면</td><td colspan="2">詩論
시론</td><td></td><td colspan="2"></td></tr>
<tr><td>19310123</td><td>조선일보
4면</td><td colspan="2">꿈꾸는眞珠여바다로가자
꿈꾸는 진주여 바다로 가자</td><td>태양의 풍속
52-54</td><td colspan="2">꿈꾸는眞珠(진주)여 바다로가자</td></tr>
<tr><td>19310301</td><td>조선일보
4면</td><td colspan="2">木馬를타고온다던새해가
목마를 타고 온다던 새해가</td><td></td><td colspan="2"></td></tr>
<tr><td>19310327</td><td>조선일보
4면</td><td colspan="2">出發
출발</td><td>태양의 풍속
106-07</td><td colspan="2">出發(출발)</td></tr>
<tr><td rowspan="10">19310423</td><td rowspan="10">조선일보
4면</td><td rowspan="10">三月의『푸리즘』
3월의 프리즘</td><td>赤
적</td><td>태양의 풍속
128</td><td rowspan="8">三月(3월)의
씨네마</td><td>아츰해</td></tr>
<tr><td rowspan="3">黃
황</td><td>태양의 풍속
129</td><td>물레방아깐</td></tr>
<tr><td>태양의 풍속
130</td><td>分光器(분광기)</td></tr>
<tr><td>태양의 풍속
131</td><td>개</td></tr>
<tr><td rowspan="2">靑
청</td><td>태양의 풍속
132</td><td>江(강)</td></tr>
<tr><td>태양의 풍속
133</td><td>魚族(어족)</td></tr>
<tr><td>綠
녹</td><td>태양의 풍속
134</td><td>飛行機(비행기) [I]</td></tr>
<tr><td>紫
자</td><td>태양의 풍속
135</td><td>北行列車(북행열차)</td></tr>
<tr><td>紅
홍</td><td>태양의 풍속
97-98</td><td></td><td>제비의家族(가족)</td></tr>
<tr><td>黑
흑</td><td></td><td colspan="2"></td></tr>
<tr><td>19310531</td><td>조선일보
4면</td><td colspan="2">屋上庭園—散文詩
옥상정원—산문시</td><td>태양의 풍속
41-43</td><td colspan="2">屋上庭園(옥상정원)</td></tr>
<tr><td rowspan="2">19310602</td><td rowspan="2">조선일보
4면</td><td colspan="2">戀愛의斷面
연애의 단면</td><td>태양의 풍속
25</td><td colspan="2">戀愛(연애)의斷面(단면)</td></tr>
<tr><td colspan="2">SOS</td><td>태양의 풍속
28-29</td><td colspan="2">海上(해상)</td></tr>
<tr><td>19310701
0630인쇄</td><td>삼천리
3.7
(85)</td><td colspan="2">撒水車
살수차</td><td></td><td colspan="2"></td></tr>
<tr><td rowspan="2">19311101
1025인쇄</td><td rowspan="2">신동아
1.1
(88)</td><td colspan="2">苦待
고대</td><td></td><td colspan="2"></td></tr>
<tr><td colspan="2">날개만도치면
날개만 돋치면</td><td></td><td colspan="2"></td></tr>
<tr><td rowspan="2">19311201
1128인쇄</td><td rowspan="2">삼천리
3.12
(97)</td><td colspan="2">아츰해頌歌
아침 해 송가</td><td></td><td colspan="2"></td></tr>
<tr><td colspan="2">가을의果樹園에서
가을의 과수원에서</td><td>태양의 풍속
39-40</td><td colspan="2">가을의果樹園(과수원)</td></tr>
</table>

원문 발행 연월일	원문 출처	원문 제목	시집 등	본문 제목
19320109	동아일보 5면	어머니어서이러나요 어머니 어서 일어나요		
19320201 0123인쇄	신동아 2.2 (89)	오—어머니여 오—어머니여		
19320401 0326인쇄	신동아 2.4 (108-09)	봄은電報도안치고 봄은 전보도 안 치고	태양의 풍속 63-65	봄은 電報(전보)도안치고
19320401 0329인쇄	삼천리 4.4 (93)	잠은나의배를밀고 잠은 나의 배를 밀고		
19320701 0628인쇄	신동아 2.7 (130)	오—汽車여 (한개의實驗詩) 오—기차여 (한 개의 실험 시)		
19321201 1122인쇄	신동아 2.12 (96)	暴風警報 폭풍경보		
	신동아 2.12 (97)	아롱진記憶의 옛바다를건너 아롱진 기억의 옛 바다를 건너		
19321215 1128인쇄	제일선 2.11 (76-77)	黃昏 황혼	태양의 풍속 171-72	黃昏(황혼)
19330101 19321222 인쇄	신동아 3.1 (136-37)	[1.] 새날이 밝는다 1. 새날이 밝는다	태양의 풍속 103-05	새날이 밝는다
	신동아 3.1 (137)	2. 祈願 2. 기원	태양의 풍속 66-67	祈願(기원)
	신동아 3.1 (137-38)	3. 바다ㅅ가의아츰 3. 바닷가의 아침	태양의 풍속 96	바다의아츰
19330301 0228인쇄	신동아 3.3 (164)	구두 — 1. 구두 1. 구두		
		구두 — 2. 람푸 2. 램프	태양의 풍속 51	람푸
		구두 — 3. 街燈 3. 가등		
	신동아 3.3 (165)	十五夜 십오야	태양의 풍속 154-55	十五夜(십오야)
	신동아 3.3 (165-66)	離別 이별	태양의 풍속 57	離別(이별)
19330404 0403인쇄	신동아 3.4 (132)	들은우리를부르오 들은 우리를 부르오	태양의 풍속 100-02	들은 우리를불으오
	신동아 3.4 (132-33)	午後의꿈은 날줄을 모른다 오후의 꿈은 날 줄을 모른다	태양의 풍속 23-24	午後(오후)의꿈은 날줄을모른다
19330504 0502인쇄	신동아 3.5 (119)	古典的인處女가잇는風景 고전적인 처녀가 있는 풍경		
19330508	조선일보 3면	噴水 [I]—S氏에게— 분수 [I]—S 씨에게—		

원문 발행 연월일	원문 출처	원문 제목		시집 등	본문 제목
19330622	조선일보 석간 3면	遊覽쌔쓰 유람버스	動物園 동물원		
			光化門 [I] 광화문 [I]		
			[慶會樓] 경회루		
			光化門 [II] 광화문 [II]		
			『파코다』公園 파고다공원	태양의 풍속 147	파고다公園(공원)
			南大門 남대문		
			漢江人道橋 한강인도교	태양의 풍속 148	漢江人道橋(한강인도교)
19330701	조선일보 조간 5면 석간 3면	海水浴場의아츰 해수욕장의 아침		태양의 풍속 161-63	象牙(상아)의海岸(해안)
19330801 0728인쇄	신여성 7.8 (32)	카피盞을들고 커피 잔을 들고		태양의 풍속 68	『커피』盞(잔)을들고
	신여성 7.8 (32-33)	하로ㅅ[일]이끗낫슬째 하루 일이 끝났을 때		태양의 풍속 169-70	하로일이 끝났을때
19330810 0807인쇄	가톨릭청년 1.3 (56)	한여름 한여름			
		海水浴場의夕陽 해수욕장의 석양		태양의 풍속 159-60	海水浴場(해수욕장)의夕陽(석양)
19330901 0828인쇄	신가정 1.9 (94-95)	林檎밭 임금밭			
19330901 0829인쇄	신동아 3.9 (57)	나의探險船 나의 탐험선		태양의 풍속 32-33	海圖(해도)에대하야
19330908	조선일보 조간, 특간 2면	卽興詩一篇 즉흥시 1 편		바다와 육체 114-15	바다의 卽興詩(즉흥시)
19331001 0930인쇄	삼천리 5.10 (115)	庭園의鄕愁 정원의 향수			
19331010 1007인쇄	가톨릭청년 1.5 (53)	바다의抒情詩 바다의 서정시		태양의 풍속 21-22	汽車(기차) [I]
19331015 1013인쇄	학등 1.1 (35)	戰慄하는 世紀 전율하는 세기			
19331025 1024인쇄	조선문학 1.4 (70-71)	밤外二篇 밤 외 2 편	1 밤 [I] 1. 밤 [I]	태양의 풍속 37-38	房(방)
	조선문학 1.4 (71)		2 飛行機 [II] 2. 비행기 [II]	태양의 풍속 108	아츰飛行機(비행기)
	조선문학 1.4 (71)		3 새벽 3. 새벽	태양의 풍속 156	새벽
19331101 1028인쇄	신가정 1.11 (188)	가거라 너의길을 가거라 너의 길을			
	신가정 1.11 (189)	日曜日行進曲 일요일 행진곡		태양의 풍속 109-10	日曜日(일요일)行進曲(행진곡)

<table>
<tr><th>원문 발행
연월일</th><th>원문 출처</th><th colspan="2">원문 제목</th><th>시집 등</th><th>본문 제목</th></tr>
<tr><td>19331101
1028인쇄</td><td>신여성
7.11
(10-13)</td><td colspan="2">어둠의흐름
어둠의 흐름</td><td>태양의 풍속
180-84</td><td>어둠속의노래</td></tr>
<tr><td>19331101
1029인쇄</td><td>신동아
3.11
(100-01)</td><td colspan="2">編輯局의 午後한時半
편집국의 오후 한 시 반</td><td></td><td></td></tr>
<tr><td>19331201
1124인쇄</td><td>중앙
1.2
(127)</td><td colspan="2">貨物自動車
화물자동차</td><td>태양의 풍속
26-27</td><td>貨物自動車(화물자동차)</td></tr>
<tr><td>19331225
1222인쇄</td><td>가톨릭청년
2.1
(71)</td><td colspan="2">밤의SOS
밤의 SOS</td><td>태양의 풍속
34-36</td><td>비</td></tr>
<tr><td rowspan="2">19331225
1224인쇄</td><td>조선문학
2.1
(90)</td><td colspan="2">나의聖書의一節
나의 성서의 1절</td><td></td><td></td></tr>
<tr><td>조선문학
2.1
(91)</td><td colspan="2">小兒聖書
소아 성서</td><td></td><td></td></tr>
<tr><td rowspan="2">19340101
19331225
인쇄</td><td>문학
1.1
(13)</td><td colspan="2">散步路
산보로</td><td></td><td></td></tr>
<tr><td>문학
1.1
(13-14)</td><td colspan="2">초승달은 掃除夫
초승달은 소제부</td><td>태양의 풍속
99</td><td>나의掃除夫(소제부)</td></tr>
<tr><td rowspan="4">19340101
19331229
인쇄</td><td rowspan="4">신여성
8.1
(12)</td><td colspan="2" rowspan="4">食料品店
식료품점</td><td>태양의 풍속
143</td><td>食料品店(식료품점)
1. 쵸코레-트</td></tr>
<tr><td>태양의 풍속
144</td><td>2. 林檎(임금)</td></tr>
<tr><td>태양의 풍속
145</td><td>3. 모과(파인애풀)</td></tr>
<tr><td>태양의 풍속
146</td><td>4. 밤(栗(율))</td></tr>
<tr><td>19340101</td><td>조선일보
신년호, 기6,
4면</td><td colspan="2">날개를펴렴으나
날개를 펴려무나</td><td>태양의 풍속
94-95</td><td>噴水(분수) [II]</td></tr>
<tr><td rowspan="3">19340103</td><td rowspan="3">조선일보
신년호, 기15,
2면</td><td colspan="2" rowspan="3">航海의一秒前
항해의 1초 전</td><td>태양의 풍속
30-31</td><td>大中華民國(대중화민국)行進曲(행진곡)</td></tr>
<tr><td>태양의 풍속
92-93</td><td>旗빨(깃발)</td></tr>
<tr><td>태양의 풍속
62</td><td>憂鬱(우울)한天使(천사)</td></tr>
<tr><td>19340206
0205인쇄</td><td>형상
1.1
(42)</td><td colspan="2">거지들의『크리스마쓰』頌
거지들의 크리스마스 송</td><td></td><td></td></tr>
<tr><td>19340301
0225인쇄</td><td>신가정
2.3
(186-87)</td><td colspan="2">님을기다림
님을 기다림</td><td></td><td></td></tr>
<tr><td rowspan="4">19340301
0225인쇄</td><td rowspan="4">중앙
2.3
(161)</td><td rowspan="4">惡魔外三篇
악마 외 3 편</td><td>惡魔
악마</td><td></td><td></td></tr>
<tr><td>詩 [I]
시 [I]</td><td></td><td></td></tr>
<tr><td>詩 [II]
시 [II]</td><td></td><td></td></tr>
<tr><td>除夜詩
제야 시</td><td></td><td></td></tr>
<tr><td rowspan="2">19340301
0226인쇄</td><td rowspan="2">학등
2.2
(38)</td><td colspan="2">港口
항구</td><td></td><td></td></tr>
<tr><td colspan="2">煙突
연돌</td><td>태양의 풍속
142</td><td>굴뚝</td></tr>
</table>

<table>
<tr><th>원문 발행
연월일</th><th>원문 출처</th><th colspan="2">원문 제목</th><th>시집 등</th><th colspan="2">본문 제목</th></tr>
<tr><td>19340301
0228인쇄</td><td>신동아
4.3
(168-69)</td><td colspan="2">『스케이팅』
스케이팅</td><td>태양의 풍속
113-15</td><td colspan="2">『스케이팅』</td></tr>
<tr><td>19340501
0417인쇄</td><td>중앙
2.5
(130)</td><td colspan="2">아스팔트
아스팔트</td><td>태양의 풍속
157-58</td><td colspan="2">아스팔트</td></tr>
<tr><td>19340501
0428인쇄</td><td>신동아
4.5
(176-77)</td><td colspan="2">호텔
호텔</td><td>태양의 풍속
123-27</td><td colspan="2">호텔</td></tr>
<tr><td rowspan="3">19340513</td><td rowspan="3">조선일보
조간, 특간
3면</td><td colspan="2" rowspan="3">風俗, 近作詩(1)
풍속, 근작 시 (1)</td><td>태양의 풍속
140-41</td><td colspan="2">風俗(풍속) [I]</td></tr>
<tr><td>태양의 풍속
153</td><td colspan="2">섬</td></tr>
<tr><td>태양의 풍속
60-61</td><td colspan="2">먼들에서는</td></tr>
<tr><td>19340515</td><td>조선일보
조간, 특간
3면</td><td colspan="2">觀念訣別, 近作詩(2)
관념 결별, 근작 시 (2)</td><td></td><td colspan="2"></td></tr>
<tr><td rowspan="2">19340516</td><td rowspan="2">조선일보
조간, 특간
2면</td><td colspan="2">五月, 近作詩(3)
5월, 근작 시 (3)</td><td>태양의 풍속
139</td><td colspan="2">五月(5월)</td></tr>
<tr><td colspan="2">商工運動會, 近作詩(3)
상공운동회, 근작 시 (3)</td><td>태양의 풍속
185-89</td><td colspan="2">商工運動會(상공운동회)</td></tr>
<tr><td>19340701
0620인쇄</td><td>중앙
2.7
(130-31)</td><td colspan="2">旅行
여행</td><td>태양의 풍속
116-20</td><td colspan="2">旅行(여행)</td></tr>
<tr><td>19340801
0728인쇄</td><td>신가정
2.8
(102-03)</td><td colspan="2">裝飾
장식</td><td></td><td colspan="2"></td></tr>
<tr><td>19340802</td><td>조선일보
조간, 특간
2면</td><td colspan="2">七月의아기씨
7월의 [아가씨]</td><td>태양의 풍속
151-52</td><td colspan="2">七月(7월)의아가씨</td></tr>
<tr><td>19340815</td><td>조선일보
석간 3면</td><td colspan="2">航海
항해</td><td>태양의 풍속
164-66</td><td colspan="2">航海(항해)</td></tr>
<tr><td>19340901
0821인쇄</td><td>중앙
2.9
(74)</td><td colspan="2">光化門通
광화문통</td><td></td><td colspan="2"></td></tr>
<tr><td rowspan="10">19340919</td><td rowspan="10">조선일보
석간 3면</td><td rowspan="10">旅=行=風=景:
咸鏡線五百킬로
卽興詩行脚 (上)
여행 풍경:
함경선 5백 킬로
즉흥시 행각 (상)</td><td>序詩 [I]
서시 [I]</td><td>태양의 풍속
77</td><td rowspan="2">咸鏡線(함경선)
五百(5백)킬로
旅行(여행)
風景(풍경)</td><td>序詩(서시) [I]</td></tr>
<tr><td>1, 待合室 [I]
1. 대합실 [I]</td><td>태양의 풍속
78</td><td>待合室(대합실) [I]</td></tr>
<tr><td>2, 海水浴場
2. 해수욕장</td><td>태양의 풍속
149-50</td><td colspan="2">海水浴場(해수욕장)</td></tr>
<tr><td>3, 咸鏡線
3. 함경선</td><td>태양의 풍속
79</td><td>咸鏡線(함경선)
五百(5백)킬로
旅行(여행)
風景(풍경)</td><td>食堂車(식당차)</td></tr>
<tr><td>4, 高原附近
4. 고원 부근</td><td></td><td colspan="2"></td></tr>
<tr><td>5, 元山以北
5. 원산 이북</td><td></td><td colspan="2"></td></tr>
<tr><td>6, 마을
6. 마을</td><td>태양의 풍속
80</td><td rowspan="3">咸鏡線(함경선)
五百(5백)킬로
旅行(여행)
風景(풍경)</td><td>마을</td></tr>
<tr><td>7, 風俗 [II]
7. 풍속 [II]</td><td>태양의 풍속
81</td><td>風俗(풍속) [II]</td></tr>
<tr><td>8, 咸興平野
8. 함흥평야</td><td>태양의 풍속
82</td><td>咸興平野(함흥평야)</td></tr>
<tr><td>9, 不幸한女子
9. 불행한 여자</td><td></td><td colspan="2"></td></tr>
</table>

원문 발행 연월일	원문 출처	원문 제목		시집 등	본문 제목	
19340920	조선일보 석간 3면	旅=行=風=景: 咸鏡線五百킬로 卽興詩行脚 (中) 여행 풍경: 함경선 5백 킬로 즉흥시 행각 (중)	10 新昌驛 10. 신창역			
			11 숨박곱질 11. 숨바꼭질	태양의 풍속 83	咸鏡線(함경선) 五百(5백)킬로旅行 (여행)風景(풍경)	牧場(목장)
			12 뽀이 12. 보이			
			13 東海 13. 동해	태양의 풍속 84-85	咸鏡線(함경선) 五百(5백)킬로旅行 (여행)風景(풍경)	東海(동해)
			14 食虫 14. 식충			
			15 東海水 15. 동해수	태양의 풍속 86	咸鏡線(함경선) 五百(5백)킬로旅行 (여행)風景(풍경)	東海水(동해수)
19340921	조선일보 석간 3면	旅=行=風=景: 咸鏡線五百킬로 卽興詩行脚 (下) 여행 풍경: 함경선 5백 킬로 즉흥시 행각 (하)	[16], 벼록이 16. 벼룩이	태양의 풍속 87	咸鏡線(함경선) 五百(5백)킬로旅行 (여행)風景(풍경)	벼록이(벼룩이)
			[17], 바위 17. 바위	태양의 풍속 88		바위
			18, 물 18. 물	태양의 풍속 89		물
			19, 따리아 19. 달리아	태양의 풍속 90		따리아(달리아)
			20, 山村 20. 산촌	태양의 풍속 91		山村(산촌)
			21, 바다의女子 21. 바다의 여자			
19341001 0920인쇄	중앙 2.10 (130)	海邊詩集 해변시집	1. 汽車 [II] 1. 기차 [II]	태양의 풍속 69	길에서(濟物浦 (제물포)風景 (풍경))	汽車(기차) [II]
			2. 停車場 2. 정차장	태양의 풍속 70		仁川驛(인천역)
			3. 潮水 3. 조수	태양의 풍속 71		潮水(조수)
			4. 孤獨 4. 고독	태양의 풍속 72		孤獨(고독)
			5. 에트란제(異邦人) 5. 에트랑제(이방인)	태양의 풍속 73		異邦人(이방인)
			6. 밤港口 6. 밤 항구	태양의 풍속 74		밤港口(항구)
			7. 破船 7. 파선	태양의 풍속 75		破船(파선)
			8. 待合室 [II] 8. 대합실 [II]	태양의 풍속 76		待合室(대합실) [II]
19341016	조선일보 석간 4면	鄕愁 향수		태양의 풍속 47	鄕愁(향수)	
19341025 1022인쇄	가톨릭청년 2.11 (62)	戱畵 희화				
		마음 마음				
		밤 [II] 밤 [II]				
19341101 1020인쇄	중앙 2.11 (126)	가을의누나 가을의 누나		바다와 육체 67-68	가을의 누의	
19341101 1020인쇄	개벽 1(신간) (30-31)	첫사랑 첫사랑		태양의 풍속 48-50	첫사랑	
19350101	조선일보 신년호, 기10, 1면	飛行機 [III] 비행기 [III]				

원문 발행 연월일	원문 출처	원문 제목	시집 등	본문 제목
19350101 19341221 인쇄	개벽 3(신간) (22-23)	窓 창		
19350201 0120인쇄	중앙 3.2 (109)	膳物外一篇 선물 외 1 편 膳物 선물		
		戀愛 연애		
19350201 0129인쇄	시원 1.1 (8)	층층게 층층계		
	시원 1.1 (8-9)	俳優 배우		
19350401 0329인쇄	시원 1.2 (19-20)	나 나		
	시원 1.2 (21)	生活 생활		
	시원 1.2 (21)	習慣 습관		
19350501 0420인쇄	중앙 3.5 (104-05)	氣象圖 1-一 아침의表情 (1935) 기상도 [I]-1. 아침의 표정 (1935)	기상도 1936 1-2	世界(세계)의아츰
			기상도 1948 6-11	世界(세계)의아침
	중앙 3.5 (105)	氣象圖 1-一 市民行列 (1935) 기상도 [I]-1. 시민 행렬 (1935)	기상도 1936 3-4	市民(시민)行列(행렬)
			기상도 1948 13-17	市民(시민)行列(행렬)
	중앙 3.5 (105-07)	氣象圖 1-二 颱風의起寢 / 손 (1935) 기상도 [I]-2. 태풍의 기침 / 손 (1935)	기상도 1936 5-8	颱風(태풍)의起寢(기침)時間(시간)
			기상도 1948 19-26	颱風(태풍)의起寢(기침)時間(시간)
19350625	조선일보 석간 6면	바다의鄕愁 바다의 향수		
19350701 0620인쇄	중앙 3.7 (122-24)	氣象圖 II-三 滿潮로向하야 (1935) 기상도 II-3. 만조로 향하여 (1935)	기상도 1936 9-14	자최(자취)
			기상도 1948 27-40	자최(자취)
	중앙 3.7 (124-25)	氣象圖 II-四 病든風景 (1935) 기상도 II-4. 병든 풍경 (1935)	기상도 1936 15-17	病(병)든風景(풍경)
			기상도 1948 41-46	病(병)든風景(풍경)
19350901 0829인쇄	삼천리 7.8 (248-49)	奇蹟 기적	바다와 육체 75-77	奇蹟(기적) 散文詩(산문시)
19351101 1015인쇄	조광 1.1 (224-25)	바다 바다	바다와 나비 51-55	바다

원문 발행 연월일	원문 출처	원문 제목		시집 등	본문 제목	
19351101 1029인쇄	삼천리 7.10 (268-73)	氣象圖 (終篇) 五, 올배미의노래 (1935) 기상도 (종편) 5, 올빼미의 노래 (1935)		기상도 1936 19-23	올배미의呪文(주문)	
				기상도 1948 47-56	올배미의呪文(주문)	
19351201 1115인쇄	조광 1.2 (39-40)	금붕어 금붕어 [19350928]		바다와 나비 63-65	금붕어	
19351201 1125인쇄	삼천리 7.11 (286-90)	車輪은듯는다 (1935) 차륜은 듣는다 (1935)		기상도 1936 24-27	쇠바퀴의노래	
				기상도 1948 57-64	쇠바퀴의노래	
19360101 19351225 인쇄	삼천리 8.1 (292)	戀愛와彈石機 연애와 탄석기	(1.) 戀愛와彈石機 1. 연애와 탄석기			
			(2.) 어떤戀愛 2. 어떤 연애			
			(3.) 祝電 3. 축전			
19360228	조선일보 석간 5면	秒針 초침				
19360314	조선일보 석간 3면	關北紀行斷章 ❶ 관북기행 단장 ❶	1 夜行列車 1. 야행 열차	바다와 육체 163	關北紀行 관북기행	1 夜行(야행)열차(列車)
			2 機關車 2. 기관차	바다와 육체 163-64		2 機關車(기관차)
			3 山驛 3. 산역	바다와 육체 164		3 山驛(산역)
19360315	조선일보 석간 5면	關北紀行斷章 ❷ 관북기행 단장 ❷	[4], 마을(가) 4. 마을 (가)	바다와 육체 164-65		4 마을(가)
			[5], 마을(나) 5. 마을 (나)	바다와 육체 165		5 마을(나)
			[6], 마을(다) 6. 마을 (다)	바다와 육체 166		6 마을(다)
19360317	조선일보 석간 5면	關北紀行斷章 ❸ 관북기행 단장 ❸	7 故鄕(가) 7. 고향 (가)	바다와 육체 166-67		7 故鄕(고향)(가)
			8 故鄕(나) 8. 고향 (나)			
			9 故鄕(다) 9. 고향 (다)	바다와 육체 167		8 故鄕(고향)(나)
19360318	조선일보 석간 5면	關北紀行斷章 ❹ 관북기행단장 ❹	10, 豆滿江 10. 두만강	바다와 육체 167-68		9 豆滿江(두만강)
			11, 國境 11. 국경	바다와 육체 168		10 國境(국경)(가)
19360319	조선일보 석간 5면	關北紀行斷章 ❺ 관북기행 단장 ❺	12, 國境(가) 12. 국경 (가)	바다와 육체 168		11 國境(국경)(나)
			13, 國境(나) 13. 국경 (나)	바다와 육체 169		12 國境(국경)(다)
			14, 國境(다) 14. 국경 (다)	바다와 육체 169		13 國境(국경)(라)
			15, 밤중 15. 밤중	바다와 육체 169-70		14 밤중
			16, 東海의아츰 16. 동해의 아침	바다와 육체 170		15 東海(동해)의 아츰
19360320	조선일보 석간 5면	關北紀行斷章 ❻ 관북기행 단장 ❻	[17], 肉親(가) [17]. 육친 (가)	바다와 육체 171		16 肉親(육친)(가)
			[18], 肉親(나) [18]. 육친 (나)	바다와 육체 171		17 肉親(육친)(나)
			[19], 出程 [19]. 출정	바다와 육체 172		18 떠남

<table>
<tr><th>원문 발행
연월일</th><th>원문 출처</th><th colspan="2">원문 제목</th><th>시집 등</th><th colspan="2">본문 제목</th></tr>
<tr><td>19360330
0305인쇄</td><td>시와소설
1.1
(20-22)</td><td colspan="2">除夜
제야</td><td></td><td colspan="2"></td></tr>
<tr><td>19360401
0315인쇄</td><td>여성
1.1
(1)</td><td colspan="2">파랑港口
파랑 항구</td><td>바다와 나비
43-45</td><td colspan="2">파랑港口(항구)</td></tr>
<tr><td>19360601
0515인쇄</td><td>여성
1.3
(1)</td><td colspan="2">追憶
추억</td><td>바다와 나비
56-57</td><td colspan="2">追憶(추억)</td></tr>
<tr><td>19360701
0615인쇄</td><td>조광
2.7
(34-35)</td><td colspan="2">『아프리카』狂想曲
아프리카 광상곡</td><td>바다와 나비
58-60</td><td colspan="2">아쁘리카狂想曲(광상곡)</td></tr>
<tr><td>19360708
0705인쇄</td><td>기상도
창문사</td><td colspan="2">『기상도』시집</td><td>기상도</td><td colspan="2"></td></tr>
<tr><td rowspan="2">19380401
0326인쇄</td><td>『현대조선
문학전집:
시가집』
제2회 배본
(208-09)</td><td colspan="2">琉璃窓과 마음
유리창과 마음</td><td>바다와 나비
87-88</td><td colspan="2">유리창</td></tr>
<tr><td>『현대조선
문학전집:
시가집』
제2회 배본
(201-06)</td><td colspan="2">追放된 쥬피타
추방된 주피터</td><td>바다와 나비
93-98</td><td colspan="2">쥬피타追放(추방)
(李箱(이상)의靈前(영전)에바침)</td></tr>
<tr><td>19390401
0315인쇄</td><td>여성
4.4
(18)</td><td colspan="2">나비와바다
나비와 바다</td><td>바다와 나비
39</td><td colspan="2">바다와나비</td></tr>
<tr><td>19390401
0315인쇄</td><td>조광
3.4
(118-19)</td><td colspan="2">連禱
연도</td><td>바다와 나비
61-62</td><td colspan="2">連禱(연도)</td></tr>
<tr><td rowspan="3">19390601
0510인쇄</td><td>문장
1.5
(102-03)</td><td rowspan="3">에노시마—
續東方紀行詩
에노시마—
속 동방 기행 시
[舊稿(구고)]</td><td>I『가마꾸라』海邊 [I]
I. 가마쿠라 해변 [I]</td><td>바다와 나비
82</td><td rowspan="5">東方(동방)
紀行(기행)</td><td>菖蒲田(쇼부타)
海水浴場(해수욕장)</td></tr>
<tr><td>문장
1.5
(103)</td><td>II『에노시마』海水浴場
II. 에노시마 해수욕장</td><td>바다와 나비
80</td><td>江之島(에노시마)</td></tr>
<tr><td>문장
1.5
(103)</td><td>III 軍港
III. 군항</td><td>바다와 나비
81</td><td>吳(구레)軍港(군항)</td></tr>
<tr><td rowspan="2">19390701
0610인쇄</td><td>문장
1.6
(140-41)</td><td rowspan="2">瀨戶內海—
續東方紀行詩
세토 내해—
속 동방 기행 시
[舊稿(구고)]</td><td>I 安藝辛崎附近
I. 아키사이자키 부근</td><td>바다와 나비
79</td><td>瀨戶(세토)內海(내해)</td></tr>
<tr><td>문장
1.6
(141)</td><td>II 神戶埠頭
II. 고베 부두</td><td>바다와 나비
83</td><td>神戶(고베)埠頭(부두)</td></tr>
<tr><td rowspan="4">19390701
0615인쇄</td><td>조광
5.7
(116)</td><td rowspan="4">海洋動物園
해양 동물원
[舊稿(구고)]</td><td>A. 코키리
A. 코끼리</td><td>바다와 나비
84</td><td colspan="2">코끼리</td></tr>
<tr><td>조광
5.7
(116)</td><td>B. 駱駝
B. 낙타</td><td>바다와 나비
85</td><td colspan="2">駱駝(낙타)</td></tr>
<tr><td>조광
5.7
(117)</td><td>C. 잉코
C. 잉꼬</td><td>바다와 나비
86</td><td colspan="2">잉코</td></tr>
<tr><td>조광
5.7
(117)</td><td>D.씨-라이언
(加州産물개)
D.씨-라이언
(캘리포니아주산 물개)</td><td></td><td colspan="2"></td></tr>
<tr><td rowspan="2">19390901
0815인쇄</td><td>조광
5.9
(196-97)</td><td rowspan="2">療養院 (外一篇)
요양원 (외 1 편)</td><td>療養院
요양원</td><td>바다와 나비
40</td><td colspan="2">療養院(요양원)</td></tr>
<tr><td>조광
5.9
(197)</td><td>山羊
산양</td><td>바다와 나비
41</td><td colspan="2">山羊(산양)</td></tr>
</table>

원문 발행 연월일	원문 출처	원문 제목		시집 등	본문 제목
19390901 0815인쇄	여성 4.9 (15)	餞別 전별	餞別 I 전별 I		
			餞別 II 전별 II		
19390925 0920인쇄	태양의 풍속 학예사	『태양의 풍속』시집		태양의 풍속	
19391001 0910인쇄	인문평론 1.1 (24-25)	共同墓地 공동묘지		바다와 나비 42	共同墓地(공동묘지)
19391201 1110인쇄	문장 1.11 (114-16)	겨울의노래 겨울의 노래		바다와 나비 68-70	겨올의노래
19400401 0315인쇄	인문평론 2.4 (46-47)	힌薔薇갈이잠이드시다 -遺骸를모시고- 흰 장미같이 잠이 드시다 -유해를 모시고-		바다와 나비 66-67	힌 薔薇(장미)처럼 잠이드시다
19410201 0115인쇄	춘추 2.1 (154-55)	못 못		바다와 나비 46-47	못
19410401 0315인쇄	조광 7.4 (23)	小曲 소곡		바다와 나비 89	봄
19420101 19411215 인쇄	조광 8.1 (121)	새벽의『아담』 새벽의 아담		바다와 나비 71-72	새벽의「아담」
19420501 0425인쇄	춘추 3.5 (88-89)	詩二題(시2제)	1. 年輪 1. 연륜		
	춘추 3.5 (89)		2. 靑銅 2. 청동		
19451008	신조선보 1면	전날밤 전날 밤		바다와 나비 14-16	전날밤
19451201 1120인쇄	신문예 1.1 (22-24)	파도소리헤치고 파도 소리 헤치고		새노래 59-64	파도소리 헤치고
19451210	자유신문 1면	우리들의八月로도라가자 우리들의 8월로 돌아가자		바다와 나비 11-13	우리들의八月(8월)로 도라가자
19451212 1207인쇄	해방 기념시집 (20-23)	知慧에게바치는노래 지혜에게 바치는 노래		바다와 나비 17-19	知慧(지혜)에게 바치는노래
19451227	신조선보 2면	울어라 인경아 울어라 인경아			
19451229	신조선보 1면	世界에웨치노라(1) 세계에 외치노라 (1)		바다와 나비 101-06	世界에웨치노라
19451230	신조선보 1면	世界에웨치노라(2) 세계에 외치노라 (2)			
19451231	신조선보 1면	世界에웨치노라(3) 세계에 외치노라 (3)			
19460210	서울신문 2면	모다들 도라와잇고나 모두들 돌아와 있구나		바다와 나비 7	모다들 도라와 있고나
19460225 0221인쇄	학병 1.2 (2집) (44-45)	두견새, 學兵의故魂에바침 두견새, 학병의 고혼에 바침		바다와 나비 27-29	두견새 (세學兵(학병)의靈前(영전)에드림)
19460302	한성일보 1면	榮光스러운三月 영광스러운 3월			
19460305	한성일보 2면	진달래피는나라 (作曲하기위한歌詞) 진달래 피는 나라 (작곡하기 위한 가사)			
19460401 0328인쇄	신문학 1.1 (116-17)	殉教者 순교자		바다와 나비 20-21	殉教者(순교자)

원문 발행 연월일	원문 출처	원문 제목	시집 등	본문 제목
19460420 0418인쇄	바다와 나비 신문화 연구소	『바다와 나비』 시집	바다와 나비	
19460429	서울신문 2면	나의노래 나의 노래	새노래 12-13	나의 노래
19460701 0625인쇄	인민평론 1.2 (118-19)	한旗ㅅ발받들고 한 깃발 받들고		
19460704	현대일보 2면	자유로운"아메리카" 祝詩 자유로운 아메리카, 축시	새노래 65-71	아메리카
19460715 0710인쇄	문학 1.1 (88-92)	새나라頌 새 나라 송	새노래 17-21	새나라頌(송)
19460801 0725인쇄	민성 2.9 (15)	우리들 모두의 꿈이 아니냐 우리들 모두의 꿈이 아니냐	새노래 14-16	우리들 모두의 꿈이 아니냐
19460815	독립신보 4면	다시八月에 다시 8월에	새노래 25-28	다시 八月(8월)에
19460816	현대일보 2면	八月데모行列에 부치는노래 8월 데모 행렬에 부치는 노래	새노래 29-30	바람에 불리는 수천 기빨은
19461025 인쇄1020	체신문화 1.1 (8)	遞信歌詞 체신 가사		
19470120 0115인쇄	협동 3(신춘호) (84-85)	戀歌 연가	새노래 74-76	戀歌(연가)
19470301 0225인쇄	문화창조 2집 (4)	詩와文化에부치는노래 시와 문화에 부치는 노래	새노래 110-12	詩(시)와 文化(문화)에 부치는 노래
19470419 0415인쇄	문학평론 1.3 (23-24)	人民工場에 부치는노래 인민 공장에 부치는 노래	새노래 31-33	人民(인민)工場(공장)에 부치는 노래
19470720 0715인쇄	여성공론 2.2 (39)	움켜잡으면 그대더운피 움켜잡으면 그대 더운 피	새노래 77-78	肉体(육체)禮讃(예찬)
19470801 0720인쇄	개벽 9.1 (49)	句節도아닌 두서너마디 더듬는말인데도 구절도 아닌 두서너 마디 더듬는 말인데도	새노래 79-80	句節(구절)도 아닌 두서너 마디
19470807	조선 중앙일보 2면	百萬의 편을 잃고 백만의 편을 잃고		
19471101 1015인쇄	신천지 2.10 (73)	希望 희망	새노래 91-93	希望(희망)
19480104	자유신문 3면	새해의노래 새해의 노래	새노래 118-20	새해의 노래
19480415 0410인쇄	새노래 아문각	『새노래』 시집	새노래	
19480418	신민일보 2면	統一에부침 통일에 부침		
19480820 0815인쇄	민성 4.7-8합본 (70-71)	재산 재산		
19480920 0915인쇄	기상도 유호장	『기상도』 시집 (재판)	기상도	
19490110	주간서울 1월 제2주호 제21호 6면	새해앞에 잔을들고 새해 앞에 잔을 들고		
19490630	국도신문 2면	哭 白凡先生 곡 백범 선생		
19500524	연합신문 4면 지방종합판	祖國의노래 조국의 노래		

2. 단행본 시집에 처음 수록된 시, 혹은 원문 출처 미확인 시 목록 (시집 발행 후 다시 발표된 시 포함)

<table>
<tr><th>원문 발행
연월일</th><th>시집</th><th colspan="2">원문 제목</th><th>비고</th></tr>
<tr><td rowspan="3">19390925</td><td>태양의 풍속
3-5</td><td colspan="2">어떤 친한 「시의 벗」에게</td><td>『태양의 풍속』 서문 (19341015 작성)</td></tr>
<tr><td>태양의 풍속
19-20</td><td colspan="2">太陽의風俗
태양의 풍속</td><td></td></tr>
<tr><td>태양의 풍속
55-56</td><td colspan="2">感傷風景
감상 풍경</td><td>「가거라 너의 길을」(『신가정』1.11(19331101))과 연관된 시로 추정</td></tr>
<tr><td rowspan="10">19460420</td><td>바다와 나비
1-4</td><td colspan="2">머리ㅅ말</td><td>『바다와 나비』 서문 (19460303 작성)</td></tr>
<tr><td>바다와 나비
22-23</td><td colspan="2">어린共和國이여
어린 공화국이여</td><td>시집 출간 후『신문예』2.2 (19460701 발행 / 0610 인쇄)에「어린共和國이여」로 재수록</td></tr>
<tr><td>바다와 나비
24-26</td><td colspan="2">무지개
무지개</td><td>시집 출간 후 『대조』1.2 (209-10) (19460625 발행 / 0615 인쇄)에 「무지개」로 재수록</td></tr>
<tr><td>바다와 나비
30-32</td><td colspan="2">길까의挽章
길가의 만장</td><td></td></tr>
<tr><td>바다와 나비
33-35</td><td colspan="2">女人圖
여인도</td><td></td></tr>
<tr><td>바다와 나비
73-74</td><td rowspan="5">東方紀行
동방 기행</td><td>序詩 [II]
서시 [II]</td><td rowspan="5">『바다와 나비』(19460420)의 「東方(동방)紀行(기행)」 연작시 중 『문장』1.5(19390601) 및 1.6 (19390701)의 「續(속) 東方(동방)紀行(기행)詩(시)」에 수록되지 않았던 5 편은 『문장』에 수록된 시와 같은 시기 혹은 그 이전에 쓰인 것으로 추정.

[鎌倉海邊(가마쿠라 해변): 『문장』1.5 (102-03) (19390601)에 수록된 동일한 제목의「『가마꾸라』海邊」은 이후 『바다와 나비』의「菖蒲田(쇼부타)海水浴場(해수욕장)」으로 변경 (82).]</td></tr>
<tr><td>바다와 나비
75</td><td>宮島
미야지마</td></tr>
<tr><td>바다와 나비
76</td><td>鎌倉海邊 [II]
가마쿠라 해변 [II]</td></tr>
<tr><td>바다와 나비
77</td><td>中禪寺湖
주젠지 호</td></tr>
<tr><td>바다와 나비
78</td><td>仙臺
센다이</td></tr>
<tr><td>19480415</td><td>새노래
121-26</td><td colspan="2">새노래에 대하야</td><td>『새노래』 발문 (19470801 작성)</td></tr>
<tr><td></td><td>새노래
22-24</td><td colspan="2">부푸러오른 五月달 아스팔트는
부풀어 오른 5월 달 아스팔트는</td><td>시 끝에 "1947·메이데이節(절)에"라고 표기 [19470501]</td></tr>
<tr><td></td><td>새노래
34-37</td><td colspan="2">우리들의 握手
우리들의 악수</td><td></td></tr>
<tr><td></td><td>새노래
38-40</td><td colspan="2">눈짓으로 理解하는 戰線
눈짓으로 이해하는 전선</td><td></td></tr>
<tr><td></td><td>새노래
41-44</td><td colspan="2">萬歲 소리
만세 소리</td><td></td></tr>
<tr><td></td><td>새노래
45-46</td><td colspan="2">어렵고 험하기 이를데 없으나
어렵고 험하기 이를 데 없으나</td><td></td></tr>
<tr><td></td><td>새노래
47-49</td><td colspan="2">데모크라시에 부치는 노래
데모크라시에 부치는 노래</td><td></td></tr>
<tr><td></td><td>새노래
50-56</td><td colspan="2">波濤
파도</td><td></td></tr>
<tr><td></td><td>새노래
57-58</td><td colspan="2">壁을 헐자
벽을 헐자</td><td></td></tr>
<tr><td></td><td>새노래
81-82</td><td colspan="2">오늘도 故鄕은
오늘도 고향은</td><td></td></tr>
<tr><td></td><td>새노래
83-85</td><td colspan="2">닥아앉아 가장 그윽한 얘기‥‥
다가앉아 가장 그윽한 얘기‥‥</td><td></td></tr>
<tr><td></td><td>새노래
86-88</td><td colspan="2">童話
동화</td><td>舊作(구작)</td></tr>
<tr><td></td><td>새노래
89-90</td><td colspan="2">사슴의 노래
사슴의 노래</td><td>舊作(구작)</td></tr>
<tr><td></td><td>새노래
94-97</td><td colspan="2">뜻없이 달이 밝아
뜻 없이 달이 밝아</td><td></td></tr>
</table>

원문 발행 연월일	시집	원문 제목	비고
	새노래 98-100	정영 떠나신다는 말슴 정녕 떠나신다는 말씀	舊作(구작)
	새노래 101-03	길일은 노루 처럼 길 잃은 노루처럼	
	새노래 104-06	코스모쓰는 코스모스는	
	새노래 107-09	오늘은 惡魔의것이나 오늘은 악마의 것이나	
	새노래 113-17	센토오르 켄타우로스	시집 출간 후 『개벽』10.3 (30-31) (19480505 발행 / 0503 인쇄)에「쎈토-르」로 재수록

찾아보기

시 제목, 자모순

찾아보기
(시 제목, 자모순)

* 현대 한국어로 옮긴 제목 사용
* 숫자 및 외국어는 음독한 바에 따라 배치

ㄱ

가거라 너의 길을 『신가정』: 166
가거라 새로운 생활로 『조선일보』: 14
  가거라 새로운 생활로 『태양의 풍속』: 692
가등(街燈) 『신동아』: 108
가마쿠라(鎌倉) 해변 [I] 『문장』: 474
  쇼부타(菖蒲田) 해수욕장 『바다와 나비』: 841
가마쿠라(鎌倉) 해변 [II] 『바다와 나비』: 630
가을의 과수원에서 『삼천리』: 78
  가을의 과수원 『태양의 풍속』: 711
가을의 누나 『중앙』: 326
  가을의 누이 『바다와 육체』: 788
가을의 태양은 플라티나의 연미복을 입고 『조선일보』: 18
  가을의 태양은 플라티나의 연미복을 입고 『태양의 풍속』: 693
감상 풍경 『태양의 풍속』: 614
강 『조선일보』: 「청(靑)」 참조. 52, 703
개 『조선일보』: 「황(黃)」 참조. 50, 702
거지들의 크리스마스 송(頌) 『형상』: 200
겨울의 노래 『문장』: 502
  겨울의 노래 『바다와 나비』: 852
경회루 『조선일보』: 126
고대(苦待) 『신동아』: 72
고독 『중앙』: 308
  고독 『태양의 풍속』: 782
고베 부두(神戶埠頭) 『문장』: 482

　　고베 부두(神戶埠頭) 『바다와 나비』: 845
고원 부근 『조선일보』: 266
고전적인 처녀가 있는 풍경 『신동아』: 118
고향 (가) 『조선일보』: 424
　　고향 (가) 『바다와 육체』: 820
고향 (나) 『조선일보』: 426
고향 (다) 『조선일보』: 428
　　고향 (나) 『바다와 육체』: 821
곡 백범 선생 『국도신문』: 600
공동묘지 『인문평론』: 500
　　공동묘지 『바다와 나비』: 851
관념 결별, 근작 시 (2) 『조선일보』: 234
광화문 [I] 『조선일보』: 124
광화문 [II] 『조선일보』: 128
광화문통 『중앙』: 256
구두 『신동아』: 104
구레 군항(吳軍港) 『바다와 나비』: 「군항」 『문장』 참조. 478, 843
구절도 아닌 두서너 마디 더듬는 말인데도 『개벽』: 580
　　구절도 아닌 두서너 마디 『새노래』: 885
국경 『조선일보』: 432
　　국경 (가) 『바다와 육체』: 823
국경 (가) 『조선일보』: 434
　　국경 (나) 『바다와 육체』: 824
국경 (나) 『조선일보』: 436
　　국경 (다) 『바다와 육체』: 825
국경 (다) 『조선일보』: 438
　　국경 (라) 『바다와 육체』: 826
군항 『문장』: 478
　　구레 군항(吳軍港) 『바다와 나비』: 843
굴뚝 『태양의 풍속』: 「연돌」 『학등』 참조. 218, 748
금붕어 『조광』: 396
　　금붕어 『바다와 나비』: 810
기관차 『조선일보』: 414

기관차 『바다와 육체』: 815
기상도 (1935): 「아침의 표정」「시민 행렬」「태풍의 기침」「만조로 향하여」「병든 풍경」「올빼미의 노래」「차륜은 듣는다」 참조. 350, 354, 358, 368, 378, 388, 398
기상도 (1936): 「세계의 아침」「시민 행렬」「태풍의 기침 시간」「자취」「병든 풍경」「올빼미의 주문」「쇠바퀴의 노래」 참조. 791, 793, 795, 798, 802, 807, 811, 898, 902, 906, 912, 920, 924, 930
기상도 (1948): 「세계의 아침」「시민 행렬」「태풍의 기침 시간」「자취」「병든 풍경」「올빼미의 주문」「쇠바퀴의 노래」 참조. 899, 903, 907, 913, 921, 925, 931
기원(祈願) 『신동아』: 100
기원(祈願) 『태양의 풍속』: 715
기적(奇蹟) 『삼천리』: 382
기적(奇蹟) 산문시 『바다와 육체』: 804
기차 [I] 『태양의 풍속』: 「바다의 서정시」 『가톨릭 청년』 참조. 154, 730
기차 [II] 『중앙』: 302
기차 [II] 『태양의 풍속』: 779
길 잃은 노루처럼 『새노래』: 672
길가의 만장(輓章) 『바다와 나비』: 622
깃발 『태양의 풍속』: 「항해의 1초 전」 『조선일보』 참조. 196, 746
꿈꾸는 진주여 바다로 가자 『조선일보』: 38
꿈꾸는 진주여 바다로 가자 『태양의 풍속』: 696

ㄴ

나 『시원』: 344
나비와 바다 『여성』: 470
바다와 나비 『바다와 나비』: 839
나의 노래 『서울신문』: 550
나의 노래 『새노래』: 871
나의 성서의 1절 『조선문학』: 182
나의 소제부(掃除夫) 『태양의 풍속』: 「초승달은 소제부」 『문학』 참조. 188, 739
나의 탐험선 『신동아』: 148
해도(海圖)에 대하야 『태양의 풍속』: 728
낙타 『조광』: 486

낙타 『바다와 나비』: 847
날개를 펴려무나 『조선일보』: 192
분수(噴水) [II] 『태양의 풍속』: 744
날개만 돋치면 『신동아』: 74
남대문 『조선일보』: 132
녹(綠) 『조선일보』: 54
비행기 [I] 『태양의 풍숙』: 705
눈짓으로 이해하는 전선(戰線) 『새노래』: 644
님을 기다림 『신가정』: 204

ㄷ

다가앉아 가장 그윽한 얘기 『새노래』: 660
다시 8월에 『독립신보』: 566
다시 8월에 『새노래』: 878
달리아 『조선일보』: 296
달리아 『태양의 풍속』: 777
대중화민국 행진곡 『태양의 풍속』: 「항해의 1초 전」 『조선일보』 참조. 196, 745
대합실 [I] 『조선일보』: 260
대합실 [I] 『태양의 풍속』: 765
대합실 [II] 『중앙』: 316
대합실 [II] 『태양의 풍속』: 786
데모크라시에 부치는 노래 『새노래』: 650
동물원 『조선일보』: 122
동해 『조선일보』: 284
동해 『태양의 풍속』: 772
동해수 『조선일보』: 288
동해수 『태양의 풍속』: 773
동해의 아침 『조선일보』: 442
동해의 아침 『바다와 육체』: 828
동화(童話) 『새노래』: 662
두견새, 학병의 고혼에 바침 『학병』: 540
두견새 (세 학병의 영전에 드림) 『바다와 나비』: 868
두만강 『조선일보』: 430

두만강 『바다와 육체』: 822
들은 우리를 부르오 『신동아』: 114
들은 우리를 부르오 『태양의 풍속』: 720
뜻 없이 달이 밝아 『새노래』: 666

ㄹ

램프 『신동아』: 106
램프 『태양의 풍속』: 717

ㅁ

마을 『조선일보』: 270
마을 『태양의 풍속』: 768
마을 (가) 『조선일보』: 418
마을 (가) 『바다와 육체』: 817
마을 (나) 『조선일보』: 420
마을 (나) 『바다와 육체』: 818
마을 (다) 『조선일보』: 422
마을 (다) 『바다와 육체』: 819
마음 『가톨릭 청년』: 322
만세 소리 『새노래』: 646
만조로 향하여 『기상도』 (1935), 『중앙』: 368
자취 『기상도』 (1936): 798, 912
자취 『기상도』 (1948): 913
먼 들에서는 『태양의 풍속』: 「풍속, 근작 시 (1)」 『조선일보』 참조. 230, 756
모과 (파인애플) 『태양의 풍속』: 「식료품점」 『신여성』 참조. 190, 742
모두들 돌아와 있구나 『서울신문』: 538
모두들 돌아와 있구나 『바다와 나비』: 867
목마를 타고 온다던 새해가 『조선일보』: 42
목장 『태양의 풍속』: 「숨바꼭질」 『조선일보』 참조. 280, 771
못 『춘추』: 506
못 『바다와 나비』: 854
무지개 『바다와 나비』: 620

무지개 『대조』: 891
물 『조선일보』: 294
물 『태양의 풍속』: 776
물레방앗간 『태양의 풍속』: 「황(黃)」 『조선일보』 참조. 50, 700
미야지마(宮島) 『바다와 나비』: 628

ㅂ

바다 『조광』: 384
바다 『바다와 나비』: 805
바다와 나비 『바다와 나비』: 「나비와 바다」 『여성』 참조. 470, 839
바다의 서정시 『가톨릭 청년』: 154
기차 [I] 『태양의 풍속』: 730
바다의 아침: 「바닷가의 아침」 참조. 102, 716
바다의 여자: 300
바다의 향수(鄕愁): 364
바닷가의 아침 『신동아』: 102
바다의 아침 『태양의 풍속』: 716
바람에 불리는 수천 깃발은 『새노래』: 「8월 데모 행렬에 부치는 노래」 『현대일보』 참조. 568, 880
바위 『조선일보』: 292
바위 『태양의 풍속』: 775
밤 [I] 『조선문학』: 160
방(房) 『태양의 풍속』: 731
밤 [II] 『가톨릭 청년』: 324
밤(栗(율)) 『태양의 풍속』: 「식료품점」 『신여성』 참조. 190, 743
밤 항구 『중앙』: 312
밤 항구 『태양의 풍속』: 784
밤의 SOS 『가톨릭 청년』: 180
비 『태양의 풍속』: 738
밤중 『조선일보』: 440
밤중 『바다와 육체』: 827
방(房) 『태양의 풍속』: 「밤 [I]」 『조선문학』 참조. 160, 731
배우 『시원』: 342

백만의 편을 잃고 『조선중앙일보』: 582
벼룩이 『조선일보』: 290
  벼룩이 『태양의 풍속』: 774
벽을 헐자 『새노래』: 656
병든 풍경 『기상도』 (1935), 『중앙』: 378
  병든 풍경 『기상도』 (1936): 802, 920
  병든 풍경 『기상도』 (1948): 921
보이 『조선일보』: 282
봄 『바다와 나비』: 「소곡」 『조광』 참조. 508, 855
봄은 전보도 안 치고 『신동아』: 84
  봄은 전보도 안 치고 『태양의 풍속』: 712
부풀어 오른 5월 달 아스팔트는 『새노래』: 638
북행열차 『태양의 풍속』: 「자(紫)」 『조선일보』 참조. 56, 706
분광기(分光器) 『태양의 풍속』: 「황(黃)」 『조선일보』 참조. 50, 701
분수 [I] —S 씨에게— 『조선일보』: 120
분수 [II] 『태양의 풍속』: 「날개를 펴려무나」 『조선일보』 참조. 192, 744
불행한 여자 『조선일보』: 276
비 『태양의 풍속』: 「밤의 SOS」 『가톨릭 청년』 참조. 180, 738
비행기 [I] 『태양의 풍속』: 「녹(綠)」 『조선일보』 참조. 54, 705
비행기 [II] 『조선문학』: 162
  아침 비행기 『태양의 풍속』: 732
비행기 [III] 『조선일보』: 332

ㅅ

사슴의 노래 『새노래』: 664
산보로 『문학』: 186
산양 『조광』: 494
  산양 『바다와 나비』: 850
산역(山驛) 『조선일보』: 416
  산역(山驛) 『바다와 육체』: 816
산촌(山村) 『조선일보』: 298
  산촌(山村) 『태양의 풍속』: 778
살수차 『삼천리』: 68

상공운동회, 근작 시 (3) 『조선일보』: 240

상공운동회 『태양의 풍속』: 758

상아의 해안 『태양의 풍속』: 「해수욕장의 아침」 『조선일보』 참조. 136, 724

새 나라 송(頌) 『문학』: 560

새나라 송(頌) 『새노래』: 875

새날이 밝는다 『신동아』: 98

새날이 밝는다 『태양의 풍속』: 714

새벽 『조선문학』: 164

새벽 『태양의 풍속』: 733

새벽의 아담 『조광』: 510

새벽의 아담 『바다와 나비』: 856

새해 앞에 잔을 들고 『주간서울』: 596

새해의 노래 『자유신문』: 588

새해의 노래 『새노래』: 887

생활 『시원』: 346

서시 [I] 『조선일보』: 258

서시 [I] 『태양의 풍속』: 764

서시 [II] 『바다와 나비』: 626

선물 『중앙』: 336

섬 『태양의 풍속』: 「풍속, 근작 시 (1)」 『조선일보』 참조. 230, 755

세계에 외치노라 (1) 『신조선보』: 532

세계에 외치노라 (2) 『신조선보』: 534

세계에 외치노라 (3) 『신조선보』: 536

세계에 외치노라 『바다와 나비』: 864

세계의 아침, 『기상도』 (1936): 「아침의 표정」 『기상도』 (1935), 『중앙』 참조. 350, 791, 898

세계의 아침, 『기상도』 (1948): 「아침의 표정」 『기상도』 (1935), 『중앙』 참조. 350, 899

세토 내해(瀨戶內海) 『바다와 나비』: 「아키사이자키(安藝幸崎) 부근」 『문장』 참조. 480, 844

센다이(仙臺) 『바다와 나비』: 634

소곡(小曲) 『조광』: 508

봄 『바다와 나비』: 855

소아 성서 『조선문학』: 184

쇼부타(菖蒲田) 해수욕장 『바다와 나비』: 가마쿠라(鎌倉) 해변 [I] 『문장』 참조. 474, 841

순교자 『신문학』: 548
순교자 『바다와 나비』: 870
숨바꼭질 『조선일보』: 280
목장 『태양의 풍속』: 771
쇠바퀴의 노래 『기상도』 (1936): 「차륜은 듣는다」 『기상도』 (1935), 『삼천리』 참조. 398, 811, 930
쇠바퀴의 노래 『기상도』 (1948): 「차륜은 듣는다」 『기상도』 (1935), 『삼천리』 참조. 398, 931
쉬르레알리스트 『조선일보』: 16
스케이팅 『신동아』: 220
스케이팅 『태양의 풍속』: 749
습관 『시원』: 348
시 [I] 『중앙』: 210
시 [II] 『중앙』: 212
시론(詩論) 『조선일보』: 32
시민 행렬 『기상도』 (1935), 『중앙』: 354
시민 행렬 『기상도』 (1936): 793, 902
시민 행렬 『기상도』 (1948): 903
시와 문화에 부치는 노래 『문화창조』: 574
시와 문화에 부치는 노래 『새노래』: 882
시체의 흐름 『조선일보』: 20
식당차 『태양의 풍속』: 「함경선」 『조선일보』 참조. 264, 767
식료품점 『신여성』: 190
식료품점 『태양의 풍속』: 740
모과(파인애플) 『태양의 풍속』: 742
밤(栗(율)) 『태양의 풍속』: 743
임금(林檎) 『태양의 풍속』: 741
초콜릿(초코레-트) 『태양의 풍속』: 740
식충(食虫) 『조선일보』: 286
신창역 『조선일보』: 278
십오야(十五夜) 『신동아』: 110
십오야(十五夜) 『태양의 풍속』: 718
씨-라이언 (캘리포니아 주산 물개) 『조광』: 490

ㅇ

아롱진 기억의 옛 바다를 건너 『신동아』: 94
아메리카 『새노래』: 「자유로운 아메리카」 『현대일보』 참조. 554, 872
아스팔트 『중앙』: 224
    아스팔트 『태양의 풍속』: 751
아침 비행기 『태양의 풍속』: 「비행기 [II]」 『조선문학』 참조. 162, 732
아침 해 『태양의 풍속』: 「적(赤)」 『조선일보』 참조. 48, 699
아침 해 송가 『삼천리』: 76
아침의 표정 『기상도』 (1935), 『중앙』: 350
    세계의 아침 『기상도』 (1936): 791, 898
    세계의 아침 『기상도』 (1948): 899
아키사이자키(安藝幸崎) 부근 『문장』: 480
    세토 내해(瀨戶內海) 『바다와 나비』: 844
아프리카 광상곡 『조광』: 458
    아프리카 광상곡 『바다와 나비』: 834
악마 『중앙』: 208
야행 열차 『조선일보』: 412
    야행 열차 『바다와 육체』: 814
어둠의 흐름 『신여성』: 170
    어둠 속의 노래 『태양의 풍속』: 735
어떤 연애 『삼천리』: 406
어렵고 험하기 이를 데 없으나 『새노래』: 648
어린 공화국이여 『바다와 나비』: 618
    어린 공화국이여 『신문예』: 890
어머니 어서 일어나요 『동아일보』: 80
어족(魚族) 『태양의 풍속』: 「청(靑)」 『조선일보』 참조. 52, 704
에노시마(江之島) 해수욕장 『문장』: 476
    에노시마(江之島) 『바다와 나비』: 842
SOS 『조선일보』: 66
    해상(海上) 『태양의 풍속』: 710
에트랑제(이방인) 『중앙』: 310
    이방인 『태양의 풍속』: 783
여인도 『바다와 나비』: 624

여행 『중앙』: 244

여행 『태양의 풍속』: 760

연가(戀歌) 『협동』: 572

연가(戀歌) 『새노래』: 881

연도(連禱) 『조광』: 472

연도(連禱) 『바다와 나비』: 840

연돌(煙突) 『학등』: 218

굴뚝 『태양의 풍속』: 748

연륜 『춘추』: 512

연애 『중앙』: 338

연애와 탄석기(彈石機) 『삼천리』: 404

연애의 단면 『조선일보』: 64

연애의 단면 『태양의 풍속』: 709

영광스러운 3월 『한성일보』: 544

오—기차여 (한 개의 실험 시) 『신동아』: 88

오늘도 고향은 『새노래』: 658

오늘은 악마의 것이나 『새노래』: 676

오—어머니여 『신동아』: 82

5월, 근작 시 (3) 『조선일보』: 238

5월 『태양의 풍속』: 757

오후의 꿈은 날 줄을 모른다 『신동아』: 116

오후의 꿈은 날 줄을 모른다 『태양의 풍속』: 721

옥상정원……산문시 『조선일보』: 62

옥상정원 『태양의 풍속』: 708

올빼미의 노래 『기상도』 (1935), 『삼천리』: 388

올빼미의 주문 『기상도』 (1936): 807, 924

올빼미의 주문 『기상도』 (1948): 925

요양원 『조광』: 492

요양원 『바다와 나비』: 849

우리들 모두의 꿈이 아니냐 『민성』: 564

우리들 모두의 꿈이 아니냐 『새노래』: 877

우리들의 악수 『새노래』: 640

우리들의 8월로 돌아가자 『자유신문』: 522

우리들의 8월로 돌아가자 『바다와 나비』: 860

우울한 천사 『태양의 풍속』: 「항해의 1초 전」 『조선일보』 참조. 196, 747

울어라 인경아 『신조선보』: 530

움켜잡으면 그대 더운 피 『여성공론』: 578

육체 예찬 『새노래』: 884

원산 이북 『조선일보』: 268

유리창과 마음 『현대조선문학전집: 시가집』: 462

유리창 『바다와 나비』: 835

육체 예찬 『새노래』: 「움켜잡으면 그대 더운 피」 『현대조선문학전집: 시가집』 참조. 578, 884

육친 (가) 『조선일보』: 444

육친 (가) 『바다와 육체』: 829

육친 (나) 『조선일보』: 446

육친 (나) 『바다와 육체』: 830

이방인 『태양의 풍속』: 「에트랑제(이방인)」 『중앙』 참조. 310, 783

이별 『신동아』: 112

이별 『태양의 풍속』: 719

인민 공장에 부치는 노래 『문학평론』: 576

인민 공장에 부치는 노래 『새노래』: 883

인천역 『태양의 풍속』: 「정차장」 『중앙』 참조. 304, 780

일요일 행진곡 『신가정』: 168

일요일 행진곡 『태양의 풍속』: 734

임금(林檎) 『태양의 풍속』: 「식료품점」 『신여성』 참조. 190, 741

임금(林檎)밭 『신가정』: 146

잉꼬 『조광』: 488

잉꼬 『바다와 나비』: 848

ㅈ

자(紫) 『조선일보』: 56

북행열차 『태양의 풍속』: 706

자유로운 아메리카, 축시 『현대일보』: 554

아메리카 『새노래』: 872

자취 『기상도』 (1936): 「만조로 향하여」 『기상도』 (1935), 『중앙』 참조. 368, 798, 912

자취 『기상도』 (1948): 「만조로 향하여」 『기상도』 (1935), 『중앙』 참조. 368, 913
잠은 나의 배를 밀고 『삼천리』: 86
장식(裝飾) 『신가정』: 250
재산 『민성』: 594
저녁별은 푸른 날개를 흔들며 『조선일보』: 26
적(赤) 『조선일보』: 48
　　아침 해 『태양의 풍속』: 699
전날 밤 『신조선보』: 516
　　전날 밤 『바다와 나비』: 857
전별(餞別) I 『여성』: 496
전별(餞別) II 『여성』: 498
전율하는 세기 『학등』: 156
정녕 떠나신다는 말씀 『새노래』: 670
정원의 향수(鄕愁) 『삼천리』: 152
정차장 『중앙』: 304
　　인천역 『태양의 풍속』: 780
제비의 가족 『태양의 풍속』: 「홍(紅)」 『조선일보』 참조. 58, 707
제야(除夜) 『시와 소설』: 450
제야(除夜) 시 『중앙』: 214
조국의 노래 『연합신문』: 604
조수(潮水) 『중앙』: 306
　　조수(潮水) 『태양의 풍속』: 781
주젠지(中禪寺) 호 『바다와 나비』: 632
주피터 추방 (이상의 영전에 바침) 『바다와 나비』: 「추방된 주피터」 『현대조선문학 전집: 시가집』 참조. 464, 836
즉흥시 1 편 『조선일보』: 150
　　「바다의 즉흥시」 『바다와 육체』: 729
지혜에게 바치는 노래 『해방 기념시집』: 526
　　지혜에게 바치는 노래 『바다와 나비』: 862
진달래 피는 나라 (작곡하기 위한 가사) 『한성일보』: 546

ㅊ

차륜(車輪)은 듣는다 『기상도』 (1935), 『삼천리』: 398

쇠바퀴의 노래 『기상도』 (1936): 811, 930
쇠바퀴의 노래 『기상도』 (1948): 931
창(窓) 『개벽』: 334
첫사랑 『개벽』: 328
첫사랑 『태양의 풍속』: 789
청(靑) 『조선일보』: 52
강 『태양의 풍속』: 703
어족(魚族) 『태양의 풍속』: 704
청동 『춘추』: 514
체신 가사 『체신문화』: 570
초승달은 소제부 『문학』: 188
나의 소제부 『태양의 풍속』: 739
초침 『조선일보』: 410
초콜릿(쵸코레-트) 『태양의 풍속』: 「식료품점」 『신여성』 참조. 190, 740
추방된 주피터 『현대조선문학전집: 시가집』: 464
주피터 추방 (이상의 영전에 바침) 『바다와 나비』: 836
추억 『여성』: 456
추억 『바다와 나비』: 833
축전(祝電) 『삼천리』: 408
출발 『조선일보』: 46
출발 『태양의 풍속』: 698
출정(出程) 『조선일보』: 448
떠남 『바다와 육체』: 831
층층계 『시원』: 340
7월의 아가씨 『조선일보』: 252
7월의 아가씨 『태양의 풍속』: 762

ㅋ

커피 잔을 들고 『신여성』: 138
커피 잔을 들고 『태양의 풍속』: 725
켄타우로스(센토오르) 『새노래』: 678
켄타우로스(쎈토-르) 『개벽』: 892
코끼리 『조광』: 484

코끼리 『바다와 나비』: 846
코스모스는 『새노래』: 674

ㅌ

태양의 풍속 『태양의 풍속』: 612
태풍의 기침(起寢) 『기상도』 (1935), 『중앙』: 358
태풍의 기침(起寢) 시간 『기상도』 (1936): 759, 906
태풍의 기침(起寢) 시간 『기상도』 (1948): 907
통일에 부침 『신민일보』: 590

ㅍ

파고다공원 『조선일보』: 130
파고다공원 『태양의 풍속』: 722
파도 『새노래』: 652
파도 소리 헤치고 『신문예』: 518
파도 소리 헤치고 『새노래』: 858
파랑 항구 『여성』: 454
파랑 항구 『바다와 나비』: 832
파선(破船) 『중앙』: 314
파선(破船) 『태양의 풍속』: 785
8월 데모 행렬에 부치는 노래 『현대일보』: 568
바람에 불리는 수천 깃발은 『새노래』: 880
편집국의 오후 한 시 반 『신동아』: 174
폭풍경보 『신동아』: 90
풍속, 근작 시 (1) 『조선일보』: 230
먼 들에서는 『태양의 풍속』: 756
섬 『태양의 풍속』: 755
풍속 [I] 『태양의 풍속』: 754
풍속 [II] 『조선일보』: 272
풍속 [II] 『태양의 풍속』: 769

ㅎ

하루 일이 끝났을 때 『신여성』: 140
    하루 일이 끝났을 때 『태양의 풍속』: 726
한 깃발 받들고 『인민평론』: 552
한강인도교 『조선일보』: 134
    한강인도교 『태양의 풍속』: 723
한여름 『가톨릭 청년』: 142
함경선 『조선일보』: 264
    식당차 『태양의 풍속』: 767
함흥평야 『조선일보』: 274
    함흥평야 『태양의 풍속』: 770
항구 『학등』: 216
항해 『조선일보』: 254
    항해 『태양의 풍속』: 763
항해의 1초 전 『조선일보』: 196
    깃발 『태양의 풍속』: 746
    대중화민국 행진곡 『태양의 풍속』: 745
    우울한 천사 『태양의 풍속』: 747
해도(海圖)에 대하여 『태양의 풍속』: 「나의 탐험선」 『신동아』 참조. 148, 728
해상(海上) 『태양의 풍속』: 「SOS」 『조선일보』 참조. 66, 710
해수욕장 『조선일보』: 262
    해수욕장 『태양의 풍속』: 766
해수욕장의 석양 『가톨릭 청년』: 144
    해수욕장의 석양 『태양의 풍속』: 727
해수욕장의 아침 『조선일보』: 136
    상아의 해안 『태양의 풍속』: 724
향수(鄕愁) 『조선일보』: 318
    향수(鄕愁) 『태양의 풍속』: 787
호텔 『신동아』: 226
    호텔 『태양의 풍속』: 752
홍(紅) 『조선일보』: 58
    제비의 가족 『태양의 풍속』: 707

화물자동차 『중앙』: 178
    화물자동차 『태양의 풍속』: 737
황(黃) 『조선일보』: 50
    개 『태양의 풍속』: 702
    물레방앗간 『태양의 풍속』: 700
    분광기(分光器) 『태양의 풍속』: 701
황혼 『제일선』: 96
    황혼 『태양의 풍속』: 713
훌륭한 아침이 아니냐? 『조선일보』: 28
    훌륭한 아침이 아니냐? 『태양의 풍속』: 694
흑(黑) 『조선일보』: 60
희망 『신천지』: 586
    희망 『새노래』: 886
희화(戱畫) 『가톨릭 청년』: 320
흰 장미같이 잠이 드시다 -유해를 모시고- 『인문평론』: 504
    흰 장미처럼 잠이 드시다 『바다와 나비』: 853

김준환 金埈煥

1960년 부산에서 태어나 연세대학교 영어영문학과를 졸업했다. 같은 대학교 대학원에서 현대 영·미시 전공으로 석사학위를 받았으며, 미국 Texas A&M대학에서 같은 전공으로 박사학위를 받았다. 이화여자대학교 영어영문학과 교수(1996-2006)를 거쳐 현재 연세대학교 영어영문학과 교수(2006-)로 재직하며, 20세기 영·미를 포함한 영어권과 한국의 근대/모더니즘 시 비교 및 영어권 시의 한국 수용에 관한 연구와 강의를 진행하고 있다. 하버드-옌칭 연구소 방문/재방문 학자(2003-04, 2012-13, 2019-20) 및 풀브라이트 방문 학자(2019-20). 저서는 *Out of the "Western Box": Towards a Multicultural Poetics in the Poetry of Ezra Pound and Charles Olson* (Peter Lang, 2003 『"서구 상자" 밖으로: 에즈라 파운드와 찰스 올슨의 다문화주의 시학을 향하여』); 공저는 『탈식민주의: 이론과 쟁점』(문학과지성사, 2003), 『포스트모던 시대의 영·미시』(LIE, 2009), 『현대 영·미 여성시의 이해』(동인, 2013), 『탈유럽의 세계문학』(글누림, 2020), 『T. S. 엘리엇의 새로운 이해』(동인, 2023); 번역서는 테리 이글턴의 『포스트모더니즘의 환상』(실천문학사, 2000), 이글턴, 프레드릭 제임슨, 에드워드 사이드의 『민족주의, 식민주의, 문학』(인간사랑, 2011), 이글턴의 『낯선 사람들과의 불화: 윤리학 연구』(도서출판 길, 2017), 캐롤 앤 더피의 『세상의 아내』(봄날의책, 2019); 논문은 「김기림의 반-제국/식민 모더니즘」 「영·미 모더니즘 시와 한국 모더니즘 시 비교 연구: T. S. 엘리엇과 김기림」 「스펜더가 김기림의 모더니즘에 끼친 영향 연구」 「김기림의 『황무지』와 『비엔나』 읽기: 『기상도』의 풍자적 장치들」 「네그리뛰드와 민족주의: 생고르와 쎄제르」 「니이 오순다레의 탈-식민, "대체-토착"시론: 새로운 세계문학의 가능성에 관한 단상」 「1930년대 한국에서의 동시대 영국시 수용」 「근대 한국 잡지 속 미국 흑인 시인, 1910-1945: 자료 수집 및 디지털화」(공저) 등이 있다. 지구적세계문학연구소의 편집위원으로 반연간지 『지구적 세계문학』을 통해 다수의 영어권 시인들을 번역하여 소개하고 있다.